ULLSTEIN

Die Autorin

Darsho Marlies Willing, geboren am 11. Juni 1954, wuchs in Köln auf und studierte Architektur, Kunst und künstlerische Fotografie. Es folgten eine Ausbildung in Rebalancing-Körpertherapie und eine langjährige Ausbildung zur Aura-Soma-Beraterin und -Lehrerin bei Mike Booth, durch die sie mit dem Basiswissen von Aura-Soma vertraut wurde, welches sie, ihrem eigenen Weg dabei folgend, in einer weiblich orientierten Spiritualität im Spiegel der Aura-Soma Equilibrium-Flaschen in ihrem Buch verarbeitet. Die Autorin lebt und arbeitet als Heilpraktikerin, Körpertherapeutin und Aura-Soma-Lehrerin in Köln.

Darsho Marlies Willing

AURA-SOMA

Der Weg des Herzens

Ullstein

Besuchen Sie uns im Internet:
www.ullstein-taschenbuch.de

Ullstein Esoterik
Herausgegeben von Michael Görden

Umwelthinweis:
Dieses Buch wurde auf chlor- und säurefreiem Papier gedruckt.

Ullstein ist ein Verlag der Ullstein Buchverlage GmbH, Berlin.
Überarbeitete und erweiterte Neuausgabe
1. Auflage Dezember 2004

Umschlaggestaltung: FranklDesign, München
Titelabbildung: Mangala
Gesetzt aus der ITC Legacy Serif und ITC Legacy Sans
Satz: Schaber Satz- und Datentechnik, Wels
Druck und Bindearbeiten: Ebner & Spiegel, Ulm
Printed in Germany
ISBN 3-548-74234-3

In Liebe Vicky Wall gewidmet

Inhalt

Einleitung

Darsho kenne ich bereits seit einiger Zeit, und es ist mir eine Freude, zu diesem Buch beizutragen. Das, was sie durch diese Arbeit in die Welt bringt, ist etwas, mit dem jeder von uns in sich selbst in Verbindung treten sollte; denn während wir uns in eine Neue Zeit hineinbewegen, in das ›Neue Aeon‹, sind die Gefühle und die weiblichen Energien übergeordnet. Sie sind der Punkt, von dem aus wir mit Nachdruck ausgehen sollten.

Die Worte, die in diesem Buch zu lesen sind, sind aus der Erfahrung geboren. Dies sind Worte von jemandem, der sich durch die vielen Farbkombinationen der Equilibrium-Flaschen* hindurchgearbeitet hat, um zu verstehen, was wahrhaft in ihrem tiefsten Wesen enthalten ist.

Jedem Menschen wird auf seiner Reise ein Spiegel gezeigt. Durch das, was Darsho in diesem Buch darstellt, sind die Equilibrium-Flaschen als »das Wunder der Farbheilung«, wie Vicky Wall ihre farbigen Juwelen nannte, wahrhaft beschrieben und stellen eine Hilfe für jeden Menschen auf seinem individuellen Weg dar, um klarer in seinen eigenen Spiegel sehen zu können.

Es ist erstaunlich, dass ›history‹ (Geschichte) grundlegend ein männliches Wort ist. Vieles, was Darsho in diesem Buch mitteilt, ist aus einer anderen Perspektive

---

* Equilibrium ist der neue, offizielle Name für die früher ›Balance‹ genannten Flaschen.

heraus geboren. Es ist eine ›feminine story‹, eine weibliche Geschichte. Jetzt ist die Zeit für das Weibliche in jedem von uns gekommen, sich in eine wahrhaft weibliche Spiritualität hinein zu befreien, um schließlich in die Weisheit des Herzens und die der tieferen Eingebungen eintauchen zu können. Diese Qualitäten sind es, die jenen Ausdruck von Weiblichkeit ausmachen, den Frauen haben sollten, und welche für so lange Zeiten durch die männlichen Aspekte der männlichen Vorherrschaft unterdrückt und misshandelt wurden. Die analytische Natur hört nicht auf die stillere Stimme der Intuition.

Dieses Buch bildet die Grundlage herauszufinden, wer du wirklich bist. Es ist eine Suche nach der Erinnerung der Seele, des wahren Selbst. Eine Reise durch Farben und zugleich das ›In-Kontakt-Kommen‹ mit unserem guten Stern, der zeigt, ›warum du hier bist und wofür du hier bist‹. Es ist der Weg, um herauszufinden, was im eigenen Inneren unterdrückt wird. Durch jene Fürsorge und Wärme, die man dabei sich selbst und anderen gegenüber entgegenbringt, ist alles, was sich im Leben ereignen kann, eine Heilung und Transformation des Alten, ein Herauskommen aus der Trennung, dahin, wo das Weibliche und Männliche sich treffen können, um der Ganzheit des menschlichen Wesens zu begegnen. Dann kann mit einer noch größeren Leidenschaft das ›Regenbogen-Wesen‹ in ein neues Leben treten.

Das, was Darsho in diesem Buch aufzeigt, drückt etwas über die Aura-Soma Equilibrium-Flaschen aus der tiefst möglichen Sichtweise aus, nämlich vom Wahrnehmungsvermögen der Seele her. Durch das Verstehen ihrer eigenen Weiblichkeit übermittelt sie in einer Herz-zu-Herz-Kommunikation dabei eine ganzheitliche Sicht, in der es Raum gibt für das Spielerische, für innere Bilder und Gefühle, für Erzählungen und Poesie. Alles, was in diesen Worten mitgeteilt wird, bietet die Möglichkeit einer Führung für diejenigen, die auf ihrem Weg zu sich selbst sind, sodass ihre Seele durch das Erfahren und Erleben der Equilibrium-Farben wieder das Licht und den Schatten für sich zu beanspruchen vermag. Durch die klar umrissenen Beschreibungen kann man herausfinden, was die einzelnen Equilibrium-Flaschen bewirken können, um die Seele im Wachsen von Bewusstsein und Klarheit, auf dem Weg zu sich selbst zurück, zu unterstützen.

Die große Suche gilt dabei dem ›Weg des Herzens‹. Beginnt er nicht, indem das Rot in das Rosa hinein aufsteigt, um dann, durch die weiblichen Qualitäten des hellen Rosas, in bedingungsloser Liebe das Erwachen der wahren Natur des Göttlichen zu berühren, Mutter Erde, die Leben-Gebende?

Im Neuen Zeitalter vermögen wir nach vorne, zur bedingungslosen Liebe von Herz zu Herz, zu schauen und ebenso hineinzuwachsen in das Vertrauen, die Schönheit und die Aufrichtigkeit in der Welt, dennoch verbunden mit dem, was in einer leidenschaftlichen und wunderbaren Art und Weise unter unseren Füßen liegt.

Ist nicht Liebe die mächtigste Kraft oder eine Kraft, die jenseits von Macht liegt?

Mögen viele durch Darshos Worte und den Tanz der Aura-Soma Equilibrium-Flaschen dieser Quelle der Liebe in sich selbst näher kommen.

Mike Booth, Oktober 1998, Dev Aura, Tetford

Wie dieses Buch entstand

Dies ist das Buch meiner eigenen Heilung. Die Idee dazu entstand aus dem inneren Auftrag, mich wieder zu finden, und meiner eigenständigen Suche danach - wer ich bin. Aura-Soma bedeutet für mich ein Wiedererkennen und Rückerinnern. Ich wurde am 11. Juni 1954 in Düsseldorf als einziges Kind meiner Eltern geboren.

Das erste Schulzeugnis bescheinigte, ich sei ›schüchtern und zurückhaltend‹. Ich selbst erinnere mich, dass ich ein stilles, sensibles und ernstes Kind war. Wenn ich mich sehr einsam fühlte und die Kräfte, um dieses ganze große Leben schaffen zu müssen, mich zu verlassen drohten, betete ich immer zu Gott, dem himmlischen Vater. Ich hielt einfach stille Zwiesprache mit ihm. Meine Eltern waren überhaupt nicht religiös, und so konnte ich meinen eigenen Weg zu jener Hilfe aus der himmlischen Welt finden, in jener Weise, wie sie für mich da war; und dass sie da war, dessen war ich mir sicher. Ja, es war die Verbundenheit mit etwas Höherem, das Vertrauen in etwas, was man weder mit den Augen sehen noch mit den Händen greifen kann, das meinen Lebensweg wirklich bestimmte und das mich alles, unter dem ich litt, überleben ließ. Was genau das war, wusste ich damals nicht so recht, aber ich ahnte es.

Schreiben war etwas, was ich als Kind sehr mochte. Es war eine stille Welt, vielleicht die einzige, von der ich das Gefühl hatte, dass niemand in sie eindringen konnte, die auf diese Weise mein Geheimnis blieb und in der ich alles, was ich fühlte, ausdrücken konnte.

Als ich älter wurde, verlief meine Suche nach dem Beruf, jener ›Aufgabe‹, zu der ich ›berufen‹ war, zunächst voller Kompromisse. Ich studierte Architektur, Kunst und Fotografie und arbeitete zusammen mit einer Theatergruppe in Köln.

Eine Wende nahm mein Leben, als ich in Osho meinen Meister erkannte. An meinem 29. Geburtstag bekam ich meinen spirituellen Namen, ›Ma Devam Darsho‹, das bedeutet ›göttliche Vision‹, und war neu geboren!

Kurz danach begann ich eine Ausbildung in integrativer Körpertherapie, in Osho Rebalancing, und wurde Körpertherapeutin. Ich reiste nach Indien und arbeitete im Ashram meines Meisters, der zu dieser Zeit noch morgens und abends Diskurse in ›Buddha Hall‹ hielt. Ich pendelte zwischen meinem Zuhause in Köln und meinem Zuhause in Pune und gab körpertherapeutische Einzelsitzungen, hier wie dort.

Vicky Wall bin ich nie persönlich begegnet. Die Zeit, in der Vicky die Aura-Soma Balance-Flaschen ins Leben rief, 1983, war genau das Jahr, in dem ich Ma Devam Darsho wurde. Osho war es, der meine größte Liebe weckte und für mich bis heute die erdverbundenste Spiritualität verkörpert, die ich finden kann.

In jenem Jahr, als Vicky die Aura-Soma Balance-Flaschen erschuf, malte ich zudem lebensgroße Bilder auf Papier, in denen ich inneren Farben und spontanen Körperbewegungen folgte.

Ein paar Jahre später fand ich einen schönen, in Silber gefassten Kristallanhänger, an dem eine liebe Seelenfreundin später ein kleines, in den Kristall eingraviertes Dreieck, ähnlich dem, welches Aura-Soma jetzt als Symbol verwendet, entdeckte. Die Frage, welche Botschaft darin für mich lag und was ich erfüllen sollte, ließ mich den Kristall auf mein drittes Auge legen und in tiefer Meditation und Hingabe nach einer Nachricht über die Aufgabe, die ich offensichtlich zu tun hatte, fragen. Über innere Bilder erhielt ich Kontakt mit einer liebevollen, sehr bestimmten älteren Frau, die sich freute, mich kennen zu lernen, und mir antwortete. Sie sagte: »Du wirst einmal mit Farben heilen.« Erst Jahre später, während meiner Aura-Soma-Ausbildung, erkannte ich das Gesicht und den Körper von Vicky Wall wieder. Auf jeden Fall hatte ich ihren Auftrag über diese Fernverbindung erhalten, als sie noch lebte!

Als Osho am 19. Januar 1990 seinen Körper verließ, war ich in Köln. Ich spürte, dass eine neue Zeit anbrach. Eine Zeit, meinen eigenen Rhythmus zu finden und mein eigenes Leben zu leben, um meine Wurzeln tief in die Erde zu graben.

Vicky verstarb ein Jahr später, am 4. Januar 1991.

Nach einer schweren seelischen Krise, ausgelöst durch eine Fehltherapie mit dem Mora-Gerät in Pune, verlor ich meinen eigenen Weg aus den Augen. Es war, als hätte ich mein Gedächtnis verloren und müsste es neu wieder finden. Mein Leben lag vor mir wie ein unbeschriebenes Blatt. Durch intensive psychotherapeutische Arbeit gelang es mir, die Rückverbindung zu dem herzustellen, was ich als Kind wusste.

Im Sommer 1993 fand ich dann im Aura-Soma-Set meiner liebsten Freundin, Ataso Sommer, die mich, seit ich sie kenne, an vielen entscheidenden Wendepunkten meines Lebens begleitet, meine Aura-Soma-Seelenflasche B 11. Wie ein Kind nach einem geliebten Spielzeug verlangt, wollte ich nur diese Flasche. Fortan benutzte ich das Öl, wusste jedoch nichts darüber. Ich wollte selbst entdecken.

Nach dem Bestehen meiner Heilpraktikerpüfung begann ich einige Zeit später meine Ausbildung in Aura-Soma und begegnete zum ersten Mal Mike Booth.

Von diesem Zeitpunkt an habe ich bewusst nach einem Buch gesucht, das mir ausführliche Informationen und Beschreibungen über die einzelnen Flaschen vermittelte. Zu jener Zeit gab es von Aura-Soma nur das Buch ›Das Wunder der Farbheilung‹ von Vicky Wall. In diesem Buch beschreibt sie aus dem Blick ihrer Seele so durchscheinend und leuchtend ihre Lebensgeschichte und einige der Equilibrium-Öle, die damals noch Balance-Öle hießen. Viele Flaschen beschrieb sie jedoch gar nicht, sodass mir nichts anderes übrig blieb, als mich selbst auf den Weg zu machen.

Durch einen intensiven inneren Prozess, in dem ich über Aura-Soma zu schreiben begann, versuchte ich selbst vorzudringen in das Mysterium, das uns alle umschließt, und herauszufinden, wer ich eigentlich bin, wohin mein Weg führte und was ich zu tun hatte.

Als ich schließlich Mike Booth kennen lernte, empfand ich mit großer innerer Gewissheit, dass sich durch unsere Zusammenarbeit eine Verbindung aus alten Zeiten fortsetzte. Als er im Dezember 1996 in Pune ein Seminar leitete und die Flaschen B 96 und B 97 geboren wurden, konnte auf einer inneren Ebene das in mir wieder Wurzeln schlagen, was Jahre zuvor durch Mora-Therapie eine Disharmonie ausgelöst hatte. Heilende Frequenzen derselben hohen Schwingung löschten die krank machenden zu hohen Frequenzen. Mein Bewusstsein wurde wieder klar.

Heilung bedeutet für mich, meine eigene Geschichte

zu verstehen. Im Spiegel von Aura-Soma Equilibrium ist mir das in einer Form, Tiefe und Ganzheit möglich wie mit nichts und niemandem zuvor. Während des Prozesses des Schreibens wurde meine gesamte Geschichte noch einmal lebendig, sodass ich sie jetzt endgültig verarbeiten und verstehen kann.

Das, was ich über Equilibrium dabei herausfand, möchte ich nun in diesem Buch teilen. Es ist mein Anliegen, mit diesem Buch das, was erhalten werden kann, jenseits des Sandes der Zeit, festzuhalten – das kostbare Gewebe der Seele, sich aus alten Fesseln befreiend.

Im Spiegel von Equilibrium wird der eigene verschlungene Weg deutlich. Jener Weg, den die Seele auf ihrer Suche nimmt, um sich aus ihrem Leiden, ihrer Schwere, ihrem Schmerz, ihren Schatten herauszuwinden und das Licht, die Liebe und die Erfüllung ihres Daseins zu finden. So richtet sich jede einzelne der 102 Equilibrium-Flaschen an dein eigenes Erinnern, wer du bist. Dabei mag jeder Mensch an einem anderen Punkt der Entwicklung sein und jede Kristallisation des Selbst ist schön und einzigartig.

Mit meinen Texten zu Equilibrium möchte ich einen Anstoß geben, nach innen zu gehen. Ich verstehe sie als Fingerzeige, Hinweise und Möglichkeiten, sich selbst mit Hilfe der einzelnen Flaschen zu finden.

Um das auszudrücken, was ich zu sagen habe, fiel dabei meine Wahl der sprachlichen Anrede auf das ›Du‹ und nicht auf das ›Wir‹, deshalb, weil Selbsterfahrung und das Finden eines spirituellen Weges für jeden einzelnen Menschen individuell ist. Es ist der Prozess, zu einem Individuum zu werden und dann darüber hinauszugehen, um mit dem Ganzen zu verschmelzen. Dieser Schritt kann nur von jedem allein getan werden. Alles, was ich dabei dir, lieber Leser, nachfolgend sage, sage ich genauso mir selbst. Der Prozess der Selbstfindung ist für jeden Menschen erforderlich.

Köln, September 1998
Darsho Marlies Willing

Danksagung

An dieser Stelle möchte ich meinen tiefsten Dank aussprechen.

Mein Dank gilt an erster Stelle der tiefen Liebe von Mike Booth, der meine Seele aus ihrem Schlaf erweckte und durch seine bedingungslose Liebe mir die Kraft gab, durch dieses Buch all das auszusprechen, was ich benötigte, um mich selbst zu befreien. Durch sein Vertrauen in mich war es mir möglich, den Mut aufzubringen, zu meiner ganzen Tiefe zu stehen und damit wieder total lebendig zu werden. Margrit Krause danke ich für ihre stille Begleitung und Ermutigung, meine Dinge zu tun, und für ihre Unterstützung in der Übersetzung meiner Texte an Mike.

Des Weiteren möchte ich Ralf Hausmann danken, der meinen Prozess der letzten sieben Jahre psychotherapeutisch begleitete. Durch seine Raumgebung und Grenzsetzung lernte ich, meine Liebe und mein Vertrauen in das Leben wieder zu finden.

Mein Dank gilt ebenso Frank Eickermann, der mir half, Zugang zu meinem eigenen verborgenen Wissen der Heilung durch Farben im Spiegel von Aura-Soma Equilibrium zu finden und das ein wenig mehr zu enträtseln, was Vicky Wall ins Leben gerufen hat.

Ganz lieben Dank an dieser Stelle meiner lieben Freundin Ataso Sommer, die es so fürsorglich versteht, meine Stille, meine Zartheit und meine Verletzlichkeit zu beschützen.

Kirti danke ich für seine Computerhilfe. Ganz lieben Dank an Phyllis Mahon, die das Bild für den Titel der Erstausgabe gestaltete und zu der ich in dieser Zeit einen wundervollen Kontakt hatte.

Dank an Peter Michel, der dieses zum Buch gewordene Manuskript als Erster verlegte.

Meinen Eltern, Charlotte und Arthur Willing, möchte ich an dieser Stelle dafür danken, in diesem ganzen Prozess die Mühe nicht aufgegeben zu haben, mich zu verstehen. Für ihre Liebe, ihre Geduld und ihren Respekt, mich meinen Weg gehen zu lassen, sage ich ganz liebevoll mein ›Danke‹.

Equilibrium

Die Quelle zu Glück und Leid liegt in jedem Menschen selbst, tief in seiner eigenen inneren Wirklichkeit. Übernimmt man Verantwortung für seine eigenen seelischen Aktivitäten, erkennt sie an und schließt Freundschaft mit sich selbst, dann wird es, dank der Tatsache göttlicher Führung und der inneren göttlichen Natur eines jeden Menschen, möglich, die tiefe Wahrheit anzunehmen, dass jeder sein eigener Lehrer, sein eigener Heiler ist und die eigene angeborene Weisheit die Prüfungen des Lebens bestehen wird.

Lebt man, ohne die göttliche Ordnung zu achten, und erkennt, dass die Lösung und Heilung mit der Bewusstwerdung seiner eigenen Situation und des Zustandes, in dem man sich befindet, in Zusammenhang steht, und gibt sich dabei der Ordnung des Göttlichen hin, da, wo die menschliche Weisheit und die Weisheit aus übergeordneten Dimensionen sich miteinander verbinden, dann hat man genau jenen Punkt gefunden, an dem eine ganzheitliche Heilung beginnen kann. Genau da setzt Equilibrium an, um auf die dem Leben innewohnenden Prozesse und die aktuellen Schwierigkeiten einwirken zu können.

Nach innen, zum Wesentlichen, zum Kern aller Dinge vorzudringen bedeutet in meinem Verstehen, die spirituelle, mentale, emotionale und körperliche Seite der Rebellion des Herzens tief zu erleben, um zu einem neuen, tieferen Verständnis dessen, was Ganzsein, Glücklichsein und Erfülltsein im eigenen Leben bedeutet, vordringen zu können und das, was man erkennt, dann umzusetzen. Ein gesundes und erfülltes Leben wird nicht gesteuert durch ein Funktionieren nach einem Dogma, sondern immer durch die eigene Kreativität.

Durch Equilibrium ist es möglich, wieder das Vertrauen in sich selbst und in eine höhere Ordnung finden zu können, um sich selbst zu erkennen und sich Wege aus inneren Konflikten und der Heilung von Krankheiten zu erschließen, die ihre Ursachen darin finden, nicht auf die Nachrichten aus dem eigenen Inneren, nicht auf das Herz gehört zu haben.

Der Zugang des westlichen Menschen zum Spirituellen ist ein sehr psychologischer und Therapie ist sozusagen die westliche Form der Meditation, ein In-die-Tiefe-Gehen, um mit der Psychologie der eigenen Persönlichkeit dann die Strukturen des eigenen Verstandes besser verstehen zu können. Auf diese Weise wird der Zugang zu sich selbst und zur eigenen Seele, zum Spirituellen, dann leicht. Das Spirituelle kann nicht vom Psychologischen getrennt sein, denn Selbsterfahrung oder das Psychische ist in Wahrheit eine Brücke zur Losgelöstheit, zur Meditation, zum inneren Beobachten und schließlich zum Finden der eigenen Ganzheit.

So ist die Konfrontation mit der ›Schattenseite‹ des eigenen Wesens in all ihren Formen unumgänglich, um zu innerem Licht, Bewusstheit und Liebe finden zu können.

An erster Stelle steht dabei die Befreiung des eigenen inneren Kindes aus den Bedingungen einer Erziehung heraus, die eher einer Anpassung an ein patriarchalisches Gesellschaftssystem entsprochen haben mag, als der natürlichen Entwicklung eines Kindes zu dienen. Erst im

Durchleuchten der eigenen vergangenen Eltern-Kind-Beziehung, dem Sich-Bewusst-Machen der eigenen Konditionierungen und einem Sich-Bewusst-Werden und Herausfinden, wo ein Problem beginnt, wird es möglich, die Qualitäten und Fähigkeiten des inneren Kindes in sich selbst befreien zu können. Es mag dabei vorkommen, dass in einer Familie, im Rollenmodell von Vater und Mutter, in manchen Fällen eher die weiblichen, mütterlichen Eigenschaften durch den Vater vertreten werden und die männlichen Eigenschaften von der Mutter. Allgemein ist die Familiensituation für verschiedene Menschen unterschiedlich und mag daher mit den Texten nicht immer exakt übereinstimmen, jedoch in eine ganz bestimmte Richtung deuten.

Genauso wichtig ist im Prozess der Selbstfindung die Befreiung aus der Konditionierung der bislang erfahrenen Form von Religion und Gottesglauben, um zu einer eigenen Spiritualität und zur Erfahrung der eigenen Seele finden zu können. In den meisten Weltreligionen steckt tief die Anknüpfung an das Patriarchat, sodass viele Menschen bereits lange Zeit unter der patriarchalen Version eines Gottes leiden mögen. Dabei ist in der westlichen Welt die jüdisch-christliche Doktrin der Trennung von Fleisch und Geist sehr dominant.

In der Übereinstimmung der Reihenfolge der Aura-Soma Equilibrium-Flaschen mit dem Tarot habe ich seine Archetypen, Symbole und Bilder in meinen Texten bewusst eingesetzt, da sie als Tore zu einem tieferen Verständnis des eigenen Selbst dienen und seelische Zustände beschreiben - eine innere Realität. Sie leben in uns allen und können die eigene männliche wie weibliche Seite klären und stärken. Dabei vermögen sie nicht nur zu neuen Einsichten in die Nuancen der eigenen Persönlichkeit zu verhelfen, sondern auch über sie hinauszuweisen und auf das verborgene Wesen zu zeigen, die eigentliche Natur.

Hauptsächlich jedoch geht es mir um die Befreiung des Weiblichen, hinein in eine weibliche Spiritualität, deren Zentrum Liebe ist; ebenso wie um das Lernen, den weiblichen Aspekt des Göttlichen mehr zu schätzen und zu erkennen, welche Bedeutung die weiblichen Qualitäten haben, um dann daraus das weibliche Prinzip, das sich um die Erde sorgt und den Lauf der Natur respektiert, zum Ausdruck bringen zu können.

Nur von den inneren weiblichen Qualitäten aus ist schließlich der Sprung ins ›Jenseits‹, in das Losgelöstsein von alten Konditionierungen und in die Erfüllung des Menschseins möglich, der Schritt hin zum inneren Meister, zur ›Buddha-Natur‹ – und damit in die allumfassende Liebe.

Der größere Lehrer ist in dir selbst.
Was wir anbieten,
sind nur Anhaltspunkte.

VICKY WALL

Die Beschreibungen der Equilibrium-Flaschen

B 0 Königsblau/Tiefmagenta

Spirituelle »Erste Hilfe«

Königsblau über Tiefmagenta verbindet dich tief mit dem Bewusstsein deiner selbst, reines Licht zu sein, und hilft dir, tief in alles Nicht-Wissende in dir selbst vordringen zu können, es hervorzuholen, es dir vor Augen zu führen und daraus möglicherweise Entscheidungen für Veränderungen in deinem Leben zu treffen. Reines Licht ist völlige Bewusstheit.

Königsblau über Tiefmagenta hilft dir, dich auf die Suche nach dem zu begeben, was für dich wahr ist. Es öffnet dich der Fähigkeit intuitiver Einsicht und dem erwachenden All-Wissen, der aufsteigenden Kraft des Bewusstwerdens, mit der der Narr in dir beginnen kann, allem, was im Leben geschieht, zu vertrauen und sich so vor dem Fall in den tiefen, dunklen Abgrund von Unwissenheit und Leere zu bewahren.

Königsblau über Tiefmagenta kann dich über die Berührung mit deinem Seelenstern in eine Wiedergeburt deines ganzen menschlichen Daseins hineinführen und mit ihr in die Bewusstheit deines Lebens, bis hin zum Überfluss aller Dinge, ‚die das Leben ausmachen.

Die Nabelschnur dieser Wiedergeburt geht hier von deinem Herzen aus und reicht von dort aus weit hinein ins All, in das du zurückschauen magst, um dich an die Herkunft deiner Seele zu erinnern.

Der erste Farbstrahl, Blau, erleuchtet bereits die tiefe Dunkelheit von Mutter Nacht, und ihre Unendlichkeit erstrahlt im tiefen Königsblau. Die dunkle Nacht erwacht zum hellen Tag und mit ihm zu deiner weiteren Reise in das Unbekannte, das keinen Anfang und kein Ende kennt.

Auf deiner Reise kannst du jede Richtung einschlagen, alles kann sein.

Ungerechterweise magst du dich jedoch gerade dem Leben eher ausgesetzt fühlen und unzufrieden sein. Möglicherweise weist du dafür dem Leben selbst die Schuld zu und machst vielleicht einfach das Leben schlechthin für deine Lebensumstände verantwortlich.

Ziehst du dich jetzt in deine Ängste, in deine Phantasien und in deine Vorstellungen zurück und lässt alles an dir vorbeiziehen, so begibst du dich letztendlich allerdings in die Gefahr, dein ganzes Leben zu verpassen. Vielleicht ziehst du es auch vor, dich besser in alle Attraktionen, die du vom Leben geboten bekommst, zu werfen, und bringst nur Torheiten zuwege? Doch all die Verletzungen, die du in deiner Unbedarftheit und Unwissenheit dabei erhalten magst, während du im Dunkeln herumtappst, mögen dir dann womöglich große Schmerzen bereiten.

Gelingt es dir nicht, deine Ängste und Anbindungen zu lösen, dann wirst du, nach den Gesetzmäßigkeiten des Lebens, von außen so lange keine Anerkennung erhalten, wie du dich nicht selbst anerkennst; und auf deine Frage, was der Sinn des Lebens ist, wirst du ebenso keine Antwort von jemandem erhalten, so lange du diese Antwort nicht selbst in deinem Innersten zu finden bereit bist.

Königsblau über Tiefmagenta hilft dir, in deine eigene Tiefe zu spüren, dahin, wo du das unabwendbare

Bedürfnis nach Heilung, Klärung, Wahrheit und der rechten Ordnung der Dinge in dir selbst finden kannst.

Das, was du suchst und was dich erlösen kann, liegt in dir selbst vergraben.

Die zeitlose Wiederkehr deiner Seele ist es, die dich in dieses Leben hineingebracht hat, um dich selbst kennen zu lernen, um zu sehen, um zu fühlen, um zu hören und unterscheiden zu lernen, indem du dich deinem eigenen Schatten stellst und dich wieder erinnerst, wer du bist und wo du herkommst.

Der Sinn in den Dingen des Lebens liegt darin, letztendlich und jeden Moment wieder neu, aus der Dunkelheit in das Licht zu treten. In diesem Lernprozess mag deine Angst vor dem Unbekannten dein größtes Hindernis sein. Dennoch richtest du deinen Blick nach vorne. Schenkst du der Angst keine Aufmerksamkeit, wird sie schließlich jede Macht über dich verlieren. Nimmst du dann die Lektionen des Lebens vollends und mit allen Konsequenzen für dich an und lernst, durch sie hindurchzugehen, kann der Weg selbst schließlich zu deinem Ziel werden.

Königsblau über Tiefmagenta ist eine große Hilfe, wenn es darum geht, das herauszufinden, was tief in deinem Schatten verborgen ist, und an jenes zu gelangen, was vielleicht tief in den Erinnerungsbanken deines Gehirns ruht, um es zurückzuholen in dein Bewusstsein. Tiefmagenta enthält alle Farben und kann dich wieder in das gesamte Spektrum deiner Möglichkeiten führen, bis hinein in deinen Ursprung – das reine weiße Licht.

Königsblau über Tiefmagenta hilft dir, wieder ein unerschütterliches Vertrauen in die absolute Liebe zu erlangen, sodass du deinen wiederkehrenden Ängsten, die vielleicht mit dem Fortsetzen deiner Reise verknüpft sein mögen, nicht unterliegst. Dabei mögen alle ursprünglichen und dynamischen Kräfte in dir von selbst beginnen frei zu werden, um sich kreativ durch dich zu entfalten, um dich nach vorne, in das Neue zu führen und dich so auf deiner Reise vorwärts zu drängen.

Zusammengeschüttelt wird aus Königsblau mit Tiefmagenta ein Tiefmagenta, welches dich daran erinnert, dass es dein Herz ist, welches den Platz deiner Erfahrungen und Entscheidungen auf der Suche nach dir selbst vertritt und dabei dein Wegweiser auf deiner Reise zurück nach Hause ist. In seinem Zentrum vermagst du deine wirklichen emotionalen Bedürfnisse zu erkennen, ebenso wie jenen Weg, den du dabei in deiner Liebe einzuschlagen hast, sodass Heilung geschehen kann.

Aus diesem bewussten Wiederfinden der Liebe in deinem Herzen entsteht dann unwillkürlich in deinem Verstand ein Zusammentreffen aller Gegensätze, welches in seiner Folge wiederum ein Durchbrechen alter Konditionierungen deines Denkens und deines Fühlens zu bewirken vermag. Einmal in deinem eigenen Herzen angekommen, mag es dir gelingen, nicht mehr unbewusst die Werte anderer nachzuvollziehen, sondern Konventionen hinter dir zu lassen, in deinen Geist einzutauchen und verletzlich und sensibel gegenüber dir selbst und anderen zu handeln. Auf diese Art und Weise kann dir jetzt dein eigenes Sein wieder bewusst werden.

Königsblau über Tiefmagenta ist ebenso dabei hilfreich, dich eindeutig gegenüber unklaren Beziehungen abzugrenzen und dich in dem, was du benötigst, durchzusetzen. Indem du die Qualität deiner emotionalen Beziehungen zu Familie, Freunden, Mitarbeitern und den Menschen, die du kennst, neu überprüfst und dabei schaust, wo du vertrauen und dich fallen lassen kannst, kann in deinem Erwachen das ›Ja‹ in dir tiefe Bewusstheit und achtbaren Respekt erhalten und ebenso dein ›Nein‹ gegenüber Abhängigkeiten.

An diesem Punkt kann ›zu leben‹ für dich nun die Bedeutung erlangen, bewusst zu lernen, offen zu sein sowie weiter voranzuschreiten.

Königsblau über Tiefmagenta führt dich behutsam aus der tiefen Nacht der Seele heraus, indem es dir hilft, deine eigenen Kraftquellen aufzuschließen sowie dich aus dem Gespür um die Dinge des Lebens heraus lenken zu lassen, sodass du von der dir innewohnenden Intelligenz her, die jenseits deines Denkens liegt, zu handeln beginnen kannst. Der Durchbruch aus der Dunkelheit deiner Unwissenheit, hinein in das Licht deiner Bewusstheit, bis hin zum All-Wissen liegt dabei im Hören auf die Stimme deines eigenen Herzens.

Gelingt es dir, im Verstehen des Wunders des Lebens einmal die Gewohnheiten des Alltags zu überwinden, dann magst du erkennen, dass Leben jeden Moment, jeden Augenblick geschieht, sodass du die Kostbarkeit eines jeden deiner Atemzüge zu fühlen beginnen magst. Ebenso ist die Liebe in den kleinen Dingen des Alltags eine ewige Herausforderung an die liebevolle Sorgfalt dir selbst, anderen und allen Dingen gegenüber.

Der Weg der Liebe ist zugleich der Weg der Heilung und des Friedens, ohne den Liebe nicht wachsen kann, und darin ist alles als Möglichkeit vorhanden.

Königsblau über Tiefmagenta wirkt fördernd auf deine innere Bereitschaft, all jene Konsequenzen in deiner Selbstentfaltung anzunehmen, die in der Veränderung in allen Bereichen deines Lebens liegen. Es hilft dir in deinem Verantwortungsgefühl dafür, was du aus deinem

Leben machst. Darin kann sich dann duftend die Rose der Kreativität in deinem Herzen öffnen, während zugleich alle Kräfte deines Seins geweckt werden, die dann dein Durchsetzungsvermögen unterstützen sowie deine Kraft, voranzugehen und zu führen.

Die Gaben, die sich dabei auf deinem Weg in dir entfalten, sind deine heilenden und sensitiven Fähigkeiten.

Alle Dinge, die das Leben ausmachen, magst du auf deiner Wanderschaft mit der Zeit von einer höheren Intelligenz aus, dem sehenden Teil in dir, betrachten lernen und sie von dort aus neu bewerten.

Das kontinuierliche Gewahrwerden deiner wirklichen Bestimmung ist es, das dich Irritationen und Täuschungen überwinden lässt, sodass deine Vision vom Leben beginnen kann, jenseits der verschiedenen Rollen, die du im Leben vielleicht einnimmst, sich dir Schritt für Schritt zu entfalten und Gestalt anzunehmen. Einmal über starre Denkkreise und Gedankengänge hinausgeschritten, hinein in das Unfassbare, kann sich dir jene Erfahrung offenbaren, dass Gott und Mensch eins sind.

Auf diese Weise mag dann deine innere Haltung und äußere Erscheinung dem obrigkeitstreuen Menschen dumm erscheinen, doch flink und geschickt verstehst du es schließlich, den Spieß herumzudrehen und ihnen selbst den Spiegel vorzuhalten. Das wahre Leben spielt sich nicht vor den Kulissen ab, sondern hinter ihnen, in der vollkommenen Gewissheit, dass deine Gelegenheit darin kommt.

Als ›Spirituelle Erste Hilfe‹ hilft die B 0, im Schlaf den Körper zu verlassen, auf Astralreisen zu gehen und in Astralreisen bestimmte Orte aufzusuchen, an denen heilende Arbeit vollbracht wird. Dazu trägt man sie am besten vor dem Schlafengehen auf die Schläfen und um den gesamten Haaransatz herum auf.

Nach dem Aufwachen auf diese Weise benutzt, hilft Königsblau über Tiefmagenta dem Astralkörper, sich wieder im physischen Körper zu verankern.

B1 Blau / Tiefmagenta

Körperliche »Erste Hilfe«

Die Kronen-Chakra- und Stirn-Chakra-Flasche

Blau über Tiefmagenta hilft, eine neue Schau ins Leben zu rufen. Eine Schau, die sich an deinem Inneren orientiert. Auf diese Weise kann es möglich werden, dass eine tiefe Kommunikation mit deinem inneren Wesen beginnt. Der Brunnen, aus dem du schöpfst, liegt in dir selbst. Er ist immer bereit, dir Wasser zu geben. Er wird dich niemals abweisen. In deinem bestimmten Willen zur Suche nach dir selbst versenkt sich deine männlich aktive Kraft in dein Inneres.

In der äußeren Welt begegnest du der Dualität. Durch das Spiel zwischen den beiden Polen von Licht und Schatten, hell und dunkel, Leben und Tod, gut und böse, männlich und weiblich usw. erhalten entweder inneres Wachstum und Bewusstheit Raum oder Manipulation und Zerstörung. Du hast die Wahl.

Wenn du deine Macht für selbstbezogene Zwecke missbrauchst und nur deinen eigenen Standpunkt siehst, dann handelst du vernichtend und lebensverneinend. Nur die Schau in dein Inneres vermag eine Wende zu bewirken.

Blau über Tiefmagenta wirkt auf alle Arten seelischer und körperlicher Verletzungen, Schmerzen und Disharmonien. Mit Hilfe dieser Flasche kannst du zur Bewusstheit, zur geistigen Einsicht in die Ursache der Verletzung und in das Ungleichgewicht deiner Kräfte, die die Beschwerden bewirken, finden. Darin kann dann eine tiefe

Regeneration geschehen. Indem du dich wieder mit deinen lebensbejahenden Kräften und deinem Lichtbewusstsein verbindest, mit dem Geist, der alle Materie aktiviert, werden automatisch alle deine Selbstheilungskräfte in Gang gesetzt.

Blau über Tiefmagenta hilft im großen Prozess des Heilwerdens, indem du dich von lebensfeindlichen, selbstverletzenden Programmen und Einstellungen zu lösen lernst. Es erweckt den Heiler in dir selbst. Setzt du deine Kräfte schöpferisch ein, zum Wohl des Ganzen, dann handelst du aufbauend, kreativ und lebensbejahend.

Blau über Tiefmagenta hilft dir, dich an dein ganzes Spektrum des Fühlens und Empfindens zu erinnern – und damit ebenso an deine innere Weiblichkeit. Alles, was du darin abgespalten haben magst, was du vielleicht verdrängt hast, um in schwierigen und schmerzhaften Lebenssituationen überleben zu können, kannst du nun wieder finden.

Als Kind hast du dich womöglich eher verlassen und nicht entsprechend mit Liebe genährt gefühlt, nicht gesehen und wahrgenommen in dem, was du benötigt hast. Deine Eltern haben vielleicht nicht danach geschaut, was du wahrhaft benötigtest, sondern dich nach dem alten Denken von Erziehung nach dem Prinzip von Gehorchen und Befolgen festgelegter Verhaltensmaßregeln großgezogen. Um dich vor der feindlich anmutenden Welt schützen zu können, hast du dann deine Trauer und deinen Schmerz darüber, keine oder zu wenig Liebe zu bekommen, möglicherweise tief in die dunkelste Ecke deines Herzens eingeschlossen. Nun, erwachsen geworden, hast du das vielleicht vergessen und fühlst dich stattdessen möglicherweise einfach nur depressiv.

Tiefmagenta enthält alle Farben, und so kann es den ganzen Regenbogen aller Emotionen deines Herzens freisetzen und dir darin helfen, sie total auszuleben, um zu deinen wahren Gefühlen finden zu können. Dabei mögen Dinge und Erlebnisse in dein Bewusstsein kommen, die du vielleicht noch einmal anzuschauen hast. Das Blau kann dabei hilfreich sein, dir deines Gefühls, Liebe zu vermissen, bewusst zu werden. Du siehst möglicherweise, wie und wann dieses Gefühl begonnen hat, kannst es dir anschauen, es dir deutlich machen und es dann loslassen. Blau über Tiefmagenta bringt Licht in die dunkelsten Ecken deines Wesens und Einsicht und Klarheit in dein Denken, wenn du dich in deine Emotionen verlierst. Es hilft dir, das Gefühl des Verlassen-worden-Seins, des Abgetrenntseins zu überwinden und mit deiner eigenen Kraft in Verbindung zu treten, sodass du deine Beweglichkeit und Intuition wieder finden kannst, um schöpferisch zu werden.

Dort und nur dort, in der schöpferischen Kraft tief in deinem Herzen, kannst du zum Sinn, zur Sinnhaftigkeit deines Lebens finden. Nur das Herz vermag Entzweites zu vereinen. Der Verstand ist wie eine Schere, die schneidet und teilt. Liebe dagegen ist wie eine Nadel. Sie fügt Dinge zusammen, die der Verstand geteilt hat, sie heilt, was zerschnitten wurde. Liebe kann dein Herz öffnen, sie kann dich ganz machen und bereit, deinen eigenen Schicksalsweg zu gehen. Nur in deinem inneren Frieden, den deine Liebe und die innere Aussöhnung mit deinem eigenen Schicksal mit sich bringt, kann sich dein eigener Weg öffnen, den du dann in liebevoller Sorgfalt und Aufmerksamkeit, in allen deinen Handlungen, beginnen kannst zu gehen.

Auf diese Weise vermag Blau über Tiefmagenta aus deinem Herzen heraus einen Prozess großer Kreativität in

Gang zu setzen, in dem du, geschickt jonglierend und alle deine inneren und äußeren Möglichkeiten abwägend, deine Werkzeuge wieder aufnehmen kannst, um dein inneres Wissen, gewachsen durch das totale Ausleben deiner Emotionen, nach außen zu bringen und dich mitzuteilen. Jenseits der Schmerzen deiner Vergangenheit kannst du so die Verantwortung des Lebens annehmen und in die Beweglichkeit und Verwandlungsfähigkeit deines inneren Kindes schlüpfen, das seine Verbindung mit dem Licht und der Wahrheit nie aufgegeben hat. Als Kind der Neuen Zeit magst du nun beginnen, mit Humor und Leichtigkeit deine Wahrheit zu vermitteln.

Der Magier in dir ist es, der jetzt zu neuem Leben erwacht. Wieder in das erweckte Feuer seiner Inspiration getaucht, kann er erneut beginnen, mit allen seinen Werkzeugen für innere und äußere Verwandlung zu arbeiten:

- dem Stab der Lebenskraft, der Fähigkeit, kosmische Energien herabzuleiten und sie mit der materiellen Welt zu verbinden; dem Stab der Erinnerung an den Ursprung und das Unbewusste, das in das Bewusstsein aufsteigen kann und aus dem dann auf diese Weise Wachstum hervorgeht;
- dem Kelch der Emotionen, der Gefühle, der Instinkte, des Unterbewussten, aus dem sich Beziehungen entfalten;
- dem Schwert der unterscheidenden Gedanken, der mentalen Kräfte und der analytischen Fähigkeiten des bewegten, aktiven Intellekts, der Ratio und der Intuition, aus der Wissen entsteht;
- der Münze der materiellen Welt, der Körperlichkeit, der Erdung, der Festigkeit und Stärke. Die Münze, die Ausdruck und Ausdehnung in die Welt bringt.

Direkt und zielgerichtet setzt der Magier alle diese Fähigkeiten, die er in sich trägt, ein. In Kraft und Tat, in Schrift und Wort, tief verwurzelt in seinem Wissen um die kosmischen Zusammenhänge und die kosmische Kraft, die sein sehendes Wesen prägen, bringt er so das Licht der Bewusstheit in das Dunkel von Unwissenheit und Missverstehen. Sein Ziel ist es, die Kraft der Schlange ins Leben zu rufen, Heilung und Regeneration durch eine Erneuerung des Denkens zu bewirken.

Weisheit ist auf vielerlei Weise versucht worden festzulegen und ist darin erstarrt. Für Dogmen haben zahllose Menschen dieser Erde ihr Leben gegeben. Weisheit der alten Zeit ist oftmals nur Illusion, an die geglaubt werden muss und die durch den Gehorsam des Glaubens Abhängige schafft.

Echte innere Weisheit der Neuen Zeit wächst aus den Erfahrungen des Lebens und aus authentischen Rückerinnerungen, sie ist individuell. Jene Weisheit, die aus dem Leben eines Menschen gewachsen ist, vermag alle festgelegten Vorstellungen und Urteile ins Wanken und bedingungslose innere Freiheit hervorzubringen.

Wahrheit liegt jenseits von persönlichen Wertvorstellungen, Urteilen und Glaubenssystemen, denn sie ist jenseits von allem, was festgelegt werden kann. Wahrheit ist das transformierte Herz. Wahrheit ist die Erfahrung, dass nur in totaler Hingabe deiner selbst an das Leben die Wirklichkeit berührt werden kann, jenseits von Gedanken, Gefühlen und körperlichen Empfindungen. Wahrheit ist da, wenn das Ego stirbt.

Über das offene Kronen-Chakra können die geistigen Energien von oben in dich hineintreten, sodass du zum irdischen Vermittler der kosmischen Energien werden kannst. Das ist das männliche Prinzip, das sich zur Erde neigt. Vom Basis-Chakra aus können die dort gesammelten Energien, von unten nach oben, zum Kronen-Chakra hin aufsteigen. Das ist die weibliche Energie, die empfängt und dann kreativ wird. Sie reinigt die Kanäle, damit die kosmische Energie von oben einfließen kann. Diese beiden Energien machen den Magier/die Magierin in seiner/ihrer Ganzheit aus.

Ein echter Magier benutzt das Zwielicht und den Schatten, um seine Ziele zu erreichen, denn sie sind ebenso Teile der Schöpfung und können für schöpferische Zwecke benutzt werden. So bewegt er sich auf einem schmalen Grad, balancierend zwischen den Gegensätzen der Welt, sie einsetzend für Bewusstwerdung und Wachstum zum Erreichen der höchsten kosmischen Ziele und zum Wohle aller.

Doch es bleibt seine eigene Entscheidung und Verantwortlichkeit, ob er seine Fähigkeiten für selbstsüchtige Zwecke benutzt oder sie in den Dienst der Liebe stellt. Da er sich in alles hineinversetzen kann und eine große Geschicklichkeit darin besitzt, mit allen möglichen Dingen umzugehen, erscheint er sehr mächtig und überlegen. Ist er an seinem eigenen inneren Wachstum interessiert, setzt er sich für Liebe ein.

Der Magier repräsentiert den beflügelten Botschafter, der sich zwischen den Welten bewegt, der kosmischen und der irdischen Welt, der endlichen und der unendlichen Welt, der geistigen und der materiellen Welt. Er ist der Überträger aller Lichtqualitäten, wie Liebe und Bewusstheit, Wissen und Kraft, und er ist hier, um diese Fähigkeiten zu verbreiten. Dienen ist seine Aufgabe.

Als ›Körperliche Erste Hilfe‹ ist Blau über Tiefmagenta bei allen akuten Verletzungen und Schmerzen hilfreich sowie bei Verbrennungen, Quetschungen, Schürfwunden, Durchfall, Ischias, Entzündungen und hohem Blutdruck.

Dazu trägt man das Öl am besten um den Haaransatz auf, gibt es in die Vertiefung der Medulla oblongata (des Hinterhauptlochs) und direkt auf alle Stellen, die betroffen sind. Hilfreich ist hier immer das B 1-Taschennotfallöl im Plastikfläschchen.

B 2 Blau / Blau

»Friedensflasche«. Die Hals-Chakra-Flasche

Blau ist die Farbe des Friedens. Es mag ein sehr langer Weg sein, bevor Frieden sich in dir ausbreiten kann. Blau über Blau spiegelt deine Sehnsucht nach Frieden, Frieden in deinem Inneren und Frieden im Äußeren. Der erste Schritt ist es, inneren Frieden zu schließen.

Blau über Blau stellt eine direkte Verbindung zum Raum deines inneren Friedens her. Es ist die Hohepriesterin, die in ihm aus den Zeiten der Dunkelheit ins Licht hinein zu erwachen beginnt. Du magst beginnen, in Zwiesprache mit Gedanken und Gefühlen aus der Tiefe deines Selbst zu treten und auf diese Weise erfühlen, wo, wie und wann dieser Frieden gestört oder durchbrochen worden ist.

Die Farbe Blau repräsentiert ebenfalls die gesellschaftliche Autorität, welche männlich patriarchalisch strukturiert ist und dir in dieser Form vielleicht Probleme bereitet. Die Welt ist derzeit noch sehr orientiert, nach diesem System zu leben und zu handeln, um es zu erfüllen. Zugleich fließt jedoch in diese Handlungen auch schon das Bemühen um Frieden mit ein. Der Beginn, sich mit dem Thema Frieden auseinander zu setzen und das patriarchalisch dominierende System in jedem Staat dieser Welt zu klären, um Frieden Raum zu geben, ist bereits geschehen.

Als Kind hast du vielleicht lernen müssen, dich an das gesellschaftliche System, in dem du erzogen worden bist, anzupassen und musstest möglicherweise versuchen, darin zu funktionieren.

Du magst aufgewachsen sein mit der Bewertung deiner Leistungen, gut, überragend, ausreichend oder mangelhaft zu sein, und hast wahrscheinlich lernen müssen, wie du dich richtig oder falsch benimmst. Vielleicht hat man dir auch beigebracht, als Kind sowieso nichts zu gelten. Dominanz und Herrschaft über die Frau, ihre Nichtgleichsetzung in gesellschaftlichen Dingen, sind immer noch Norm. In deinem Leben wurden sie möglicherweise durch deinen Vater oder deine unbefreite Mutter ausgedrückt, die dich möglicherweise nicht mit nährender Liebe haben großziehen können, weil sie sie in sich selbst vielleicht nicht fanden.

Dies alles mag viele Verletzungen und Schmerzen in dir verursacht haben. Wurde deine Seele, dein wirkliches Wesen, als du klein warst nicht wahrgenommen, nicht genährt, sondern übergangen, dann hat dich das möglicherweise unsicher, traurig und depressiv gemacht. Du magst das Gefühl mitbekommen haben, nie genug zu sein, denn es gibt immer bessere Leistungen als die, die du bringst.

Nun findest du vielleicht Schwierigkeiten in dir, mit dir selbst in Kontakt zu sein, und Angst vor dem Unbekannten hindert dich möglicherweise daran, diesen Kontakt zu deinem Inneren zu knüpfen, um zu deinem inneren Frieden finden zu können.

Doch nur du selbst kannst deine Seele wieder erkennen und wahrnehmen, was du an Dominanz, Herrschaft und Unterdrückung des Weiblichen vielleicht angenommen hast oder wo du dich hast beeinflussen lassen. Nur du selbst kannst beginnen zu sehen, welche Schmerzen du in dir zugelassen hast, in früheren Leben, in diesem

Leben, im Mutterbauch, als Kind, als Frau oder Ehepartner. Vielleicht hast du hilflos die alten lebensfeindlichen Strukturen verinnerlicht und unterdrückst nun unbewusst das Weibliche in dir.

Blau über Blau hilft dir zu beginnen, deine Seele wieder zu finden und dich von alten Konditionierungen zu lösen. Es schenkt dir jene innere Freiheit, die notwendig ist, um dich selbst erkennen zu können und dich selbst wieder zu leben. Blau über Blau gibt dir die Tiefe und Stille, um dich nach innen zu wenden und eine Schicht tiefer zu gehen. Über die Schwelle deines Unterbewusstseins hinaus, kannst du durch das Blaue Tor des Jenseits hinausschreiten aus deiner kleinen Welt des kleinen Ichs, um hineinzuschreiten in das kosmische Bewusstsein. So, wie ein Sterbender durch dieses Tor in die andere Welt geht oder ein Kind, das geboren wird, durch dieses Tor in die Welt eintritt, magst du in einer Krise sein und durch das Tor des Jenseits gehen, um dich wieder zu finden ... zu fühlen ... zu schauen ... zu lauschen ...

Vor dem Hintergrund der Kraft deiner eigenen inneren Stille kannst du dann vielleicht langsam beginnen, den Klang deiner eigenen Stimme zu hören: Es erscheint

- sie, die für sich selbst spricht,
- sie, die mit ihren eigenen Augen sieht und ihrer Intuition vertraut,
- sie, die sich ihrer Vision öffnet, sie lebt und andere auf den Weg zu ihrer eigenen Vision führt,
- sie, die mit den Himmeln, aus denen sich der göttliche Wille offenbart, in Verbindung tritt, zum Kanal wird, Informationen empfängt und sie in die Welt weiterleitet,
- sie, die die Blüten und Früchte ihres eigenen Wissens kennt und teilt,

- sie, die heil und ganz ist und ihre heilende Kraft, ihr Mitgefühl und ihre Unterstützung für andere einsetzt,
- sie, die neues Leben empfängt, austrägt und gebiert, es schützt und nährt,
- sie, die geboren wird und stirbt, die kommt und geht.

So mag es aus den Tiefen deiner Seele erklingen, sodass die Hohepriesterin, deine innere Führerin und Heilerin, zu neuem Leben erwachen kann.

Blau über Blau öffnet dich für den göttlichen Willen, der dann, so du dich für ihn geöffnet hast, durch dich zu arbeiten beginnen kann. Getragen von seinen Flügeln magst du dabei weit und offen werden, wie der Himmel, in dem nichts geschrieben steht.

Einmal deiner selbst bewusst geworden, kannst du beginnen, bewusst nach den kosmischen Gesetzmäßigkeiten und den ursprünglichen himmlischen Gesetzen zu leben. Der Kontakt mit deinen intuitiven Fähigkeiten, wenn du sie voller Vertrauen dein Leben führen lässt, schenkt dir dabei das Gefühl deiner inneren Freiheit. Nun kannst du beginnen, deine Unabhängigkeit zu leben.

Der Mond nimmt die Sonne in sich auf. Eva und Isis schützen und stärken deine neu geborene Erotik.

Heiter und klar, ruhig und gelassen, vermagst du aus deiner Erinnerung an dich selbst wieder aufzutauchen, vielleicht in neuem Fluss mit deinem Selbstvertrauen. Aus deiner eigenen inneren Quelle, die du nun entdeckt haben magst, kann jetzt eine Oase voller Fruchtbarkeit in deinem ganzen inneren Wesen erblühen.

Je mehr du dich selbst im Blau der Hohepriesterin findest und je mehr es dir gelingt, das Licht als Wesen aller

Dinge zu sammeln, desto größer kann die Klarheit deiner Wahrnehmung werden. Umso heller kann ebenso dein Licht in die Welt strahlen, in gütiger, milder und sanfter Art und Weise.

Im Blau über Blau geht es ebenso darum, den friedvollen Krieger in dir selbst zu finden. Einen friedvollen Krieger, der alle Kraft und alles Durchsetzungsvermögen gradlinig und zielgerichtet für innere Friedfertigkeit in Gedanken, Gefühlen und Taten einsetzt. Er, der wirkt, um Frieden zu schaffen mit Wurzeln und mit Flügeln. Der friedvolle Krieger ist der männliche Teil der Hohepriesterin, mit dem sie ihren weiblichen Teil schützt und ihn zugleich offenbart.

Unverrückbar sitzt sie auf ihrem irdischen Thron, mit ihren Füßen in direktem Kontakt mit Mutter Erde, ihrer Innenwelt, ihrer Intuition und ihrer Empfänglichkeit. Von der Erde her fließt aufsteigende Energie durch ihre Beine; Körper und Leidenschaft bestimmen sie. In direktem Kontakt mit den Weiten des Himmels und der Außenwelt stehend, fließen absteigende Energien in sie hinein und inspirieren sie. Intellekt, Vernunft und Kommunikation bekommen Raum in ihr. So sind alle Kräfte in der Hohepriesterin in Ausgleich und in Harmonie. Sie lebt in Rückbesinnung auf ihre eigenen Stärken. Das vermag ungeahnte Ereignisse in ihrem Leben in Gang zu setzen.

Die Erde ist der blaue Planet. Aus dem Wasser entstand alles Leben, ebenso wie jeder Mensch im Schutz des Fruchtwassers der Fruchtblase ins irdische Leben heranwächst und dabei alle Stadien der Evolution berührt.

Beginnst du erneut, über alle deine Sinne das Leben in dich aufzunehmen, atmest du mit jedem Einatmen Licht ein und füllst du mit jedem Ausatmen vom Stern über deinem Nabel aus eine Blase voll blauen Lichts um dich, dann kannst du den Frieden und die Stille des Blaus erfühlen, es vielleicht sogar sehen und dich darin zentrieren.

In diesem Schutz kannst du empfänglich werden und offen für das Leben.

B 3 BLAU / GRÜN

»Atlanter-Flasche«. Die Herz-Chakra-Flasche

Die Liebe ist die Kaiserin, die das weite Reich des Herzens regiert und darin ein großartiges Zeremoniell leitet.

In der Herz-Chakra-Flasche spiegelt sich die gesamte emotionale Seite deines Seins. Sie kann dir helfen, neues Vertrauen zu schöpfen, um in eine liebevolle, tiefe Zwiesprache mit deinem Inneren zu kommen. Daraus magst du dann neue Erkenntnisse ziehen, mit dem Ziel, eine nährende, kreative Kommunikation im Äußeren zustande zu bringen. Stellst du diesen Dialog in den Dienst, um neues Leben zu formen und gelingt es dir, alle deine eigenen Bedürfnisse mit dem Wachstumsprozess von Mutter Natur in Einklang zu bringen, so kannst du dabei wieder ein unschuldiges Kind von ihr werden und auf diese Weise lernen, so, wie sie dir gibt und dich nährt, ihr deine Liebe zurückzugeben, um sie zu nähren.

Wie ein zartes neues Blatt am Baum des Lebens magst du in dieses Dasein hineingekommen sein, offen und ungeschützt. Blau über Grün hilft dir hinzuschauen, ob du die großen Tore des Kaiserreichs deines Herzens nicht ganz früh schon, zum Schutz deines Innersten, wieder geschlossen hast.

Wenn es so geschehen ist, dass du vielleicht kurz nach deiner Geburt oder sehr früh schon von deiner Mutter verlassen oder getrennt worden bist oder wenn du als Kind möglicherweise nicht das aussprechen oder ausdrücken durftest, was du fühltest, so mag all dies ein Gefühl in dir hinterlassen haben, von deinen Emotionen und deinem Fühlen abgeschnitten worden zu sein. Aus Angst vor weiteren Verletzungen magst du dann gelernt haben, dich zurückzunehmen, dein Herz zu verschließen und in deinen Verstand zu flüchten. Indem du deine Gefühle unter Kontrolle bringen konntest, ist es dir von dort aus dann vielleicht gelungen, dich selbst zu schützen.

Als Ergebnis dieser Ereignisse bist du jetzt möglicherweise verunsichert und weißt nicht recht, was du eigentlich fühlst. Wenn du Gefühle hast, ziehst du es vielleicht vor, sie in dir zu halten, da es dir schwer fallen mag, deinen rechten Ausdruck darin zu finden. Indem du deine Gefühle möglicherweise niedergekämpft und abgetötet hast, magst du dich gleichzeitig isoliert haben, um dich vor neuen Zurückweisungen in dieser feindlichen Welt zu schützen. Vielleicht scheint es dir sicherer, Verhaltensmaßregeln zu folgen, dich zu benehmen und höflich zu sein. Jedoch gerade Selbstkontrolle ist es, die einen einfachen, herzlichen und liebevollen Kontakt zu anderen Menschen verhindert. Möglicherweise kämpfst du hinter deiner Selbstkontrolle innerlich stumm, matt und müde, ängstlich und eifersüchtig gegen das Leben an.

Tief drinnen in dir selbst weißt du vielleicht, dass es irgendwo einen Platz gibt, der besser ist als der, an dem du jetzt bist, aber gleichzeitig weißt du vielleicht nicht, wo dieser Platz ist, an dem du dich wahrhaft entfalten kannst. Der einzige Platz jedoch, an dem du stets zu Hause bist und der deine wahre Heimat ist, liegt immer in deinem eigenen Herzen.

Blau über Grün kann dir helfen, dein Herz wieder zu öffnen, um es mit neuem Leben und neuer Liebe zu füllen. Dabei können alle deine verletzten Gefühle an die Oberfläche kommen und sich dir offenbaren, sodass du die Möglichkeit hast, sie auszudrücken, um auf diese Weise frei von ihnen zu werden. Ein salziger Fluss Tränen mag sich dabei aus deinen Augen ergießen und dich dem Mutterschoß der Meere näher tragen, die Klippen von Selbstmitleid überwinden und dein Herz wieder weit öffnen. Indem du dir erlaubst, das mitzuteilen und auszusprechen, was du fühlst, kann sich darin dein Schmerz erlösen, sodass du dich wieder verbunden fühlen kannst. Auf diese Art und Weise wird es dann möglich, dass dir deine ganze Kraft und Schönheit wieder bewusst wird.

Die Ruhe jenes Friedens, die sich in dir ausbreiten kann, wenn du alte Situationen nochmals durchlebst und abschließt, kann den fruchtbaren Boden für neues inneres Wachstum bilden und eine Bereitschaft für neue Entscheidungen wachrufen, um eine neue Orientierung und neue Anfänge in deinem Leben zu wagen.

Blau und Grün ergeben zusammengeschüttelt Türkis, über das Zugang zu ganz tiefen Schichten des Bewusstseins möglich wird. Aus tiefster Vergangenheit taucht Atlanter wieder in dieses neue Zeitalter auf. Die Erinnerung an sensitive Fähigkeiten, die Erinnerung, Energien und Schwingungen wahrnehmen zu können und, Delphinen ähnlich, wie durch Radarwellen mit anderen in Verbindung zu sein, mag dir wieder bewusst werden, ebenso wie vielleicht die Erinnerung, farbige Lichtstrahlen fühlen zu können. Auch die Erinnerung an Licht- und Energieübertragung, die du vielleicht in deinem Leben jetzt wieder praktizierst, mag Atlanter für dich wieder lebendig werden lassen. Die Offenheit und Feinfühligkeit der Seele in dieser alten Zeit war immens und das Bewusstsein um Licht und seine ihm innewohnenden verwandelnden Kräfte groß. Jede Körperzelle schwingt durch Licht, kommuniziert durch Licht mit anderen

Körperzellen und mit dem ganzen System des stofflichen und feinstofflichen Körpers und ist durch Licht und Bewusstsein ansprechbar. Manche Menschen hatten in jener Zeit auch eine hoch entwickelte Intelligenz für technologischen Fortschritt. Die Zeit von Atlantis hat abrupt geendet und ein kollektives Gefühl von Schock und Abgetrenntsein verursacht. Wenn auch du dieses Ende miterlebt hast und die Verletzung und Wunde in deinem Herzen fühlen kannst, so vermag diese nun vielleicht in wahrhafter Kommunikation aller Emotionen und Gefühle, die sich um diese Trennung angesammelt haben, zu heilen. Denjenigen, die dieselben Fehler von damals heute unbewusst wiederholen mögen und dein Herz in der jetzigen Zeit vielleicht erneut abtrennen und auf diese Weise unbewusst zu verhindern suchen, dass Liebe und Bewusstheit für diese Erde wachsen können, vermagst du nun vielleicht mit wachen Augen ihre Fehler bewusst zu machen, indem du ihnen die Wahrheit ihrer Handlungen durch dein Herz in positiver Weise mitteilst.

Bewusst kannst du dich nun von deiner Vergangenheit, in der du gelernt haben magst, auch unter den schwierigsten Bedingungen zu überleben, abwenden und dich der Zukunft, dem Frieden und dem erwachten Geist zuwenden. Auf diese Weise kann das hässliche Grau des Vergangenen sich in den Neubeginn des Regenbogens wandeln, der Verheißung einer herrlichen Zukunft.

Die Atlanter-Flasche hilft im Aufschließen tiefer emotionaler Räume des Unbewussten, deines Inneren, das, sichtbar und bewusst geworden, der Erde dienlich werden kann, indem du das im Äußeren verwirklichst, was du in deinem Inneren erfährst.

Blau über Grün kann der Essenz deiner Seele helfen sich auszudrücken, sodass die Kräfte deines Inneren nach außen gelangen, damit du sie annehmen kannst, um sie bewusst wieder zu integrieren. Dies lässt dann einen Raum und ein Gefühl von Ganzheit und Vollständigkeit in dir entstehen, in dem die Kaiserin auf ihrem Thron, als Herrscherin über das Reich ihres Herzens, Platz nehmen und in die Welt schauen kann. Sie ruht in sich selbst, ist in sich selbst geborgen.

Wie der Lotos aus dem Schlamm, kann nun in deinem Herzen die Liebe erblühen.

Das Annehmen deiner Selbst, das Verinnerlichen deiner Innenschau und deiner Gefühle darin, mögen dich zu neuem Ausdruck und Selbstbestimmtsein finden lassen. Indem du empfänglich wirst für das, was das Leben dir bringt und damit für neue Erfahrungen und inneres Wachstum, magst du gleichzeitig beginnen, in deiner Mitte zu ruhen, offen und weit. So erhält schließlich Mutter Natur die Möglichkeit, sich durch dich auszudrücken. Auf diese Weise kann sich dann, wissend um die Zyklen des Lebens und der Natur - des Frühlings der Fruchtbarkeit, des Sommers der Fülle, des Herbstes der reifen Früchte und dem Schlaf des Winters - im Einswerden mit Mutter Natur, die alles Leben gebiert und erhält, deine Sehnsucht nach Nähe erfüllen.

Wie die grünen Blätter der Bäume und Sträucher, der Gräser und Blumen dich nähren, indem du ihren Sauerstoff einatmest, so nährst du auch sie, indem du ausatmest und sie das Kohlendioxyd als ihre Nahrung wieder aufnehmen. Liebe ist ein Geben und Nehmen, ein Ausatmen und Einatmen. Liebe ist Natürlichkeit, Lebendigkeit, deine wahre Natur, das, was du bist - ein Teil der Schöpfung.

Auf diese Weise magst du dich vom unendlichen Wissen durch alle Zeiten hindurch durchflutet fühlen, zusammengetragen in den vielen Leben, die dir Mutter Natur wieder und wieder geschenkt hat. Der Schlüssel, der dir die Tore zum Leben aufschließt, liegt in deiner eigenen Hand.

An allem, was das Leben dich lehrt, kannst du reifen, und aus deinem Verständnis und deiner Lebensweisheit heraus, vermagst du dann wiederum andere zu fördern und zu unterstützen. Jene Ganzheit und Vollständigkeit, jene innere Gewissheit um die Dinge und die Ruhe, die aus all dem resultiert, was du für dich erfahren haben magst, dessen du dir über die Zeit bewusst werden konntest und was du schließlich als Erfahrung verinnerlicht hast, mag andere magisch anziehen. Das Gefühl von einem schlichten In-dir-selbst-Ruhen, welches du dann ausstrahlst, vermittelt anderen dann Geborgenheit und Schutz und mag sie dazu veranlassen, unter deine Fittiche zu kriechen, um sich in deiner Wärme entwickeln und entfalten zu können, genährt von deinem Sein.

Das weite Land der Gefühle, welches du dir nun vielleicht wieder erobert hast, magst du nun mit Weitsicht regieren. Das, was dich leiden gemacht hat, darf nun im Lernprozess des Lebens zu Liebe, Harmonie, Frieden, Sanftmut und Respekt werden, darin die Schönheit all dieser Qualitäten beginnen kann, von dir auszustrahlen. Äußeres und inneres Wachstum mag nun dein Handeln führen und alle schöpferischen Kräfte darin unterstützen.

Kind von Mutter Natur, das du bist, kommst du nun, einmal bewusst geworden, in die Lage, sie mit deinem Tun zu nähren und ihr in Liebe und Bewusstheit das zu geben, was sie von dir erbittet. So kann das Geschenk eines Lebens in Liebe und Fülle zu ihrem Dank an dich werden.

Das Herz ist das Tor zur Vollkommenheit. Im Herzen

kann all jenes zur Einheit finden, was zuvor widersprüchlich und gegensätzlich schien.

Was wäre das Grün der Blätter, die in ihrem Welken die Endlichkeit der Dinge ausdrücken, ohne das Blau des Himmels, der die Ewigkeit der Welten verdeutlicht? Was wäre die Unschuld eines Kindes ohne die Weisheit der Alten? Was wären die Früchte von Mutter Natur, wenn du nicht deinen Hunger durch sie stilltest?

Liebe in ihrer Vollkommenheit liegt in der feinen Balance des sich gegenseitigen Benötigens, denn das ist die Kraft, die sie lebendig erhält. Vergleichbar dem Meister, der dich verlassen würde, gäbe es deine Liebe nicht, die sich nach seinem All-Wissen sehnt.

Als B 3-Taschennotfallöl kann Blau über Grün dir bei allen Herzproblemen und der gesamten emotionalen Seite deines Seins helfen.

B4 Gelb / Gold

»Sonnenlicht-Flasche«

Die Solarplexus-Chakra-Flasche

Gelb, die Kraft des Sonnenlichts, wirkt auf die Kraft der Gedanken. Gedanken kannst du einsetzen, um in der äußeren Welt Macht über andere zu besitzen und um dich auf diesem Weg an materiellen Besitztümern zu bereichern. Doch diese Macht des Denkens führt zu Dominanz und zu einem Gegeneinander von Kriegsführung und Konkurrenz. In dieser Art und Weise dient dein inneres Gold dem goldenen Kalb des ›Wissen ist Macht‹.

Entscheidest du dich jedoch dafür, deine Gedankenkräfte zu deiner Selbsterkenntnis einzusetzen, so nehmen sie die Richtung in dein Inneres, in deine Seele, hin zum Gold deiner eigenen inneren Weisheit. Auf diese Weise kann dann das Gold deiner inneren Weisheit die gesamte Gestaltung deines eigenen Lebens unterstützen und führen, um Wandlung, Transformation und Veränderung in dir zu bewirken. Aus der ›Macht innerer Weisheit‹ kann dann die Kreativität innerer Verwandlung in dein äußeres Leben ausstrahlen.

Gelb über Gold öffnet eine Tür zu deinem inneren Wissen, zu deiner inneren Weisheit, zur höchsten Bewusstheit deines Selbst und kann dir eine Richtung zeigen, wohin du im Leben gehen willst.

Des Kaisers Macht steht im Tarot im Dienst des Wandels und Neubeginns. Seine Macht ist wohltätig, nicht bereichernd. Er herrscht, da er sich selbst beherrscht.

Selbstbeherrschung will hier nicht heißen, die eigenen spontanen Emotionen, spontanen Gedanken und spontanen körperlichen Reaktionen in einer Situation zu kontrollieren, sondern sie auszuleben, durch sie hindurchzugehen, sich ihrer bewusst zu werden, um über sie hinausgehen zu können. Auf diese Art und Weise kannst du einen Zustand der Herrschaft über dein Selbst erreichen und ankommen in Stille, Licht und Bewusstheit.

Deine Lebenskraft ist es, die dich immer wieder vorwärts treibt, dich zu neuen Taten drängt, dich schöpferisch werden lässt und dich dazu veranlasst, Dinge ins Leben zu rufen. Das Leben kann ein Abenteuer sein, welches deinen Entdeckergeist weckt, Pfade zu betreten, die vor dir vielleicht noch nie jemand gegangen ist. Auf der Suche nach dem, worin du wahrhaft deine eigene Autorität finden kannst, begegnet dir dann das, was du dabei zu lernen hast, um es zu verstehen und dann zu beherrschen. So magst du dich auf einer Suche befinden, die vielleicht viele Ängste in dir in Bewegung setzt. Ängste, das Ziel, das du dir vielleicht gesteckt hast, nicht zu erreichen und die Aufgabe, die die deinige ist, nicht zu schaffen.

Wenn niemand an dich geglaubt hat, als du Kind warst, und man sich möglicherweise von dir abgewendet hat, dann mag dir heute die Kraft fehlen, an dich selbst zu glauben. Wenn das, was du als Kind dachtest, als ›falsch‹ verurteilt wurde, magst du dich jetzt verunsichert fühlen und nicht wissen, welche Gedanken es wert sind, ihnen zu folgen. Wurdest du als Kind dazu gezwungen, still zu sein, so magst du dich heute ängstlich fühlen und deinen eigenen Gefühlen nicht trauen. Ist vielleicht von dir als Kind in derselben Art auch verlangt worden, dich zu beherrschen, so magst du noch heute deinem Körper misstrauen, dich zurückhalten und zu keiner Ruhe und keiner inneren Stille finden. Auf diese Weise mag dir die spontane tiefe Freude am Leben verloren gegangen sein und vielleicht auch das Glück keinen Einzug bei dir halten.

Mutlos und niedergeschlagen, zurückgenommen vor der Macht anderer, magst du auf deinem Pfad die Richtung verloren haben.

Um jedoch trotzdem etwas zu gelten und respektiert zu werden, wirst du vielleicht launisch und rechthaberisch und tyrannisierst andere, um dir eine Form von Autorität zu verschaffen, mit der du dann möglicherweise versuchst, die Dinge in deinem Leben unter Kontrolle zu haben. Das macht jedoch deine Selbstsicherheit nur gespielt und zuweilen gleitest du vielleicht in Arroganz ab, da dir die Reife und echte Sicherheit fehlt. Auch durch herzlose Habgier mag es dir dann nicht mehr gelingen, das zu erreichen, was du eigentlich zu deinem Leben benötigst.

Je mehr du nun deine dir unangenehmen Gefühle zu kontrollieren versuchst und sie zurückhältst, umso weniger erfährst du dann auch dir angenehme Gefühle und Freude.

Gelb über Gold kann helfen, dir wieder selbst zu erlauben, deine Ängste vor der Macht anderer in deinem Unterbewusstsein wahrnehmen zu können und sie in dein Bewusstsein kommen zu lassen. Auf diese Weise kann dir klar werden, wo und wie du deine Macht noch an andere abgibst. Gelb über Gold hilft dir, jene Zurückhaltung, die du vielleicht als Kind hast lernen müssen, um zu überleben, loszulassen. Du kannst ebenso lernen, deine Anspannungen, die damit einhergehen, vor allem im Zwerchfell, loszulassen und deinen Emotionen und deiner Wut in deinem Bauch Raum zu geben, sie aufsteigen zu lassen und sie auszudrücken und dir dabei bewusst werden zu lassen, woran du gehindert worden bist. Gelb über Gold hilft dir, dich von den dir möglicherweise aufgezwungenen Werten anderer freizumachen, dich von ihnen abzugrenzen und zu deinen eigenen Werten zu finden, zu denen du dann stehen kannst.

Gold ist ein Metall. Es geht durch das Feuer der Erde, um Gold zu werden.

Gelb über Gold hilft dir zu lernen, deinen spontanen Gefühlen zu vertrauen und sie auszudrücken. Darin mag sich deine Verwirrung wieder klären, sodass Ordnung und Klarheit in dein Denken Einzug halten kann. Gelb über Gold erhöht die innere Wahrnehmungsfähigkeit und bewirkt die Rückverbindung mit dem Gold deines eigenen Wissens, deiner Gewissheit, deiner Weisheit, dass das, was durch dich wirkt, stärker ist als das Wirken deines kleinen Ichs.

Du erhältst jenen Abstand, dessen du bedarfst, um zu dir selbst zurückzukommen und um leichter dein Handeln und seine Beweggründe betrachten zu können. In deinem Handeln, fremdbestimmt, handelst du so, wie andere es von dir erwarten und magst dabei Angst haben, Fehler zu machen. Du bist nicht frei, sondern du hältst dich fest. In selbstbestimmtem Handeln agierst du dagegen so, wie es für dich richtig erscheint und wie es dir selbst entspricht. Dabei kannst du entspannt sein und dich frei und unabhängig fühlen.

Gelb über Gold hilft dir dabei zu lernen, deinen eigenen Gedanken, deinen Empfindungen und Gefühlen und ebenso den Reaktionen deines Körpers Vertrauen zu schenken, zu dir selbst zurückzukommen und dich tief in dich selbst hineinsinken zu lassen, in deine eigene innere Sicherheit. Indem du aufrichtig dein Inneres nach außen bringst, kannst du Wachstum in dir selbst und ebenso in anderen bewirken. Dadurch wird eine feine Ordnung im Vorwärtsgehen geschaffen, die ihren Rückhalt aus der Essenz der eigenen Erfahrungen zieht.

Vor deiner Wahrhaftigkeit mag erworbenes Wissen sich auflösen. Wahrheit wächst immer von innen.

Werden aus Emotionen Gefühle, dann können sie sich wiederum in tiefer Meditation und Öffnung für das Göttliche in eine goldene Weisheit verwandeln, die den Kontakt zu deiner inneren Führung und deiner Intuition knüpft. Gedanken wandeln sich in diesem Prozess in reine Bewusstheit und der Körper wird zu einem reinen Gefäß des Göttlichen. Was du in dem Moment dieser Erfahrung berühren magst und was in jedem anderen Moment deines Lebens möglich ist, ist das Gold der Stille, der Schönheit und der Wahrheit, welches dir die Kraft zu geben vermag, in zwei Welten gleichzeitig zu leben. Dann lebst du *in* dieser Welt, bist jedoch nicht *von* ihr.

Von diesem Punkt der Erfahrung an vereinigt und verinnerlicht der Kaiser Weisheit und weltliche Herrschaft. Tritt er mit seinen Qualitäten in die Welt, so tut er das nur, wenn es für den Willen des Ganzen erforderlich ist und nicht aus selbstsüchtigen Absichten. Bereit, sich für das Wohl des Ganzen zu opfern, in tiefem Verständnis um die Bedürfnisse in der Welt, die durch ihn nach Verknüpfung mit den kosmischen Gesetzen rufen, verkörpert er eine Autorität, die vom Licht geleitet wird und ihn mit dem All-Wissen verbindet. Von diesem Licht gelenkt und geführt, verrichtet er in seinem Kaiserreich, hier auf der Erde, die nötigen Dinge. Durch ihn als Medium kann das Spirituelle Form annehmen und lebendig werden. Mit seinen weisen Entscheidungen errichtet er eine neue Ordnung, in der das Feinstoffliche das Grobstoffliche bewegt, die Gesetze setzt und die Manifestation bestimmt. Tiefes Wissen ältester Zeit wirkt durch ihn.

Der feurigste Himmelskörper dieses Sonnensystems, und gleichzeitig sein Zentrum, ist die Sonne selbst. Sie ist es, die die schöpferische Energie des Kaisers in Bewegung setzt, der den Beginn einer Initiative, einen Wechsel, einen Neuanfang oder einen neuen Lebensabschnitt bewirkt. In seiner Schöpferkraft wirkt einerseits die rohe, wilde, unbezähmbare, leidenschaftliche Kraft, die sich für das Leben und den Durchbruch neuen Lebens einsetzt, andererseits auch die feinen, lichten, geistigen Kräfte höchster Einstimmung auf das Ganze. All seine Kräfte dienen der Erweiterung neuer Bereiche seiner Herrschaft und der Eroberung und Erschließung neuer Gebiete, um sein Wissen und seine Vision in die Realität umzusetzen.

Seine Herrschaft steht dabei im Dienst innerer und äußerer Wandlung und Wohltätigkeit allem Lebendigen gegenüber. Er hilft dem Ganzen, das zur Harmonie miteinander und darin fortwährend zur Vollendung strebt. In sensibler und feinfühliger Führerschaft, großer Aufmerksamkeit für alle Details und all den Verschiedenheiten und Gemeinsamkeiten im gesamten System vermag sich durch seine Wärme und Sorgfalt aus dem Chaos eine neue Ordnung zu gebären.

Aus deinem eigenen Verinnerlichen und Umsetzen der dem Kaiser innewohnenden Kraft und seiner tiefen inneren Weisheit vermag dann die Ernte einer lebenden Erde und lebendiger Arbeit zu erwachsen, die ihr dient.

Als B 4-Taschennotfallöl kann Gelb über Gold hilfreich sein, dich deinem inneren Wissen und deiner inneren Weisheit zu öffnen, deine Wahrnehmungsfähigkeit zu erhöhen und deine Ideen in die Wirklichkeit umzusetzen.

B5 Gelb / Rot

Die Basis-Chakra-Flasche

»Sonnenaufgangs- und Sonnenuntergangs-Flasche«

Die sexuelle Energie ist reine Lebenskraft. Nützt du sie kreativ, dann kann sie zur größten, alles verwandelnden Kraft in deinem Leben werden.

Die Suche nach dir selbst und dem, was es ist, das dein Leben ausmacht, kann dich, wenn du mit deiner Spiritualität und den spirituellen Werten deines Lebens zusammenfindest, in die höchstmögliche Transformation führen. Triffst du dazu noch mit einem spirituellen Lehrer oder Meister zusammen, einem Meister oder einer Meisterin göttlicher Liebe, so magst du dich in der Begegnung mit diesem Menschen auf deinem Pfad der Selbstfindung herausgefordert sehen, dich völlig mit dir selbst zu konfrontieren.

Der Hohepriester trägt im Tarot das Licht der Bewusstheit in die Dunkelheit der Unwissenheit. Er ist der Wegweiser zum höheren Bewusstsein.

Das Basis-Chakra ist Sitz der Lebensenergie, des Lebenswillens und des Urvertrauens. Von hier aus beziehst du dich auf andere Menschen und die materielle Welt.

Gelb über Rot hilft dir, dich zum einen wieder mit dem Feuer der Erde zu verbinden, deiner Lebenskraft, und zum anderen mit dem Licht der Sonne, die dein Wachstum zu bewirken vermag und so deiner Lebensenergie eine Richtung gibt.

Diese Richtung geht hier aufwärts, in ein Bewusstsein von Liebe und Meditation, das zur treibenden Kraft deines Lebens werden kann und deiner völligen Entfaltung darin.

Gelb über Rot berührt auf diese Weise deine innere Weisheit, um all deine verfügbare Energie sinnvoll zu nutzen und dich für die Freude in deinem Leben neu zu öffnen.

Aufgrund früherer schlechter Erfahrungen magst du dich aus deiner Empfindsamkeit, Unsicherheit und deiner Angst heraus dem Leben gegenüber verschlossen haben, vielleicht nur wenig Vertrauen haben und dich möglicherweise auch nicht mit deinen Schwierigkeiten konfrontieren wollen. Doch im Vermeiden und deinem Wunsch, dass das Leben dir vielleicht von selbst das geben sollte, was du benötigst, können sich die Ängste und Probleme, die du in deinem Überleben haben magst, nicht lösen. Sie mögen sich auch weiterhin für dich in deinen Schwierigkeiten, Beziehungen zu anderen Menschen aufzubauen, widerspiegeln, ebenso wie vielleicht in deiner Sexualität, deiner Partnerschaft, deiner Arbeit oder deiner Wohnsituation. Möglicherweise nimmst du auch deinen Schmerz und dein Leid einfach nicht an und willst dich nicht weiterentwickeln. Indem du jedoch die Wut, die du eigentlich auf alles Mögliche haben magst, unterdrückst und sie nicht zeigst, ziehst du dich nur noch mehr vor dem Leben zurück, und alle Probleme, mit den Überlebensfragen ins Reine zu kommen, mögen sich dabei vergrößern.

Auf dem Weg von Wachstum und Reife mag dir die Natur der Dinge begegnen. Bewusstwerdung und Transformation tragen die Dornenkrone aus Schmerzen und Leid.

Gelb über Rot hilft dir auf deinem Weg in das Licht der Bewusstheit, die Dunkelheit deiner Unwissenheit zu verlassen, dein Leiden und deine Schmerzen, die mit deinem inneren Wachstum einhergehen, akzeptieren zu lernen und bereit zu werden, völlig durch sie hindurchzugehen. Wirkliche Verwandlung kann nur geschehen, wenn deine Hingabe an die göttliche Liebe und den göttlichen Willen total ist.

Beginnst du zu erkennen, dass du dir das, in dem du dich gefangen fühlst, deine innere Realität und deine Widerstände und Hindernisse darin, selbst geschaffen hast, dann wirst du ebenso begreifen können, dass du dich direkt mit deinem Inneren und dem, was du dort vorfindest, konfrontieren musst. Dieser Prozess dauert so lange, bis du ihn zur Gänze durchschaust, um die grundsätzlichen Ursachen deines Leidens beseitigen zu können.

Du selbst bist der Meister deines eigenen Lebens.

Jede seelische Verletzung, alles, was in deinem Leben gegen deinen eigenen Willen geschehen sein mag und eine Überschreitung deiner natürlichen Grenzen bedeutete, ist das, was eine Schwächung in deiner Lebenskraft, in deinem Lebenswillen und in deinem Urvertrauen bewirkt.

Jeglicher Missbrauch in der Kindheit, in dem ein Kind für die Bedürfnisse und Zwecke eines anderen Menschen benutzt worden ist, ob körperlich, emotional oder mental, bewirkt einen Schock, den das Bewusstsein des Kindes speichert und so jede neue Erfahrung des erwachsenen Menschen in diesem Lebensbereich verhindert, indem es eine Schutzfunktion ausübt.

Gelb über Rot kann dir jene Kraft geben, die dir hilft, dich den Erlebnissen, die du zu erlösen hast, in deinem Inneren gegenüberzustellen und dich direkt mit ihnen zu konfrontieren.

Wenn du als Kind deinen Vater als bedrohlich, dominant oder gewalttätig erlebt hast oder dir deine Mutter vielleicht Angst gemacht hat, dir keine Liebe gab, sondern dich nur nach ihren Vorstellungen den Bedürfnissen der materiellen Welt anpassen wollte, so mag dir die Erfahrung fehlen, selbstbestimmt, liebevoll und sinnhaft mit den Dingen des Lebens umgehen zu können.

Heute äußert sich das für dich vielleicht in Überlebensängsten, dein Leben nicht bewältigen zu können, weil du als Kind nicht vollständig lernen konntest, wie du mit den einzelnen Lebensbereichen förderlich für dich selbst umzugehen vermagst. Mutter Erde und alle Erfahrungen, die sie mit sich bringt, wird dir vielleicht Angst machen.

Geschüttelt wird Gelb über Rot ein tiefes Orange, welches Heilung aller von dir erlebten Situationen zu bewirken vermag, die einen Schock in dir ausgelöst und dich in den Grundbedürfnissen deines Lebens verletzt haben.

Gelb über Rot kann dir dabei helfen, deine Lebenskraft in eine neue Richtung zu lenken. Es hilft, Ängste überwinden zu lernen und dahinter versteckte Wut und alle Emotionen, die an die alten Erlebnisse gebunden sein mögen, an die Oberfläche zu bringen. Indem du dir erlaubst, sie auszudrücken und sie restlos nach außen zu bringen, kannst du deine ganze Kraft befreien, sodass deine tiefe innere und ursprüngliche Energie dabei wieder lebendig werden kann.

Du kannst nur das zerstören, was nicht zu dir gehört. Liebe selbst ist unzerstörbar.

Gelb über Rot hilft im Verarbeiten alter Erlebnisse und Verletzungen und allen Gefühlen, die mit ihnen zu tun haben. Es ist hilfreich dafür, dein Selbstwertgefühl wieder zu finden und deine emotionale Stabilität zurückzuerlangen. Es vermag dir Energie für deine Selbsterfahrung und dein persönliches Wachstum zu geben und dir helfen, dich tief in dein Urvertrauen in Mutter Erde, die dir alles zu geben vermag, was du benötigst in deinem Leben, hinein zu verwurzeln.

Gelb über Rot stellt die Verbindung mit der spirituellen Weisheit auf der materiellen Seite des Lebens her. Es hilft dir, mit einem klaren Geist und Intellekt den Weg zu deinem eigenen Wissen um die Lösung deiner Grundbedürfnisse, in Erfüllung deines Menschseins hier auf der Erde, zu finden. Dich dabei öffnend für die heilenden und unterstützenden Energien der Mutter Erde, kannst du durch sie jene Energie erhalten, um ehrlich, offen und empfänglich deinem Instinkt zu vertrauen und auf die Regungen deines Herzens zu achten.

Gelb über Rot hilft deiner Willenskraft und deiner Dynamik hervorzukommen. Mit ihnen magst du beginnen, Begeisterung und Leidenschaft für deine eigene Sache, in der du ganz zu dir selbst stehst, zu entwickeln, ebenso wie die Entschlusskraft, dich wieder schöpferisch und kreativ auf das Leben einzulassen. Im bewussten Beginnen, deine Energien weise und konstruktiv einzusetzen, kann dann Heilung geschehen.

Gelb über Rot öffnet den Weg zu tiefer emotionaler Freude, innerer Sicherheit und tiefen Beziehungen, freundschaftlichen wie auch sexuellen. Es hilft dir zu erkennen, dass spirituelles Erwachen durch deine Freude am Leben stattfindet.

Gelb über Rot ist ebenso hilfreich dafür, in deiner sexuellen Kraft zu deiner Stärke zu finden und sie in Liebe und Bewusstheit, zentriert in deinem eigenen Wesen, zu leben. Erlaubst du deiner Leidenschaft, durch dein Herz zu fließen, dann kannst du Liebe kennen lernen. Lässt du diese Energie noch höher aufwärts fließen, bis durch dein Kronen-Chakra hindurch, und wagt dein Verstand den Sprung in die Meditation, dann vermagst du dich vollkommen darin aufzulösen.

Der Hohepriester vereinigt in sich ebenso das nach außen gerichtete männliche Prinzip von Aktion, Dynamik, Intellekt, Sex und Instinkt wie das nach innen gerichtete weibliche Prinzip von Harmonie, Schönheit, Gefühlen, Liebe, Kommunikation und Intuition.

Die Kräfte der Erde, des Feuers, der Luft und des Wassers hat der Eingeweihte, der Erleuchtete, alle in sich vereint und zu ihrer höchsten Entfaltung gebracht. Er ist die letztendliche Entfaltung des Menschen, das verwirklichte Göttliche.

Findest du den Meister in dir selbst, so erhältst du Kontakt mit der kühlen Flamme in dir selbst und dem reinigenden Feuer, das diese Flamme mit sich bringt, in dem alles verbrennt, was nicht du bist.

Nackt wie ein neugeborenes Kind, ungeschützt und verletzlich, voller Offenheit und Vertrauen gegenüber dem Leben, kann dann deine Natürlichkeit zum Ausdruck echter Weisheit und der Schlüssel zu deinem wahren Herzen werden.

Im Hohepriester, einem Menschen, der die Dinge des Lebens gemeistert hat, offenbart sich auf Erden die göttliche Weisheit und Liebe. Er hat die Funktion einer Vermittlung zwischen dem Göttlichen und dem Menschen.

So mag deine eigene Heilung dich in Kontakt mit deiner inneren Führung bringen und an diesem Punkt deiner Entwicklung dich zum Berater und Lehrer für andere werden lassen, sodass du in tiefer Meditation vielleicht beginnst, zwischen der göttlichen und der menschlichen Welt zu vermitteln. Angezogen von der Freude, die um dich herum nun spürbar werden kann, mögen sich Menschen bei dir wohlfühlen und deinem Verständnis und deiner Urteilskraft vertrauen.

Der Hohepriester ist Ausdruck von Liebe in ihrer reinsten und vollendeten Form, von jeglicher Selbstsucht befreit. Er verkörpert jene wissende Liebe, die den anderen sieht und ihm das gibt, was er wirklich benötigt. Dies mag nicht immer das sein, was der Betreffende will oder sich wünscht. Ein echter Meister erfüllt nicht die Erwartungen seines Schülers. Wahrheit ist eine Provokation und ist darauf angelegt, den süß-dumpfen Schlaf der Unbewusstheit zu stören.

Die würdevollen Züge des spirituellen Führers vereinigen sich mit kindlicher Unschuld. Jeder, der in der Nähe des Hohepriesters verweilt, wird von dieser Qualität seines Wesens erfasst. In seiner Gegenwart müssen alle Verteidigungsmechanismen fallen gelassen werden, um ganz mit seinem Ich in Verbindung treten zu können.

Sonnenlicht und Erdenkraft. Die Sonne weckt die Erde zu jedem Tag und legt sie schlafen in jeder Nacht.

Gelb über Rot ist die Flasche von Vicky Wall.

B6 Rot / Rot

»Die Energie-Flasche«

Rot über Rot ist die Energie-Flasche. Sie kann dir Energie dafür geben, um Kraft zu entfalten, Trennung zu überwinden und Vereinigung herzustellen, die Kraft, um ein wahrhaft Liebender zu werden.

Rot kann eine energetische Verbindung mit Mutter Erde und mit deinem eigenen Körper schaffen und dir die Kraft für Liebe schenken. Nur im völligen Einssein mit der Liebe vermagst du das Überwinden aller Gegensätze in deinem Leben zu erreichen und schließlich zu seiner Erfüllung finden.

Als Kind vermochtest du aus deiner vollen Lebenskraft heraus nach Herzenslust dein Leben zu leben. Vielleicht hältst du jetzt deine Energien eher fest und führst ein Leben in Abwehr.

Es mag eine Angst in dir entstanden sein, vielleicht vor der Bedrohlichkeit deines Vaters oder deiner Mutter, die, als du klein warst, vielleicht Gebote und Verbote an deine Liebe stellten, indem sie sagten: »Du sollst nicht ...« Dein unschuldiges Gottvertrauen mag auf diese Weise gestört worden und Widerstreit in deinen Gefühlen aufgekeimt sein. Einerseits wolltest du etwas, spürtest dein instinktives Drängen danach, andererseits »solltest du nicht ...«.

Auf diese oder ähnliche Weise kann deine überschäumende Lebenskraft, als du klein warst, eingedämmt und kontrolliert worden sein, und ist dann möglicherweise in die Kategorien ›nutzbar‹ oder ›unnütz‹ auf- oder abgewertet worden. So stieß deine spontane, kraftvolle und instinktiv ausgedrückte Liebe dann nicht auf Erwiderung, sondern auf Ablehnung, denn die letztendliche Gültigkeit mag das Machtwort deines Vaters gehabt haben.

Ist all dies erst einmal geschehen, bleibt als unweigerliche Folge davon das Gefühl in dir selbst, ausgeliefert zu sein, ausgeliefert an eine Welt, in der derjenige bestimmt, der der Mächtigste ist. Der Mächtigste wiederum ist er nur deshalb, weil er seine Kraft aus der Unwissenheit der anderen zieht und sie kontrolliert. Entscheidest du dich dafür, die Dinge nun so weiterlaufen zu lassen, dann wirst du dich umso tiefer in deine Abhängigkeit von Macht verstricken. Versuchst du stattdessen, durch die Hintertür zu entkommen, indem du dem Leben vielleicht einfach kein Interesse mehr entgegenbringst, so magst du im Verborgenen deine vergrabene Wut nur gegen dich selbst richten, dich niedermachen und dich möglicherweise nun des Lebens unwert fühlen.

Auch Lethargie und Sucht nach materiellen Dingen vermag das entstandene Bedürfnisloch von Liebe in deinem Leben nicht zu füllen. Das Materielle kann kein Ersatz für Liebe sein, auch wenn du dich vielleicht daran gebunden hast. Die Schwierigkeiten, die du in der materiellen Welt haben magst, sind schließlich aus deinem Mangel an Liebe entstanden, auch dann, wenn du das vielleicht nicht fühlen willst.

Rot über Rot kann dir helfen, dich selbst in deinem Bedürfnis nach Liebe kennen zu lernen. Es kann dich nicht nur mit feurigen Energien nähren und deine Füße wieder auf die Erde zurückbringen, sondern vermag dich auch in Kontakt mit deiner Kraft und deinem Mut zu bringen, an deinem Leben etwas zu ändern. Es besitzt jene Kraft, dich auf deine eigenen Füße und damit in deine eigene Verantwortung für Liebe in deinem Leben zu stellen, sodass du beginnen kannst, in dir die Kraft deines Vertrauens in Veränderung wahrzunehmen. In deiner eigenen Bereitschaft zur Veränderung, vermagst du zu lernen, dass zu lieben in Wahrheit bedeutet, Liebe zu geben.

Rot über Rot hilft dir, Widerstände in dir selbst überwinden zu lernen, um dich der Liebe mit all ihren Herausforderungen wieder anzunähern. In der Kraft des Rots kannst du lernen, deine Verzagtheit unerfüllt gebliebener großer Lieben loszulassen und deinem Wunsch nach Erfüllung wahrhaft großer Liebe neue Energie zu geben.

Rot über Rot kann dir helfen, dir all deiner Wut, deines Ärgers, deines Grolls und aller frustrierten Gefühle, die sich in dir um unerfüllte Liebe ranken mögen und die vielleicht mit deinen Eltern in deiner Kindheit begannen, bewusst zu werden. Auf diese Weise kannst du dir anschauen, was es ist, das dich daran hindert, wahrhaft zu lieben, und es hinter dir lassen. Nur das Freiwerden aller deiner Kräfte, die du zum Lieben benötigst, vermag dich zu jener Kraft in dir finden zu lassen, die dich weiter lieben lässt, auch unter den schwierigsten Bedingungen.

Liebe ist nicht das Befolgen göttlicher Gebote, Liebe ist totale, existenzielle Erfahrung.

Innere Bewusstheit und Liebe entsprechen derselben Kraft. Im Paradies trug der Baum der Erkenntnis üppige Früchte, schwere, reife Früchte. In ihrer Form, in ihrem Duft und in ihrem Geschmack lockten sie zum Kosten und luden als die Gaben von Mutter Natur ein zum Genießen.

Die Schlange war es, die Eva den Lebenshauch eingab und sie dazu brachte, von den üppigen Früchten zu nehmen, sie zu probieren, zu schmecken und zu erkennen. So war Eva die erste Frau, deren unschuldige Sinnlichkeit den ersten Mann, Adam, zum Leben erweckte.

Durch das Kosten Adams von Evas Apfel, in langer Ahnenkette, wurdest du schließlich gezeugt. Liebe in ihrer Sinnlichkeit ist der Ausdruck ihrer ursprünglichsten Kraft. Die Entscheidung für die Liebe ist die Entscheidung für Bewusstheit – und damit die Entscheidung für Gott.

Die Liebe zu dir selbst und die Liebe zum anderen ist die Liebe zu Gott.

Es ist die Sehnsucht nach Einheit in dir, durch die du dich dann instinktiv von einem anderen Menschen angezogen fühlst. Du magst Kräfte in dir spüren, die dich mit diesem Menschen verbinden, und seine Nähe suchen. Vielleicht ohne es zu wissen, suchst du den Spiegel, die Verbindung, die Vereinigung, das Einswerden mit dem Göttlichen, der göttlichen Liebe, durch den anderen. Letztendlich ist es immer das, was du in dir selbst vermisst, welches du dann im anderen suchst.

Entscheidest du dich, dich auf Liebe einzulassen, so bedeutet das in Folge die Entscheidung, nichts zurückzuhalten und dich total hinzugeben an das, was ist. Im leidenschaftlichen Drang, eins zu werden, magst du darin auf alle trennenden Gegensätze treffen; auf das Glück und die Freude der gegenseitigen Bereicherung ebenso wie auf den Schmerz der Trennung und das Rückerleben alter seelischer Wunden. Einerseits magst du dem höchsten Glück begegnen und andererseits dem Kampf und der Vernichtung. Wo Liebe ist, ist ebenso Eifersucht. Wo Harmonie ist, ist auch Streit. Zum Einssein gehört Trennung und zum erregenden Kennenlernen die ernüchternde Entfremdung. Liebe vermag alle Schatten ans Licht zu bringen. In Kontakt mit der Liebe zu bleiben, bedeutet, durch Gegensätze miteinander in Bewusstheit zu wachsen.

Rot über Rot ist hilfreich, in der Liebe, als der größten Lernerfahrung zur Bewusstwerdung, zu wachsen, sie als Weg zum Vollständigwerden deiner selbst und desjenigen, den du liebst, zu sehen.

Lieben bedeutet, miteinander zu teilen, einander kennen zu lernen und sich gegenseitig immer wieder neu zu erforschen. Mann und Frau sind völlig unterschiedliche Individuen. Wenn sie sich in ihrer Andersartigkeit lieben und respektieren, sich direkt und ehrlich austauschen, vermag jeder von beiden dem eigenen inneren männlichen oder weiblichen Anteil näher zu kommen.

Die Welt der Frau besteht aus Liebe, aus den Gefühlen und der Hingabe an die eigenen emotionalen Tiefen. Diese teilt sie in Kommunikation, Schönheit und Beziehung. Eine Frau erlebt Erfüllung durch Teilen und Mitteilen.

Der Ausdruck individueller Persönlichkeit ist ihr wichtig. Ihre Kommunikation dient ihr dazu, andere zu unterstützen, und sie gibt ihr selbst Unterstützung. Sie liebt es, Beziehungen zu pflegen. In ihren Beziehungen kann sie ihrer Güte, ihrer Liebe und ihrer Fürsorge Ausdruck verleihen.

Die Welt des Mannes ist ergebnisorientiert. Der Mann definiert sich durch die Fähigkeit, etwas Greifbares hervorzubringen, also kreativ zu sein. Dadurch hat er etwas, das ihm das Gefühl von Erfolg verschafft. Er schätzt es, seine Autorität zum Ausdruck zu bringen, Dinge zu bewegen und Ziele durchzusetzen. Seine Autonomie darin vermag ihm ein Gefühl von Effizienz, Autorität und Kompetenz zu geben.

Rot über Rot kann dir helfen, durch deine Sehnsucht nach dem Einswerden mit deinem Geliebten, deine innere Bereitschaft zu finden, dem anderen wahrhaft begegnen zu wollen, um die Unschuld im Kern dieser Begegnung wieder zu finden. Es hilft dir, dem Einssein jenseits der Gegensätze zu begegnen, um in den ursprünglichen menschlichen Zustand zurückzukehren. Dieser Zustand liegt jenseits aller Emotionen der Vergangenheit.

Im Feuer des Rots vermag die Begegnung mit dem Körper des Geliebten zur Begegnung mit der allumfassenden, göttlichen, kosmischen Liebe zu werden, durch die du in der Begrenzung die Freiheit finden kannst, in der Bindung die Unabhängigkeit und damit den kosmischen Orgasmus.

In tiefer Umarmung, im Zustand totaler Sinnlichkeit, in der Vereinigung im Liebesakt, in stiller, süßer, natürlicher, fließender Bewegung, die vom Körper selbst auszugehen vermag, kannst du lernen, die Momente der Ewigkeit zu erreichen, in denen du als Person und in deiner persönlichen Liebe transzendiert wirst. Transzendenz ist die Stille des Intellekts, das Ruhen des Körpers, die geglätteten Emotionen und die unendliche Ausdehnung des eigenen Geistes.

Durch die Liebe zu einem anderen Menschen kannst du Vollständigkeit erfahren und du magst lernen, deine eigene Einheit und innere Harmonie wieder zu finden. Nur in der völligen Hingabe an die Liebe kann die größtmögliche Selbstentfaltung stattfinden und dein gesamtes Potenzial freiwerden.

Wenn du nicht versuchst, Liebe zu besitzen und aus Liebe keine Bindung machst, dann wird deine Liebe schließlich in ein liebendes, liebevolles und kraftvolles Dasein einmünden, das Ewigkeit atmet.

B7 GELB / GRÜN

»Der Garten von Gethsemane«

Das Wagnis eines Neubeginns, vor dem du jetzt vielleicht stehst, kann einen Wechsel zum Guten in deinem Leben bewirken. Gelb über Grün hilft dir auf deiner Reise ins Unbekannte und bestärkt dich, auf deine eigenen Gefühle zu vertrauen.

In deinem Inneren mag ein tiefes Innehalten vor einem Neuanfang jetzt Raum erhalten und dir auf diese Weise helfen, die letzten Prüfungen in einer Zeit des Umbruchs zu bestehen.

Der Lebensbereich, in dem dieser Neuanfang sich vollziehen möchte, liegt bei dieser Flasche im Bereich der Familie, deinem Zuhause, das mit deiner spirituellen Heimat in der großen Erdenfamilie zusammenfinden will. Darin kann Gelb über Grün dich für die Weisheit deines eigenen Herzens öffnen, um lernen zu können, dem Prozess des Lebens zu vertrauen.

In der Reise deines Lebens will jetzt offensichtlich ein neuer Abschnitt beginnen.

Bewegst du dich noch in der Routine deines gewohnten Alltagslebens, so magst du vielleicht um den Neubeginn tief in deinem Inneren wissen, jedoch andererseits weiter an deinem Ehrgeiz um deine Anerkennung und deinen Erfolg in der äußeren Welt festhalten, den du möglicherweise glaubst zu benötigen. Dies magst du in dieser Art aus einer Enttäuschung dem Leben gegenüber heraus tun, weil es dich auf deiner Suche nach einem lebenswerten Leben vielleicht so oft enttäuscht hat, dass du dich nun eher desillusioniert fühlst und dich jetzt vor neuen möglichen Fehlschlägen abzusichern versuchst. Auf diese Weise hältst du jedoch deine eigene innere Wahrheit für eine Illusion und magst sogar gegen dich selbst handeln, gerade weil du dich vielleicht frustriert vom Leben fühlst. Du magst dich widersprüchlichen Gefühlen in dir gegenübergestellt finden, obwohl du die eigentliche Richtung innerlich vielleicht sogar kennst. Selbst wenn du spürst, wohin dein Weg führt, gerätst du möglicherweise dabei in deine Angst und suchst nach Entschuldigungen, mit denen du es dann vielleicht vorziehst, dich weiter selbst zu betrügen. In dieser Weise vermeidest du jedoch das Leben selbst. Wenn du störrisch weiter an deinen Ängsten und Befürchtungen festhältst, dann klammerst du dich an den kleinen Willen deines Egos, vielleicht um etwas in deinem Leben erzielen zu wollen, was du glaubst, für dich zu benötigen, und verhinderst so den großen Willen, dir den Weg in ein großes Leben und in ein großes Ziel zu zeigen.

Gelb über Grün kann dir dabei helfen, dich für den Willen des großen Ganzen zu öffnen und das Leben anzunehmen, um es zu meistern. Dafür musst du vielleicht deine bisherigen Verhältnisse ordnen, um den Weg in eine neue Richtung mit Weisheit finden zu können. Es liegt scheinbar ein neuer Lebensabschnitt vor dir, und alles will wohl bedacht sein, bevor du es angehst.

Das Gelb ist dabei hilfreich, über jene Ängste und Zweifel, in denen vielleicht ein Kampf um dein Leben stattfindet, hinauszugehen und stattdessen die Aufmerksamkeit in dein Herz zu lenken. Dabei kann sich deine Achtung tief in dein Inneres senken, in die Meditation, in ein stilles Sitzen. Es geht um das Verletzlichste, ja das

Kostbarste in deinem verborgenen tiefsten Inneren, für welches sich der Weg bereiten möchte.

Das Grün vermag dabei deinem innersten Wesen jenen Schutz und jenes Vertrauen zu geben, dessen du bedarfst, um dem Wagnis der Reise in das Unbekannte, nämlich dem Weg deines eigenen Herzens, nachgeben zu können. Im Grün kann es dir gelingen, zum Ruhen in dir selbst, zur Stille, zum Frieden, zur Wärme, zum Schweigen und zur wahren Natur deines Wesens zurückzufinden.

Vielleicht gab es, als du Kind warst, keinen oder wenig Raum für deine Gefühle. Möglicherweise wurde dem Fühlen deines eigenen Herzens Grenzen gesetzt und dein Denken weit fortgezogen, hinein in die äußere Welt mit all ihren Bedingungen, in der du dann den Behauptungen anderer folgen musstest. Schutzlos magst du dich auf diese Weise deinen Eltern und deiner Familie ausgeliefert gefühlt haben, denn was ihr Leben bestimmte, bestimmte dann automatisch deines. Vielleicht wurdest du auch hin- und hergeschoben, fühlst dich seitdem verzweifelt und verlassen, und das Vertrauen in die Kraft deines eigenen Fühlens ist dir möglicherweise dabei verloren gegangen. Du magst dich nun vielleicht selbst nicht mehr kennen und neidisch und eifersüchtig auf andere reagieren, die etwas in ihrem Leben haben, was du nicht besitzt.

Jedoch du selbst bist der Lenker des Wagens deines Lebens, und dein Wagen fährt geradewegs dahin, wohin du ihn selbst lenkst.

Geschüttelt wird aus Gelb und Grün die Farbe Oliv. Oliv kann hilfreich sein, dahin in dir vordringen zu können, wo die Dinge klar sichtbar werden und sich unterscheiden lassen, da, wo du beginnst zu wissen, was du willst und was du nicht willst. Darauf aufbauend, kannst du dann anfangen, Gleichgewicht und Harmonie in deine Lebenssituation zu bringen sowie sorgfältig und gründlich alle Konsequenzen möglicher Entscheidungen zu untersuchen und zu durchdenken, bevor du sie triffst. In diesem Verständnis vermag sich dir dann eine neue Ordnung der Zusammenhänge zu öffnen, in der dein inneres Wissen um den einzigartigen Weg deiner Seele weiß und beginnen kann, die Richtung deines Lebens zu bestimmen. So kannst du vielleicht nun sehr einfach erkennen, was deinen eigenen Weg versperrt und die Hindernisse aus dem Weg räumen. Auf diese Weise wird es dann möglich, Neid und Eifersucht zu überwinden und Bitternis und Negativität in deinem Fühlen hinter dir zu lassen. Indem die Weisheit deines Herzens für dich zu arbeiten beginnt, lernst du zu unterscheiden, was deines ist und was nicht deines ist, kannst Altes abschließen und davon loslassen. Eine große Klarheit über deine eigenen Absichten mag jetzt Einzug bei dir halten, in der du vielleicht beginnst, den ganzen Lernprozess vor dir zu sehen. In ihrer Verschiedenartigkeit mögen deine gegenwärtigen Umstände auseinander fallen, um sich in neuer Weise wieder zusammenzufügen.

Gelb kann dir hier helfen, dich von der Angst vor deinen innersten Gefühlen zu befreien und dich von einem Zuviel an Spekulieren und Nach-innen-Schauen zu lösen. Grün kann dir hier helfen, dich für den Weg deines eigenen Herzens entscheidungsfähig zu machen. Alles deutet auf eine glückliche Entwicklung hin.

Indem dein Weg beginnt, sich klar vor dir zu öffnen, kannst du nun deine Wahrheit und deine Willenskraft auf den Punkt bringen und daraus deine Richtung selbst bestimmen. Mutig magst du jetzt deinen Wagen vorwärts in Bewegung setzen, vorangetrieben von einem tiefen inneren Wissen um neue Dinge, die da kommen mögen. Zugleich setzt du tiefes Vertrauen in den Lernprozess, der in deinem Inneren stattfindet und in die Freude an deinem eigenen Weg, den dein Herz bestimmt.

Das Führen deines inneren weiblichen Teils mag jetzt an diesem Punkt begonnen haben, deine innere Verwandlung, dein Gold, dein Kostbarstes, die tiefste Wahrheit deines Wesens nach außen zu tragen.

In neuer Kristallisation und Klarheit vermag es nun dein Glaube an deine innere Stärke und an deinen inneren Mut zu sein, die jene Kreativität mit sich bringen, deinen eigenen Pfad zu beschreiten. Offen für den Willen des großen Ganzen, der sich in dein fruchtbares, offenes Wesen versenkt, erhält der königliche Pfad der Selbsterkenntnis hier jene Macht und Kraft, die er benötigt, um auch beschritten werden zu können. Auf diesem Weg dienen alle Ereignisse nicht nur deiner inneren Verwandlung, sondern auch deinem Vorwärtskommen, hin zu dir selbst, sodass deine eigene Kraft stetig wachsen kann und deine Empfindungsfähigkeit sich dabei vertieft. Im Bereitsein für das Neue und das Unbekannte kann dein offenes Herz weiter und weiter werden.

Geistige Eingebungen und Ideen mögen jetzt in dein Herz sinken. Indem du sie umsetzt, mögen sie dein Leben erweitern. Im Abstand zu den Konflikten des täglichen Lebens magst du nun viele Dinge angehen und bewältigen und in der Vielfalt des Lebens Anregung und Bereicherung finden. Da du deine eigenen Bedürfnisse und Leiden zu verstehen gelernt hast, mögen dir dabei Bedürfnisse und Leiden anderer Menschen deutlich und verständlich werden.

So kannst du dann, indem du Weisheit und Stärke

aus deiner innersten Natur beziehst, in deine Mitte finden. Neu gewonnener Glaube an die göttliche Bestimmung eines jeden Lebendigen auf der Erde, wird dir darin jenes tiefe Vertrauen in das Leben selbst schenken, welches dich zu deinem eigenen Zuhause in der großen Erdenfamilie zu lenken vermag.

Unaufhörlich dreht sich das Rad des Lebens um dich. In seinem Zentrum bist du frei.

B8 Gelb / Blau

»Anubis«

Es ist deine eigene Wahl, ob du im Labyrinth deines Verstandes umherwanderst oder dem Fluss des Lebens vertraust. Öffnen sich die Tore zwischen den Welten, der himmlischen und der irdischen, dann wird für den Menschen alles möglich. Das Geheimnis des Sterblichen und des Unsterblichen liegt in deinem Herzen, dem wahren Zentrum der Gerechtigkeit.

Gelingt es dir, im Widerstreit deiner Gedanken und Gefühle beiseite zu treten, so kannst du beide Seiten eines inneren Konfliktes sehen und dabei einen Zustand des Nicht-Wissens erlangen, um aus der Gerechtigkeit deines Herzens heraus dann einen Ausgleich der Gegensätze zu erreichen. Auf diese Art und Weise kann sich dann deine Aufmerksamkeit vom Pendel zwischen Vergangenheit und Zukunft lösen und freiwerden für das Hier und Jetzt.

Ihren Namen trägt diese Flasche nach dem ägyptischen Gott ›Anubis‹, dem Boten zwischen den Welten, der sterblichen Welt und der unsterblichen Welt.

Immer wieder werden die Stürme des Lebens dich aus dem Gleichgewicht werfen. Der Wechsel zwischen dem Herausfallen und dem Dich-Wieder-Finden in deiner eigenen Mitte ist ein Prozess, der dich lehrt und in dem du lernen kannst, immer bewusster den Ort deiner inneren Ruhe und Klarheit aufzusuchen.

Zu viel Denken stört den inneren Frieden. Der wahre

Ort innerer Balance liegt verborgen im Frieden deines eigenen Herzens.

Dein Verstand ist es, der deine eigene Wirklichkeit in jener Art und Weise erschafft, in der sie ein Urteil über dich und andere formt. Auf diese Weise magst du jedoch dann dem gegenüber, was gerade geschieht, voreingenommen sein, es bewerten und aus den Vorurteilen deines eigenen Verstandes heraus handeln, nicht aus den Tatsachen des Lebens selbst. Nur so kannst du sehen, was ist. Möglicherweise hältst du dich auch besetzt, indem du unaufhörlich oberflächliche Dinge redest, weil dein Inneres voller Geplapper ist, wie ein ständig plätschernder Bach. Obwohl du dich vielleicht nach Frieden und Harmonie sehnst, dahin, wo alles gut ist, magst du dabei vergessen hinzuschauen, was gerade im Moment geschieht, und wie du möglicherweise selbst zum Ungleichgewicht und zur Disharmonie deiner Situation oder deiner Beziehungen beiträgst.

Vielleicht verstrickst du dich auch im Widerstreit deiner Gefühle und deines Denkens zu sehr in deine Emotionen und machst alles nieder oder wirst diktatorisch, anstatt dir mehr Distanz zu erlauben, um zur Wahrheit deines Herzens vordringen zu können.

Gelb über Blau kann dir helfen, Klarheit in einer Entscheidung zu finden, auch wenn du deine eigene und die andere Seite überdeutlich wahrnimmst und vielleicht niemandem wehtun möchtest. Ängste vor deiner eigenen Entscheidung werden nur so lange präsent sein, bis du dir erlauben kannst, davon Abstand zu nehmen, dich selbst zu verurteilen. Dann wirst du frei in der Wahl deiner Möglichkeiten und Wege.

Vielleicht hat die Verwirrung in deiner Orientierung im Leben auch bereits in deiner Kindheit ihren Anfang genommen, indem du als Kind von deinen Eltern eine verstandesorientierte Auffassung vom Leben hast lernen müssen, in der egoistische Interessen vielleicht wichtiger waren als Gefühle. Das, was die Sicherheiten zu schaffen vermochte, wird nicht in dir selbst, sondern außerhalb, in der materiellen Welt, vielleicht im Geld gelegen haben. Möglicherweise war die materielle Welt für deine Eltern wichtiger als emotionale Unterstützung und aufmerksame, nährende Liebe für dich, so wie du warst. Das mag dir jetzt das Gefühl geben, als Kind keine wahre Anleitung für all die Dinge des Lebens erhalten zu haben. Auf diese Weise kannst du mit deinen eigenen Gefühlen und dem, was du selbst dachtest, ins Wanken gekommen sein.

Nun zweifelst du vielleicht an dir selbst, stehst möglicherweise in Konflikt mit deinem eigenen Denken, deinem eigenen Willen, deinem Fühlen, deinen Beziehungen und deiner Arbeit. Deine ganze Kreativität dürfte so einfach blockiert sein.

Aus Gelb über Blau wird geschüttelt ein Grün, welches dir helfen kann, dich aus deiner Bedrängnis zu lösen, zu dir selbst zurückzukommen und zu beginnen, dich so zu akzeptieren wie du bist. Grün hilft dir zu deinem eigenen Raum, zu deinen eigenen Gefühlen und zu deinen eigenen Entscheidungen zurückzufinden. Im Grün kannst du zu innerer Harmonie finden, einem Zustand jenseits der Extreme.

Indem alles beginnt, sich zu verlangsamen, dein Gefühl für Zeit unendlich wird und dein Empfinden für Raum grenzenlos, kann es dir gelingen, ganz bei dir selbst, in deinem Herzen, anzukommen.

Verharrst du in dieser Haltung, in deiner Innenschau, öffnest du deine Sinne und wirst zu einer Brücke zwischen Himmel und Erde, leicht und mühelos. So wirst du allmählich empfänglich für Ideen und Weisungen und kannst in der Stille deines Bewusstseins den gleichmäßigen Rhythmus aller Kräfte zu fühlen beginnen, bis du dich vielleicht im Mittelpunkt des ganzen Universums befindest. Darin mag deine Angst verschwinden, deine Gedanken dich nicht mehr quälen und dein Bewusstsein ruhig werden wie ein klarer See. Hier bildet deine eigene Unterscheidungsfähigkeit dann das Werkzeug, um deine Situation zu lösen, sodass deine Klarheit darin zum zentralen Punkt deiner inneren Balance werden kann.

Dein Herz ist jener Raum, der es dir immer wieder neu ermöglicht, dich selbst kennen zu lernen. Aus tiefer Wachheit und völliger innerer Stille heraus kann sich darin ein inneres Gleichgewicht all jener Dinge finden, die das Leben ausmachen. Jeder kleinste Gedanke ist es, der dich darin ins Wanken bringt. Jede geringste Emotion ist es, die dich ins Unbewusste zieht. Bleibst du jedoch losgelöst und unabhängig, dann kannst du zum reinen Beobachter nicht nur aller deiner Gedanken und aller deiner Gefühle, sondern auch aller deiner körperlichen Empfindungen werden. Gelingt es dir, bewusst zu bleiben, kann sich in deinem Bewusstbleiben ein Zentriertsein einstellen, aus dem heraus du dann einfach zur Liebe wirst.

Gelb über Blau führt dich mitten in den Herzschlag des Universums, in das Gesetz der Liebe. Dein Verstand ist so klein, und der Himmel ist so groß!

In dem Maße, in dem du der Weisheit in deinem Inneren zu vertrauen beginnst, kann dein Verstehen deiner eigenen inneren Stimme gegenüber wachsen. Indem du ihr mehr und mehr Vertrauen schenkst und ihr zuhörst, können sich, in deinem wachsamen Bewusstbleiben auch den äußeren Dingen des Lebens gegenüber, dir jetzt all jene Dinge offenbaren, die dein Gleichgewicht im täglichen Leben ins Wanken bringen. Du magst nun eindeutig sehen und unterscheiden können, was es ist, das dich vielleicht immer wieder überwältigt, und was es ist, das du möglicherweise immer wieder benötigst.

Dieselbe völlige innere Zentriertheit und dasselbe innere Gleichgewicht, welche du aus deiner Innenschau heraus für dich gewinnst, sind es, die dir dann die Fähigkeit geben, die Umsetzung deiner inneren Antworten und Ideen in der Außenwelt zu tätigen. Dies ist der Weg, auf dem sie schließlich Früchte tragen können, und nur so können sich die Dinge deines Lebens dem gemäß entwickeln, dass alles am richtigen Platz seinen besonderen Stellenwert erhält.

Gelb über Blau - das Bild der Sonne auf dem ruhigen, stillen See, dem heiligen Wasser, welches den Blick in die Zeit und in die Welt der geistigen Kräfte lenkt. Die Sonne, die alle deine Lebenskräfte weckt, reflektiert zugleich im See auch deine innere Stille. Dein Schwert der großen Einsicht in das Wesen der Dinge mag nun gleichsam immer gezückt sein, um all jene Hindernisse wegzuschneiden, die dich am Fortschreiten hindern.

Nach deiner Innenschau und den ihr entsprechenden Handlungen in der Außenwelt kann Frieden in dich einkehren und das ›Jetzt‹ der Augenblick zum Glücklichsein in deinem Leben werden, in dem ein Fächer von neuen Möglichkeiten sich auftut.

Gelb über Blau hilft dir, in Verbindung mit jener Weisheit und Führung in dir selbst zu kommen, aus der heraus dein Leben seine wahrhafte Richtung finden kann. Sie liegt im Gleichgewicht einer fortwährenden Anpassung deines Denkens, Fühlens und deines selbstbestimmten Handelns an die Ausgewogenheit friedlicher

Absichten deines Inneren. Dies schafft nicht nur Gerechtigkeit und Gleichgewicht zwischen deinem Denken und Fühlen, sondern auch zwischen deiner Individualität und der Individualität anderer Menschen.

In dieser Haltung innerer Sammlung spürst du mehr und mehr Harmonie und Gleichklang in deinem Leben Einzug halten. Indem du Frieden für alle Wesen wünschst, bereitest du den Raum für Stille und den Boden für Liebe.

Im Einklang mit deinem wahren inneren Wesen vermagst du Teil aller Welten zu werden, der sichtbaren und der unsichtbaren.

B9 Türkis / Grün

»Das Herz im Herzen«

Auf der Suche nach Wahrheit und Erfüllung in deinem Leben musst du dich zwangsläufig in dein Innerstes begeben, um dort dein inneres Licht zu finden.

Türkis über Grün ist dabei hilfreich, alle Oberflächlichkeit und die Bequemlichkeit, mit dem Strom zu schwimmen, zu verlassen und die Chance zu ergreifen, deinen Mut und dein Selbstvertrauen zusammenzunehmen und die mühsame und beschwerliche Reise nach innen, zu dir selbst, auf dich zu nehmen. Auf diese Weise kannst du zur tiefen Höhle des Alleinseins, mitten in deinem Herzen, vordringen und sie auskundschaften. Hier ist der Raum, um Altes abzuschließen, bevor du Neues beginnst.

Türkis über Grün kann dir in diesem Prozess hilfreich sein, dich von weltlichen Angelegenheiten zurückzuziehen, dich von ihnen zu distanzieren, um dich nach innen wenden zu können. Nur aus deinem Inneren heraus kannst du dich wahrhaft auf deine innere Weisheit besinnen. Damit mag eine Zeit der Einsamkeit in deinem Leben beginnen, eine Zeit, in der du dich in deine innere Höhle zurückziehst, die dein Zufluchtsort zur Besinnung und zugleich zur Kristallisierung zu sein vermag.

Andere Probleme oder Verantwortlichkeiten als das, was dich selbst beschäftigt, mögen dabei zunächst in den Hintergrund treten. In tiefer Konzentration, Kontemplation und Meditation, im einfachen Versenken in dein

Inneres, beginnt die äußere Welt automatisch, ganz allmählich weiter in den Hintergrund zu treten, sodass du es von nun an auch möglicherweise bewusst zulassen kannst, alles um dich herum erst einmal zu vergessen.

Während du jetzt vielleicht anfängst, als Einsiedler in deiner inneren Welt herumzuwandern, ist es nur das Licht, welches deine Führung bildet. Auf diese Weise kannst du deinen Schatten begegnen und dabei vielleicht erkennen, dass, wie tief sie auch in deinem Unterbewusstsein verborgen sein mögen, du nicht an ihnen vorbeikommst und dich ihnen stellen, sie anschauen, durchdringen und loslassen musst, um dein inneres Licht freisetzen zu können. So unangenehm und erschreckend es auch sein mag, was dir dort begegnet, so geht es doch darum, dich ganz und gar einzufühlen, um dich mit deiner Verantwortung deinem eigenen Leben gegenüber konfrontieren zu können.

Türkis über Grün hilft dir dabei, alles, womit du dich selbst vielleicht betrügst und mit dem du dir möglicherweise etwas vormachst, um auf einfache Weise in deinem Leben durchzukommen, beiseite zu räumen, damit du zu deiner inneren Wahrheit vordringen kannst und deine Aufrichtigkeit zu finden vermagst.

All jenes, auf das du vielleicht eifersüchtig bist, gilt es zu durchdringen, um zu dem zu finden, was du wirklich benötigst. Gefühle, die du möglicherweise in idealisierte Liebe investierst, können nicht eine wirkliche Liebesbeziehung ersetzen. Emotionale Verstrickungen und starke Emotionen mögen dir Hinweise darauf geben, wo du vielleicht Klarheit schaffen und dich lösen musst. Auch können Lügen dir niemals dabei helfen, den Ausdruck deiner eigenen Wahrheit zu umgehen, und Klatsch kann nicht hilfreich dabei sein, das zu überdecken, was dein

Herz eigentlich vielleicht schon bereit ist, von sich selbst aus zu teilen.

Türkis über Grün ist eine große Hilfe dabei zu lernen, ehrlich sich selbst gegenüber zu sein, sich die eigenen Schwächen deutlich zu machen und sie überwinden zu lernen.

Was genau es ist, das du benötigst, um es selbst in deinem eigenen Leben zu erschaffen, gilt es herauszufinden.

Geschüttelt wird aus Türkis und Grün ein tiefes Türkis, das dir helfen kann, die Stufen tiefer in dein Unbewusstes hinabzusteigen, dahin, wo deine Aufmerksamkeit sich auf Vergangenes richten kann. Dort kannst du dann schauen und prüfen, ob alles Wichtige abgeschlossen ist oder nicht. Dabei kann eine innere Kommunikation zwischen deinem Unterbewusstsein und deinem Bewusstsein stattfinden, und innere Angelegenheiten, die sich vielleicht noch im Prozess befinden, mögen in dein Bewusstsein treten. Alles Alte, was du dort unabgeschlossen findest, vielleicht Situationen, denen du nachhängst, Beziehungen, Bindungen an Vergangenes, nicht beendete Konflikte, all das bist du gezwungen anzuschauen und zu klären, um es hinter dir lassen zu können. Erst dann wird dir deine gesamte Energie zur Verfügung stehen, um sie für das Neue einzusetzen. Das tiefe Türkis kann dich dabei unterstützen, mit Gefühlen, Verhaltensmustern und alten Programmierungen in dir in ein Gleichgewicht zu kommen. Dabei magst du deinem inneren Kind begegnen, das dir genau aufzuzeigen vermag, womit es nicht glücklich ist und was es benötigt. In einem inneren Dialog mit ihm kannst du herausfinden, was es ist, das es möchte und was es nicht möchte, und dich möglicherweise von alten Anhaftungen trennen.

Auf diese Weise kannst du lernen, tief in dein eigenes

Wesen vorzudringen, um den Weg zur Reife deines Herzens zu finden. Da, wo deine eigene Wahrheit ihr Zuhause hat, im Innersten deines Herzens, genau da ist es, wo du dein inneres Licht jenseits aller Dunkelheit finden kannst. Je mehr Angelegenheiten deines Lebens du vollendest und integrierst, umso heller kann es leuchten. Je mehr es dir gelingt, nach und nach Klarheit auf allen Ebenen deines Seins zu finden, umso tiefer kann der Prozess deiner inneren Kristallisierung gehen. In ihr vermag sich die Ernte deiner Hingabe an dich selbst dann zu offenbaren.

Türkis über Grün kann für dich ebenso sehr hilfreich sein, um dein gegenwärtiges Handeln gründlich aus deinem Herzen heraus betrachten zu können und um wachsam zu prüfen, ob du frei von der Vergangenheit handelst oder vielleicht oberflächlich und wankelmütig wirst und darunter möglicherweise Unabgeschlossenes versteckst. Vielleicht ist es dir nicht gelungen, das Problem wirklich zu lösen, und du versuchst, etwas oder jemanden zu manipulieren, um Macht oder Kontrolle in einer Situation zu behalten oder steigst vielleicht durch die Hintertür wieder in deine emotionale Verstrickung ein. Erst nach dieser eingehenden Prüfung magst du dann den Schritt in das Neue wagen können, gelassen und offenen Herzens.

Wer einmal das innere Licht gesehen hat, kann niemals wieder blind werden.

Ist in deiner inneren Kommunikation deine innere Stimme wieder lebendig geworden, dann kannst du durch sie nun jederzeit Kontakt zu deinem Unterbewusstsein und zu deinem inneren Kind knüpfen und prüfen, ob etwas für dich stimmig erscheint oder nicht. Auf diese Weise magst du den Dingen, die das Leben mit sich bringt, neu und anders begegnen können, denn nun gibt es die Möglichkeit für dich, hinzufühlen und hinzuschauen, sie für dich zu interpretieren, sie zu bewerten, sie anzunehmen oder dich abzugrenzen.

Das Licht deiner inneren Wachsamkeit und Bewusstheit ist auf deinem Weg ein weiser Führer.

Jenes Licht, das sich in dir selbst während deines fortwährenden Bewusstwerdungsprozesses immer weiter kristallisiert, kann dir den Pfad in ein authentisches Leben jenseits von Anhaftungen und Verstrickungen zeigen. Dies ist ein Leben, in dem du dich dazu entscheiden kannst, dein Inneres nach außen zu bringen, um dein Herz in die Welt zu tragen und innere Wachsamkeit und Bewusstheit zu verbreiten.

Im Einswerden mit der Ursprünglichkeit und Kreativität deines Herzens und im Einklang mit dem höheren Willen vermagst du darin zu einer tiefen inneren Stille zu finden und einem echten Ruhen in deiner eigenen Mitte. Einmal bei dir selbst angekommen, mag kein trügerischer Schein des Äußeren und Vergänglichen es dir wert sein, ihm nachzujagen.

Auf diese Weise kann dich deine innere Wandlung zu einem Meditierenden machen, einem wahrhaft Wissenden, der sein bedingungsloses Alleinsein in der Welt annimmt; zu einem Menschen, der versteht, dass er alleine geboren ist, alleine lebt und alleine in den Tod geht.

Völlige Hingabe an dich selbst, an dein Herz und dein inneres Licht sind es, die eine fortschreitende Heilung in dir selbst zu bewirken vermögen. Ganz so, wie ein Eremit lebt, der sich auf die Suche macht, um sein Ganzsein, sein Wissen, sein Zentrum und seine Klarheit zu finden. Ruhepol, Führer und Heiler ist dabei sein eigenes Herz. Losgelöst vom Auf und Ab des Lebens ruht er in seiner eigenen Wirklichkeit.

So tief, wie es dir gelungen ist, dein Inneres zu erforschen und dein inneres Licht zu erschließen, so weit kannst du dich nun auch ausdehnen und dich in tiefem Mitgefühl für andere Suchende auf dem Weg öffnen. Durch dein Wissen vermagst du andere auf ihrem Weg nach innen zu leiten, sodass sie wiederum zu ihrer eigenen Wahrheit finden können und ebenso eine Verwandlung in ihrem Herzen und in ihrem ganzen Sein zu erfahren imstande sind.

B10 Grün / Grün

»Geh, umarme einen Baum«

Im Kreislauf der Dinge hat alles ein Ende und einen neuen Anfang. Alles hat seine Zeit, und es ist eine Zeit für alles unter der Sonne. Das Rad des Schicksals dreht sich unaufhörlich. Wenn es dir gelingt zu lernen, in deinem Leben Ursache und Wirkung deines eigenen Handelns zu erkennen, kannst du dabei zu deiner Selbstverwirklichung finden.

Das Herz des Menschen ist das Rad, um das sich sein Leben dreht. Es bildet jenen Raum, aus dem heraus die Entscheidungen für das Leben getroffen werden und von wo aus das getan werden kann, was getan werden muss. »Jeder Mensch ist seines eigenen Glückes Schmied.« Dieses alte Sprichwort bleibt stets gültig.

Grün über Grün kann dir dabei helfen hinzuschauen, was dich vielleicht daran hindert, gerade jetzt, in diesem Moment, glücklich zu sein.

Es ist immer leicht, das Schicksal für das verantwortlich zu machen, was in deinem eigenen Leben gerade geschieht. Vielleicht flüchtest du in deine Gedanken und versucht auf der Suche nach der Lösung deiner Probleme über deine Vergangenheit und Zukunft nachzudenken. Doch durch dein Denken magst du nur an deinem eigenen Willen festhalten und vielleicht versuchen, Kontrolle über die Situation ausüben zu können. Auf diese Art und Weise kann jedoch kein Fortschreiten in etwas Neues hinein entstehen, sondern nur der Stillstand im Alten.

Suchst du noch dazu deine Verletzlichkeit aus Angst vor weiteren Verletzungen durch Zorn nach außen hin zu schützen, so verschließt du dein Herz und blockierst den Fluss des Lebens, der dich eigentlich weitertragen will. Möglicherweise versuchst du einfach, dich auf allen möglichen Wegen dem Geschehen, das dich herausfordert, jetzt da zu sein und auf beiden Füßen mitten im Leben zu stehen, zu entziehen.

Grün über Grün kann dir eine große Hilfe dabei sein, dich selbst näher kennen zu lernen, es zu wagen, in die Welt deiner Gefühle hineinzugehen und dabei die Chance wahrzunehmen, zu deinem eigenen Weg zurückzufinden. Nur dein Herz ist es, durch das du Ganzsein fühlen und lernen kannst, jene Dinge wieder zusammenzubringen, von denen du dich entfernt hast. Um dich weiterentwickeln zu können, gilt es wahrzunehmen, was dein Unglücklichsein in deinem Leben verursacht hat und welche Wirkung es jetzt auf dein Leben ausübt.

Schaust du dafür zurück in deine Kindheit, so magst du finden, dass du es als Kind vielleicht sehr vermisst hast, dich mit der Liebe deiner Mutter eins zu fühlen, dich darin aufgehoben, sicher und geborgen zu wissen, inmitten aller Wesen von Mutter Natur und allem, was dich umgab. Möglicherweise wurdest du stattdessen alleingelassen und magst auf diese Weise dann Angst vor dem großen Leben bekommen haben, das dich erwartet. Dem Schicksal ergeben, hast du dich dann womöglich den Wünschen der Familie übereignet, die vielleicht deinen Lebensweg planten und vorausbestimmten, um dich auf die vermeintliche Zukunft deines Lebens gut vorzubereiten. Vielleicht wurde alles getan, damit du es gut hast, im Sinne dessen, was deine Eltern als gut für dich erachteten. Fremde Hände mögen dein Leben bestimmt haben, stolz, wenn du schafftest, was man von dir erwartete. Dein eigener Lebensraum jedoch, die Welt, in der du selbst zu Hause bist, wo du vom Leben lernst und für dich selbst bestimmst, mag dir auf diese Weise fortgenommen worden sein.

Grün über Grün hilft dir, jenen Raum in dir zu finden, in dem du dich mit dir selbst auseinander setzen kannst und in dem du die Zusammenhänge deines Unglücklichseins und die einzelnen Dinge, aus denen es sich zusammensetzen mag, wieder wahrnehmen und verstehen lernen kannst. Dabei mögen Gefühle und Emotionen freiwerden, sich den Weg durch dein Herz bahnen, um dort wieder jenen Raum zu finden, wo sie sich ausdrücken können. Diese innere Reinigung kann dir eine große Hilfe dafür sein, dir wieder bewusst zu werden, welche Gefühle du in deinem Herzen trägst, und zu beginnen, ehrlich damit umzugehen.

Grün über Grün hilft dir, in deinem Inneren mit einer Veränderung zu beginnen, die dann, wenn du sie umsetzt, äußere Veränderung in deinem Leben bewirken kann. Indem du dir deinen eigenen Raum nimmst und beginnst hinzufühlen, was du abzuschließen hast, schaffst du dir die Möglichkeit, neue Entschlüsse fassen zu können, was vielleicht jetzt getan werden muss. Gelingt es dir, den Zeitlauf, der jetzt enden möchte, bewusst abzuschließen, kannst du selbst eine Wende zum Besseren in deinem Leben bewirken. Indem du der Vergangenheit und den Menschen, die dir Schmerz zugefügt haben mögen, vergibst, kannst du deine Liebe zum Leben selbst wieder finden.

Grün über Grün deutet das Ende und die Vollendung eines Kreislaufs der Ereignisse an. Damit ist Zeit für einen Neubeginn, der Beginn eines neuen Kreislaufs. Vergangenes loszulassen und losgelöst davon zu handeln, kann dich zum Herrscher über deine Gegenwart und Zukunft machen. Nimmst du dein Leben in deine eigenen Hände, dann bestimmst du auf diese Weise selbst den Verlauf deines Schicksals. Dann ist es deine eigene Kreativität, die das Neue hervorruft. Der neue Anfang ereignet sich, indem du ihn wagst.

Wandel ist die Natur des Lebens. Alles ist in ständiger Veränderung, schicksalhaft in Bewegung, im großen Zyklus von Befruchtung, Wachstum, Verfall und Tod. Mutter Natur bestimmt darin die Zeitspanne eines jeden Wesens.

Alles hat im Leben einen natürlichen Rhythmus, seinen Anfang und sein Ende. Der ganze Zyklus des Lebens geht darin von der Zeugung zur Geburt, zum Kind, zum Jugendlichen, zum Erwachsenen, zum Alten, zum Greis, zum Tod und umfasst dabei die große Zeitspanne eines ganzen Menschenlebens. Ähnlich wie die Natur bei den Pflanzen, Blumen und Bäumen den Zyklus der Jahreszeiten bildet, der ein ganzes Jahr umfasst.

In jedem Zyklus des Lebens gibt es Lernaufgaben, Ablösungsprozesse, Veränderungen und inneres wie äußeres Wachstum. Aus diesem Bewusstsein heraus mag es dir gelingen, jene Lebensphase, die du jetzt gerade durchlebst, bewusst annehmen zu können, die Lernaufgaben darin zu bewältigen und abzuschließen, um dich wieder für Neues in deinem Leben zu öffnen.

Auf diese Art und Weise kannst du lernen, Abläufe in deinem Leben zu erkennen, ohne dich mit ihnen zu identifizieren. Lernprozesse mögen dir deutlich werden, in denen das Abschließen von etwas Altem und der Beginn von etwas Neuem geschieht, der dadurch erst möglich wird. Alles in deinem Leben hat seine eigene Zeit und eine ganz eigene Melodie in deinem Herzen.

Das Leben hält unerwartete Geschenke und Möglichkeiten bereit, denen man nur mit offenen und wachen Augen zu begegnen vermag. Hinter allen wechselhaften Erscheinungen gibt es das unveränderliche Zentrum jenseits aller Zeit, jenseits der Vergangenheit, der Gegenwart und der Zukunft. In diesem Zentrum geschieht der Durchbruch in jenes Glück, das dieser Moment, der gegenwärtige Augenblick, an dich verschenkt. Das Glück, jeden Augenblick seines Lebens genießen zu lernen, ist eine der größten Aufgaben, die das Leben an jeden Menschen stellt.

Beginnst du, das Leben als das große Geschenk zu sehen, das es ist, und nimmst es als unaufhörlichen Lernprozess an, in dem dir bewusst ist, dass jede deiner Handlungen zu einer Reaktion führt, aus der du dann weiterlernen kannst, dann magst du aus dieser inneren Haltung heraus jederzeit bereit sein, dich zu ändern, denn in jedem Verlust liegt tatsächlich ein großer Gewinn.

Es ist deine eigene Liebe zum Leben, die dich hergebracht hat und die dich in die Zyklen und Gesetze der Natur eingliedert, um dich erneut in die große Melodie, den großen Chor allen Lebens einzustimmen. Aus diesem tiefen inneren Verstehen heraus mögen Ruhe, Geduld und Toleranz, Glück und Freude in dir erblühen, ebenso wie ein verstehendes Mitgefühl dir selbst und anderen gegenüber, den einzelnen Familienmitgliedern ebenso wie Gleichgesinnten und Weggefährten.

Alle Dinge befinden sich in einem ewig wechselnden, fließenden Zustand, in Entfaltung und Entwicklung, in Kreisläufen und Rhythmen ewiger Wiederkehr nach Erfüllung und Vollendung strebend. Vertraust du dich in bedingungsloser Aufmerksamkeit dem Fluss des Lebens an, so magst du darin die Einfachheit entdecken, in der alles gemeinsam nur miteinander da ist.

Die Wahrheit liegt nicht an der Oberfläche der Dinge, in ihrer Dualität, sondern in ihrem Zentrum, in der zeitlosen Einheit von allem.

Vicky Wall sagte zu dieser Flasche: »Geh, umarme einen Baum.«

B 11 Klar / Rosa

1. Essener-Flasche. »Ein Blumenkranz«

(gehört zum Chakra-Set für das Kind des Neuen Zeitalters)

Stärke ist das Ergebnis, wenn du dich völlig akzeptierst. Lust ist sogar noch mehr als Stärke, denn sie schließt die Freude und den Genuss deiner lebendigen Kraft mit ein. Sie zeigt eine Leidenschaft. In ihr vermögen Liebe und Tod eins zu werden.

Gelingt es dir, bewusst alles in dir selbst anzunehmen, und liebst du dich so, wie du wahrhaft bist, dann kannst du in diesem Prozess alte Ängste und Konditionierungen überwinden, um dich wieder neu auf Liebe einzulassen.

Klar über Rosa ist eine große Hilfe dabei, wieder zu dir selbst zurückzukommen, wenn du viel für andere gegeben hast und dich nun möglicherweise erschöpft, geschwächt und vielleicht sogar niedergeschlagen fühlst. Um anderen das geben zu können, was sie von dir erwarten, magst du dich selbst dabei zurückgenommen haben. Vielleicht ist es das, was ein Gefühl von Schwäche in dir zurücklässt und womöglich Zweifel in dir auslöst, ob du den anderen das Richtige gegeben hast.

Deine Fürsorge für andere mag eher deinem Stolz entspringen, anderen etwas durch eine Fähigkeit, die du besitzt, geben zu können, als wahrhaft aus dir selbst heraus, aus überfließendem Licht und bedingungsloser Liebe, in Hingabe etwas zu teilen. Auf diese Weise jedoch entfernst du dich vom anderen, von demjenigen, dem du eigentlich etwas gibst, und stellst dich über ihn. Indem du nichts von dir selbst preisgibst, gibst du nichts wahrhaft von dir selbst, aus deinem eigenen Herzen heraus. Ebenso magst du Bestätigung zurückerhalten, jedoch keine Liebe. Im Grunde ist es vielleicht nur deine Eitelkeit, die dadurch genährt wird.

Klar über Rosa ist hilfreich dabei zu lernen, wie du wahrhaft zu deiner eigenen Kraft zurückkehren kannst, und deine eigene Kraft beginnt in der Liebe zu dir selbst. Vielleicht bist du in die alte Rolle einer sich selbst aufopfernden Mütterlichkeit geschlüpft, anstatt für dich selbst zu schauen, was es ist, das du selbst für dich benötigst und möglicherweise schon als kleines Kind benötigt hättest.

Die Farbe Rosa kann dich in deine Kindheit zurückführen. Gerade dann, wenn du als Kind nicht genügend gesehen und geliebt worden bist, bedarfst du dieser Farbe ganz besonders. Wenn mit massiver Kraft von außen versucht wurde, dich in andere Richtungen als Liebe zu dirigieren, und du möglicherweise in der materiellen Welt funktionieren solltest, ist es das zarte Rosa, welches die Liebe zu deinem wahren Selbst wieder zu nähren vermag, sodass du es wieder neu entdecken kannst.

Die Liebe, die das Rosa dieser Flasche in Verbindung mit dem Klar im oberen Teil der Flasche spiegelt, ist die Liebe zur Ursprünglichkeit, zur ursprünglichen Schöpferkraft.

Klar über Rosa stellt die Verbindung deiner Liebe zu deinem eigenen Körper, den du als kleines Kind angenommen hast, um weiter in der physischen Welt den Weg der Liebe gehen zu können, wieder her. Zur Klärung der Schwierigkeiten deines Liebens und Geliebtwerdens kann es jene Bilder für dich zurückbringen, wie du dich als Kind fühltest, als du, noch in Verbindung mit der lichten Welt, wieder einen neuen Körper angenommen hast. Die Unschuld ist es, die weiß!

Gezeugt und empfangen im Liebesakt deiner Eltern, war es bedingungslose Liebe in Verbindung mit der ursprünglichen Schöpferkraft, geprägt von der Energie deiner Eltern, ihrer Qualität von Sexualität und ihrer Form von Liebe, was dich ins Leben brachte und dich in deinem Körper verwurzelte.

Klar ist das flutende weiße Licht, die pure Bewusstheit. Das Klar kann dich hier in Verbindung mit der Welt jenseits von Vater und Mutter bringen. Es bildet die Urverbindung zum Licht über die Silberschnur, welche die Verbindung zu dem knüpft, wo du herkommst, der Welt des Lichts, der Welt der Engel, der Himmelswesen, der Sterne und der Unendlichkeit. Jenen Sphären, mit denen du in Verbindung stehst, wenn du noch keinen Körper hast, wo du dich zwischen den Leben ausruhst.

Rosa ist die Farbe der Liebe in ihrer lichten, zarten, sanften, offenen und verletzlichsten Qualität und kann dich mit der Bedingungslosigkeit in der Liebe deines Herzens in Verbindung bringen, ebenso wie mit seiner Kraft des Verzeihens und dem tiefen Verstehen um die Schwierigkeiten der Liebe in der Dualität der materiellen Welt.

Die Qualität der Sexualität deiner Eltern prägt unwillkürlich die deinige. Wenn du erwachsen bist, wirst du dann mit dieser Tatsache auf jene Weise konfrontiert, indem du vielleicht unbewusst deinen eigenen Körper und deine eigene Sexualität durch alle möglichen Begrenzungen einengst.

Klar über Rosa kann dir eine große Hilfe dabei sein, dein Leben in deine eigenen Hände zu nehmen und es von niemand anderem führen zu lassen. Du kannst neu beginnen.

Die sexuelle Kraft ist deine Lebenskraft, und dein Körper ist nichts Schlechtes oder Unreines, dessen Bedürfnisse du unterdrücken solltest. Es gibt keine Trennung zwischen heiliger und menschlicher Liebe, in der der Körper und alle materiellen Dinge böse sind. Alle Einschränkungen deines Körpers und deiner sexuellen Kraft und alle Moralisierungen verursachen nur Schmerz, Traurigkeit und Angst in dir. Wenn du dir erlauben kannst, diese Emotionen in dir zu akzeptieren, und sie dann für dich zum Hinschauen und Herauswachsen nutzt, dann gibst du dir damit die Erlaubnis, den wichtigsten ersten Schritt zu tun, nämlich den, dich selbst zu lieben.

Klar über Rosa hilft dir, diese Liebe zu dir selbst aus den Händen falscher Scham zu befreien und sie zurückzubringen in die Unschuld eines Neugeborenen, das die Verbindung zum Göttlichen in sich trägt.

Klar über Rosa stellt eine tiefe Verbindung mit deiner dir selbst innewohnenden Schöpferkraft her, die du zunächst vielleicht als Samenkorn verborgen in dir finden magst, die dann jedoch im Prozess deines Selbsterschaffens als Lotosblume in dir zur vollen Blüte kommen kann.

Lässt du die Bilder zu den Erlebnissen, die dich während des Eintritts in deinen Körper, deine Geburt und deine Kindheit an deinem totalen Lebendigsein gehindert haben, hochkommen, hältst du dabei nichts zurück und rebellierst du gegen die ganze Enge der Konditionierungen deiner Vergangenheit und reinigst dich darin von allen äußeren Einflüssen, vor allem seitens deiner Eltern, dann kannst du alle Heiligkeit, Moral, Beschränkungen und Vernunft aus dir herauswerfen und trunken werden, trunken mit der göttlichen Kraft, aus der du kommst und die tief in dir selbst lebendig ist.

Erst wenn das Alte völlig in dir vergeht, kann daraus

eine neue Stärke in dir wachsen. Eine Stärke, in der schließlich der ganze brüllende Löwe deiner Sinnlichkeit geweckt wird und Leidenschaft, Freude und Genuss in dir wach werden können.

Lässt du die Kraft der aufsteigenden Leidenschaft in dir durch dein Herz fließen, dann kann sie dort deine Unschuld berühren und mit ihr die Zartheit und Offenheit deines inneren Kindes, das spielerisch, seiner Neugier und seinem Instinkt vertrauend, alles ausprobiert, was es fühlen, berühren, schmecken, sehen, hören und riechen kann. Auf diese Weise kann aus purer Lust und Leidenschaft Liebe werden. In dieser Liebe kannst du dann durch deinen Körper in völliger Hingabe und im Verschmelzen in der Vereinigung mit dem Menschen, den du liebst, die mystische Vereinigung mit dem Universum finden, mit dem Göttlichen. In jenem Moment, in dem dir das gelingt, hast du das wilde Tier in dir gezähmt.

Suchst du in deinem Inneren, so wirst du dort große Kraftreserven finden, aus denen du schöpfen kannst, um die Ziele deiner Liebe zu verwirklichen, genährt von Mutter Erde im Rosa und darin verbunden mit höchster Intuition aus der lichten Welt durch das Klar. Vielleicht erhältst du Botschaften der lichten Welt, aus denen heraus du dann jenes Wissen schöpfst, wie du deinen Weg in Liebe hier in der Welt manifestieren kannst. In deiner ganzen Stärke und mit beiden Beinen auf dem Boden wird es für dich dann möglich, das, was du in dir erfährst, für dich und für die, die du liebst, umzusetzen. Schließlich ist es die Liebe, die die Sonne und alle anderen Sterne bewegt.

Liebe gibt niemals auf. Sie kämpft. Die Kräfte der Liebe quellen aus einem unergründlichen Brunnen, der so unerschöpflich strömt wie das Universum selbst. Klar über Rosa führt dich ins Zentrum der Macht der Liebe und ihren letztendlichen Triumph. Es ist ein Blumenkranz und die Hochzeit von Licht und Liebe.

Als Flasche für das Kind des Neuen Zeitalters ist Klar über Rosa für Neugeborene, in ihrer zarten Offenheit und Verbundenheit mit dem strahlenden weißen Licht, eine sanfte Hilfe, die Welt der Körperlichkeit, der Schwerkraft und der vier Elemente - Feuer, Wasser, Luft und Erde - anzunehmen, in Liebe in ihr zu lernen und zu wachsen und den Schmerz der Trennung aus dem warmen Leib der rosa Gebärmutter zu überwinden.

Ebenso verhilft diese Flasche dazu, mit einem noch nicht empfangenen/gezeugten Kind, einem Kind, das noch in der lichten Welt ausruht, Kontakt aufzunehmen und es in den Körper und das Leben einzuladen.

Als B 11-Taschennotfallöl kann Klar über Rosa hilfreich in allen Situationen des Lebens sein, dich in deiner menschlichen Liebe mit der allumfassenden Liebe zu verbinden.

B 12 Klar / Blau

»Friede in der neuen Zeit«

(gehört zum Chakra-Set für das Kind des Neuen Zeitalters)

Nur im erwachenden Bewusstsein deines inneren Lichts wird es dir gelingen können, die Welt mit anderen Augen zu sehen und sie aus einer anderen Sicht heraus zu betrachten. Um wahrhaft in der Welt dienen zu können, musst du vielleicht gerade das in dir hingeben und opfern, welches dafür nicht dienlich ist, um so einen größeren Blickwinkel für deine gegenwärtige Situation zu erhalten.

Aus dieser neuen Schau heraus vermag dann das Unerwartete zu geschehen. Innerlich erneuert, kann es dir dann wieder möglich werden, dich neu für das Leben zu öffnen, wobei deine Antwort auf das Leben einen inneren Raum von Frieden erhalten haben mag, um fürsorglich, kreativ und aufbauend werden zu können.

Klar über Blau bringt Licht in die männliche Art der Weltanschauung. Alle in dir unlebendig gewordenen Einstellungen und Sichtweisen erhalten im Licht dieser Flasche eine tief gehende Prüfung. Wenn du mit der Zeit blind gegenüber allem, was deinen systemorientierten Vorstellungen entgegensteht, geworden bist, dann kann Klar über Blau hilfreich für dich sein, jetzt sehend zu werden.

Obwohl man das Leben nicht in eine Denkschablone pressen kann, weil es immer größer sein wird als sie, mögen Andersdenkende jedoch an der Verschlossenheit deines Denkens abprallen. Ebenso mögen neue Impulse an dir vorüberziehen. Obschon du um spirituelle Wahrheiten weißt, willst du vielleicht nicht aus deinem Verstand heraustreten und in die Erfahrung deines eigenen Lebens hineinschreiten. Wenn du aber eher in Frieden gelassen werden willst und vielleicht der einsame Held in deinem Leben sein möchtest, so wird auch das nur eine Haltung sein, die du zu deinem Schutz angenommen hast.

Klar über Blau hilft dir, dich aus der Gefangenschaft in deine Gewohnheiten, die dir vielleicht Bequemlichkeit geben und dir dabei eine scheinbare Sicherheit bieten, lösen zu können.

Klar über Blau ist eine Flasche für das Kind des Neuen Zeitalters, das du in deinem Inneren bist, und kann dich, um die Dinge deines Lebens neu sehen zu lernen, in der Zeit zurückführen in deine Kindheit, in jene Zeit, als du anfingst dich auszudrücken und dich bemerkbar zu machen. Jene Zeit, als du deine Stimme ausprobiertest und begannst, Laute zu formen, um deine Wünsche zu äußern und um Liebe und Zuwendung zu erhalten. Wurdest du jedoch ermahnt, ›still‹ zu sein und so am Ausdruck deiner selbst gehindert, anstatt darin unterstützt und bestärkt zu werden, so ist womöglich seitdem etwas in dir erstarrt. Vielleicht hast du daraus den Schluss gezogen, deine Gefühle eher unterdrücken und vergessen zu müssen. Möglicherweise wurde dir dazu noch gesagt, sie seien sowieso nichts wert. Auf diese Weise hast du dann vielleicht ein recht verstandesorientiertes Leben angefangen, dabei womöglich vorsichtig abwägend, wie du ›richtig‹ sein konntest. Vielleicht ist das männliche Rollenmodell deines Vaters dir darin zum Vorbild geworden, jene Rolle vom Funktionieren in der äußeren Welt. Dynamisch, erfolgreich und unfehlbar.

Nun bist du möglicherweise an das Ende einer Sackgasse geraten und steckst fest.

Vielleicht bist du jetzt in eine Situation gekommen, in der du dich festgenagelt fühlst, einfach festgenagelt an das morsche Holz deiner alten Glaubenssätze und hast möglicherweise dabei ein Gefühl, als wenn du langsam von den Füßen auf den Kopf gestellt würdest. Noch dazu mag es dir vielleicht so scheinen, als könne keines deiner alten Verhaltensmuster dir in dieser Situation helfen. Dein Eigenwille scheint gebrochen zu sein. In den süßen Schlaf deiner Unbewusstheit kannst du auf diese Weise womöglich auch nicht mehr flüchten, da diese Situation deine volle Aufmerksamkeit erfordert. Es mag für dich geradezu so aussehen, als wenn du keine Wahl mehr hast und dir nichts anderes übrig zu bleiben scheint, als dich zu stellen und dich hinzugeben an das, was ist. Vielleicht erlebst du das als Zerstörung deiner selbst, wie ein inneres Sterben, einen inneren Tod. In Wahrheit jedoch wirst du selbst gerade geboren, denn es ist dein Verstand, dein Ego, das hier offenbar seine vollständige Aufgabe und Kapitulation zu erleiden hat. Was du gerade erlebst, mag einer Kreuzigung deines Egos gleichkommen, welche nur durch die höchste Liebe getan werden kann.

Klar über Blau ist eine große Hilfe dabei, dich an die Urkraft des Weiblichen, an die Allnehmende und die Allgebende des Lebens, zu erinnern. Du kannst lernen zu vertrauen, einfach innen, bei dir selbst zu sein und nur zu schauen. Es ist das Leben selbst, welches dich in diese Situation geführt hat, sodass du lernen kannst, auf eine neue Weise zu sehen. In dieser scheinbaren Ausweglosigkeit bleibt dir möglicherweise nur noch die Wahl, auf größere Kräfte als deine eigenen zu vertrauen. Du magst dazu gezwungen sein, aufzugeben, loszulassen und dich hinzugeben.

Klar über Blau hilft dir zu erfühlen, was in dir selbst

gerade passiert, und deinen Gefühlen wieder Ausdruck zu verleihen. Mit deinen Tränen mag sich dabei dein Schmerzensschrei lösen und deine Starre schmelzen, sodass eine Öffnung in dir Raum erhalten kann, jene Öffnung für das Geschehenlassen und das Zulassen des göttlichen Willens.

Diese Art Wende kann, wenn du sie geschehen lässt, nur tief in deinem Innersten vonstatten gehen und benötigt als Voraussetzung den völligen Zwang der äußeren Umstände, indem du keine Chance mehr erhältst, um noch auszuweichen. Dann und nur dann beginnst du plötzlich die nackte Wirklichkeit zu schauen, der deine sich jetzt zeigende Wahrhaftigkeit nun begegnen kann. Nur in dieser Art besteht die Möglichkeit einer inneren Verwandlung, aus deiner Blindheit heraus sehend zu werden, in der deine innere Stimme jetzt das Recht erhalten kann, zu ertönen. Sie kann nun einen neuen Anfang einleiten, den Anfang deiner inneren Verbindung mit deinem wahren Selbst und dessen Ausdruck in der Welt.

Offen wie der Himmel, in dem nichts geschrieben steht, wird es möglich, dass eine neue innere Klarheit, jetzt die Welt mit neuen Augen zu sehen, dir nun hilft, zu einer neuen Orientierung in deinem Leben zu finden. Einer Orientierung, die sich an den inneren Dingen des Lebens ausrichtet. Gleichzeitig mag es dir so scheinen, als würdest du langsam wieder vom Kopf auf die Füße gestellt. Vielleicht fühlst du dich ganz weich geworden, empfänglich für das, was ist und wieder in Verbindung mit der Kraft deiner Gefühle. Mit offenen Augen kannst du jetzt vielleicht wieder deutlich wahrnehmen, was in deinem Leben in Stockung geraten ist.

Klar über Blau ist eine große Hilfe dabei zu lernen, dich von all jenem in deinem Leben abzuwenden, was deinen Fortschritt wahrhaft behindert. Du magst den Mut finden, mit Gewohnheiten und Denkschemata zu brechen, und vielleicht in klarer Vision bereit werden, nun den göttlichen Willen dein Leben führen zu lassen, sodass sich darin deine Blickrichtung wendet und du offen für das Unerwartete wirst. Dabei mag dir ein neues Vertrauen in das, was größer ist als du und den Strom deines Lebens bestimmt, bewusst werden, welches dir offenbart, dass all das, was du diesem Strom in den Weg stellst, alles Unwesentliche, schließlich von den Wassern der Zeit mitgerissen wird.

In diesem Reifeprozess kann deine Seele jetzt ihren Platz im Kosmos finden.

Das Kämpfen um Anerkennung in der Welt mag sich nun in ein Gefühl von innerer Ruhe, Frieden mit dir selbst und innerer Sicherheit verwandeln. Das, was dein Handeln in der äußeren Welt bestimmt und deine Aktivitäten in der Welt leitet, wird jetzt dein Inneres, deine innere Schau, das wachsame Wahrnehmen deiner Gefühle und das Hören auf deine innere Stimme, alles das, aus dem dann dein individueller Ausdruck in der Welt entstehen kann.

Göttlichkeit ist nichts Abgehobenes, nicht reserviert für einen Vater im Himmel, kein Glaube. Göttlichkeit ist Wesenserfahrung, eine lebendige innere Gewissheit.

Jener inneren Führung, für die du dich vertrauend geöffnet hast, magst du nun dein Leben in die Hände legen und dich durch sie geschützt fühlen. Deinen eigenen Willen, den du vielleicht geopfert hast, um dich selbst wieder zu finden, kannst du nun in einer verwandelten Form, in deinem neuen, aufbauenden Dienst in der Welt wieder finden.

In intuitiver und wissender Verbindung mit der großen Intelligenz des Jenseitigen, nährend und fürsorglich, aus deinem kreativen und fruchtbaren Wesen heraus, mag es dir jetzt gelingen, eine neue Welt zu erschaffen. Eine Welt, in der das Teilen und die Gemeinschaftlichkeit die wahren Interessen des Herzens nähren. Eine Welt des Friedens in der Neuen Zeit.

Als Flasche für das Kind des Neuen Zeitalters ist Klar über Blau für kleinere Kinder nützlich, um das Gleichgewicht zwischen dem so wichtigen Durchsetzen ihres Egos und dem Frieden zu finden. Sie unterstützt dabei, sprechen zu lernen und sich in der Welt auszudrücken.

B13 Klar / Grün

»Veränderung in der neuen Zeit«

(gehört zum Chakra-Set für das Kind des Neuen Zeitalters)

Leben ist Wandel. Das, was nicht mehr nützlich ist, muss gehen, muss sterben, damit das Neue geboren werden kann. Ein erwachendes Herz kann denen, die ihm Schmerz und Leid zugefügt haben, verzeihen und neues Vertrauen und Hoffnung in das Zukünftige schöpfen, das kommt.

Klar über Grün hilft, dich aus der Unbewusstheit deines Herzens zu wecken. All jenes, was du bisher für Liebe hieltest, mag eine Bindung gewesen sein, die von alten, vielleicht lebensfeindlichen und lebensverneinenden Mustern geprägt und von Äußerlichkeiten getragen, mit der Zeit möglicherweise dazu geführt hat, dass du dich in sie verstrickt hast. Materielles, an dem du möglicherweise festhältst und das vielleicht zu deinem Besitz geworden ist, ebenso wie alles, was alt ist und für deine weitere Entwicklung nicht mehr gebraucht wird, mag hier mit einem Schnitt radikal von dir getrennt werden.

Altes, Wohlbekanntes will aufgelöst werden, um Neuem, Unbekanntem Raum geben zu können. Dein Leben mag sich gerade in eine umfassende Veränderung hineinbewegen, in der du vielleicht das Gefühl hast, dass dir etwas entrissen und vernichtet wird. Vielleicht siehst du auch deine Pläne durchkreuzt und das, was du aufgebaut hast, zerstört.

Der Tod konfrontiert jedes Lebewesen mit dem Verfall aller bisher gültigen Werte.

Grün, im unteren Teil der Flasche, ist jene Farbe, in der das Herz durch das Herz-Chakra energetisch schwingt. Vom Herz-Chakra aus fließt dann die grüne Farbschwingung in die Arme und in die Hände. Grün stimmt das Herz auf die Harmonie der Natur und ihre Gesetze ein. Es wirkt auf das Begreifen von Dingen, das Verstehen der größeren Zusammenhänge und das daraus folgende Handeln.

Klar, im oberen Teil der Flasche, ist öffnend für das Erwachen, die Bewusstheit, hier des Herzens, die dann das Begreifen, das Verstehen und das daraus folgende Handeln zu lenken vermag. Klar schafft die Verbindung mit der Silberschnur, der Verbindung mit dem Ursprung jeder Seele in der göttlichen, der lichten Welt, der Welt der Engel, der Geisthelfer und der göttlichen Wesen. Die lichte Welt ist die höchste Weisheit, sie inspiriert die Intelligenz eines jeden spirituellen Herzens.

Dein Herz mag um viele Dinge wissen. Dein Herz mag ebenso wissen, warum es sich vor dem Leben möglicherweise verschlossen hat, und es besitzt eine feine Weisheit, aus der es dir mitzuteilen vermag, warum in deinem Leben vielleicht jetzt ein Einschnitt geschieht, der dich auch daran hindert, weiter in die Irre zu gehen.

Klar über Grün kann dir dabei helfen, tief hinab zu deinen Wurzeln zu gehen, um schauen zu können, was dich dort vielleicht verletzt hat. Dort, in der Dunkelheit der Erde, kannst du dann möglicherweise auch das für dich finden, was dich nährt, um dem Licht entgegenwachsen zu können.

Klar über Grün ist eine Flasche für das Kind des Neuen Zeitalters. Sie mag dir sehr hilfreich dabei sein, dich an das Kind zu erinnern, welches du zu jener Zeit gewesen bist, als du begannst, deine Arme auszustrecken und mit deinen Händen erstmals das, was du liebtest, zu greifen suchtest. Vielleicht hast du dabei erlebt, dass du das, was dein Herz so sehr begehrte, nicht haben durftest und deine Herzenswünsche abgewiesen wurden. Möglicherweise lehrten dich deine Eltern, was es kostete, es zu bekommen, und durch sie magst du zu unterscheiden gelernt haben, was du haben durftest und was nicht. Auf diese Art und Weise mögen dann automatisch ihre Wertvorstellungen zu den deinigen geworden sein. Die Begrenzungen ihres Denkens, ihre Harmonie und ihr Streit, ihr Festhalten, ihr Durchhalten, um jene Lebenswerte zu erfüllen, die vom Verstand bestimmt wurden und nicht vom Fluss der Liebe zum Leben selbst, gingen möglicherweise einfach auf dich über. Darin mögen die Vorstellungen der vermeintlichen Sicherheiten durch den Staat, die Ehe, den Beruf und den Besitz eine große Rolle gespielt haben.

Jede Bindung an etwas im Leben erzeugt jedoch Enge, Pflicht und Stagnation. Liebe dagegen erzeugt Weite, Freiwilligkeit und Wachstum. Bindung ist Tod. Liebe ist Leben.

Klar über Grün kann dir eine große Hilfe dabei sein, die einschläfernde Sicherheit des Altbekannten zu verlassen. Vielleicht kannst du diesen Tod sogar bewusst erleben, denn er mag in Wahrheit ein großartiger Neubeginn sein, der Anfang eines neuen Lebens. Angst und Anspannung mögen deine Haltung bestimmen, und vielleicht füllt dich Entsetzen, während du dabei zuschaust, wie das Leben klüger zu sein scheint als deine Pläne.

Viel Eifersucht und Neid auf das, was andere haben und dir in deinem Leben jetzt scheinbar genommen wird, mag sich dabei aus deinem Herzen lösen. Möglicherweise kommt Schmerz um den Verlust in dir hoch, vielleicht macht Trauer sich breit, Tränen, die geweint werden wollen, und doch ist es offenbar nur das Alte, welches du zu halten versuchst und das dir trotz aller Versuche durch deine Finger zu rinnen beginnt. Vielleicht musst du einfach nur die Vergangenheit loslassen und alles, was dir nicht mehr nützlich ist, gehen lassen. Je eher du Abschied vom Alten nehmen kannst, desto früher hat dein neues Leben die Chance, für dich anzufangen.

Leben ist Wandlung und Veränderung. Zeit heilt alle Wunden, und sie gibt dir immer das Verlorene, als deine Weisheit und deine Erinnerung, wieder zurück.

Im Rhythmus der Naturgesetze schreitet das Leben stetig fort - vom Säen zum Keimen, vom Keimen zum Wachsen, vom Wachsen zum Blühen. Nach der Blüte setzen dann die Früchte an, die im Licht der Sonne reifen. Wenn du in dir etwas zur Reife gebracht hast, kommt die Sichel des Lebens, die Sense, die es schneidet. In der Natur wird dann die Ernte eingebracht, der Boden einer Zeit der Erholung überlassen, bis zu einem neuen Anfang. So kann sich dann wieder der Kreis des Wachstums schließen.

Klar über Grün kann dir dabei helfen zu lernen, alle Angelegenheiten deines Herzens bewusst wahrzunehmen. Auf diese Weise mag es dir gelingen, jene Dinge, welche dein Leben bisher behindert haben - vielleicht alte Glaubenssätze, die dein Öffnen und Strömen in bedingungsloser Liebe bisher möglicherweise einzudämmen und zu behindern suchten - in dein Herz nehmen zu können, um jetzt dir selbst und allen anderen zu verzeihen und dich für das Hier und Jetzt zu öffnen.

Klar über Grün kann dir helfen, deine ganze Energie darauf zu lenken, nach innen zu blicken, auf das, was nie stirbt. Vertraust du auf die Führung im Innersten deines Herzens und auf den neuen Lichtstrahl, der vielleicht gerade da hineinleuchtet, dann mag er deinen Blick auf sich ziehen und auf das, was es wirklich wert ist, gelebt zu werden. Möglicherweise findest du dich an der Schwelle eines Lebens in Licht, Liebe und Bewusstheit.

Mit leeren Händen kann niemand mehr versuchen, seinen Wert zu beweisen, nützlich zu sein. Leere Hände bedeuten den Abschied davon, für etwas zu leben, und den Beginn, sich selbst zu leben. Auf diese Weise kann deine Seele nun ihr Zuhause und ihren Ort finden, an dem sie ihre Liebe leben kann.

Klar über Grün ist hilfreich dabei, dir die Richtung in neuen Herzensentscheidungen oder in großen äußerlichen Veränderungen, auch räumlichen Veränderungen, zu vermitteln. Es hilft dir, bewusst zu sein, wohin und mit wem du gehst.

Lebst du lebendig und spontan, einfach und natürlich in dem, wie du bist, und in dem, was du tust, so möge dich Frieden, Freude und Zufriedenheit erfüllen. Spielerisch und unabhängig, ein Kind des Neuen Zeitalters, kannst du dabei zu einem Gefäß jener göttlichen Liebe werden, die durch dich einen einzigartigen Ausdruck in der Welt findet.

In diesem Prozess ist Menschlichkeit der höchste Wert.

Liebe ist wie eine Blume, sie verkörpert das Göttliche, und das Göttliche lässt sich nicht horten oder kalkuliert einsetzen. Wenn du das tust, dann magst du es verpassen. Liebe will aufblühen, ausgeteilt und verschenkt werden, wachsen. Je mehr Liebe du verschenkst, umso mehr Liebe wächst nach. Wenn du ständig gibst, mag irgendwann der Tag kommen, an dem deine Liebe nie mehr versiegt. Dann ist aus dir eine unerschöpfliche Quelle der Liebe geworden.

Als Flasche für das Kind des Neuen Zeitalters ist Klar über Grün nützlich für ein Kind in der Lernphase, wenn es lernt, Dinge zu greifen, und sich selbst und seinen Platz in der Welt erkennt. Klar über Grün unterstützt den Lebensraum der Kinder, ihr ganzes Lebendigsein, ihre Natürlichkeit und Spontaneität, das Spielerische und ihre Unabhängigkeit.

B14 Klar / Gold

»Weisheit des neuen Zeitalters«

(gehört zum Chakra-Set für das Kind des Neuen Zeitalters)

In neuem Verständnis, dass wahrhaftes ›Leben‹ ein stetiges und nie aufhörendes ›Lernen‹ bedeutet, kannst du eine tiefe Lebensfreude darin wieder finden. Im Verstehenlernen dessen, was das Leben bringt, und dem Wert des Lernens aus jedem seiner Momente liegt der goldene Same inneren Wachstums. Dein Vertrauen in den Prozess ist dabei seine Nahrung.

Je mehr Erfahrungen du im Leben sammelst, je mehr Zeit du dir dafür nimmst und dabei vielleicht wie ein Schmetterling von Blüte zu Blüte fliegst, um zu ihrem Nektar vorzudringen, umso klarer mögen dabei deine Gedanken werden und umso größer deine Einsichten. Deine Haltung dem Leben gegenüber kann dabei weiser und weiser werden. Die wahre Weisheit des Lebens sucht in allem das rechte Maß der Dinge.

Versucht du jedoch, vor dieser Tatsache zu flüchten, tust du dir selbst damit weh. Rastlose Hast, dem vermeintlichen Gold des Lebens nachzujagen, kann nur in die Leere führen, ja sogar in scheinbar ausweglose Situationen. Vielleicht bringt dich das Leben auf diese Art und Weise in Gefühle von Verwirrung und Verzweiflung und lässt dich dich selbst so fühlen, als ob du den Anschluss an dein eigenes, tiefes, wahrhaftes inneres Wissen verloren hättest.

Im Gegensatz dazu entziehst du dich vielleicht auch der Welt, weil sie dir zu hart für dich erscheint. Jedoch deine Ängste wirst du auf diese Weise nicht besiegen oder gar überwinden können. Du magst dich von ihnen treiben lassen und der Welt vielleicht so weit wie möglich entfliehen, möglicherweise in deine eigene Traumwelt oder noch viel weiter fort, in eine Gier oder eine Sucht. Dann bestimmen jedoch deine Ängste und dein Fortlaufen über dein Leben – und nicht du selbst.

Längst vergessen, wovor du eigentlich Angst hast, fühlst du dich vielleicht auch einfach auf der Strecke geblieben. Alles im Leben mag dir dabei das Gefühl geben, dein Ziel nicht erreicht zu haben oder es nie erreichen zu können und einfach keine Chance im Leben zu haben. Möglicherweise bist du darüber einfach mutlos und unsicher geworden.

Klar über Gold hilft dir dabei, aus deiner eigenen tiefen Verunsicherung und deiner stillen Frustration einen Weg heraus zu finden. Gelingt es dir, dabei zu deiner eigenen Wahrheit und deinem eigenen Wissen zurückzukehren, dann kann sich darin dein inneres Chaos klären und eine neue innere Ordnung daraus entstehen. In ihr liegt dann die Möglichkeit für dich, von negativem und destruktivem Handeln frei zu werden und dich deiner inneren positiven und kreativen Seite zuzuwenden.

Klar über Gold ist dir auf der Suche nach dir selbst behilflich, sodass dir dabei deutlich werden kann, wo du dich verloren hast, um von da aus dann den ersten Schritt tun zu können, deine Vergangenheit für immer hinter dir zu lassen. Wahrhafte Veränderung ist nur möglich, wenn sie aus deinem eigenen Inneren kommt. Wenn du einmal dein Leiden verstanden hast, dann kannst du es auch loslassen.

Klar über Gold ist eine Flasche für das Kind des Neuen Zeitalters, das du in deinem Inneren bist. Sie kann dich mit deiner Erinnerung an jene Zeit deines Lebens in Verbindung bringen, als du anfingst, die Welt verstehen zu lernen, Buchstaben zu formen, Lesen, Schreiben und Rechnen zu lernen. Jene Erinnerung an die Zeit, in der du in die Welt des Wissens eingetreten bist, so, wie es dir vielleicht als Kind in der Schule von den Lehrern oder zu Hause von deinen Eltern gezeigt und vermittelt wurde. Jedoch für das, was dort alles für dich aufzunehmen war, musste zwangsläufig jenes, was du selbst wusstest, deine eigene Intelligenz und dein eigenes inneres Wissen, in den Hintergrund treten. Außerdem musstest du möglicherweise auch lernen, die Autorität deiner Eltern, der Schule und der Lehrer, der Kirche und der Priester anzuerkennen und ihr zu folgen. Auf diese Weise magst du dann unwillkürlich das Wertesystem ihres Wissens und gleichzeitig die Begrenztheit ihres Wissens angenommen und damit automatisch begonnen haben, die Welt der Logik und rationalen Entscheidungen zu betreten. Wenn du den Versuch gestartet hast, dagegen aufzubegehren, ihre eigenen Fehler aufzudecken und für Gerechtigkeit zu stehen, so musstest du wahrscheinlich lernen, dich zu fügen und dich anzupassen. Schließlich mag dir keine andere Wahl geblieben sein als jene, das ganze Gebäude von der Hierarchie des Wissens, der Weisheit und der Lebenserfahrung über dir zu akzeptieren.

Klar über Gold hilft dir, wieder ein Gleichgewicht zwischen dem herzustellen, was du zum Lernen in deinem Leben vielleicht gerade von außen aufzunehmen hast und dem, was du mitbringst und schon weißt. Im Verstehenlernen dieser scheinbaren Gegensätze liegt hier die Chance zur Selbstentfaltung und zum Wachstum.

Die reine Betrachtung des Goldes der Sonne und des

Silbers des Mondes, des Lichts des Tages und der Dunkelheit der Nacht, mag dich erkennen lassen, dass sie keine Gegner sind, sondern Freunde, die sich ergänzen und sich gegenseitig benötigen, wie zwei Seiten einer Medaille. Jenseits aller Widersprüche, jenseits aller Gegensätze und jenseits aller Dualitäten ist das, was eigentlich ist. Jenseits aller Gegensätze ist das, was eigentlich ›du‹ bist.

Das Licht der Sonne ist es, welches alle Aktivitäten in Gang setzt. Aus ihren Strahlen nährt sich die Lebenskraft eines jeden Individuums. Dein ›Ich‹ wird durch sie zu seinem Lebenswillen erweckt, und es mag dich in deine Freiheit und Autonomie drängen. Die Sonne schenkt dir die nötige Vitalität und aktiviert jene Furchtlosigkeit und Großherzigkeit in dir, die erforderlich sind, um bewusst das im Leben realisieren zu können, wovon du träumst.

Das Licht des Mondes dagegen scheint tief ins Unbewusste, hinein in deine Träume. Es berührt deine inneren Gewohnheiten und Reaktionen. Der Mond fördert den Zugang zu den unbewussten Bereichen in deiner Seele, zur unerklärlichen Wechselhaftigkeit deines Gemütes und zur tiefen Gestaltungskraft in deinem Inneren. Der Mond bewirkt die nötige innere Formung und Sammlung, sodass deine Seele ihren Weg zu ihrer Bestimmung finden kann.

Klar über Gold kann Brücken bauen zwischen deinem Bewusstsein und deinem Unterbewusstsein, sodass die Kraft der Sonne und des Mondes sich darin vereinen können.

Das Zentrum deiner Wahrheit ist dein reines Sein.

Im Feuer der Wut deiner Rebellion gegen das Alte, Schematisierte, Starre und im Fluss deiner Tränen in

Hingabe an das Neue, Intuitive, Wissende, mit dem Leben Verbundene vermögen sich die Türen zu deiner verborgenen inneren Weisheit wieder zu öffnen.

In dieser aufbrechenden Löwenkraft deines wahren Selbst liegt die große Möglichkeit zu deiner inneren Reinigung und Verwandlung. Getauft von den Wassern wahrhafter innerer Freiheit, mag deine eigene innere Weisheit in diesem Verwandlungsprozess nun in Bewegung geraten und in dir aufsteigen, sodass du, verbunden mit der Silberschnur ins Licht, ein klarer Kanal für Weisheit und kreative Energie werden kannst.

Findest du dabei zu tiefer, überfließender Freude am Leben selbst, gleich einer Quelle, aus der du jeden Moment schöpfst, dann kann darin dein eigenes Schaffen, tief aus deinem Herzen heraus, zum Zentrum deines Lebens werden. Dann bringt es jene Harmonie mit sich, in der für dich und andere deine innere Kraft, deine Stärke und deine Schönheit fühlbar und sichtbar werden.

Klar über Gold hilft dir ebenso damit zu beginnen, deine Wahrheit und deine Schaffenskraft in die Welt zu tragen, um sie mit ihr zu verknüpfen und zartfühlend abwägend dabei nach einer neuen Balance zu tasten, einem Gleichgewicht zwischen dem, was für dich wahr ist und den äußeren Bedingungen. Mitten aus deinem Schaffen heraus kann dann schließlich eine feine Disziplin aus deinem Inneren erwachsen, in der das, was du jeden Moment tust, gleichzeitig in den Händen einer höheren Macht, der göttlichen Führung, ruht.

Ängste mögen nun weit hinter dir liegen, nur manchmal dich vielleicht noch an der Peripherie berühren.

Klar über Gold hilft dir, die Kunst des Lebens in der Tiefe deiner Wahrnehmung zu finden, nämlich in deinem eigenen Verständnis um die Dinge. In deiner Bereitschaft, das Leben zum ständigen Lernen und Wachsen anzunehmen, können dein inneres Wissen und deine innere Schönheit jene Nahrung erhalten, die sie benötigen, um größer und größer zu werden. Darin kann schließlich der Prozess deiner Selbstentfaltung Form annehmen, sodass die Flügel des Schmetterlings dabei vorsichtig wieder an das Tageslicht kommen.

Im Tanz des Schmetterlings zwischen den Welten findet sich dann ein neues, inneres Gleichgewicht mit dir selbst, deinem Schicksal, deinem Leben und allem, was dich umgibt.

Gehst du darin dem Sinn hinter den Dingen nach, so, wie sie für dich geschehen, magst du geborgtes Wissen nach und nach loslassen, denn Weisheit und Einsicht sind immer frisch und neu. Darin sind auch die Gedanken klar. Wahres Wissen ist unschuldig und frei. Es hat keine Frage, und es hat keine Antwort. Es ist reine Liebe. Es schaut mit klaren Augen in die Welt – wie ein Kind.

Als Flasche für das Kind des Neuen Zeitalters nimmt Klar über Gold Kindern an der Schwelle einer neuen Lernphase, vor allem beim Schuleintritt, die Angst. Es unterstützt sie, während der Schulzeit zwischen ihrem eigenen Wissen und dem, was sie gerade im Hier und Jetzt zu lernen haben, zu unterscheiden. Es hilft ihnen, das richtige Gleichgewicht darin zu finden, sich als Individuum in der Welt zu verstehen und die Unterstützung ihrer Eltern darin anzunehmen.

B15 KLAR / VIOLETT

»Heilung im neuen Zeitalter«

(gehört zum Chakra-Set für das Kind des Neuen Zeitalters)

Eine tiefe Schau in den Spiegel der materiellen Welt, die lange genug und so tief getan wird, bis sie den Punkt des Durchdringens erreicht, kann dich bis ins Jenseits führen, dahin, wo das Licht hinter den Schatten hervorkommt.

Einmal an diesem Punkt angelangt, kannst du dann ein Gefühl dafür bekommen, was es bedeutet, ein heilsames Leben zu führen, und beginnen, dich selbst so zu sehen, wie du bist, und andere so zu sehen, wie sie sind. Diese Erfahrung ermöglicht es dir, einen so tiefen inneren Frieden zu finden, dass sie eine Befreiung einzuleiten vermag, dich mit der materiellen Welt in einem neuen Bewusstsein zu verbinden.

Nichts ist so, wie es zu sein scheint.

Diese Einsicht kannst du nur erlangen, wenn du deine eigenen Fehler und dein unbewusstes Handeln so oft wiederholst, bis du darin den Punkt zum Durchbruch findest, den Beginn des Verstehens, ja des Erkennens, dass du vielleicht passiv andere für deinen Missstand in deinem eigenen Leben verantwortlich machst.

Wohin du gehst, ist jedoch immer deine eigene Wahl.

Kompensierst du vielleicht dein seelisches Unerfülltsein, deine Leere, mit dem Vollstopfen aus dem Basar jener Sachen, die heutzutage den Markt des Lebens füllen, wie Sex, Geld und alle Arten von Besitztümern, dann magst du eine Art von Selbstvergessenheit praktizieren.

Möglicherweise vergisst du dich selbst oder hast vielleicht vergessen, dass in deiner inneren Welt der Schlüssel zum Genießen und Erfülltsein von der äußeren Welt begraben liegt.

Je tiefer du jedoch in der Lage bist, in dich selbst hineinzufühlen, je näher du dir selbst zu sein vermagst, je klarer du zu sehen lernst und dir selbst bewusst wirst, um so mehr erlangst du die Fähigkeit, dein Leben bewusst zu genießen.

Klar über Violett ist eine Flasche für das Kind des Neuen Zeitalters, das du in deinem Inneren bist. Sie kann ihr Licht zurückwerfen und dich an jene Zeit in deinem Leben erinnern, als du in deine Pubertät kamst, deine Sexualität erwachte und vielleicht ein dir unbekanntes Drängen deinen Körper, deine Gefühle und dein Denken aufwühlte. Es mag eine Zeit gewesen sein, in der deine erste Liebe dich faszinierte, dich verunsicherte, dich magisch anzog und du bewusst begannst, deinen Partner zu suchen. In einer Weise standest du möglicherweise an der Schwelle zum Erwachsensein und in einer anderen Weise im Abschied von deiner Kindheit. Dies mag auch eine Zeit gewesen sein, in der vielleicht deine Aufgabe sich hier in der Welt zu kristallisieren begann und du deine Richtung suchtest, das zu finden, wofür du lebst und wo deine ›Berufung‹ liegt.

Indem du möglicherweise nicht das tun durftest, was deiner Neigung entsprach, sondern vielleicht nur das tun durftest, was von deinen Eltern erlaubt war, magst du dich dann zurückgenommen und vielleicht versucht haben, ihrem Vorbild zu entsprechen. Jedoch in ihre Rolle zu schlüpfen und sich nicht selbst zu leben, macht schließlich traurig und depressiv. Vielleicht handelst du heute noch in der einen oder anderen Art gegen dich selbst und hast möglicherweise dabei ein Gefühl, als sei etwas in dir entzweigegangen.

Klar über Violett kann dir eine große Hilfe dabei sein, die Einschränkungen der dir möglicherweise auferlegten Verbote und Moralvorstellungen überwinden zu lernen und sie als nicht zu dir gehörig zu erkennen, sodass du die Liebe zu dir selbst wieder finden kannst.

Klar über Violett hilft, einen Transformationsprozess in dir einzuleiten und den Beginn jenes Verstehens zu initiieren, dass es eine Welt jenseits dieser Welt gibt, in der es möglich ist, die Dinge in ihrem tiefsten Wesen zu durchdringen. Auf diese Weise magst du dich herausgefordert finden, dich auf die Suche nach dir selbst zu machen, hinter die Spiegel der Welt zu schauen, dich jenseits der Vorbilder deiner Eltern zu bewegen und ebenso jenseits jener Leitfunktionen und Leitfiguren, die dir von der Welt vorgegeben werden. Es ist die Suche nach dir selbst, die in dir geweckt wird und die ein Erwachen bewirken kann, schließlich aus deiner ganzen Unwissenheit herauszukommen.

Dafür jedoch wirst du zunächst in die Tiefe deines Inneren geführt, zum Gegenpol allen Scheins und aller Heiligkeit.

Hier wohnt der Hüter wahrer Spiritualität; er fördert die Entfaltung der Seele in all ihren Facetten. Er ist der wahre Erschaffer, der das Selbsterschaffen zu steuern vermag. Er ist der Gegenspieler aller Heiligkeit, die knechtet und Unterwerfung fordert und jeden Menschen in die Ketten eines zu befolgenden Glaubenssystems legt.

Wenn du es zulassen kannst, dich von dieser Kraft, ihrem lodernden inneren Feuer, welches alles Endliche in seinen Flammen verzehrt und zerstört, total packen zu lassen, dann verbrennt darin die gesamte tote Vergangenheit und das, was nie stirbt in dir, kann daraus hervortreten und beginnen, deine Zukunft zu bestimmen. Dann mögen ebenso dein Verstand, deine Gefühle, deine Sinne und dein Körper anfangen, hundert Prozent zu leben und nichts zurückzuhalten.

Um zu lernen, die Göttlichkeit in dir selbst zu erkennen, geht es gerade darum, die rohen Erdkräfte zu leben, und während du sie lebst, sie zu verfeinern, denn aus dem Unbewussten, dem Rohen, dem Brutalen, dem Sexuellen, vermag die feine Lilienblüte von Meditation erst dann zu erwachsen, wenn du in allem, was du tust, total wirst. Wenn es dir gelingt, deine rohesten und zerstörerischsten Dämonenfratzen ins Leben zu bringen, mag es dir gleichzeitig gelingen, die Feinde der Wahrheit zu vernichten. Am Beginn des Weges steht Reinigung.

Den Himmel wirst du nur berühren können, wenn du durch die Hölle gegangen bist.

Nur in deinem Totalsein kannst du dein Leiden durchbrechen und darüber hinaus an deine dir innewohnenden Heilkräfte gelangen, um in das schöpferische Gestalten des Neuen einzudringen, dessen, was du dir wahrhaft in deinem Leben wünschst. Nun magst du nicht mehr nur die oberflächlichen Erscheinungen wahrnehmen, sondern bist womöglich tief in das Erkennen der ganzen Welt und in ihr tiefstes Wesen eingedrungen.

Unwissenheit macht völlig ernst und führt zur Identifikation mit dem Denken und dem Handeln. Wissen dagegen macht humorvoll und gibt Distanz zu Gedanken und Gefühlen, Loslösung aus Verstrickungen und Identifikation. Dann erwacht der innere Beobachter, und die Meditation erhält Raum. In der Meditation kann sich dann jede Verhaftung an das Materielle und Animalische lösen und reine Bewusstheit alles durchdringen. Auf diese Weise vermag das Leben an wahrem Verstehen zu gewinnen und mit ihm an Tiefe.

Klar über Violett kann dir dabei helfen, dich wieder mit deinen Fähigkeiten zu verbinden, denn sie sind es, die dich wahrhaft zu lenken vermögen und die die Wahl der Richtung, in die du gehst, bestimmen. Du magst beginnen, dafür einzustehen, woran du glaubst, nämlich an das, was aus deiner eigenen Erfahrung gewachsen ist. Du beginnst, deine Wahrheit auch unter den widrigsten Umständen zu vertreten.

Inneres Befreitsein gibt Raum für Selbstzufriedenheit. Innerlich befreit auf andere zuzugehen kann bedeuten, einen Kontakt, jenseits von Illusion und Schöntuerei, zu erbauen. Das Handeln im herausfordernden Spiel des Lebens kann in diesem Zustand kraftvoll, bejahend, positiv und klar sein, verbunden mit der völligen Lebendigkeit und Hingabe an das wirkliche Leben. Herauf und herunter, glücklich und unglücklich, verbunden oder einsam, hat letztendlich alles seinen Platz, und alles macht einen Sinn. Jenseits der Gegensätze liegt die treibende Quelle, dort ist das wahre Zuhause von Spiritualität.

Lernst du, dich in allem selbst anzunehmen und für dich selbst verantwortlich zu leben, dann wirst du wahrhaft bereit, einem Partner zu begegnen und auch ihn so anzunehmen, wie er ist. Auf diese Weise mögen Selbstverantwortung und Meditation zum Zentrum in dieser Beziehung werden so wie auch in allen Beziehungen, die du zu anderen Menschen hast.

In tiefem Kontakt mit deinem innersten Wesen kannst du schließlich Zugang zu deiner wahren Aufgabe in deinem Leben erhalten, für die du vielleicht lange vorbereitet worden bist und in der du nun möglicherweise alles anzuwenden vermagst, was du gelernt hast.

Klar über Violett schafft eine Verbindung zur inneren Reinheit und Unschuld, die schließlich sich dem Licht wie eine Blüte öffnet, zart und verletzlich, bereit, ihren Nektar mit der Welt zu teilen.

Als Flasche für das Kind des Neuen Zeitalters hilft Klar über Violett in der Zeit der Pubertät. Es hilft dem Kind, seine eigene Spiritualität und Liebe zu leben und die Angst vor der Manipulation durch die Erwachsenen loszulassen.

Klar über Violett hilft dem Kind des Neuen Zeitalters, in seiner Pubertät den Zugang zu seiner wahren Aufgabe im Leben zu erleichtern. Es kann ebenso hilfreich sein, jenen Partner zu finden, für den es bestimmt ist, sodass es sich in Liebe mit ihm verbinden kann und Heilung in dieser Verbindung erfährt.

Klar über Violett erleichtert ebenso einer Gebärenden die Entbindung, es lindert den Wehenschmerz und unterstützt ein bewusstes Geburtserlebnis.

B16 Violett / Violett

»Das violette Gewand«

Unerwartet auftretende Veränderungen in deinem Leben mögen eine Auflösung alles Alten, aller alten Rollen und Gewänder, die dich vielleicht von neuen Möglichkeiten in deinem Leben fernzuhalten versuchen, bewirken. Scheinbar wird dir dabei all das genommen, was nicht wirklich hilfreich für dich ist, sodass du in einer Weise gezwungen wirst, wach zu werden, um dich selbst erkennen zu können und zu deiner eigentlichen Bestimmung zu finden.

Violett über Violett kann eine große Hilfe dabei sein, deine wahre Rolle im großen Schauspiel des Lebens zu finden, einer Rolle mit der Aufgabe, dem Leben in seiner ganzen prachtvollen Entfaltung zu dienen.

Es mag ein unvorhergesehenes Ereignis in deinem Leben sein, welches vielleicht plötzlich auf dich zukommt, dich möglicherweise in Schrecken versetzt und tiefe Veränderungen in dir auslöst. Vielleicht entsprechen die Umstände nicht dem, was du plantest, vorhattest oder was deine eigene Intention an diesem Punkt in deinem Leben ist. Doch jenes, was gerade geschieht, mag genau das sein, was jetzt für dich im Leben anliegt, und folgerichtig musst du dich nun damit auseinander setzen.

Ein Ereignis, das vielleicht von außen, durch andere, an dich herangetragen wird, setzt offenbar in deinem Bewusstsein eine tief greifende Veränderung in Gang. Möglicherweise wirkt etwas wie ein Schock ganz durch dich hindurch und du wirst aufgerüttelt, wach gemacht. Dein Haus steht in Brand!

Eine dramatische und plötzliche Wandlung, einem Erdrutsch gleich, mag nun in dir einsetzen, und möglicherweise fällst du in die Tiefen deines Unterbewusstseins. Ohne dich schützen zu können, scheinen alle deine Sinne geweckt zu werden, und jenseits jeder Zuflucht und jeglichem Schutzes wirst du einfach mit allem konfrontiert. Es mag dir brutal und grausam erscheinen, eine solche Zerstörung in deinem Leben augenscheinlich zulassen zu müssen, und doch kannst du nur zuschauen, wie alle Sicherheiten der Vergangenheit nun, in diesem gegenwärtigen Zustand, scheinbar ins Wanken geraten sind.

Deine Fassade von Realität bricht möglicherweise unter diesen Umständen schlichtweg zusammen, und auch das zusammengezimmerte Alltägliche mag Feuer fangen und restlos in den Flammen verzehrt werden. Altes scheint offensichtlich bis in seine Grundmauern hinein zerstört zu werden. Selbst das, was du vielleicht noch für dich zu retten versuchst, wird schonungslos von diesem Feuer der Verwandlung ohne Zögern zunichte gemacht.

Violett über Violett kann eine große Hilfe dabei sein zu lernen, dir selbst bewusst zu machen, dass bürgerlich-konventionelle Denkweisen nicht mehr hinreichen, um dein Leben aufrechtzuerhalten. Vielleicht hast du dich vergeblich in sie eingemauert. Wesentliche Ereignisse rütteln dich nun möglicherweise auf, um aus deiner Illusion von Selbstbestimmung herauszukommen, da sie möglicherweise nur deinem Ego Nahrung gab.

Äußere Umstände mögen dich nun dazu zwingen, deinen Standpunkt zu ändern, um das Positive in dieser Situation, diesem Zusammenbruch zu suchen und einen

Ausweg erkennen und finden zu können. Dabei magst du dein inneres Kind befreien, das vielleicht nie so sein konnte, wie es wirklich ist und sich daher völlig den äußeren Verhältnissen angepasst hat. Darüber hat es möglicherweise sich selbst, wer es ist und wofür es hier ist, ganz vergessen.

Violett über Violett hilft dir dabei, das, was sich gerade in deinem Leben ereignet, geschehen lassen zu können und leichten Herzens alles gehen zu lassen, um einer Auflösung Raum zu geben. Du magst beginnen zu sehen, dass dir all jenes nicht mehr dienlich und sinnlos ist, was nicht deiner wahren Berufung entspricht. Dafür musst du offensichtlich alles in deinem Leben geben und alle Sicherheiten fahren lassen. Jenes Bild, welches du von deiner wahren Bestimmung und Aufgabe dabei wieder erinnern magst, drängt scheinbar danach, in die Realität umgesetzt werden zu wollen. Darin mag nicht nur deine Heilung liegen, sondern auch die Richtung, in die du zu gehen hast. Der Zusammenbruch, das Feuer, die restlose Zerstörung, dient letztendlich der vollständigen Erneuerung deines Selbst.

Erst aus der Not heraus kann letztendlich deine wahre innere Bereitschaft für wirkliches Wachstum entspringen!

Findest du aus dir selbst heraus nicht den Weg in die Auflösung und Veränderung deiner Lebenssituation, dann erschafft das Schicksal Herausforderungen und wirft dich in deine Aufgabe. Dann kannst du zwar immer noch wegschauen, erzeugst aber damit nur Schmerzen für dich selbst.

Violett über Violett kann dir helfen, dir darüber bewusst zu werden, dass du erst etwas von dir selbst verlieren musst, um etwas anderes von dir gewinnen zu können. Es kann dir ebenso helfen, den Schmerz, der durch das plötzliche Entreißen aus deinen Verstrickungen in deine überholten Verhaltensweisen entstanden ist, zu heilen. Dabei mögen dir alle deine alten Muster sowie deine selbstzerstörerischen Neigungen bewusst werden. Gewohnheiten, die aus dem Zeitalter der Dunkelheit stammen, in dem materielle Interessen, Konkurrenz und eine große Trägheit des Herzens die Spielregeln des Lebens beherrschten, mögen einem Erkennen der Gesetzmäßigkeiten einer höheren, wesentlichen Ordnung, der wahren Ordnung des karmischen Geschehens, weichen, in der sich Ursache und Wirkung wahrhaft begründen. Von dieser Basis aus kann dann ein inneres Vertrauen und ein Wissen in dir entstehen, dass die Ereignisse des Alltags aus der bedingungslosen Liebe des LEBENS zu dir geschehen, denn in Wahrheit mögen sich dir neue und tiefere Möglichkeiten öffnen, um weiter zu wachsen.

Violett über Violett hilft dir dabei, mit deinem Körper, deiner Seele und deinem Geist aus möglicher Trauer, Leid und Lebensflucht heraus wieder in Einklang zu kommen und dich neu dem Leben zuzuwenden. Dabei magst du wieder eine gesunde Beziehung zu den Bedürfnissen deiner Seele, sich weiterentwickeln zu wollen, erlangen, wie auch zu deinem eigenen Körper und zu allen materiellen Dingen in deinem Leben. Du wirst dabei zu einem Denken finden, welches deiner Seele dient.

Violett über Violett ist hilfreich dafür zu lernen, den Blick nach innen zu richten, in die kühle Seelenflamme und in die Möglichkeit deiner eigenen Bereitschaft, ins Licht der Neuen Zeit zu gehen. Vielleicht beginnst du, mit neuen Augen in die Welt zu schauen, und siehst möglicherweise voller Erstaunen, wie das Leben selbst dich auf seine Schultern nimmt und ein neuer Anfang seinen

Lauf nimmt. Bewusst magst du in einer neuen Weise Verantwortung für dich und dein Leben übernehmen, in der es dir möglich wird, die Welt so zu sehen, wie sie wirklich ist. In jenem Abstand, den du dabei zu dir selbst, deinen Gefühlen, deinen Gedanken und deinem Körper gewinnst, kannst du ein Beobachter werden, ein wacher Zeuge des Geschehens, der nicht identifiziert ist. Situationen mögen sich wiederholen, und die Menschen mögen die gleichen sein; doch wiederholst du auch deine alten Verhaltensmuster? Aus deinem Selbsterkennen heraus kann dann dein Mitgefühl dir selbst und anderen gegenüber wachsen. So, wie du dir selbst Irrtümer und Fehler vergeben kannst, kannst du dann genauso auch anderen Irrtümer und Fehler vergeben.

In tiefer Meditation, jenseits deiner Bindung an das Leben oder den Tod, wird es möglich, sich mit dem Licht zu verbinden und damit die kühle Flamme des eigenen inneren Lichts, aus dem sich die Seele nährt, zu erfrischen.

Nur in tiefer Meditation kann es dir gelingen, die Identifikation mit deinem eigenen Leben loszulassen und dich einer höheren Ordnung hinzugeben. In ihrer bedingungslosen Liebe wirst du dann vielleicht ebenso erkennen können, dass alles, was in deinem Leben geschieht, allein zu deinem Besten dient.

Erst das tiefe Annehmen der höchsten Gesetzmäßigkeiten des Daseins kann ein Öffnen in dir geschehen lassen, ein Öffnen für die Arbeit des LEBENS durch dich hindurch. Seine Weisheit ist es, die dich wahrhaft in deiner Einzigartigkeit liebt, dich zu führen vermag und dich dort weiterwachsen lässt, wo es für dich am besten ist.

Aus diesem tiefen Verstehen heraus kannst du nun offen und bereit werden für neue Möglichkeiten in deinem Leben, das einer lichtvollen Zukunft in Bewusstsein, Wachheit und Aufmerksamkeit dir selbst und anderen gegenüber zustreben mag.

Alles, was aus dem violetten inneren Raum von Meditation heraus geschieht, und das Wort ›Meditation‹ bildet den Ursprung des heutigen Wortes ›Medizin‹, ist für dich selbst und andere letztlich zutiefst heilsam.

Violett über Violett hüllt dich in dein violettes Gewand. Es ist das Gewand einer altbekannten Gestalt in dir selbst, dem Heiler. Dieses Gewand verleiht dir in dieser, deiner wahren Gestalt, jenen Schutz der geistigen Welt, den es benötigt, um dir helfen zu können. So vermagst du tiefer in deine dienende Bestimmung dem Leben und allem Lebendigen gegenüber hineinzuwachsen und so anderen über die Schwelle zu helfen.

Violett über Violett schützt ganz besonders Kinder, da ihre Seele von vielen nicht erkannt wird und mögliche Übergriffe und Eingriffe in die zarte Welt ihrer Seele am Violett wie an einem Schutzmantel abprallen.

B17 Grün / Violett

I. Troubadour-Flasche

»Hoffnung«

Alles ist Teil einer großen kosmischen Vision. Im reinen Empfangen der höchsten schöpferischen Inspiration kannst du zur klaren Vision deiner selbst vordringen. Unermüdliches Bestreben darin, jene Ideen, Impulse und Eingebungen, die du dabei erhältst, sichtbar zu machen, ermöglichen es dir dann, sie kontinuierlich umzusetzen, um sie auf der Erde zu manifestieren. Indem du deine Zweifel dabei nach und nach aufgibst und dich tiefer und tiefer öffnest, um zu empfangen, kann dein Herz in seiner Empfänglichkeit allmählich voll erblühen, sich entfalten und seinen Duft in der Welt verströmen.

Auf diese Weise wird deine schöpferische Kraft zu einer Quelle, die dich zum weitesten Stern trägt und dich lehrt, hier auf der Erde der Stern zu werden, der du bist.

Die Suche nach Wahrheit und nach dem Licht in der Dunkelheit der Nacht trägt dich vielleicht von Ort zu Ort. Dein wahres Zuhause jedoch liegt in der höchsten Harmonie zwischen dir und dem Ganzen, die du nur tief in dir selbst finden und erfühlen kannst. In jeder Hoffnung, die du für diese Harmonie in deinem Herzen trägst, ist zugleich ein neuer Anfang dafür verborgen, das Göttliche in dir und in allem zu verwirklichen.

Auf dem Pfad der Selbstentfaltung gibt es unbegrenzte Möglichkeiten. Öffnest du dich darin der Kreativität des Höchsten, dann führt sie dich zur Kreativität deines Innersten. Beides ist die Quelle puren Lichts.

Violett über Grün hilft dir, deine spirituelle Aufgabe hier auf der Erde erkennen zu können und sie anzunehmen, um durch sie in deinem Herzen heil zu werden und der Erde zu dienen. Im Zentrum dieses Heilungsprozesses steht deine wahrhafte emotionale Entfaltung und Heilung.

Verschließt du dich stattdessen jedoch vor deinen eigenen Gefühlen, verschließt du dich gleichzeitig auch vor dir selbst. Vielleicht siehst du nur Sinnlosigkeit und vergräbst dich in dein Selbstmitleid. Jede pessimistische oder negative Einstellung macht jedoch eng und erstickt aufsprießende Keime von Liebe einfach unter Hoffnungslosigkeit. Auch indem du möglicherweise zu viel darüber nachdenkst, wenn du dich von anderen nicht verstanden fühlst, stärkst du damit nur dein Misstrauen und verschließt dich womöglich in deiner Einsamkeit. Jeder Selbstzweifel, der dich bei deinen Versuchen, aus dem Gefangensein in deiner Isolation wieder herauszukommen, überfällt, mag dich dann genau dorthinein weiter verstricken. Vielleicht sind auch die Ideale, in die du deine Energien gibst, zu hoch gesteckt. Ebenso mögen Erwartungen, die du dabei an dich selbst und an andere stellst, durch zu hohe Ziele nur zu Enttäuschungen führen.

Auf der Suche nach dem Lebenssinn können sich mannigfaltige Schwierigkeiten einstellen, ihn selbst zu erkennen. Wenn du ihn dann endlich erkannt hast, bist du wiederum mit all jenen Schwierigkeiten konfrontiert, ihn zu leben und nicht nur in Gedanken damit befasst zu sein.

Grün über Violett ist eine große Hilfe dabei, dir deine eigene Sicht der Dinge zu erschließen und dich zu lehren, dich von den Begrenzungen alter Konditionierungen zu befreien. Wenn du in deine Kindheit zurückschaust, dann magst du sehen, dass deiner Kreativität und schöpferischen Kraft Negativität entgegengesetzt worden ist. Auf diese Weise konnte sich dein wacher Geist, Instrument deiner fein empfindenden Seele, womöglich nicht frei entfalten und auch dein Herz sich vielleicht nicht wirklich öffnen. Der Traum deines Herzens oder das, wovon du träumtest, es zu tun, wurde dir möglicherweise nicht zugetraut, sondern tabuisiert und mag auf diese Weise dann zu einem unerreichbaren Stern geworden sein. Indem du den höchsten Wunsch deines Herzens dann zurücknehmen musstest, entstand womöglich ein tiefer Schmerz in deinem Herzen. Gerade weil du dein größtes Sehnen nicht erfüllen konntest, ist es vielleicht tief in dein Unbewusstes gesunken. So tief, dass es sich jetzt möglicherweise über den Schmerz deines Körpers und die Verzweiflung deiner Seele äußert.

Grün über Violett hilft, dein Bewusstsein für die wache Aufmerksamkeit deinem eigenen Herzen, deinen Emotionen und deinen Gefühlen gegenüber wieder zu öffnen. Dabei kann dir dann dein Bedürfnis nach allumfassender Liebe, das eigentlich dahintersteht, wieder bewusst werden. Indem du beginnst, dir selbst zu erlauben, das, was du fühlst, anderen Menschen gegenüber auszudrücken, kannst du wieder lernen, dich gegenüber anderen und deren Beeinflussung abzugrenzen und den Weg zur Entfaltung der emotionalen Seite deines Wesens wieder zu öffnen.

Grün über Violett hilft dir, wieder deinem eigenen Herzen zuzuhören und frei von Einschränkungen deine eigene Sicht der Dinge klar werden zu lassen. Es hilft dir, das Vertrauen in die Lebendigkeit und die unaufhörliche Kreativität des allumfassenden Kosmos wiederzugewinnen, eine Kreativität, welche dich jeden Moment umfängt, berührt und dich mit einschließt. In dieser Erfahrung kannst du zu jenem Gefühl in dir selbst wieder zurückfinden, im großen Kosmos aufgehoben zu sein und, wo immer du auch sein magst, dich zu Hause zu fühlen auf der Erde, unter dem weiten Himmel voller Sterne, um selbst der Stern zu werden, der du bist.

Geschüttelt wird aus Violett und Grün ein Dunkelgrün. Jenseits von egoistischen Interessen und persönlichen Gefühlen kannst du in der Kristallisation deines Fühlens zu einem Medium des reinen Lichts werden. Einmal in Kontakt mit dem kosmischen Bewusstsein, kann sich deine Intuition dahin entwickeln, dass du die Eingebungen jenes Geistes, der diese Schöpfung lenkt, in dich hineinzulassen vermagst, sodass sich darin das volle Licht deines Bewusstseins und aller seiner Geheimnisse enthüllt, welches du dann wiederum der Erde zurückschenken kannst.

Grün über Violett ist hilfreich dafür, das, was du hier auf der Erde zu erbauen hast, in den höchsten Dienst der Schöpfung zu stellen. Indem du dich losgelöst von deinen eigenen Interessen für den Geist der Schöpfung öffnest und zu seinem Kanal wirst, zu einem reinen Instrument, dienst du einfach nur der Schöpfung selbst. Auf diese Weise kann die göttliche Energie von oben in dich hineinströmen und das vorbereiten, was sie im Irdischen durch dich manifestieren will. Dabei magst du die Funktion eines Wasserträgers übernehmen, der in den Fluss göttlicher Energie steigt, sie durch sein Herz in sein innerstes Wesen fließen lässt, um sie von dort, gemäß seiner eigenen Aufgabe, dann mit der Erde zu teilen.

Grün über Violett ist sehr hilfreich dabei, das auszudrücken, was jenseits von Worten liegt. Es hilft dir dabei, deine sensitiven Fähigkeiten zu verfeinern und das, was du empfängst, mit reiner Seele aufzunehmen. Indem du durchlässig für die ursprüngliche Kraft wirst, kannst du in diesem Prozess dann lernen, deine eigenen Emotionen und Gefühle zu betrachten. Auf diese Weise wieder angeschlossen an das Höchste und eingeschlossen in die große Gemeinschaft von allem, was lebt, kann sich deine Einsamkeit dabei in schlichtes Alleinsein verwandeln. So wird es möglich für dich, eine neue Sicherheit dahinein entstehen zu lassen, all das, was du fühlst und was deine eigene Wahrheit und dein eigener Weg ist, als deine eigene Wirklichkeit annehmen zu können, um sie zu manifestieren und umzusetzen.

Grün über Violett ist eine große Hilfe dafür, deinen Ideen, Impulsen und Eingebungen, die du in erweiterter Wahrnehmung empfängst, neues Vertrauen zu schenken. In einer klaren Ausrichtung deiner selbst auf die allumfassende göttliche Vision können auf diese Weise aus vagen Empfindungen kristallklare Visionen werden.

Grün über Violett hilft dir, wenn du einmal zum Innersten deiner Seele zurückgefunden hast, das Innere auch in anderen Menschen finden zu können und es zu berühren. So kann es für andere Menschen dann möglich werden, in ihrer eigenen schöpferischen Inspiration zur klaren Vision ihrer selbst vorzudringen. Auf wundersame Weise magst du das unmöglich Erscheinende Wirklichkeit werden lassen. Die Möglichkeiten der Selbstentfaltung innerhalb der großen Schöpfung sind dabei unbegrenzt.

Je mehr du dich selbst hingibst an die große kosmische Vision, desto mehr wird es möglich, von ihr zu empfangen. Je tiefer du dabei schöpfst, desto bedeutungsloser mögen dabei dein eigener Wille und deine Angst werden. In jener Einheit, die dein liebendes Herz schließlich fähig wird in allem zu erblicken, vermagst du dann jene höchste Harmonie und Freiheit finden zu können, die du gesucht hast.

Du magst dem Stern folgen, um das Ziel zu erreichen – zu werden, wer du bist. So kann schließlich dein innerer Stern zu scheinen beginnen und du zu jener Quelle reinen Lichts ewiger schöpferischer Kraft in dir selbst vordringen, von dem du dann völlig erfüllt wirst.

Auf diese Weise wird die ewige Wanderschaft der Seele durch die ganze Schöpfung schließlich zum tiefsten Mysterium deines eigenen Herzens.

B18 Gelb / Violett

I. Ägypter-Flasche
»Gezeitenwechsel«

Die Kraft des Mondes und sein Licht, welches hier seine Strahlen in die Schichten deines Unbewussten hineinscheinen lässt und dabei bis in die tiefsten, verborgensten und geheimnisvollsten Bereiche deiner Seele reicht, kann in deinem Inneren einen Heilungsprozess auslösen. Das Licht des Mondes mag dich von deinen Irrwegen und Illusionen fortlenken, hinein in die wahrhafte Prüfung und Einweihung deiner Seele. Indem du dabei deinen Schatten kennen lernst, kannst du beginnen, ihn anzuerkennen und zu integrieren, denn nur die Arbeit an deiner eigenen Unwissenheit vermag zu echtem Wissen und zum Lösen von Karma zu führen. Da, wo die Nacht am dunkelsten zu sein scheint, ist auch der Tag am nächsten.

Träume und Phantasien sind es, die die Welt deines Inneren bestimmen und den Blick deiner Augen verschleiern mögen. Vorwärtsgehen bedeutet, etwas Neues zu versuchen. Jedoch gerade weil du Angst hast, wagst du das vielleicht nicht und meinst möglicherweise, alles würde dadurch noch schlimmer. Vielleicht befürchtest du auch, dein Traum würde dann zerplatzen wie eine Seifenblase. Nur aus Angst vor dem Unbekannten bleibst du womöglich wie ein Mondsüchtiger in deiner inneren Welt gefangen, magst dort hypnotisierenden Illusionen folgen und dich auf Irrwege ziehen lassen, verführt von Wunschbildern deiner inneren Wahrnehmung. Möglicherweise sind es auch die Trugbilder und Zerrbilder der äußeren Realität, die es bewirken, dich in die Irre zu führen. Gleichzeitig mag es dabei aber auch in dir ein Gefühl der Unzufriedenheit geben oder sogar das Gefühl, dir selbst etwas vorzumachen, sodass der unbewusste Wunsch nach Veränderung in dir auftaucht. Gibst du ihm nicht nach, dann wirst du dich womöglich so lange weiter durch die Welt träumen, bis du endgültig genug vom Enttäuschtsein hast.

Gelb über Violett trägt die Kraft des abnehmenden Mondes, der im Begriff ist, noch weiter und tiefer in die dunklen Bereiche der Seele einzutauchen.

Offensichtlich befindest du dich an der Schwelle zu neuen Erfahrungen, einer letzten, vielleicht härtesten Prüfung. Dabei ist die Gefahr groß, in der Dunkelheit dein eigentliches Ziel zu vergessen. Vielleicht fürchtest du dich auch vor dem Geheimnisvollen. Doch gerade deine inneren Erfahrungen sind es, zu denen du hier herausgefordert wirst, um ihnen gegenüberzutreten.

Violett im unteren Teil der Flasche spiegelt dir jenes Bewusstsein von Religiosität wider, welches du vielleicht in deiner Kindheit entwickelt hast. Das Gelb im oberen Teil der Flasche reflektiert dabei die Hauptsätze der meisten Religionen, mit denen sie versuchen, ihre Macht zu verteidigen: »Der Körper mit seinen Bedürfnissen ist sündig.« Ein anderer Satz, nur um ihre Macht aufrechterhalten zu können, lautet: »Du wirst in den Himmel eintreten nach deinem Tod, wenn du im Leben nicht sündigst.« In diesem Himmel mögen nun alle deine Träume und Hoffnungen auf eine bessere Zukunft liegen.

Beide Leitsätze, welche die Priester in der Kirche vertreten, sind dazu angelegt, dich ängstlich von den tiefen emotionalen Erfahrungen deines Körpers und deiner Seele abzuhalten, denn auf diese Art und Weise hast du nicht nur Angst, etwas Verbotenes zu tun, sondern ebenso vor der Strafe. Manche Priester glauben immer noch, die Frauen und Liebe seien gefährlich, da sie dich vom Göttlichen trennen.

Gelb über Violett kann dir hier eine große Hilfe sein, die magische Anziehung zum anderen Geschlecht und die Macht der Instinkte zu einer Prüfung und Lektion werden zu lassen.

Zusammengeschüttelt wird aus Gelb über Violett ein Tiefgold bis hin zum schlammfarbenen Braun. Unausweichlich zieht der Mond dich darin in die unbewussten Bereiche des Weiblichen, in das Wechselhafte, Feuchte, Zwielichtige, Verführerische, in die magnetische Anziehung des Sexuellen und das passiv Aufnehmende. Alles daran mag dir geheimnisvoll erscheinen, vielleicht geradezu zweifelhaft und zugleich betörend. Näherst du dich als Mann in Unwissenheit oder nur aus bloßer Neugier dem Eingang ihrer Vagina, ist dir der Tod sicher, denn dann ist es nur dein Ego, welches Macht über die Erfahrung zu haben sucht. Um wirklich erfahren zu können, zwingen dich die Gesetze der Natur dazu, dich tiefer einzulassen und einen inneren Tod zu sterben, um zu neuem Leben erwachen zu können.

Gelb über Violett kann dir dabei hilfreich sein, dich den Ängsten in der Tiefe deines Wesens zu stellen, sodass du sehen kannst, woraus sie gemacht sind. Auf diese Weise magst du herausfinden, welche Verbote deinen Ängsten eigentlich zugrunde liegen. Jedoch nur aus deiner eigenen inneren Erlaubnis heraus, nur, indem du es wagst, die Passage des Weiblichen wahrhaft zu durchdringen, kann neues Leben entstehen. Bevor du dich nicht wesenhaft auf diese durchdringende Erfahrung eingelassen hast, vermagst du kein wahrer Wissender zu sein. Nur durch die unmittelbare Erfahrung können sich die Schleier der Illusion zurückziehen, dein Bewusstsein sich öffnen und du kannst vordringen zum erkennenden Licht, zum Loslassen in der Meditation und zur Einsicht in die tiefen Mysterien des Lebens. Intensive sexuelle Erfahrung, in der sich dein Ego auflöst und du zur Meditation findest, ist jener Schlamm, in dem der Lotos dem Licht entgegenzuwachsen beginnen kann.

Gelb über Violett kann dir helfen, die Opferrolle vor der Macht spiritueller Autorität überwinden zu lernen und den Mut zu finden, deinen Ängsten Ausdruck zu verleihen. Darin magst du dann das Gefühl, betrogen worden zu sein, hinter dir lassen, um dann auf deine eigene Erfahrung zu vertrauen, sodass deine Emotionen sich zu klären vermögen und du wieder eine Richtung für die Zukunft findest. Deine Entscheidung für Konfrontation ist die Entscheidung für das Leben.

Gelb über Violett kann dir helfen, durch eine Illusion hindurchzugehen, um deinen inneren Erfahrungen gegenüberzutreten und auf diese Weise Konflikte zu lösen.

Alle Glaubenssätze, alle Konditionierungen, der ganze Prozess der Erziehung, der Gesellschaft und Zivilisation, schaffen eine harte Schale, die den einzelnen Menschen und sein eigenes Verständnis, ja seine eigene Erfahrung, einsperrt. Diese Art Gefängnis umfasst die gesamte Vergangenheit. Der Mensch fühlt so lange Schmerz, bis er bereit ist, sich von der Vergangenheit zu lösen. Ohne durch diesen Schmerz hindurchzugehen, gibt es keine Möglichkeit zu verstehen.

Gelb über Violett kann dir dabei helfen, gegen alles Leiden, das dir von irgendjemandem auferlegt ist – deinem Vater oder deiner Mutter, dem Priester oder dem Professor, von der Regierung oder der Gesellschaft –, zu rebellieren. Nur durch deine rebellische Seele kannst du wieder lebendig werden, lebendig im wahrsten Sinne des Wortes. Nicht bevor diese Schale bricht und du tief in deinem Herzen staunend, wie ein unschuldiges Kind, die Perle deiner eigenen Erfahrung zu finden vermagst, wird es eine echte Möglichkeit für dich geben, in einem Raum zu sein, den du in dir als Seele kennst. Erst wenn du diese Perle gefunden hast, kannst du dann alles, was natürlich ist, mit Klarheit und Gelassenheit betrachten.

Die Kraft des Mondes bildet hier einen Schutz, der es dir ermöglicht, auch erschreckende Bilder deines Inneren anzunehmen und sie hinter dir zu lassen, um dann weiterzugehen.

Wenn der Mond dich durch die tiefe Nacht deiner eigenen Seele führt, so mag das ein Gefühl sein, als wenn dich die Arme des Todes umfangen, des Todes, der alle Dinge relativiert und in dem du alles von dir aufgibst. Auf den Tod führt alles Leben hin, sodass du in dein Innerstes gelangen kannst. Im tiefen Dunkel des neuen Mondes magst du nun sanft den Mittelpunkt der Spirale betreten. Verborgene Dimensionen und Kräfte können dabei in dir auftauchen, vielleicht sogar visionäre Einblicke in dein Leben. Es gleicht dem Überschreiten einer Schwelle, einer Einweihung, in der du dann im aufgehenden Licht des zunehmenden und später vollen Mondes das Tor zu deinem eigenen Wissen zu durchschreiten vermagst. Es ist die unsichtbare Hand des Göttlichen, die dich versucht zu heilen, indem sie dich zu einem höheren Punkt in deiner Bewusstheit trägt.

Der Skarabäus hält in seinen Zangen die Sonne, die Trägerin des erneuernden Lichts.

Mit dem Sichelmesser der Göttin Demeter in der Hand magst du die Zeit des Mondes, in der ein Sämling gepflanzt wird, kennen und das Kraut, die Blüte und die Frucht schneiden. Dabei wirst du die Urwasser des Lebens in dir fließen spüren, die, vom Mond regiert, wie die Ozeane der Welt in den Gezeiten, sich der magnetischen Anziehungskraft des Mondes hingeben. Auch die Zyklen der Frau werden vom Mond regiert, deren Fruchtbarkeit durch ihn ihre Bestimmung erfährt.

Damit magst du das Land der Illusionen und Irrwege verlassen und geradewegs in die Erfahrung des Lebens eintreten.

Magisch vermagst du jetzt Dinge oder Menschen zu dir heranzuziehen, dabei den Gesetzmäßigkeiten der Intuition folgend, um Karma zu erlösen und das Leben zu leben. In der Verbindung mit der Stimme deines eigenen Herzens können darin selbst Fehler und Irrwege in deinem Leben zu Fortschritten werden.

B19 Rot / Violett

»In der materiellen Welt leben«

Gelingt es dir, im ›Ja‹ zu dir selbst und im ›Ja‹ zu deinem Leben, die pure Kraft der Sonne in dich selbst hineinzulassen und sie durch dich hindurch in die Welt zu verströmen, um allem Lebendigen zu dienen und neues Leben hervorzubringen, so kann deine innere Sonne zum Zentrum des goldenen Lichts deiner Bewusstheit werden und zum goldenen Licht deiner Kraft für das Leben, das dich so göttlich beseelt.

In der Erneuerung deines Denkens kann eine tiefe Neubelebung in deinem Körper geschehen.

Indem dein inneres Kind, als Kind des Lichts, einen Platz im Licht einnehmen will, beginnt der Weg zur völligen Unschuld des innersten Wesens. Dieser Weg nimmt dabei unweigerlich seinen Lauf durch das Erfahren und Durchleben aller Aspekte deiner Persönlichkeit. Das neue goldene Zeitalter sucht seine Sonnenkinder, die voller Kraft und Harmonie das Leben als Zentrum purer Freude leben.

Rot über Violett ist hilfreich, um in ein Gleichgewicht mit jenem goldenen Licht deines Lebens zu kommen, welches dir ein Gefühl von Erfüllung gibt und dich zu leiten vermag. Was du daraus machst, in der materiellen Welt zu leben, ist deine eigene Wahl.

Stellst du dich einerseits in das Zentrum des Interesses, in dem du vielleicht immer gerne stehen möchtest, magst du viel Selbstbestätigung bekommen. Das Erleben wahrer, tiefer seelischer Freude am Leben verhinderst du andererseits möglicherweise unter einem Beschäftigtsein mit all den vielen Aktivitäten, die die Welt zu bieten hat. Auf diese Art und Weise magst du dir Energie für dein Interesse, die Möglichkeiten des Lebens auch tiefer gehend erfahren zu können, rauben lassen. Vielleicht verpufft deine Lebenskraft im großen Feuerwerk der Illusionen von Besitz oder sinnentleerter Sexualität, möglicherweise ohne dass du jemals echte Zufriedenheit in deinem Leben erlangst. Vielleicht gibst du dieser Art von Welt zu viel von deiner Aufmerksamkeit und Energie und bleibst, schließlich müde und energielos, an den Äußerlichkeiten hängen. Möglicherweise klammerst du dich auch an die Vergangenheit oder lässt deine Kraft in deinen Ängsten und Befürchtungen um deine Zukunft versickern und magst dabei versäumen, voller Freude das ›Jetzt‹ zu leben.

Rot über Violett hilft dir, jenen Mut und jene Kraft aus deinem Inneren freizusetzen, in denen du deine unbewussten Ängste vor dem Überleben aufgeben lernst. So kannst du in deinem Leben einen Schritt nach vorne in ein tieferes Verstehen machen, dahin, wo mehr Licht in die dunklen Ecken deines Verstandes scheint. Auf diese Weise kann es dir gelingen, zu mehr Bewusstsein und Möglichkeiten in deiner Selbstverwirklichung zu gelangen. Was hier geschehen will, ist ein neues Gleichgewicht zwischen deinem Denken und deinem Fühlen und damit ein Kontakt mit der intuitiven Seite deines Wesens, die du vielleicht immer wieder in den Hintergrund stellst.

Zusammengeschüttelt wird aus Violett und Rot ein tiefes Dunkelrot, das die Welt der Logik in dir energetisch in Bewegung zu versetzen versteht. Auf diese Weise erhält der irrationale Teil in dir Energie. Indem er geweckt wird, kann dein inneres Kind wieder für dich lebendig werden.

So mag die Beweglichkeit in deiner Persönlichkeitsentwicklung durch falsche Autorität gelähmt worden sein, sodass du dich vielleicht entmutigt in dein Inneres zurückgezogen und dich dazu gezwungen gesehen hast, dich nach dem verstandesorientierten Funktionieren in der äußeren Welt richten zu müssen. Das, was du gelernt hast, mag eine Idee von Machtbewusstsein in der Welt gewesen sein.

Rot über Violett entfacht das Feuer der Verwandlung in dir. Es hilft dir, deinen aus deiner Frustration dem Leben gegenüber stammenden bewussten Ärger und Groll überwinden zu lernen. Es kann dir jene Kraft geben, die du benötigst, um eine neue Sichtweise, ein neues Selbstwertgefühl und ein bewusstes Akzeptieren deines Körpers und seiner Bedürfnisse entwickeln zu können und auf diese Weise zu deiner eigenen Energie zurückzufinden. Indem du lernst, dich aus der dumpfen Dunkelheit der Unbewusstheit zu befreien und dich zum Aufnehmen und Ausstrahlen von Licht und Liebe erwecken lässt, kann das Licht des erwachenden Bewusstseins und des neuen Verständnisses alle Ebenen deines Seins voller Energie durchdringen und sie zu verwandeln beginnen.

Setzt du dich nun den warmen Strahlen der Sonne im Leben aus, dann beginnt tief in deinem eigenen Wesen etwas Neues, Verwandeltes heranzureifen. Dann kann der Phönix sich wie ein prachtvoller Vogel aus seiner Asche heraus erheben. Dieser Paradiesvogel ist es, der dann in die Höhen des Himmelsraumes emporfliegt.

Wie in einer Frucht, die von den warmen Strahlen der Sonne Kraft zum Wachsen und Reifen erhält und in deren Innerem sich dabei eine chemische Wandlung vollzieht, kann aus dir nun der ›Neue Mensch‹, der weise Erdenmensch, geboren werden.

Ist auf diese Weise einmal, im Zauber der Verwandlung, deine Unschuld und deine tiefe innere Freude befreit, kannst du neuen Vertrauens der Sonne in deinem Leben erlauben, zu scheinen. Strahlt sie direkt in dein Zentrum, dann durchdringt sie alles mit Licht, sodass in diesem Licht dein Innerstes völlig erblühen kann. Alle Schatten der Vergangenheit mögen jetzt dem Licht deiner inneren Sonne weichen. Konkret können sich dir vielleicht tiefe Einblicke in deine innere Welt eröffnen, wo du die Schatten deiner Persönlichkeit anschauen und loslassen kannst, ebenso wie dir gedankliche Muster, die die Stationen deiner Vergangenheit geprägt haben, bewusst werden mögen, sodass du sie nun hinter dir lassen kannst.

In ungetrübtem Bewusstsein erhalten Liebe und Leidenschaft schließlich Tiefe und Kraft.

Rot über Violett hilft dir, neue geistige Energien aufzubauen, und unterstützt den Prozess, dich aus der Dunkelheit der Vergangenheit zu befreien. In neuer Kraft können dann neues Engagement und neue Initiative in dir entstehen, um dich selbst zu verwirklichen. Der Weg der Befreiung der Seele geht immer durch alle Aspekte der Persönlichkeit, so wie die Sonne in ihrer Bahn alle zwölf Sternzeichen in einem Jahr durchläuft. Jeder Mensch trägt dabei den Geist und die Weisheit, sich durch das innere Licht führen zu lassen, in sich selbst.

Eine Zeit großer Intensität mit dir selbst und mit anderen kann jetzt beginnen.

Je mehr es dir darin gelingt, in Einklang mit dir selbst zu sein, umso stärker kann göttliche Weisheit und Liebe aus deinem Inneren heraus in die Welt strahlen und sie mit dem verwandelnden Licht von Liebe und Bewusstheit durchdringen und verändern. Auf diese Weise erhält purer Tatendrang Erkenntnis und hinter allen Dingen wird ihre Sinnhaftigkeit geboren.

Beflügelt von der Kraft seiner befreiten Kreativität, mag dein inneres Kind nun wieder lebendig sein und seinen Anschluss ans Licht gefunden haben. Jetzt kann es die große Einheit in allen Dingen des Lebens, im Dienst des großen Lichts, erleben und vielleicht in trunkener Seligkeit, im ekstatischen Erleben des Aufblühens seines ganzen Wesens, in jedem Augenblick voller Wärme und alles verwandelnden Lichts die Erfüllung des Lebens und seiner Wünsche als Zentrum purer Freude genießen.

Als liebendes, mitten im Leben glückselig tanzendes Sonnenkind kann es so zu einem anderen liebenden und glückselig in seinem Leben tanzenden Sonnenkind finden, mit dem es dann gemeinsam in Freude weitertanzt, sodass Vergangenheit, Gegenwart und Zukunft sich in ein goldenes ›Jetzt‹ und ›Hier‹ verwandeln.

B 20

Blau / Rosa

»Sternenkind«

Kinder-»Erste-Hilfe«

Durch die Berührung und im Kontakt mit deinem inneren Kind wird so tiefe Heilung in dir selbst möglich, dass du den leuchtenden Stern in dir selbst wiederentdecken kannst, nämlich das Sternenkind, das du selbst bist.

Blau über Rosa ist eine große Hilfe dafür, all jene Dinge des Lebens zu heilen, die auf die Kindheit zurückgehen und welche dir heute vielleicht Schwierigkeiten und Probleme bereiten.

Das Kind in dir ist dein wahres Wesen. Bei seinem Versuch, auf eine höhere Ebene aufzusteigen, wird es umgeben von allen Gespenstern und Prägungen der Vergangenheit. Blau über Rosa ist hilfreich in deinem Prozess, zu dir selbst zurückzukehren. Dabei kann dir diese Flasche Hilfe, Begleitung und Schutz aus der himmlischen, der göttlichen, der lichten Welt bedingungsloser Liebe schenken.

Kindern hilft diese Flasche bei allen Schwierigkeiten.

Heilung geschieht durch Liebe. Zu lieben bedeutet zu vertrauen, durch die Ängste hindurchzugehen und unversehrt am anderen Ufer des Ozeans anzukommen.

Deine Liebe bedarf möglicherweise einer kritischen Selbstprüfung, in der du der Beschränktheit deiner und aller menschlichen Urteile begegnen magst und beginnst, sie wahrzunehmen. Wenn du sie, da sie der Liebe nicht dienlich sind, hinter dir lassen kannst und bereit wirst anzufangen, in übergeordneten Zusammenhängen zu denken und größere Zeiträume zu überschauen, kannst du auf diese Weise weiter lernen, Dinge in ihrem ›So-sein‹ zu betrachten und zu ›sehen‹ und dabei frei von Bewertungen und Urteilen zu werden. Es geht um eine Erneuerung, darum, etwas Weites und Neues werden zu können. Wenn du dich nicht mit negativen Einstellungen identifizierst, kannst du von allem, was dir im Leben begegnet, lernen.

Liebe ist die größte Kraft zur Veränderung.

Im Blau über Rosa kann dir dein großes Bedürfnis nach Liebe bewusst werden und damit auch all jenes an die Oberfläche kommen, was du an Bedürfnissen nach Liebe bisher verborgen haben magst. Alle Schwierigkeiten in deiner Kindheit, in denen du vielleicht das Gefühl hattest, nicht jene Zuwendung und Liebe in der Art und Weise bekommen zu haben, wie du sie für dich benötigt hättest, können dir dabei wieder bewusst werden. Möglicherweise hat dein Selbstbewusstsein als Kind keine oder nicht genügend Unterstützung und Stärkung durch deine Eltern erfahren, und du hast stattdessen begonnen, unter der Autorität deiner Eltern zu leiden. Sie mag sogar so schwer auf deinen Gefühlen gelastet und dich vielleicht enttäuscht haben, dass sie dich daran gehindert hat, deine Liebe auszudrücken. Vielleicht hast du aber auch über die Stränge geschlagen, Streiche gemacht und dich gerächt für das, was du nicht bekamst.

Gerade jene Schwierigkeiten, die du damit gehabt hast, die Liebe, die du als Kind benötigtest, nicht zu bekommen, mögen in dir ein Gefühl hinterlassen haben, von Liebe abgetrennt zu sein. Nun weißt du möglicherweise nicht, wie du dich selbst annehmen kannst, und stellst dich vielleicht selbst infrage. Indem du dich von Liebe und Inspiration abgeschnitten fühlst, magst du dabei gleichwohl das Gefühl haben, der Liebe nicht wert zu sein, du fällst möglicherweise ins Beurteilen und Verurteilen deiner selbst und verlierst dich. Vielleicht hast du auch vergessen, was du dir alles an Liebe für dich wünschst, oder du weißt es und kannst dich damit nicht durchsetzen. Am Schluss deines inneren Dilemmas magst du dann nur noch in deine Einsamkeit fallen und niemand wird da sein, der kommt und dir das gibt, was du möchtest.

Blau über Rosa kann die Verletzungen deiner Kindheit wieder öffnen und all den hinter deinen Ängsten festgehaltenen Gefühlen helfen frei zu werden. Es kann ebenso deine Tränen und auch deine Wut wieder erlösen und dir dabei helfen, dir das wieder bewusstzumachen, was es war, das dich verletzt hat.

Zusammengeschüttelt wird aus Blau über Rosa ein helles Violett, in dem dein Bedürfnis nach Heilung und deine Sehnsucht nach dem Gefühl, dich vollständig und geliebt zu fühlen, die Verbindung zum Göttlichen finden kann. Es kann dir jenen Schutz und jene Kraft geben, die du dabei benötigst, um dein inneres Kind wieder zum Lebendigsein zu erwecken, durch das die Rettung in deiner Situation schließlich wieder möglich wird. Nimmst du dich deines inneren Kindes wieder an, dann vermagst du darin auch zu deiner Selbstannahme zu finden, einer Liebe, die nicht einschränkt und die keine Bedingungen stellt.

Die Sternenkind-Flasche kann in diesem Prozess das Gefühl von Abgetrenntsein in dir auflösen und dir den Kontakt zu jener Liebe der lichten Welt schenken, die immer für dich da ist, keine Bedingungen an dich stellt und alles verwandelt, sodass Frieden in dein Herz einziehen kann.

Indem du dich deinem inneren Kind nun liebevoll zuwendest, magst du erkennen können, dass die Liebe zu dir selbst der erste Schritt zur Liebe überhaupt ist. Im offenen Schauen, Fühlen, Hören, Schmecken und Riechen, was es denn ist, das dein inneres Kind sucht, kannst du ihm in einem neuen, tiefen Verständnis für seine Bedürfnisse nun bedingungslos deine Liebe und Fürsorge geben. Dabei mag sich ebenfalls dein Gefühl von Defizit an Liebe wieder aufheben.

Blau über Rosa lässt eine tiefe Reinigung in dir geschehen. In ihr kannst du wieder in dein Urvertrauen zurückfinden, sodass die Unschuld deiner Liebe erneut lebendig werden kann und der Stern in dir beginnt, wieder zu leuchten.

In einer friedlichen Kommunikation bedingungsloser Liebe mit der Welt wird es deinem Kopf und deinem Körper, deinem Denken und deinem Fühlen und deinen eigenen männlichen und weiblichen Energien möglich, in ein neues Gleichgewicht zu gelangen. Instinktiv kannst du dann fühlen, was dir nicht gut tut, was nicht hilfreich für dich ist, und dich davon abgrenzen und zurückziehen. Genauso instinktiv kannst du dich auch zu dem hinbewegen, was gut für dich ist und deiner Selbstfindung zuträglich, und darauf zugehen.

Blau über Rosa hilft, deiner eigenen unmittelbaren Erfahrung Raum zu geben, ihr Ausdruck zu verleihen und sie mitzuteilen. Auf diese Weise kann deine emotionale Sicherheit bezüglich deiner Bedürfnisse wachsen, ebenso wie deine Durchsetzungskraft, um es auch zu bekommen. In schwierigen emotionalen Situationen verleiht die Sternenkind-Flasche Schutz und hilft, in Angelegenheiten der Liebe deine eigene Intuition zu finden.

Im bewussten Beginnen, deine Vergangenheit und

dein Jetzt aus den Augen der Reise deiner Seele heraus zu betrachten, kannst du zu jener Tiefe der Liebe finden, die alle Schmerzen der Vergangenheit verzeiht. Im Ganzwerden von Körper-Seele-Geist vermag all das in dir heil zu werden, was zuvor Trennung in dir erfahren hat, und kann sich in Liebe nun wieder mit deiner Seele verbinden, die ihren Weg kennt. Das Sternenkind in dir versteht es, dich in seiner allumfassenden Liebe aus den Schwierigkeiten deiner Kindheit in einen neuen Raum von Glücklichsein im All-eins-Sein herauszuführen. Mehr und mehr Zartes und Lichts mag auf diesem Weg in dir zum Vorschein kommen, deine Verletzlichkeit sichtbar werden, sodass der Stern in dir beginnen kann, heller und heller zu strahlen.

In Liebe wirst du dich niemals mehr abgetrennt fühlen, sondern immer frei und verbunden, behütet, geschützt und geführt von den göttlichen Himmeln und seinen Wesen des Lichts.

Auf diese Weise kann deine Liebe zu ihrer Reinheit zurückkehren und unberührt und unverletzt, in klarer Schau, einfach nur das reflektieren, was gerade geschieht. Darin kannst du dann zu deiner Wahrheit finden.

Aus der Gewissheit, ein Kind der unendlichen Liebe des Lebens selbst zu sein, das vom Leben so gebraucht wird, wie es ist, in seiner ganzen Einzigartigkeit, entspringt ein reines Wahrnehmen und tiefes Empfinden für andere, denen du nun deine Liebe und dein Verstehen entgegenbringen magst. Mit den unschuldigen Augen eines Kindes kann es dir dabei gelingen zu erkennen, was aus der harmonischen Einheit herausgefallen ist. In klarer Wahrnehmung kannst du dann deine Einsicht äußern, die den anderen nicht bewertet, sondern in tiefem Mitgefühl motiviert und inspiriert.

Liebe ist das Unbekannte, ein Mysterium, unschuldig und frei. Sie ist die größte konstruktive Kraft. Sie verzeiht alles, was ihr nicht dient. Sie wächst, indem sie sich bedingungslos verschenkt.

Die Sternenkind-Flasche ist hilfreich für Babys oder für Mütter während ihrer Schwangerschaft. Bei kleinen Kindern balanciert sie die Innen- und Außenwelt. Sie gibt Liebe und Frieden. Hilfreich ist sie in jeder Krisensituation eines Kindes und bei allen Verletzungen. Regelmäßig angewendet, wirkt Blau über Rosa schützend und reinigend für das Kind.

Als Kinder-»Erste Hilfe« hilft Blau über Rosa bei Stürzen, Unfällen und allen Verletzungen, die Kinder sich zuziehen. Dazu eignet sich am besten das B 20-Taschennotfallöl im Plastikfläschchen. Das Öl kann überall auf den Körper aufgetragen werden.

B 21 Grün / Rosa

»Neubeginn für Liebe«

In deinem Erkennen, aus universeller Liebe heraus in die Welt hineingeboren worden zu sein und aus Liebe in der Welt zu leben, kann die Liebe in deinem Herzen auch zum Finden deines eigenen Weges in der Welt führen, um schließlich wieder in die kosmische Einheit der Liebe in allem zurückkehren zu können.

Je mehr du dir erlauben kannst, dich auf den tieferen Sinn des Erdendaseins einzulassen und ihn zu deinem inneren Wachstum von bedingungsloser Selbstannahme in deinem Leben zu nutzen, desto tiefer können deine Einsichten und Erfahrungen gehen, die du dabei sammelst. Der Weg, auf dem Liebe gefunden werden kann, ist der Weg des reinen Fühlens. An einem Punkt in diesem Prozess kann dann der zarte und verletzliche Teil in dir vollständig hervortreten.

Jene Befreiung, die du auf deinem Weg der Liebe anstreben magst, liegt in der Befreiung aus aller Gebundenheit, dem Vollenden von Karma und dem Finden und Bewusstwerden der Sinnhaftigkeit der Liebe, die dann daraus hervorgehen kann. Nur wenn es dir gelingt, in Kontakt mit dem tiefsten Sinn der Liebe zu kommen, geschieht eine tiefe kosmische Vereinigung, ein Zurückkehren in deine innere Unschuld und mit ihr ein Beginn neuer Liebe.

Grün über Rosa ist hilfreich, aus den Lektionen des Lebens etwas über die Liebe im Leben zu lernen. Du kannst lernen, Bereiche in deinem Leben zu erkennen, aus denen du dich befreien solltest, um das große Werk deines Lebens zu seiner Vollendung zu bringen. Dann wird es möglich, das letztendliche Ziel zu erreichen, die Rückkehr zum Ursprung, die Rückkehr in die kosmische Einheit.

Es mag sein, dass du Veränderungen in deinem Leben widerstrebst und eher, fixiert auf das Materielle, versuchst, dir im Leben Sicherheiten und ein Gebundensein zu schaffen. Jedoch auf diese Weise magst du Pflichten, Anhaftungen und Bindungen an Liebe schaffen. Vielleicht kämpfst oder ringst du sogar darum, Liebe in deinem Leben zuzulassen, aber du hast möglicherweise dabei immer wieder das Gefühl, dass von anderen jene Gefühle von Liebe nicht so erwidert werden, wie du das willst.

Die verführerische Kraft der Liebe magst du dazu einsetzen, um körperliche Nähe, Zärtlichkeit und Lust von anderen Menschen zu erhalten. Jedoch unzufrieden mit deiner Situation, magst du in Wahrheit nicht fähig sein, deine Situation wirksam verändern zu können. Vielleicht behindert dich dabei dein Egoismus, durch den du dich für wichtiger hältst als du bist oder durch den du dich an deinem Stolz und deiner Eitelkeit festhältst, um dir Kontrolle über das Leben und seine Angelegenheiten von Liebe verschaffen zu können. Vielleicht drückst du dich auch vor den großen und den kleinen Lektionen des Lebens, lebst nicht in Einklang mit dir selbst und den Geschehnissen der Welt. Dein ›Ich‹ und alles, womit du dich darin identifizierst, mag dir das Gefühl geben, Meister deines Lebens zu sein, obwohl in Wahrheit das Leben dein Meister ist.

Grün über Rosa hilft dir, Liebe nicht von anderen abhängig zu machen, sondern bei dir selbst anzufangen und zu beginnen, dich selbst voll und ganz zu lieben.

Grün über Rosa kann eine große Hilfe dabei sein, in deinem Herzen wieder Kontakt zu deinem inneren Kind aufzunehmen. Möglicherweise hast du als Kind es so sehr vermissen müssen, wahrhaft in deiner Seele berührt zu werden, dass du vielleicht deine Sehnsucht nach wahrer Nähe, echter Liebe, Körperkontakt und dem Austausch von Gefühlen irgendwann einmal aufgegeben hast. Stattdessen mögen deine Eltern, indem sie dich vielleicht nur mit den Bedingungen der materiellen Welt vertraut machten, Begrenzungen in der Vorstellung deines Ichs geschaffen haben. So magst du im Wiedererinnern deiner Kindheit all jene Einschränkungen des inneren Raumes deiner Gefühle und deines inneren Wesens wieder finden, welche deine Eltern für dich geschaffen haben. Heute erscheinen sie dir vielleicht unüberwindlich, und dadurch, dass du diese Einschränkungen nun selbst unbewusst immer weiter in deinem Leben festhältst, mögen sie das in deinem Leben verhindern, was du eigentlich an Liebe, echter Zuwendung und seelischer Nähe benötigst.

Geschüttelt wird aus Grün und Rosa Grün. Grün hilft, dir wieder Raum zu geben, sodass Liebe in dein Bewusstsein kommen kann und mit dieser Liebe das Erkennen, dass die Natur stärker ist als du selbst. Die Natur der Liebe ist der Nährboden, auf dem alles wächst, und durch die Liebe wirst du aus der ganzen Schöpfung heraus geboren. Das Grün öffnet dir hier die Tür zum reinen Fühlen der Essenz von Mutter Natur, der Ewigkeit ihrer Liebe und der Einheit mit allem, jenseits von Zeit und Raum.

Grün über Rosa stimmt dich ein in den Tanz der großen Befreiung. Dieser Tanz ist dazu da, das Wesen deiner eigenen Begrenzungen zu durchschauen. In ihm erhältst du Einsichten, um schließlich durch dein Herz zur Kraft deiner eigenen Liebe vorzudringen. Von da aus kannst du dann kraftvoll und aktiv aus deiner eigenen Intuition heraus das gesamte Netz deiner Verstrickungen zerschneiden.

All deine verführerische Kraft, die Schlange der Transformation, die die für dich notwendigen Lernerfahrungen und Prüfungen auf dem Wege möglich machte, mag nun überflüssig sein. Indem sie sich selbst überlebt hat und es in deinem Leben nichts mehr gibt, was ihr giftiger Biss noch vernichten könnte, kannst du alle Verkleidungen, Masken, Rollen und Schleier einfach fallen lassen, da du etwas gefunden hast, das unendlich viel größer ist. Einmal eins geworden mit deiner ursprünglichen Natürlichkeit und der Zartheit deiner offenen Seele, wirst du unweigerlich mitgerissen in den wirbelnden Tanz der fortwährenden Bewegung des Alls. Der Kampf und das Ringen um Liebe mögen nun vorüber sein, die Verpflichtungen erfüllt und eine Phase in deinem Leben vollendet, sodass du dich selbst, aus der ganzen Schöpfung herausgeboren, neugeboren, nackt und ehrlich sehen kannst.

In der Preisgabe von allem, was das ›Ich‹ in all seinen Begrenzungen ist, kann sich deine größtmögliche Befreiung jetzt Raum suchen. Vielleicht so, als wenn nach langer Zeit des Weges Schicht für Schicht des Panzers um dein wahres Wesen durchtrennt und abgelegt wurde. Deine Schwierigkeiten mögen nun überwunden sein und deine Hindernisse beseitigt, sodass der wahrhafte Kern deiner Seele freiliegt. Im Loslassen aller Begrenzungen deines kleinen Ichs kannst du nun die Glückseligkeit der wahren Natur der Liebe finden und dich auflösen in der ekstatischen Vereinigung mit dem Universum. Das ist das Ewige der Liebe.

Grün über Rosa bewirkt eine Initiation in die Natur der universellen Liebe. Ein großes Erwachen. Was geschieht, ist eine Vollendung und gleichzeitig ein Neuanfang auf einer höheren Ebene. Auf ihr erlangst du einen höheren Standpunkt, von dem aus du das irdische Geschehen und das kosmische Geschehen dann als Ganzes betrachten kannst.

Wendest du dich dann dem Leben zu, magst du alles mit neuen Augen darin sehen. Jetzt hast du dich selbst so tief erfahren, dass du die Welt und alle Dinge in ihr so sehen kannst, wie sie wirklich und wahrhaft sind. Darin kannst du erkennen, dass die universelle, die göttliche Liebe in allem und überall ihren Ausdruck findet.

Grün über Rosa hilft dir, dein Herz weit zu öffnen. Je weiter du es zu öffnen vermagst, um so erfüllter und trunkener von der alles vereinenden, kosmischen, universellen Liebe kannst du werden. Im Einssein mit der göttlichen Liebe wird es dann möglich, dass die Sinnlichkeit und Anmut, die Grazie und vollendete Schönheit deiner Seele ihren feinen Ausdruck durch deinen Körper finden, in dem dein zartes Inneres sichtbar und fühlbar wird, pulsierend und sinnlich.

Du selbst hältst die Welt in deinen Händen!

Offenen und reinen Herzens mögen nun die Ereignisse deines Lebens im Einklang mit dem universellen Puls der Liebe schwingen und damit den Beginn neuer Liebe in deinem Leben bewirken. In ihr kannst du jetzt deine Träume praktisch umsetzen und sie verwirklichen. Im Geben und Nehmen magst du zu wahrer Nähe und echter Liebe, zu Körperkontakt und zum Austausch deiner Gefühle mit anderen Menschen finden und der Welt ihren Lauf lassen.

Deine Richtung kann dabei nur noch dem letztendlichen Ziel gelten, nämlich den ewigen Kreislauf der Wiedergeburten hinter dir zu lassen und die Rückkehr in die kosmische Einheit zu finden, in der der Tänzer verschwindet und nur noch der Tanz ist.

B 22 Gelb / Rosa

»Rebirther-Flasche«

Aus deiner eigenen Bereitschaft, entsprechend deiner Selbstentfaltung Veränderung in allen Bereichen deines Lebens zuzulassen, kann eine Wiedergeburt geschehen, die alle Ebenen deines Seins berührt. Sie ist es, die dich aus dem Schatten der Vergangenheit heraustreten und in das Licht eines neuen Anfangs, einer neuen Perspektive hineintreten lässt. Es ist der Beginn, das Leben mit neuen Augen zu sehen.

Indem du der Stimme deines Herzens folgst, offen und bereit, dahin zu gehen, wohin es dich führt, und alles dabei zu wagen, kann dir der Sprung in die Liebe ohne Abhängigkeit gelingen.

Gelb über Rosa ist hilfreich dafür, dir deine Ängste, deine Verletzungen und die Einschnitte in deine Seele, die vielleicht aus tiefen Erfahrungen von Missbrauch oder Gewalt in deiner Kindheit oder in früheren Leben herrühren, bewusst zu machen. Aus ihnen mag jetzt deine Angst vor bedingungsloser Liebe herrühren. Im Mut, zu dir selbst zu stehen - zu deiner Liebe ebenso wie zu deinem Wissen -, und im Eintreten in eine neue Dimension des Lichts und der Bewusstheit darin, kannst du dann beginnen, die alten Erlebnisse neu zu bewerten, um sie anzunehmen, zu verzeihen, sie zu integrieren und über sie hinausgehen zu können.

Alte Erlebnisse haben in dir vielleicht Gefühle von Angst, Schock und Trennung bewirkt und dich möglicherweise in eine innere Situation von Hilflosigkeit und Abhängigkeit gebracht. Aus diesen Erfahrungen heraus mag jetzt ein Mangel an Liebe zu dir selbst entstanden sein. Möglicherweise ist auch dein Gefühl, es wert zu sein, geliebt zu werden und Liebe verdient zu haben, erschüttert oder verloren. Nun fühlst du dich womöglich liebebedürftig und klammerst dich vielleicht in deiner Liebe an andere, von denen du dann extrem viel Liebe verlangst, und erwartest auf alles, was du gibst, etwas zurück. Vielleicht hältst du auch einfach an deinen Gefühlen von Trennung und Einsamkeit fest, sodass du nach Bestätigung von außen suchst, um dich geliebt fühlen zu können. Auf diese Weise bindest du dich jedoch dann nur an andere an, um dir so ein Gefühl vom sicheren Geliebtwerden verschaffen zu können. Vielleicht auch aus einer Angst heraus, einfach im Leben nicht geliebt zu werden, und frustriert davon, keine Liebe zu bekommen, versuchst du schließlich, sie dir einfach zu nehmen. Du beginnst zu manipulieren und magst dadurch die Richtung verfehlen, in die dein Weg eigentlich geht.

Gelb über Rosa hilft, deine unbewusste Angst, in einer neuen Liebe wieder innerlich abgelehnt, enttäuscht oder tief verletzt zu werden und in eine Wiederholung der alten Erfahrungen von Liebe zu geraten, loslassen zu können, um dich stattdessen als Erstes bewusst mit deinen alten Erfahrungen von Liebe in deinem Leben konfrontieren zu können und sie zu verarbeiten.

Gelb über Rosa ist hilfreich darin, dir Erinnerungen an die Zeit deiner Kindheit in dein Bewusstsein zurückzubringen. In ihnen magst du in Kontakt mit sehr tiefgehenden Schocks kommen, in der Art und Weise, wie du möglicherweise zulassen musstest, dass deine Eltern in ihrer Liebe zu dir eine tiefe Abhängigkeit geschaffen haben. Das mag der Beginn deines dich Abhängigfühlens von Liebe gewesen sein. Vielleicht benötigten deine Eltern dich für ihr eigenes Leben, sodass du zur Nahrung für ihre Liebe gemacht wurdest. In dem Moment jedoch, wo du möglicherweise versucht hast, nach deinem eigenen Herzen und nach deinem eigenen Denken zu handeln, schnitten sie dann womöglich ihre Liebe zu dir ab. In diesem Schock von Trennung ist dann wahrscheinlich eine Angst in dir zurückgeblieben, eine tiefe Angst, niemals in Freiheit und Unabhängigkeit als das Wesen geliebt werden zu können, das du bist. Sie bildete die Erfahrung, dass Liebe immer Abhängigkeit und Gehorsam bedeutet.

Die nahe Vergangenheit deiner Kindheit mag ebenso ein völliges Ähnlichsein deiner fernen Vergangenheit beinhalten und ihre Echos vielleicht nur auf einer anderen Ebene in dein Bewusstsein zurückbringen. So mag dir das Jetzt die Chance geben, karmische Verstrickungen anzuschauen, sie zu verarbeiten und sie endgültig hinter dir zu lassen.

Gelb über Rosa hilft, deine Identifikation mit deinem Schatten aufzulösen. Es kann dir Trost schenken und neues Vertrauen in die Möglichkeit bedingungsloser Liebe. Im Erinnern und noch einmal Durchleben deiner alten Verletzungen und aller deiner Gefühle darin mögen deine Schocks beginnen, sich in das Erkennen hinein aufzulösen, was tiefe Freude und das Gefühl des Aufgehobenseins in der Schöpfung schenkt und dich in Kontakt mit deinem eigenen Wissen um Liebe bringt.

Gelb über Rosa leitet eine emotionale Wiedergeburt ein. Das Signal für deine Geburt gibst du dabei selbst. Dies magst du zu exakt genau jenem Zeitpunkt tun, an dem dir bewusst wird, dass du den Teil in dir aufgeben musst, der für deine Entwicklung zu klein geworden ist. Auf diese Weise lernst du nun zu beginnen, deine wirklichen emotionalen Bedürfnisse wahrzunehmen, sie zu erkennen und anzunehmen und den Weg zu ihrer möglichen Erfüllung in deinem Leben freizumachen. Aus dieser neuen Sicht heraus kann es dir dann gelingen, schließlich deine Angst, deine Abhängigkeit und Co-Abhängigkeit zu besiegen.

In der Gebärmutter, aus der alles Leben geboren wird, wirst du durch die Nabelschnur an deinem Nabel fraglos mit allem versorgt, was du, während du im Bauch deiner Mutter heranwächst, benötigst. Nach deinem eigenen Signal für dein Reifsein und dein Herauswollen wirst du von der Gebärmutter, die bisher dein sicheres Heim bildete, durch den Tunnel einer neuen Geburt geschickt.

Während nun so etwas wie eine Wiedergeburt in ein neues Leben geschieht, magst du das wie einen Tod erleben, wenn du aus dem warmen Mutterbauch ausgetrieben wirst. Der Kosmos des passiven Versorgtwerdens ist nun für dein Wachstum zu klein geworden, und du wechselst den Raum, gehst in einen großen Kosmos, der die ganze Welt umspannt und in dem du etwas signalisieren musst, um es zu bekommen. Das bedeutet, dass du jetzt, um überleben zu können, bewusst beginnen musst, für dein eigenes Leben Verantwortung zu übernehmen und zuzulassen, dass die Nabelschnur durchtrennt wird.

Gelb über Rosa kann dein inneres Kind in ein neues Erwachen führen. Es gibt dir Raum für einen neuen Anfang, einen Raum, in dem deine völlige Entfaltung möglich wird. Einen Raum zum Gewahrwerden und Umsetzen deiner höchsten schöpferischen Möglichkeiten, aus denen dann der überfließende Reichtum deines eigenen Lebens entstehen kann. Nur im Durchbrechen aller alten

Konditionierungen können sich deine eigenen Kräfte entfalten und dein ganzes schöpferisches Sein, dessen kreativen Entfaltungsmöglichkeiten kein Einhalt geboten werden kann, vermag dabei freizuwerden.

Auf diese Weise bewirkt Gelb über Rosa eine völlig neue Perspektive in deinem Leben. Es veranlasst dich möglicherweise dazu, einen Schlussstrich hinter alte Erfahrungen zu ziehen und mit viel Willenskraft einen Neuanfang zu beginnen. Indem du deiner Angst, die möglicherweise immer wieder versucht, dich dabei einzuholen und dich aufzuhalten, keine Aufmerksamkeit mehr gibst, wagst du den Sprung in das Neue, dahin, wohin dein Herz dich ruft. Indem du die Qualität deiner emotionalen Bindungen überprüfst und in ihnen deinen Mut zum ›Nein‹ zu finden vermagst, wird deine Fähigkeit lebendig, dich abzugrenzen gegenüber jenen Beziehungen, die für dich Abhängigkeiten schaffen. Dabei kann dein Herz sich aus der Sklavenrolle unter der verletzenden Macht des Verstandes, der über allem steht, befreien. In diesem Prozess können deine Fähigkeiten von Verletzlichkeit und Sensibilität zu Qualitäten deiner Liebe zu dir selbst und zu anderen werden. In der Weisheit deiner Liebe mögen deine Ängste vor wirklichem Kontakt, Nähe, Liebe und Sexualität jetzt weit hinter dir liegen.

Offen und empfänglich für das, was das Leben bringt, und bereit, neue Impulse aufzunehmen und von allem zu lernen, mag dir nun dein Urvertrauen in Mutter Erde, die dich immerfort genährt hat und nähren wird, neue Kraft geben, um neue Ziele der Liebe zu formulieren. In neuer Verantwortung für dein eigenes Leben und in liebender Annahme deiner selbst kannst du nun beginnen, deinen Wert hier in der Welt zu erkennen und alle deine ursprünglichen und dynamischen Kräfte, die nach vorne, in das Neue drängen, befreien.

Dein eigenes Heilwerden in Liebe, die neu in dir gewachsene Verantwortung für dein eigenes Leben und deine Erfahrung, die daraus entspringt, magst du nun liebevoll und für andere verständig weitergeben. Deine Fähigkeit, selbstständig und selbstverantwortlich deine Arbeit zu tun, dein Durchsetzungsvermögen darin und deine Führungseigenschaften, mögen zu deiner neuen Realität werden.

Nun ist der Schüler zum Lehrer geworden, und der Lehrer kann zum Schüler werden.

B23 Rosenpink / Rosa

»Liebe und Licht«

Nur in bedingungsloser Liebe zu dir selbst kann es dir gelingen, zu deinem wahren Wesen vorzudringen. Ein wahrhaft Wissender der Liebe wirst du durch Innenschau und Beseitigung all jener Dinge in dir, die Liebe verhindern.

Nur aus der Liebe zu sich selbst kann ein inneres und äußeres Wachstum entstehen. Ihre Segnung ist das Licht und ihre Früchte sind Weisheit und liebevolles Verständnis.

Jeder Sturm, dem du die Stirn bietest, stärkt deine Wurzeln, deinen Stamm und deine Blätter. Deine innere Vision von Liebe kann dir dabei den Weg weisen.

Vielleicht vermisst du Liebe in deinem Leben, die du irgendwann einmal verloren hast und wieder finden willst. Dieses Gefühl ist möglicherweise genau die Kraft, die dich jetzt vorantreibt. Sie feuert dich vielleicht geradezu an, zunächst bei dir selbst nachzuforschen, wo deine Schwierigkeiten mit der Liebe liegen, um dann kraftvoll und dynamisch vorwärts zu streben.

Das Rosenpink im oberen Teil dieser Flasche ist Rosa mit Orange durchsetzt. Es deutet auf einen alten Schock hin. Vielleicht wird eine Verletzung, die du in dein Herz genommen hast, zu jener Kraft, die dich auf deiner Suche nach Liebe jetzt vorantreibt. Möglicherweise musst du dafür sogar dein ganzes Lebensfeuer in Gang bringen, sodass es gelingen kann, dir aller Hindernisse in deiner Situation bewusst zu werden. Auf diese Weise kannst du sie dann schließlich auch überwinden, um zum Wesen bedingungsloser Liebe durchzudringen, es zu erfassen, es zu verkörpern, es zu leben und wissend zu werden.

Rosenpink über Rosa hilft dabei, Ängste und Misstrauen aus schlechten Erfahrungen mit Liebe überwinden zu lernen. Die Kraft für einen Sprung nach vorne erfordert, Altes und Einengendes, das belastend und festhaltend wirkt, hinter sich zu lassen. Nur ein Herz voller Liebe vermag Raum genug für eine weitere Entwicklung zu geben.

Rosenpink über Rosa bringt dich wieder in Kontakt mit dem zarten, verletzlichen Kind in dir. Vielleicht ist es jetzt schwierig für dich, dich selbst anzunehmen und zu lieben, weil du als kleines Kind in deinem Bedürfnis nach Liebe abgewiesen wurdest. Auch dann, wenn du als Kind in deiner unschuldigen Liebe in Kontakt mit anderen verletzt, missbraucht oder zurückgestoßen wurdest, kann es jetzt für dich schwierig sein, dich selbst zu lieben.

Um dich vor einem dich verletzenden Erlebnis schützen zu wollen, hast du in deinem Schrecken möglicherweise dein Fühlen zurückgenommen. Das Ergebnis davon ist, dass du dich jetzt vielleicht nicht mehr richtig fühlen kannst.

So, wie dein Bedürfnis nach Liebe, als du klein warst, entweder verneint oder zurückgewiesen wurde – da möglicherweise Bedingungen daran geknüpft oder es für andere Zwecke missbraucht wurde –, verneinst du für dich jetzt vielleicht automatisch selbst dieselben Bedürfnisse nach Liebe, Körperkontakt, Berührung und die Erfahrung des Angenommenseins.

Als Kind ist Liebe lebensnotwendige Nahrung zum inneren Wachstum. Ohne Liebe kann ein Kind sterben.

Nun mag dein Körper unbewusst mit Unwohlsein, Schmerzen und Krankheiten reagieren, und es kann ein unbewusster Mechanismus entstanden sein, dir vielleicht über Kranksein jetzt jene Liebe, Aufmerksamkeit und Fürsorge holen zu wollen, welche dir sonst möglicherweise fehlt. Schmerzen und Krankheiten des Körpers jedoch sind die unbewussten Signale der Seele nach Liebe, die sich auf diese Art und Weise Ausdruck und Aufmerksamkeit verschaffen möchte.

Rosenpink über Rosa hilft dir dabei, in einen liebevollen Dialog mit deinem Körper zu treten, indem du einen neuen, bewussten Kontakt mit ihm herstellst. Über den Körper kannst du nun lernen, die Signale deiner Seele ernst zu nehmen. Du kannst ihn fragen, was er dir über sie mitteilen möchte. So kannst du beginnen, seine Sprache verstehen zu lernen, seine Bedürfnisse herauszufinden und den Informationen, die du dabei erhältst, zu folgen.

Frierst du deine Gefühle nach Enttäuschungen oder unerfüllter Liebe unbewusst ein, weil du sie bewusst nicht verarbeiten kannst, dann macht dich das schwach. Du wirst angreifbar und bist leicht von deinem Weg abzubringen. Vielleicht wirst du dann aus Frustration heraus einfach bestimmend und dominierend, um das einzufordern, was du benötigst. Jedoch deine eigene Kraft, deine innere Mitte und deine echte Durchsetzungskraft fehlen dir dabei.

Rosenpink über Rosa ist eine große Hilfe dabei zu lernen, dir deiner Wünsche und Bedürfnisse nach Liebe, Wärme und Geborgenheit wieder bewusst zu werden. Du lernst sie zu verstehen und sie anzunehmen. Es hilft dir dabei, dir selbst klar zu werden, welche alten Konditionierungen und verletzenden Erlebnisse dich vielleicht noch belasten, und was es ist, das du möglicherweise noch zu verarbeiten hast, um Raum zu schaffen für dich selbst und die Liebe, die du benötigst. Indem du deinen Gefühlen des Ungeliebtseins für dich selbst Ausdruck verleihst, kann deine Unsicherheit weichen. Das Bejahen und Äußern deiner eigenen Bedürfnisse ist es, das letztlich zur Sicherheit in dir selbst führt.

Wie eine alte Haut, die du nicht mehr benötigst, magst du Vergangenes abstreifen.

Rosenpink über Rosa ist hilfreich nach vielen emotionalen Verletzungen, die dir bewusst werden können oder die in dein Bewusstsein dringen, um dem Leben wieder neu zu vertrauen und die eigene Kraft erwachen zu lassen. In neu wachsendem inneren Vertrauen mögen Ängste vor Liebe der Gewissheit von unzerstörbarer Liebe weichen. Einer Liebe, die Verzeihen und liebevolles Verständnis in sich trägt und die Möglichkeit der Erwiderung in sich birgt. Das, was dich einst aus deiner Mitte geworfen hat, mag nun zu einer Herausforderung werden, um es im Licht deiner Vision ganz genau zu betrachten, es zu verstehen, in dein Herz zu nehmen und daran in Liebe zu wachsen. Das Verstehen der Zusammenhänge dessen, warum etwas so ist, wie es ist, stellt den goldenen Schlüssel zu deinem Erwachen dar. Dein ›Ja‹ zu innerem Wachstum in bedingungsloser Liebe kann die verschlossenen Türen zu dir selbst wieder öffnen und dich von Schuld, Scham und Selbstaufgabe befreien.

Die Herausforderungen des Lebens anzunehmen bedeutet, die eigene Energie ganz zu entfalten und nichts von dir zurückzuhalten. Dabei können die Schwierigkeiten auf dem Weg beginnen sich aufzulösen, sodass deine eigene Kraft für Liebe und die ihr innewohnende Weisheit frei wird. War deine Kraft zu lieben zuvor zersplittert oder an andere abgegeben, so kann sie sich jetzt wieder in deinem Herzen sammeln.

Rosenpink über Rosa hilft, Altes und Einengendes hinter dir zu lassen und es zu wagen, kraftvoll nach vorne zu gehen. So kannst du entschlossen und geradeaus handeln. Mit der eigenen Kraft wieder verbunden, mag selbst eine schwierige Situation jetzt eine positive Richtung erhalten.

Das Zentrum einer von Herzen mitfühlenden und wissenden Liebe ist der energetische Punkt des »Ich bin ich selbst«. Deine Individualität bildet den Ausgangspunkt für einen neuen Kontakt, den du in Liebe zu anderen nun in neuer Art und Weise erschaffen kannst.

Zu lieben bedeutet, leidenschaftlich und selbstbewusst seinen eigenen Weg zu gehen. Im großen Licht des eigenen Lebensfeuers vermag darin alle Negativität zu verbrennen, die sich in den Weg stellt. Auf diese Weise kann deine innere Vision von Liebe eine Form erhalten.

Auf der Suche nach der Liebe zu dir selbst und deinem wahren Wesen kannst du mit der Zeit zu einem Wissenden der Liebe werden. Qualitäten wie Wärme, Harmonie und Feingefühl mögen dabei dein Herz erfüllen und das Wohl anderer dir am Herzen liegen. Andere Menschen mögen nun beginnen, sich am hellen Licht deiner Lebenssonne und seiner Wärme zu nähren. Bedingungslose Liebe zu geben und anzunehmen, dabei aufmerksam und offen für sie zu sein und fürsorglich und sanft mit ihr umzugehen, mag jetzt das Merkmal werden, das dein Leben bestimmt. So kann deine Liebe beginnen, im Dienst aller wahren Wesen zu stehen.

Die Haltung eines Wissenden der Liebe ist die von Stetigkeit und Standhaftigkeit. Seine Gedanken und Worte, seine Hände und Handlungen, sein Geben und sein Sein verkörpern das tiefste Wissen, das er an sich selbst erfahren hat: Die Narben des Lebens werden nur durch die Liebe geheilt.

B 24 Violett / Türkis

»Neue Botschaft«

Um anderen wahres Mitgefühl geben zu können und ihnen zu helfen, beginnt die Suche nach dem wahren Mitgefühl bei dir selbst, um dein Mitgefühl als Erstes in dir selbst zu finden, dir selbst darin begegnen zu können und dir selbst zu helfen. In dem Prozess, ein wahres Mitgefühl für dich selbst zu entwickeln, können dir dabei deine tiefsten Gefühle und Erinnerungen bewusst werden. Erst indem du sie annimmst und für dich verarbeitest, wird es dann möglich, dich am Ende in einer neuen Integrität mit der Erde zu verbinden und ebenso andere an deiner überfließenden Liebe teilhaben zu lassen. Während dieses Prozesses mag deine Selbsterkenntnis und deine Selbstverwirklichung schließlich durch dein sehendes Herz zu einem Höhepunkt kommen.

Violett über Türkis hilft dir, dich in eine direkte Konfrontation mit dir selbst und alter, unaufgearbeiteter Dinge zu bringen. Es mag so scheinen, als wenn sich der Weg für neue Möglichkeiten in deinem Leben nur durch ihre Klärung öffnet. Gelingt es dir, in kreativer Art und Weise die alten Dinge zu lösen, so können sie dann in verwandelter Form einen kreativen Prozess zu deiner weiteren Entwicklung einleiten.

Wenn du dich zu sehr mit dem Auf und Ab, das das Leben mit sich bringt, identifizierst oder vielleicht deine Freude und dein Leid zu wichtig nimmst, dann mögen deine Sorgen plötzlich riesengroß werden und deine

Emotionen leicht mit dir durchgehen. Vielleicht versuchst du sogar, tyrannisch und launisch, in Zorn und Groll deinen Willen durchzusetzen. Misstrauisch magst du in dieser Situation auch die Menschen, die dir nahe sind, aller möglichen Dinge verdächtigen und sie diktatorisch zu unterdrücken versuchen.

Einmal so zum Opfer deiner eigenen Launen geworden, bekommst du möglicherweise das Gefühl, dass alles quer läuft, sich nicht deiner Autorität unterordnet, und suchst den Fehler dazu vielleicht bei den anderen. Jedoch das, was sie dir entgegensetzen, mag dich zum Innehalten bringen.

Vielleicht möchtest du unbewusst deinen Weg, über alle Gefühle hinweg, in großer Schnelligkeit weitergehen wollen, doch Hindernisse und Konflikte sind dazu da, um dich aufzuhalten, sodass du gezwungen wirst, Kontakt mit der Quelle aufzunehmen, um dir selbst näher zu kommen und deine Probleme zu lösen.

Violett über Türkis hilft dir zu lernen, von blinden emotionalen Reaktionen fortzukommen und stattdessen hinzuschauen, was dahinter steckt. So kannst du tiefer in Kontakt mit deinem eigenen Wesen treten, den Dingen auf den Grund gehen und lernen, mit den Gefühlen, die der triebhaften Natur deines Wesens entspringen, bewusster umzugehen.

Die eigene Autorität kann man benutzen, um andere zu knechten und die eigenen Gefühle durchzusetzen oder um Harmonie und Gleichgewicht zu erreichen, welche dann Frieden schaffen.

Der Weg in die Zukunft jener neuen Möglichkeiten, die du anstreben magst, kann dich durch die Schwierigkeiten, die sich dabei ergeben, in die Realität deiner Vergangenheit führen. Dort erhältst du die Möglichkeit, bewusst das zu befreien, was dich behindert, um vorwärts gehen zu können.

Das, was in dir selbst nicht heil ist, vermagst du auch in anderen nicht zu heilen. Das, was du in dir selbst nicht sehen kannst, loslässt und änderst, vermagst du auch in anderen nicht zu bewegen. Anderen Menschen wirklich helfen zu können, erfordert ein Freisein von persönlichen Anbindungen und Leidenschaften.

Violett über Türkis hilft, in Erlebnisse deiner Kindheit zurückzuschauen, um dort an die Ursprünge dessen, was du bei dir selbst nicht sehen kannst, zu gelangen. Dabei magst du zu einem Gefühl finden, unter der Autorität deiner Eltern, die dich möglicherweise an deiner Natürlichkeit, Spontaneität und deinem Spiel gehindert haben, immer noch zu leiden. Vielleicht ist deine natürliche Entdeckungsfreude und spielerische Kreativität, die als Kind ganz von selbst deiner inneren Natur entsprangen, unterdrückt und unter Kontrolle gehalten worden. Auf diese Weise wurde dann womöglich dein offenes, wissbegieriges und neugieriges Herz, auf der Suche nach sich selbst und seinem eigenen Weg, autoritär untergraben und moralische und religiöse Gründe deiner Eltern dagegen gesetzt.

Violett über Türkis wird geschüttelt Violett, welches deinem tiefsten inneren Wesen helfen kann, aus der dich unterdrückenden Autorität deiner Eltern und aller anderer Autorität heraus zu erwachen und die Dinge transparent werden zu lassen, sodass du beginnen kannst, durch diese Welt hindurch in eine andere zu blicken.

Im Scheitern an der männlichen, patriarchalen, verstandesorientierten Autorität und im Finden deiner eigenen Autorität, einer Autorität deines sehenden und mitfühlenden Herzens, kann hier eine tiefe Selbstfindung in dir stattfinden. Dabei mag dir klar werden, wo und wie du für dich selbst möglicherweise das Rollenmodell deiner Eltern übernommen hast. Nun handelst du dir selbst und anderen gegenüber autoritär anstatt selbstbestimmt, frei und deinen eigenen Gefühlen entsprechend. Alle deine Gefühle, die du in der Tiefe festhältst, weil du dein Herz nicht leben durftest, all deine Trauer und deine Schmerzen darum, mögen dir dabei bewusst werden. Lässt du sie zu, drückst du sie aus und verzeihst, dann wird eine tiefe innere Stille und ein tiefer Frieden in deinem Herzen möglich.

Während neue Dimensionen und Ebenen sich dir öffnen und die Wahrnehmung deines Bewusstseins sich in einer neuen Schau zu weiten vermag, kannst du dich wieder mit deiner Intuition und Hellsichtigkeit verbinden und auf diese Art und Weise zu deiner wahren Natur zurückkehren. Dein Herz mag nun befreit sein, um liebevoll mit den spirituellen Reichen zu kommunizieren.

Das jetzt frei gewordene große Potenzial der Kreativität deines Herzens kann nun deinem Denken und Fühlen eine neue Reife und Qualität geben, sodass neue Wege und Möglichkeiten sich für dich öffnen mögen. In dir mag jetzt jene Liebe zu fließen beginnen und jene Wärme und Konzentration, die das Innere benötigt, um sich entfalten zu können.

Violett über Türkis kann ein so tiefes seelisches Gleichgewicht in dir herstellen, geradezu ein Ruhen im Wissen um dich selbst, dass du darin möglicherweise sogar deinen wahren Seelenpartner anziehst. Durch ihn kannst du dann, im tiefen Verschmelzen in Liebe, zum Teilen deiner Zuneigung, zum Zeigen all deiner Gefühle und zum bewussten Genießen deiner Leidenschaft finden, zur Erfüllung deiner Sexualität.

Die Verwandlung, die mit dir geschehen ist, ist nun vollständig. In deiner Liebe und deinem Zurückfinden zu dir selbst, mag sich eine neue Botschaft in dir kristallisiert haben, in der dein ganzes Wesen jetzt zum Leuchten kommen kann. Aus ihr mag sich ganz natürlich die feine Qualität des Mitgefühls für diejenigen entwickeln, die vielleicht jene Liebe in sich suchen, die du nun bereits in dir gefunden hast, sodass du, wenn du gebraucht wirst, Unterstützung gibst.

In intuitiver Erkenntnis und emotionaler Betroffenheit dessen, was in anderen geschieht, vermagst du nun liebevoll und verständnisvoll in anderen eine innere Wandlung zu bewirken. Indem deine Hilfe da ansetzt, wo der andere sich gerade befindet, kannst du ihn dort hinzuführen versuchen, wo er sich selbst wieder zu fühlen beginnt und lernt, sich bewusst anzunehmen und zu lieben. Aus dieser Selbstliebe heraus können dann, als Folge und Weiterentwicklung, wieder Harmonie und Gleichgewicht in Liebesbeziehungen und Freundschaften und ein im Ganzen liebevolleres, verständnisvolleres Miteinander entstehen.

In neuer Integrität und einer inneren Freude, deren Botschaft eine Liebe ist, die Harmonie und Frieden schafft, mag dein Bewusstsein dem Inneren, der Selbstfindung und der Wandlung und Heilung gelten. Diese Qualitäten kannst du dann hinaus in das tägliche Leben tragen. Steht diese Liebe in direktem Kontakt mit deinem eigenen spirituellen Wachstum, so hat sie die größte Standfestigkeit, die möglich ist.

B25 Purpur / Magenta

Rekonvaleszenz-Flasche »Florence Nightingale«

Die Rekonvaleszenz-Flasche ist eine Kraftquelle, die einen Aufbauprozess nach den Anstrengungen von Erwartungen und Enttäuschungen in der Liebe unterstützen kann.

Ziele vermagst du mit einem starken Willen nur zu erreichen, wenn du sie in Einklang mit dem Willen des Ganzen stellst. Liebe kann nur erblühen, wenn du das Leben liebst und zulässt, dass das Leben auch dich liebt. Aus dieser inneren Haltung heraus kannst du dann all das bekommen, was du an Liebe benötigst.

Setzt du dir keine eigenen gewollten Grenzen und vertraust auf alle deine schöpferischen Möglichkeiten, dann ist das Leben bereit, dich zu empfangen. Dann kannst du beginnen, es in völliger Unschuld zu leben und all seine Herausforderungen, die es mit sich bringt, einfach anzunehmen.

Erwartungen, die du an die Liebe stellen magst, Bedingungen, die du vielleicht an sie knüpfst, oder Spiele, die du möglicherweise spielst, um Liebe zu bekommen, lassen wahre Liebe unmöglich werden. Liebe ist keine Angelegenheit von Macht, die einer über den anderen ausübt, gleichgültig ob du darin die Rolle des Handelnden oder des Opfers übernimmst. Liebe ist die Tür, um alle Ziele des Lebens zu erreichen, und die Wahrheit mag dir dabei helfen, von allen Enttäuschungen frei zu werden.

Entscheidungen über deinen weiteren Lebensweg mögen dich in deinem Leben vielleicht gerade innehalten lassen, um tiefer zu schauen.

In der Liebe liegt die Aufgabe, den großen verführerischen Schleiertanz der Illusionen zu Ende zu bringen. Es gilt, in das Rätsel des großen Mysteriums allen Lebens und in das Labyrinth des Sichverirrens und Sichwiederfindens einzudringen. Nur wenn du Dinge bis zu Ende verarbeitet hast, wirst du offen für neue Anfänge. Hältst du jedoch etwas in dir im Verborgenen, wird daran zuletzt auch dein Körper krank, und schließlich magst du nicht mehr wissen, wie du gesund werden oder dich erholen kannst und was ein Heilsein in Liebe bedeutet.

Vielleicht verbindest du auch Liebe mit Verführung und entwickelst möglicherweise eine große Eitelkeit darin, für andere geheimnisvoll erscheinen zu wollen. Jedoch hinter dieser Maske liegt in Wahrheit die Göttin/der Gott in dir begraben, das Echte, das einzig Wirkliche, nämlich deine eigene Seele. Liebe mag nicht unbedingt das sein, was du dir wünschst, haben zu wollen.

Nicht wissend, was echte Liebe ist, zerreißt du dein Inneres vielleicht in die verschiedenen Richtungen, in die es dich zieht. Auf der einen Seite eroberst du dir in großer Intensität, in einem extrem sexuellen Bedürfnis, das dich möglicherweise beherrscht, das, was du begehrst, und kehrst dich dann in das andere Extrem, indem du ein großes Verlangen nach Liebe und Fürsorge haben magst. Ein anderer Teil in dir mag währenddessen nach deinem inneren spirituellen Wissen suchen, welches du in den Dienst der Liebe zu stellen suchst. Möglicherweise ahnst oder weißt du, dass es einen Punkt des Verstehens gibt, an dem Liebe für alle möglich ist, aber im Labyrinth deiner Suche und deines Denkens magst du dich in die Ideologie von Gleichmacherei verirren.

Purpur über Magenta hilft dir, wieder zu deinem eigenen innersten Wesen der Liebe zurückzufinden. Um dir unbewusste Muster in deiner Liebe bewusst werden zu lassen, kann es dabei für dich wichtig sein, dich in größtmöglicher Liebe deinem inneren Kind zuzuwenden. Auf die Art und Weise, wie deine Eltern dir ihre Liebe zeigten, als du Kind warst, wurde dein eigenes Bild von Liebe sehr früh geprägt. Vielleicht bist du in deinem großen Bedürfnis nach Liebe nicht so angenommen worden, wie du es dir gewünscht hättest, und hast möglicherweise stattdessen lernen müssen, wie du lieb zu sein hattest. Vielleicht wurde auch die Autorität deines Vaters und wie er mit Liebe umging, in der Familie, in der Gesellschaft und im Glauben an Gott, in deiner Kindheit zum höchsten Gebot für dich. Wenn es so war, mag dir das ein Gefühl gegeben haben, dass jemand Macht über Liebe hat und entscheiden kann, was du bekommst, wie du es bekommst und ob du es verdient hast, etwas davon zu bekommen. Um Liebe verdient zu haben, hast du dann vielleicht versucht, das Unerreichbare zu erreichen, und irgendwann einmal hast du dann wahrscheinlich erschöpft aufgegeben.

Geschüttelt wird aus Purpur und Magenta ein leuchtendes Purpur. Dieses tiefe Purpur lässt dich in Berührung mit der tiefstmöglichen Intensität jener Liebe kommen, die in dir selbst liegt und die dir Öffnung zum wahrhaften Alleinsein in der höchstmöglichen göttlichen Liebe zu geben vermag. Tiefes Purpur kann in dir deine Urverbindung zur Kraft jener Liebe wieder herstellen, die niemandes Besitztum ist.

Diese höchste Kraft der Liebe macht durchlässig für Informationen von ›oben‹, jener Liebe, die aus den höheren Welten in dich einströmt. Darin kann sich dein Bewusstsein in die Schau eines unendlichen Aufgehobenseins in der bedingungslosen Liebe des LEBENS weiten, wobei dein Körper sich gleichzeitig mit der Kraft des Wissens, das Unerreichbare erreicht zu haben, zu füllen beginnen kann. Während du eine Idee davon erhältst, was das große Ganze wahrhaft ist, kann ebenso dein Vertrauen in deine eigene Lebenskraft wieder beginnen, die Führung zu übernehmen.

So magst du dich mit der Kraft jener höchsten göttlichen Liebe verbinden, die auch das irdische Geschehen lenkt.

Purpur über Magenta erweckt dein eigenes individuelles Bewusstsein von Liebe. Während du im Vertrauen auf deine eigene Wahrnehmung des Lebens und der Liebe wächst und dabei tief in dich hineinschaust, magst du beginnen, die anstrengenden Unerreichbarkeiten und unerfüllbaren Ansprüche an Liebe, die dich erschöpft haben, zu verlassen. Auf diese Art und Weise kann ein neues, individuelles Denken und Fühlen, in dem du beginnst, dich auf das höchste Göttliche in dir selbst zu verlassen, in dir entstehen. Offenen Herzens vermagst du die Welt mit neuen Augen zu sehen.

In wahrhafter Hingabe an jene Liebe, die alles umfasst, kann jene Inspiration und Wahrheit, die du in der Lage bist, in deinem eigenen Herzen zu fühlen, dir nun den Leitfaden dazu geben, bewusst Achtsamkeit und Sorgfalt in die kleinen Dinge deines Lebens zu legen und achtsam darin zu bleiben, was von Moment zu Moment darin zu tun ist. In jedem Augenblick ruht dein Leben in deinen eigenen Händen, und die Kraft der Inspiration durch die höchste Liebe mag nun kühne Gedanken in dir hervorrufen und die ganze Schaffenskraft deiner Seele beflügeln. Mutig, aktiv und voller Kreativität beginnst du jetzt vielleicht, neue Bereiche in deinem Leben zu erobern. Gleichsam beflügelt, magst du jetzt über dich hinauswachsen und zu deinen eigenen Ideen finden, die deine ganze Situation zu lösen vermögen. Die männliche, dynamische und nach außen drängende Kraft in dir ist nun gereinigt und befreit. Das kann jetzt bahnbrechende Entscheidungen in deinem Leben bewirken, die vielleicht große Veränderungen mit sich bringen.

Purpur über Magenta hilft der höchsten Liebe in dir, den rechten Platz in deinem Leben einzunehmen. Sie ist die wahre Natur deines Wesens. Niemand vermag dich in Wahrheit jetzt mehr in deinem Weitergehen aufzuhalten oder dich einzuschränken. In dir selbst gibt es in Wahrheit ebenso nichts, was zu verleugnen ist oder zu schützen. Du magst nun den Mut finden, das, was in dir ist, auch nach außen hin zu zeigen und entsprechend deiner Gefühle zu handeln. Dein Wille mag dabei selbstbestimmt, offen und frei sein, mit großem Durchsetzungsvermögen und der Kraft, deine Ziele auch zu erreichen. Du bist bereit, dich allen weiteren Prüfungen zu stellen, die zu einem Leben in Liebe gehören mögen.

Zu leben bedeutet zu lieben, und Liebe ist die größte Herausforderung, die das Leben an dich stellen kann. Nimmst du sie an und lässt du dich total auf sie ein, so wird sie die größte verwandelnde Kraft, die dein Leben bestimmt. Alles, was nicht Liebe ist, hat in ihr ein Ende.

In dieser Liebe magst du schließlich einfach ein offenes Gefäß werden, welches gefüllt wird und dann die Liebe mit beiden Händen wieder ins Leben ausschüttet.

B 26 ORANGE / ORANGE

Die Sakral-Chakra-Flasche

Ätherische »Erste Hilfe«. Humpty Dumpty

Im Zurückholen aller deiner Kräfte und erfüllt von tiefer Lebensfreude, im Zentrum deiner Stärke ruhend, kannst du alles aus dir selbst schöpfen, was du benötigst, um kreativ auf all das zu antworten, was das Leben dir bringt.

Sind deine Kräfte dagegen zerstreut in alle Himmelsrichtungen, fühlst du dich schwach und nicht bei dir selbst und läufst vielleicht immer wieder vor dem Leben und dir selbst davon, dann magst du nur noch destruktiv auf das reagieren, was in deinem Leben gerade geschieht.

Orange über Orange ist dann hilfreich, wenn du emotional immer wieder flüchtest. Du musst lernen, zu dir selbst zurückzukommen und dich dem Schock oder der seelischen Verletzung, die dich aus deiner Mitte geworfen haben, zu stellen. Löst du das auf, was geschehen ist, kannst du wieder in dein Zentrum, deine Lebensfreude und deine Kreativität zurückfinden.

Es mögen deine eigenen Ängste sein, die in deinem Leben Begrenzungen schaffen und dich daran hindern, einen Schritt nach vorne zu gehen und wahrhaft lebendig zu werden.

Die Lebenssituation, in der du dich gerade befinden magst, erscheint dir vielleicht unüberschaubar, chaotisch und durcheinander, und das, was vor dir liegt, mag sich in gewisser Weise als unlösbar darstellen. Vielleicht fühlst dich auch depressiv, reagierst auf andere Menschen und Situationen in deinem Leben in extremer Weise und triffst hastige und unvernünftige Entscheidungen, die nicht zu dem führen mögen, was du wirklich benötigst. Stattdessen bist du rastlos und desorientiert, auf der Suche nach etwas, was anscheinend in der Vergangenheit deines Lebens verloren ging. Möglicherweise ›rettest‹ du dich auch in dir sicher scheinende Verhältnisse, in eine Bindung und eine Abhängigkeit, um der Konfrontation mit deiner Angst und dem, was eigentlich dahinter liegt und erlöst werden will, aus dem Wege zu gehen. Vielleicht bist du auch einfach nur oberflächlich.

Orange über Orange vermag dir deine eigenen Ängste vor wahrhafter Liebe, wirklichem Kontakt und echter Harmonie in deinem Leben widerzuspiegeln. Es kann eine große Hilfe für dich sein, wenn eine dramatische Situation, auch ein Schock in der Vergangenheit oder eine durch andere Menschen in deinem Leben lang anhaltende, dich verletzende Vorgehensweise dein Leben bestimmt. Alte oder neue Ereignisse, in denen du dich durch die Absichten eines anderen Menschen in deinem Leben vielleicht missbraucht fühlst, mögen dir Angst machen, dich festhalten und dich vielleicht auf der Hut oder in Hast sein lassen, um vor den Tatsachen zu flüchten.

Möglicherweise gibt es in dir eine Angst vor der Wahrheit und davor, dass sie dich überwältigen könnte.

Orange über Orange kann dir helfen, deine Angst zu überwinden, dich jenem Erlebnis in der Vergangenheit, welches dein Verhalten bestimmt und welches aufgedeckt werden will, zu stellen, um dich daraus befreien zu können, sodass du in neuer Selbstbehauptung wieder zu deiner Kraft und deiner Mitte zurückfinden kannst.

Orange über Orange kann eine große Hilfe dafür sein, Erlebnisse und Begebenheiten der nahen und fernen Vergangenheit, auch Erlebnisse aus der Zeit, als du Kind warst, wieder in dein Bewusstsein zu bringen. Dann, wenn du in einem früheren Leben, oder möglicherweise als Kind, an deiner spontanen und natürlichen Freude am Leben gehindert wurdest und stattdessen vielleicht zulassen musstest, dich für die Bedürfnisse anderer Menschen gebrauchen zu lassen, ob körperlich, emotional, mental oder spirituell, sind dies Erlebnisse, die sich als tiefe Schockerlebnisse in dein Unterbewusstsein eingegraben haben. Auch ein Unfall oder eine Operation mag eine tiefe seelische Verletzung bewirkt und hinterlassen haben. Es können alle Erlebnisse sein, die du als lebensbedrohlich oder grenzüberschreitend und überwältigend für dich erlebt haben magst. Sexueller Missbrauch ist dabei wohl die demütigendste Erfahrung, die möglich ist.

Wahrscheinlich in einem Gefühl von Überwältigung und Zerstörung, alle deine Kräfte an einen anderen Menschen fortgegeben zu haben, magst du resigniert und dich und deine Sinne verschlossen haben. Jetzt reagierst du möglicherweise destruktiv auf das Leben, weil du die damalige Erfahrung nicht verarbeiten kannst.

Orange über Orange kann jene Kälte und dein Eingefrorensein lösen, mit dem du alle Gefühle in dir zu halten versuchst, um dich zu schützen und das Gefühl von erneutem Ausgeliefertsein vermeiden zu können. Es kann jene Wärme, Schutz und Vertrauen in dir selbst entstehen lassen, die für dich nötig sind, um zulassen zu können, dass alle Gefühle, die mit deinen tiefen seelischen Verletzungen zusammenhängen, aus dem Unterbewusstsein in dein Bewusstsein kommen können. Auf diese Weise wird es dann für dich möglich, dich mit ihnen zu konfrontieren. Indem du den inneren Bildern, die dazu auftauchen wollen, Raum gibst, kannst du dir bewusst werden, was geschehen ist, und dir selbst die Möglichkeit einräumen, diese Erlebnisse bewusst zu verarbeiten.

Orange über Orange ist eine große Hilfe dafür, alles wieder zusammenzubringen, was zerbrochen ist. Es mag sogar ein emotionaler Sturm in dir losbrechen, ein Aufbäumen gegen das, was du zugelassen hast. Im Abgrenzen gegenüber jenen Erlebnissen, in denen deine natürlichen Grenzen überschritten wurden und du keine andere Wahl hattest als zuzulassen, was mit dir getan wurde, kannst du dir nun deine eigene Kraft bewusst zurückerobern. Ist einmal eine tiefe Verletzung in dir aufgedeckt, wirkt es in deinem Nacktsein, deiner Offenheit und deinem Ungeschütztsein ordnend, klärend und zentrierend.

Orange über Orange hilft dir im neuen Ausrichten deiner Lebenskraft, sodass nicht mehr andere Menschen dein Leben bestimmen, sondern du selbst. Du magst damit beginnen, eine neue geistige Orientierung für dich zu suchen, um konstruktiv mit deinem Leben umzugehen und dabei den Zugang zur schöpferischen Seite deines Lebens zu finden. So, wie alte Dinge enden, können nun neue beginnen.

Orange über Orange hilft dir, wieder eine emotionale Sicherheit in dir selbst zu finden. Im Wiederfinden deiner inneren Stabilität kannst du lernen, Vertrauen aus deiner tiefen instinktiven Weisheit zu schöpfen, die dich dann aus deinem Bauch heraus handeln lässt. Innere Wärme, ein warmes, strömendes Gefühl und ein neu gewonnenes Vertrauen in das Leben, wird dich jetzt führen, wobei du ebenso ein neues Gefühl für den Kontakt mit anderen Menschen finden kannst. Einmal mit dem Fluss des Lebens fließend, spielerisch wie ein Kind und erfüllt voller Freude, strebst du dann mit offenen Sinnen allem im Leben entgegen. In dem Maße, wie du deine Ängste verlierst und sie sich in Liebe verwandeln und je tiefer du dir im Kontakt mit anderen Menschen erlauben kannst zu vertrauen, umso liebevollere, harmonischere und erfüllendere Beziehungen mögen daraus entstehen. So, wie du dann gesehen und respektiert wirst, kannst du ebenso lernen, die anderen zu sehen und zu respektieren.

Orange über Orange kann dir ebenso jene Wärme schenken, die du benötigst, um dich in neuem Vertrauen und voller Freude deiner Sexualität wieder zu öffnen, sodass sie dir, mit einem geliebten Partner gelebt, Genuss, Freude und emotionale Erfüllung schenkt.

In deiner Befreiung aus den alten, dich verletzenden Erlebnissen mag jetzt eine feine Aufmerksamkeit in dir gewachsen sein. Dein Unterscheidungsvermögen gegenüber dem, was du zulässt und dem, was du abweist von dir, mag für dich dabei eindeutig und klar geworden sein. Auf dein eigenes Gefühl vertrauend, kann jetzt die Kraft echter, gewachsener Unabhängigkeit dein Leben bestimmen.

Während deine Ängste schwinden und ihre Macht über dich verlieren, mögen sich ungeahnte Quellen von Begeisterung und purer Lebensfreude in dir öffnen. Dich in neu wachsender Gerechtigkeit und großem Optimismus nun auf deine größten Stärken besinnend, kannst du leidenschaftlich, energetisch und kreativ in deinem Leben einen neuen Anfang wagen.

Im Osten der Welt ist Orange die Farbe der Gewänder von geistigen Suchern. In den Chakras ist Orange die Farbe des Hara, des Nabel-Chakras, deines energetischen Zentrums. Ruhst du in deinem Zentrum, in deinem Hara, bist du ganz.

Die Buddha-Natur ist deine wahre Natur. Bringst du sie in dein Bewusstsein, dann bist du völlig bei dir selbst angekommen, im Hier und Jetzt, und der Schmetterling kann aus dem Kokon schlüpfen.

Als Ätherische »Erste Hilfe« hilft Orange über Orange in allen Situationen von Schock, Unfall, Operation oder tiefen seelischen Verletzungen.

Wirst du mit lebensbedrohlichen Situationen konfrontiert, neigt die Seele dazu, den Körper verlassen zu wollen, um dich auf diese Weise zu deinem Schutz auch emotional von einer dich überwältigenden Situation abzutrennen.

Die Ätherische »Erste Hilfe« greift ein, um dich wieder in deinen Körper zurückzubringen. Sie verankert dich in deiner Mitte. Du kannst sie anwenden, indem du in einer Schocksituation oder kurz nach rückerinnerten Traumata, Unfällen oder Operationen die Ätherlücke, auch ätherische Pforte genannt, wieder schließt. Dies kannst du bei dir selbst tun oder bei anderen. Hierzu ist das B 26-Taschennotfallöl im Plastikfläschchen am besten geeignet. Mit diesem Fläschchen trägst du einen dünnen Streifen Öl auf, vom linken Ohrläppchen ausgehend, die gesamte linke Körperseite herunter, bis über den linken Fußknöchel zum linken kleinen Zeh hin. Zusätzlich trägst du es noch ringförmig um den gesamten Unterbauch herum auf.

B 27 Rot / Grün

»Robin Hood«

Diese Kombination bewirkt einen Ausgleich in deiner männlichen Energie, deiner nach außen gerichteten Kraft, die auf diese Weise eine neue Bedeutung erhalten kann. Damit verändert sich ihre Richtung.

Rot über Grün hilft dir in deiner Entschlossenheit und deinem Durchsetzungsvermögen für ein freudiges, begeistertes und erfülltes Leben. Du erhältst jene Kraft und Disziplin, dich einer erfüllenderen Lebensweise zuzuwenden, in der du Verantwortlichkeit dir selbst und deinen Bedürfnissen gegenüber zu entwickeln lernst.

Um verantwortlich dir selbst gegenüber werden zu können, bedarf es der Fähigkeit in dir, die schwere Last der Verantwortung, die du vielleicht aus äußerer Verpflichtung heraus angenommen hast, loszulassen. Das mag in deiner jetzigen Situation möglicherweise eine Trennung oder Absonderung erforderlich machen. Erst dann, wenn du den Mut aufbringst, äußere Verpflichtungen gehen zu lassen, kann es dir gelingen, zu jener Ebene in dir vorzudringen, in der das Recht, deinen eigenen Gefühlen und Lebensimpulsen zu folgen, Raum in dir erhält. Erst in der Trennung von äußeren Verantwortlichkeiten kannst du lernen, deine unterdrückten Gefühle, Unterdrückung jeder Art und die Energie, die du darunter zurückhältst, wahrzunehmen und sie dir bewusst werden zu lassen, um sie nach außen zu bringen.

Wahrscheinlich nimmst du eher die Probleme anderer

auf dich und fühlst dich dann unter der Last deiner ganzen Verantwortlichkeit erdrückt, als nach deinem eigenen Raum und deinen eigenen Gefühlen zu suchen. Das mag dein Leben schwierig gestalten. Im Gespaltensein zwischen den Bedürfnissen anderer, die an dich herangetragen werden, und dem Raum des Erkennens und Erfüllens deiner eigenen Bedürfnisse, fällst du aus deiner Harmonie mit dir selbst heraus und bekommst vielleicht das Gefühl festzustecken. Auch nach Rache sinnen, um dich zu wehren oder mit unlauteren Mitteln zu arbeiten, bildet keine Lösung für deine eigenen Probleme. Die Schwächen deiner Mitmenschen auszunutzen und Emotionen anzustacheln, macht dir nur Feinde.

Rot über Grün kann dir eine große Hilfe dabei sein, dich mit deinen eigenen grundlegenden Bedürfnissen auseinander zu setzen. Wenn du deine lebendige Energie unterdrückst, wirst du auf diese Weise dein inneres Wachstum verhindern. So blockierst du dich jedoch selbst darin, deine wahre Richtung im Leben zu finden und zahlst den Preis deines eigenen Glücks. Obwohl dir dein Ärger, deine Wut und dein Groll bewusst sein mögen, hindern dich vielleicht Furcht vor Missbilligung, Zurückweisung und Strafe am Erkennen und Einsehen deiner eigenen Stärke. Gerade durch das Unterdrücken deiner Lebensenergien können diese sich in Wut, Ärger und Gewalt verwandeln. Findet deine Aggression dann kein Ventil nach außen, richtet sie sich nach innen. Dann klagst du dich selbst an und wirst depressiv.

Die Probleme mit deinem Geschlecht, deiner Männlichkeit oder deiner Weiblichkeit, stehen hier im Mittelpunkt dieses Konfliktes. Der Mangel an dem, was du von dir selbst benötigst und nur du selbst dir geben kannst, schafft eine Armut in deinem Sein.

Rot über Grün wird geschüttelt zu Rot. Dieses Rot erweckt in dir die Kraft für Veränderung, sodass deine Lebenskraft beginnen kann, sich zu erden. Rot bildet das energetische Fundament dafür, um zu lernen, von selbstsüchtigen Interessen loszulassen und auf die Wahrheit des Seins einzugehen. Nur daraus kann wahrhafte Fülle im Leben entstehen.

Die Basis deines jetzigen Verhaltens mag in deiner Kindheit durch deinen Vater entstanden sein, dem männlichen Vorbild für dich in deiner Familie. Lebte dein Vater die Rolle des alten Familienoberhauptes, in seinem Verhalten dominierend und kriegerisch in seinem Denken, vielleicht zuweilen gewalttätig und zerstörerisch aus seinen eigenen unerfüllten Bedürfnissen heraus, dann mag er dich an deinem Natürlichsein und in der Suche nach deinem eigenen Weg gehindert haben. Möglicherweise musstest du stattdessen, entsprechend der Auffassung deines Vaters, lernen, Verantwortung für das Leben zu übernehmen. Das mag im Großen und Ganzen das Erfüllen von Verpflichtungen in der materiellen Welt gewesen sein, in der das Bild der Welt nach selbstbezogenen und egoistischen Interessen hin ausgerichtet war.

Rot über Grün gibt deiner Seele Raum und die Kraft, die du benötigst, um konsequent deinen eigenen Weg, auf dem du dich entfalten kannst, zu verfolgen. Auf diese Weise können sich deine Energien jetzt deinem Bewusstwerden zuwenden. Du beginnst vielleicht wahrzunehmen, wo du deine eigenen Kräfte unterdrückst, um selbstbezogenen, an die äußere Welt geknüpften Interessen zu entsprechen. Festgefahrene Situationen in deinem Leben mögen aufbrechen, sodass du nun das eigene Unterdrücken deiner Lebensimpulse erkennen kannst und damit die Situation beendest.

Rot über Grün ist eine große Hilfe dafür, in die Kraft für deine Selbstverantwortlichkeit zu finden und zu erfühlen, was genau es ist, das dir fehlt. Während du das herausfindest, was du erleben, genießen, feiern und ausdrücken möchtest, kannst du lernen, dich nicht nur auf deine eigenen Instinkte, sondern auch ganz auf dich selbst zu verlassen. Indem du beginnst zu beobachten, was geschieht, wenn du dir selbst die Erlaubnis gibst, das für dich Hilfreiche zu finden, kannst du dann bewusst die richtige Entscheidung fällen und die Richtung wählen, in der du weiterleben willst. Dann siehst du mit Bewusstheit und Bestimmtheit, was du tun musst, um deine Aufgabe anzugehen.

Rot über Grün hilft dir, Durchhaltevermögen, Ausdauer, Disziplin und den Mut, wahrhaftig zu sein, zu entwickeln und deine Wahrhaftigkeit entschlossen zu vertreten und durchzusetzen. Vergangene Beziehungen, die dir nicht das gaben, was du eigentlich benötigtest, magst du so hinter dir lassen und vordringen ins Unbekannte.

Wählt eine Frau diese Flasche, so hat sie mit der männlichen Seite in sich etwas zu klären. Dies kann bedeuten, ihren Vater oder ihren Partner endgültig aus der Einmischung und Beherrschung ihres Lebens hinauszuwerfen. Rot über Grün hilft einer Frau, den Raum innerer Weiblichkeit für sich selbst zu definieren und dann alle Kraft und Mut zusammenzunehmen, um das auszudrücken, was sie denkt und fühlt. Es hilft ihr, ihre männliche Seite zu entwickeln, um ihre Weiblichkeit nach außen hin zu vertreten. Rot über Grün hilft einer Frau, für ihr Fühlen und ihre innere Freiheit zu kämpfen und dann ihrer Intuition und Sanftheit, die aus ihrem Herzen kommen, zu folgen und nach ihnen zu handeln. So kann ihr Herz zu seinem Platz in ihrem Leben finden und ihr Fühlen seinen eigenen Raum erhalten.

Wählt ein Mann diese Flasche, so kann sie ihm helfen, wieder Kontakt zur weiblichen Seite in sich selbst, der Seite seiner Gefühle, zu erhalten. Rot über Grün gibt ihm Kraft, sie bewusst in der Welt zu zeigen und zu vertreten. Wahrhafte Männlichkeit ist immer verbunden mit innerer Weiblichkeit, mit einem Herzen, welches fühlt und entschlossen, kraftvoll, kreativ und dynamisch sich im Leben seinen Platz schafft. Gesunde Männlichkeit ist im Gleichgewicht mit dem Inneren und dem Äußeren. Sie dominiert nicht das Innere, um das Äußere zu leben, was in dieser Zeit oftmals unter Männlichkeit verstanden wird.

Rot über Grün ist eine große Hilfe dabei, die Natürlichkeit und Ursprünglichkeit der männlichen mit der weiblichen Energie zu entdecken. Daraus kann dann eine neue Kraft und ein neues Gefühl für Harmonie in dir entstehen.

Robin Hood hat für das Weibliche gekämpft. Für die gleichen Rechte aller Menschen. Er hat den Kampf nicht dafür benutzt, um zu dominieren. Er hat sich für die Unterdrückten eingesetzt. Er hat die Reichen beraubt, um es den Armen zu geben. Seine kämpferische Natur diente ihm dazu, einen Ausgleich zu schaffen, ein Gleichgewicht, eine Gerechtigkeit, um zum Ursprung zurückzukehren, was wahrhaftes Menschsein ist.

B 28 GRÜN / ROT

»Maid Marion«

Grün über Rot ist die Partnerin der Robin-Hood-Flasche. Sie gibt dir die Energie dafür, deinen eigenen Raum zu finden, deine Gefühle wahrzunehmen, und weckt deinen Pioniergeist für einen neuen Anfang.

Nur in der Aufrichtigkeit deines Herzens öffnet sich das ganze Potenzial all jener Kräfte, die dir selbst innewohnen, sodass sie sich für das Leben voll entfalten können. Das Weibliche in seiner sanften, andauernden Beständigkeit schmilzt darin alle Härten.

Grün über Rot hilft, die Wahrheit in deinen grundlegenden Bedürfnissen, deinen Überlebensproblemen und den Problemen in deiner Partnerschaft zu finden. Hier geht es um den Weg deiner Selbstfindung und der Stärke, dich selbst zu behaupten.

Wählt eine Frau diese Flasche, kann sie ihr Kraft in ihrem Selbstwertgefühl geben, eine Frau zu sein. Sie mag dazu finden, ihre eigene Kraft des Herzens zu leben, statt sich möglicherweise für die Zwecke anderer Menschen benutzen oder ausnutzen zu lassen.

Wählt ein Mann diese Flasche, kann sie ihm in seinem weiblichen Aspekt helfen und bei seinen Problemen mit einer Frau oder mit Frauen allgemein.

Das Grundproblem beim Thema Weiblichkeit ist eine Identifikation mit dem Gefühl der Schwäche, das dich letztendlich daran hindert, ganz du selbst zu sein. Nur weil du dich schwach fühlst, folgt daraus, dass du dich dominieren lässt und so automatisch zum Opferlamm wirst, dessen Sanftmut dann ausgenutzt wird. Vielleicht fühlst du dich auch allgemein verunsichert und schaffst, um vertrauen zu können, möglicherweise Bindungen und Besitzansprüche an andere.

Jedoch auch in einer anhänglichen Unschuld magst du Angst haben, andere seien gegen dich. Angst mag dann deinen inneren Raum eng machen, sodass du vielleicht dort nicht genug Weite mehr findest, um deine eigene Wahrheit erkennen zu können. Aus mangelndem Selbstvertrauen mögen dir schließlich auch die richtigen Entscheidungen schwer fallen und nichts mehr vor- oder zurückgehen. Am Ende kann das alles dann ein Gefühl erregen, allein in einer feindlichen Welt zu stehen.

Grün über Rot hilft, die Tatsache anzunehmen, dass das Leben nicht dazu da ist, um dich zu strafen, sondern um darin zu lernen.

Zusammengeschüttelt wird aus Grün und Rot ein Rot, welches all jene Kräfte mobilisieren kann, die sich in der Dunkelheit deines Unterbewusstseins verbergen mögen. Vielleicht gehst du dazu auf deinem Weg zunächst in deiner Erinnerung in die Zeit deiner Kindheit zurück, um erkennen zu können, woher die Muster, die jetzt dein Leben bestimmen, stammen.

Möglicherweise war es deine Mutter, die, schwach und von deinem Vater beeinflusst, dir als Kind den Raum deines eigenen Fühlens genommen hat. Aus Angst vor den Konsequenzen deines Protestes dagegen hast du womöglich deine Kraft zurückgenommen, um deinen Eltern gegenüber folgsam und gehorsam zu sein. Abhängig von deinen Eltern und um dein Überleben zu sichern und dich keiner Gefahr darin auszusetzen, wurdest du auf diese Art und Weise möglicherweise schwach und unterwürfig.

Grün über Rot kann dir an diesem Punkt dabei helfen, alle deine Energien zu mobilisieren und sie auf deinen Weg nach vorne zu richten. In einer neuen Leidenschaft für dein eigenes Leben können sich dein Herz und dein Körper verbinden und alte, angelernte Verhaltens- und Denkmuster dir dabei wieder bewusst werden. Der Kontakt mit deiner inneren Stärke und Kraft lässt dich vielleicht rebellisch werden, sodass du dich gezielt allem Alten, Lebensfeindlichen, Dominierenden und Unterdrückerischen, das dir den Raum zum Leben und zum Fühlen nimmt, entgegenstellst. Die Kraft zur Opposition ist es, in der dir schließlich der kreative Durchbruch deiner Selbstbehauptung gelingen kann und mit der du lernen kannst, dich von nun an durchzusetzen. Dein Nichtbefolgen und dein Nichtgehorchen sind es, durch die du schließlich erwachsen wirst und deine Seele Raum und Möglichkeit erhält, sich zu entfalten. Die Angst vor deiner eigenen Kraft weicht der Energie, für dich selbst einzustehen. Damit ergibt sich die Möglichkeit eines neuen Anfangs.

Grün über Rot hilft dir, deinen frei werdenden Energien eine neue und aufbauende Richtung zu geben. Alte Verhaltensmuster, die dich behindern, magst du ablegen, und Bindungen und Verstrickungen, die du vielleicht aus Abhängigkeit heraus geschaffen hast, lösen. In deine Gefühle eintauchend, ihnen Raum und Wert gebend, magst du allein durch dein Hinfühlen zu deinen wahren und grundlegenden Bedürfnissen finden, die dir jetzt bewusst werden können. Nun ist es die Stärke und das Wissen deines Inneren, die dir die Kraft verleihen, die Dinge in deinem Leben entsprechend zu verändern.

Während du ihnen mehr und mehr Raum gibst, kann mehr und mehr Energie aus der Tiefe deines Wesens aufsteigen.

Verlässt du einmal deine Unbewusstheit, so wirst du mit vielen Bereichen in deinem Leben konfrontiert werden, die dich herausfordern, das, was du bislang versteckt hieltest, anzuschauen.

Dies mag Angst in dir auslösen, alte, unabgeschlossene Situationen wiederzuerleben. Doch nur indem du dich dem verdrängten Schmerz in ihnen stellst und ihn in voller Stärke fühlst, kannst du durch ihn hindurchgehen und ihn hinter dir lassen. Je mehr du die Kraft der Tiefe deines Unterbewussten in dein Bewusstsein erlaubst, umso mehr Klarheit über dich selbst kannst du gewinnen, sodass deine Selbstzweifel mehr und mehr an Einfluss verlieren.

Auf diese Weise wird es möglich, dass in dir die Energie für alle anstehenden Veränderungen und Entscheidungen in deinem Leben wächst, ebenso wie die Kraft, deine innere Verwandlung auszudrücken und sie in deinem Leben umzusetzen. Neue innere Stärke bewirkt schließlich auch die Öffnung deines Herzens, sodass du dir selbst und anderen gegenüber ehrlich deine Wahrheit zeigen kannst, um das, was du zu leben hast, in der Welt zu verwirklichen.

Nach vielen Selbsteinschränkungen mag es dir nun gelungen sein, deine eigene Stärke wie auch deinen Raum des Fühlens und deiner uneingeschränkten Freiheit im Leben gefunden zu haben, und die sanfte Kraft des Weiblichen kann jetzt voller Natürlichkeit beginnen zu tanzen.

Nun kannst du anfangen, deinen eigenen Entwicklungs- und Befreiungsprozess im Leben in seinen natürlichen Zusammenhängen zu begreifen. Während du im Bewusstwerden deiner eigenen Kräfte deinem inneren Wachstum entgegenstrebst, welches im Prozess des Umsetzens in deinem Leben dann deine eigene Stärke in der Welt bewirken kann und so wiederum äußeres Wachstum in Bewegung setzt, erinnert sich im großen Bewusstwerdungsprozess alles gegenseitig daran, sich zu öffnen.

Alles ist eins und gibt sich gegenseitig Kraft zur individuellen Entfaltung, was nur geschieht, um das Unbekannte zu erschließen. Dabei geht der Weg der Selbsterkenntnis stetig vorwärts und erlaubt kein Zurück.

Grün über Rot hilft deinen inneren Kräften, die den Antrieb zu allem bilden, was dich ausmacht, mit der Größe deiner Aufgaben im Leben zu wachsen. In Wahrheit gehen sie weit über deine bisher gedachten Grenzen hinaus.

Das, was dein Herz öffnet, es offen hält und dich Situationen in deinem Leben jederzeit aus einer neuen, frischen Perspektive heraus betrachten lassen kann, ist ein unbegrenztes Bereitsein für Veränderung und inneres Wachstum.

Je klarer darin dein Denken wird, umso einfacher kann es für dich werden, die Spreu vom Weizen zu unterscheiden und mit dem voranzuschreiten, was deiner eigenen Entwicklung und der Entwicklung des Gesamten dient.

Grün über Rot hilft Frauen, Stabilität, innere Freiheit und Sicherheit in sich selbst zu finden. Im Wissen um ihre unbegrenzten Möglichkeiten, sich weiterzuentwickeln, können sie ihren Mut und ihre Courage einsetzen und vorangehen.

Grün über Rot hilft den Männern, eine natürliche

Männlichkeit zu entwickeln, die fühlt, sensibel ist, zu sich selbst steht und zugleich verantwortungsbewusst ist. Im Wachwerden seiner eigenen Energie kommt er in die Lage, das zu finden, was sein Herz und sein Körper benötigt, und mag damit den Kontakt zu seiner wahrhaften Kraft und Stärke knüpfen.

B 29 Rot / Blau

»Steh auf und wandle«

Durchdringt einmal der Himmel die Erde, dann sind großartige Veränderungen zu erwarten. Das Erwachen, welches dabei geschehen kann, bewirkt Klärung innerer und äußerer Verhältnisse. Deren Klärung wiederum kann weiteres Erwachen bewirken. Beides geht Hand in Hand und setzt sich unendlich fort.

Rot über Blau erweckt deine Seele aus ihrem Schlaf und bringt dein Herz wieder zum Schlagen, sodass es dir gelingen kann, wieder zu deinem Lebenszweck zurückzufinden. Aus der Kraft deiner inneren Offenheit heraus vermagst du dann Ordnung in dein Leben zu bringen und die Dinge aus deiner Vergangenheit zu klären, sodass du in kraftvoller Kommunikation deiner Gefühle anfangen kannst, deinen eigenen Weg zu gehen.

Rot über Blau hilft, jene Energie in dir selbst dafür zu finden, um die möglicherweise schon lange währenden Missverständnisse in neuem Verstehen zu erhellen, sodass die Dinge deines Lebens ihre wahrhafte Zuordnung erhalten, in der sie sich dann gegenseitig nähren und unterstützen können. Eine direkte und klare innere und äußere Kommunikation ist es, die darin dem raschen Fortkommen in diesem Prozess dient.

Indem du alles Abgründige durchwanderst und dabei dein eigenes Herz wieder zu finden vermagst, kann es dir dann am Schluss gelingen, die Herzen jener Menschen zu öffnen, die du liebst.

Nur durch das Klären deiner Vergangenheit kann es möglich werden, nach lange währenden Missverhältnissen den Raum für inneren Frieden zu schaffen. Erst durch dein Hinfühlen und Verstehen des Gewesenen kann eine Aussöhnung mit denen, die dich möglicherweise verletzt haben, dann auch stattfinden. Wenn du dich den Problemen in deinem Leben stellst, mag das, was die größte Schwierigkeit in deinem Leben darstellt, dabei schließlich deine größte Befreiung in deinem Leben bewirken.

Sorgst du dich zu sehr um die materiellen Dinge in deinem Leben und gibst ihnen vielleicht zu viel Aufmerksamkeit und Energie, so magst du für sie deinen inneren Frieden und deine innere Freiheit opfern, dich selbst leben zu dürfen. Stülpst du möglicherweise das Äußere zu lange über dein Inneres, dann stellst du die materielle Seite des Lebens über das, was du eigentlich fühlst und denkst. Auf diese Art und Weise gibst du deinem Grundbedürfnis nach Liebe keinerlei Chance, sich für dich erfüllen zu können. Vielleicht hast du dich selbst geopfert, um Frieden zu haben. In einem nur scheinbaren Frieden versickert jedoch leicht deine Energie.

Indem du an dem festhältst, was dich eigentlich blockiert, wirst du weiter frustriert und ohnmächtig bleiben, vielleicht verärgert und wütend den Menschen gegenüber, die dir nicht das geben, was du benötigst. Indem du die materielle Welt für die Realität hältst, magst du mit dieser Einstellung weiter an dir selbst vorbeigehen und an dem Paradies, das die Erde sein kann, wenn du es wagst zu fühlen und zu sehen, wenn du sie schmeckst, sie riechst, sie hörst und dich für sie öffnest. Hältst du jedoch das, was du fühlst und aktiv den Menschen mitteilen solltest, die dir nicht das geben, was du benötigst, weiter unter deiner Kontrolle und weichst dem Punkt, den du zu klären hättest, vielleicht zu lange aus, dann magst du unstet werden und das richtige Maß in deinem Tempo verlieren. Möglicherweise überdeckst und übergehst du durch zu viel Hast dann das, was nicht offensichtlich werden soll in dir. Vielleicht versackst du auch in zu großer Langsamkeit in deinem Inneren, sinkst in Depressionen oder tauchst ab vor dem, das dir zur definitiven Klarstellung und zur kreativen Veränderung deiner Situation dienlich wäre.

Rot über Blau kann direkten und unmittelbaren Kontakt mit den Dingen aus deiner Vergangenheit herstellen, die du zu klären hast. Dafür mag das Leben dich auf den Kopf stellen, um dich in eine Art Prüfungssituation zu schicken, in der du die Chance erhältst, dich selbst wieder zu finden und auf den Boden der Tatsachen zu kommen. Darin kannst du dann lernen, dein Inneres zu finden und die entsprechende Dynamik für jene Richtung zu entwickeln, in der du dann dein Inneres nach Außen bringen kannst.

Rot über Blau bringt Licht in die dunklen, verdrängten Bereiche deines Inneren. Dahin, wo du zu den Ursachen vordringen kannst, um das herauszufinden, was deine jetzigen Verhaltensmuster geprägt hat. Auf diesem Weg magst du wieder in Kontakt mit deiner Kindheit kommen. Möglicherweise bist du als Kind in deinem Bedürfnis nach Liebe in die Abhängigkeit deiner Eltern geraten, vielleicht indem dein Vater, der selbst frustriert in seinem eigenen unerfüllten Bedürfnis nach Liebe in seinem Leben gewesen sein mag, autoritär zu dir war und dich dominiert hat. Deine Mutter, in ihrer Liebe vielleicht nicht genährt, hat dich dann möglicherweise dafür benutzt, um sich über dich die Liebe zu holen, die sie sonst vielleicht von deinem Vater nicht bekam. Auf diese Art und Weise mögen deine Eltern dich in ihrem Leben für ihre eigenen unerfüllten Bedürfnisse nach Liebe gebraucht haben. Vielleicht bist du darüber still, schweigsam und duldsam geworden, im Wissen, gegen sie keine Chance zu haben, und hast dich auf diese Weise all deiner Kräfte berauben lassen.

Liebe jedoch ist weder Machtausübung noch Ausbeutung. Liebe ist das, was nährt. Liebe ist das, was schützt, Liebe ist das, was Liebe hervorzubringen vermag, und vielleicht spürst du jetzt aus einer tiefen Müdigkeit heraus, dass du etwas in Ordnung zu bringen hast, um zu deiner eigenen Lebenskraft wieder zurückfinden zu können.

Geschüttelt wird aus Rot und Blau Violett, welches dir hilft, zu deinem tiefsten inneren Wesen und in deinen eigenen Lebenssinn hinein zu erwachen. Im Erkennen deiner eigenen Seele kann sich dann eine neue Liebe in dir entfalten, aus der heraus eine kreative Bewegung in dir, hin zu einem positiven Blickwinkel, geschehen kann, in der alle deine Aktivitäten eine neue Ausrichtung zu erhalten vermögen. Das, was dir zuvor möglicherweise noch als unüberwindliches Problem erschien, mag dabei in den Hintergrund rücken. In genauem Hinfühlen und Hinschauen dahin, was du fühlst, was du möchtest und benötigst, mag es dir gelingen, dein vielleicht anfängliches Zögern dann zu überwinden und zu beginnen, die Dinge beim Namen zu nennen.

Rot über Blau kann dich mit jener Kraft energetisieren, unmittelbar und offen deinen eigenen Standpunkt mitzuteilen, wodurch sich deine gesamte Situation dann zu verwandeln beginnt. Indem du zu deinem wahren Ich zurückfindest und kraftvoll, mit allem Nachdruck und aller Offenheit, deine Position vertrittst, genau das zurückweist, was dich ausbeutet, und genau das klarstellst, was du benötigst, vermagst du dir all jene Kräfte zurückzuholen, die du zuvor vielleicht an andere abgegeben hast. So können Missverständnisse neuer Klarheit weichen.

Rot über Blau hilft dir, nun die Urenergien deiner eigenen männlichen und weiblichen Kraft in dir zu erwecken. Vernunft und Leidenschaft, dein Denken und dein Fühlen, das Sichtbare und das Unsichtbare, die Sonne und der Mond, können auf diese Weise in dir beginnen, miteinander zu spielen, um sich neu zu verbinden und in eine neue Harmonie zu finden. Indem du anfängst, aus deinem Herzen heraus zu denken, beginnst du damit, deine Schritte in ein selbstbestimmtes Leben zu setzen. Reich an Ideen und Einfällen, findest du dabei vielleicht den Mut, dich als jener Revolutionär des Herzens zu zeigen, der du wahrhaft bist.

In jener Kraft und Qualität, die dir dienlich dabei ist, um nach innen zu schauen und deinen Standpunkt klarzumachen, vermagst du auch das herauszufinden, was dich wahrhaft unterstützt. Teilst du das nun aktiv mit, dann kann dadurch ein liebevoller Austausch mit anderen in Bewegung kommen. In dieser Art kann dann jene Heilung auf der materiellen Ebene deines Lebens geschehen, in der deine Seele den Raum erhält, den sie benötigt, um sich auszudrücken und sich selbst zu leben.

In dem tiefen Verstehen, dass du durch jene Liebe, die du den Menschen gegenüber ausdrückst, die dir etwas bedeuten, auch dann, wenn die Wahrheit der Liebe hart und schmerzvoll ist, dein ganzes Potenzial zur Verwirklichung bringen kannst, ist es für dein Herz möglich, Heilung zu erfahren. Der Herzschlag deiner gesprochenen oder mitgeteilten Worte ist es, der die möglicherweise bestehenden Missverständnisse mit anderen Menschen in deinem Leben zu überwinden vermag und so wahrhaft deinen Wunsch, Konflikte zu harmonisieren, verwirklichen hilft. Auf diese Weise kannst du schließlich zu einem wahren Diener der Menschheit werden.

Frieden ist nicht die Zeit zwischen den Kriegen. Frieden ist das Gesetz menschlichen Handelns. Durch ein Ganzwerden erringst du den Sieg über deine Vergangenheit.

Der Prozess des Wiedererinnerns kann nun zu einem Ende kommen. Im Blick zurück magst du die Schwierigkeiten der Vergangenheit neu bewerten. In der Bereitschaft, durch deine Lernprozesse zu gehen und sie dankbar anzunehmen, vermögen alle Probleme, indem du sie löst und bewältigst, zu deinem Heilwerden beizutragen. In ihnen liegt die tiefe Möglichkeit verborgen, dich weiter und weiter zu entfalten.

B 30 Blau / Rot

»Den Himmel auf die Erde bringen«

Um offen und ehrlich dein eigenes Wesen zu verwirklichen und es voll und ganz zu vertreten, bedarf es jenes Mutes und jener großen Tapferkeit, alles im Leben zu riskieren und ohne Kompromisse für sich selbst einzustehen. Nur auf diesem Weg kann sich dann dein wahres Durchsetzungsvermögen, um den Himmel auf die Erde zu bringen, entfalten, sodass du nicht zwischen Himmel und Erde haften bleibst.

Setzt du deine männliche kriegerische Kraft, mutig wie ein Löwe, zur Befreiung deines Körpers, deiner Seele und deines Geistes ein, so vermag gerade die Einheit deiner Kräfte über dein Verhaftetsein in einer der Ebenen zu siegen. Diese Einheit, welche alle deine Fähigkeiten vereint und aufrichtet, dient dabei deinem eigentlichen Ziel, nämlich der Freiheit deiner Seele, sodass sie schließlich in die Erfüllung ihrer Bestimmung finden kann.

Richtest du deine Energien übermäßig auf das Göttliche aus oder schaffst du ein Übergewicht in deiner Ausrichtung auf das Menschliche, dann entsteht unwillkürlich eine Spaltung in dir, in der du einen unbewussten Kampf, einen Kampf zwischen deiner männlichen und deiner weiblichen Energie führen wirst. Eine wahrhaft gute Lebensqualität kann sich jedoch nur aus der Balance, aus der tiefen Harmonie dieser beiden Kräfte in dir entwickeln. Aus ihrem Einswerden kann ein Ankommen bei dir selbst entstehen, eine tiefe Zufriedenheit und eine aufsteigende Kraft jenseits der Polaritäten von Männlichkeit oder Weiblichkeit. Daraus wird schließlich jene offene Bewusstheit möglich, die dann wieder von dir aus zu anderen hin ausstrahlt.

Mit starren Vorstellungen über das Leben wirst du immer nur eine Situation schaffen, welche Anspannung enthält. Erst mag sie sich nur innerhalb von dir befinden, sich dann aber auch in deinem Umfeld fortsetzen. In deiner Arbeit wird sie spürbar sein, und auch andere Menschen werden sie wahrnehmen. Starre, einschränkende Ideen mögen die Kraft deines instinktiven inneren Wissens dominieren und unterdrücken. In ihm jedoch liegt deine leidenschaftliche Liebe für das Leben selbst verborgen.

Angst vor dem Leben prägt möglicherweise unbewusst dein Verhalten. Weil du dich vielleicht unsicher fühlst, mögen dumpfe Befürchtungen dich daran hindern, für deine Sache voll und ganz eintreten zu können und alles für sie zu geben. Durch dein Denken mag es geschehen, dass du deine Grundbedürfnisse von Liebe und Sexualität selbst blockierst. Alte, ungelöste Geschichten mögen deine Kräfte festhalten, und vielleicht will ein Verzeihen sich nicht einstellen.

Blau über Rot kann dir die Kraft dafür geben, deinen eigenen Ängsten ins Auge zu blicken und dir darüber bewusst zu werden, was es ist, das dich hindert, dich für dich selbst voll und ganz einzusetzen und dich selbst total zu leben.

Im Maß deiner Tapferkeit zeigt sich deine Fähigkeit, aus Vergangenem zu lernen und den Schritt in Zukünftiges zu wagen. Tapferkeit ist etwas, das eine Kriegerin/ein Krieger nur dann gezielt einsetzen kann, wenn sie/er sich ihrer/seiner Kräfte bewusst ist und genügend Lebenserfahrung gesammelt hat, aus der sie/er gelernt hat.

Blau über Rot verbindet dich wieder mit deiner Fähigkeit und Kraft, deiner inneren Wirklichkeit zu begegnen und aus Vergangenem zu lernen. Infolgedessen kannst du dann zu deiner Tapferkeit finden und den Schritt in deine Zukunft wagen. Vielleicht hindern dich Erfahrungen deiner Kindheit daran, die ganze Kraft für dein Leben hervorzubringen. Möglicherweise konntest du es als Kind im Machtkampf zwischen deinem Vater und deiner Mutter keinem von beiden recht machen. Weder dein dich vielleicht aus seinem Denken heraus dominierender Vater noch deine möglicherweise unselbstständige und ihm unterwürfige Mutter vermochten dir aus ihrem eigenen Konflikt heraus jenes Werkzeug in dein Leben mitzugeben, dessen du eigentlich bedurft hättest, um ein Leben im ursprünglichen Einssein mit Erde und Himmel führen zu können. Deine eigene Kraft, deine unschuldige Leidenschaft und dein Tatendrang für das, was du hier zu tun hast, mag im eigenen Konflikt deiner Eltern miteinander zerrieben worden sein. Vielleicht hast du dich dann angstvoll und zerrissen zwischen deinem Vater und deiner Mutter zurückgezogen.

Geschüttelt wird aus Blau und Rot ein Violett, das der Kraft deiner Seele hilft, in jene Transformation einzutreten, in der du dich mit deinem eigenen Lebenssinn wieder verbinden kannst. Indem du zu dir selbst zurückfindest, wird es ebenso möglich, deinen Dienst hier in der Welt zu erfüllen.

Blau über Rot hilft, deine Frustration und Müdigkeit nach Kompromissen, die du geschlossen haben magst, um leben zu können, aufzulösen. Ebenso magst du den Mut finden, lange versteckte leidenschaftliche Gefühle in dir, die der kreativen Lösung deiner Situation dienen mögen, zum Ausdruck zu bringen. Dir selbst treu zu sein, kann bedeuten, auch gegen massiven Widerstand offen und ehrlich deine eigene Wirklichkeit zu vertreten und sie mitzuteilen. Gelingt es dir dabei, deiner eigenen Kraft zu vertrauen und bleibst du innerlich unbeugsam, dann vermagst du dich durch eine direkte und unmittelbare Konfrontation der Situation, mit der du gerade in deinem Leben befasst sein magst, durchzusetzen. Im Feuer des leidenschaftlichen Ausdrucks dessen, was du selbst denkst und fühlst, kann es dir dann gelingen, jenen Mut aufzubringen, der erforderlich ist, um das Alte zu zerstören und das Neue zu erschaffen.

Der Konflikt zwischen Mann und Frau ist alt. Aus Angst vor der Kraft der Frau, nämlich ihrer dem Mann überlegenen Fähigkeit, Kinder gebären zu können und Leben zu geben, raubte der Mann ihre Herrschaft und nahm sie mit brutaler männlicher Gewalt in seinen Besitz. Heute noch hat die drängende, aggressive, analytische, intellektuelle und ›machende‹ Energie ein großes Übergewicht über die weibliche, empfangende, gewährende, nährende und sich dem Leben ergebende Kraft. Jedoch ist die Kraft des Weiblichen nur so lange geschwächt, wie die Frau selbst glaubt, schwach und vom Mann, vom Ernährer der Familie, abhängig zu sein.

Blau über Rot kann dir wieder zu innerer Stärke, Kraft und bewusster Risikobereitschaft verhelfen, um bereit zu werden, jene Handlungen auszuführen, die du jetzt zu deiner inneren Befreiung benötigst. Kompromisslos und ohne Verleugnung deiner eigenen inneren Realität können sich deine Energien vereinigen, sodass du sie gemeinsam auf dein Ziel ausrichten kannst. Indem deine Bedürfnisse von Kopf und Körper zusammenkommen und dabei deine innere männliche Kraft sich unter deine innere weibliche Kraft stellt, dienen sie dir. So kommst du in die Verfassung, uneingeschränkt zu dir selbst stehen zu können, mutig nach deiner Vorgabe zu handeln und nach vorne zu gehen, in deine Zukunft.

Auf diese Weise können deine leidenschaftliche Liebe zum Leben, deine Wildheit und Ursprünglichkeit, alle deine grundlegenden Bedürfnisse und deine Sexualität zu Frieden und Erfüllung finden. Daraus kann sich dann die Fülle des Lebens entfalten.

Blau über Rot hilft dabei, eine Versöhnung der Gegensätze in deiner Innen- und Außenwelt herbeizuführen, sodass deine Ideen sich in deine Handlungen übertragen können und eins werden. In deiner Handlungsweise, vielleicht bewusst und wachsam in Dankbarkeit Mutter Erde und Vater Himmel gegenüber, vermag dein Leben dann seine tiefe Qualität und Sinnhaftigkeit zu erfahren.

Auf diese Weise wirst du als friedvoller Krieger des Neuen Zeitalters den Himmel auf die Erde bringen und alle deine Fähigkeiten zu leben beginnen. Dein Mut und deine Tapferkeit stellen dann deine wahre Herzensgröße unter Beweis.

B 31 GRÜN / GOLD

»Die Fontäne«

Im Wiederfinden deines eigenen Lebensraums und mit dem Erkennen deiner eigenen Würde, deiner Schlichtheit und deines eigenen Geistes kann sich ein neuer Selbstwert in dir bilden. Aus ihm heraus wird es dann möglich, dass dein inneres Wissen beginnt, in die Welt überzufließen. Infolgedessen kann dein Herz schließlich heil werden.

Weisheit im Leben entsteht im tiefen inneren ›Ja‹ zu jedem Ereignis, welches in deinem Leben geschieht, sei es auch noch so schmerzhaft, und im Schauen, welche Bedeutung es auf allen Ebenen für dein eigenes Leben hat. Jedes Ereignis in deinem Leben bringt dich letztendlich deinem Ziel näher.

Führst du das aus, was du vorhast, und glaubst dabei an deine eigene Kraft und Stärke, dann wirst du durch die Klarheit Erfolg in deinem Leben finden. Dieser Erfolg nach langen Mühen und langer Suche kann dir dann zu einem Durchbruch und zu einem Sieg verhelfen.

Eine körperliche oder seelische Verletzung, ein Schock, mag dich plötzlich aus deiner Eigenständigkeit gerissen haben, möglicherweise dein Inneres im Griff halten und dich auf dich selbst zurückwerfen. Auch wenn du es dir vielleicht nur schwer eingestehen kannst, mögen tiefe Ängste und Emotionen hinsichtlich der Frage, wie es für dich nun weitergehen soll, dein Inneres beherrschen und die Wahrnehmung deiner Wirklichkeit verstellen. Vielleicht verzweifelst du in dem Gefühl, deine Sache nicht zu Ende führen zu können und glaubst, dein Glück sei verloren. Unfähig, die richtige Entscheidung zu treffen, zweifelnd, rätselnd und suchend, fühlst du dich vielleicht wie von der Welt abgeschnitten. Je tiefer du dich nun auf der Suche nach Lösungsmöglichkeiten in dein Inneres verstrickst und dich in deiner eigenen Situation verfängst, umso mehr verlierst du womöglich den Abstand zu dir selbst und den Tatsachen. Zuletzt gibst du dich vielleicht sogar auf, siehst dich einfach als Opfer der Umstände und glaubst möglicherweise, die Situation für dich selbst nicht mehr entscheiden und allein lösen zu können.

Grün über Gold hilft dir, aus dem Dilemma deiner Hilflosigkeit, nämlich dich selbst auf deiner Suche verloren zu haben und den Weg nicht mehr zu sehen, herauszufinden. Indem es dich wieder mit deiner inneren Führung in Verbindung bringt, gibt es dir die Kraft, von deinen tiefen Ängsten loszulassen und wieder in dein eigenes Erfahren hineinzufinden. Von dort aus kann es dir dann auch wieder gelingen, dich daran zu erinnern, dass tief in deinem eigenen Unterbewusstsein die Lösung vergraben liegt, sodass es für dich möglich wird, schließlich wieder zu deiner inneren Wahrheit und deinem Unterscheidungsvermögen zurückzufinden.

Dann kann das goldene Licht beginnen, in die tiefe Dunkelheit deiner Situation oder der Lebensphase, die du vielleicht gerade zu meistern hast, hineinzuscheinen.

Grün über Gold ist eine große Hilfe dabei, zum wahren Ursprung deiner Verletzung vorzudringen, zu jenem Punkt, wo du aus deiner Verlorenheit heraus dich bewusst selbst wieder finden kannst. Aus dem Wiedererleben einer alten Erfahrung kannst du dann lernen, dich von deinen Schmerzen und aus der Umklammerung von Macht zu befreien, um die Kraft deines eigenen Wissens dann unversehrt durch dein Herz in die Welt zu tragen.

Grün über Gold gibt dir den Raum, um die Schwäche deiner Selbstaufgabe in die Stärke deiner neuen Selbstbehauptung zu transformieren. So kann Unbewusstheit zu purer Bewusstheit werden und Angst zu Liebe.

Als Kind magst du in einem natürlichen Überfluss deines Selbstwertgefühls, deines Wissens und deiner Wahrheit gelebt haben. In allem, was du sagtest und tatest, und in deiner Selbstbehauptung darin magst du einfach dein Wissen in die Welt ausgeschüttet haben, vielleicht ohne dir etwas dabei zu denken. Reagierte deine Mutter jedoch neidisch und eifersüchtig auf deine Freiheit und deine Offenheit, hat das womöglich in dir eine tiefe Angst vor Schwierigkeiten und Auseinandersetzungen mit ihr ausgelöst und du magst automatisch begonnen haben, dich zurückzunehmen. Möglicherweise hast du einfach dein Herz und deine Weisheit verschlossen. Unter den Maßregeln deiner Mutter mag dann ebenso deine Angst begonnen haben, etwas falsch zu machen. Handeltest du nach dir selbst, dann lerntest du womöglich, dass es falsch war, aber handeltest du nach der Lebensphilosophie deiner Mutter, dann war es offenbar wiederum richtig. Auf diese Weise mag dein Leben von dem Gefühl geprägt worden sein, an die Macht deiner Mutter ausgeliefert gewesen zu sein und deine eigene Weisheit unterdrücken zu müssen, ähnlich dem Gefühl eines Erstickens in den Verhältnissen, vielleicht so, als wenn etwas in dir starb.

Grün über Gold hilft dir, jede Erfahrung in deinem Leben als Weg zur Meisterschaft zu nutzen.

Gautama Buddha erzählte von der Fähigkeit eines

kleinen Löwen: Während eine Löwin von einem Hügel zu einem anderen sprang, gebar sie ein Löwenkind. Eine Herde Schafe weidete zwischen den Hügeln, und sie zogen das kleine Löwenkind groß. Natürlich glaubte der kleine Löwe ebenso wie sie, ein Schaf zu sein. Er war einfach ein Vegetarier und fraß dasselbe Gras wie sie.

Als er ein Jugendlicher war, entdeckte ihn ein alter Löwe, der gerade auf Futtersuche war, mitten unter den Schafen. Der alte Löwe traute seinen Augen nicht. Er vergaß seinen Hunger und rannte der Schafherde nach. Letztendlich bekam er den kleinen Löwen zu fassen. Dieser weinte und schluchzte und bat ihn: »Bitte lass mich zu meinen Leuten gehen.« Aber der alte Löwe schleppte ihn zu einem nahen See. Er zwang ihn, im See sein Spiegelbild anzuschauen und ebenso das Spiegelbild des alten Löwen. Da gab es eine abrupte Verwandlung. Der kleine Löwe sah plötzlich, wer er war und das ganze Tal gab Echo von seinem Gebrüll. Er hatte nie zuvor gebrüllt, weil er dachte, dass er niemand anderes war als ein Schaf. Der alte Löwe sagte: »Willst du nun wieder zu deiner Herde zurückgehen?« Da lachte der kleine Löwe und bat den alten Löwen um Vergebung. »Ich hatte total vergessen, wer ich bin«, sagte er, »und ich bin dir unsagbar dankbar, dass du mir geholfen hast, mich zu erinnern.«

Grün über Gold hilft, all deine Emotionen und Gefühle und mit ihnen alle deine Kräfte wieder in Bewegung zu bringen, sodass du wieder zur Freiheit deines eigenen Fühlens und deiner eigenen Wahrheit vordringen kannst, dem immer frischen Wissen deiner Seele und der Hoffnung deines Herzens auf eine neue Zukunft.

Durch deine Selbstbehauptung aus den Gefühlen deines tiefsten Inneren heraus kannst du dich aus allen Glaubenssätzen und Lebensphilosophien alter Zeiten lösen, um dir wieder deinen eigenen Raum zu verschaffen und endgültig all das hinter dir zu lassen, was deine Kräfte und dein Wissen dominiert hat. Losgelöst von allem Alten, kann sich dann dein seelisches, emotionales und geistiges Gleichgewicht wieder einstellen, sodass du dich in deiner Mitte befindest.

Geschüttelt wird aus Gold und Grün ein Oliv, welches den Gefühlen deines Herzens die Bitternis nimmt, um sie in Süße zu verwandeln. Oliv hilft dir, deinen Glauben an dich selbst und deine Sache wieder zu finden und gibt dir darin Raum für Klarheit, Frieden und Weisheit. Oliv schenkt dir die Intelligenz, das Alte mit seinen eigenen Waffen zu schlagen, um das Weibliche in dir führen zu lassen, sodass du aus deiner wahren Stärke heraus deine Sache schließlich zu Ende führen kannst.

Im Finden deines eigenen Lebensraums und durch die Führung der Kraft des Weiblichen in dir kann dein tiefes inneres Wissen nun wieder Raum in dir entfalten, um sich durch dein Herz in der Welt auszudrücken

Grün über Gold hilft der Liebe, wieder bei dir Einzug zu halten. Dafür mögen alle kreativen Kräfte sich in dir zusammenschließen, sodass dein sehendes Auge beginnen kann, sich zu öffnen. Indem du dein Leben wieder in deine eigenen Hände nimmst, erfreut über die Verantwortung, kann das Gold deines wahren Selbst hervortreten.

Wahres Heilwerden findet nur statt, wenn es auf der tiefsten Ebene in dir selbst, in deiner Seele, geschieht und sich die Kraft des Wissens aus deiner Vergangenheit dabei befreien kann. Indem du dir innerlich und äußerlich Raum schaffst, Raum zum Atmen, Raum zum Leben, Raum, in dem du eins mit dir selbst bist, kann die Weisheit aus der Tiefe deines Wesens aufsteigen, durch dein

Herz strömen, in dein Bewusstsein dringen und überfließen – wie eine goldene Fontäne.

Ist dein wahres Selbst einmal befreit, kannst du in wissender Bewusstheit aus deinem eigenen inneren Raum heraus neue Entscheidungen treffen und in ihnen zu neuen Herzensbeziehungen zu anderen Menschen finden, in denen dann eine neue Wärme zu fließen beginnen wird. In diesem Prozess mag dein Ego sterben und deine Seele dafür neu auferstehen.

Das Wissen, dass alles, was im Leben geschieht, zu deiner eigenen Transformation und deinem inneren Wachstum dient, ist es, welches deiner Lebensfreude und deiner inneren Kraft jetzt neue Flügel verleiht. Es ist das Gefühl des Sieges deiner eigenen Bewusstheit über deine Unbewusstheit, des Sieges deiner Liebe über deine Ängste und des Lichts über die Dunkelheit.

B32 Königsblau / Gold

»Sophia«

Im Überwinden aller Behinderungen in deinem Inneren kannst du aus deinem tiefen Erinnerungsvermögen heraus inneren Frieden nach tiefen Schocks finden. So erlangst du eine klare geistige Ausrichtung, in der du deine gefundene innere Wahrheit und deine Weisheit durch alle Sinne in der Welt auszudrücken in der Lage bist, um sie anderen zu vermitteln.

Begibst du dich einmal in die Verbindung mit dem Zentrum des Allwissens, dann können deine schöpferischen Kräfte dich zu einem Teil des einzigartigen Geschehens der sich stetig weiter entwickelnden und sich endlos weiter öffnenden großen Schöpfung werden lassen. So kann sich aus deiner Schau eine Kooperation deiner inneren Kreativität mit allem entfalten und die für dich daraus entstehende Weisheit dann dem Ganzen dienen.

Königsblau über Gold ist eine große Hilfe in einer Zeit, wenn deine kreative Kraft, die vielleicht feurig und mächtig vorwärts strebt, blockiert ist und möglicherweise keinen Aufschwung mehr erhält. Vielleicht hält dich etwas zurück, wie ein Hemmnis, durch das sich deine Kraft staut, nicht mehr frei fließen kann, möglicherweise zu keinen Ausdrucksmöglichkeiten mehr findet und dich auf diese Weise schließlich in die Tiefe zieht.

Geschwächt und bleiern unter dem Berg deiner Aufgaben und Verpflichtungen, mag dein Leben eher zu einer Last werden, unter der du dich vielleicht erdrückt fühlst und es möglicherweise gerade noch schaffst, dich aufrecht halten zu können. Müde von inneren Kämpfen, erscheint dir dann vielleicht nichts mehr so viel wert, um deine schöpferischen Kräfte dafür einzusetzen.

Obwohl du alles, was du hast, in deine Sache geben magst, ist womöglich im Moment alles, was du tust und machst, schlichtweg nur vergeblich und will einfach keine Früchte tragen.

Deine Sicht, wer du bist und für was du lebst, hat in deinem Leben möglicherweise gerade ihre Klarheit verloren. Weder magst du dich im Augenblick im Frieden mit dir selbst befinden noch scheint es offenbar ein Ende oder einen Anfang zu geben. Vielleicht ist dir dazu auch unklar, woraus du deine Kräfte beziehen sollst und wie du kreativ mit dieser Situation umgehen kannst.

Tiefe Lebensangst mag nun in dir aufsteigen, und vielleicht machen dir alle möglichen Ängste gerade das Leben schwer. Selbst das, was du erwartest, mag von Ängsten besetzt sein, weil du vielleicht befürchtest, dass alles nur noch schlimmer kommt. So mögen deine Ängste dich ebenso davon abhalten, deine Gefühle zu zeigen und dich mitzuteilen. Und doch, trotz allem und aller Widrigkeiten, ist es vielleicht so, dass du in deinem Inneren eine tiefe, unerfüllte Sehnsucht fühlst.

Königsblau über Gold hilft dir, in deiner Situation nicht zu resignieren und dich von deinen inneren, unüberwindbar scheinenden Hindernissen nicht überwältigen zu lassen, sondern dich den einzelnen Dingen darin zu stellen und sie Schritt für Schritt anzugehen.

Jede geistige Haltung, die du einnimmst, bestimmt dein Leben. Die Energie folgt dem Gedanken. Fehlt deinem kopforientierten Streben die Substanz deines innersten, deines wahren Wesens, so ist es automatisch zum Scheitern verurteilt.

Königsblau über Gold hilft dir, deine Identität, dein wahres Wesen und mit ihm alle deine Sinneswahrnehmungen wieder finden zu können, aus denen heraus du dein Leben dann neu angehen kannst.

Der erste geistige Raum, in den du eintrittst, wenn du ein neues Leben beginnst und wieder einen Körper annimmst, ist die Gebärmutter im Bauch deiner Mutter. Da nistest du dich ein und bist versorgt mit allem, was du zum Leben benötigst. Während der Zeit deines Heranwachsens dort entwickeln sich alle deine Sinne und sind offen und empfindsam. Dies ist die Zeit deines Lebens, in der du die natürlichste, höchste Sensitivität und Sensibilität besitzt. Dein Fühlen, dein Schmecken, dein Riechen, dein Sehen und dein Hören sind jene Wahrnehmungen, die dir als Erstes die Orientierung in der Welt der Körperlichkeit geben. Über sie nimmst du alle Eindrücke dann in dein Inneres, um sie dort zu verarbeiten und sie auszuwerten. Auf diese Weise mag sehr früh das, was du im Bauch deiner Mutter an Sinneseindrücken der äußeren Welt, besonders über den Schall, erfahren hast, dein Inneres geprägt haben. Einerseits warst du zwar geschützt im sanften Raum der Gebärmutter, gewiegt in ihrem warmen Fruchtwasser, doch gleichzeitig magst du dich auch gefangen gefühlt haben, da du dich nicht gegen das wehren konntest, was von außen kam. Über seine Stimme konntest du möglicherweise deinen Vater erkennen. Beherrschte er in seinem egoistischen Denken deine Mutter und auf diese Weise indirekt auch dich, so magst du das über deine Sinneswahrnehmungen aufgenommen haben und es in dir vielleicht als seelische Verletzung gefühlt haben, da deine Bindung an deine Mutter und deine Liebe zu ihr total war und du ihrer Liebe und ihrer Lebenskraft vollkommen bedurftest. Auf diese Weise mag dein innerer Friede gestört worden sein. Da war jemand, der dich erschaffen hatte. Jedoch indirekt oder auch direkt seinem Willen und seiner Willkür ausgeliefert zu sein, hat womöglich tiefe Ängste in dir ausgelöst, sodass du dich vielleicht lieber von deinem eigenen Innersten abgetrennt hast, um genau das nicht fühlen zu müssen und stattdessen überleben zu können. Der Verwirklichung deines wahren Wesens und deiner ungehinderten Entfaltung waren auf diese Weise die ersten Grenzen gesetzt.

Königsblau über Gold berührt von den sensitiven Fähigkeiten besonders die Fähigkeit der Hellhörigkeit, das Wiedererinnern durch dein Hören. Die Stimme im Äußeren ist es, die die Stimme in deinem Inneren weckt und dich wieder mit deiner wahren Aura und dem Licht deines Inkarnationssterns verbindet. Im Wiederfinden des Friedens deines eigenen Lebensraumes, in dem du zur völligen Entfaltung finden kannst, mögen sich dann schließlich die Tränen aus deinem Herzen lösen.

Königsblau über Gold hilft dir dabei zu lernen, dich aus deinem Denken zu lösen und dich von möglichen Illusionen, abgehobenen Ideen und einer Realitätsflucht zu trennen, um in deine Sinne und über sie zu deinem wahren Wesen zurückfinden zu können. Indem du lernst, deine Gefühle und Sinneseindrücke wieder wahrzunehmen und dabei das, was trotz aller Behinderungen in dir unverändert bleibt, als das Zentrum aller Dinge, dabei nicht aus den Augen verlierst, vermagst du jene Dinge wiederzuerkennen, die dir vielleicht Angst machen. Sie sind es, vor denen du möglicherweise fortläufst, dich abhängig machst oder dich beherrschen lässt.

Königsblau über Gold erinnert dich daran, dass du über große Kreativität verfügst und ein Teil der großen Schöpfung bist, die sich immer weiter entfaltet. Es wirkt nicht nur stärkend auf den Geist, sondern auch reinigend und verwandelnd auf egoistische Interessen, die vielleicht in deine Kreativität einfließen und sie zu dominieren versuchen. Es öffnet und klärt deine Sinne, dein Sehen, Hören, Schmecken, Riechen und Fühlen und über sie die lebendige Erfahrung und Kommunikation mit deinem inneren Raum und der Außenwelt. Es kann dir helfen, aktiv an der Schöpfung teilzuhaben, sodass deine Aktionen, wissend um die Natur der Dinge, die eines Mitschöpfers im großen Garten des Göttlichen zu werden vermögen. Darin kannst du wieder zu einem tiefen Frieden finden, jenseits allen Verstehens.

Königsblau über Gold ist die größte Schutzflasche für Hellsichtige und visionär veranlagte Menschen. Sie hilft nicht nur, den Zugang zu Räumen und kosmischer Bewusstheit zu finden, in der das endlose All der größte Raum ist, in dem dein Bewusstsein sich ausdehnen kann, sondern auch den Zugang zum Wissen aller Zeiten, das jenseits von Zeit und Raum die Kraft deines wahren Wesens ausmacht. Auf diese Weise kannst du Einsicht in den göttlichen Sinn und den Zweck allen Daseins und des Zusammenspiels aller Dinge erhalten, wodurch du schließlich beginnen kannst, göttliche Ordnungen der Liebe in deinem Leben zu erkennen, um sie dann neu und bewusst in dir selbst auszudrücken.

Königsblau über Gold hilft dir, mit deiner alten Weisheit Kontakt aufzunehmen, sie durch dein Herz in die Welt zu tragen und zu beginnen, durch sie bewusstseinserweiternd auf die Geschehnisse in deinem Leben einzuwirken. Auf diese Weise kann dann der Kampf um dein

Leben, der aus deinem Abgetrenntsein von deinem Innersten resultierte, zu einem kraftvollen, friedvollen Handeln aus der Tiefe deines Wesens werden, in dem du dein altes Wissen in der neuen Zeit wieder nutzbar machst, um neue Räume für die Liebe zu öffnen. So kannst du Klarheit in allen Herzensangelegenheiten finden.

Die erwachten Schlangen der Transformation mögen jetzt deine Energie frei fließen lassen, sodass sie aufsteigen kann und du vielleicht beginnst, dich leichter werdend zu fühlen. Während dein drittes Auge sich öffnet und deine Sicht und alle deine Sinne klar werden, mag sich dir eine Vielfalt von Möglichkeiten erschließen, in denen du, in Kommunikation mit deinem Inneren, deine Kreativität leben kannst, um schließlich das, was in deinem Inneren liegt, durch dein Herz zum Ausdruck zu bringen. Dabei sind deiner Verwirklichung jetzt keine Grenzen mehr gesetzt. In dieser freien Entfaltung deines Herzens kann schließlich das endlose Aufblühen deiner Seele geschehen.

Der Engel Sophia berührt dich mit den Flügeln des Allwissens und schenkt dir dabei auf deinem irdischen Weg jenen Schutz und jene Liebe aus der göttlichen Welt, die du gerade benötigst.

B 33 Königsblau / Türkis

»Delphin«

Indem ein Kreis sich schließt, kann ein innerer Konflikt gegensätzlicher Kräfte sich lösen, Gegensätze darin zusammenkommen und sich verbinden. Das Schließen dieses Kreises macht dir der Prozess deines Lebens und deiner Bewusstwerdung verständlich, deine Sicht wird klar. Daraus geschieht dann eine innere Zentrierung für einen Neubeginn.

Das innere Zusammenfinden im Vollenden des Alten und dem Reifwerden für das Neue, das dann aus deinem inneren Frieden entsteht, ermöglichen dir das Betreten einer neuen Ebene in deiner Kreativität, auf der Frieden zu deinem ganzen Bestreben werden kann.

Die Kommunikation aus der göttlichen Welt, die dir von oben eingegeben wird, und die Kommunikation deines Inneren, deiner Gefühle und deines Herzens können sich hier verbinden. Indem sie gemeinsam eine neue Daseinsform schaffen, können sie eine Veränderung und einen Durchbruch in einer friedlichen Welt bewirken. Daraus mag für dich dann eine neue Freude am Spiel des Lebens und seiner Kreise entspringen.

Mithilfe dieser Flasche können dir Entwicklungsprozesse, die in der fernen Vergangenheit begannen und bis in die weite Zukunft deines Leben hineinreichen, verständlich werden.

Der erste Kreis: Im Türkis leuchtet das Licht zurück nach Atlantis und Lemuria. Die erste Zeit der Besiedelung dort verbrachtest du möglicherweise in einer glückseligen Form von Ureinheit und lebtest im feinen Netz deines feinstofflichen Körpers, deines Lichtkörpers. Transparent, leuchtend, dein Gang vielleicht eher schwebend, ohne die Erde zu berühren, mag deine Seele in der feinstofflichen Welt ihren Weg begonnen haben. Ebenso transparent waren die Seelen der Pflanzen, Steine und Tiere, deinem lichtvollen Auge sichtbar. In Liebe magst du dich eins mit ihnen gefühlt haben. Alles war miteinander verbunden und einander gleichwertig und lebte zusammen in Harmonie und Frieden. Durch die Verbindung zur Schwerkraft der Erde mag dein Lichtkörper mit der Zeit mehr und mehr Stofflichkeit angenommen haben. Energie bildete Zellen und dein Körper schlüpfte auf diese Art und Weise dann vielleicht in seine materielle Form. Seit diesem Zeitpunkt mag dein Lichtkörper in die Dualität der Materie eingetaucht sein und der Prozess deines Ichbewusstseins in der Welt der Gegensätze, des Lichts und des Schattens, der Aktivität und Passivität, des Geschlechtes von Mann und Frau und vielem mehr, seinen Anfang genommen haben.

Königsblau über Türkis leuchtet auf den Grund der Tiefe deines Wesens und kann dir helfen, die Schwierigkeiten dieses Lebens und deiner Aufgabe darin anzunehmen. Vielleicht entziehst du dich in deiner hohen Sensibilität dem Leben, das Hier und Jetzt stattfindet, und seinen Konflikten, die es unweigerlich mit sich bringt. Da du dich durch andere möglicherweise zu Unrecht leiden fühlst, flüchtest du dich vielleicht in unerreichbare Traumwelten. Auf diese Weise jedoch magst du schließlich fühllos gegenüber den Dingen und Menschen um dich herum werden und aus dem Kontakt mit deiner eigenen Bereitschaft geraten, dich für das Leben einzusetzen. Stattdessen wünschst du dir vielleicht, dass sich andere um dich kümmern. Obwohl du möglicherweise tiefe Liebe fühlst, magst du Probleme haben, dich selbst zu verstehen und wie du deine Liebe und das, was du wirklich fühlst, ausdrücken kannst. Verunsichert und scheu fühlst du dich vielleicht mit anderen Menschen unwohl und magst Schwierigkeiten in allen deinen Beziehungen haben.

Hier schließt sich nun der erste Kreis und der zweite Kreis beginnt sich zu öffnen. Im Türkis leuchtet das Licht in deine innere und äußere Auseinandersetzung und deine Kommunikation mit dem darin Bestehenden. Dieser Weg geht in die Materie hinein, in den Konflikt der Gegensätze und in die Auseinandersetzung mit ihnen.

Königsblau über Türkis kann dir helfen, bewusst das wahrzunehmen, unter dem du leidest. Es hilft, Altes zu überwinden und abzuschließen, um das Neue beginnen zu können. Es hilft dir, wenn nötig, dich dafür zurückzuziehen und tief in dein Inneres zu schauen, zu fühlen, zu horchen und die Echos der Vergangenheit wahrzunehmen.

Begegnest du dabei deinem inneren Kind, so magst du all jenen Schwierigkeiten in deiner Kindheit wieder begegnen, die du vielleicht mit der Autorität deines Vaters damals hattest und die sich dir jetzt in deinem Leben auf den unterschiedlichsten Ebenen zeigen mögen. Vielleicht hattest du als Kind in einer distanzierten und traditionsgebunden Art und Weise – angepasst und gebunden an die männlich verstandesgemäße, patriarchalisch autoritäre Gesellschaftsstruktur – durch deinen Vater lernen müssen, wie die Dinge des Lebens sind und wie sie getan zu werden hatten. Dies geschah möglicherweise rational und fühllos, einfach ›weil es so ist‹. Das ›Funktionierenmüssen‹ in der intellektuellen Welt mit ihren Machtprinzipien und ihrer Manipulation mag dein Fühlen gelähmt haben und hat vielleicht eine tiefe Verachtung vor Autorität und Autoritätsstrukturen in dir hinterlassen. Da du dich jedoch auch heute noch nicht auf jene Welt, die nur nach ihren gesellschaftlichen Regeln zu funktionieren scheint, einlassen willst, musst du dich vielleicht jetzt erst selbst wieder finden. Erst wenn du Klarheit darüber erlangst, was du eigentlich hier willst, kann es dir gelingen, dich dann völlig aus deinem eigenen Verständnis heraus auf das Leben einzulassen.

Königsblau über Türkis hilft dir, deine Gefühle von Isolation oder Selbstisolation, die du zu deinem Schutz angenommen hast, und deine mögliche Unsicherheit und Befangenheit zu überwinden. Es kann dir helfen zu lernen, für dich selbst jene nährende mütterliche Zuwendung, die du benötigst, auch aufzubringen. Es unterstützt den Prozess deiner Selbsterkenntnis und hilft dir, in jene Bereiche hineinzuschauen, die Spannungen und Schwierigkeiten in deinen zwischenmenschlichen Beziehungen bewirken. Möglicherweise hast du sie dringend zu klären und abzuschließen.

Infragestellung und offene Auseinandersetzungen, wodurch eine Klärung von Konflikten möglich wird, können auf diese Weise zur Voraussetzung für dein neues Einssein und ein neues Beginnen werden.

Zusammengeschüttelt ergeben Türkis und Königsblau ein tiefes Königsblau. Es öffnet und energetisiert dein drittes Auge, sodass du beginnen kannst zu ›sehen‹. Der Konflikt der Gegensätze beginnt hier sich zu verwandeln und fruchtbar zu werden. Du wirst fähig zu lernen, die Andersartigkeit deines Gegenübers zu erkennen und zu respektieren. Aus dieser Perspektive mag es dir ebenso gelingen, in jener Weise zu schauen, die zu einer Annäherung an gemeinsame übergeordnete Ziele führt. Auf diese Weise kannst du dann die Energien, Gefühle und Kräfte, die du zuvor möglicherweise in das Gegeneinander gerichtet hast, zum Miteinander einsetzen, zur gegenseitigen Unterstützung und zum Erreichen dessen, was vielleicht gemeinsam erstrebt wird.

Es ist die Alchemie der Liebe, die es versteht, Blei in Gold zu verwandeln. In deinen Beziehungen schaffst du dir in dieser Alchemie menschliche Gegenüber, die dir Spiegel sind. Indem du dir erlaubst, dich zu öffnen und dich mit allem, was ist, bedingungslos auf das Leben einzulassen, statt dich herauszuziehen, wirst du fähig, in den Spiegel deines Gegenübers zu schauen. Im Sehen dessen, was von dir dann reflektiert ist, und durch deinen gefühlvollen Umgang damit vermagst du dich einem von dir geliebten Menschen anzunähern.

Königsblau über Türkis lässt dir die Stärke und Sehnsucht deiner Gefühle bewusst werden, sodass du dich schließlich auf ihre Tiefen einlassen kannst und das auszudrücken vermagst, was in deinem Herzen ruht. In dieser Auseinandersetzung mit den tiefen Gefühlen in dir selbst und zu anderen wird wahre Begegnung möglich. Erst durch sie vermagst du dein göttliches Inneres zu erkennen und ein Einswerden mit dem göttlichen Inneren deines Gegenübers wird möglich. Der Brennpunkt liegt im Konflikt scheinbarer Gegensätze, die in deinem Herzen zusammenkommen, wo du sie erkennen, annehmen und bewältigen kannst. In deinem Herzen kannst du dann auch die ursprüngliche Harmonie und ewige Stille fühlen, die aus der Bewältigung von Konflikten schließlich zu entstehen vermag.

Königsblau über Türkis hilft dir, nach der Vollendung des Alten und dem Friedenschließen mit der Vergangenheit dann für deinen inneren männlichen und väterlichen Teil Verantwortung zu übernehmen. Damit kann eine Harmonie zwischen deinen männlichen und weiblichen Teilen, deiner aktiven und deiner passiven Seite, geschehen. Gegensätze mögen zusammenkommen und sich zu jenem Mittelpunkt verbinden, um den sich dein Leben nun drehen mag. Im Entfachen deiner Kreativität kann dein Herz nun nach vorne drängen, um für die Entfaltung des Schönen eine neue Richtung zu suchen. Ein Neubeginn für die Liebe wird möglich, in dem sich deine erlangte innere Schönheit dann in die Welt verströmt.

Bereitwillig dem Partner deines Herzens gegenübertretend, wird es jetzt für dich möglich, zusammen in einer neuen Einheit zu verschmelzen. Dies kann jetzt in völligem Respekt vor der Einzigartigkeit des anderen und dessen freier Entfaltung geschehen, in der ein neues Vollständigsein in Liebe auf der Ebene des ›Ich und Du‹ geschieht. Diese neue Gemeinschaft in Liebe und die ihr innewohnende Vollständigkeit mag im Rahmen voller Anerkennung gesellschaftlicher Autorität geschehen, sodass dies auch eine Eheschließung sein kann.

Der zweite Kreis schließt sich und der dritte Kreis beginnt sich nun zu öffnen. Im Türkis leuchtet das Licht in jene innere Arbeit, um alles Grobstoffliche in Bewusstheit zu wandeln. Ist der Weg bisher durch die Materie hindurchgegangen, so geht er nun über sie hinaus. Die Rätsel des Lebens sind dazu da, sie zu lösen und darüber zu lachen.

Im Eintauchen in das Leben und in das tiefste Wesen der Liebe wirst du schließlich zum Spielerischen zurückfinden und auf diese Weise beginnen, Liebe mit allen Bereichen deines Lebens zu verknüpfen.

Königsblau über Türkis hilft dir, dich wie ein Delphin wieder an deine innere Führung anzuschließen und in deiner Intuition und Kreativität verspielt und freudig den weiten Ozean des Bewusstseins zu erschließen. Spielerisch magst du dabei zu deinen Fähigkeiten finden und ihren Einsatz erproben. Es kann eine freudige Kommunikation deines Herzens daraus entstehen, in der du vielleicht beginnst, für den Frieden in der Welt zu leben und zu arbeiten, und darin eine Erneuerung für alles Lebendige vollziehst, in der die Gärten von Atlantis wieder auferstehen können und in der du nicht zulässt, dass sich dir darin eine Autorität entgegenstellt. Du versuchst jedoch möglicherweise zugleich, deine Aufgabe mit der Gesellschaft zu verknüpfen.

Königsblau über Türkis hilft dir zu lernen, bei deiner Aufgabe mit deiner inneren Kommunikation in Verbindung zu bleiben und sie mit deiner Aufgabe für Mutter Erde zu verknüpfen. Es hilft, Kommunikation mit der göttlichen Welt aufrecht zu erhalten und dich weiter und weiter deiner Vision zu öffnen. Du kannst lernen, deine Träume besser zu verstehen, deine geistigen Einsichten in dein Herz zu bringen und aus ihnen jene Kraft zu beziehen, um sie dann in freudiger Kommunikation und Vernetztheit in der Welt zum Ausdruck zu bringen.

Im Bewusstsein von Frieden, gebunden an die Stofflichkeit, kann sich daraus dann jene Essenz der Liebe, die die Spanne eines einzigen Lebens weit überdauert, die Materie transzendiert und ihrer Vollendung entgegenstrebt, entwickeln.

Königsblau über Türkis hilft also, deine Seele mit deinem Körper zu verbinden und dich dann mit einer tiefen inneren Schau zu konfrontieren, die wichtig und nötig für dich ist, um deinen Weg zu finden.

Dieser Prozess kann dich zu deinem inneren Licht führen, das zu allen Zeiten, in denen du jemals gelebt hast, in dir war und ist. Es ist das Licht der Liebe.

B 34 Rosa / Türkis

»Die Geburt der Venus«

Aus dem liebevollen Vertrauen in deine eigene Kraft kannst du ganz ohne Kampf und ohne jeden Kraftakt, nur aus der Tugend deiner Ehrlichkeit heraus, deine neue Lebensmitte finden.

Das Zusammenfügen und Verinnerlichen all der verschiedenen Anteile deiner Persönlichkeit kann dabei zum Beginn eines neuen Selbstvertrauens in die bedingungslose Liebe deines Herzens werden.

Auf der Suche nach den verborgenen Mysterien des Lebens und der Liebe mag es nicht so leicht für dich sein, deiner inneren Führung zu vertrauen. Vielleicht lässt du dich leicht von deiner Leidenschaft davontragen oder verlierst dich in deine Phantasien und siehst die Dinge möglicherweise nicht so, wie sie in Wirklichkeit sind. Gerade weil du Schwierigkeiten mit der Realität des Lebens haben magst, entziehst du dich ihr vielleicht oder verlierst dich in deinen Träumen und findest dann nicht so recht wieder in die Wirklichkeit zurück. Jedoch trotz aller Enttäuschungen und Bergen von Schwierigkeiten, die du möglicherweise bereits hinter dich gebracht hast, magst du jener Blume treu sein, die in deinem Herzen darauf wartet, zu erblühen.

Im Rosa über Türkis findet sich der schwermütige kleine Prinz auf der Suche nach den Mysterien des Lebens. In der Ödnis seines Alleinseins, treu seiner Blume, macht er sich auf, um einen Freund zu suchen. Sein Herz voller Fragen, trifft er auf seiner Suche dabei als Erstes auf die Macht und die Befehle des Königs, der über das Universum regiert. Voll weiterer Fragen trifft er dann als Nächstes auf den Eitlen, der Lobreden hält und seine Bewunderer benötigt. Weiter des Weges trifft er dann, mit vielen Fragen, den Säufer, der sich schämt, dass er säuft. Darauf schließlich den Geschäftsmann, der die Sterne zählt, welche er alle besitzt und die ihn reich machen, nur um sie dann zu verwalten. Immer weiter auf seiner Suche, noch lange mit seinen Fragen nicht am Ende, trifft der kleine Prinz dann den Straßenlaternenanzünder, der seine Laternen nach einer Weisung anzündet und wieder auslöscht, die immer gleich bleibt. Später dann trifft er mit seinen Fragen auf den Geographen, den Gelehrten, der ungeheuer dicke Bücher schreibt und weiß, wo sich die Meere, die Ströme, die Städte, die Berge und auch die Wüsten befinden. Ganz zum Schluss seiner Suche findet sich der kleine Prinz dann selbst in einer großen Wüste auf dieser Erde wieder und trifft auf einen Menschen, einen Piloten, der dort mit seinem Flugzeug notgelandet ist – und eine wahre Freundschaft beginnt.

Rosa über Türkis hilft im Prozess der Frage nach dem Sinn des Lebens, deinem Verstand zu sterben und zur Liebe in dir zu erwachen. Es hilft dir in eine Rückbesinnung auf einen inneren Punkt der Ruhe, der dich vor der Belastung durch unnötige Probleme bewahrt, sodass du zu neuen Möglichkeiten in dir finden kannst, um in der Realität Wurzeln zu schlagen und auf deinen eigenen Füßen zu stehen.

Rosa über Türkis hilft dir, bewusster jene bedingungslose Liebe, die du bereits in dir fühlst, wahrnehmen zu können und deine Angst vor deinen verborgenen und unterdrückten Gefühlen aufzulösen. Es hilft dir dabei, jene Dinge in dein Bewusstsein heraufzuholen und dir anzusehen, bei denen du als Kind zu kurz gekommen sein magst, und was es war, das dich als Kind in deiner Erwartung an Liebe enttäuscht hat. Vielleicht war es deine Mutter, die dich, als du klein warst, überbemuttert hat und auf diese Art und Weise Macht und Autorität über dich ausgeübt hat.

Anstatt so geliebt zu werden, wie du es für dich selbst gewünscht hättest, mag deine Mutter in ihrer Übersorge eine zunehmende Belastung für dein Herz, dein eigenes Fühlen und dein eigenes Denken geworden sein. In ihrer Art, dir Liebe zu geben, mag sie dich in Wahrheit alleine gelassen und unfrei und unselbstständig gemacht haben. Unterwürfig hast du vielleicht schließlich deine Kraft an sie abgegeben.

Rosa über Türkis kann dir helfen, deinen Schmerzen und deiner Trauer um dein Gefühl des Einsamseins in der Welt Raum zu geben, sie auszudrücken und in Freundschaft und Liebe mit einem anderen Menschen zu teilen, sodass dein Herz in Liebe heilen kann.

Geschüttelt wird aus Rosa über Türkis Violett, das eine große Hilfe dabei darstellt, dein Alleinsein jetzt anzunehmen und dich der Wirklichkeit darin zu stellen.

Rosa über Türkis unterstützt dich in deinem Lernprozess, an diesem Punkt damit beginnen zu können, dich selbst genügend zu lieben und für dich selbst in allen Lebensbereichen ausreichend zu sorgen. Es hilft dir anzufangen, dich auf dich selbst zu verlassen und darauf zu vertrauen, dass das, was du in dir trägst, ausreicht und zu dem führt, was du für dein Leben hier benötigst. In dieser inneren Gewissheit benötigst du dann keine äußere Hilfe mehr.

Nun kann eine neue Integrität, in der du beschließen

magst, dich ab jetzt auf keine faulen Kompromisse mehr einzulassen, sich in dir zu kristallisieren beginnen.

Grüblerisches Hinterfragen deines analytischen Verstandes mag einem Erfülltsein mit klarer Vitalität und Lebenskraft weichen und so keine Chance mehr erhalten, dich zu dominieren. Ebenso magst du beginnen, deine eigene Kraft wahrzunehmen und dein inneres Wissen als stark genug zu akzeptieren, um jeden Anflug von bangen Zweifeln darin abzuweisen. Trotz äußerer Dynamik wird auf diese Weise dein inneres Zentrum unangetastet und klar bleiben.

Jetzt kann der Frühling in dein Leben einziehen, ein Wachsen und eine Blühen, dein Herz mag sich öffnen und alles schön und harmonisch werden.

Rosa über Türkis hilft einer Frau ebenso wie einem Mann, die innere Weiblichkeit akzeptieren zu lernen, und gibt Zugang zu den versteckten Geheimnissen des Lebens und der ihnen innewohnenden Liebe. Verloren geglaubte Geheimnisse aus der Tiefe der Seele mögen dabei emporsteigen und dich dabei vielleicht an deine Träume erinnern.

Rosa über Türkis verhilft dir an diesem Punkt zu einem neuen Vertrauen. Der Frühling einer neuen Liebe beginnt, und du vermagst im wahren Zentrum deines Seins zu ruhen und offenen Herzens in bedingungsloser Liebe das auszudrücken, was in deinem Herzen liegt. Auf diese Weise mögen sich die Schmerzen der Vergangenheit auflösen und emotional belastende Situationen weichen. Jetzt kann die Zeit einer neuen Liebe beginnen, oder du magst neuen Raum in deiner bestehenden Partnerschaft empfinden und darin mehr oder größeren Freiraum erhalten.

Dieses neue, zarte und lichte Gefühl von Liebe, Schönheit und Harmonie kannst du ebenso im Spiegel vieler Menschen erfahren, denn Liebe kennt keine Begrenzungen, und je mehr du sie fließen lässt, umso mehr kommt sie zu dir zurück.

Einmal im Zentrum wiederkehrender Liebe in deinem Leben ruhend, kann dich nichts mehr von deinem Weg abbringen, egal was auch geschieht. In deinem intuitiven Wissen um bedingungslose Liebe und dem, was sie nährt, wird es möglich, dass alles, was du benötigst, stets im rechten Moment zu dir kommt.

Rosa über Türkis spiegelt die tiefe Erinnerung daran, dass du auf der Erde bist, um zu lieben und um in dieser Liebe wachsen zu lernen, um neue Erfahrungen zu machen und alte hinter dir zu lassen.

Wenn du nicht nach Liebe fragst, sondern einfach aus deinem offenen Herzen heraus liebst, bekommst du sie geschenkt.

B 35 ROSA / VIOLETT

»Freundlichkeit«

Ein Heiler, dem es um wahrhafte Heilung geht, übergibt stets seinen Dienst in die Hände bedingungsloser Liebe. Ereignet sie sich, dann kann es geschehen, dass in ihr der Heiler verschwindet und nur noch Heilung ist.

Ein Freund zu sein und den anderen Menschen offenen Herzens zu verstehen, sind die Eigenschaften wahrhaftiger und dienender Hingabe an das, was im Klima von Freundlichkeit und bedingungsloser Liebe heilen möchte. Nur ein liebendes, offenes Herz kann das Wirken des Geistes verstehen.

Die Kraft der Liebe, die zu heilen vermag, kann dabei sogar eine kriegerische sein, denn nur eine Zerstörung des Alten, welches dem Leben nicht dienlich ist, vermag eine Erneuerung zu bewirken. Auf diese Art und Weise kann ein Heiler in Wahrheit ein Krieger der Liebe sein, der durch seinen Pioniergeist, Unerkanntes zu erschließen, und indem er seine aktive Tatkraft einbringt, Fortschritt bewirkt. Vielleicht wendet er sich dabei neuen Wegen und Vorgehensweisen zu. Im Ausgleich der Kräfte liegt seine Herrschaft, welche dann Harmonie und Zentriertheit in allem bewirken kann.

Durch das Heilen anderer bewirkst du Heilung in dir selbst.

Der Wunsch, anderen helfen zu wollen, den du in dir trägst, kann zugleich auch egoistischer Natur sein und vielleicht deinen Stolz nähren, wichtig zu sein oder gebraucht zu werden. Auf der anderen Seite jedoch fühlst du dich vielleicht klein und schwach und lässt dich auf diese Weise womöglich leicht von anderen dominieren. In deiner hohen Empfindsamkeit und Sensibilität magst du alles erfühlen, was um dich herum vorgeht, und nimmst, weil in deinem Umfeld möglicherweise nicht das Maß an Selbstliebe vorhanden ist, wie du es selbst für dich benötigen würdest, leicht Nicht-Liebevolles, Aggressives oder Negatives in dich auf. Das wiederum mag dich dann so traurig und depressiv machen, dass dein Körper vielleicht beginnt, darunter zu leiden.

Alte Erlebnisse mit spiritueller Autorität, von denen es sein kann, dass sie dir auch in deiner jetzigen Situation widergespiegelt werden, mögen dich in dem, was du gibst, zurückhalten. Vielleicht sehnst du dich auch nach der göttlichen Heimat zurück, die dir die Welt hier scheinbar nicht gibt.

Jedoch das und all jenes, was du in dir selbst nicht geheilt hast, vermagst du auch in anderen nicht zu heilen. Wenn du etwas in dir selbst nicht erkannt hast, kannst du es in Folge dazu auch in anderen nicht erkennen. All jenes, welches du möglicherweise persönlich zu klären hast, wird dann für dich hinderlich dabei, um für andere wahrhaft offen zu sein und ihnen das geben zu können, was sie wirklich benötigen.

Rosa über Violett erinnert dich wieder an die Wahrhaftigkeit deines Inneren. Es kann dir genau das spiegeln, was deine Meditation des Heilens stört und dich aus deiner Mitte bringt.

Vielleicht fühlst du dich von der Liebe enttäuscht und verzweifelst an deinem Alleinsein. Unter dem Mantel der Liebe und Fürsorge magst du Wut auf andere hegen, die dir vielleicht nicht die Liebe geben, die du wirklich benötigst. Die Situation, in der du gerade bist, mag dich dazu herausfordern, authentisch zu werden und damit zu beginnen, die Liebe zu dir selbst wieder zu finden, um dann liebevoll zu deiner eigenen Autorität vorzudringen und mit ihr den Schritt nach vorne zu richten.

Geschüttelt wird aus Rosa und Violett ein purpurfarbenes Violett. In dieser Farbe kannst du Zugang zur Vergangenheit finden, zu dem, was alt ist. Hier kann deine Einsicht in das beginnen, was dein Denken in seiner Hingabe behindert.

Purpur ist die Farbe der höchsten Herrschaft und Autorität patriarchaler religiöser Tradition der Kirche. In ihrem Denken und ihrer Tradition ist die Abspaltung von körperlichen Bedürfnissen Pflicht, die moralisch als ›niedriger‹ und ›schmutziger‹ angesehen werden, damit die Seele sich mit dem Geistigen, dem ›Höchsten‹ und dem ›Reinsten‹, verbindet. In deiner Kindheit mag dir dieses alte Muster, die Trennung von Körper und Geist, in deiner Mutter wiederbegegnet sein. Vielleicht ging sie in der Überbetonung ihrer Fürsorge an deinen wahren Bedürfnissen nach Liebe, die du als Kind hattest, vorüber. Indem sie dich versorgt und umhegt hat, mögen wahre Liebe, echte seelische Nähe, Körperkontakt und das Thema Sexualität in deinem Leben tabuisiert worden sein.

Das purpurne Violett hilft dir, in Kontakt mit der tiefstmöglichen Intensität deiner Liebe zu kommen, in der dann eine neue und wahre Öffnung zum Göttlichen hin für dich entstehen kann und in der du zu deinem innersten Wesen, der höchsten Liebe, zurückfinden kannst. Auf diese Weise magst du dann das alte Prinzip von Göttlichkeit und den Dienst an ihr auf den Kopf stellen und in deiner Rebellion gegen das Alte und Lebensfeindliche eine eigene klare Einsicht in die Zusammenhänge entwickeln. Die Liebe zu deinem eigenen Körper ist es, die dir dabei erlauben kann, die volle Kraft deines eigenen Verständnisses zu nutzen und den ganzen Widerstand deiner Seele gegenüber der scheinheiligen religiösen Autorität in dein Bewusstsein zu bringen. Eine spirituelle Autorität, die nicht wahrhaft liebt, nicht wahrhaft heilt und kein Wissen vermittelt, sondern nur Abhängige an einen Glauben schafft, enthüllt sich damit selbst.

Indem Körper, Seele und Geist gleichmäßig von dir Aufmerksamkeit bekommen und sich auf diese Weise wieder miteinander verbinden, kannst du dabei von einer so tiefen Liebe erfüllt werden, dass ein Heilwerden, ein Ganzsein daraus entsteht. In diesem Moment kommst du in dir selbst nach Hause, hier auf der Erde, und für dein Herz wird es möglich, in wahrhafter Liebe zu schlagen. Transformation geschieht jeden Moment. Kein besonderer Rahmen, keine besondere Lebensform und keine Zwänge sind dafür nötig. Alles ist göttlich, wenn du es mit Liebe tust. Jene rohe Kraft, die du zu deinem Durchbruch benötigtest, mag nun schmelzen, hinein in ein sanftes, weiches Ruhen in deiner Mitte und in eine bedingungslose Liebe, aus der du jede Situation zu meistern verstehst.

Im Auseinanderfallen des Alten entsteht der Raum für das Neue, welches aus dem Alten hervorgeht, um darüber hinauswachsen zu können.

Aus einer Harmonie aller dir innewohnenden Kräfte, der Kraft deines Denkens, der Kraft deines Fühlens und der Kraft deiner körperlichen Stärke, vermag sich das Wesen von wahrer Herrschaft und Autorität zu bilden. Jener Zustand gesammelter Kraft und Losgelöstheit gleicht einer Meditation, in der eine fortschreitende Heilung geschehen kann, die ein Verbinden mit dem Jenseitigen mit sich bringt, mit dem, das dich bestimmt hat, hier zu sein. Auch drastische Veränderungen, die erforderlich sein mögen, um mutig neue Wege zu beschreiten, vermögen dich dabei nicht aus der Mitte zu werfen. Dich wahrhaft in die Hände göttlicher Liebe begebend, kannst du darin zu ihrem Instrument werden.

Rosa über Violett hilft dir an diesem Punkt in deiner Entwicklung, im Einssein mit jenen Energien, die du gibst, eins zu werden mit jenen Energien, die du empfängst. In dieser neuen Art und Weise magst du erneut beginnen, anderen zu helfen und darin zu echter und tiefer Befriedigung zu finden. Jeder Mensch spiegelt dir dabei einen anderen Teil deiner selbst, dem du dich dann in Liebe zuwenden kannst, um ihn anzunehmen.

Aus dem völligen Akzeptieren deiner selbst, deiner eigenen Art und aus dem Gleichgewicht aller deiner inneren Kräfte heraus, kannst du jetzt deine innere Kraft und Stärke beziehen. Je tiefer dein Herz sich darin deiner eigenen Heilung und dem Heilen anderer hinzugeben vermag, umso mehr kann es dir gelingen, dabei zum unerschöpflichen Heilwissen in der Tiefe deiner selbst vorzudringen.

So wird es für dein ganzes Wesen möglich, sich für jenen Schutz, jene Inspiration und jene Führung zu öffnen, die du aus deinem eigenen Inneren für deine Aufgabe erhältst.

B 36 VIOLETT / ROSA

»Nächstenliebe«

Findest du durch die Herausforderungen im Spiegel der Beziehungen in deinem Leben zu Liebe und einem neuen Selbstwertgefühl, dann wird es für dich auf diesem Weg ebenso möglich, das Leben neu schätzen zu lernen. In einem neuen Einstimmen kann dann Heilung in der Liebe zu dir selbst geschehen.

Wenn du den Sinn deines Daseins hier in der Welt erfasst und bewusst und bedingungslos beginnst, dich selbst zu lieben, bis du so tief erfüllt von der Liebe bist, die du für dich selbst empfindest, dass sie überfließt, dann kannst du deine überfließende Liebe und Energie offen zum Ausdruck bringen und anderen jenes Verständnis und Mitgefühl geben, das sie sieht, sie nährt und sie wahre Nähe und Anwesenheit von Liebe fühlen lässt.

Violett über Rosa hilft deinem Bedürfnis nach Heilung durch Liebe. Es kann dir helfen, dich den Schwierigkeiten zu stellen, die du vielleicht damit hast, dich selbst zu lieben und dich darin unterstützen, das herauszufinden, was deine Selbstliebe schwierig macht oder sie verhindert. Sind die Hindernisse aus dem Weg geräumt, kann eine Erneuerung in all deinen Lebensbereichen beginnen und mit ihr die Qualität wachsen, wie du dich auf andere beziehst.

Indem du in deinem Inneren versuchst, deiner Liebe zu dir selbst näher zu kommen, magst du dabei beginnen, alte Muster von Liebe, vielleicht Anklammerungen an Materielles, Sicherheiten, Abhängigkeiten oder Bindungen bewusster wahrzunehmen.

Deine Schwierigkeiten mögen damit beginnen, indem du ›Nein‹ zu dem sagst, was dir in deinem Leben begegnet, weshalb du deine Empfindsamkeit möglicherweise vor dem Leben verschlossen hast. Nun verpasst du in deiner Negativität vielleicht all jene Möglichkeiten, die das Leben dir gibt, um dich dort herauszulocken. Vielleicht möchtest du vor der Lieblosigkeit und Unaufmerksamkeit deiner Umgebung am liebsten flüchten und gar nicht hier sein, nicht geboren sein. Möglicherweise versteckst du auch deine Frustration und deinen Hunger nach Liebe und klammerst dich stattdessen an die Zuneigung und Zuwendung, die du von anderen erhältst. Anstatt Heilsames für dich zu erfahren und heil zu werden in deinen Beziehungen, hast du vielleicht eher das Gefühl, darin zerstört zu werden. So fühlst du dich womöglich als Opfer deiner Lebensumstände, enttäuscht in dem Gefühl, nicht geliebt zu werden, und traurig in dem Bewusstsein, nicht geheilt zu sein. Auf diese Weise magst du dich dann auch in deinem Körper nicht wohl fühlen, denn dein Körper spiegelt dir deinen geistigen Zustand wider. In deiner ganzen Aussichtslosigkeit machst du dir vielleicht ebenso viele Gedanken und Sorgen um dein Überleben und darüber, wie es weitergehen soll. Du versäumst darüber das Hier und Jetzt.

Violett über Rosa kann dir dabei helfen zu lernen, nicht an falschen Hoffnungen festzuhalten und dich nicht an Bindungen und andere Menschen zu klammern, die deine Hoffnung nach Zuwendung und Zuneigung erfüllen sollen. So vermeidest du es, der Vorstellung ins Garn zu gehen, dass dir von außen geholfen würde.

Überlässt du anderen weiter die Verantwortung für das, was dir wichtig ist, dann werden auch weiterhin die anderen über dein Wohl oder Unwohl bestimmen. Jedoch wird niemand anderes dich erfüllen können. Erfüllung kommt immer von innen.

Violett über Rosa ist inmitten deiner Schwierigkeiten, dich selbst zu lieben und in deinem Bedürfnis nach Heilung, eine große Hilfe dabei, durch ein Bewusstwerden der Zusammenhänge und Umstände, die dich geprägt haben, zu einer Klärung zu finden, sodass du dich aus alten Konditionierungen befreien kannst.

Obwohl du vielleicht ein Kind der Liebe bist und deine Eltern sich zum Zeitpunkt deiner Empfängnis in ihrer Art wirklich geliebt haben, magst du, seit du auf der Welt bist, das Gefühl haben, nicht wirklich geliebt, angenommen, verstanden und gesehen zu werden. Vielleicht wurdest du von Beginn deines Lebens an von der Sinnhaftigkeit, der Schönheit und der Liebe zu deinem eigenen Dasein abgetrennt. Abgelenkt dahin, dich den Gesetzen einer spirituellen Autorität beugen zu müssen, Vater und Mutter zu lieben, deinen Nächsten, alles Mögliche, aber nicht dich selbst. Vielleicht hattest du dabei das Gefühl, besonders von deiner Mutter nicht geliebt zu werden und hast dich dann in der Sinnlosigkeit und Anstrengung verloren, für sie und überhaupt für andere da zu sein. Von Kindesbeinen an magst du in die Schablone einer Selbstlosigkeit geraten sein, in der du selbst nicht mehr vorkamst.

Dieses Verhaltensmuster kann auch ein Schatten aus der langen spirituellen Suche deiner Seele sein, denn es knüpft an alte Konditionierungen von Religiosität und Selbstverleugnung an. In der spirituellen Suche alter Zeiten und ihrer Pflicht, ›Welt‹ und ›Geist‹ zu trennen, magst du dich bisher der bestimmenden geistigen Autorität gebeugt haben. Dafür, dass dein Geist und deine Seele Nahrung fanden, hast du womöglich lernen müssen, deine eigenen Bedürfnisse und die Bedürfnisse deines Körpers nach Liebe zu opfern.

Violett über Rosa hilft, dir wieder aller deiner Gefühle und Emotionen bewusst zu werden und deinen Groll, deine Wut und deine Frustration, die du möglicherweise um alte Erlebnisse herum fühlst, auszudrücken und loszulassen. Im entflammenden Feuer deines wahren Selbstwertgefühls kann jetzt deine ganze Energie frei werden, in alle Richtungen gehen und zur blitzenden, aufbrechenden Kraft für alles werden, was die Liebe in deinem Inneren blockiert. Alle Sicherheiten, an denen du dich vielleicht festzuhalten pflegtest, und alle Blockaden in deinem Inneren werden so durch das von innen in dir aufsteigende Feuer und die damit verbundene Energie erwachender Liebe durchbrochen, erschüttert und schließlich aufgelöst.

Zusammengeschüttelt ergeben Violett und Rosa ein purpurnes Violett, in dem du in Kontakt mit der tiefstmöglichen Intensität der Liebe kommen kannst. Darin erhältst du wieder die Kraft, zu deinem innersten Wesen zurückzufinden und liebevoll zu werden.

Die befreite Kraft aufbrechender Liebe kann nun beginnen, dein ganzes Sein mit neuem Licht zu füllen und eine bisher unerkannte Kreativität in dir wachzurufen, die dich zu all jenen Kräften in dir vordringen lässt, die du wahrhaft für Liebe nutzbar machen kannst.

Violett über Rosa hilft dir, in deinem Leben eine Erneuerung durchzuführen, in der du das Leben von dir selbst aus siehst, es wertschätzt und dich neu darauf einstimmst. Deine gesamte frei fließende Energie kannst du jetzt dafür nutzen, um ein Ziel zu finden, für das du dich einsetzen willst und kannst.

Violett über Rosa hilft dir, Wärme, Mitgefühl und liebende Sorgfalt für dich selbst aufzubringen und dich in allem, was dich ausmacht, selbst anzunehmen. Selbstliebe ist die Nahrung für wahres inneres Wachstum. In ihr vermagst du eine völlig neue Ausrichtung für alle deine Bedürfnisse an Körper, Seele und Geist zu entwickeln, besonders für die Fürsorge deines Körpers, den Tempel deiner Seele, deine Wurzeln.

Violett über Rosa kann dir an diesem Punkt eine große Hilfe dabei sein, deine Empfindsamkeit wieder zu öffnen und dich bewusst, neu und verantwortlich mit der Liebe in deinen Beziehungen und Freundschaften auseinander zu setzen. In jeder Form von Beziehung begegnest du letztendlich einem Spiegel deiner selbst. Jede Form von Beziehung bedeutet in ihrer Essenz, dich liebevoll und aufmerksam unterschiedlichen Aspekten deines Wesens gegenübergestellt zu sehen, mit denen umzugehen es zu lernen gilt. Violett über Rosa kann dir helfen, in eine offene Beziehung zu deinem Spiegelbild zu treten, mögliche Konflikte von Angesicht zu Angesicht und ohne Gewalt und Aggression auszutragen. Schließlich lernst du, allen deinen Spiegeln zu begegnen, alle Möglichkeiten der verschiedenen Facetten deines Wesens zu entdecken, zu Mitgefühl und umfassendem Verständnis dir selbst und anderen gegenüber zu finden und mit allen Aspekten umzugehen. Auf diese Art und Weise kannst du eine innere Losgelöstheit, Unabhängigkeit und Freiheit im Umgang mit dir selbst und deinen Beziehungen zu anderen Menschen finden, in der es ebenso möglich wird, eine neue innere Sicherheit deinen Gefühlen gegenüber zu entwickeln.

Violett über Rosa verschafft dir Zugang zu deinen innersten Zielen. Das kann dich in bewussten Kontakt mit jener Intuition bringen, die deine dir innewohnenden Heilungskräfte führt und leitet. Durch sie wird eine neue Einstimmung auf dein Leben möglich, in der du jene überfließende Liebe nun an andere weitergibst, die du in der Auseinandersetzung mit dir selbst für dich selbst gefunden hast und ebenso dein neues Selbstwertgefühl, das aus dem Überwinden falsch verstandener Spiritualität gewachsen ist. In jenem Licht der Liebe, die du gibst, ohne Bedingungen zu stellen, und im kreativen Einsatz deiner Kräfte kann dein Leben neuen Sinn und neuen Wert erhalten. Geben und Nehmen werden darin eins.

Liebe ist die größte verwandelnde Kraft, die alles vernichtet, was nicht echt ist, und alles eint, was sie aufnimmt. Je tiefer du dabei in dir selbst ruhst, umso tiefer erreichst du das Herz eines anderen. Auf diese Art und Weise wird es schließlich möglich, zum wahrhaftigen Kind der Liebe zu werden, zum göttlichen Kind der Liebe.

B 37 Violett / Blau

»Der Schutzengel kommt auf die Erde«

Aus der Sehnsucht nach deiner himmlischen Heimat und der Suche nach deiner Seelenfamilie hier auf der Erde kann die Begegnung mit einem Schutzengel, mitten in deinem Leben, geschehen.

Dieser Engel hilft dir, dich aus deinen irdischen Nöten zu befreien und führt dich genau dahin, wo du jenen Kontakt finden kannst, den du jetzt benötigst. Das kann eine spirituelle Gemeinschaft sein oder einfach Menschen, die du liebst, mit denen du vielleicht eine tiefe seelische Verbundenheit fühlst und das Gefühl teilst, nach Hause zu kommen.

Jedes Streben einer höheren Ebene bringt jedoch eine neue und höhere Verantwortung mit sich. Sie bedeutet, deine Gefühle nochmals zu überprüfen und dich endgültig aus alter familiärer Abhängigkeit und von alten Gefühlsmustern zu lösen.

Deine Sehnsucht, da anzukommen, wo du dich zu Hause fühlst, in intensivem gegenseitigem Austausch und nährendem Miteinander, wo du Schutz und ein Gefühl von Einheit finden kannst, vermag alle in dir verborgenen Emotionen, die mit einem Zuhause zusammenhängen, in dem du emotional bisher vielleicht nicht oder nicht genügend genährt worden bist, aus deinem Unterbewusstsein heraus ans Tageslicht zu bringen. Indem du sie anschaust und mit ihnen arbeitest, kannst du frei von ihnen werden.

Vielleicht klammerst du dich gerade an Dinge oder Situationen, die zu dieser Klärung möglicherweise unwichtig sind, verdrängst das Eigentliche, schaust daran vorbei und entrinnst auf diese Weise der Konfrontation mit deiner Vergangenheit. Vielleicht gibst du deine Aufmerksamkeit unbewusst dabei in all jene Richtungen, die dir nicht weiterhelfen, und schwebst womöglich in der Luft, so als ob du in dieser Welt nicht richtig Fuß fassen wolltest. Auf diese Weise lässt du vielleicht eher deinen Charme spielen oder versuchst dir möglicherweise mit deiner Schläue das zu holen, was du benötigst. Du magst andere umgarnen und manipulieren, bis sie dir vielleicht das geben, was du gerne möchtest. Doch je eitler du stolzierst, je weniger du dich für deine wahre Aufgabe in deinem Leben interessierst und nicht effektiv daran arbeitest, desto mehr gerätst du dabei auch aus dem Kontakt mit dir selbst und deinen Gefühlen. Du magst einfach davontreiben, vielleicht phlegmatisch werden und deinen Idealen hinterherhängen.

Vielleicht willst du dich nicht wirklich auf dich selbst einlassen, gerade weil dir bewusst ist, dass, wenn du dich voll und ganz auf das Leben einlässt und ihm ins Gesicht siehst, du dich mit schlechten alten Erfahrungen konfrontieren musst, um den Schmerz darin noch einmal zu fühlen und zu durchleben und verstehen zu lernen, warum du dich entziehst. Nur so kann es dir dann gelingen, darüber hinauszugehen.

Violett über Blau hilft dir, dich hier auf der Erde in deine Aufgabe hineinzubegeben, zu beginnen sie zu verstehen und dich bewusst auf sie einzulassen. Auf diese Weise kannst du so erfüllt von ihr werden, dass du dann voller Leidenschaft alles in sie hineinzugeben vermagst, was du zu geben hast. Um dahin zu gelangen, kommst du jedoch nicht daran vorbei, zuerst die emotionalen Hindernisse zu erkennen, die dir den Weg dorthin versperren.

Violett über Blau kann dir eine große Hilfe dafür sein, dich mit deinen Gefühlen in der Beziehung zu deinem Vater auseinander zu setzen und zu lernen, einen Weg zu finden, wie du sie nun befreien kannst. Wenn du, als du Kind warst, deine Gefühle und die Probleme deines Lebens an deinen Vater herangetragen hast, waren es möglicherweise seine eigenen Gedanken darüber, wie man die Dinge des Lebens zu tun hat, darin den Obrigkeiten folgt und ihnen dient, die du als Antwort bekamst. Da durch deinen Vater deine innersten und verborgensten Wünsche und Sehnsüchte vielleicht nicht genährt und unterstützt wurden, konntest du dich ihm möglicherweise auch nicht wahrhaft anvertrauen. Eventuell hast du auch etwas in ihm gespürt, was dich abwies und dich vielleicht keine echte Geborgenheit spüren ließ. Auf diese Weise mag auf seelischer Ebene für dich mit deinem Vater kein Austausch und keine Kommunikation stattgefunden haben, und so konntest du vielleicht von ihm nicht lernen, wie man wahrhaft man selbst ist und das nach außen zeigt und in die Tat umsetzt, was man fühlt. Im Gegensatz dazu mag er für dich eine Abhängigkeit von der männlichen Autorität in der Gesellschaft geschaffen haben, aber keine emotionale Verbindung zu ihm selbst zugelassen haben.

Geschüttelt wird aus Blau und Violett ein tiefes Violett. Dieses Violett hilft dir dabei, jenseits deiner Gefühle, Gedanken und körperlichen Empfindungen losgelöst in eine meditative Energie einzutreten, die dir das Leid, die Traurigkeit und die Verlassenheit deines inneren Kindes bewusst zu machen vermag.

An diesem Punkt angekommen, kann die Berührung mit dem Schutzengel auf dieser Erde dir hier den Weg zeigen, bewusst zu beginnen, ein neues Zuhause auf der Erde zu suchen. Ein Zuhause, in dem dein inneres Kind und deine ganze Seele sich aufgehoben und angenommen fühlen kann. Dieser Engel weiß dich zu führen und dir den Weg in deine letztendliche Bestimmung hier auf der Erde zu weisen.

Violett über Blau wirkt nährend und schützend. Es öffnet deine höheren Chakras und dein drittes Auge für die Ausrichtung auf deine wirklichen spirituellen Aufgaben.

Violett über Blau ist eine große Hilfe dabei, deine Feinfühligkeit, deine Empfindsamkeit und deine visionäre Schau als Fähigkeiten annehmen zu können und sie als feine Gefühlssensoren, welche nicht nur Wahrheit von Unwahrheit zu unterscheiden vermögen, sondern auch Wissen von Unwissenheit trennen, sehen zu können. Indem du beginnst, deine eigene Sicht der Dinge anzunehmen, wird es für deine Trauer und deinen Schmerz möglich, sich zu verwandeln und anzufangen zu heilen. Bindungen an deine alten Gefühls- und Verhaltensmuster mögen sich dabei lösen, und je tiefer du zu einem inneren Frieden mit den alten Erlebnissen finden, verzeihen und loslassen kannst, desto klarer kann deine Auffassungsgabe und Ausrichtung für das werden, wofür du wahrhaft hier bist.

Violett über Blau hilft dir in diesem Prozess, in dein inneres Erleben hineinzuvertrauen und dein Umfeld so wahrzunehmen, wie es ist. Durch die Echtheit deiner Gefühle und das, was du aus der Tiefe deines Erlebens dann aussprichst, können deine Worte jene Überzeugungskraft erhalten, die sie benötigen, um wahrhaft das Wesen eines anderen Menschen zu berühren. Wach magst du dabei das betrachten, was aus den kleinsten Aktionen deiner Handlungen entsteht, wissend, dass das, was du nach außen gibst, immer wieder zu dir zurückkommt. Die Unschuld, zu der du in dieser Haltung wieder zurückfindest, kann dann ebenso die Klarheit in deinem Denken bewirken. Aus dieser feinsinnigen Sicht kann ein neues Selbstvertrauen beginnen, in dir zu wachsen.

Violett über Blau hilft dir darin, nun instinktiv und in deinen Gefühlen sicher, deinen ganzen Einfallsreichtum und deine gesamte Kreativität dazu einzusetzen, deinen tiefen Gefühlen Ausdruck zu verleihen. Sie sind es, die dir jetzt dazu dienen, bahnbrechend und klärend, dich auf dem Weg empor auf eine höhere Ebene des gegenseitigen Verstehens zu unterstützen. Indem du den empfindsamsten, sensibelsten und tiefsten Ebenen in dir erlaubst, aus dem Schatten ins Licht zu treten, und deinem unbeirrbaren und unaufhaltsamen Streben nach vollkommeneren Formen emotionalen Austauschs Raum gibst, kann die Reinheit deiner Absichten darin eine Kristallisation des ganzen Spektrums deiner Emotionen bewirken.

Gelingt es dir in diesem Prozess, völlig auf die Schöpferkraft deines Unbewussten zu vertrauen und dabei deinem Gespür für Echtheit zu folgen, wird es für dich auf diese Weise möglich, mit mütterlichem Instinkt die Liebe des Göttlichen und das Nährende und Schützende im Dienst für alle in die Welt zu bringen. Damit kannst du schließlich die ganze Schönheit deiner Seele befreien und sie für jene Augen zugänglich machen, die sie zu schauen vermögen.

Violett über Blau hilft dir nicht nur auf der Suche zur Selbstfindung, sondern führt dich an diesem Punkt deiner Entwicklung dahin, dass du diejenigen finden kannst, die wahrhaft mit dir sind, deine wahre Familie, jene Gemeinschaft, in der du dich zu Hause fühlst. In ihr wird es dann für dich möglich, jene emotionale Verbindung des Austausches, der Unterstützung und des Miteinanders zu finden, die du für dich selbst benötigst. Hier vermagst du es, als Individuum in deiner Ganzheit deinen wahren Platz zu finden.

Schutzengel sind Botschafter aus einer anderen Welt. Manchmal sehen sie wie Menschen aus, um uns ins Menschsein zu helfen und lassen uns einen Blick in die himmlische Welt werfen, sodass unsere Füße ihren irdischen Weg wieder in der richtigen Richtung beschreiten können.

Im kollektiven Streben, zurückzukehren in das Göttliche ›Zuhause‹, in die große Einheit, vermagst du letztendlich die wahre Schönheit allen Seins neu zu entdecken.

B 38 Violett / Grün

II. Troubadour-Flasche

»Tiefes Verständnis«

Etwas Neues kann beginnen, wenn du das, was du in deinem Herzen fühlst, ohne Unterschied im Äußeren ausdrückst. Offen deine Gefühle und Empfindungen zeigend, deinen Gefühlen dabei tiefes Vertrauen schenkend und in Einklang mit ihnen lebend, bist du lebendig und schön, und dein Herz kann heilen.

Violett über Grün hilft dir, wenn dein Kopf dein Herz regiert, wieder zu deinem Fühlen zu gelangen. Es hilft deiner weiblichen Seite, um emotionale und intuitive Stabilität zu erreichen. So kann sich eine Balance zwischen deinem Bewusstsein und deinem Unterbewusstsein einstellen. Dann wird es möglich, dass Tiefe, Stille und die reine Spiegelung dessen, was ist, eintreten.

Wenn du deiner weiblichen Seite nicht vertraust, so magst du auf diese Weise der allgemein vorherrschenden Tendenz nachgeben, in der dein eigener Verstand sich zuerst ein Urteil darüber bildet, was du in Bezug auf deine eigenen Gefühle ausdrücken solltest oder was nicht.

Vielleicht tust du genau das, indem du nach außen schaust, um dein Verhalten den äußeren Verhältnissen anzupassen und nicht der unergründlichen Tiefe deines Inneren vertraust. Auf diese Weise jedoch handelst du nach Verhaltensstrategien und begrenzt dein Fühlen in Maßstäbe, wie sie einer Situation entsprechen oder nicht entsprechen. Hinter dem, was du nach außen hin vorgibst, magst du deinen Gefühlen in deinem Inneren gegenüber unsicher sein, denn du lässt zu, dass dein Verstand sie kontrolliert. Das Ergebnis davon mag schließlich sein, dass du dich mit anderen misst, vielleicht neidisch und eifersüchtig auf sie bist und misstrauisch wirst. Deine Urteile über das Verhalten anderer mögen dabei scharfzüngig und wertend sein, obwohl du, auf der anderen Seite, dich selbst nach Akzeptanz und Wertschätzung, besonders innerhalb deiner Familie, sehnen magst.

Jene Art und Weise, wie du dich der Welt zeigst, ist jedoch auch immer die Art und Weise, wie du von der Welt empfangen wirst.

Indem du Unfrieden stiftest, störst du zugleich auch dein eigenes Bedürfnis nach Frieden. Machst du dich von den Gefühlen der anderen abhängig, so bringst du automatisch dein eigenes Gefühl nach Unabhängigkeit durcheinander. Hältst du vielleicht emotional an anderen fest, dann verhinderst du auf der anderen Seite dein wahrhaftes Alleinsein.

Gerade deine Passivität und vielleicht auch deine Negativität mögen dir ein Hindernis dafür sein, nicht wahrhaft erkennen zu wollen, was ist, und genau hinzusehen, wie du dich verhalten kannst. Auf diese Weise benutzt du vielleicht eher Masken, um dich dahinter zu schützen.

Jedoch nur dein Herz drückt dein wahres Gesicht aus.

Violett hilft deinem überaktiven Verstand, zur Ruhe zu kommen. Es bringt dich aus den Illusionen deines Denkens heraus, um dich in deine eigene innere Realität hineinzuführen.

Grün kann dir dabei jene innere Weite geben, um wieder den Raum deines eigenen Fühlens zu finden, sodass du dann tief in dein offenes Herz eintauchen kannst, um den Thron deines Herzens neu zu besteigen.

Der erste Schritt, um dies tun zu können, ist, zum Verständnis deines eigenen Leidens vorzudringen. Die Wurzeln jener Lotosblume, die in deinem Herzen erblühen möchte, kommen aus den dunklen, schlammigen Tiefen der Wasser deines Unbewussten, dem inneren Reich deiner Instinkte und Triebe. Unterdrückst du jedoch das Instinktive und Triebhafte in dir, denkst und rationalisierst du zu viel, dann mag das dein Herz daran hindern sich auszudrücken, und die Schönheit deiner Gefühle kann keine Nahrung erhalten.

Violett über Grün hilft dem Bewusstseinsprozess des Lernens, wahrhaft durch die eigenen Gefühle zu leben, sodass hinter deiner Maske dein Herz neuen Raum bekommen kann. Es mögen deine unbewussten Ängste sein, die dich daran hindern, wahrhaft das auszudrücken, was du fühlst.

Wenn du zurückschaust in deine Kindheit, so findest du dort vielleicht, dass dich Schwierigkeiten mit deinem Vater eingeengt haben. Möglicherweise hat er deinen Gefühlen, deinen Instinkten und deinen Trieben Ablehnung und Eingrenzung entgegengebracht. Weil seine Autorität dir vielleicht Angst gemacht hat, magst du dann beschlossen haben, nicht mehr deinen Instinkten zu folgen und auch nicht mehr das auszudrücken, was du empfindest, sondern dem zu folgen, was an Verhalten von dir verlangt oder unausgesprochen erwartet wurde. Auf diese Weise hast du dann womöglich unwillkürlich begonnen, dich über deinen Verstand zu orientieren und dich in die strenge hierarchische Ordnung und die Lebensmaßregeln der Väter-Generationen einzuordnen. In ihnen hatten dein eigenes feines Gespür für die Dinge und dein Fühlen jedoch keinen Platz mehr.

Violett über Grün hilft dir, wieder Kontakt zu tiefen

emotionalen und instinktiven Bereichen in dir selbst zu erhalten und zu lernen, dich nach und nach von den Meinungen und Urteilen, die du dir über sie möglicherweise gemacht hast, zu lösen. Es hilft, deinem Schmerz und deiner Trauer um deine seelischen Verletzungen Raum zu geben, sodass du sie nicht mehr zurückhältst, deine Tränen weinen kannst und deine Wut herausbringst. Dann kann es dir gelingen, im großen Reich deiner instinktiven Orientierung und deines Fühlens wieder zu deiner eigenen Wahrheit zurückzufinden und deine inneren Geheimnisse und intuitiven Fähigkeiten wiederzuentdecken. Beginnst du nun auf neue, eigene Art und Weise mit ihnen umzugehen, steht dem natürlichen Ausdruck deiner eigenen Triebe, Emotionen und Gefühle dann nichts mehr im Wege.

Violett über Grün hilft dir, dich von Fremdbestimmtheit zu lösen und dich in deine Selbstbestimmtheit hinein zu entwickeln. Ähnlich einer Auster, in deren zartes Inneres ein Fremdkörper eingedrungen ist, der ihr Schmerz bereitet und den sie nun unermüdlich umwirkt, um ihn in etwas Kostbares und Fühlbares zu verwandeln. Das tut sie so lange, bis aus dem harten, ihr Schmerzen bereitenden Sandkorn eine sanfte, runde Perle geworden ist. Bringst du diese kostbare, schimmernde Perle der Weisheit deiner Gefühle dann aus der Tiefe in dein Herz herauf, um sie dort, in deinem Herzen, dem Herzen der großen weisen Frau, zu befreien und ans Licht zu bringen, dann schöpfst du von nun an aus der Weisheit deiner Instinkte, deiner Triebe und deiner Gefühle ebenso wie aus dem Reichtum deiner Erfahrungen, die in deinem Bewusstwerdungsprozess aus deinen Schmerzen und deinem Leid hervorgegangen sind, und bringst sie jetzt in dein Leben.

Auf diese Weise bist du in deinem Verhalten für manche Menschen in deiner Umgebung vielleicht nicht immer leicht verständlich, wenn es dir jedoch gelingt, dies niemals zum Problem werden zu lassen, kann es dich ebenso in die Lage versetzen, emotional keine Kompromisse mehr einzugehen und dich nie wieder selbst zu verleugnen.

In deiner Verletzlichkeit liegt deine Stärke. Indem du deine Instinkte und Triebe, deine Emotionen und Gefühle, ohne etwas zurückzuhalten, in deine bewusste Wahrnehmung bringst, magst du nach und nach zu Stufen klarer Tiefe und Stille kommen. Je tiefer du dich in das Reich deiner Empfindungen hineinbegibst, um es zu verstehen, desto klarer kann dir dabei bewusst werden, dass du es niemals mit deinem Verstand erfassen kannst. Es ist nicht analytisch festzulegen, sondern es ähnelt einem mystischen Drama, welches du nur erfühlen und ahnend begreifen kannst. In seiner Schönheit und Unfassbarkeit mögen alle Meinungen und Urteile, die du dir gemacht hast, dabei zurückstehen und dafür dein natürlicher Ausdruck hervortreten. Deine empfängliche Seite, dein irrationaler Teil, die wache Inaktivität des Femininen, vermag dir jetzt deine Sicherheit zu geben. Sie ist die Autorität der inneren Welt, aus der heraus du jetzt dein Leben zu führen beginnst.

Da du jetzt jene schlammigen Tiefen des Unbewussten, deiner Instinkte und Triebe kennst, aus denen du die Nahrung für die Anmut und Schönheit deiner im Herzen erblühenden Liebe zu ziehen vermagst, kann aus ihnen deine emotionale und intuitive Stabilität bewusst weiterwachsen.

Violett über Grün hilft dir in deinem Empfinden für Gemeinsamkeit, dein tiefes inneres Gespür und dein

Wissen darum, dass sich alles gegenseitig benötigt, zu stärken und dich bewusst darauf einzulassen. In fürsorglichem Umgang und aktivem Geben, indem du dich mitteilst und dich um andere kümmerst, vermagst du jene Miteinbezogenheit in den großen Prozess der Transformation zu finden, in dem alles Lebendige zu Hause ist.

Das Alte mag sich jetzt in verwandelter Gestalt finden und in eine in sich selbst ruhende Autorität deines Herzens gewachsen sein, sodass du in königlicher Würde, Anmut und Toleranz auf dem ruhigen, stillen See der Seele lebst, der alles widerspiegelt, was ist.

Nur das Herz vermag zu schauen, wie wandelbar die Dinge dieser Welt und die Gefühle sind. Sie gleichen Quellen, Bächen und Flüssen, die sich in ihrer Qualität des Fließens, ihren Stimmungen, ihrer Schnelligkeit und Ausdehnung sehr rasch verändern. Dich den wechselnden Stimmungen, die du fühlst, hingebend und sie offen und frei zeigend, trägst du in dieser Lebendigkeit jenes Wissen, dass alle Quellen, Bäche und Flüsse nur einem entgegenströmen und in eins münden – in das weite Meer, in den großen Ozean der unendlichen Bewusstheit eines fühlenden Herzens.

B 39 Violett / Gold

II. Ägypter-Flasche

»Der Puppenspieler«

Wahre Veränderung beginnt immer bei dir selbst. Du selbst bist es, der die Fäden im Drama auf der Bühne deines Lebens in der Hand hält. In dir selbst liegt auf dieselbe Weise auch die Weisheit, dich selbst zu heilen. Es gibt viel zu lernen und das Gelernte zu teilen.

Violett über Gold hilft dir, während du nach dem Höchsten suchst, zwischen dem Gold einer Macht in dir, die Kontrolle über die Geschehnisse ausübt und sich dadurch an Macht selbst bindet, und dem Gold des Findens und weisen Handelns aus deiner eigenen spirituellen Wahrheit heraus, zu unterscheiden. Entscheidest du dich für das Letztere und gibst noch dazu dein Wissen in die Hände des höchsten Dienstes, dann wird es für dich möglich, in Beziehungsfähigkeit, Mitgefühl und Verständnis zu wachsen.

Im Zentrum dieser Lektion steht die Meisterschaft über deine emotionalen Bedürfnisse.

Das Drama des Lebens ist es, was dir vielleicht Angst macht und dich unerlöst fühlen lässt. Lässt du dich dabei von deinen Ängsten festhalten, so bindest du dich durch sie an deine Vergangenheit. Vielleicht wanderst du in ihnen herum, wie in einem düsteren Labyrinth und suchst nach Lösungsmöglichkeiten. Das mag dich jedoch nur noch mehr verwirren und deine Gefühle möglicherweise ins Extreme wachsen lassen. Nach einem Ausweg suchend, mögen dir deine Ideale dabei fern und unerreichbar scheinen und die Welt deiner Triebe und Emotionen undurchdringlich für dich werden. Doch auch indem du dich schließlich über dein inneres Dilemma hinwegzusetzen versuchst, vielleicht indem du einfach Urteile über dich selbst und andere fällst, magst du zu keiner Lösung finden. Ebenso ersetzen Phantasien und Illusionen dir nicht die reale Erfahrung.

Violett über Gold hilft dir dabei, deine Leidenschaft und dein Begehren wahrzunehmen und sie anzuerkennen. Wenn du dich dafür entscheidest, es nicht zu tun, so beschneidest du dich deiner eigenen Lebensenergie. Unterdrückst du sie, dann richtet sich ihre Kraft gegen dich selbst, wirkt zerstörerisch und bringt dich in Schwierigkeiten.

Wenn du jedoch deinem Begehren und deinen Bedürfnissen wach und aufmerksam gegenüberstehst, dann vermögen sie dir als Sprungbrett auf deiner Reise in deine eigenen inneren Welten zu dienen. Öffnest du dich für sie, anstatt sie zu unterdrücken, kannst du sie für den Prozess deiner Bewusstwerdung nutzen und meistern.

Violett über Gold vermag dich auf eine tiefe Trennung in dir selbst aufmerksam zu machen, denn dein Denken und dein Fühlen mögen mit der Zeit zwei völlig verschiedene Dinge geworden sein und auf diese Art und Weise die Basis deiner Schwierigkeiten bilden. Obwohl dein Fühlen dir wirklicher und natürlicher ist als dein Denken, magst du dich jedoch eher mit dem denkenden Teil in dir identifizieren und nicht mit deinem Fühlen.

Geboren in diese Welt wurdest du als ein fühlendes Wesen, denn als Kind warst du noch kein denkendes Wesen, sondern einfach und natürlich. Erst durch die Erziehung deiner Eltern, auf deinem Weg ins Leben, kamen Beeinflussung, Formung und Kultivierung in dein Dasein.

Auf diese Art und Weise magst du dann gelernt haben, deine Gefühle zu unterdrücken. Wenn du deine Gefühle, dein Verlangen, deine Wünsche und dein Begehren nicht unterdrückt hättest, wärest du möglicherweise ständig in Schwierigkeiten geraten. Wenn du weinen wolltest, konntest du womöglich nicht weinen, weil deine Eltern es nicht billigten. Sie mögen dich dazu erzogen haben, dich ihren Idealen entsprechend zu benehmen, denn nur dann wurdest du geliebt. Wegen deiner eigenen Gefühle jedoch wurdest du möglicherweise einfach abgelehnt, nicht geschätzt, nicht gewürdigt oder angenommen.

Jetzt magst du voller Ängste stecken und deine Gefühle sind womöglich irgendwo verschüttet. Inzwischen hast du vielleicht gelernt, dich zurücknehmen zu müssen und statt aus deinen Gefühlen heraus aus der Eitelkeit deines Egos heraus zu handeln, um Aufmerksamkeit auf dich zu ziehen. Vielleicht verweigerst du dich auch der Welt und willst gar nicht hier sein, um dich vor weiteren Verletzungen zu schützen.

Zusammengeschüttelt wird aus Violett und Gold Orange, das dir dabei helfen kann, deine Ängste und Verwirrung, die der Schock einer nicht nährenden Vater/Mutter-Beziehung in dir hinterlassen haben mag, zu lösen, um zu neuer Wärme und Vertrauen in dir selbst zurückzufinden. Orange kann an diesem Punkt ebenso hilfreich sein, um zu lernen, Verantwortung für dich selbst, den Umgang mit deinen emotionalen Bedürfnissen und mit deiner Leidenschaft zu übernehmen und sie zu meistern.

Sex ist der Ursprung aller Kreativität. Das Göttliche benötigt Sex als Basis für die Schöpfung. Sex ist eine unschuldige Energie.

Violett über Gold kann dir dabei helfen, deine sexuellen Bedürfnisse und Leidenschaften anzunehmen und sie bewusst auszuleben, denn sie bilden die fundamentalen Triebkräfte deiner Lebensenergie. Wenn du deine sexuelle Energie lebst, wenn du sie total lebst, dann kannst du sie zu deiner Transformation nutzen. Indem du sie bewusst lebst, leitet sie dich über dich selbst hinaus.

Bringst du Sex jedoch in den Kopf und schaffst dir ein Denken darüber, dann wird aus Sex Sexualität. Sexualität sind die Schatten, die trüben Wasser von Leidenschaft und Begehren. Darin ist es dein Verstand, der sexuell ist und aus purem sexuellen Begehren heraus handelt.

Dein Fühlen, deine Spiritualität und dein Herz sind daran nicht beteiligt. Auf diese Art und Weise existiert der Partner, die wirkliche Frau, und der wirkliche Mann nicht. Dann ist es nur dein Verstand, der sexuell ist, roh und den anderen entblößt, ihn ausnutzt. Die Erregung kommt nicht aus dir selbst, sondern aus deinem Denken, aus dem heraus der andere dann zu einem Objekt für deine Begierden wird, ein Ding, welches du benutzt und dann wegwirfst. Es ereignet sich keine Beziehung zum anderen, du bleibst allein, ein Fremder.

Erlaubst du es dir jedoch, deine sexuelle Energie aufsteigen zu lassen, erlaubst du ihr, durch dein Herz zu fließen, sodass Liebe aus ihr werden kann, dann ist der andere kein Instrument, und du nützt ihn nicht aus. Indem du liebst, bist du nicht egoistisch. Im Gegenteil, der andere ist wichtig für dich geworden, ein einzigartiges Wesen. Zu lieben bedeutet, zusammen in die Welt zu gehen.

Violett über Gold hilft deinem Unterscheidungsvermögen und deiner Bewusstheit zu erwachen und zu wachsen. Sex ist nichts, was du unterdrücken solltest. Sex ist der Same und Liebe die Blüte. Unterdrückst du den

Samen, so verhinderst du die Blüte. Aus Sex kann Liebe werden. Wenn Sex nicht Liebe wird, ist er verkrüppelt.

Violett über Gold hilft dir, Liebe in dir aufblühen zu lassen und aus Sex Liebe werden zu lassen. Diese Liebe muss dann nicht einfach Liebe bleiben, denn wenn du dir erlauben kannst, sie noch höher aufsteigen zu lassen, in ein meditatives Erleben, dann wird sie ins Licht transformiert, in das Letzte, das Höchste, in den mystischen Höhepunkt.

Liebst du, so bist du einfach Liebe. Und doch bist nicht du es, der Liebe ist, sondern die Liebe hat dich eingenommen, du selbst bist darin verschwunden und einfach zu fließender Energie geworden, lebendig und erfüllt.

Violett über Gold hilft dir dabei, dich selbst kennen zu lernen und in deinem Prozess des Kennenlernens eine innere Transformation zuzulassen. Es hilft dem weisen Verarbeiten von Erfahrungen, in denen du lernst, Unterscheidungsvermögen zu entwickeln, sodass die grundlegende Lebensenergie deiner Sexualität beginnen kann, aufwärts zu fließen. So kannst du sie zu deiner Bewusstwerdung nutzen, während dein Innerstes die Möglichkeit erhält, sich zu entfalten und deine Liebe an Raum gewinnt. Je tiefer du mit deinem Inneren in Kontakt kommst, umso mehr Frieden magst du dabei in dir finden. Dein Herz kann neu lernen, sich und seine Gefühle auszudrücken.

Indem du dich total hingibst und beobachtest, kannst du zu dir selbst zurückkommen und aus allem, was du dabei lernst, mag dann großer innerer Reichtum entstehen. Aus einem tiefen Kennenlernen des Innersten, in dem du tiefe Einsichten findest und sie mit anderen teilst, vermag dann wiederum tiefe Freude und Erfüllung in deinen Beziehungen zu wachsen.

Das, was du für dich selbst gelernt hast, kannst du lehren und mit anderen teilen. Dann beginnt ein Kreislauf, in dem du gibst, und während du gibst, lernst du gleichzeitig, und während du lernst, gibst du gleichzeitig.

In diesem Dienst für das Göttliche vermag sich die alte Weisheit, die du in das Leben hineinbringst, freizusetzen, denn du hebst den goldenen Kelch aus der Tiefe ans Licht.

B40 Rot / Gold

»Ich bin«

Jede Situation im Leben gibt dir die Möglichkeit, dich selbst zu entdecken. Dabei magst du dich dann vor die Wahl gestellt finden, aus alten Mustern heraus zu ›reagieren‹ und Opfer der Umstände zu bleiben oder aus innerer Weisheit heraus zu ›antworten‹ und auf diese Art und Weise zum Meister deines eigenen Lebens zu werden.

Je tiefer es dir gelingt, in dich selbst hineinzuvertrauen und dich selbst zu lieben, im tiefen Wissen, dass die positive Einstellung zu deinem Leben dir Selbsterkenntnis bringt und ebenso dein Weiterkommen ermöglicht, umso mehr Liebe in der reinsten Form kann sich durch dich entfalten und in dein Leben fließen. Je größer dein Selbstvertrauen in das höchste Ziel der Liebe ist, desto klarer kannst du auch deine Vergangenheit sehen, bis sie durch deine ganze Kraft und Energie in deiner totalen Konfrontation mit ihr die Macht über dich verliert und du Meisterschaft über dein Leben erlangst.

Meisterschaft des Lebens bedeutet die Disziplin vollkommener Selbsterkenntnis. Sie kann dich zur völligen geistigen und emotionalen Freiheit führen und deine Identifikation mit deinem Körper lösen. Totale Selbsterkenntnis geschieht nur, indem du authentisch bist.

Rot über Gold spiegelt deine Art, wie du lebst und wie du mit deinem Leben und dir selbst umgehst.

Es mag sein, dass die ganze materielle Seite des Lebens und dein Umgang mit ihr dir tiefe Angst verursacht. Aus deiner Angst heraus machst du dich vielleicht von etwas abhängig oder willst möglicherweise etwas besitzen, woraus sich dann wiederum Konflikte bilden, weil du nicht aufrichtig aus dir selbst heraus handelst, sondern aus deinen egoistischen Interessen. Das mag dann so aussehen, dass du andere einfach dominierst oder ihnen vielleicht Angst machst, nur um deine Ziele zu erreichen. Vielleicht fühlst du dich auch aller möglichen Dinge schuldig oder machst andere schuldig für etwas, läufst aber an der eigentlichen Wahrheit der Dinge in deinem Leben vorbei.

Wenn du jedoch in Konflikten verhaftet bist oder in Konflikt mit dir selbst stehst, siehst du dich selbst und andere unweigerlich unrealistisch. Du magst einen bestimmten Standpunkt bezogen haben, von dem aus du andere be- und verurteilst, oder bist vielleicht befangen von etwas, aus dem sich deine vorgefertigten Meinungen bilden. Jedoch aus Voreingenommenheit heraus wirst du auf deine Umstände oder auf Menschen immer emotional reagieren. Dann bist du möglicherweise wütend oder ärgerlich, vielleicht aus deiner Angst im Inneren, dich selbst, dein wahres Selbst, nicht äußern zu können. Wenn du es äußerst, befürchtest du, darin missverstanden und nicht wahrgenommen zu werden.

Je mehr du allerdings in deinen Gefühlen verhaftet bist, umso eher läufst du dann der Liebe hinterher, weil du von ihr etwas willst oder benötigst. Auf diese Weise magst du dich von der Gunst oder Ungunst anderer dir gegenüber abhängig machen. Vielleicht wird deine Liebe auch hilflos und eifersüchtig, und du willst etwas für dich haben, etwas besitzen. Möglicherweise ziehst du dich auch aus deiner Unsicherheit heraus einfach zurück. Da es dir vielleicht große Schwierigkeiten bereitet, deine Gefühle zu zeigen, magst du vielleicht auch mit sexuellen Problemen zu kämpfen haben und es schwierig finden, dich durch Sexualität auszudrücken.

Kennst du dich nicht wirklich selbst, dann spiegelt sich das in deinen Handlungen und Reaktionen im Leben. Dann gibst du möglicherweise deine Macht an andere ab und bekämpfst sie oder unterwirfst dich ihnen.

Wahre Liebe jedoch gibt Freiheit.

Rot über Gold hilft dir herauszufinden, was es ist, das dich hindert, frei von Vorurteilen, Verhaftung an deine Gefühle und Identifikation mit deinem Körper zu sein.

Es geht um den Prozess deiner Selbstentdeckung.

Wenn du dafür in deine Vergangenheit zurückgehst, so mag dir in deiner Kindheit die Dominanz deiner Familie über dich wiederbegegnen, in der möglicherweise materielles Denken über die innere Weisheit um die Dinge der Welt gestellt wurde und das, was deine Eltern dachten, dir vielleicht als Muster vorgegeben wurde. Auf diese Weise ist dann deine emotionale Wahrheit unterdrückt worden, und es mag daher sehr schwierig oder vielleicht sogar unmöglich für dich geworden sein, in liebevolle Beziehungen einzutreten. Möglicherweise mangelte es dir auch an echter Anerkennung.

Geschüttelt wird aus Rot und Gold Orange. Orange vermag hier jene Schocksituationen zu befreien, die entstanden sein mögen, indem du deine innere Wahrheit vielleicht mit aller Kraft nach außen gebracht hast und darin dann möglicherweise dem Familienwillen zum Opfer gefallen bist. Tief verunsichert magst du dein Verhalten dann zwar an die familiären Regeln angepasst haben, in denen du jedoch nicht du selbst sein konntest. Deine Selbstbehauptung und dein natürliches Durchsetzungsvermögen sind offenbar einfach gescheitert.

Rot über Gold kann dir helfen, dich selbst wieder zu entdecken und die Kraft aufzubringen, die alten Fesseln familiärer Macht zu sprengen. Du magst dir deiner Frustration, in der du dich vielleicht selbst vergräbst, wieder bewusst werden, sie hinter dir lassen und lernen, deinem ganzen Ärger und deiner Wut freien Lauf zu lassen. Indem du allen deinen Gefühlen erlaubst, sich auszudrücken, kannst du wieder offen werden, um jenen Mut und jene Kraft in dir zu finden, die dich von aller Abhängigkeit deines Denkens und deines Fühlens befreien. So kannst du beginnen, deine eigene emotionale Weisheit zu leben.

Rot über Gold hilft dir zu lernen, dich selbst anzuerkennen. Es hilft dir, mit deiner ganzen Kraft dich selbst zu lieben und mit dem, was für dich wahr ist, wieder in Kontakt zu kommen. In deiner Hingabe an die Weisheit deiner eigenen Gefühle vermagst du neu zu lernen, deinen eigenen Empfindungen zu vertrauen und dir darin sicher zu sein, dass du auf dem richtigen Weg bist. Auf diese Weise kannst du wieder in Einklang mit dir selbst kommen und deine wirkliche Verantwortung einnehmen, wahrhaft du selbst zu sein.

Aus jener Klarheit, die du aus deiner emotionalen Freiheit wiedergewinnst, kann dann neues Selbstvertrauen in dir wachsen und die Energie, dich selbst zu erkennen, was immer du gerade bist.

Rot über Gold stärkt deine Kraft und Ausrichtung zur leidenschaftlich ausgedrückten Weisheit wahrer Liebe, die aus der Leidenschaft zum Leben selbst erwächst. Beginnst du aus ihr heraus zu handeln, mögen äußere Sicherheiten dabei weichen und deiner inneren, emotionalen Sicherheit den Vorrang geben. Innerlich frei von der Identifikation mit deinen Gefühlen, Gedanken und deinem Körper, kannst du wahrhaft du selbst sein. Dieser innere Abstand zu dir selbst ermöglicht dann, dass sich in dir eine Liebe in der reinsten Form entfalten kann, sodass du im Puls und Rhythmus der Erde zu fließen beginnst; im Puls jenes roten Blutes, das dir das Leben geschenkt hat, das die tiefe, uralte Weisheit von Mutter Erde, nämlich die Liebe zum Leben selbst, repräsentiert, die dich Leben für Leben begleitet und dich führt.

Indem du das, was aus dem inneren Reichtum deiner Seele in dir auftaucht und welches dir wert und richtig erscheint, in die Wirklichkeit umsetzt, kannst du das, was du in dir trägst, nach außen bringen und es in deinem Leben verwirklichen. Ständig dein Denken darin überprüfend, kann die goldene Kraft deines inneren Wissens dabei zu jener Kraft werden, die die materielle Welt transformiert und Erfüllung in dein Leben bringt. Legst du deine Weisheit in die Hände des höheren Willens und lässt dein Leben durch sie bestimmen, so kann es dir gelingen, die richtige Handlung zum richtigen Zeitpunkt auszuführen, aus der das richtige Ergebnis dann folgt.

Unschuldig und vertrauensvoll magst du nun damit beginnen, alles das zu tun, was du dir vorstellst und was du dir wünschst.

Auf diese Weise kann der Traum deines Lebens, wenn du alles für ihn gibst und ihn in jeder Handlung deines Alltags, aus der Weisheit deines Inneren heraus, in dein Leben umsetzt, Gestalt annehmen. Sorgsam abwägend und weise dabei echtes Wissen von Projektionen unterscheidend, vermag er durch dich das Licht der Welt zu entdecken und zur Wirklichkeit zu werden.

Sanft und zart und in schützender Güte magst du nun jenes nähren, was durch dich in die Welt drängt. Opferbereit, in gebender Liebe, kann der goldene Faden des Urwissens und der Urkraft der Erde sich auf diese Weise durch deine Hände schließlich zur Liebe in reinster Form spinnen.

In dieser Kristallisation, dem Bewusstsein deiner selbst und seiner Schönheit, kann sich nun in völliger Klarheit die Macht der ältesten Vergangenheit über dich erlösen, hinein in den Beginn der Dämmerung deines wahren »Ich bin«.

B 41 Gold / Gold

»Weisheits-Flasche«

Das Leben schenkt dir alles, was du benötigst, um glücklich zu sein. Wenn es dir gelingt, daraus Weisheit zu formen, dann können ein tiefes Erfülltsein und ein Überfluss auf allen Ebenen deines Seins entstehen und mit ihnen Wohlstand und Zufriedenheit in allen Bereichen deines Lebens Einzug halten.

Gold über Gold kann nährende Stoffe, die du von einem anderen System aufnimmst, für dein eigenes System aufbereiten, sodass sie dir zur Verwertung zur Verfügung stehen und deiner Lebenskraft dienen. Es geschieht eine Angleichung und dann eine Verarbeitung.

Die Quintessenz aller Stoffe, aller Dinge und Menschen, die du um dich hast und zu deinem Leben benötigst, besteht aus der Schwingung und Energie von tiefer Liebe, und alles strebt nach Vollendung. Sammelst du von dieser Art Liebe genug in deinem Leben, so kannst du den Punkt erreichen, an dem dein Kelch überzufließen beginnt. Dann vermögen sich all deine Wünsche zu erfüllen, und du kannst zu dem Erfolg finden, der dein ganzes Wesen nährt.

Schaffst du dir in deinem Leben, vielleicht aus deinen Selbstzweifeln heraus, jedoch nur Sicherheiten, so magst du aus Angst vor dem Leben, im Gegensatz zur möglichen Fülle, nur Enge und Unzufriedenheit anziehen. Vielleicht bewegst du dich dabei in Mustern der Vergangenheit und schaffst dir Möglichkeiten für dein Überleben, welche dich dann in eine lähmende Situation bringen, in der du deine Gefühle, deine Gedanken und deine Ideale nicht verwirklichen kannst. Wenn du an der Sicherheit althergebrachter Werte der materiellen Welt festhältst, gerätst du dadurch vielleicht völlig aus dem Gleichgewicht und das möglicherweise nur, um diese Sicherheit, die du vielleicht meinst zum Leben zu benötigen, nicht zu verlieren. Schließlich magst du dich dann in Angst, Furcht und Verwirrung verstricken, nur weil du dich nicht auf das Abenteuer, du selbst zu sein im großen Spiel des Lebens, einlassen willst. Stattdessen lebst du vielleicht ein Leben ohne Freude.

Indem du jedoch Vorsätzen und Gegebenheiten nachlebst, bezahlst du den Preis tiefer innerer Freude. Sie vermag sich immer dann einzustellen, wenn du dich selbst verwirklichst und dich selbst lebst.

Stellst du dich jedoch mutig den Herausforderungen des Lebens und suchst der Wahrheit und deinem Wesen auf den Grund zu gehen und sie zu erfassen, dann kannst du damit deiner emotionalen Entfaltung Raum geben. In ihr erhält dann deine Individualität die Möglichkeit zur Entwicklung, und deine Seele kann zur Erfüllung ihrer Bestimmung finden.

Selbstzweifel und tiefe Ängste mögen dich am Vorwärtsgehen hindern, und Schwierigkeiten mit der materiellen Seite des Lebens sind vielleicht die Gründe dafür, die deinen wahren Reichtum, Luxus und Überfluss daran hindern, sich einzustellen. In deinem möglicherweise engstirnigen, kalkulierenden Denken, das sich zwischen Gewinn und Verlust bewegt, magst du dich in innere Zwiespälte, Konflikte und Uneinigkeiten manövrieren. Alles darin scheint dir vielleicht geradezu einander entgegengesetzt und sich gegenseitig ausschließend, sodass kreative Lösungen offenbar auf diese Art und Weise unmöglich werden.

In tiefer Angst davor, dein Inneres zu leben, dir möglicherweise Befürchtungen ausmalend, was eintritt, wenn dann dadurch dein Äußeres zu Fall kommt, hältst du vielleicht lieber das fest, was du besitzt. Dein Augenmerk dabei mag darauf liegen, in stetiger Konzentration und Anstrengung das, was du bereits besitzt, vermehren zu können. Anstatt etwas von dir selbst zu geben, bist du möglicherweise eher auf jenes konzentriert, was dir vermeintlich zusteht.

Obwohl du vielleicht Schuldgefühle hast, etwas falsch gemacht zu haben, magst du auf die gleiche Weise an deinen Beziehungen festhalten, dich abhängig machen und Verpflichtungen schaffen, die dich binden. Auch wenn du die Schuld dafür möglicherweise anderen zuschiebst, so ist es doch dein eigenes seelisches Armutsdenken, das deine Unzufriedenheit und deinen Misserfolg in den Dingen des Lebens erschafft.

In der Enge alter Wertmaßstäbe und deinem dir Sicherheit gebenden Arrangement, das du für dich darin geschaffen hast, wird es dir jedoch nur gelingen, in Widersprüchen und Disharmonien zu leben, die niemals deinen Hunger nach dem Leben zu stillen vermögen. Möglicherweise willst du nur vor dir selbst nicht wahrhaben, dass du dich vor der Lebendigkeit des Lebens verschlossen hast.

Gold über Gold ist eine große Hilfe dabei, dich zum Ursprung deiner tiefen Ängste zurückzuführen, zu jener Zeit in deinem Leben, als du begonnen haben magst, dich vor dem Leben selbst zu verschließen. Vielleicht wurdest du als Kind, als Antwort auf deinen Mut, alles zu riskieren, um deine Wahrheit auszudrücken, zurückgewiesen oder bestraft. Aus Angst vor diesen Konsequenzen magst du dann gelernt haben, nie mehr Risiken einzugehen, und versuchst seitdem möglicherweise, jenen Wertvorstellungen, die deine Eltern dir beigebracht haben, zu entsprechen, und hast dich angepasst.

Deine tiefe Angst davor, deine eigene Weisheit zu fühlen, sie auszudrücken und zu leben, mag auch aus tieferer Vergangenheit stammen und dir möglicherweise Todesängste verursachen, wenn du die Erfahrung erlitten hast, für dein Wissen umgebracht worden zu sein.

Gold über Gold bringt frischen Wind in lähmende Situationen und kann dir helfen, deine Tendenz zur Selbstauflösung, dein Gefühl, nichts wert zu sein, oder dein aus deiner Angst vor Macht resultierendes Gefühl, dich deiner Weisheit und Kraft nicht mehr stellen zu wollen, loszulassen.

Gold über Gold hilft dir, aus deiner Fremdbestimmtheit herauszufinden und hineinzufinden in deine Selbstbestimmtheit. Es kann dir helfen zu lernen, unabhängig zu werden, bei dir selbst anzukommen, in deine Mitte einzutreten und deine eigene Wahrheit, die du hier zu leben hast, zu finden und zu verwirklichen. In der Abgrenzung zum Denken anderer magst du zu dir selbst zurückfinden, zu deinem eigenen Denken, deinem eigenen Fühlen, deinem eigenen Körper und wieder den Zugang zur Weisheit aus deiner Vergangenheit erhalten.

Gold über Gold hilft, Lebensenergie aufzunehmen und Licht und Weisheit in alle Bereiche des Lebens zu bringen.

Aufnahme von Lebensenergie entsteht dadurch, dass du aus dem Leben das für dich auswählst, was dich nährt, und das loslässt, was dich hindert und was du nicht mehr zum Leben benötigst. In diesem wahrhaft goldenen Bewusstsein kannst du lernen, dich aus der Enge deiner Ängste vor dem Leben zu lösen und dich der tiefen Freude am Leben zu öffnen. Alles Gold liegt darin, ein wahrhafter und aufrichtiger Schüler des Lebens zu sein und in allen Schwierigkeiten die Möglichkeit zu entdecken, zu lernen und zu wachsen.

Überwindest du die Bitterkeit gegenüber dem Leben und beginnst die Dinge von einer natürlichen Warte aus zu betrachten, im Einklang mit den Rhythmen der Natur, dann kannst du auch damit beginnen zu säen, in der Gewissheit zu ernten. Du kannst dem Leben erlauben, sich durch dich entfalten zu lassen.

In diesem Verstehen kann schließlich alles, was du im Leben benötigst, an seinen richtigen Platz gelangen, in harmonischer Zuordnung, entsprechend dem Wert, den es für dich hat. Indem du dem Ausdruck deiner Gefühle, deiner Gedanken, dem Wohlbefinden deines Körpers und deinen Idealen dienst, kann eine Synchronizität im Zusammenspiel aller Dinge, die dein Leben ausmachen, entstehen. Darin kannst du dann zu deiner Fähigkeit finden, angemessen für dich selbst und andere zu sorgen. Logik und Intuition vermögen auf diese Weise ihr Gleichgewicht zu finden.

In dieser inneren Ordnung, dieser Lösung, die dir eine Öffnung zum Leben hin erlaubt, magst du möglicherweise zum ersten Mal das Gefühl finden und entwickeln, vom Leben selbst genährt zu werden. Du magst sogar selbst spüren, wie du Lebenskraft aufnimmst, und selbst das tiefe Vertrauen und das Gefühl entwickeln, geradezu die ahnungsvolle Sicherheit, alles bekommen zu können, was du im Leben wahrhaft möchtest und benötigst.

In dieser inneren Haltung kannst du nun von der Schattenseite des Lebens auf die Sonnenseite treten, wie eine Blüte, die die Sonne in sich einlässt und sich nach ihr reckt.

Existenzängste mögen sich in den Genuss des goldenen Augenblicks hinein auflösen und in die tiefe Freude am Leben selbst verwandeln. Verwirrung kann zur Klarheit führen und zum Ruhen in dir selbst.

Ist die Struktur in deinem Leben beweglich, konstruktiv und verantwortlich, wird auf diese Art und Weise das Leben für dich emotional erfahrbar und mag sich in ein Abenteuer verwandeln, das es zu erfahren und zu erleben gilt. Du kannst lernen, dich verantwortlich auf die Herausforderungen, die es mit sich bringt, einzulassen. Sie sind der Prüfstand, ob deine neue Ordnung sich bewährt, und sie vermögen deine emotionale Sicherheit eindeutig werden zu lassen. Im Wissen und Vertrauen, dass die Dinge sich entwickeln und alles im richtigen Augenblick kommt, können sie wachsen.

Hörst du auf, dich vor dem Leben zu verschließen oder gegen das Leben zu kämpfen, dann kann es zu deinem Freund werden und dir alles schenken, was du benötigst, um wahrhaft glücklich zu sein.

Sind deine Absichten selbstlos, so werden deine Wünsche erfüllt. Das ist das oberste Gesetz des Lebens, die krönende Lotosblüte des Lebensbaums. In dieser Selbstlosigkeit kann das Gold der Liebe beginnen, sich über dich auszugießen und sich dann in alle Lebensbereiche zu verströmen, die du für das Leben geöffnet hast.

Gold über Gold hilft dir an diesem Punkt, dein zartes, vielleicht zerbrechlich erscheinendes und offenes Wesen mit deiner Tatkraft und Entschlossenheit zu verbinden, um das Glück, das du erfährst, weiterfließen zu lassen und mit anderen zu teilen. Darin vermögen diejenigen, die bereit sind zu empfangen, dann ihr eigenes Glück, ihre eigene Harmonie und ihre eigene Liebe zum großen Abenteuer, das Leben heißt, wieder zu finden.

Deine goldene Ausstrahlung mag nun von deiner Erfüllung geprägt sein, wie eine Sattheit nach langem Hunger. Das, was du tief in dir erfahren und nach außen gebracht hast, kann dir nun eine stille und ruhige Reife geben. An deinen Früchten wirst du erkannt! Ihr Gold ist das Gold deiner Weisheit. Ihr Licht überdauert alle Zeiten und ist trotz seiner Zartheit unzerstörbar in seiner Kraft. Es ist das Elixier zu Ende gelebter Erfahrungen. Das Zurückkehren zum Ursprung.

B42 Gelb / Gelb

»Ernte«

In Selbstvertrauen und Selbstbewusstsein kann aus einem von außen aufgenommenen Wissen, wenn deine eigene Erfahrung hinzukommt, dein echtes und eigenes inneres Verstehen entstehen. Teilst du es dann mit der Welt, im Wissen, dass dem, was du säst, eine Ernte folgt, kann dieser Gewissheit wiederum deine spontane Freude entspringen, in der der Ernst des Verstandes dich verlässt.

Gelb über Gelb kann dir bei mentaler Überlastung, wenn du zu viel Gedanken oder Wissen von außen aufgenommen hast, helfen, nach innen zu gehen, um dir dort deiner Spannungsmuster bewusst zu werden, die dich an deiner spontanen Lebensfreude hindern. Es hilft dir, dich schließlich wieder an dein Erwachen in dein Glücklichsein im Hier und Jetzt erinnern zu können.

Gelb über Gelb ist eine große Hilfe dabei zu lernen, dein Denken nicht über alles zu stellen und die Angst vor deiner eigenen Tiefe, deinen Gefühlen und Emotionen wahrzunehmen und sie nach und nach zu lösen. Es kann dir dabei helfen, aus der Flut deiner Gedanken heraus deine Lebenslust und Lebensfreude wieder zu finden. Es unterstützt dich, wenn es dir möglicherweise nicht mehr gelingt, dich auf dich selbst zu verlassen, um jene Gedanken und Gefühle in dir, die sich gegen dich selbst richten, wahrzunehmen. Du kannst dann sehen, ob du nur dem folgst, wie andere dich gerne hätten, ob du das zu erfüllen versuchst, was andere vielleicht von dir erwarten, oder dem, was du dir möglicherweise selbst einredest, wie du zu sein hättest. Aus all diesen Einstellungen erschafft sich dann schließlich die Art deines Charakters, mit dem du dich dann letztendlich identifizierst.

Machst du dich von jenen Verbindungen in deinem Leben abhängig, die du dir geschaffen haben magst, um dich ernähren und leben zu können, dann mögen Furcht und Angst in dir entstehen, sie zu verlieren, wenn du nach deiner wahren Identität suchst. Daher magst du beschließen, dich besser nicht zu verändern. Das wiederum bewirkt dann unweigerlich einen inneren Kampf gegen dich selbst, der dich dann möglicherweise in Verwirrung stürzt. In diesem Teufelskreis könnte dein Körper beginnen, sich zu verkrampfen, starr und angespannt zu werden und deine Haltung sich dem Willen dessen beugen, was von dir verlangt wird. Doch ein Erfüllen der Erwartungen anderer macht schwach, nervös und unglücklich, und vielleicht reagierst du gehemmt und verlegen. Um wenigstens an der Oberfläche glücklich zu wirken, kämpfst du dann wiederum deine Gefühle nieder, und wenn du dann alleine bist, sackst du womöglich in dir zusammen und wirst depressiv.

Deine Gedanken mögen sich dann auf Besseres konzentrieren, auf das, was kommen soll. Doch jene innere Leere, die sich unweigerlich einstellt, wenn du dich nicht selbst lebst, weißt du dann vielleicht nicht mehr zu stopfen. Das Gefühl von Stress und Unzufriedenheit in dir bleibt jedoch.

So ruht der ›Ernst des Lebens‹, den du als Kind möglicherweise schon sehr früh hast lernen müssen, vielleicht wie eine plagende Last auf dir, düster und schwer. Wie eine Pflicht, die du ständig zu erfüllen suchst, die jedoch nie leichter wird und dich auf Dauer mehr und mehr ermüdet. So, wie du vielleicht sein wolltest, spontan und frei, um all das, was du fühltest, einfach ausdrücken und ausleben zu können, durftest du als Kind möglicherweise nicht sein. Stattdessen mögen dir deine Eltern beigebracht haben, dich danach zu richten, die Dinge des Lebens so zu erfüllen, wie sie zu sein haben und unveränderbar sind. Etwas in dir wurde kontrollierbar gemacht und pflichtbewusst. Darin mag dann die Welt zu einem feststehenden Bild geworden sein und rational für dich erfahrbar, aber nicht mehr emotional.

Gelb über Gelb hilft dir, dich unter deiner schweren Bürde aufzuwecken. Es gibt dir einen anderen Blickwinkel, von dem aus du lernen kannst, die Dinge anstatt von außen von innen, nämlich von dir aus, zu betrachten. Betrachtest du die Dinge von außen, verletzt du dich womöglich an der vermeintlichen Starre ihrer Unveränderbarkeit, verzweifelst vielleicht und resignierst schließlich. Betrachtest du die Dinge jedoch von innen, findest du unwillkürlich Freude, denn dann kannst du sehen, dass sie veränderbar sind.

Gelb über Gelb leitet dich in ein neues Verstehen. Indem es dein Gefühl von Begrenzung und die Gefühle, die du dahinter selbst zurückhältst, auflöst, kannst du dich für deine eigene Weisheit und deine Intuition öffnen. Je stärker es dir gelingt, sie wahrzunehmen und sie zu vertreten, umso klarer kann dabei dein Selbstwertgefühl werden.

Gelb über Gelb weckt das Kind in dir, damit es spielerisch wird und die Last des Ernstes abwirft. Im Spiel wirst du frei von allen Ängsten, dein Körper kann sich entspannen, deine Gedanken können klar und kreativ werden, und alles, was zählt, ist der Augenblick. Im Spiel kannst du lernen, von Mustern, die dich geprägt haben mögen, loszulassen und Veränderungen Raum zu geben. Die Freude, die durch dein Spielerischsein entsteht, mag dich schließlich den Mut finden lassen, einfach du selbst zu sein.

Auf diese Art und Weise kann alles, was zuvor möglicherweise in dir niedergedrückt und ins Stocken geraten war, wieder in Bewegung und in Fluss kommen und frei von allen Begrenzungen fließen und strömen. Im Fluss des Lebens zu sein bedeutet, aufmerksam zu sein für ständige Veränderung.

Gelb über Gelb zielt in die Mitte deines Ichs. Es lässt Licht in dein Wesen scheinen und vermag durch deine Schatten hindurch bis in die geheimsten Winkel in dir vorzudringen und dir das aufzuzeigen, was du dir wirklich wünschst. Das sonnige Licht des Gelb zielt dorthin, wo all deine Wünsche und Träume verborgen sind, die du als Kind im Spiel begonnen hast zu leben. In ihnen liegt dein eigenes Wissen und der Sinn deines eigenen Lebens verborgen. Entdeckst du sie spielerisch wieder und machst einfach das, was dir Freude bereitet, dann kannst du beginnen, durch deine Wünsche und Träume deine wahre Identität wieder zu finden und sie zu leben und damit dein eigenes Wissen und deine eigene Intelligenz wieder in dein Leben zu bringen. In der Verwirklichung deiner Träume, indem du sie Wahrheit werden lässt und sie in die Welt umsetzt, liegt die ganze Öffnung deines Wesens für das Leben und damit die größte Selbsterkenntnis, Erfüllung und Freude.

Gelb über Gelb hilft dir, alte Wunden zu schließen. Es stärkt und fördert dein wahres Wesen und dein Selbstbewusstsein und du kannst auf diesem Weg wieder den Mut finden, im Leben du selbst zu sein. Du kannst lernen, deine Gedanken und Gefühle konstruktiv für dich selbst einzusetzen und in deiner Selbstbehauptung dich nach außen entweder abgrenzen oder dich durchsetzen.

Gelb über Gelb ist eine große Hilfe dabei, in deinem Leben deine eigene Verantwortung dafür zu erkennen, Unglück oder Freude für dich selbst zu schaffen. Aus deiner Verwirrung mag dann jene Klarheit entstehen, die dich wach und intelligent mit deiner Lebenssituation umgehen lässt, sodass du dich nicht verstrickst und es dir leicht fällt, mit dem Leben umzugehen. Mut zur Veränderung und Freude an spontanen Einfällen mögen dich dabei begleiten. Ehrlichkeit und Echtheit dir selbst gegenüber sind Qualitäten, die einen neuen Raum für erfüllte emotionale Beziehungen aufbauen helfen und dich darin unterstützen, neue Verbindungen, die dich in deinem Sein nähren und deshalb wertvoll für dich sind, zu knüpfen. Dabei mag Flexibilität deine Haltung prägen, um mit den verschiedensten Menschen und Situationen entsprechend umzugehen. Einmal in Kontakt mit dir selbst, kann es leicht für dich werden, dich in den verschiedensten Lebenssituationen zurechtzufinden. Je mehr du dich selbst lebst, desto mehr Lebenskraft kannst du aufnehmen!

Gelb über Gelb hilft dir, das Leben zu feiern als das, was es ist - eine große Feier, voller Lebensenergie, überfließender Liebe, gefüllt von Licht und mannigfaltigem Austausch. In spontaner Freude mag dein Herz beginnen zu singen, zu tanzen und zu lachen, sodass dein Leben einfach zur völligen Lebendigkeit wird. Bist du dann darin allein, so vermagst du das Alleinsein zu genießen, und bist du darin mit anderen, so kannst du ebenso ihre Gegenwart bewusst und voller Freude genießen.

Eine friedvolle Glückseligkeit, die ihre Kraft aus der Tiefe deiner Seele schöpft, mag nun beginnen, aus dir zu erstrahlen, und Freude und Ausgeglichenheit darin zu deinem natürlichen Zustand werden. Entspannt kannst du dabei beobachten, wie deine Wünsche wahr werden.

So kann dann, in einem Moment deines Lebens, das plötzliche Erwachen geschehen, die große Segnung, aus der dann die Vollkommenheit deiner Freude erwächst.

B 43 Türkis / Türkis

»Kreativität«

Wenn du dein Leben aus alten Mustern heraus lebst und dich vielleicht nur der Trägheit deines Herzens darin hingibst, dann wird aus deinem Leben eine Hast, eine Dumpfheit und eine Enge. Beschließt du jedoch, dir deiner eigenen Gefühle und emotionalen Bedürfnisse bewusst zu werden, so öffnest du dir dagegen Zeit und Raum für neue Wege, wie du besser mit deinem Leben umgehen kannst.

Durch negatives Denken, zu viel Genuss und Ausschweifungen schaffst du nur Unklarheit und Blockaden. Sie mögen dich dann in den Sumpf der Unbewusstheit herunterziehen, dahin, wo nichts mehr weitergeht und du womöglich stecken bleibst. Dort mag dann deine Energie verpuffen und auch dein Körper träge werden und sich nicht mehr in Bewegung setzen wollen. Deine dann vielleicht gerade noch übrig gebliebene Energie einzusetzen, mag dabei geradezu vergebliche Mühe sein, da an diesem Punkt kein Austausch und auch keine Erneuerung deiner Energien mehr stattfindet. Möglicherweise erstickt auch dein Herz in diesen Umständen, denn auf diese Weise erhält es keine Nahrung mehr zum Erwachen und Erkennen und auch nicht zum Wachsen in Liebe, Licht und Bewusstheit. Es kann nur noch in seiner eigenen Trauer ertrinken.

Türkis über Türkis ist eine große Hilfe dabei, eine positive Einstellung zum Leben zu entwickeln. Eine Einstellung, in der du deinen Gefühlen und Emotionen wieder Raum zu geben vermagst und lernst, dir Zeit zum Hinschauen zu nehmen, deine Reserven zu erneuern und wieder zu neuer Frische und neuer Lebendigkeit zu finden. Dabei kann sich dir die Möglichkeit einer neuen Sichtweise öffnen, die dann deine Trägheit durchbricht und in der alles das, was zuvor in dir stagnierte, wieder die Chance erhält, in Fluss zu kommen.

Die Kunst des Lebens liegt darin, deiner eigenen Seele zu vertrauen und dich in dich selbst hineinsinken zu lassen. Dann kannst du von allen Ebenen Informationen darüber erhalten, was du wirklich benötigst.

Dadurch, dass du mit deinen Gefühlen nicht in Kontakt stehst, kennst du dich möglicherweise selbst nicht gut. Vielleicht hast du deine Gefühle auch aus Angst vor Verletzungen zurückgenommen und dein Vertrauen in andere mag nun nicht mehr sehr weit gehen. Ängste und Befürchtungen vor dem Geliebtwerden und Angst vor Nähe lassen dich möglicherweise ausweichen. Im Grunde versteckst du vielleicht sogar deine wirklichen Gefühle und magst deine eigenen emotionalen Bedürfnisse ablehnen.

Türkis über Türkis kann dir helfen, durch extreme Ablehnung hindurchzugehen, die so tief in deinem Unterbewusstsein verankert sein mag, dass du vielleicht gelernt hast, dich nun selbst abzulehnen. Da du die Erfahrung gemacht haben magst, zurückgestoßen worden zu sein, stößt du dich jetzt vielleicht selbst zurück, und die mangelnde Liebe in deinem Leben versuchst du möglicherweise nun dadurch auszugleichen, indem du zu anderen distanziert und kühl bist und nur in dich selbst verliebt zu sein scheinst. Jedoch auf diese Art und Weise ist deine Eigenliebe nicht hilfreich, sondern nur kalt und egoistisch.

Vielleicht richtest du auch unbewusst deine Liebe immer wieder auf Menschen, von denen nichts zurückkommt, wodurch sich dein Gefühl des Einsamseins in der Welt noch verstärken mag.

Türkis über Türkis hilft dir, Verantwortung für deine eigene Situation zu übernehmen und dich zu fragen, warum du dein Leben so und nicht anders geschaffen hast. Es hilft dir, wieder Zugang zu deinem Unterbewussten zu erhalten und Zugang zu deiner Kindheit zu finden, die den Beginn deiner Verhaltensmuster geprägt hat.

Als Kind magst du deine Eltern innig und uneingeschränkt geliebt haben, einfach weil sie deine Eltern waren. Wenn du jedoch Verletzungen in dieser Liebe erlebt hast, deine Liebe vielleicht nicht erwidert worden ist oder dich ein Elternteil abgelehnt hat und anstatt dir Liebe zu geben, möglicherweise Macht über dich ausgeübt hat, so magst du aus Angst vor Angriffen auf dich und die Zerstörung deiner kindlichen, unschuldigen Liebe darauf mit dem Zurücknehmen deiner Gefühle reagiert haben und deine Gefühle seitdem vielleicht einfach vor anderen und dir selbst verstecken.

Es mag sein, dass du dann das Verhaltensmuster, wie man liebt, von deinen Eltern übernommen hast, nämlich Gefühle abzulehnen. Nun lehnst du dich und andere unbewusst vielleicht selbst ab und setzt dich möglicherweise distanziert und kühl über sie hinweg, um selbst Macht ausüben zu können.

Türkis über Türkis hilft dir, bewusst zu erleben, dass du vielleicht bereits zu viel deiner Energie an Menschen verschwendet hast, von denen nichts zu dir zurückkommt. Obwohl du nichts von ihnen zurückerhieltest, hast du sie vielleicht trotzdem mit deiner Energie gefüllt, so lange, bis du dich schließlich selbst leer und ausgesogen gefühlt hast. Auf diese Weise mag der Fluss deiner Energie ins Stocken geraten sein, und je mehr du jetzt versuchst, diese festgefahrenen Situationen wieder zu beleben, desto kraftloser und leerer magst du dich dabei fühlen.

Türkis über Türkis ist hilfreich dafür, wieder zu einer Klarheit in deinem eigenen Fühlen zu kommen, um jenseits von emotionalen Abhängigkeiten zu lernen, dich auf dich selbst zurückzubesinnen, dich selbst zu finden und zu dir selbst zu stehen. Es hilft, dir alter Muster und Verhaltensweisen, die mit deiner Angst zu tun haben mögen, dass jemand Macht über deine Gefühle ausübt, bewusst zu werden und dich klar abzugrenzen, indem du beginnst, ›Nein‹ zu jedem Missbrauch von Macht zu sagen.

Türkis über Türkis unterstützt dich darin, deinen Gefühlen und Emotionen wieder neuen Raum zu geben und bewusst wieder mit dem in Kontakt zu treten, was du selbst reinsten Herzens fühlst. So kannst du wieder in einen nährenden Kontakt mit deiner Selbstliebe finden. Indem du deinen Ängsten und Befürchtungen vor der Liebe und dem Geliebtwerden erlaubst, sich zu lösen und wieder beginnst, neu zu vertrauen, kannst du anfangen, andere Menschen wieder an dich heranzulassen und dich mit ihnen verbunden zu fühlen.

Türkis über Türkis hilft dir, in deiner Selbstfindung erkennen zu können, dass jeder Mensch, so auch du, einen Teil der gesamten Schöpfung in sich trägt. In diesem Teil des Gesamten liegt die Möglichkeit verborgen, in einer kreativen Kommunikation mit den Tiefen deines Wesens dein eigenes schöpferisches Potenzial zu erkennen, um den Durchbruch zu einem tieferen Sinn im Leben finden zu können.

Türkis über Türkis ist hilfreich dafür, dich generell für die Geheimnisse des Lebens und aller deiner Gefühle darin zu öffnen und damit offen zu werden für neue Möglichkeiten von Bewusstheit, Kreativität und Austausch in deinem Leben. Aus diesen Fähigkeiten heraus kannst du dann ein Forum für Liebe errichten, in denen deine Gefühle wieder einen Raum und ihren Wert erhalten, sodass sie von anderen geschätzt und erwidert werden können. Indem du lernst, deinen Gefühlen und emotionalen Bedürfnissen einen neuen Wert beizumessen, sie wieder wahrzunehmen und vertrauensvoll auszudrücken, kannst du ebenso lernen, über deine alten Erlebnisse zu sprechen, und vielleicht die neue Erfahrung machen, in deinem Fühlen jetzt angenommen zu werden und die Liebe, die du gibst, auch zurückzuerhalten.

Türkis über Türkis hilft dir, mit dir selbst wieder in ein neues Gleichgewicht zu gelangen. Es vermag deinem Herzen eine positive Einstellung und eine Flexibilität zu geben, in der du, offen für Neues, eine geistige Beweglichkeit entwickeln kannst. Aus ihr heraus wird es dann in deiner ganzen Kreativität möglich, in einer inneren wie auch äußeren Kommunikation deines Herzens zu einem nährenden Austausch mit anderen Menschen zu finden. Diese Herzenskommunikation kann zu einer Erneuerung deiner Energie führen, denn sie ist eine Nahrung zum Erwachen, zum Erkennen und zum Wachsen in Liebe, Licht und Bewusstheit. Eine Energie, die dich trägt. Vertraust du dabei deiner Seele, dann kannst du dich auch wieder erinnern und diese ganze große Fülle, welche dieses neue Zeitalter erhellt und in der all die Liebe existiert, erkennen. Sie ist schon sehr alt, mag dich weit bis Lemurien zurückführen und weiter bis zu einer Zeit, vielleicht lange bevor du deinen menschlichen Körper annahmst. Zu ihr hattest du immer schon Zugang. Sie hat mit einem Lichtbewusstsein, Energie und verbaler oder nonverbaler Kommunikation von Energie und Licht zu tun, in der du zu alles umfassender Liebe zu finden vermagst.

Diese Liebe schließt alle Kreaturen und Wesen ein, egal welcher Daseinsform, um das Bewusstsein von Freundschaft, Freundlichkeit, Liebe und Licht um den ganzen Erdball herum und bis weit ins All hinein anzuheben. Erst die gemeinsame Kreativität und das gemeinsame Wachstum, das sich aus dieser Liebe zu entfalten beginnen kann, vermag dir schließlich jenes innere Gleichgewicht zu geben und jene Größe des Raumes für deine Gefühle und deine Liebe, die du wirklich benötigst.

Sie gilt es, wieder ins Leben zu rufen.

B 44 FLIEDER / HELLBLAU

»Der Schutzengel«

Wenn du sorgfältig alle Kriterien in deiner Situation betrachtest und es dir dabei gelingt, den trügerischen Schein der Dinge zu durchschauen, dann kannst du bis zum inneren Funken deiner Einsicht vordringen. Aus ihm mögen sich neue Möglichkeiten in deinem Leben eröffnen.

Flieder über Hellblau hilft dir, dich aus Verdruss oder Überdruss zu befreien, einfach indem du herausfindest, was es ist, das dich so fühlen lässt und dich daraus löst.

Alle Strategien, vielleicht deine alten Wunden zu umschiffen oder gar vor ihnen zu flüchten, mögen dein Leben nur noch immer düsterer machen. Auf diese Weise fühlst du dich wahrscheinlich nur einsam und isoliert und kannst zu keinem inneren Frieden finden. Möglicherweise wartest du auch vergeblich, dass sich die Dinge ohne deinen Einsatz zum Guten wenden. Deine Wünsche und Träume mögen dabei jedoch unerfüllt bleiben, denn du bist es selbst, der die Wahl hat, was du aus deinem Leben machst. Entweder gerätst du über dich selbst, über Gott und die Welt in Verzweiflung, vergräbst dich und bist einfach nur negativ oder du kommst heraus aus dir selbst und stellst dich dem Leben, so, wie es ist.

Wählst du die Möglichkeit, dich dem Leben zu stellen, so magst du vielleicht finden, dass es dich oft enttäuscht hat, und musst nun vielleicht sogar die Frage an dich selbst richten, welche tief sitzende Enttäuschung du möglicherweise noch nicht überwunden hast. Um das herauszufinden, kann es sein, dass du bis in deine Kindheit zurückgehen musst.

Flieder über Hellblau kann dir helfen zu ermitteln, welche Erwartungen es waren, die vielleicht als Kind an dich gestellt wurden und die du nicht hast erfüllen können oder wollen. Als du klein warst, mag es der Zwang des Willens deines Vaters gewesen sein, dem du dich vielleicht unterordnen musstest, sodass du dadurch keine Möglichkeit hattest, deinen eigenen Willen auszudrücken oder dich in dem durchzusetzen, was du fühltest, dachtest oder leben wolltest. Es mögen immer die Maßstäbe der Erwartungen deines Vaters an dich gewesen sein, die es für dich galt, erfüllen zu müssen.

Vielleicht versuchst du noch heute, den Willen der Männer oder das männlich bestimmende Denken deiner Umgebung zu erfüllen und ordnest dich deinem Partner/deiner Partnerin, deinen Brüdern oder deinem Chef unter. Das mag einfach dadurch geschehen, indem du dich durch ihren Willen in deinen Gefühlen und deinen Gedanken aus deinem Gleichgewicht bringen lässt, sodass alles um dich herum düster wird. Dein inneres Licht jedoch wird sich weiter nach dem LICHT sehnen und deine Seele nach Schutz und Frieden rufen.

Flieder über Hellblau kann dir dabei helfen, auf spielerische Art und Weise da hinzufinden, wo du hinmöchtest. Dahin, wo du das Gefühl haben kannst, keine Erwartungen anderer erfüllen zu müssen, dahin, wo du getragen wirst und beschützt, wo du verstanden wirst und gesehen.

Flieder über Hellblau ist die »Schutzengel-Flasche« und verbindet dich mit jener Hilfe, die dir in jedem Augenblick deines Lebens durch deinen Schutzengel zuteil wird.

Gleichgültig, ob du ihn fühlst, siehst oder hörst, ist er doch zu deinem Schutz und deiner Begleitung auf allen deinen Wegen immer an deiner Seite oder in deiner Nähe.

Flieder über Hellblau hilft dir, dein Herz weit für die Hilfe aus der lichten Welt zu öffnen und durch dein Herz in eine Welt zu schauen, in der du jene Lichtwesen und Engel wahrnehmen kannst. Sie sind stets um dich herum und stehen dir mit der Fülle ihrer Hilfe zur Verfügung, um dir jetzt jenen Schutz in deinem Leben zu geben, dessen du in diesem Moment vielleicht am nötigsten bedarfst. Auf diese Weise kannst du den Flügelschlag der Engel fühlen, während du dich mitten in der Welt geborgen findest und zu deinem inneren Licht zurückkommst, aus dem heraus du des Lebens Rätsel zu lösen vermagst. Engel sind Boten des Lichts, sie sind hier in der Welt, um jedem, auch dir, zu helfen, den göttlichen Plan zu verwirklichen.

Immer, wenn ein Menschenkind geboren wird, erhält es seinen eigenen Engel, der es dann beschützt und führt, ein Leben lang. Dein Schutzengel, dem du durch diese Flasche bewusst zu begegnen vermagst, war bereits in jenem Moment für dich da, als du geboren wurdest, und begleitet dich, still an deiner Seite, auf deinem ganzen Lebensweg. Durch dein ganzes Leben hindurch wird dein Schutzengel immer für dich da sein, dich unterstützen, wo auch immer du bist und für welchen Weg du dich auch entscheidest. Während deines ganzen Erdenlebens wird er bei dir sein, und er wird dich erwarten, wenn deine Reise hier zu Ende geht. Er erinnert dich daran, dass du in deinem Leben niemals allein bist.

Dein Schutzengel ist es, der dich bei der Hand hält, auch jetzt, wenn du einen Platz zum Leben in einer besseren Welt für dich forderst.

Flieder über Hellblau hilft dir, bewusst jenen Raum des großen Friedens, der dir in deinem Leben gewährt ist, erkennen zu können. Es hilft dir ebenso, deine friedliche Absicht, mit der du hier auf die Welt gekommen bist, wieder zu fühlen, sodass du dir deines eigenen göttlichen Funkens bewusst werden kannst. Wenn du ihn vergessen hast oder ihn mit der Zeit vielleicht so, wie dich selbst, im irdischen Geschehen verloren hast und in deinem Leben möglicherweise nicht mehr weiter weißt, so brauchst du nur zu schauen, zu lauschen, zu fühlen und zu rufen. Dein Schutzengel wird kommen und dich wieder an deinen göttlichen Funken erinnern. Im dauerhaften innigen Kontakt mit der lichten Welt kannst du auf diese Weise immer wieder zu deinem eigenen göttlichen Funken in dir selbst zurückkehren und den Kontakt zu ihm nicht mehr verlieren.

Dir einmal deines eigenen göttlichen Funkens bewusst geworden, wirst du in großer Leichtigkeit den Schmerz um dein Einsamsein in der Welt verlassen können, um jetzt zur Freude eines großen Aufgehobenseins und damit eines großartigen Alleinseins im irdischen Geschehen zurückzufinden.

Die Einsicht in die Welt des Lichts und der Liebe, die immer bewegt und lebendig ist, erfüllt von der großen Fürsorge aller Helfer des göttlichen Plans, leben sie nun in einem Körper hier in der Welt oder in ihren durchscheinenden Lichtkörpern in der geistigen Welt, schenkt dir Inspiration. Dein ganzes Wesen kann nun von ihrem Licht, ihrem Duft, ihrer Glückseligkeit und Freude trinken, deren Segnung immerfort auf dich niederströmt, bereit dir zurückzuhelfen und dich zu erinnern an das göttliche Licht und den göttlichen Funken in dir selbst. Die lichte Welt vermag dir jenen Schutz zu verleihen, der dich zu neuen Schritten auf der Erde leiten kann. Das göttliche, nicht endende Fließen mit dem Strom des Geschehens kann dich wieder mit deinem inneren Fluss verbinden und dir den Glauben und dein Vertrauen in die Wahrheit deiner Gefühle, Gedanken und deiner eigenen Göttlichkeit zurückgeben. Auf diese Weise kannst du nun beginnen, der wahren Quelle, dem göttlichen Willen, der dich hier auf Erden lenkt, und seinem Schutz zu vertrauen. Helfer des göttlichen Plans mögen dich darin auf Flügeln deiner Verwirklichung entgegentragen. Auch du besitzt unsichtbare Flügel, die die Helfer der göttlichen Welt zu öffnen vermögen. In ihrem Entfalten kannst du deiner Bestimmung näher rücken.

Flieder über Hellblau lässt dich erkennen, dass es der göttliche Wille ist, der in Wahrheit das Erdengeschehen lenkt und dich durch deinen göttlichen Funken darin führt.

Nun kannst du wissend beginnen, in der Welt zu handeln. Dabei mag ein neuer Glanz in deinen Augen erscheinen und neue Möglichkeiten in dein Bewusstsein eintreten, wie du dich selbst hier in der Welt verwirklichen kannst. Nun, da du zu dir selbst zurückgefunden hast, mag es dir ebenso leicht fallen, über jene Dinge frei, offen und selbstbewusst zu sprechen, die dich bewegen. Du bist in der Lage, deinen eigenen Willen kundzutun, um dich schließlich in dem durchzusetzen, was du fühlst, denkst oder leben willst.

In einer tiefen Freundlichkeit aus deinem Inneren heraus kann nun eine Kommunikation mit der Welt beginnen, aus der einerseits deine neu gefundene Leichtigkeit strömen kann und zugleich deine Tiefe und Ernsthaftigkeit spürbar wird. Auf diese Weise wird es für dich jetzt möglich, deine Verbindung mit dem Göttlichen einfach, praktisch und unmissverständlich in der Welt zu leben.

Schöpfst du in allem, was du im irdischen Geschehen tust und lässt, bewusst immer wieder neu aus der Kraft des göttlichen Funkens in dir selbst, wirst du in jedem Augenblick deines Lebens mit dem Schutz der göttlichen Welt verbunden sein. Jenem Schutz, den die Engel und ganz besonders dein Schutzengel dir schenken.

Verstehst du, es mit wachen Augen zu leben, so kannst du ein wahrhaft gesegnetes Leben führen, selbstbestimmt und frei.

B 45 TÜRKIS / MAGENTA

»Atem der Liebe«

Alles völlig zu genießen, was das Leben schenkt, im vollendeten Austausch von Geben und Nehmen, lässt den Atem der Liebe einströmen und den Atem der Liebe ausströmen. In tiefem Kontakt mit allem, was du fühlst, kann dein Atem ungehemmt fließen.

Hingegeben an deinen emotionalen Reichtum und im reichen Austausch deiner sexuellen Energie und deiner Herzenergie findest du Lust, Genuss und Freude in der Beziehung zu deinem Partner. Im Verschmelzen mit einer Liebe, die dich erfüllt und dich frei werden lässt, kann jedes Beisammensein ein Vergehen des Alten und ein Werden des Neuen, eine Wiedergeburt, eine emotionale Erneuerung für das Kommende werden.

Je flacher du dagegen atmest, desto mehr verschließt du automatisch deinen Körper, deine Gefühle, deine Liebe und dein Denken. Konfrontiert mit deinen Gefühlsblockaden, die dich auch in deiner Sexualität beeinflussen, hemmen und dich zurückhalten, kannst du dich der Liebe dann nicht voll und ganz hingeben. Vielleicht hängst du Erinnerungen einer vergangenen Liebe nach, die dir viel bedeutet hat. Alte Bindungen an dieses Zusammensein mögen dich jedoch daran hindern, das Neue, was jetzt ist, rückhaltlos zu genießen und dich ihm völlig hinzugeben. Vielleicht hältst du auch mit dem Gefühl, innerlich verlassen worden zu sein, und deiner tief verborgenen Angst, in Zukunft wieder verlassen zu werden, nun deine Emotionen zurück. Möglicherweise sind es auch alte, angelernte Glaubenssätze, mit denen du deine Freude am Genuss verurteilst und dich auf diese Weise daran hinderst, dich der Liebe voll und ganz hinzugeben. Auch mag es dir Gedanken und Probleme bereiten, was andere über dich denken oder reden.

Wenn du deine völlige Leidenschaft in der Liebe, deine vollkommene Hingabe an ihre göttliche Essenz und deine eigene Göttlichkeit darin nicht zulassen und annehmen kannst, gerätst du in Folge davon unweigerlich in Schwierigkeiten mit deinen Gefühlen. Hältst du dich fest und erlaubst es dir nicht, deine Gefühle entsprechend auszudrücken, dann hältst du ebenso deinen Atem fest, atmest flach und verhältst dich nach alten Mustern. Letztendlich magst du vielleicht sogar versuchen, die Situation für dich zu retten, indem du eifersüchtig, kontrollierend und besitzergreifend wirst. Dann versuchst du, den anderen an dich zu binden. Bindung jedoch ist nicht Liebe.

Türkis über Magenta kann dir helfen, deine Angst vor Enttäuschung zu überwinden.

Geschüttelt wird aus Türkis und Magenta Violett. Violett ist hilfreich dabei, hinter die Dinge zu blicken, um dich von alten, schlechten Erfahrungen zu lösen, die vielleicht in den ersten Momenten deines Lebens geprägt worden sind und die sich nun entsprechend durch dein Leben fortsetzen. Indem du während oder kurz nach deiner Geburt emotional von deiner Mutter verlassen oder getrennt wurdest, magst du begonnen haben, dich von deinem ersten Atemzug an vor dem Leben zu fürchten. Vielleicht hast du aus purer Angst und Protest, keine Liebe mehr zu erhalten und schutzlos in die Welt geworfen zu sein, bis hin zur seelischen Erschöpfung geschrien.

Das Gefühl, vom ersten Atemzug an ausgeliefert an ein Leben zu sein, in dem es für dich nicht sicher war, Liebe zu bekommen, mag so lebensbedrohlich für dich gewesen sein, dass es das Atemmuster für dein ganzes Leben geprägt hat. Um die Bedrohlichkeit dieser Situation überschauen zu können und dein Überleben zu sichern, hast du womöglich begonnen, dich zurückzunehmen und deinen Atem anzuhalten, um das, was geschah, kontrollieren zu können. So hat dann dein Ego in deinem Leben seine erste Prägung erfahren.

In seiner Essenz ist es jedoch das Göttliche selbst, welches durch dich Leben erschafft. Wenn du tief genug in dich hineinfühlst, magst du erkennen, dass du selbst das Göttliche in dir trägst und das Göttliche bist.

Türkis über Magenta verbindet deine Lebenskraft mit deinem Lebenssinn. Du trittst aus der göttlichen Welt mit deiner Geburt in die materielle Welt. Die erste Station der Verwurzelung deiner Seele, die aus der geistigen Welt kommt, geschieht bei deiner Zeugung und die zweite bei deiner Geburt. Die göttliche Welt des Lichts und der Liebe ist es, durch die du in der physischen Welt lebst, in der du liebst und in die du wieder ganz zurückgehst, wenn du im Tod deinen Körper verlässt. Alles, was dich von ihr trennt, frühe Erlebnisse mit deiner Mutter, Enttäuschungen in Liebesbeziehungen, all das, was dein Urvertrauen verletzt, gestört und irritiert haben mag, kann Türkis über Magenta heilen.

Im Ablösen von deinen Mustern und Verstrickungen, die du aus der Vergangenheit mitbringst, wird es möglich, dass sich all jene Emotionen in dir befreien, die sich daran festmachen. Indem dein Herz erwacht, Trauer, Schmerz und Leiden frei werden und du auf diese Weise einen neuen Raum für den kreativen Ausdruck deines

Herzens findest, kann aus der Tiefe deines Wesens jener Atem und jene Qualität von Liebe aufzusteigen beginnen, die der tiefe Ausdruck deines wahren Seins sind. Atmest du jetzt in die Tiefe deines Wesens hinein, dann kann sich darin ein neues Gefühl des Wachsens und Sichausweitens in dir ausbreiten, sodass du fähig wirst, in allen deinen Gefühlen der Liebe zu deiner wahren Stärke zu finden.

Türkis über Magenta unterstützt dich darin, dich wie eine Mutter, die für ihr eigenes Kind sorgt, mit dem vollkommenen Schutz aus der göttlichen Welt deines inneren Kindes anzunehmen. In einer liebevollen Wärme und einer bedingungslosen Liebe in den kleinen Dingen des Alltags magst du nun beginnen, dich hingebungsvoll um dich selbst zu kümmern, und dabei eindeutig erkennen, was dein Körper, dein Herz und dein Denken für seine natürliche Entwicklung benötigen. Alles, was der Kreativität deiner inneren Liebe entspringt, ist jetzt heilsam für dich.

Türkis über Magenta hilft dir darin, alle Arten kreativer Ideen zu entwickeln, um dein Leben praktisch, liebevoll und im Erleben durch alle deine fünf Sinne erfahren und gestalten zu können. Empfänglich für neue Ideen und neues Denken, kannst du schließlich eine eindeutige Bestimmtheit in der Vorstellung von einem unabhängigen Leben entwickeln. Während du in deine innere Fähigkeit, jeden Schicksalsschlag zu meistern, vertraust und einen langen Atem darin hast, wie auch immer die Dinge deines Lebens sich in Liebe entwickeln und entfalten mögen, liegt im tiefen Wissen, dass es nie zu spät ist, neu zu beginnen, die Möglichkeit, dich neuer emotionaler Erfüllung zu öffnen. Im tiefen, frei fließenden Atem der Liebe können alle deine Lebensgeister zu neuem Leben erwachen. In der Sehnsucht deines Herzens gibt es keine Grenzen.

Türkis über Magenta hilft dir, aus deinem völligen Unberührtsein, deinem Unverletztsein heraus, die Hingabe an den Reichtum deiner eigenen Emotionen, in Kontakt mit dem tiefen Atem der Liebe, geschehen zu lassen. Mit den Augen der Liebe eines Kindes, unschuldig und spielerisch, kannst du dich dabei für einen Partner öffnen, mit dem du die Freude der Liebe auf allen Ebenen dann teilst. Mit ihm magst du das Nahesein spüren, den vertrauten Austausch und den Widerhall deiner Kindheitsgeschichte, erinnert an die Narben und die Zärtlichkeit eines Kusses! Es mag anhaltende Vertrautheit sein, die dich anzieht und das zarte Gefühl beginnenden Glücks in dir hervorlockt. Darin kann alles so neu werden, als wäre es das erste Mal.

Türkis über Magenta hilft dir in eine spielerische Hingabe an die Liebe deines Herzens und an deine sexuelle Energie, sodass alles zu einer prickelnd aufregenden Spannung wird. Es gleicht einem Sprung ins Wasser, einem tiefen Eintauchen, einem Verschwinden und einem Sichüberlassen. In der verwandelnden Kraft natürlich erlebter Sexualität und in der Hingabe an die ganze Welt deiner Emotionen, wobei du tief in Kontakt mit dem Atem der Liebe trittst, kannst du zu einem Kanal für die Liebe werden, vibrierend und zitternd wie ein Blatt im Wind. Wenn deine Gefühle zum Überfließen kommen und dein Körper pulsiert, sodass für dich eine tiefe körperliche und emotionale Befriedigung möglich wird, versinkt schließlich alles in Harmonie miteinander.

Türkis über Magenta hilft deiner Seele und dem Ausdruck deiner Gefühle, authentisch zu sein, ganz du selbst. Je tiefer du in deine Liebe einkehrst und je weiter du deinen Emotionen dabei Raum gibst, umso größer ist ihre Reinigung von der belastenden Vergangenheit. Du kannst lernen, dich mit allen Konsequenzen früherer Unterdrückung sexueller Gefühle auseinander zu setzen und mit ihnen fertig zu werden. Der Atem deiner Liebe kann darin zu einer Erneuerung und zu einer Bereitschaft werden, in der Liebe bedingungslos zu sein. Dann wird alles auf seine eigene Art schön.

Magenta und Türkis sind die beiden Farben des Neuen Zeitalters. Sie schaffen hier eine neue Form für liebende Sorgfalt und einen neuen Raum innerer Freiheit für ein Glücklichsein im Miteinander und Füreinander in der Liebe.

Im Fluss ständigen Gebens und Nehmens kann dein Atem der Liebe schließlich zum Atem deines ganzen Lebens in Liebe werden.

B 46 Grün / Magenta

»Der Wanderer«

Enttäuschungen im Leben mögen dazu dienen, das Alleinsein neu zu entdecken und die eigenen Erwartungen neu zu überprüfen.

Auf diese Art und Weise kannst du für dich selbst klären, welche Form der Liebe du wirklich benötigst, und lernen, deinen eigenen Standpunkt darin neu zu beziehen. In deiner eigenen Wahrhaftigkeit dir selbst gegenüber wird es möglich, zu neuen Räumen und neuen Entscheidungen in dir selbst vorzudringen, in denen es dir dann gelingen kann, ganzheitliche Liebe zu dir selbst zu entwickeln.

Aus jeder Situation in deinem Leben gilt es, wertvolle Lernerfahrungen zu ziehen. Jedes Problem in einer Beziehung birgt die Chance in sich, deine Liebe und dein Verständnis für dich selbst immer wieder neu zu vertiefen.

Stören unerwartet Dinge, die sich in deinem Leben ereignen mögen, eine sonst klare Situation, so können sie einen Neubeginn für die Liebe auf einer tieferen, ehrlicheren und von egoistischen Interessen befreiten Ebene bewirken. Je klarer du deine Selbsttäuschung in deiner jetzigen Situation erkennst, umso näher kannst du zu deiner eigentlichen Wirklichkeit vordringen.

Willst du dir deine Muster jedoch nicht ansehen, dann mögen sie mit ihrer ganzen Kraft aus deinem Unterbewusstsein heraus dein Leben beherrschen. Dann magst du Erwartungen und Forderungen stellen, die andere jedoch nicht erfüllen. Dann bist du vielleicht verliebt ins Verliebtsein und gehst möglicherweise nicht darüber hinaus in die Liebe. Dann mögen dich Eifersucht und Neid besetzen. Dann hältst du vielleicht an anderen fest und ergreifst möglicherweise Besitz von jemandem. Dann magst du für die beste Sache kämpfen, um anderen deine Liebe klarzumachen, und bleibst schließlich vielleicht enttäuscht im Unverständnis der anderen stecken. Dann ist alles andere, aber keine Liebe.

Das Ergebnis aller dieser Muster kann sein, dass du dich selbst nicht siehst und dich in deiner eigenen Wirklichkeit vielleicht nicht mehr wahrnimmst. Stattdessen siehst du den anderen, den du meinst, für dein Leben zu benötigen. Du magst Schwierigkeiten haben, dich in dein Vertrauen fallen lassen zu können, möglicherweise so, als wärst du entwurzelt und nichts könnte dich nähren.

In der Dunkelheit deiner Einsamkeit, in der du Angst vor diesem großen Universum empfinden magst, fehlt dir offenbar etwas. Vielleicht vermisst du jemanden und versuchst, diese Lücke zu stopfen.

Möglicherweise rennst du einfach vor deiner Einsamkeit davon, weil sie wehtut wie eine Wunde. Es gibt viele Gründe und Möglichkeiten, vor ihr davonzurennen. Du kannst dich in die Menge werfen, Teil der Gesellschaft werden, süchtig nach Arbeit sein, Freunde haben oder eine Familie gründen; mit unzähligen Strategien kannst du dich in der Welt beschäftigt halten.

Grün über Magenta hilft dir, Enttäuschungen für dich akzeptieren zu können und die darin für dich enthaltene Lektion zu erkennen. Gehst du dafür zurück in die Zeit, als du Kind warst, so magst du finden, dass du vielleicht sehr unter einem Mangel an Liebe vonseiten deiner Mutter gelitten hast. Möglicherweise hast du das als Verlust an Zuwendung erlebt und das, was du erhalten hast und wie du es erhalten hast, überdeckte vielleicht dein wahres Bedürfnis nach Liebe und Geliebtsein. Aus deinem Gefühl heraus, nie genug Liebe von deiner Mutter bekommen zu haben und deiner Panik darum, magst du dich verzweifelt an sie geklammert haben. Vielleicht wurdest du gerade so von ihr versorgt, dass es zu deinem Überleben reichte. Bei allem jedoch, was dir an Mutterliebe als Kind gefehlt haben mag, fühlst du dich jetzt in deinem Leben wohl eher leer und zerbrechlich.

Indem du die Zerstörung deiner jetzigen Situation und deiner jetzigen Form von Liebe zulässt - die in deinem Leben vielleicht gerade geschieht, obwohl du an ihr festhalten magst wie an einem rettenden Ufer oder sie selbst in deiner Wut und Aggression beendest -, vermagst du zu neuer Kraft und neuen Überlegungen zu finden.

Grün über Magenta hilft dir, bewusst zu werden, dass das, was du bisher für Liebe gehalten haben magst, möglicherweise weder deine Sinne noch deinen Körper und auch nicht deine Seele erfüllt hat. Grün über Magenta gibt dir Raum für jene Regeneration, die du jetzt benötigst, um aus deiner Situation den nötigen Abstand zu gewinnen. Indem du aufhörst, dich an andere zu klammern, kannst du deine eigene innere Stärke und Liebe entdecken, in der du dann atmen, dich ausdehnen und wachsen kannst. Im Licht deines Alleinseins, wenn du es liebevoll akzeptierst, hast du die Chance, dich selbst zu finden.

Wenn du nicht voreingenommen bist, sondern leer, offen und empfänglich, dann kannst du in die tiefe Freude des Lebens zurückfinden, in der dein Herz mit seinen Kinderaugen dann den großen Sinn des Lebens und die ganze Schönheit darin zu erfassen vermag. In dieser unschuldigen Empfänglichkeit wird es möglich, dass sich dir die vollkommene Liebe, nämlich die Liebe zum Leben selbst, eröffnet. Findest du einmal diese Liebe zum Leben selbst, dann kannst du in ihr auch mit Leichtigkeit deine jetzige Lernerfahrung annehmen.

Auf diese Weise bist du nun in der Lage, in deiner eigenen Zeit zu beginnen, einen neuen Weg einzuschlagen, der mit der Liebe bei dir selbst anfängt.

Grün über Magenta hilft dir in das Bewusstsein, nicht nur als Kind den Körper deiner Mutter bei der Geburt zu verlassen, sondern irgendwann auch den Zeitpunkt in deinem Leben zu finden, an dem du auch geistig das Nest von Vater und Mutter verlässt. Erst wenn dein inneres Kind auch spirituell geboren ist, kannst du dich völlig von der Vergangenheit lösen. Erst dann kannst du unabhängig sein, erst dann wirst du du selbst und kein Teil deiner Mutter oder deines Vaters mehr sein. Dann kannst du eintreten in das große Ganze, Teil einer großen Göttlichkeit werden, die sich in tausenden Formen offenbart, dem großen Garten der Existenz, und vermagst zu einem Wanderer auf dem Weg zu werden, jenem Weg, den nur das Herz erschaut.

Hast du einmal gelernt, Harmonie in dir zuzulassen, so lernst du ebenso, ein feines Gespür für Disharmonie zu entwickeln. Indem du Kontakt zu den Bäumen, den Pflanzen und den Steinen, zu den Vögeln und den Tieren aufnimmst, vermagst du Freundschaft mit der ganzen Natur, mit Luft und Wasser, Feuer und Erde zu schließen, mit allem, was dich umgibt. Wenn du in der Natur bist, still wirst, lauschst, fühlst und ahnst, kannst du zum tiefsten Sinn des Lebens finden. Auf diese Weise wird es möglich, dass in dir die tiefste Liebe erwacht. Alles offenbart dasselbe Bewusstsein, nur in verschiedenen Stadien der Evolution. Eine große Harmonie erfüllt alles.

Die Erde und Mutter Natur mögen dich daran erinnern, dass du eins mit ihnen bist und für dich selbst eine einfache, natürliche und erdverbundene Form des Lebens und der Liebe finden kannst, um nach ihr dein Leben auszurichten.

Grün über Magenta hilft dir, dir selbst und anderen für deine oder ihre Unbewusstheit zu vergeben, und unterstützt dich darin, ein höheres Ziel der Liebe zu erreichen. Du erhältst jene Stärke, die du benötigst, um daran gründlich und konzentriert zu arbeiten. Egoistische Liebe vermag sich dabei in die höchste Form der Liebe zu wandeln, in der du dann beginnst, Mitgefühl zu entwickeln. Du magst ebenso lernen, dir das zu erlauben, was du für dich selbst tun möchtest, sodass deine Kreativität dabei zu einer optimistischen Ausrichtung in deinem Leben finden kann, eine Ausrichtung in eine Liebe zum Leben, in der du deine Gefühle dann positiv lebst.

Je tiefer du aus deinem Inneren heraus schöpfst und dabei in dein Inneres schaust, in deinen inneren Garten, umso mehr kann dein Herz darin die Möglichkeit erhalten, sich zu öffnen. Jeder Augenblick bietet die Gelegenheit, die Wahrheit und die Weisheit deines Herzens zu verwirklichen. Deine Kraftquellen dazu mögen größer sein, als du denkst.

Grün über Magenta hilft dir, dein völliges Alleinsein zu finden, Stabilität und Gleichgewicht darin zu entwickeln und in Vertrauen auf den Prozess des ›Großen Ganzen‹ zu leben, auch wenn dieser sehr turbulent ist. Aus diesem Bewusstsein entwickelst du jene Kraft, das zu tun, was du tun willst.

Beziehst du dich auf andere, dann mag es dir jetzt in einfacher Art und Weise gelingen, darin kreativ zu sein. Indem du deine Liebe in schlichter Herzenswärme teilst, wirst du andere Menschen dazu veranlassen, ebenso ihre Herzen zu öffnen. In dieser Art des Umgangs erhalten sie durch dich Würde, du zerstörst nicht ihren Respekt und benutzt sie nicht. Auf diese Weise kannst du ohne jede Anstrengung zu einer Quelle für andere werden, sodass auch sie die Stärke ihrer Liebe in Rückverbindung mit dem Göttlichen zu finden vermögen.

Schließlich magst du bei allem, was du tust, das, was du in deinem Herzen fühlst, auch ausdrücken können und deine Stille, deinen Frieden und deine Freude, die du darin gefunden hast, ausstrahlen auf andere.

B 47 Königsblau / Zitronengelb

»Alte Seele«

Die weise Führung auf der Suche deiner Seele nach neuen Zielen liegt in dir selbst. In dieser Zeit des Wandels und des Neubeginns geht es darum, deine tiefe Empfindsamkeit wieder heraufzubringen und in allen Umwegen und Irrwegen, auf denen das Leben dich führen mag, einen Sinn für dein Leben zu erkennen.

Königsblau über Zitronengelb reflektiert jene große Ausdauer, die du auf der langen Suche deiner Seele bereits darin entwickelt hast, und hilft dir, daraus bewusst neues Selbstvertrauen zu gewinnen.

Auf und ab geht das Leben, zwei Schritte vor und einen zurück. In deiner hohen Sensibilität für die Bedeutung hinter den Bewegungen liegt zugleich auch dein feines Gespür und deine Bereitschaft für Wechsel und Veränderung verborgen.

Um für dich eine schützende Geborgenheit aufrechterhalten und ebenso für andere Schutz geben zu können, sollten Gefühle und Denken eins sein.

Königsblau über Zitronengelb kann dir darin helfen, einen neuen Glauben und ein neues Vertrauen in dir selbst zu finden, in der deine Stille und deine Klarheit in Frieden wachsen können.

Geschüttelt wird aus Königsblau und Zitronengelb Grün. Grün hilft dabei, zum inneren Raum des eigenen Herzens zu finden. Wanderst du darin umher, so kannst du betrachten, was es ist, das dein Herz vielleicht bedrückt, was es einschränkt und warum es sich möglicherweise vor dem Leben verschlossen hat und seine Liebe nicht im Überfluss ausschüttet. Vielleicht sehr früh in deinem Leben, bereits schon als du Kind warst, magst du aus innerer Notwendigkeit heraus damit begonnen haben, dich vor dem Leben, das um dich herum stattfand, innerlich zu schützen. Vielleicht hast du dich dafür einfach in dein Inneres zurückgezogen und die Erfahrung gemacht, dass, wenn du dich daraus hervorwagtest, deine Feinfühligkeit und Klugheit, deine Sanftmut und Scheu mit überbehütender, überfürsorglicher Mutterliebe überschüttet wurden, unter der du dann vielleicht wieder das Gefühl hattest, erdrückt zu werden.

Das Denken in einer Familientradition, welches möglicherweise von deines Vaters Seite ausgegangen ist und den egoistischen Interessen aller beteiligten Familienmitglieder Rechnung trug, gab dir möglicherweise das Gefühl, darin gefangen zu sein. Es hat dir vielleicht Angst bereitet. Ebenso magst du nicht dazu bereit gewesen sein, dich dem Willen der alten Generationen zu beugen, da dieses Leben dir starr, lebensfeindlich und diktatorisch erschien und scheinbar keine Liebe in sich nährte.

Weil jedoch das, was du selbst fühltest und dachtest, entweder nicht erhört oder in nicht genügender Weise erwidert wurde, mag dir als Kind nichts anderes übrig geblieben sein, als der Wirklichkeit zu entfliehen und dich in deine Traumwelt zu flüchten, um deine Wünsche weiterhin hegen zu können. Um den Schmerz deines Alleinseins nicht fühlen zu müssen, magst du dann innerlich verhärtet deine Sinne verschlossen haben. Nach außen hin wurdest du möglicherweise ebenso egoistisch wie alle anderen, nur um dich zu schützen und vielleicht das zu bekommen, was du glaubtest zu benötigen. Das Maß darin und dein Gefühl jedoch mögen dir seit dieser Zeit abhanden gekommen sein.

In diesem Verhalten blockierst du jetzt vielleicht unbewusst deine eigenen Gefühle und dein eigenes freies Denken und pflegst heute noch unwillkürlich Beziehungen zu anderen Menschen, die dich einengen oder die du jetzt mit deiner eigenen Liebe erdrückst. Es mag auch sein, dass du nicht annehmen kannst und vielleicht gar nicht mitbekommst, was das Leben dir gibt und geben möchte, gerade weil du dich so verschlossen hast. Du magst, ohne es zu bemerken, deine Gefühle kontrollieren und selbst egoistisch aus deinem Kopf heraus handeln, möglicherweise andere zu manipulieren versuchen und dies alles nur, um das zu bekommen, was du möchtest.

Königsblau über Zitronengelb kann dir helfen, eine feine Ahnung aus der Tiefe deines Wesens aufsteigen zu lassen, die dir dann zu sagen vermag, dass du dich deinem Denken und Fühlen wieder öffnen musst, um jene Form der Liebe erhalten zu können, die dich auf deinem Weg wahrhaft weiterzubringen vermag.

Königsblau über Zitronengelb kann dir auch helfen, deine Isolation zu öffnen, indem es deine Ängste vor Liebe löst und dir Zugang zu den unbewussten Regionen deiner Seele verschafft, zu jenen Ebenen, wo du dich unverletzt fühlst und tiefer in die Welt deiner Gefühle einzutauchen vermagst. Deine Gefühle sind in Wahrheit dein großes Geschenk und eine Gabe. Richtig eingesetzt, vermögen sie zu deinem Wegbereiter zu werden und somit auch zu deiner Aufgabe.

Königsblau über Zitronengelb kann dir ebenso helfen, dein als Schutz vor den egoistischen und dich ausnutzenden Interessen der in der alten Familientradition denkenden Mitglieder deiner Familie möglicherweise verschlossenes Denken wieder zu öffnen. So erlangst du Zugang zu einer anderen und tiefer gehenden Ordnung, einer Ordnung, die deinem Denken im Zusammenhang mit deinem inneren Wesen entspricht und in der dein Fühlen, dein Wissen aus eigener Erfahrung und deine Empfänglichkeit die höchsten Gesetze sind. Daraus kann sich dann ein neues Denken entwickeln, das auf Frieden und nährender Liebe aufbaut, aus dem heraus sich ein klares Verständnis zu entwickeln vermag.

Königsblau über Zitronengelb kann ebenso deine Emotionen ausgleichen und dir helfen, ein inneres Gleichgewicht zwischen den Extremen von Maßlosigkeit und Unterdrückung zu finden. Es ist hilfreich, in einer Situation klar wahrzunehmen, was du wahrhaft fühlst, es auszudrücken und dich darin in einer verständlichen und authentischen Art und Weise bemerkbar zu machen. Indem du beginnst, dies zu formulieren, kann dir dabei dein eigenes Ziel deutlich werden. So findest du den Zugang zu deiner eigenen Sicht und deinem eigenen Wissen wieder.

Königsblau über Zitronengelb mag dir eine große Hilfe dabei sein, dich vorsichtig in die tiefe Welt deiner Seele vorzuwagen, deiner Intuition neuen Raum zu geben und die Gestaltungskraft deines Herzens zu wecken, woraus dann dein neues Selbstverständnis wachsen kann, spielerisch und frei, wie ein Kind, das spontan genau das auslebt, was es denkt und fühlt.

Königsblau über Zitronengelb öffnet dein Sehen, Hören, Schmecken, Riechen und Fühlen, alle deine Sinne, sodass Feinfühligkeit jetzt in deine Wahrnehmung einfließen kann. In dem Moment, wo dein feines Unterscheidungsbewusstsein wach wird, kann dein Gespür für die Dinge beginnen dich zu lenken, sodass es dir gelingen mag, aus den Erfordernissen einer Situation heraus entsprechend zu handeln.

Im tiefen Königsblau mag die Erinnerung an die ganze Reise deiner Seele durch die tiefe Nacht der Zeit erwachen. Gelb, die Lebenskraft der Sonne, erhellt hier im Zitronengelb den Mond und verdeutlicht dir die Vorgänge in deinem Unterbewusstsein. Im Licht dieser Flasche kannst du dich als jene alte Seele wiedererkennen, die in diese Zeit hineingeboren ist und sich erneut auf die Suche begibt, um sich zu erinnern und um sich zu finden.

Du magst fühlen und spüren, dass etwas in dir sehr, sehr lange schon auf dem Weg ist und sucht. Du magst empfinden, dass viel Altes auf dir sitzt, welches dir vielleicht Schwierigkeiten bereitet, innere Freiheit zu erfahren. Möglicherweise begrenzt dies deine Verbundenheit mit dem Licht.

Königsblau über Zitronengelb kann alte Wunden deiner Suche offen zutage treten lassen und dir helfen, sie in dein Herz zu nehmen, um daraus kreative Veränderungen für dich selbst und andere zu schaffen, eine Öffnung für die Erweiterung deiner Fähigkeiten und die Entfaltung deines ganzen Potenzials.

Betrachtest du die Reise deiner Seele vom ersten Lichtstrahl an, der diesen Kosmos jemals durchflutet hat, bis hin zum jetzigen Augenblick, so kannst du sehen, wie du in ständiger Wandlung begriffen bist und viele Dinge aus alten Zeiten sich dabei zeigen mögen. Wenn es dir gelingt, dich ihrer in Bewusstheit anzunehmen, so magst du erleben, dass sie alle fruchtbar für dein inneres Wachstum sind und ebenso aufschlussreich für den weiteren Weg deiner Seele. Sie bilden die Kraft, um dich immerfort dazu anzutreiben, dein Wissen ständig zu erneuern, um dem Ziel deiner Erfüllung weiter und weiter zuzustreben.

In dieser tiefen Empfängnisbereitschaft deines Inneren kann es dir schließlich gelingen, zur Quelle der ewig fließenden, immerwährenden, nährenden Liebe in dir selbst vorzudringen, in der du zu einem inneren Gleichgewicht, einem inneren Ruhepol findest. Ihr Sitz liegt am Gebärmuttermund der Frau; im Hara beim Mann. Von da aus können beide, Mann und Frau, eine emotional tief erfüllende Liebe miteinander und mit anderen leben. Aus dieser Liebe heraus können Denken und Fühlen eins werden und sich neues Leben und neue Ziele abzeichnen.

Indem du diese Liebe sanftmütig, fürsorglich und schützend in ihrem Überfluss der Welt zurückschenkst, kannst du Luxus, Fülle und Üppigkeit in deinem ganzen Leben aufbauen. Einmal in dieser Liebe ruhend, ist dein Denken und Fühlen dann jenseits aller Begrenzungen.

B 48 VIOLETT / KLAR

»Flügel der Heilung«

Übernimmst du Verantwortung für das, was in dir liegt und leidet, und beginnst deine persönlichen Dinge zu klären, dann kann durch dieses Klären ein großer Reifeprozess in dir entstehen. In deinem eigenverantwortlichen Verstehen der Ursachen deines Leidens kann dieser Prozess schließlich in die Freude und Fülle eines überfließenden, sich gegenseitig nährenden Austausches von Liebe einmünden.

Eine tiefe und gründliche Innenschau, mit dem Vorsatz, tiefe Reinigung und Klarheit in deinem Inneren zu bewirken, kann dich am Ende zu einem lebendigen Schatz einer außergewöhnlichen Liebe in dir vordringen lassen. Dies wird dann eine reine und unschuldige Liebe sein, die so hell erstrahlt, dass sie alle Ebenen deines Seins mit Licht durchdringt, eine Liebe, die deinen Körper, deine Seele und deinen Geist erfüllt und in der dir deine persönliche Lebensaufgabe und deine spirituelle Bestimmung in der Welt deutlich zu werden beginnt.

Machst du es dir regelrecht zur Aufgabe, Dinge in dir zu klären und eine umfassende Transformations- und Reinigungsarbeit zu leisten, dann kann dabei, in der Annahme deines Wesens und deiner persönlichen Lebensumstände, alles in eine Ordnung des Lichts fallen, in der das Leben dir dann alles schenkt, was du benötigst, um glücklich zu sein.

Die Kräfte der Liebe quellen aus einem unergründlichen Brunnen. Er ist so unerschöpflich wie das Universum selbst. Du selbst trägst diesen Brunnen in dir.

Vielleicht machst du andere Menschen und bestimmte Lebensumstände für deinen gegenwärtigen schlechten Zustand verantwortlich und gehst vielleicht gerade durch viele Stimmungsschwankungen und Launen. Unruhig und innerlich getrieben, suchst du dabei möglicherweise nach dem Sinn deines Daseins, deiner Aufgabe, deiner Bestimmung und deinem höchsten Ziel in deinem Leben. Jedoch dadurch, dass dir dein Inneres mit deinen Talenten und Fähigkeiten vielleicht in einer Weise verborgen ist, die es dir nicht ermöglichen, sie zu nutzen, magst du nur schwer deinen Frieden finden. Verurteilst du dich wegen der Chancen, die du vielleicht meinst, immer wieder zu verpassen, dann fühlst du dich schließlich nur noch unwürdig und möchtest wahrscheinlich am liebsten aufgeben. Vielleicht bist du auch in Schwierigkeiten, weil du, wenn du dein Innerstes zeigst, dich darin oft missverstanden fühlst. Alle Frustration und allen Groll, der sich darum in dir angesammelt hat, magst du schließlich verbittert und selbstzerstörerisch gegen dich selbst richten und möchtest dich, alles auf die Spitze treibend, vielleicht am liebsten sogar umbringen.

Sprichst du zu deinem inneren Geliebten und fragst, warum du solche Hast empfindest, dann wirst du spüren, dass es eine Art Geist gibt, der die Vögel, die Tiere und die Ameisen liebt. Es ist vielleicht derselbe, der dich in sein Licht hüllte, als du in deiner Mutter Schoß ruhtest. Muss es denn sein, dass du nun völlig verwaist umherziehst? In Wahrheit magst du dich selbst abgewendet und dich entschieden haben, allein ins Dunkel zu gehen. Vielleicht hast du dich dabei verstrickt und vergessen, was du einst wusstest. Deshalb ist womöglich alles, was du jetzt tust, auf seltsame Weise zum Scheitern verurteilt.

Violett über Klar erinnert dich an deinen Drang, leben zu wollen und durch dein eigenes Verstehen die Klarheit und dein Licht in deinem Inneren wieder zu finden. Auf diese Art und Weise magst du jetzt beginnen, deine Aufgabe hier in der Welt als tiefen Transformationsprozess zu begreifen und sie auch als solchen anzunehmen. Darin magst du nicht nur zum Verstehen der Ursachen deines Leidens kommen, sondern auch beginnen, die Wandlungsfähigkeit aller Dinge anzunehmen, um bewusst dem Traum zu begegnen, den zu verwirklichen du gekommen bist. Durch dein waches Hineinschauen und Bewusstwerden in das, was gerade geschieht, kann dann Heilung geschehen.

Auf der Suche nach deiner spirituellen Bestimmung magst du alles das wiedererleben, was dir den freien Zugang zum Licht versperrt. Verlässt du dich auf deine Inspiration und lässt du dich von ihr führen, wirst du dich in deinem Leben vor Situationen gestellt fühlen, welche in ähnlicher Weise in deiner Vergangenheit geschehen sind. In ihnen kannst du dann eine Rückerinnerung zum ursprünglichen Erlebnis erhalten, welches das Muster, das dich jetzt am Weitergehen hindert, geprägt hat. Dieses Muster mag jetzt nicht nur deine eigene Verantwortung deinem Leben gegenüber, sondern auch deine spirituelle Autorität überlagern.

Violett über Klar hilft dir, das Licht der Vergangenheit wieder aufscheinen zu lassen und es in den Dienst für andere zu stellen, sodass du deine Aufgabe, die du bereits begonnen haben magst, erfüllen und vollenden kannst.

Dabei mögen Bilder von der Macht der Kirche oder

mächtigen patriarchalisch-spirituellen Hierarchien in dein Bewusstsein zurückkommen, in denen du in den alten Zeiten vielleicht als Priester oder Priesterin, Mönch oder Nonne gedient hast. In diesen Zeiten hast du womöglich die tiefe Erfahrung gemacht, dich in einer Art Selbstaufopferung dem Dienst am Göttlichen gewidmet zu haben. Vielleicht hast du isoliert und vom Leben getrennt innerhalb des hierarchischen spirituellen Systems mit deinem Heilwissen gedient. Dies mag ein Gefühl von großer Last und tiefer innerer Leere in dir hinterlassen haben.

Als Kind hat möglicherweise dein Vater dieses alte Muster für dich wieder aufleben lassen. Alles, was seinen Vorstellungen und Erwartungen, wie du zu sein hattest und was du zu tun hattest, nicht entsprach und seiner Macht und Kontrolle entging, hat er womöglich nicht toleriert. Dich seiner Autorität ergebend, ist dir möglicherweise ein Denken und ein Glauben beigebracht worden, der an die alten religiösen Konditionierungen, an ihre Gebote, Pflichten, Verbote und den Autoritätsgehorsam, anknüpfte. Die lange Unterdrückung des Weiblichen, der Liebe, der Körperlichkeit, der Erdverbundenheit, der üppigen Fruchtbarkeit eines durch die Gefühle gelebten und geliebten Lebens und dein Schmerz um diese offenbare Unmöglichkeit, es auch leben zu können, mag sich auf diese Art und Weise in deiner Kindheit fortgesetzt haben.

Violett über Klar hilft deinem Gedächtnis, dich sehr genau an Zeiten und Begebenheiten zu erinnern und daran, was genau es war, dass dich seelisch verletzt und vielleicht dein Leid verursacht hat. So erhältst du erneut die Chance, das Alte anzuschauen, deinen Schmerz darin zu erlösen und loszulassen, um unvorbelastet von jedem Vergangenen weitergehen zu können.

Violett über Klar hilft ebenso, dir alle deine festgehaltenen Emotionen um die einzelnen Dinge deines Lebens, an die du in diesem Prozess nach und nach gelangen magst, bewusst zu machen. Im Freiwerden deines Schmerzes, deiner Tränen und deiner Wut wird es für dein Innerstes möglich, sich aus jeglicher Unterdrückung zu befreien. In jedem einzelnen Schritt des Wiedererinnerns innerhalb deines Klärungsprozesses kannst du auf diese Weise wieder zu deiner kindlichen Unschuld und zu deinem eigenen Licht, zu deinem eigenen offenen Bewusstsein und zu deinen eigenen Empfindungen und Gedanken zurückfinden.

Geschüttelt wird aus Violett und Klar ein Blassviolett. Es hilft dir, den Dingen auf den Grund zu gehen und zur reinen Betrachtung und Verfolgung dessen zu finden, was auf der Bühne deines Lebens sich gerade abspielt. Indem du dabei zum Zuschauer wirst, wird es möglich für dich, jegliche Art von spirituellem Denken und spiritueller Auffassung, die nicht wahrhaft dich meint, hinter dir zu lassen, sodass du das Licht in dir neu finden kannst. In diesem Prozess kannst du zu den seltensten und wertvollsten Empfindungen in dir vordringen, die du, einmal gefunden, anderen, dir nahe stehenden Menschen, dann in tiefer Vertrautheit mitteilen wirst. Daraus vermögen dir deine Flügel der Heilung nun neu zu wachsen.

Violett über Klar ist eine große Hilfe, um zu einer Liebe zu finden, die auf einem hohen, spirituellen Niveau steht und daher etwas besonders Wertvolles ist. Deshalb ist sie auch nur wenigen Menschen in deinem Leben zugänglich. Deine neue Klarheit, Empfindsamkeit und Offenheit machen es jetzt möglich, jene Menschen in deinem Leben zu treffen, mit denen du in großer Intimität dann deine kostbaren und feinen Empfindungen und

Gefühle teilen und austauschen kannst. Diese Beziehungen solltest du als besondere Geschenke in deinem Leben betrachten, die du mit großem Respekt und tiefer Dankbarkeit pflegst. Diesen seltenen Schatz deiner Liebe magst du nun in den Dienst für andere stellen, um aus der Fülle deines Inneren das zu teilen, was in deiner ureigensten und außergewöhnlichen Art und Weise in die Welt zu drängen sucht.

An diesem Punkt wirst du beginnen zu fühlen, dass das Göttliche durch dich Leben erschafft und du selbst das Göttliche bist, dessen Quelle inneren Reichtums anknüpft an das Licht der fernen Vergangenheit. In der Erfüllung deiner inneren Ziele wird es für dich möglich, die Kostbarkeit jeden Momentes als die stille, tiefe und ewige Gegenwart göttlicher Liebe zu fühlen, als den kosmischen Geist, das Tao, das Gesetz, das die gesamte Existenz durchdringt. Aus dieser Liebe und diesem Licht wurdest du geboren und kehrst eines Tages darin zurück. In Liebe und Licht verbunden mit allem, was ist.

B 49 Türkis / Violett

»Neuer Bote«

Gibst du den Gefühlen der Liebe deines zarten Innersten Raum, drückst das aus, was du fühlst, und bleibst dabei empfänglich und offen für die Liebe, die dir entgegengebracht wird, dann kann viel Veränderung in deinem Leben geschehen. Dann kann sich aus einer tiefen inneren Harmonie heraus die emotionale Erfüllung mit Menschen, die du liebst, und mit deinem Partner vollziehen. Die Voraussetzung für dieses Erfülltsein ist, dass du, in innerer Kommunikation und innerer Schau, dir selbst treu bleibst, sodass du nicht aus dem Gleichgewicht gerätst und das, was sich in dir ereignet, immer weiter Vertiefung und Wandel der Liebe bewirken kann.

Vielleicht hast du lange im äußeren Leben nach Liebe und Veränderung in deinem Leben gesucht. Vielleicht ist es auch so, dass durch das äußere Leben gerade eine Veränderung für dich in deinem Leben und in deiner Liebe geschieht.

Ohne Liebe gäbe es keine Bewegung im Leben. Liebe jedoch bereitet Schmerz, und ohne diesen Schmerz der Liebe ist wiederum keinerlei inneres Wachstum möglich. Lässt du deine Verteidigungsmechanismen los und beschließt du, alles, was geschieht, an dich heranzulassen, dich darin in deinem Innersten berühren und dich aufrütteln zu lassen, dann kann Liebe in deinem Leben die größte Kraft zur Transformation werden, die es gibt.

Suchst du jedoch die ideale Beziehung, hast du ein

Bild im Kopf, Ansprüche und Wünsche, wie deine ideale Liebesbeziehung aussehen soll, dann wirst du mit deinem Kopf unweigerlich gegen eine Wand laufen. Es ist deine eigene Wand, die du dir geschaffen hast, um dich durch sie vor der Welt, so wie sie ist, zu schützen und um dahinter vielleicht egoistisch deine eigenen Vorstellungen zu hegen, wie Liebe für dich sein soll. Du magst in Schwierigkeiten sein, etwas von dir selbst zu geben, etwas zu teilen, aus Angst, dass es dir dann fehlt und du es nicht wiederbekommst. Liebe jedoch kann niemals das sein, was du alles gerne hättest oder bekommen möchtest. Liebe ist kein Kalkül und auch keine Emotion. Liebe ist niemals heute das, morgen etwas anderes und irgendwann vielleicht gar nicht mehr.

Deine Situation mag dir schwierig und möglicherweise sogar fast aussichtslos erscheinen. Vielleicht lässt du es zu, dass andere auf dir herumtrampeln oder dich für ihre egoistischen Zwecke benutzen. Womöglich fühlst du dich tief in dir selbst schuldig, und vielleicht fehlt dir der Mut, etwas zu tun, weil du Angst hast, damit alles nur noch zu verschlimmern. Diese Angst mag es dann für dich geradezu unmöglich machen zu sehen, was es in dir selbst ist, das dich blockiert. Vielleicht weißt du nicht, wie du dich selbst verändern kannst und was du selbst zu tun hast, um Bewegung in deine Situation zu bringen. In deiner Verzweiflung über Veränderungen im Leben und durch dein ängstliches, egoistisches Festhalten an deinen Vorstellungen von Liebe magst du unbewusst verhindern, dass sie überhaupt in deinem Leben geschehen kann. Im Grunde hast du dich sogar verschlossen vor ihr und fühlst dich vielleicht tief verbittert als Opfer deines Schicksals.

Obwohl von dir eine starke Anziehung zu einem anderen Menschen ausgehen mag, fällt es dir möglicherweise schwer, das auszusprechen und mitzuteilen, was du fühlst.

Türkis über Violett hilft dir, deine Blickrichtung nicht nach außen, sondern nach innen, in dich selbst hinein, zu wenden, um wieder Zugang und Anschluss an deine innere Kommunikation zu finden. Erst durch die Schau in dein Inneres kannst du ein emotionales Gleichgewicht erreichen, worin es für dich möglich wird, einen neuen Blickwinkel der Gegebenheiten zu finden. Nur durch das Erfahren und Umsetzen deines eigenen Inneren vermagst du die nötigen Veränderungen in deinem Leben zu bewirken.

Schaust du in deine Kindheit zurück, so findest du dort vielleicht ein tiefes Gefühl von Verlust und viel Traurigkeit. In deiner zarten Empfindsamkeit magst du als Kind Berührung und Nähe, die echte Wärme eines liebevollen Zuhauses und eines liebevollen, sorgsamen Umgangs miteinander, schmerzlich vermisst haben. Möglicherweise fühltest du dich dazu gezwungen, dein Bedürfnis nach Geborgenheit und Liebe entmutigt einzutauschen gegen ein raues Gebaren, in dem vielleicht jeder versuchte, möglichst auf seine Art auf seine Kosten zu kommen. Um überhaupt etwas an Liebe zu bekommen, blieb dir schließlich nichts anderes übrig, als ebenso egoistisch zu werden.

Zusammengeschüttelt wird aus Türkis und Violett ein Tiefviolett mit türkisen Flecken. Dieses tiefe Violett hilft dir, dein inneres Leiden sehen zu können und es als etwas sehr Wertvolles von dir anzunehmen, aus dem das Schönste an Liebe in dir sich herauszukristallisieren vermag.

Türkis über Violett kann dir dabei helfen zu lernen,

dich neu mit dem Thema Autorität in deinem Leben auseinander zu setzen und dabei Verantwortung für deine eigene Geschichte zu übernehmen, aus der deine ganze Entwicklung hervorgeht. Aus dem Verstehen deiner eigenen Geschichte heraus wird es dir dann möglich, eine neue Ernsthaftigkeit und Verantwortlichkeit dafür zu entwickeln, wie du mit Gefühlsangelegenheiten in deinem Leben umgehst. Als Wichtigstes und Erstes magst du darin ein Empfänglichsein für dich selbst lernen, welches eine Öffnung in deinem zartesten Inneren zu bewirken vermag.

Türkis über Violett kann dir eine große Hilfe sein, Zugang zu etwas in dir zu finden, das noch verborgen liegt. Im tiefsten Inneren deines Körpers wirst du eine Kraft fühlen, die dich wahrhaft lenkt und in der dein Ego sich auflösen kann. Erneuernde Kräfte mögen deine Gefühle durchdringen, sodass deine Gedanken sich darin befreien können und Klarheit finden, wobei ein tiefer Frieden in deine Gefühle einziehen kann, in dem du still wirst, innehältst und neu beginnst, in tiefen, liebevollen Kontakt mit dir selbst zu treten. Mit den Augen der Liebe, einer Liebe, die aus dem Innersten deines eigenen Herzens kommt, kann sich dann die ganze Welt verwandeln.

Erst die Empfänglichkeit und Liebe zu dir selbst vermag dich anziehend für andere zu machen und die Bereitschaft in dir entstehen lassen, Liebe zu empfangen und dich einem Partner bedingungslos hingeben zu können. Erst in deinem völligen Empfänglichsein für dich selbst und dem, was du selbst fühlst und denkst, kann die Bereitschaft in dir entstehen, dich für andere Menschen und einen Partner in deinem Leben zu öffnen und Liebe in dich hineinzulassen.

Türkis über Violett hilft dir, eine tiefe seelische Beziehung zu einem anderen Menschen anzuziehen und möglicherweise deinem Seelengefährten zu begegnen, mit dem du deine Liebe dann teilen kannst.

Im Geben und Empfangen überfließender Liebe kann nun ein tiefer emotionaler Austausch für dich möglich werden, worin du dich dann in allen deinen Gefühlen und deiner überfließenden Liebe, in überströmendem emotionalem Reichtum und in vollkommener Freude und stiller Ekstase auflösen kannst. In der vollendeten Harmonie des Sichvereinens und Einswerdens in Liebe wird es dann möglich, dass eine tiefe Transformation, eine Verwandlung in etwas Neues hinein entsteht. Sie lässt aus Zweisamkeit eine neue Einheit werden, denn aus zwei Menschen, in Liebe vereint, bildet sich ein neues, unverwechselbares Ganzes. Bleibst du darin offen und empfänglich, so findest du schließlich zur einzigen Sicherheit, die das Leben bietet. Sie bedeutet Veränderung und Wandel. Darin hat alles seine Zeit.

Türkis über Violett hilft dir, dich dir selbst, den anderen und dem Leben hinzugeben und dabei deinen eigenen Weg klarer zu erkennen. Es hilft dir, deinen Gefühlen in dir Raum zu geben, sie auszudrücken, dein Herz mit anderen zu teilen und über tiefe seelische Erfahrungen zu sprechen. Es hilft dir, ein Gleichgewicht zwischen den beiden Polen von Anziehung und Abstoßung zu finden, zwischen denen sich Liebe abspielt. Am Anfang einer Beziehung zu einem Partner, zu anderen Menschen oder in einem Beruf hilft es dir, die notwendige geistige Beweglichkeit und jenen Spielraum zu finden, dessen es bedarf, um nicht wieder in alte Muster zu fallen und sie festzuhalten.

Beziehungen sind ein Spiegel für das, was in dir ist.

Du kannst in ihnen deine positiven wie negativen Seiten wahrnehmen. Sie sind wandelbar, wie die Zeit, in der sie sich ereignen. Du kannst schweigen und dein Leid festhalten. Du kannst sprechen, über die Dinge reden und andere an deinen Gefühlen teilhaben lassen. In Liebe verschmelzen alle Gegensätze, und nur Liebe vermag echte Dauerhaftigkeit zu gewährleisten. Ständiger liebevoller Austausch ist es, was die Liebe nährt.

Türkis über Violett hilft dir, nicht auf das Paradies zu warten, sondern es selbst zu erschaffen. Wenn Liebe überfließt, zu einem Geben wird, das die Unterschiedlichkeit jedes einzelnen Menschen respektiert, dann wird es möglich, dass sie zur stärksten vereinigenden Kraft in deinem Leben reift. In dieser Liebe kannst du dann zu einem offenen, empfindsamen und verletzlichen Menschen heranreifen und die neue Botschaft schöpferischer Liebe, die aus dem Innersten des Herzens entspringt, in die Welt tragen.

B 50 Hellblau / Hellblau

»El Morya«

El Morya ist der Meister des Blauen Strahls, des ersten Schöpfungsstrahls, des ersten Strahls des Lichts. Er wirkt von der kosmischen Ebene aus und ist die Quelle des geistigen, schöpferischen Willens.

Über deinen Verstand hinaus kannst du mit El Moryas Hilfe in die Natur des reinen Geistes, des göttlichen Geistes eintreten, in die kosmische Bewusstheit, den Himmel über den Himmeln.

El Morya bringt dein Leben, indem du deinen Willen dem höchsten göttlichen Willen überlässt, in Einklang mit deiner Bestimmung hier in der Welt. So kann das durch dich geschehen, was geschehen soll. »Dein Wille geschehe durch mich.«

Offen, empfänglich, hingegeben und dich in tiefem Vertrauen überlassend, wirst du in dieser Art zum offenen Kanal für die göttliche Energie, sodass du beginnen kannst, gemäß dem göttlichen Willen hier auf der Erde zu handeln. Je größer deine Bereitschaft dafür ist, von nun an ganz und gar in Übereinstimmung mit dem großen Ganzen zu leben, umso mehr kann ein tiefer Frieden in dein Leben einziehen, aus dem heraus sich dann deine Selbstliebe, deine emotionale Klarheit und eine überströmende Liebe entwickeln mögen. Dann wird es möglich, dass ein nicht versiegender Strom allumfassender Liebe dich und deine Umgebung zu erfüllen beginnt.

El Morya kann dir bei Schwierigkeiten mit der Allmacht des göttlichen Willens, die alle Geschehnisse des Lebens bestimmt, zu vertrauen helfen. Das ist vor allem notwendig, wenn durch göttlichen Willen möglicherweise Schmerz in dir verursacht wurde. Der göttliche Wille reißt Lücken, um neues Licht und neue Liebe in der Welt zu säen.

Der Blaue Lichtstrahl repräsentiert den Vater, auch Gottvater, das männliche göttliche Prinzip, den ganzen männlichen Aspekt des Seins, die Hierarchie und die Ordnung.

Werden die Qualitäten des Geistes nicht dem Leben dienend eingesetzt, um es zu fördern und zu nähren, sondern um es hierarchisch zu diktieren, so verhindert ein enger Verstand das Aufblühen der Seele und damit Lebensfreude und Lebendigkeit.

Wenn du mögliche Schwierigkeiten mit deinem Vater oder dem Gottvater noch nicht überwunden hast, so mögen dich Konflikte auf allen Ebenen blockieren und dich vielleicht allen Dingen des Lebens gegenüber negativ prägen. Vielleicht glaubst du, dein Denken sei durch deinen Vater oder ganz generell benutzt und manipuliert worden. Möglicherweise fühlst du dich daher leer und wie von deinen Wurzeln abgeschnitten. Vielleicht sinkst du aufgrund dieser Tatsachen auch in die Depression tiefer Aussichtslosigkeit, jemals in deinem Leben erhalten zu können, was dich wirklich fördert. Ohne Frieden in dir selbst wirst du im Leben jedoch abseits stehen und Schwierigkeiten haben, dich auszudrücken. Du trägst vielleicht ständig das Gefühl mit dir herum, dass sich jemand um dich kümmern sollte und dir sagen, wo dein Weg hinführt. Auf diese Weise projizierst du jedoch das, was du für dich selbst vom Leben forderst, auf andere, die es dir geben sollen.

Gedanken, Emotionen oder körperliche Empfindungen mögen dein Bewusstsein in Besitz nehmen mit etwas, das deinen Widerstand gegen das Leben bildet. Gegen das, was eigentlich für dich geschehen will, nämlich der göttliche Wille.

El Morya ist an diesem Punkt eine große Hilfe für dich, um wieder in Kontakt mit dem ursächlichen Konflikt zu kommen. Jenen Punkten in deinem Leben, an denen die Schwierigkeiten mit deinem Vater - und dem Gottvater - begonnen haben mögen.

Als du noch ein Kind warst, hast du möglicherweise deinen Vater ebenso wie den Gottvater als autoritär, diktatorisch und vielleicht sogar als bedrohlich für dich erlebt. Dein Vater ebenso wie die Kirche und auch jene Menschen, die die patriarchalische Gesellschaftsstruktur vertreten, mögen dein Denken als Kind in einer autoritären Weise auf Konvention, auf Glauben, Gehorsam oder das Befolgen von Geboten und Verboten ausgerichtet haben. Unter dem, was dein eigener Vater dir möglicherweise diktierte, magst du jedoch dein eigenes Vertrauen in das Leben selbst verloren haben und auch deine Kommunikation mag versiegt sein. Stattdessen hast du vielleicht begonnen, dich selbst aufzugeben und dich über deinen Verstand in der Welt zu orientieren. Du gingst dazu über, die Fakten zu analysieren und zu versuchen, über das Leben zu bestimmen.

Entfernt von dir selbst und deinem klaren Verstand, magst du schließlich ziellos im großen Labyrinth des Denkens herumirren, vielleicht auf der Suche nach etwas, das du scheinbar verloren hast. Um dich vor Äußerem zu schützen, wehrst du dich jetzt vielleicht sogar jenen positiven Dingen gegenüber, die das Leben dir schenkt.

Da du selbst möglicherweise nicht mehr weißt, was du wirklich benötigst, hörst du vielleicht auf die Stimmen anderer und folgst dem, was sie dir eingeben.

El Morya bringt Klarheit in deine Gedanken und bewirkt einen klaren Verstand, sodass du dich für neue Wahrheiten, die in der jetzigen Zeit offenbart werden, öffnen kannst. Er hilft dir, über dein Denken hinauszugehen und mit deinem Schicksal und deiner Seele in Einklang zu sein, um Übereinstimmung schaffen zu können zwischen deinem eigenen und dem göttlichen Willen.

El Morya unterstützt dich in diesem Prozess, emotionale Pole auszugleichen und emotionale Blockaden aufzulösen. Besonders solche, die sich auf deine innere Stimme und ihren Ausdruck durch Sprechen beziehen. Deine innere Stimme vertritt dabei das Empfinden deines wahren Wesens, sie spricht die Sprache deiner inneren Göttlichkeit, die Sprache deiner Seele. Sie ist das Medium, durch das sich deine Wahrhaftigkeit, im Einklang mit deiner göttlichen Bestimmung, in der Welt auszudrücken vermag. Indem du lernst, das, was du als deine innere Stimme fühlst, deutlich wahrzunehmen und dann klar und offen auszudrücken, kann emotionale Klarheit in dir entstehen, ebenso wie Balance und Harmonie in deinen Gefühlen.

El Morya fördert den Kontakt mit der inneren Stille und tiefem inneren Frieden jenseits allen Verstehens. Er hilft dir, Klarheit in deine Autoritätsprobleme zu bringen, sodass sie sich auflösen können. Er lässt dich jene Kraft und Leichtigkeit finden, um dir selbst und anderen zu vergeben. Vergangene Kräfte können dich so verlassen.

El Morya kann dir eine große Hilfe darin sein, zu lernen, Gott und dem Leben zu vertrauen. Wenn du beginnst, für das empfänglich zu werden, was sich, jenseits deiner begrenzten Vorstellungen und Sicherheiten, durch dich ausdrücken will, entspannt sich dein Denken. Deine Gefühle lösen sich aus ihrer Anklammerung und dein Körper sinkt in eine leichte, anstrengungslose Haltung. In einem wachen, entspannten Bewusstsein kann dein Dasein sich dann auflichten und eine innere Haltung einnehmen, die dein Wesen nährt, damit es empfänglich und offen wird für das, was geschehen will.

El Morya gibt dir jenen Raum, um dich weit von dir selbst lösen zu können und direkten Zugang zum reinen Bewusstsein zu erhalten. Auf diese Weise kannst du beginnen, dich dem göttlichen Licht von oben zu öffnen, wie ein Kelch, der gefüllt wird. Während Licht über dein Kronen-Chakra in dich hinein und durch dich hindurch bis in die Erde fließt, bleibst du einfach ein Beobachter und kannst so zu einem Instrument in den Händen des Göttlichen Willens werden.

El Morya öffnet dich für das Licht und das Gesetz des Lichts, die Bewusstheit reinen Daseins, in dem die gesamte schöpferische Kraft deiner Seele erwachen kann. Neue Botschaften mögen erklingen. Dies kann eine lichtvolle Kommunikation zwischen verschiedenen Teilen deiner Persönlichkeit, zwischen den einzelnen Zellen deines Körpers oder zwischen dem stofflichen und den feinstofflichen Körpern sein. In jenem Licht, welches Kosmos und Erde verbindet, treffen Oben und Unten, Innen und Außen zusammen.

Überlässt du dich einmal dem göttlichen Willen, dann lebst du voller Hingabe im JETZT. Dann kann in einem wachen Bewusstsein, frei von Erwartungen, jener Raum in dir sich öffnen für das, was wirklich durch dich ausgedrückt werden möchte. Auf diese Weise wirst du Teil des ewigen Lebensstromes.

Fruchtbar und empfänglich, weit und offen wie der Himmel, kannst du zu einem reinen Kanal für die göttliche Energie werden. Die schlichte Hingabe an die allumfassende, alles durchdringende Liebe mag dich dann schließlich so tief mit ihr erfüllen, dass das, was du empfängst und was ständig aus der unendlichen Fülle des Universums in dich einströmt, einfach durch dich hindurch in die Welt überfließt. Mühelos und selbstlos, in tiefem Einfühlungsvermögen und in bedingungsloser Fürsorge und Mitgefühl für alles Lebendige, wird es dann für dich möglich, diese Liebe in ihrer höchsten, alles verwandelnden Kraft zu teilen und sie der Welt zu schenken.

Du trittst ein in einen Strom, der immer weiterfließt, wie ein unerschöpflicher, nie endender Quell, an dem die ganze Existenz teilhat und sich nährt. Darin kannst du selbst zu einer Blume werden, die einfach da ist und ihren Duft verströmt, gleichgültig ob jemand sich ihr nähert und ihren Wohlgeruch genießt oder ob sie für sich alleine ist und duftet.

El Morya ist die Macht hinter dem Thron dieser Liebe und dieses Bewusstseins.

B 51 Hellgelb / Hellgelb

»Kuthumi«

Kuthumi ist der Meister des Gelben Lichtstrahls, der aus dem Kosmos mit dir arbeitet. Er ist das Tor zu purer Lebensfreude.

Kuthumi hilft dir, Ziele zu planen und zu verwirklichen. Jedes Ziel kann ein Meilenstein auf dem Weg zu deiner Bestimmung sein. Kennst du einmal dein Ziel, dann wirst du ebenso wissen, was du erreichen willst und wofür du dich einsetzt. Möglicherweise wirst du nicht eher ruhen, als bis du dort angekommen bist.

Kuthumi gibt dir Zielgerichtetheit auf deiner Suche nach Weisheit, Liebe und Erleuchtung. Er bringt Klarheit in das, was du innerlich als ›Erleuchtung‹ suchst, und führt dich in deine eigene Erfahrung.

Erleuchtung ist die Erfahrung des wahren Ichs, ist das Erleben und das völlige Auflösen in Licht, ewige Weisheit und alles umfassende Liebe.

Zum wahren Vorwärtskommen und Erreichen deiner Ziele gilt es, beide Energiepotenziale, das männlich-analytische und das weiblich-intuitive, einzusetzen.

Auf deiner Suche, dein eigenes Ich zu erfahren, investierst du vielleicht zu viel in deinen Intellekt. Auf diese Weise mag nur dein analytischer Verstand auf der Suche nach Weisheit beteiligt sein, durch den du mit der Zeit jedoch völlig in Verwirrung geraten kannst.

Auch die ausschließliche Ordnung eines Dogmas kann nicht die Probleme deiner Suche lösen, sie macht dich eher engstirnig und starr, sodass du vielleicht auf der Stelle trittst. Vielleicht teilst du auch die Dinge des Lebens und setzt sie wieder zusammen. Womöglich kommst du darin zu keinem Ergebnis oder verletzt vielleicht sogar andere Menschen durch die Schärfe deines Denkens, deiner Kommentare und Handlungen. Vielleicht stellst du dich auch in der Selbstzufriedenheit deines Egos über die Dinge und lehnst alles ab. Jedoch täuschst du damit nur dich selbst und andere.

Gerade weil es dir schwer fallen mag, eigenständig und ursprünglich zu denken, hegst du möglicherweise sehr tiefe Ängste und erwartest und befürchtest vielleicht vieles, statt im Hier und Jetzt zu leben. Ständige Sorgen in deinem Leben mögen dich verunsichern und dich vielleicht sogar dazu treiben, dem Leben auszuweichen und keine Verpflichtungen einzugehen. Doch schließlich und endlich wird dein Leben auf diese Weise freudlos werden, und du wirst einsehen, dass du so nicht weiterkommst.

Kuthumi hilft dir, unangemessene Glaubenssätze und verfälschtes Dogma zu klären, und führt dich auf deine eigene Suche nach Wahrheit.

In dieser Suche nach der Wahrheit des Lebens mag dein Intellekt nach einer geistigen Orientierung dürsten. Intellektuelles Wissen jedoch bedeutet, dass du aus der Distanz über etwas Bescheid wissen willst, um deinen Verstand weiter zu füttern und deinen Abstand zu wahren, anstatt etwas direkt kennen zu lernen und es wahrhaftig zu erfahren.

Wahrheit jedoch ist nichts, was man mit dem Verstand suchen und erwerben kann. Nur im direkten Erleben, in der lebendigen Erfahrung, in der du mit allem, was dich ausmacht, mit allen deinen Gefühlen beteiligt bist, kannst du ein Gespür für die Wahrheit deines Lebens gewinnen. Dann erhältst du ein Wissen, welches authentisch aus deinem wahrhaftigen Durchleben der Dinge entsteht und das niemand zerstören kann.

Gelingt es dir, deine Ängste zu überwinden, die dich vor der Erfahrung zurückhalten, Neues zu entdecken, und investierst du ein klein wenig von deinem Herzen, dann bist du auf dem richtigen Weg.

Kuthumi hilft dir, in Kontakt mit deinem Inneren zu treten und dort die Gründe ausfindig zu machen, die dafür verantwortlich sein mögen, dass du vielleicht begonnen hast, dich vor den realen Erfahrungen des Lebens zurückzunehmen. Möglicherweise hast du als Kind schon die Erfahrung gemacht, dich ausgeliefert an den Willen und das Denken deiner Eltern gefühlt zu haben und mit erworbenem Wissen gefüttert zu werden. Das hat dir vielleicht Angst verursacht und dich in einer Art unselbstständig werden lassen, sodass du dein eigenständiges Denken und deine eigene Suche nach Wahrheit dann womöglich verdrängt hast. Du magst gelernt haben, deine Emotionen unterdrücken und kontrollieren zu müssen, jedoch damit auch dein ganzes Potenzial. Vielleicht hast du auch das Gefühl gehabt, aus deiner Urverbindung zum Licht gerissen und von deinem ursprünglichen Wissen abgeschnitten zu werden.

Kuthumi stärkt deinen eigenen Willen und hilft dir, dein Selbstvertrauen wieder zu finden. Er kann ebenso deine Leidenschaft in Bewegung bringen, dich nach deinem ›ursprünglichen Gesicht‹ auf die Suche zu begeben, danach, wer du wirklich bist. Nur die echte Leidenschaft in deiner Suche kann dir schließlich die Tür zum Göttlichen öffnen.

Kuthumi lässt die Wahrheit aus der Vergangenheit in einem helleren Licht erscheinen. Auf diese Weise hilft er dir, aus deiner Verwirrung Klarheit entstehen zu lassen. Indem du die unschuldige Intelligenz in deiner Suche wieder findest, kannst du erneut lernen, dein eigenes Schicksal zu meistern.

Kuthumi hilft dir, in deinem Streben nach deinem höchsten Ziel ganzheitlich zu leben und dabei mutig über deinen Verstand hinauszugehen. Er kann dich in direkten Kontakt mit dem bringen, was du wahrhaftig erreichen willst, dem, was nicht durch Raum oder Zeit begrenzt ist. In deinem eigenen Wissen, dass es kein Zurück mehr in die abgegrenzte, isolierte Welt deines einsamen Denkens gibt, hilft er dir, einerseits in völliger geistiger Entschlossenheit und andererseits tiefsten emotionalen Empfindungen, dich auf deine Suche nach echter Weisheit, Liebe und Erleuchtung einzulassen.

Mit offenem und aufgeschlossenem Bewusstsein gehen deine Gedankenkräfte in alle Himmelsrichtungen. Im Einklang von Körper und Seele kannst du dabei beide Energiepotenziale, das männlich-analytische und das weiblich-intuitive, kreativ zum Vorwärtskommen einsetzen.

Erleuchtung, Weisheit und Liebe bedeuten ›Einswerden‹, Einswerden mit allem, dem das Licht innewohnt. Die Quelle des Lichts für unsere Welt ist die Sonne. Sie ist die Trägerin jener Energie, die allem Lebendigen, auch dir, zum Wachstum verhilft. Von ihr geht jene Kraft aus, die alles in diesem Sonnensystem vereint.

Kuthumi öffnet das weite Tor zur Einheit mit allem Lebendigen und hilft dir, deine eigenen Sinne für die Wahrnehmung der Botschaften von den Devas einzelner Naturreiche zu öffnen.

An diesem Punkt wird die Verbindung Kuthumis zu Franz von Assisi deutlich. Der heilige Franz von Assisi verstand die Sprache der Tiere, der Bäume, der Steine und der Pflanzen. Er redete mit den Bäumen, sprach zum Fluss und den Fischen, zu den Pflanzen und Tieren und zu den Steinen und Felsen. Zum Mandelbaum pflegte er zu sagen: »Singe mir ein Lied von Gott.« Er hatte das Herz, die Bäume als Brüder und Schwestern zu empfinden und anzusprechen, und behauptete auch noch, dass die Fische ihm antworteten. Er war einfach von seinem ganzen Herzen her verrückt. Nur äußerste Liebe enthüllt das Geheimnis. Sein Herz muss von höchster Liebe erfüllt gewesen sein. Für den logischen Verstand sind diese Dinge einfach Unsinn. Für den heiligen Franziskus jedoch war alles wahrhaft sinnvoll.

Kuthumi hilft dir, zu fühlen, zu sehen, zu riechen, zu hören, zu schmecken und feine Sensoren für das zu entwickeln, was um dich herum in beseelten Lebewesen vor sich geht. Das, was die Stimme eines Strauches, einer Pflanze oder eines Baumes dir zu sagen haben, magst du unvermittelt hören. Ihre Botschaften kannst du in dein Herz nehmen und beginnen, bewusst mit ihnen zu kommunizieren und durch dein Herz mit ihnen in Verbindung zu treten.

Im Wald wirst du die Anwesenheit von Devas und Naturgeistern spüren und dein Herz in Liebe für sie öffnen und für jene Hilfe, die sie von dir, aus dem Menschenreich, benötigen.

Ebenso magst du fähig werden, in Kontakt mit den Steinen und Mineralien zu treten, die ihnen innewohnenden Kräfte fühlen, dich mit ihrer Seele verbinden und ihre Plätze nicht stören.

Auch die Anwesenheit und Begleitung von Engeln, jenen zarten Wesen, die dir in deinem Leben still zur Seite stehen, um dir zu helfen und dir den Weg zu weisen, vermagst du nun bewusst wahrzunehmen, vielleicht sogar mit ihnen in Kontakt zu treten und ihre Hilfe dankbar anzunehmen.

Indem du dich mit dem instinktiv wissenden Handeln der Tiere wieder verbindest, lernst du vielleicht zu spüren, dass es heilsam für dich ist, dich wieder deines eigenen Instinktes zu erinnern und einfach zu werden.

Der Hellgelbe Lichtstrahl macht die Welt transparent. Inmitten der Sonnenkraft des Hellgelbs kannst du das Licht spüren wie auch das Lachen und die Freude am puren Dasein, die in allem liegt, wenn es in Harmonie schwingen darf. Im großen Kreis des Lebens benötigt sich alles gegenseitig.

Im Wissen, Nutzen voneinander zu haben und nicht benutzt zu werden, kannst du bewusst beginnen, die Natur neu zu ehren, ihre Regeln und Gesetzmäßigkeiten wieder zu erlernen und nach ihnen zu handeln.

Wir sind alle Teil einer einzigen großen Schöpfung. Wen immer du verletzt, auf lange Sicht verletzt du dich selbst. Es mag dir heute nicht klar werden. Aber an dem Tag, an dem dein Bewusstsein erwacht, wirst du sagen: »Mein Gott! Diese Wunde habe ich mir selbst zugefügt – mir selbst.« Du hast vielleicht ein anderes Wesen verletzt und magst denken, dass Menschen, Tiere, Steine und Pflanzen sich alle voneinander unterscheiden. Es gibt nicht *jemand anderen*. Die ganze Schöpfung ist eins, eine kosmische Einheit. Alles ist in Liebe miteinander verbunden. Hast du einmal die Einheit in allem erkannt, wirst du bewusst beginnen, durch deine eigenen Handlungen und Taten gewaltlos zu werden und allem gemeinsam zum Wachstum zu verhelfen.

Kuthumi schickt uns unsere Lektionen, um diese Vision auf der Erde in Harmonie mit allen Elementen, mit allem Lebendigen, leben zu können und sie zu verwirklichen. Eine Vision, in der es um das Einstimmen auf das Einssein geht, ein Sichöffnen für alles Lebendige. Was immer mit dir in Kontakt treten möchte, welche Stimme gehört werden will oder welcher Duft wahrgenommen, welche Seelen dir zu begegnen trachten, aus welchen Naturreichen, Himmelreichen oder Menschenreichen auch immer, kann auf diese Weise durch dein offenes Herz einen freudigen Kontakt finden.

Von der seelischen Ebene aus vollzieht sich dabei eine Neuorientierung deines Weges, auf dem du echte Nahrung für dich selbst zu finden vermagst. Das, was dich wahrhaft an Körper, Seele und Geist nähren kann, ist ein tiefer Kontakt, der durch dein intuitives Verstehen um das Einssein von deiner Seele aus geleitet wird.

In Kontakt mit deiner eigenen Energie und der Energie aller Königreiche der Natur kannst du dir und allen Geschöpfen helfen, deine und ihre letztendliche Bestimmung zu erfüllen, und durch Vermitteln zwischen den einzelnen Reichen zur Heilung von allem beitragen. Gelingt es dir, deine eigene Rolle im großen Ganzen zu spielen, dann kannst du im Verständnis für dich selbst und andere weiter wachsen.

Der Mensch hat versucht, die Natur zu beherrschen. Der Mensch ist jedoch nicht getrennt von der Natur. Er hat die Fähigkeit, die Intelligenz und die Freiheit, sie zu erforschen, und wenn er die Natur völlig erforscht hat, ist er zu Hause. Die Natur ist sein Zuhause.

Aus dieser tiefen inneren Gewissheit heraus vermagst du ebenso andere Menschen mit deiner Liebe, deiner Weisheit und deinem Licht zu inspirieren, um ihnen zu helfen, den Weg zu finden, der ihnen bestimmt ist.

An diesem Punkt wird die Verbindung Kuthumis zum

Maitreya deutlich. Als Buddha zum Tor des Himmels kam, warteten dort Leute und hießen ihn freudig willkommen. Er aber kehrte dem Tor den Rücken und sah auf die Welt – Millionen von Seelen, die sich auf dem gleichen Weg abmühten, elend, gequält und verzweifelt bemüht, dieses Tor des Himmels und der Glückseligkeit zu erreichen. Der Torhüter sagte: »Buddha, bitte tritt ein! Wir haben schon auf dich gewartet.« Buddha jedoch antwortete: »Wie kann ich eintreten, wenn andere noch nicht angekommen sind? Es scheint nicht an der Zeit zu sein. Ich werde warten müssen.« Dieser Geschichte zufolge wartet Buddha immer noch. Er muss warten, denn niemand lebt auf einer Insel, es gibt keine getrennte Erleuchtung. Einzelne können vielleicht schon ein wenig vorausgehen, das ist alles; aber sie bleiben mit dem Ganzen verbunden.

An diesem Punkt magst du nun endgültig den vom patriarchalisch orientierten System der Kirche nachträglich in der Bibel eingesetzten Spruch »Machet Euch die Erde untertan« zurücklassen. Das dunkle Zeitalter endet.

B 52 Hellrosa / Hellrosa

»Lady Nada«

Lady Nada hüllt dich in den Duft des Weiblichen. Sie ist die Meisterin des Rosafarbenen Lichtstrahls und kann dich wieder tief mit deiner Fähigkeit zu lieben verbinden.

›Nada‹ kommt aus dem Sanskrit und bedeutet dort ›göttlicher Klang‹. In der spanischen Sprache heißt Nada ›Nichts‹.

Im unendlichen Raum des Universums widerhallt der Klang des immerwährenden OM. Inmitten seines ewigen Seins erhält das Leben nun im Rosafarbenen Lichtstrahl Bewegung durch eine wunderschöne Frau und Meisterin – Lady Nada. Ihre Liebe gebiert sich aus dem ewigen Klang des Seins.

Im Licht des zarten Rosas von Lady Nada kann all das in dir heilen, was mit Weiblichkeit zu tun hat. Du kannst jenen Teil in dir tiefer kennen lernen, der bedingungslos liebt.

Ob du als Frau Identifikation mit deiner Weiblichkeit oder als Mann tieferen Kontakt zu deinen inneren weiblichen Aspekten suchst, Lady Nada spendet dir göttlichen Schutz, göttliche Führung und jene Fürsorge, derer es bedarf, um die Zartheit und Kraft des Weiblichen neu in dir entdecken zu können. Vielleicht schlummert noch vieles in dir, und du magst dich in einem großen Abenteuer befinden, um zu erkennen, was Liebe und Weiblichkeit wahrhaft für dich bedeuten.

Lady Nada war das Kind einer Musikerfamilie. Da sie

sich zu Musik und zu Musikinstrumenten gar nicht so sehr hingezogen fühlte, schenkte ihr allerdings niemand große Beachtung. Das wiederum gab ihr dann ein tiefes Gefühl des Ausgeschlossenseins, als ob sie gar nicht zu dieser Familie gehörte. Der Garten jedoch war ihr so lebendig, dass sie sich darin völlig aufgehoben fühlte. Als sie das erkannte, schenkte sie von dieser Zeit an all ihre Liebe und Fürsorge den Bäumen, den Sträuchern, den Pflanzen und den Blumen. Von ihrem Duft und ihren Blüten, ihrem üppigen Wachstum und ihrer strahlenden Gesundheit bekam sie mannigfaltig Liebe zurückgeschenkt. Das Nicken der Blütenköpfchen, das Recken der Blätter nach dem Licht, die schwer hängenden Zweige nach dem Regen, all das war die Nahrung für ihr Herz und ihre Sinne und wurde ihr so teuer und lieb, dass es ihr mehr bedeutete als die Beachtung durch ihre Familie. Die Liebe – das war ihr Garten.

Lady Nada lehrt dich, deine Kindheit neu anzuschauen, um sie in neuem Licht bewerten zu können. Dabei spiegelt sie dir dein Bedürfnis des Geliebt-werden-Wollens und die Art, wie du damit umgehst.

Es mag sein, dass du in dem Glauben lebst, als Kind nicht geliebt worden zu sein. Den Schmerz des Nichtgeliebt-Werdens hast du dabei vielleicht tief in dein Inneres genommen, vielleicht so tief, dass er auch heute noch, gut vergraben, für dich in deinem Inneren unerreichbar ist. Als Ergebnis davon mag dein Verstand jetzt rastlos auf die Suche nach Liebe gehen und dich dabei in Teile teilen, sodass dir zum Schluss dann alles vielleicht zu viel wird.

Dann ersetzt du dein Bedürfnis nach Liebe möglicherweise damit, indem du anderen Liebe gibst. Doch damit wiederum magst du nur dir selbst schaden, denn du gibst etwas von dir und fühlst dich möglicherweise danach einfach nur leer.

Vielleicht schlüpftest du als Kind schon in Rollen hinein, um dich bei den anderen interessant zu machen, um ›anzukommen‹ und auf diese Art und Weise auf dich aufmerksam zu machen. Vielleicht schützt und tarnst du dich nun heute hinter deinen Masken und der Sicherheit eines dir vertrauten Rollenverhaltens. Aufmerksamkeit mag auch heute noch das sein, was du dafür zurückerhältst. Jedoch ist Aufmerksamkeit keine Liebe und kann niemals die Liebe, die du zum Leben wahrhaft benötigst, ersetzen. Einzig Liebe ist es, die das Herz wirklich nährt. Einzig Liebe ist es, die dich aus der Umwölkung deiner Unklarheit hinein in die Klarheit und Weite wahrer Einsicht führen und dich erkennen lassen kann, dass deine Masken für dich nur Schutz und Tarnung bedeuten sowie eine Trennung von dir selbst und zu anderen schaffen. Lady Nada kann dir helfen, mit deiner Liebe bei dir selbst anzufangen.

Im hellen Rosa hilft sie dir, wieder eine Verbindung mit deiner Kindheit und jener Erfahrung von Liebe, die du dort gemacht hast, zu knüpfen, denn als Kind war dein Herz offen und dein Bedürfnis nach Liebe, Körperkontakt, Schmusen und Nähe am größten. Jedes Kind benötigt die Liebe der Mutter am meisten. In dem Moment, wo du Liebe erhalten hast, magst du dich geborgen und aufgehoben in der Welt gefühlt und ganz natürlich wieder frische Kräfte bekommen haben, um mit neuem Mut weiter deine Erfahrungen im großen Leben sammeln zu können.

Mangelte es dir jedoch an Liebe, so magst du die Erfahrung gemacht haben, nicht so zu sein, wie deine Eltern es gerne gewollt hätten, denn du entsprachst offenbar nicht ihren Erwartungen und Vorstellungen. Vielleicht wurde auch dein Geschlecht abgelehnt. Da du jedoch auch nicht so sein konntest, wie du sein solltest, mag dann dein Bedürfnis nach Liebe gebogen worden sein, indem vielleicht Bedingungen daran geknüpft wurden, wie du zu sein hattest und was du tun solltest, um zurückgeliebt werden zu können. Auf diese Art und Weise hast du dann möglicherweise begonnen, das zu tun, was von dir erwartet wurde; vielleicht mit dem Wissen, dass du bestraft würdest, wenn du es nicht tatest. Es mag auch sein, dass ein Anspruch an dich gestellt wurde, in dem du vielleicht sogar für die Zwecke anderer benutzt, ja vielleicht sogar auf körperlicher, mentaler oder spiritueller Ebene missbraucht wurdest. Warst du ›lieb‹ und folgsam, dann warst du ein gutes Kind. Doch du magst begonnen haben, dich schuldig und unwürdig zu fühlen, so, als verdientest du die Liebe nicht. Vielleicht hast du aus deiner Hilflosigkeit gegenüber deinen Gefühlen des Ungeliebtseins deine Aggressionen nun gegen dich selbst gerichtet.

In ihrer All-Liebe hilft Lady Nada dir, dein Herz in all seiner Bedürftigkeit nach Liebe und in seiner Trauer um Nähe zu erlösen und alle Emotionen, die zwischen dir und deiner reinen, bedingungslosen Hingabe an die Liebe stehen mögen, zu befreien und zu klären. Sei es die unendliche Trauer deines Herzens, als Kind nicht wahrhaft geliebt und angenommen worden zu sein oder deine Wut, die deine Frustration löst, deine festgehaltenen Gefühle freisetzt und dich mit deiner Energie wieder verbindet, wahrhaft aus der Kraft deiner ganzen Seele heraus zu lieben.

Emotionen sind der fruchtbare Boden, um wieder zu deinen wahren Gefühlen zu finden. Je tiefer es dir gelingt, dich in deinen eigenen Gefühlen wieder zu verwurzeln, umso mehr kann deine Sicherheit hinter den Rollen, die du spielst, von dir abfallen. Du magst beginnen, zur Klarheit in dir zu finden und dich selbst so zu betrachten, wie du bist. Dabei wirst du auch deine hässlichen Seiten anschauen. Gerade durch dein Anschauen können sie dann lichter und durchlässiger werden, sodass dir dabei auch der Zweck, den sie für dich haben, deutlich werden kann. In dieser neu entstehenden Nähe zu dir selbst magst du dich in bedingungsloser Liebe, Achtsamkeit und Fürsorge nun dir selbst, wie einem neugeborenen Kind, wieder sorgsam und achtsam zuwenden. In seiner Natürlichkeit und Unschuld bringt es eine tiefe innere Weisheit mit sich.

Lady Nada hilft dir, dich wieder an die Urkraft der Mutter in dir selbst zu erinnern. Indem du dich in den Kosmos hinein ausstreckst, um die Liebe der großen Mutter zu kosten, die dich aufzunehmen und in ihren Armen zu wiegen vermag, sodass in ihrer Liebe deine Wunden zu heilen vermögen, kannst du dabei tief in dir selbst auf deine eigene Mütterlichkeit treffen, in der du dein inneres Kind dann selbst zu wiegen lernst.

Im Hellrosafarbenen Licht der Lady Nada mag die Entdeckungsreise in deine eigene Urweiblichkeit beginnen, in das All-Nährende, in das All-Gebende, in das Empfangende, das All-Liebende, in das Sich-selbst-immer-wieder-Gebärende, in das Heimgebende, Sorgende, Fühlende, in die tiefste Natur der Liebe selbst, die sich immer wieder neu hervorbringt. Sie wächst, treibt Blätter und blüht wie ein großer Garten.

Lady Nada hilft dir, Liebe da zu suchen, wo sie ist, nicht da, wo sie für dich nicht ist.

Das Licht und die Liebe der Lady Nada wirken sanft

und heilsam auf alle großen und kleinen Verletzungen, die du vielleicht auf dem Weg der Liebe erhalten hast und die du in deinem Herzen, ebenso wie in deinen Geschlechtsorganen, spüren magst. Lady Nada verhilft dir zu jener Sanftmut, jener Geduld und jenem Frieden, um den Weg der Liebe im Verstehen und Verzeihen und der aus ihr erwachsenden großen Klarheit und Einsicht in das Wesen des Menschen weiterzugehen. Sie hilft dir, wieder zum zarten, verletzlichen und doch ewigen Kern der Liebe zu finden und zu lernen, zartfühlend, sanft und sorgsam mit dir selbst und anderen umzugehen. In dieser Sorgsamkeit kann dann auch der Verstand den ihm gebührenden Platz einnehmen, sich unter das Herz stellen und ihm dienen. So vermögen die klare Intuition deines Herzens, die All-Liebe und die Losgelöstheit in deiner Liebe dann beginnen, dein Handeln und deine Gefühle zu bestimmen.

In der Liebe zu dir selbst, im Annehmen deiner eigenen Geschichte und deiner eigenen Situation und im Herauswachsen aus deinen alten Mustern, was Liebe ist, kannst du dann auch fähig werden, andere Menschen in ihrer einzigartigen Lebenssituation und ihrem individuellen Bedürfnis nach Liebe zu verstehen und mit ihnen mitzufühlen.

Offen und aufnahmebereit, im Verzicht auf deine eigenen Masken, in absolut klarer Einsicht magst du es wagen, wieder durch deine Kinderaugen zu schauen, um in das Wesen eines Menschen zu blicken und in die Situation, die ihn umgibt. Emotional betroffen und unverrückbar klar, kann sich daraufhin ein Verstehen dessen, was hinter den äußeren Geschehnissen vor sich geht, ereignen. Von diesem Punkt aus magst du dann anfangen, aus deinem mitfühlenden Herzen heraus zu handeln, um in liebevoller, gütiger und gerechter Art und Weise helfend jene Liebe zu geben, die dieser Mensch für seine Heilung individuell benötigt.

Aus dieser Liebe in dir, die bedingungslos gibt und darin den anderen sieht, können dann Glück, Harmonie und eine umfassende Klarheit in dir erwachsen, die sich in deiner Beziehung zu Menschen und zum Leben selbst spiegeln.

Während Einfachheit und Mitgefühl sein Blätterdach bilden und liebevolle Fürsorge und Sorgfalt in allen Dingen seinen Boden düngt, mögen an deinem Rosenbusch der Liebe immer neue Knospen wachsen und sich neue Blüten öffnen. So kann Losgelöstheit zu seinem Stock werden, an dem er rankt und Meditation dabei als seine Wurzeln wachsen, die er tief in die Erde gräbt, um durch sie seine Nahrung zu beziehen.

B 53 Hellgrün / Hellgrün

»Hilarion«

Hilarion versteht es, dich selbst zum Meister deines Weges, deiner Wahrheit und deines Lebens werden zu lassen. Er ist ein Freund und kann dir dabei helfen, dich in allen Problemen deines Lebens nach innen zu wenden. Das reine Herz ist es, das sieht und weiß und dich in deinem Leben den Weg zu deiner eigenen Wahrheit finden lässt.

Hilarion hilft dir, jenen Raum in deinem Herzen aufzusuchen, in dem du wieder zu dir selbst findest und in dem du eine Antwort erhältst, um in deinem Leben auf deinem Weg weitergehen zu können.

In bestimmte Situationen des Lebens fällst du nicht zufällig, sondern du schaffst sie dir aufgrund deiner eigenen Glaubens- und Gedankensysteme selbst. Schränken dich Lebenssituationen und Verhältnisse ein, so sind sie dazu da, dich auf deine ihnen zugrunde liegenden geistigen Fehlhaltungen aufmerksam zu machen. Gelingt es dir, sie zu durchschauen, dann kannst du sie auflösen und dich von ihnen trennen.

Hilarion gibt dir Zugang zu deinem kreativen Denken, sodass du darin eine klare Wahrnehmung entwickeln kannst, um dich von allen begrenzenden Vorstellungen, die dir auf deinem Weg hinderlich sind, befreien zu können. Dabei ist er eine große Hilfe, deine eigene innere Realität und alles, was dein Herz belastet, einschränkt oder dich unfrei sein lässt, wahrhaft erkennen zu können.

Vielleicht bist du unzufrieden mit deinem Leben und hast Schwierigkeiten, deine eigene Wahrheit zu finden. Möglicherweise fühlst du dich auch eingeengt oder erdrückt, weil es vielleicht Dinge oder Menschen in deinem Leben gibt, die dir deinen eigenen Raum nehmen. Möglicherweise denkst du auch, dass andere dich belügen und betrügen oder etwas von dir wollen. Dein Misstrauen und deine Ungewissheit jedoch mögen dazu führen, dass du dich von anderen Menschen schließlich wie abgetrennt fühlst, an dir zu zweifeln anfängst, dich zurückziehst, vielleicht Schuldgefühle entwickelst und dir möglicherweise durch versteckte Ängste das Leben schwer machst. Weil dein Herz auf diese Weise keine Daseinsberechtigung mehr findet, beginnt es womöglich zu leiden, sodass du dich schließlich schwach und unmotiviert fühlst. Vielleicht bist du auch in ein Gefühl des Versagens geraten und extrem neidisch und eifersüchtig auf andere, die in ihrem Leben scheinbar alles das verwirklicht haben, was auch dein Herz begehrt. Du kannst es aber offenbar für dich selbst nicht erreichen, vergisst dabei möglicherweise völlig, nach welchen Schemata du lebst.

Alte, einschränkende Glaubenssätze und Überzeugungen, die dir deine Probleme unüberwindbar erscheinen lassen, mögen jetzt in deinem Leben die Ursachen dafür bilden, dich auf deinem Lebensweg aufzuhalten.

Dein eigener Glauben an deine Schwäche und Abhängigkeit ist es, der dich schließlich schwach und abhängig macht. Dein eigener Glauben, wenn du dich selbst behauptest, würdest du bestraft, ist es, der dich letztendlich verstummen lässt. Dein eigener Glaube, du würdest nur anerkannt, wenn du etwas Besonderes leistest, ist es, der dich in die Anstrengung einer Leistung treibt, von der du glaubst, dass andere sie von dir erwarten. Hältst du an diesen Überzeugungen fest, so mögen dir bestimmte Probleme in deinem Leben unabänderlich erscheinen. Solange du dich nicht veränderst, die Lage nicht neu durchschaust, sie auf ihre jetzige Gültigkeit in deinem Leben überprüfst und sie dann auflöst, wirst du automatisch immer wieder Situationen herstellen und aufsuchen, die deine dich selbst einschränkenden Überzeugungen dann bestätigen und sie dir als eine unveränderbare Realität erscheinen lassen. Dein Glaube an etwas mag aus alten Erfahrungen stammen und irgendwann einmal in deinem Leben eine gewisse Gültigkeit gehabt haben. Inzwischen jedoch mag er seine Aktualität in der Gegenwart verloren haben.

Hilarion kann dir sehr hilfreich dabei sein, deine eigenen Glaubens- und Gedankensysteme, welche du dir immer wieder selbst erschaffst und welche dann die Situationen in deinem Leben entsprechend entstehen lassen, durchschauen zu lernen, dich aus ihnen zu lösen und dich von ihnen zu verabschieden.

Hilarion hilft dir, dich mit deiner Verwirrung und mit deinen Ängsten anzufreunden und bewusst zu beginnen, dich mit ihnen auseinander zu setzen. Indem du anfängst zu erspüren, wo ihre Ursachen liegen und welche Einschränkungen es sind, die dein Herz auf deinem Weg ins Leben erfahren hat, magst du dabei wieder deinem inneren Kind begegnen, das in seiner einfachen, offenen Herzensfrische und in seiner spontanen Natürlichkeit vielleicht Einmischung von seinen Eltern erfahren hat und lernen musste, die von ihnen vorgeprägten Glaubenssätze als Wahrheit des Lebens anzunehmen. Auf diese Weise jedoch mögen deine Eltern Feinde für dein Herz gewesen sein, denn indem sie dir für deine eigenen Ideen, für deine eigenen Gefühle und deine eigene Wahrheit auf dem Weg in dein Leben keinen oder zu wenig Raum gaben oder dir vielleicht ihre Unterstützung entzogen, magst du, um überleben zu können, abhängig davon geworden sein, ihren Glaubenssätzen folgen zu müssen. Heute resultieren daraus deine Ängste, deine Verwirrung, deine Fragen und deine Suche nach dir selbst.

Voraussetzung für ein schöpferisches, selbstbestimmtes Leben ist jedoch die uneingeschränkte Freiheit deines eigenen Geistes. Kreatives Denken kann keinerlei Einschränkungen akzeptieren. Einzig die Wahrheit deines Herzens ist es, die zu deiner Befreiung führen kann. Sie ebnet dir den Weg in dein eigenes Leben, auf dem sich alle deine Probleme dann lösen können.

Hilarion hilft dir, wieder Zugang zum Verständnis des Lebens aus deinem Herzen heraus zu finden. Aus diesem Verstehen heraus kannst du dann beginnen, deine eigenen Entscheidungen zu treffen.

Nur im rigorosen Durchschneiden der Verstrickungen in allen Bereichen deines Lebens findest du deine Unabhängigkeit. In klarer Wahrnehmung und tiefem Verstehen magst du jetzt weit ausholen und alle deine Anbindungen an dich beschränkende Ideen oder Gefühle, einengende Beziehungen oder Bindungen an Abhängigkeiten, welche dich unfrei machen und die Bewegung auf deinem Lebensweg aufhalten, mit einem energischen Schnitt durchtrennen und sie hinter dir lassen. In dem Moment, wo du dich vollständig aus ihnen löst, wird es dann für dich möglich, ein solch tiefes Gefühl der Freiheit zu finden, in dem deine Wahrheit dann atmen kann.

Auf diese Weise werden dein inneres Wissen und deine innere Gewissheit die Quelle dessen, was du denkst und fühlst. So kannst du nicht nur wieder deinen eigenen Raum betreten, sondern auch zu deinen eigenen Gefühlen zurückfinden und zu jener Wahrheit, in der du wahrhaft du selbst bist.

Jetzt ist die Zeit günstig, neuen Ideen Form und Gestalt zu verleihen. Deinen kreativen Möglichkeiten sind keine Grenzen gesetzt.

Hilarion gibt dir hier meisterliche Hilfe, um zu erkennen und um dein Leben unabhängig und selbstbestimmt, aus deinem Herzen heraus, zum Wohle aller Beteiligten zu leben. Er gibt dir Klarheit und hilft dir, mutig und treu dir selbst deine eigene Wahl zu treffen. Indem du jetzt auf die Stimme deines Herzens hörst und ihr folgst, kommst du auf deinem eigenen Weg voran. Offen für Neues in deinem Leben, kann es für dich nun möglich werden, aus deinem Herzen heraus meisterlich die vielen Aspekte einer Situation wahrzunehmen und mutig neuen kreativen Ideen in dir sowie Gedanken und Plänen Form und Gestalt zu geben, die im Umgang mit anderen Menschen dann wiederum Verständnis und Annahme auslösen mögen. Im Spiegel ihres Urteils kannst du dann sehen und weiterlernen, wo du dich vielleicht noch in alten Glaubenssätzen verfängst. Obwohl du in Gedanken deiner Zeit weit voraus sein magst, so ist doch die Gegenwart, die Erde und das Hier und Jetzt, jener Prüfstein, an dem deine Vorstellungen immer wieder gemessen werden.

Hilarion wirft sein Licht auf die Klarheit ewiger Wahrheit. Er hilft dir, deinen Lebensweg zu erkennen und verleiht dir jene Kraft, jene Empfindsamkeit und jenes tiefe Erinnerungsvermögen, welche dir die nötige Ausdauer dazu verleihen, derer es bedarf, um deinen eigenen Weg auch gehen zu können. Dabei schützt er dich vor innerem und äußerem Betrug und unterstützt dich darin, auf deinem Weg ein gutes Unterscheidungsvermögen auszubilden. Auf diese Weise kannst du genau spüren, wann du auf dem Holzweg bist, vielleicht dein kleines ›ich‹ die Oberhand über die Geschehnisse gewinnt, und wann du dich kreativ und meisterlich für den Weg deines Herzens einsetzt.

Hilarion verbindet dich mit dem tiefen Ruhepol in deinem Herzen, jenem Platz, an dem dein Körper, deine Seele und dein Geist eins werden und du Ganzsein erfährst. Nur aus deinem Herzen heraus kannst du Freundschaft schließen mit anderen Menschen, mit Blumen, mit Bäumen, mit Steinen, mit Tieren, mit Mutter Natur und allem, was in ihr lebt. Nur dein Herz kennt Liebe, Verzeihen und Treue. In der Weite deines Herzens, seiner Reinheit, Frische und Unberührtheit, kannst du allem immer wieder neu begegnen.

Hilarion hat als Wortentsprechung das Wort ›hilarious‹ der englischen Sprache, was vergnügt oder ausgelassen heißt. Wie Zorba der Grieche, ein Buddha-Zorba, der den Sirtaki so ausgelassen im Licht der Olivenbäume unter dem griechischen Himmel tanzt, magst auch du jetzt über dich selbst und das Leben lachen können und es aus der leidenschaftlichen Wahrheit deines Herzens heraus leben.

B 54 Klar / Klar

»Serapis Bey«

Serapis Bey ist der Meister des Weißen Lichtstrahls. Er bringt dich in Kontakt mit der Quelle des reinen weißen Lichts in dir, das eine tiefe Reinigung auf allen Ebenen deines Seins und eine geistige Erneuerung in dir bewirken kann.

Das weiße Licht des Meisters Serapis Bey hilft dir, bewusst dein Festhalten an deinen eigenen Überzeugungen erkennen zu können und deinen Blick tiefer, nämlich auf die Wahrnehmung deiner inneren Wahrheit, zu lenken. In ihr vermagst du absolute Klarheit zu erhalten.

Siegst du über deine eigenen Stimmungen, löst du dich aus deinen Verhaftungen und durchtrennst du die Konditionierungen deines Denkens, dann kann es dir gelingen, alle alten Spinnweben der Vergangenheit hinter dir zu lassen, sodass dein Bewusstsein sich ausdehnen kann. Die Macht des Lichts ist unendlich und ewig.

Serapis Bey ist die höchste kosmische Lichtquelle. Er bringt dich sanft wieder in die Verbindung mit dem weißen Licht deiner inneren Führung und verstärkt deine Verbindung mit dem Licht, wann immer du dich davon entfernt hast. Das mag ein großes Erwachen in dir auslösen. Alles, was dieses Licht in dir selbst und damit auch in deiner inneren Wahrheit überlagert, kann in diesem Prozess dabei zum Vorschein kommen.

Serapis Bey ist eine meisterliche Hilfe dabei, durch altes Karma hindurchzugehen und dich wieder mit der

Quelle das weißen Lichts und deiner inneren Unschuld zu verbinden. Auf diese Art und Weise kannst du auf der Spirale des Lichts höher und höher hinaufsteigen.

Aus der Heimat des reinen weißen Lichts bist du hierher gekommen, und nun gehst du wieder den Weg zurück in die Heimat des reinen weißen Lichts. Deine Sehnsucht nach Rückkehr und Ausdehnung in völlige Bewusstheit mag es sein, die dich auf deinem Weg inspiriert und leitet. Dieser Weg führt unausweichlich durch alle Stationen der Dunkelheit deiner Unbewusstheit.

Serapis Bey ist der Meister innerer und äußerer Reinigung. Er hilft dir, alles zu beseitigen, was du nicht mehr benötigst für deinen Lebensweg. Er kann dir die Kraft der Bewusstheit für die Konfrontation mit der Situation schenken, in der du jetzt lebst, sodass du darin zu ihrer Klärung finden kannst.

Vielleicht machst du dich abhängig von alten Dingen, alten Gewohnheiten, alten Formen von Bindungen und Liebe und hängst an vorgeprägten alten Überzeugungen fest. Vielleicht sitzt ein Schmerz so tief in deinem Körper und in deiner Seele, dass du unbewusst ausweichst, weil du das Leid nicht sehen willst. Jedoch mögen dich andererseits unerwartete Ereignisse, Ereignisse, mit denen du vielleicht gar nicht rechnest in deinem Leben, völlig aus deinem Konzept bringen. Obwohl du kalt, schroff und abweisend reagieren magst, nützt dir das letztendlich nichts. Während du in einer abwehrenden Haltung versuchst, die Dinge an dir abprallen zu lassen, magst du dabei jedoch weiter wie besessen an deinen Überzeugungen festhalten und schließlich den Blick für das Ganze verlieren. Auf diese Art und Weise trägst du vielleicht jene Dinge, die nach Lösung rufen, weiter mit dir herum. Nimmst du dazu noch das Leiden der Welt auf deine

Schultern, dann magst du dich am Ende gar gequält, leer und in einem tiefen Schmerz um dein Einsamsein finden. Vielleicht haben deine vielen Tränen auch alle Farben aus deinem Leben gewaschen.

Serapis Bey ist eine meisterliche Hilfe dabei, die eigenen Erwartungen loszulassen und das zu akzeptieren, was ist. Dieser Meister versteht es ebenso, dich zu lehren, deine Angst, ins Bodenlose zu fallen, wenn du in das dir Unbekannte gehst, zu überwinden. Gleichzeitig zeigt er dir, dass nur die Intensität in der Konfrontation mit dem, was ist, der Weg zu deiner Selbstbefreiung sein kann. Äußere Vorgänge mögen dein Inneres zur Befreiung wachrufen.

Serapis Bey bringt mit seinem Licht tiefes Verständnis in dunkle Situationen von Konflikt, Schmerz und Leiden. Er hilft dir in eine karmische Befreiung und macht damit für dich einen Aufstieg ins Licht möglich.

Serapis Bey holt alte Erlebnisse in dein Bewusstsein zurück, damit du sie abschließen kannst. Vielleicht ist dies ein karmischer Konflikt, mit dem du in deinem Leben gerade, bewusst oder unbewusst, konfrontiert bist und der sich vielleicht bis in die heutige Zeit fortsetzt. Möglicherweise ist dies ein problematisches oder missbräuchliches sexuelles Erlebnis aus der Vergangenheit, auch der fernen Vergangenheit, das, wenn du wirklich bereit bist, es dir anzuschauen und es zu lösen, dein Leben in einem neuen Licht erscheinen lässt und große schöpferische Kräfte in dir freizusetzen vermag.

Wann auch immer du in die Dunkelheit von Unwissenheit oder Unbewusstheit gefallen bist oder mit einem Schatten alter Zeiten kämpfst, der dich vielleicht in deinem Leiden und in langem Schmerz gefangen hält, so ist das Licht von Serapis Bey eine Hilfe, um tiefe Ebenen von

Dunkelheit, Leiden und inneren Konflikten in dir zu klären. Sein Licht hilft Bewusstheit dort hineinzubringen, wo deine Unbewusstheit herrscht, sodass du an Klarheit gewinnen kannst. Serapis Bey ist eine große Hilfe, wenn du nach dem Licht in dir rufst, um Einsicht in die Hintergründe der Geschehnisse zu erhalten. Er bringt dir den Mut, dich mit deinen Gefühlen auseinander zu setzen, schenkt dir praktische Weisheit und hilft dir, bei Entscheidungen das zu tun, was du für richtig hältst.

Das, was jetzt gerade in deinem Leben geschieht, kann ein Auslöser dafür sein, zurück in deine Vergangenheit zu schauen und Bildern und Zusammenhängen, die zur Klärung und zum Verständnis deiner Situation beizutragen vermögen, wieder Raum zu geben, sodass sie sich dir zeigen können. Dabei magst du spüren, dass jenes in dir, welches Licht und der Weg zur Bewusstheit ist, im Spiegel der Vergangenheit deiner Kindheit und weiter entfernter Vergangenheit vielleicht viele Prägungen und Formungen nach alten Überzeugungen in dir erfahren hat und dich auf diese Weise möglicherweise von deiner eigenen unschuldigen Erfahrung des Lichts getrennt hat. Über innere Bilder, Gedanken, Gefühle und körperliche Empfindungen, auch gerade jenen, die dir deiner Situation entsprechend ›irrational‹ erscheinen mögen, kannst du über den Weg deines intuitiven Wissens Zugang dazu erhalten, wo, wie und wann die Ursache von dem liegt, was deine Gegenwart verdunkelt. Das kann dann die entsprechende Bewegung in die Bewältigung deiner jetzigen Situation bringen. Das reine weiße Licht dieses Meisters lädt dich dazu ein, wie in einem klaren Quell zu baden, um alle deine angestauten Tränen fließen zu lassen, deine Wunden zu reinigen und dich wieder zu sammeln.

Serapis Bey, der Meister des weißen Lichtstrahls,

bringt dich in Kontakt mit deinem Rebellischsein gegenüber allem Alteingesessenen und Heiliggesprochenen. Mit seinem reinen Licht stärkt er die ganze Leidenschaft deiner Seele, den Vorstellungen und Erwartungen anderer nicht zu entsprechen und dem Griff von Scheinheiligkeit zu entfliehen.

Serapis Bey gibt dir ebenso einen klaren Blick für die Umstände deines Lebens und ihre Zusammenhänge mit der Vergangenheit. Du erhältst die Kraft, Klarheit und Unterstützung, dich bewusst von allem trennen zu können, was nicht du bist.

Allem, was sich auf dein Leben unterdrückend auswirkt, dein Leben verhindert, dich unfrei macht, ebenso jegliche Moral, die sich dir in den Weg stellt, und allem, was nicht Liebe ist, sondern Zwang oder Anbetung von toten Geboten entwächst, gilt von nun an dein kraftvolles ›Nein‹.

Serapis Bey hilft dir, in deiner Rebellion, im Dienst von Klarheit, Offenheit und Wahrheit, alles das zu zerstören, was dich unfrei macht. Er unterstützt dich, gründlich mit allen moralischen Vorschriften, die dein Leben unterdrücken oder verhindern, aufzuräumen.

Serapis Bey gibt dir meisterliche Hilfe, deinen Schwertschlag zur Befreiung aus der Schwärze der Nacht der Seele anzusetzen und ihn auch durchzuführen. Auf diese Art und Weise offen und direkt aus der Tiefe deines Bauches handelnd, im Licht deiner aufrüttelnden Frische und Klarheit, können diese Aktionen den leeren Altar sprengen. Er mag dabei in die Luft fliegen und sich in Wolken von Rauch, Schutt und Asche auflösen. Vielleicht wirbelt das viele Emotionen und Stimmungen in dir und anderen auf. Das weiße Licht dieses Meisters hilft dir jedoch, bewusst zu bleiben, dich nicht unter dem

Schutt begraben zu lassen und Stimmungen, Gefühlsregungen und störenden Gedanken nicht zu erlauben, die Klarheit deiner inneren Wahrnehmung zu trüben. Räumst du ihnen keine Macht über dich ein und bleibst deinen Idealen treu, so werden sie, wenn sie sich lichten, neuer Klarheit Platz machen.

All deine gebundene Energie an dein Leiden, an deine Abhängigkeit und an die Sicherheiten, die du möglicherweise für dein Überleben geschaffen hast, mögen nun aufgedeckt und mit einem Schwertschlag abgetrennt vor dir liegen. Fühlbar wie in der reinen Stille nach einem Gewittersturm.

Serapis Bey unterstützt dein ungebrochenes ›Ja‹ gegenüber dir selbst, deiner Wahrheit, deinem Dasein. In diesem Kampf gegen die Dunkelheit und Unwissenheit des Egos kannst du schließlich weiterschreiten, höher hinauf in der Spirale des Lichts und tiefer hinein in ihr Zentrum, sodass du zu leuchten beginnst wie der Stern, der du bist.

Das klare weiße Licht ist die Quelle der Kraft des ganzen Seins.

Gelingt es dir, vollständig deinen Schatten zu durchdringen, so wirst du jenseits von Gedanken, jenseits von Emotionen und jenseits deiner Identifikation mit deinem Körper zu einer Leere, einer reinen Gegenwart. Du wirst ein klarer Spiegel für andere, eins mit der Macht des Lichts.

Dann kann der Regenbogen des göttlichen Spiels sich in deiner Erneuerung spiegeln.

B 55 KLAR / ROT

»Christus«

Christus ist der Meister des Roten Lichtstrahls. Er zerstört das Alte, um dem Neuen das Tor zu öffnen. In seiner opferbereiten Liebe kannst du lernen, das Unerwartete anzunehmen.

Jesus Christus war ein leidenschaftlicher Sucher nach Wahrheit, Bewusstheit, Liebe und Menschlichkeit. Er versuchte, das Ideal des göttlichen Menschen zu leben und es anderen bewusst zu machen. Sein Herz schlug allein für diese Revolution im menschlichen Bewusstsein. »Wacht auf!« »Seid bewusst!« »Vergesst nicht!«

Jesus Christus ist ein Rebell und Meister, der sein Herz für die Menschen geöffnet hat. Er hat sein Leben und seine Liebe bedingungslos verströmt und alles an Menschen oder an Dingen kompromisslos gereinigt, das nicht in Wahrheit und Bewusstheit, Licht und Liebe lebte, sondern in Hass, Gier und Verlogenheit verharrte. Das hat ihm Feinde gemacht.

Diejenigen, die durch ihn auf ihre Unwahrheit, Unbewusstheit und Frustration geworfen wurden und seine Liebe nicht in ihr Herz nehmen wollten, haben ihn einfach ermordet. Der süße Schlaf der Unbewusstheit wollte nicht gestört sein, der süße Schlaf der Seele wollte gewalttätig verteidigt sein.

Die Wahl dieser Flasche zeigt intuitiv, bewusst oder unbewusst, deine starke Herzensverbindung zu Jesus. Vielleicht stehst du in tiefer Verbindung mit ihm und jener Nachricht, die er in die Herzen der Menschen zu säen trachtete.

Jesus war ein wahrer Rebell und Revolutionär. Das Rot zeigt die immens starke Kraft, die körperliche Kraft, die Leidenschaftlichkeit und die Erdverbundenheit seiner Liebe. Jesus war der Rebell und Revolutionär des Herzens.

Wenn du tief in dein Herz eindringst, um dort die rote Energie der opferbereiten Liebe und den inneren Rebellen in dir selbst zu entdecken, so wirst du vielleicht sehen, dass wahre, leidenschaftliche Liebe zum Menschsein sprichwörtlich Berge versetzen kann. Das Rot verbindet dich mit dem feurigen Zentrum großer Erdenkraft, aus dem heraus du kraftvolle Veränderungen in Gang setzen kannst, die dem Leben und dem Erwachen der Liebe zu dienen vermögen. Du magst lernen, den Mut aufzubringen, zu deiner innersten Wahrheit, deiner Bewusstheit in Wahrheit und deiner Liebe darin zu stehen, sie tatkräftig auszudrücken und umzusetzen.

Klar über Rot, die Christus-Flasche, stellt eine Herausforderung dar, dich mit deiner kompromisslosen, leidenschaftlichen Suche nach deiner Wahrheit der Liebe auseinander zu setzen, die deine innere Befreiung bewirken kann. Tust du das nicht, sondern wartest, dass eine Veränderung von außen auf dich zukommt, etwas für dich getan wird, so wirst du möglicherweise vergeblich warten. Du wartest auf Godot. Du kannst dich nur selbst auf den Weg machen, und dieser Weg führt nach innen, Gott-wärts.

Klar, die Silberschnur ins Licht der göttlichen Welt, über Rot, der tiefen Kraft der irdischen Welt und des irdischen Lebens, gehört als Erweiterung zu den Flaschen für das Kind des Neuen Zeitalters, das du in deinem Inneren bist. Sie kann dir sehr hilfreich dabei sein, dich an das Kind zu erinnern, das du gewesen bist, und dich zurückführen in deine Kindheit, hinein in deine Familie, in der du aufgewachsen bist. Das Rot kann dich wieder mit jenen Kernpunkten deiner Kindheit in Kontakt bringen, an denen dein Vater als Familienoberhaupt vielleicht nicht die Wahrheit sprach und auch nicht liebend war. Als er, vielleicht mächtig und aus seiner eigenen Frustration und Wut dem Leben gegenüber, das ihm wohl nicht das gab, was er benötigte, dabei dem Weiblichen Feind, möglicherweise versuchte, Rache gegenüber aller Wahrheit und Liebe an dir auszuüben.

Liebe jedoch ist das lebendige Lebensfeuer, das niemand besitzen oder in seiner Bequemlichkeit horten kann. Wird es dennoch versucht, so erstickt das Lebensfeuer, und aus seiner kalten Glut auferstehen Hass, Rache und Gier. Auf diese Art und Weise mag dein Vater deinen Herzenswillen gebrochen haben. Vielleicht hat er versucht, dich gehorsam zu machen, um seinen Willen und den Willen der Familie zu erfüllen. Möglicherweise wurde dir dann das Leben in jener Weise, wie es seit Vatergeneration zu Vatergeneration ist und zu sein hat, eingefleischt.

Hier mögen die Wurzeln deiner jetzigen Unklarheit bezüglich deines Wollens liegen. Du magst darunter leiden, gelernt haben zu müssen, auf das Materielle oder auf die Familie fixiert zu sein, möglicherweise geradezu daran gebunden zu sein und alles andere zu verleugnen, als gäbe es das nicht. Vielleicht kompensierst du deine Tränen, deinen Schmerz und dein leeres Herz, indem du selbstlos für andere da bist und so versuchst, einer Illusion von Liebe zu dienen.

Zerschlagen mag das Herzensschwert deiner Kämpfe

für deine Wahrheit, die Wahrheit der mitfühlenden Liebe zum Menschsein, am Boden liegen. Vielleicht wirst du als verrückter Außenseiter eingestuft, verachtet, verspottet und angepöbelt. An diesem Kreuz vielleicht deinem drohenden Tod ins Auge sehend, deine Wut und Rebellion am Boden liegend, scheint das Leben ungerecht an dir zu handeln. Dein Leid mag unsäglich sein, und in deiner Qual magst auch du zum Himmel schreien: »Gottvater, warum hast du mich verlassen?« Aus deinem ganzen Willen zum Leben, aus der Tiefe deines Menschseins heraus, sogar im Schmerz der Vernichtung noch kämpfend für die gute Sache, vermagst du dein wahres, wahrhaftiges Menschsein nun ans Licht zu bringen. In deinem Aufschrei nach göttlicher Hilfe und deinem gleichzeitigen Erkennen deiner eigenen Göttlichkeit zeugst, empfängst und gebärst du den wahrhaft göttlichen Menschen in dir, bereit, wahrhaft mit dem Blut deiner Seele der Menschheit zu dienen. Im tiefen Erkennen des „Dein Wille geschehe, nicht meiner« kann der wahrhaftige Geist des göttlichen Vaters, des göttlichen Willens in dich hineinsinken. Dieser Moment ist es, der dich dann als Menschenkind und zugleich als göttliches Kind zur Wiedergeburt bringt.

Dein Menschsein ist die Form, dein Gottsein jedoch ist dein wahres Wesen. Du bist irdisch und himmlisch zugleich.

Jesus wurde am Kreuz zu Christus, in dem Moment, wo er sagte: »Dein Wille geschehe, nicht meiner.« In dieser Liebe, in seinem Menschsein aus Fleisch und Blut und seiner Hingabe an das Göttliche, hat er jedem Menschen den Fingerzeig zum Himmel, zum aufsteigenden Licht, gegeben.

Nur die völlige Zerstörung des Alten öffnet dem Kommen des Neuen das Tor. Aus dieser Einsicht heraus magst du dir selbst und den anderen vergeben können. Indem du das Alte loslässt und dich selbst annimmst, wirst du bereit, dich dem göttlichen Geschehen, das sich durch die Unschuld deines Herzens ausdrücken möchte, neu zu öffnen.

Wahrheit, Bewusstheit und Liebe haben keine Zeit und keinen Raum. Sie sind grenzenlos und ewig. Obwohl Jesus durch die tiefste Demütigung, durch die Kreuzigung und seinen körperlichen Tod hindurchgegangen ist, durch sein Opfer für andere, war er doch Licht und ist ins Licht aufgestiegen, ist die wahre, meisterliche Essenz der Liebe.

So wie du eine Umwandlung in der Opferung deines Wesens erfahren magst, kann diese Christus-Meisterflasche dir helfen, dich für das Unerwartete zu öffnen. Auf diese Weise wird es dir möglich zu lernen, das Unerwartete vielleicht als die größte Unterstützung für das ganze Potenzial der Liebe in dir sehen zu können. Du wirst in die Lage versetzt, jene Liebe, jene bedingungslose, opferbereite Liebe, die ins Licht führt und Mitgefühl zu schenken vermag, jetzt ins Leben zu bringen und auszudrücken.

Klar über Rot ist ebenso hilfreich, dich von Missdeutungen deiner wahren Kraft zu reinigen und zu befreien. Niemandem ist damit gedient, ein christliches Leben in Isolation im Kloster oder im Priestergewand zu leben. Wahre Liebe will dem Leben dienen und mitten im Leben sein. Jesus Christus hat niemals das weibliche Geschlecht erniedrigt, er hat den Frauen nie das Denken verboten oder sie gar kommandiert, sondern er hat den Frauen jenen Platz gegeben, der ihnen zusteht – Seite an Seite mit dem Mann. Er hat der Frau sogar jene Erhöhung gegeben, die ihr zusteht; denn sie ist diejenige, durch die das Leben erschaffen wird.

An diesem Punkt geht es darum, jahrtausendealte Missverständnisse im Verständnis der Liebe Christi für sich selbst und, wenn man den Mut dazu hat, auch für andere ins richtige Licht zu rücken. Wahrer Menschenliebe entspringt der Dienst am Menschen. Er mag dich zu einem Rebell und Revolutionär des Herzens machen.

Die Institutionalisierung der Liebe und Lehre Christi in Form der Kirche und in Form der Lehre durch das Christentum ist zur kontrollierenden und beherrschenden patriarchalen Macht geworden. Sie verwässert und vergiftet die wahre Essenz der Liebe, um die Jesus selbst gerungen, für die er gelitten hat und für die er seinen Tod am Kreuz gestorben ist.

Die Macht der Kirchenväter entspringt offensichtlich der puren Angst vor der revolutionären Kraft der Transformation, die wahrer Liebe innewohnt; denn die befreite Kraft der Liebe vermag der Wahrheit und Bewusstheit zu dienen, dem Göttlichen in jedem Menschen, unabhängig von seinem Glaubensbekenntnis. Das ist eine Liebe, die sinnhaft und sinnlich ist, sich aber nicht von Sinnhaftigkeit und Sinnlichkeit beherrschen lässt. Es gibt nichts, was einen wahrhaft Liebenden beherrschen kann. Ein Liebender zu sein bedeutet, in seiner Essenz trunken zu sein, trunken von der Liebe, trunken von Gott, denn Gottes Wein ist die Liebe.

Wahrhaft mit Christus zu sein bedeutet, in seiner Essenz das Leben zu lieben und mitten in ihm zu sein, im Zentrum des Marktplatzes.

Dem Rot dieser Christus-Meisterflasche ist eine Nuance Magenta beigegeben, einer Aufforderung gleich, über die Leidenschaft und über die Familie hinauszugehen und in die höchste Form der Liebe einzutreten sowie karmische und seelische Verbindungen der Liebe herauszufinden. Auf diese Weise kannst du dir alter Muster, die du innerhalb deiner Familie vielleicht wiederholst, bewusst werden, sodass du in deinem Loslassen auch Abhängigkeiten hinter dir lässt, um zu deiner Alleinverantwortung auf der Suche nach der göttlicher Liebe zu finden. Das Magenta im Rot kann dich ebenso hineintragen in das ›Christus-Bewusstsein‹, in die bedingungslose und opferbereite Liebe zur großen Erdenfamilie, gleich welcher Nation und welcher Hautfarbe, und du lernst voller Mitgefühl, deine Rolle darin zu spielen.

Christus wurde sowohl in einer Zeit großer Dunkelheit auf dieser Erde als auch zur Wintersonnenwende geboren. Kurz vor Sonnenaufgang ist die Nacht am dunkelsten.

B 56 Hellviolett / Hellviolett

»Saint Germain«

Der Meister des Violetten Lichtstrahls ist Saint Germain. Auf der Suche nach einer höheren Wahrheit hilft er dir, deine persönlichen Ängste und Gedanken hinter dir zu lassen, und gibt dir jene Weisung und Hilfe, die du benötigst, um deinen eigenen Pfad in Verbindung mit der höchsten Ordnung zu gehen. Dabei verleiht er dir die Ausrichtung auf den höchsten Willen. Für die höchste Liebe gilt es bereit zu sein, alles zu riskieren.

Saint Germains Licht trifft dich tief in deinem Wurzel-Chakra, in einer Weise, als gelte es, in deiner selbst geschaffenen Realität alle Sorgen um dein ›Überleben‹ Meister Saint Germain zu überlassen, der dir zum nächsten Schritt deines Lebens, nämlich dem des Verwurzelns auf dem Pfad der höchsten Ordnung, verhilft. Möglicherweise ist das nicht der Schritt, den du vermutest, gerade gehen zu müssen.

Saint Germain stellt all jenes in dir infrage, was du unter Ordnung oder unter Lebensordnung verstehst. Das mag all das sein, was vielleicht von deinen Eltern, in ihrer Art von Liebe, unter Lebensordnung und Lebensführung verstanden worden ist. Als Kind hast du es von ihnen gelernt und verinnerlicht. Wenn du das heute noch versuchst nachzuvollziehen, mag sich das jetzt auf deinem Weg als untauglich erweisen.

Die Pfade der höchsten Ordnung unterscheiden sich von jenen des Verstandes. Saint Germain erweckt jenen

Teil in dir, den dein Vater und deine Mutter und die Menschen, die dich erzogen haben, kritisierten, ablehnten und der vielleicht am liebsten sterben will, weil er den Schmerz nicht aushält. Deine Eltern mögen versucht haben, dich in das Ordnungssystem der materiellen Welt einzugliedern, in Anpassung an deren Autoritäten. Obwohl du das vielleicht als grausam für deinen Körper und deine Seele erlebt hast und dich möglicherweise missachtet und zertrümmert fühltest, magst du jedoch gehorsam dem Unausweichlichen gefolgt sein. Etwas tief in deinem Inneren mag dabei allerdings fühllos und taub geworden sein. Vielleicht scheint dir nun das Leben als ein Martyrium, in dem du dich für die äußeren Verhältnisse opferst.

Aus deiner kindlichen Neugier, einfach die Welt verstehen zu wollen, magst du auf diese Art und Weise in die Verhaltensmuster des gehorsamen Verstehens der Welt zurechtgebogen worden sein. Die Worte deiner Eltern sind dabei vielleicht mit der Zeit zu deinen eigenen Gedanken geworden, die du nun selbst denkst und jetzt möglicherweise unbewusst eigenhändig gegen dich selbst richtest. Das mögen vernichtende Vorwürfe, Anklagen oder Schuldzuweisungen sein. Möglicherweise dreht sich auch dein Verstand im Kreis, und du entwickelst vielleicht ein schlechtes Gewissen, die Erwartungen, die an dich gestellt werden, nicht erfüllen zu können. Schließlich kannst du dich vielleicht für nichts mehr entscheiden und fühlst dich innerlich gestresst. Geradezu bedrohlich mag sich die materielle Welt vor dir auftürmen, und dir mag unklar sein, welche Rolle du darin spielen sollst. Deinen Gedanken- und Verhaltensmustern dabei jedoch nicht entkommend und gefangen in deinem Leiden, hast du schließlich das Gefühl, auf der Stelle zu treten.

Sehnsucht steigt vielleicht in dir auf, an einem anderen Ort zu sein, nur nicht da, wo du bist. Doch an jedem Ort der Welt wird dich dasselbe Gefühl von Heimatlosigkeit einholen, weil du die Heimat in dir selbst verloren hast.

Natürlich kannst du den Weg der Rache wählen, um möglicherweise genauso grausam an anderen zu handeln, wie vielleicht an dir gehandelt wurde. Oder du kannst den Weg wählen, herzlos zu sein in einer herzlosen Welt und kalt oder fanatisch, vielleicht der Lehre einer besseren Gesellschaft folgen, die du dann zum Schluss möglicherweise selbst versuchst, anderen aufzuzwingen. Sie jedoch ist keine Wahrheit, denn sie entspringt nur dem Verstand und vermag nur denselben blinden Gehorsam zu fordern, den du als Kind von deinen Eltern gelernt hast.

Saint Germain lässt sein Licht auf den Weg nach innen fallen, dahin, wo du zu dir selbst finden kannst, hinein in deine innere Auseinandersetzung mit dir selbst. Saint Germain lässt dich deine alten Verhaltensmuster erkennen, in dem Sinne, dass du sie erst einmal erkennen und auf sie aufmerksam werden musst, um sie dann als das identifizieren zu können, was sie sind. Erst daraus kann es für dich dann möglich werden, dass du sie loslässt.

Saint Germain kann dir helfen, auf allen Ebenen deine Negativität loszulassen, die dich nur einsam und heimatlos macht, sowie Gefühls- und Gedankenmuster aufzugeben, die sich in dir im Kreis drehen mögen. Dein Selbsturteil, deine Selbstbestrafung und dein Selbsthass darin werden unterbrochen, sodass du in dein verstecktes großes Leid dahinter vorzudringen vermagst, in das Land, wo deine Tränen zu Hause sind.

Saint Germain bringt das Licht von Bewusstheit, Klarheit, Unterscheidungsvermögen und Heilung. Er erlöst deinen Geist aus dem Gefangensein in das Denken der Vergangenheit, sodass du beginnen kannst, das Potenzial, welches hinter deiner Maske liegt, ausfindig zu machen.

Saint Germain schenkt dir heilende Energien für deine Verwandlung. Er ist der Meisterheiler unter den Meistern.

Das Wort ›heilen‹ hat seinen Ursprung im Wort ›heil‹, im Sinne von ›ganz‹. Dein mögliches Martyrium kann in dein Ganzsein hinein heilen und deine Selbstannahme und Selbstverantwortung können dabei deine Selbstisolation überwinden.

Saint Germain gibt dir Führung auf jenem Pfad, dem Weg, der für dich und deine Vergangenheit Heilung bringt und dich ganz werden lässt. Dieser Pfad geht unweigerlich da entlang, wo deine alten Wunden wieder aufbrechen können und du dich an dich selbst wieder erinnern kannst, sodass sich durch dein Selbsterinnern deine Verletzungen endgültig schließen können. In diesem Prozess mag all das berührt werden, was du in diese Welt mitbringst, alles, was in dir noch unvollendet ist, und alles, was nach Vollendung in Liebe strebt und Heilung erfahren möchte.

Im Drama des Lebens magst du viele Rollen spielen. Vielleicht bringst du etwas von dir auf die Bühne, um Aufmerksamkeit dafür zu erhalten, und das, was diese Rolle dann prägt, ist eins deiner Muster. Jede Rolle, die du im Leben spielst, gibt dir deine Mimik, bestimmt deine Gesten, bewirkt deine Körperhaltung, färbt deine Stimme und webt das Kostüm, das du trägst. Von Leben zu Leben, von der Vergangenheit bis hinein in die Zukunft, trägst du deine Rollen immer mit dir. Sie sind so lange mit dir und du spielst sie so lange, bis du ihrer bewusst wirst. Im Grunde ist es so, dass du in sie schlüpfst, um etwas auszuleben, etwas zur Vollendung zu bringen und um es, einmal vollendet, dann loslassen zu können. Jede Rolle ist ein Aspekt deines Wesens, behaftet mit der Prägung deiner Konditionierung.

Saint Germain bringt den kompletten Tod des Alten, Rigiden, Konventionellen, dem blind der Tradition Ergebenen. Er bringt Witz in die Absurdität des sich Stumpf-Vollziehenden, er lässt die Rollen aufbrechen, er entlarvt dich, stellt dich bloß.

In diesem Bloßgestelltsein kannst du beginnen, auf dich selbst aufmerksam zu werden. Dabei magst du anfangen zu beobachten, was du gerade tust, wie du es tust und warum du es tust. Saint Germain ist der Meister für die Selbstbeobachtung, in der sich alle deine alten Rollen und Gespenster von dir lösen können. Deine eigene Aufmerksamkeit und deine Desidentifikation sind es, die die Loslösung zu bewirken vermögen, Heilung bringen und dir den Schritt in das Jenseits öffnen.

Auf diese Weise kannst du Heilung finden und beginnen, mit deiner Vergangenheit Frieden zu schließen. Bewusstheit, Achtsamkeit, Wachheit und Meditation innerhalb deiner verschiedenen Rollen, die du in deinem Leben spielst, können so den Weg zur Liebe für dich bereiten.

Im Frieden mit deiner Vergangenheit und allem, was dich einmal einsam gemacht hat, ist es nicht mehr dein Denken, das dich meistert, sondern du meisterst dein Denken. Die abwärts gerichtete, unbewusste, zerstörerische Energie in dir, die in diesem Prozess nun frei geworden ist, weicht kreativer, aufwärts gerichteter und bewusster Kraft. Du magst jetzt bereit sein, in Hingabe und Bewusstheit den Weg im Dienst der höchsten Ordnung zu gehen, um deine Rolle im göttlichen Plan zu übernehmen. Du magst zu deiner wahren Identität finden, um die höchste Verantwortung zu übernehmen.

Im aufsteigenden Licht der violetten Flamme der Transmutation gilt es, die höchste Ordnung zu erkennen, die Welt der geistigen Ordnung, die hier deinen Willen zum Dienen weckt.

Diese Ordnung entspricht der Freiheit, Gleichheit und Brüderlichkeit aller Menschen.

Indem du Saint Germain erlaubst, dich mit diesen Qualitäten zu verknüpfen, mögen sie nun beginnen, jene Haltung in dir zu prägen, aus der heraus du dich dann neu auf andere beziehst. In Offenheit lernend und um die Freiheit und Gleichheit eines jeden Individuums wissend, dabei die Unantastbarkeit menschlicher Würde eines jeden respektierend, begabt mit Vernunft und Gewissen, kannst du auf diese Weise anderen im Geiste wahrhafter Brüderlichkeit begegnen.

Ohne irgendeine Unterscheidung, wie etwa nach Rasse, Farbe, Geschlecht, Sprache, Religion, politischer und sonstiger Überzeugung, nationaler oder sozialer Herkunft, nach Eigentum, Geburt oder sonstigen Umständen, werden alle Menschen an allen Orten dieser Welt zu Brüdern.

Aus dieser heilenden Einstellung kann Liebe erwachsen, eine Liebe, die die zentrale Kraft für die Heilung des Ganzen ist.

B 57 Hellrosa / Hellblau

»Pallas Athene und Aeolus«

Pallas Athene und Aeolus sind zwei Meister, welche Schönheit und Weisheit in den einfachen Alltag hineinzubringen vermögen. Sie zeigen dir, wie viel Liebe, Frieden und Erfüllung im irdischen Leben miteinander existieren können, wenn du dein Leben in Einklang mit dem Göttlichen zu leben verstehst. Darin erhält dann Materielles Sinn, so wie Spirituelles zu Fleisch und Blut wird. Auf diese Weise kann beides heilsam ineinander fließen und zu Wohlstand und der rechten Lebensführung führen.

Alte Gewohnheiten zu verabschieden, Muster der Vergangenheit aufzugeben und jegliche Einmischung deiner Emotionen oder deines analytischen Verstandes in das, was sich ereignen will, hinter dir zu lassen, kann eine tiefe Entspannung in dir bewirken. Gibst du dich darin der Liebe hin und entdeckst dazu deine eigene Kraft, dann vermag sich deine Unentschlossenheit in deine Freiheit zu verwandeln.

Im Licht des Hellrosafarbenen und Hellblauen Farbstrahls helfen dir Pallas Athene und Aeolus, absolutes Vertrauen in das Leben selbst zu gewinnen und zu deiner persönlichen Unabhängigkeit darin zu finden.

In der Qual der Wahl, dich in deinem Leben auf Neues einzulassen, magst du vor die Wahl zwischen zwei gleichwertig erscheinenden Möglichkeiten gestellt sein und vielleicht Zweifel an der zu treffenden Entscheidung haben.

Durch analysierendes Überlegen findest du womöglich zu keiner Lösung, und vielleicht wollen immer wieder Zweifel und Angst vor möglichen Fehlern deine innere Klarheit zerstören. Vielleicht fehlt es dir auch an einer wirklichen Ausdauer, die notwendig wäre, um die scheinbar verworrene Situation klären zu können. Wie du es jedoch auch drehst und wendest, mag es für dich so aussehen, als wenn es keine befriedigenden Lösungen zu geben scheint. Je mehr du dabei allerdings versuchst, das Verwickelte aufzulösen, desto fester knotet es sich womöglich ineinander.

Vielleicht hast du deine Ziele zu hoch gesteckt und fühlst dich nun zwischen den Alternativen hin- und hergerissen. Jedoch dadurch, dass es dir schwer fallen mag, die Vergangenheit loszulassen, und du dich vielleicht überall festhältst, kann es dir auch nicht gelingen, Zugang und Vertrauen in deine eigene Stärke und Schöpfungsfähigkeit zu finden. Der Widerstreit deiner männlichen und weiblichen Persönlichkeitsanteile verhindert offenbar für dich den Kontakt zu deinem Ganzsein und Losgelöstsein, um aus dem Konflikt zwischen deinem Verstand und deinen Gefühlen schöpferisch einen Weg herauszufinden.

Als Kind sind es deine eigenen Eltern, welche die Vorbilder für deinen weiblichen und deinen männlichen Persönlichkeitsanteil bilden. Wenn sie sich im alten Rollenmodell des dominierenden, alles beherrschenden Vaters und der unterwürfigen Mutter, die vielleicht keine eindeutige Stellung bezog, weil sie Angst hatte und sich vom Mann abhängig machte, bewegten, so mögen sie den Sinn der Vorbilder gesunder Männlichkeit und gesunder Weiblichkeit für dich verfehlt haben. Vielleicht hast du stattdessen ihren Widerstreit verinnerlicht, dessen Resultat sich in deinem Leben nun als der uralte Kampf der Geschlechter mit deinem eigenen männlichen und weiblichen Teil in deinem Inneren fortsetzt. Der eine Teil hat dann die Macht, der andere Teil hat Angst, und keinem gelingt es, zu gewinnen.

Versuchst du in dieser Situation nun herauszufinden, was richtig ist und was falsch, welcher Teil in dir Recht hat oder welcher Teil in dir Unrecht hat, so magst du dabei unweigerlich in Selbstzweifel geraten und wahrscheinlich schließlich zu keinem Resultat finden. Die Einmischung des Verstandes einerseits oder der Gefühle andererseits mag gegenüber dem Eigentlichen, dem Meisterlichen, was sich durch dich ausdrücken will, erfolglos bleiben.

Der generelle Unterschied zwischen Mann und Frau besteht darin, dass die Frau fühlt und der Mann denkt. Die Welt der Frau ist die Welt der Gefühle, der Emotionen und Empfindungen, des Irrationalen. Aus ihr entstehen Träume, Poesie und Drama. Frauen nähren die Erde durch ihre Liebe. Frauen leben durch ihre Gefühlswelt, durch ihre Emotionen.

Männer dagegen leben durch ihre Gedankenwelt und ihre Logik. Männer sind eher skeptisch, zweifeln und verhalten sich von Natur aus misstrauisch und rational. Wissenschaftliche Forschungen fallen ihnen leicht. Im Gegeneinander entsteht daraus Konflikt.

Anscheinend hat der Mann Angst vor der Vorstellungskraft der Frau, weil er da nicht mithalten kann. Seine Überlegenheit, sein Ego ist in Gefahr. So hat er jahrtausendelang die Frau dominiert, sie nicht selbstständig sein lassen und ihr keine Möglichkeit gegeben, ihre Gefühle und ihr Herz auszudrücken. Er hielt es offenbar für besser, der Frau keine Ausbildung zu erlauben, sondern sie ans Haus zu binden. Hätte er der Frau ihre Freiheit gegeben, wäre die Welt voller Poesie, Musik und Tanz.

Die Frau dagegen hat offensichtlich Angst vor der Rationalität des Mannes, die sie als eingrenzend und erdrückend für sich selbst erlebt. Weil sie sich darunter unfrei fühlt, ist sie nicht in der Lage, dem Mann nährende Liebe zu geben, sodass der Mann wiederum frustriert Streit und Kriege vom Zaun bricht und auf brutale Art und Weise versucht, sich das zu holen, was er benötigt.

Pallas Athene und Aeolus spenden dir Trost, Schutz und Mitgefühl, um die Vergangenheit loszulassen und die Dinge ruhen zu lassen, sodass sie sich aus sich selbst heraus entwickeln können. Es gibt immer unvorhergesehene Möglichkeiten einer glücklichen Wende. Lösungen finden ihre eigenen Wege.

Hellrosa und Hellblau werden geschüttelt zu einem Hellviolett, das dir hilft, deinen Verstand und deine Gefühle zu transzendieren, um zu schauen, wo du dich im Moment auf deinem spirituellen Weg befindest. Meisterschaft liegt jenseits der Gegensätze, dort, wo die Welt der Seele beginnt. Ihr entspringt deine ureigenste Kreativität, wo dein altes Wissen und deine Inspiration sich treffen und deine Träume zu ihrer Verwirklichung streben.

Pallas Athene und Aeolus helfen dir, die Möglichkeiten einer glücklichen Verwandlung deiner inneren Kämpfe zu finden, indem du den göttlichen Willen in der Tiefe deines Wesens erkennst. Sie vermögen dich mit jenem Vertrauen, Selbstbewusstsein und Verantwortungsbewusstsein in dir in Kontakt zu bringen, das es benötigt, um damit ›in Fluss‹ zu kommen.

Pallas Athene und Aeolus unterstützen dich darin, eine positive Sicht der materiellen Seite des Lebens und des Lebens allgemein zu entwickeln. Sie wirken hilfreich auf das Finden deines inneren Friedens, fördern den Beginn der Liebe zu deinem Leben, zu einer Liebe, in der die Wurzeln für deinen Idealismus und deine Intuition liegen, sodass das Göttliche beginnen kann, sich durch dich in der Welt auszudrücken.

Pallas Athene und Aeolus wiegen dich sanft im Wind der Erneuerung. Während du durch die Passage deiner Träume gehst, mögen sie dir ferne Erinnerungen zutragen. Dein Körper ist dabei der Träger für deine göttliche Aufgabe.

›Pallas‹ heißt ›Heldenjungfrau‹, und Pallas Athene war die schöne und kluge Lieblingstochter von Zeus. Sie brachte Bauern den Pflug, Frauen den Webstuhl und war Schutzgöttin von Athen. Pallas Athene stürzte sich in den Kampf und half den Helden, ihre Klugheit und ihr Durchsetzungsvermögen zu beweisen, indem sie ihnen die Überlegenheit ihres Intellekts über die blinde, rohe Kraft gab. Sie kämpfte mit Giganten, die sie beim Schopfe packte und enthauptete. Sie war die Göttin der klugen Kriegsführung, die Göttin des Krieges und des Friedens. Ebenso war sie die Göttin der Weisheit, der Bildung und Künste und die Erfinderin des Alphabets. In ihr nahm das Schreiben nach dem Alphabet seinen Anfang. Als Muse angesehen, war Pallas Athene die Quelle der Inspiration für das gesprochene und geschriebene Wort ebenso wie für alle schönen Künste. Wenn sie Aigis, den Schild mit dem Haupte der Medusa, schüttelte, hatten alle Achtung vor ihrer Kraft.

Aiolos war Gott und oberster Herr aller Winde. Von Zeus wurde er als Beherrscher der Winde eingesetzt. Als Odysseus zu ihm gelangte, nahm er ihn für einen Monat auf und gab ihm zum Abschied einen Ledersack mit, in dem er die widrigen Winde eingeschlossen hatte. Unmittelbar vor der Ankunft in Ithaka öffneten die Gefährten des Odysseus, während dieser schlief, den Sack, weil sie Gold in ihm vermuteten. Die Winde stürzten heraus und trieben sie weit fort über das Meer zurück nach Aiolia. Erneut bat Odysseus um Hilfe, aber Aiolos wies ihn, als einen den Göttern Verhassten, ab.

Heute, wo Pallas Athene und Aeolus Meister sind und aus dem Ätherreich heraus wirken, vermögen ihre ursprünglichen Kräfte das menschliche Leben tief zu inspirieren.

Pallas Athene schafft darin den Kontakt mit dem alten Erbe spiritueller und materieller Kraft in dir. Sie lässt dich deine eigene unbeirrbare Kraft, Stärke und Schöpfungsfähigkeit für das Leben entdecken und ausdrücken, um durch deine Kampfkraft Altes, Einengendes zu zerstören und Neues, Lebendiges hervorzubringen. So kannst du wachsen und voranschreiten. Sie hilft dir, das tägliche Leben fortschrittlich zu gestalten und zu erhalten sowie die rechte Lebensführung zu finden. Sie gibt dem lebendigen Geist den Raum, um in Träumen und Visionen auf innere Reisen zu gehen und sich durch Schreiben und Kunst, Musik und Malerei auszudrücken. Sie ebnet den Boden für die Kreativität der Seele und den Ausdruck der Schönheit. Sie arbeitet für das Weiterkommen der Menschheit in allen angesprochenen Bereichen.

Aiolos bringt die Mahnung, dass Verderben die Folge ist, wenn du die göttlichen Kräfte durch Selbstsucht ihrer Stärke beraubst. Er hilft dir, wachsam zu bleiben, auch deinen Gefährten gegenüber, und genau zu schauen, ob sie sich vielleicht nur an dir bereichern wollen, während du schläfst.

Im Spiel der Farben repräsentiert Hellblau (unten)

den Verstand, der von seinen Begrenzungen loslässt und durch die Muse, Hellrosa (oben), geküsst wird. Ebenso wie Pallas Athene im Hellblau (unten) das nährende, mütterliche Prinzip vertritt und Aeolus im Hellrosa (oben) Schwierigkeiten im Bewusstsein überwinden lässt, um es in eine mitfühlende, fürsorgliche und sorgsame Aufmerksamkeit erwachen zu lassen, die mit anderen kooperiert. Dieses Spiel der männlichen und weiblichen Kraft miteinander, im Austausch füreinander, ist die Lösung des Gegeneinanders, das in bedingungslose Liebe mündet, um die richtigen Dinge zur richtigen Zeit zu tun.

Pallas Athene und Aeolus geben dir Heilung und Offenbarung und lassen dich, wenn deine männlichen und weiblichen Anteile im Gleichgewicht sind, über eine große Stärke verfügen.

Fühlbar werden kann diese Harmonie dann in einer ruhigen Schönheit deines Alltags, in dem das Göttliche sich in deiner eigenen Kreativität verwirklicht und Schönheit auf die Erde bringt, die sich durch dich auszudrücken vermag.

B 58 HELLBLAU / HELLROSA

»Orion und Angelika«

Orion und Angelika sind zwei große Engel. Auf dem Hellblauen und dem Hellrosafarbenen Lichtstrahl bringen sie meisterliche Hilfe aus dem Engelreich zur Erde.

Orion und Angelika helfen der Vision des Neuen Menschen und einer Neuen Erde, Gestalt anzunehmen. Sie öffnen den Vorhang für eine neue Morgenröte, sodass Mutter Erde mit allem, was sie hervorbringt, dich eingeschlossen, den Frieden des göttlichen Willens erfüllen kann und schließlich Heilung geschieht. Ein Abschied vermag ein neues Willkommen zu bewirken.

In Orion und Angelika verkörpert sich die Zartheit der nicht-stofflichen, der geistigen Welt, der himmlischen Sphären. Öffnest du dich für die Hilfe dieser beiden Engel, so helfen sie dir, die Qualitäten der geistigen Welt in dir selbst zu finden und mit dem in Kontakt zu kommen, für das du bestimmt bist.

Die stärkste Heilkraft von Orion und Angelika liegt in der völligen Versöhnung mit der Liebe zu deinem Vater und der Liebe zu deiner Mutter, aus der dann die Liebe und die Erfüllung deines eigenen Lebens erwachsen kann.

Orion und Angelika bringen Heilung und Stärkung in Situationen deines Lebens, in denen du dich allein gelassen und verzagt in der Welt fühlen magst und möglicherweise das Gefühl hast, ihr nicht gewachsen zu sein. Du hegst vielleicht ein Gefühl in dir, den äußeren Anforderungen nicht gerecht werden zu können. Möglicherweise hast du auch einfach Angst, empfindest andere um dich herum als so groß und dich selbst als so klein. Aus Angst zu versagen, mögen düstere Erwartungen deinen Geist trüben, und vielleicht machen Ängste noch dazu dein Herz schwer.

Verstrickst du dich jetzt jedoch in deinen Zweifeln, so kannst du darin völlig den Glauben an dich selbst verlieren. Das, was du dir von Herzen wünschst, scheint dir dann vielleicht unerreichbar. Auf diese Weise verlierst du möglicherweise all deine Klarheit und schließlich auch deine Schlagkraft und dein Durchsetzungsvermögen.

Orion und Angelika bringen hier Hilfe für dein inneres Kind, denn die Strategie des Dich-Klein-Machens ist alt. Als du klein warst, mögen deine Eltern, aus ihrer eigenen Angst heraus, ins Unbekannte zu gehen, sie für dich verkörpert haben. Vielleicht war das für dich dann so, dass sie nicht sorgsam und unterstützend den Respekt vor deiner Individualität und deinem Mut, dich als Kind auszuleben, gewahrt haben. Dabei haben deine Eltern vielleicht auch nicht auf deinen Schutzengel vertraut, der dich von Geburt an führt und leitet. Stattdessen mögen sie deine Grenzen überschritten und in das Geschehen deines Lebens eingegriffen haben, dich dabei vielleicht verletzt und Verbote aufgestellt haben, die möglicherweise reiner Willkür entsprachen. Aus deiner unschuldigen Kinderliebe zur Welt ist auf diese Weise womöglich ein Erschrecken vor der Welt geworden. Beraubt deines Vertrauens in die himmlische Welt, aus der du kamst und die dich hier in der irdischen Welt zu beschützen vermochte, mögen deine Himmelsaugen stumpf und leer geworden sein. Vielleicht fühltest du dich von da an sogar gefangen in der irdischen Welt. Für sie galten offensichtlich andere Gesetze, und um diese lernen zu können, mögen deine Eltern für dich eine Abhängigkeit von ihnen selbst geschaffen haben, die ihrem eigenen Sicherheitsdenken entsprach. Das mag ihnen jene Kontrolle über das Leben gegeben haben, die sie für sich selbst benötigten. Jedoch das, was für dich geschehen wollte, konnte nun nicht mehr geschehen, denn es kam nicht mehr an dich heran.

Hellblau und Hellrosa werden geschüttelt ein Hellviolett, welches jene Heilung andeutet, die dich erwartet, wenn du dich wieder der Himmlischen Welt zuwendest und diesmal bewusst deine Reise ins Göttliche, ins Unbekannte, beginnst und die Grenze der Trennung aus der Himmlischen Welt auf Erden überschreitest, um wieder eins zu werden mit ihr. Dabei kann Entscheidendes geschehen.

Im Hellblau wird es möglich, dass sich deine Depression, die Depression deiner Gefühle, in eine emotionale Sicherheit wandelt und anknüpft an die Führung durch den göttlichen Willen. In ihr wird dann der innere göttliche Vater aus dir heraus geboren.

Im Hellrosa wird es möglich, dass sich dein Bedürfnis nach Liebe in Mitgefühl und in eine sich bedingungslos gebende Liebe verwandelt. In ihr wird dann deine innere göttliche Mutter aus dir heraus geboren.

Auf diese Weise deinen eigenen väterlichen und mütterlichen Anteil in dir selbst findend, mögen deine Augen sich wieder mit dem Glanz des himmlischen Lichts füllen.

Jetzt kann die Liebe zu deinem Vater und die Liebe zu deiner Mutter in deinem tiefsten Herzen heilen. Nun vermagst du beide offenen Herzens so zu sehen, wie sie sind, und kannst ihnen verzeihen, dich innerlich mit ihnen versöhnen und in deiner inneren Unabhängigkeit völlig von ihnen loslassen. In deinem tiefen Verstehen magst du sehen, wie ihre eigenen Eltern waren, deine Großeltern, und in welche Rollen sie vielleicht durch das Schicksal der Umstände eingespannt waren. Du magst die ganze Kette deiner Vorfahren sehen, die alle ihre Begrenzungen aus ihrem eigenen Verständnis vom Leben heraus mitgebracht haben und sie dann an die nächste Generation wieder weitergaben.

In diesem Verstehen kannst du lernen zu verzeihen und beginnen, die Vergangenheit der Generationen deiner Familie so anzunehmen, wie sie ist.

Für deine weitere Reise magst du nun nicht mehr auf die Hilfe und die Fürsorge deiner Eltern angewiesen sein. Dein inneres Kind hat sich befreit. Nun lernst du vielleicht zum ersten Mal, deine Mutter und deinen Vater so zu lieben, wie sie sind, und magst anfangen, sie so zu lassen, wie sie sind; denn du hast dich unabhängig von ihnen gemacht. Dein Herz mag sich für sie öffnen und in Liebe für sie aufblühen, dankbar für alles, was du von ihnen bekommen hast. Einmal dich selbst gefunden habend, vermagst du ihnen aus der Fülle deines eigenen Herzens bedingungslose Liebe schenken zu können.

Das zarte Licht dieser beiden Engel, das helle Blau von Orion und das helle Rosa von Angelika, kann dir eine große Hilfe dabei sein, nun behütet und voller Schutz aus der lichten Welt, jenseits der alten Einschränkungen von Vater- und Mutterliebe, zu beginnen, den Glauben an dich selbst wieder zu finden und deinen Weg aus deinem eigenen Verständnis heraus weiterzugehen. Orion und Angelika bringen dich in dein Bewusstsein und in deinen Körper zurück und verbinden dich wieder mit deiner Zartheit und deinem lichtvollen Sein. Sie lösen die

Düsternis der irdischen Welt von dir und verstärken die Schwingungen der Liebe, die von Mutter Erde ausgehen, sodass alles Lebendige auf ihr, dich eingeschlossen, mehr Schutz erfahren kann.

Als ein Kind dieser Erde und des Universums, dem deine Mutter und dein Vater ein Heim in seinem Körper gaben, magst du im hellen Blau dein himmlisches Zuhause erfühlen und im hellen Rosa dein irdisches Heim.

Orion und Angelika helfen im Zusammenbringen deiner feinstofflichen Körper und deines stofflichen Körpers: deiner oberen, männlichen, himmlischen Körperhälfte, im Hellblau repräsentiert, und deiner unteren, weiblichen, irdischen Körperhälfte, im Hellrosa repräsentiert. Bewusst kannst du dich nun den wahren Kräften, die durch dich wirken, wieder öffnen. Körperkontakt und das Aussprechen deiner Gedanken und Gefühle im Austausch mit anderen kann dir dabei die Möglichkeit des Ausdrucks für deine große Empfindsamkeit schenken. Vielleicht setzt du dich auch klar und tatkräftig für das ein, was du willst, und vertraust auf den Erfolg.

Heimzukommen mag in diesem Prozess eine andere Bedeutung für dich bekommen haben. In seiner Essenz ist das Heimkommen der Zirkel des ewigen Lebens, der in vielen verschiedenen Formen das Heim für deine Seele zu bereiten vermag. Ein Kind, das heimkommt, meint das Haus und den Vater und die Mutter darin, ein erwachsener Mensch, der heimgeht, meint dort, wo er zu Hause ist, wo sein Herz ist, seine Familie, seine Gemeinschaft; und eine Seele, die ›heimgeht‹, meint einen Sterbenden, der in die himmlische Welt zurückkehrt.

Der neue Mensch findet sein Heim in der großen Erdenfamilie. Auf dieser Odyssee in die neue Zeit hinein mögen viele Reisen nötig sein. Orion und Angelika helfen, wenn du hier auf der Erde weit herumreist, um das Licht der himmlischen Welten an Orten der Erde wieder zu finden oder es dort zu verbreiten. Reisen mit dem Flugzeug oder anderen schnellen Verkehrsmitteln, Zeit- und Ortsverschiebung bewirken eine Lücke zwischen dem stofflichen und den feinstofflichen Körpern, da ihre Schnelligkeit zu reisen differiert. Orion und Angelika helfen dir, deine feinstofflichen Körper wieder mit deinem stofflichen Körper zu verknüpfen. Dies gilt ebenso für Astralreisen oder wenn du auf innere Reisen gehst.

Orion und Angelika geben Schutz für Reisende auf allen Ebenen, um zur rechten Zeit am rechten Ort das Richtige zu tun.

B 59 Hellgelb / Hellrosa

»Lady Portia«

Lady Portia ist jene Meisterin, die an die tiefe Freude und an das große Glück des Lebens erinnert und jeden Menschen dahin zu führen vermag, wo er es fühlen und erfahren kann. In ihren Händen liegt die Aufsicht über die Gesetze des Lebens, die sie einerseits bewusst macht und andererseits aufzeigt, wie sie im Leben richtig angewendet werden, sodass jeder Mensch sein Potenzial unbegrenzter Liebe entfalten kann, um es in Freude zu leben.

Lady Portia hilft dir, bewusst zu werden, wie es in deinem Leben um die Liebe bestellt ist. Vielleicht kämpfst du gegen dein Leben gerade an oder versuchst, in deiner Denk- und Verhaltensweise den richtigen Blickwinkel zu finden. Möglicherweise suchst du nach einer neuen Einheit der Dinge des Lebens in deinem Herzen, nach einer weisen Lebensführung, neuer Klarheit und einem neuen inneren Gleichgewicht, einem Gleichgewicht deines Denkens und Fühlens, das dich für Glück und Freude öffnet und in dem deine Liebe leben kann.

Hellgelb hilft dir dabei zu lernen, zu unterscheiden und zu sehen, was nötig und was angemessen ist in deiner Situation, um aus Verwirrung heraus eine neue Klarheit in dir entstehen zu lassen.

Hellrosa hilft dir dabei zu lernen, aus der Düsternis deiner vielleicht nicht enden wollenden Emotionen um dein Nicht-geliebt-Werden herauszufinden. Indem du beginnst, dich von deiner Liebe, die du an andere hängst, und deinem Unglücklichsein darin zu lösen und stattdessen anfängst, dich selbst ganz anzunehmen, kann es dir gelingen, in die überfließende Quelle der bedingungslosen Liebe in dir selbst einzutauchen. Auf diese Weise kannst du in Berührung mit deiner eigenen Zartheit kommen, um in deiner Empfänglichkeit dann das entdecken zu können, was reine, leuchtende Liebe ist.

Vielleicht zückst du gerade das Schwert, um andere zu beurteilen oder zu verurteilen, vielleicht um sie zu richten und zu vernichten. Damit versuchst du möglicherweise jedoch nur, dich selbst ins rechte Licht zu rücken, um dein Wissen und deine Wahrheit zur Geltung zu bringen. Richtest du andere, indem du Urteile über sie fällst, so wird diese Energie wieder auf dich selbst zurückkommen, sodass du selbst verurteilt und vernichtet wirst. Dieser Kampf ist alt, und all jenes, was zu Fall gebracht werden kann, ist kein echtes Wissen und keine echte Wahrheit. In diesem Kampf liegt dein eigener Wille zur Macht. Er mag nur ein Gegenschlag gegen die vermeintliche Macht anderer sein, der dich weiter Krieg führen und nicht lieben lässt.

An diesem Punkt tritt die meisterliche Hilfe von Lady Portia ein, die dir zeigen kann, dein Schwert, deinen scharfen Intellekt, als Kraft und Klarheit in dir selbst zu erfahren und ihn als solches, in Verbindung mit bedingungsloser Liebe, dann einzusetzen.

Wenn du dir nicht bewusst darüber bist, wo deine eigenen Grenzen liegen, dann hast du andere Menschen in dein Leben einbrechen lassen. Das Resultat daraus ist dann, dass du in einer Weise unter Schock stehst, dich überforderst und versuchst, für andere Menschen Dinge zu erfüllen. Doch in dieser Art machst du dich zum Sklaven anderer, du unterwirfst dich und wirst zu einem

Märtyrer für das, was du für Liebe hältst. Vielleicht ist dies noch eine Verhaftung in einer alten Rolle, um Liebe zu bekommen, möglicherweise die Rolle des bedürftigen Kindes in dir, das nach Liebe und Verständnis schreit. Gerade weil du sie jedoch nicht bekommst, versuchst du diesen Missstand vielleicht zu kompensieren, indem du anderen Liebe schenkst. Doch diese Liebe, die du dann anderen gibst, mag ebenso wieder eine alte Rolle sein, nämlich die der umklammernden Liebe einer Mutter, die andere versorgt und sie dadurch an sich zu binden versucht. Darin mag dich dann, aus deiner Frustration heraus, keine wirkliche Liebe zu erhalten, eine kalte Macht umgeben, die dich den anderen, dem du deine Liebe gibst, vielleicht verdammen lässt. Weder die Rolle des Sklaven noch die Rolle des Machthabers kann jedoch deine wirklichen Bedürfnisse nach Liebe erfüllen, und dieses Rollenspiel ist möglicherweise genau das, worunter du selbst als Kind gelitten hast.

Im Leben geht es jedoch nicht darum, andere zu verdammen oder den eigenen Schmerz um das Ungeliebtsein auf andere zu übertragen und sie dann anzuklagen. Es geht auch nicht darum, sich selbst zu verurteilen, ›nicht gut genug zu sein‹, ›Liebe nicht wert zu sein‹ und das Leben für dieses Unglück zu verdammen. Es geht darum, eine tiefe Gerechtigkeit in sich selbst zu finden, um im Leben ein gesundes Gleichgewicht in den eigenen Bedürfnissen nach Liebe und jener Liebe, die man anderen gibt, wieder zu finden.

Wenn du nicht mehr richtest, wirst du die Erfahrung machen können, dass auch du nicht mehr vernichtet wirst und der Kampf ein Ende findet. Eine Hilfe, das zu lernen, ist eine neue Grenzsetzung und Mitgefühl.

Hellgelb über Hellrosa hilft dir, zu erkennen, dass du

gegen das Leben möglicherweise nur ankämpfst, um dein Überleben zu sichern, und du deine Verantwortung für dein Leben und die Liebe, die du darin benötigst, vielleicht immer noch an andere abgibst. Es kann dir dabei helfen, ehrlich dir selbst gegenüber zu werden, um dich aus deinen Verstrickungen zu lösen.

Lady Portia verbindet dich wieder mit deiner eigenen inneren Weisheit und dem Erkennen darin, dass es um dich selbst geht und um das, was du zu geben vermagst. In diesem neuen Verständnis kannst du deine Projektionen und Abhängigkeiten, die du zu anderen möglicherweise geschaffen hast, loslassen, dich allein finden und in aller Klarheit und Mitgefühl neue Grenzen setzen.

In einer neuen Klarheit, in einer Öffnung zum Licht hin, wird es möglich, dass in dir ein Sichüberlassen an eine höhere Ordnung, die das irdische Geschehen steuert, geschieht. Darin können deine männliche und deine weibliche Seite dann beginnen sich zu harmonisieren, sodass eine neue, lichtvolle Kraft in dir aufzusteigen vermag, in der du deine Waffen dem Leben gegenüber fallen lassen kannst. Deine Hingabe wird dich dann Egolosigkeit, bedingungslose Liebe und meisterliche Hilfe finden lassen, in der du jene Einsicht und jene lichtvolle Liebe erhalten kannst, die du für dich selbst benötigst und in der du schließlich jene Kraft zu finden vermagst, aus der du auf das Geschehen in deinem Leben neu antworten kannst.

Lady Portia lehrt dich Gerechtigkeit und Klarheit in der Beurteilung deiner Lebenssituation. Indem du dich abgrenzt von dem, was nicht Liebe ist, sondern Abhängigkeit, kannst du zu dir selbst zurückkommen, zu deinem eigenen Rhythmus, und ein Feingefühl für jene Dinge im Leben entwickeln, die dich nähren und die du genießen kannst.

Auf diese Art und Weise mag die Rose in deinem Herzen zu erblühen beginnen, sich neuer Boden unter deinen Füßen öffnen und neue Wärme in deinen Körper fließen, sodass wieder Freude in dein Leben einziehen kann und du dir selbst und anderen Menschen gegenüber deine lang gelebte Ungerechtigkeit und Härte verzeihen kannst. Die bleierne Schwere des Nie-genug-Seins mag nun der federnden Leichtigkeit deines Bewusstseins um deinen eigenen Wert in der Welt weichen.

Lady Portia lehrt dich Sorgfalt und Liebe dir selbst gegenüber, denn nur in tiefer Fürsorge für dich selbst und deinem Wissen, was es ist, das du benötigst, vermagst du jene Ehrlichkeit dir selbst gegenüber zu entwickeln, derer es bedarf, genauso offen und ehrlich anderen Menschen gegenüber zu sein, von denen du etwas benötigst. Ehrlichkeit ist der Schlüssel dafür, wahre Gerechtigkeit zulassen zu können, und bedeutet damit das Öffnen gegenüber der höchsten Ordnung. Auf diese Weise können Freude, Glücklichsein und die Gnade bedingungsloser Liebe in deinem Leben möglich werden.

Das Leben ist niemals ungerecht. Lernst du, empfänglich für das zu sein, was gerade geschieht, nimmst du das Leben an, wie es ist, und begegnest dir in sorgsamer Liebe immer wieder selbst, dann wird auch dein Blick klar für jede Situation und jeden Menschen, dem du begegnest.

Anspannung, Anstrengung und Kämpfe magst du nun hinter dir lassen, dir deine Fehler selbst verzeihen und einfach offen und herzlich mit anderen sein.

B 60 Blau / Klar

»Lao Tse und Kwan Yin«

Lao Tse und Kwan Yin sind zwei chinesische Meister, die zusammen auf dem Blauen und dem Weißen Lichtstrahl arbeiten. Klar steht hier für die Klarheit in deinem Inneren und das Licht als Zentrum aller Dinge. Das Blau darüber steht für den Frieden und die Bewusstheit, die Meditation des aufsteigenden Lichts.

Blau über Klar hat die Kraft eines Zen-Stocks auf deinem Haupte, der dich aus deinen Tagträumen, aus deiner Trägheit und deiner Schläfrigkeit aufzuwecken vermag.

Vielleicht fühlst du dich aus dem Gleichgewicht geraten, und in deinem Leben mögen alte Wunden wieder aufgerissen und zum Bluten gebracht werden. In deiner Angst davor, etwas nicht zu schaffen, etwas zu verlieren oder ein Ziel nicht zu erreichen, mauerst du dich möglicherweise ein, und Angst vor weiteren Verletzungen beherrscht dabei vielleicht deine Gefühle. Möglicherweise hast du in deiner Lebenssituation auch gerade den Eindruck, als wenn dein waches Bewusstsein dich scheinbar verlassen hat und nichts so eintritt, wie es offensichtlich gut wäre. Vielleicht sind auch einfach deine Impulse gerade verschüttet und du fühlst dich offen und schutzlos, offenbar ausgeliefert an das, was gerade geschieht. Es mag dir so scheinen, als wenn dein Leben dir aus der Kontrolle geraten ist und sich einfach deinen Plänen und Zielen, deinem Ehrgeiz und deiner Bestimmung entzieht.

Möglicherweise fühlst du dich leer, und alles sieht für dich so aus, als wenn du im Kampf um Licht und Bewusstheit zurück in deine Unbewusstheit geworfen wärest, offenbar in eine Niederlage geraten und anscheinend besiegt von deiner Vergangenheit. Dabei machst du dich vielleicht von etwas abhängig, ohne das dein Leben dir leer und sinnlos und nicht lebenswert erscheint. Womöglich hast du jetzt sogar keine Worte mehr auszudrücken, wie es in deiner Seele aussieht, hast die Verbindung zum Leben verloren und hörst nur noch das, was andere über dich sagen. Kannst du all dies jedoch als eine Lektion zum lernen und Wachsen annehmen, so kann es dir gelingen zu sehen, dass du dich von einem Ziel abhängig machst und damit auch von anderen Menschen.

Lao Tse und Kwan Yin geben dir Raum für Erneuerung, eine Erneuerung, welche in deinem Inneren, in deinem Bewusstsein stattfinden möchte, in deiner Betrachtungsweise jener Dinge, die sich in deinem Leben ereignen und in deinem Umgang mit ihnen. In diesem Lernprozess können Lao Tse und Kwan Yin eine große Hilfe sein, dich der Angst in deinem Inneren zu stellen, sodass du beginnen kannst, die notwendige Lektion in deinem Leben anzunehmen. Das Leben verfügt über seine eigene Intelligenz und mag dich durch seine Geschehnisse in die Knie zwingen, in das Loslassen vom Ziel, in die Hingabe an das, was ist, und in die Wachsamkeit des Augenblicks. Eine Flut von Tränen mag sich in dir erlösen, die jene Blockade, jene Mauer, die du vor dem wirklichen Leben errichtet hast, mit sich reißen kann. »Der Weg ist das Ziel« – lehrt das Tao te King.

Blau über Klar kann dir helfen, deiner inneren Offenheit und Klarheit wieder Raum zu geben und die Geschehnisse in deinem Leben von einem neutralen Punkt aus neu zu betrachten. Möglicherweise hast du nur aus Gewohnheit heraus etwas Altes wiederholt und bist darüber vielleicht an den Schmerz alter Wunden geraten, den du nun endgültig in voller Bewusstheit und Klarheit sehen kannst. Im Ausdruck all deiner Gefühle und deiner ungeweinten Tränen kann Heilung geschehen. Im Frieden deines inneren Erkennens vermagst du Kontakt zu dem Kern in dir zu finden, der niemals zerstört werden kann. Darin kann dann dein Vertrauen zum Leben sich neu öffnen und deine Ängste verschwinden, sodass du zu lernen beginnst, die großen Zusammenhänge zu sehen. Auf diese Art und Weise können sich dann deine Liebe und dein Mitgefühl entfalten.

Das Tao te King lehrt: »Die Reise ist nie zu Ende.« Ein Pfad endet, ein anderer beginnt. Die eine Tür schließt sich, und eine andere öffnet sich.

Das Tao te King lehrt: »Sei still und erkenne, wer du bist.« Es gibt dir Einsicht in die Qualität des Daseins, in den Stoff, aus dem das Leben gemacht ist.

Tiefe Stille. Reines Schweigen.

Blau über Klar bringt dich tief mit der chinesischen Weisheit, der Weisheit des Lao Tse und seines Meisterwerks, das »Tao te King«, in Verbindung. Es ruft damit möglicherweise deine tiefe Erinnerung an jene Wege wach, die du im alten China vielleicht einmal gegangen bist.

Wenn du durch die Welt gehst und dabei versuchst, einfach gar nichts zu sein, nicht ehrgeizig und nicht versuchst, deinen Wert zu beweisen, dann vermag unerwartet dein Erwachen zu geschehen.

Betrachtest du dein Leben als ein Spiel von Gegensätzen, so magst du darin erkennen, dass es seine Lösung in der ganzheitlichen Schau, im Erfassen der Einheit erfährt. Das Leben stellt dir Aufgaben, und inmitten dieser Aufgaben kannst du die Essenz des Lichts erfahren, des So-Seins, des ›Wu-Wei‹, der reinen Meditation, die jenseits von Gedanken, Gefühlen und körperlichen Empfindungen liegt. Auf diese Weise kannst du zum klaren Zeugen des Lebens werden.

Das Tao te King lehrt: »Urteile nicht, sonst wirst du nie eins werden mit dem Ganzen.«

Dies ist der Pfad, auf den dich diese beiden Meister, Lao Tse und Kwan Yin, schicken. Das Blau konfrontiert dich dabei mit den Gegensätzen von Rationalität und Irrationalität, sodass du in deinem Denken, in der Aktivität deines Verstandes, durch die Hilfe von Lao Tse zum Zentrum des ›No-Mind‹, des Nicht-Verstandes, zum Nichtdenken vorzudringen vermagst. Dein Kopf kann dabei leer werden, sodass durch die Hilfe von Kwan Yin die reine Intelligenz und die Intuition zusammenzuarbeiten beginnen.

Das Tao te King lehrt: »Lebe im Augenblick, bleibe im Fluss des Lebens.«

Im Zustand des Augenblicks, wenn du von den vielen möglichen Wirrnissen, Hinterfragungen, Zweifeln und Kämpfen in deinem Inneren und Äußeren losgelassen hast, kannst du zu dir selbst zurückfinden. Dann ist der Punkt erreicht, an dem du annehmen kannst, was ist.

Hast du einmal den Schritt vom Verstand in dein Herz getan und die Lebenskraft des Moments willkommen geheißen, dann wird dir jeder Moment kostbar und einzigartig, wie ein Juwel. Dann fließt in jedem Moment deines Lebens das Licht des SEINS in dich hinein.

Das Tao te King lehrt: »Tauge nichts und freue dich. Sei der Letzte.«

Kwan Yin ist die Hüterin des Heimes und der Familie.

Dies ist der Tempel, den sie ganz mit ihrer mitfühlenden Liebe und Sorge zu füllen versteht. Sie versteht es, nicht nur den Himmel der Meditation, sondern zugleich auch den Schutz und die Fürsorge der Liebe in das tägliche Leben zu bringen. Die Hände ihrer Gnade verwandeln die alltäglichen Verrichtungen in goldene Stille. In ihnen ist alles aufgehoben und geborgen.

Kwan Yin kann dir eine große Hilfe sein, eine Balance zwischen Meditation und Liebe zu erlangen. Das Tao te King lehrt: »Sein und Nichtsein arbeiten zusammen für inneres Wachstum. Gebrauche beide. Leben ist Zusammengehen mit Gegensätzen. Sie ergänzen einander.« Ohne Liebe wäre Meditation ohne Wurzeln, denn was ist Meditation ohne die Stille des Tees danach, ohne das Herz und ohne das Teilen der Erfahrung! Die Samen des Lichts, in der Meditation gesammelt, vermögen mit den Worten aus deinem Herzen weit fortgetragen zu werden. In jenen, die sie in Liebe empfangen, können sie dann Wurzeln schlagen, zu keimen beginnen und wachsen. Im Ausdruck deiner Worte, welche im Verständnis um die Gesamtheit und Komplexität der Dinge geäußert werden, baust du Brücken der Liebe. Das Tao te King lehrt: »Und während du sprichst, erinnere dich des Wortlosen.«

Das ist die Liebe Kwan Yins. Aus der Leere des Nicht-Selbst steigt die Liebe auf.

B 61 Hellrosa / Hellgelb

»Sanat Kumara und Lady Venus Kumara«

Sanat Kumara und Lady Venus Kumara sind zwei Meister, die dir die Gegenwart des göttlichen Lebens und der göttlichen Liebe inmitten des täglichen Lebens bewusst machen können. Sie bereiten dich für die zwölf Strahlen vor, die Verbindung zu allen Meistern.

Beide mögen dich dafür auf dem Hellrosafarbenen und Hellgelben Lichtstrahl zunächst zurückführen in die Zeit deiner Kindheit, als deine Eltern diejenigen waren, die dich führten und leiteten, sodass du für dich selbst unterscheiden lernen konntest, welche Art der Führung du wolltest und welche nicht.

Tief in dir selbst kannst du den Kontakt zu deinem inneren Kind finden. Es mag verwirrt sein und viele Bedürfnisse haben. Da das Alleinsein ihm vielleicht Angst bereitet, mag es auf der Suche nach Liebe sein. Liebe und Fürsorge jedoch mögen ihm dabei fern und unerreichbar scheinen, da es sich eher mit der Macht und Willkür materialistischer Vorstellungen vom Leben konfrontiert sieht und der ganzen Hierarchie egoistischer Interessen darin. Auf diese Weise fühlt es sich möglicherweise klein, verängstigt und ausgeliefert an eine Welt, in der es offenbar keine Liebe zu geben scheint.

Aufgrund deiner Erfahrungen mit Liebe in deiner Kindheit hältst du vielleicht an deiner Angst und der Vorstellung fest, deine eigene Liebe würde nicht erwidert. Doch du magst dabei vergessen, dass du selbst deine

Liebe vor der vermeintlich feindlichen Welt eingeschlossen hast. Obwohl du vielleicht viele Bedürfnisse danach hast, geliebt zu werden, fühlst du dich möglicherweise unsicher in der Welt und ungeliebt und magst deine eigene Liebe nicht zeigen wollen. Wenn du daran denkst, deine Liebe auszudrücken, bewirkt womöglich dein innerer Konflikt und deine Ahnung, Liebe zu benötigen und stattdessen Egoismus dafür zurückzuerhalten, einen Widerstreit in dir. Deine alten Erfahrungen mögen dich dann ins Abseits führen. Auf diese Weise in deine Passivität gedrängt, mag es dir schließlich nur noch gelingen, hier und dort etwas Liebe zu erhaschen, die dann schnell wieder vorbei ist. Vielleicht gerätst du in deiner Verwirrung um Liebe auch in Extreme, in große Hochs und Tiefs, die dir jedoch nicht das zu geben vermögen, was du wirklich benötigst.

Dein Ruf gilt offenbar den Meistern der göttlichen Liebe, weil es dir unmöglich scheint, Liebe mit irdischen Maßstäben ermessen zu können.

Sanat Kumara und Lady Venus Kumara sind der göttliche Vater und die göttliche Mutter in der ätherischen Welt. Sie sind hier im Hellgelben und Hellrosafarbenen Lichtstrahl repräsentiert. Beide nehmen deinen Ruf nach göttlicher Liebe und meisterlicher Hilfe an, sodass du tief ins Herz der Liebe vorzudringen vermagst.

Es gibt eine Geschichte vom Garten eines Königs.

Ein König ging einst in seinen Garten und fand dort seine Bäume sterbend und seine Blumen und Sträucher welkend. Die Eiche sagte, sie stürbe, weil sie nicht so groß sein könnte wie die Tanne. Die Tanne aber ließ ihre Schultern hängen, weil sie keine Trauben tragen konnte wie der Weinstock. Der Weinstock jedoch lag in den letzten Zügen, weil er nicht so blühen konnte wie eine Rose.

Eine Pflanze aber blühte und war frisch wie immer. Das war das Stiefmütterchen. Es sagte zum König: »Für mich war klar, dass du ein Stiefmütterchen haben wolltest, als du mich pflanztest. Deshalb dachte ich, da ich ohnehin nichts anderes sein kann, als das, was ich bin, will ich versuchen, dies nach besten Kräften zu sein.«

Der König dieser Geschichte mag Sanat Kumara gewesen sein, die Königin Lady Venus Kumara. Sie beide können dir helfen, dich selbst zu lieben und dich in deiner ganzen Einzigartigkeit zu erkennen und anzunehmen.

Sanat Kumara und Lady Venus Kumara führen dich weit über die Kämpfe deines kleinen ›Ichs‹ hinaus, dahin, wo du mit dir in Frieden sein kannst, wo Ruhe in dir herrscht und du dich sammeln und finden kannst. Dann kann Klarheit in dir aufsteigen, und du magst zurückfinden zur Liebe zu dir selbst.

Das, was dir vielleicht zuvor als aussichtslos erschien, vermag aus einer neuen Perspektive alle Voraussetzungen zu einer glücklichen und gewinnbringenden Lösung in sich zu bergen.

Sanat Kumara und Lady Venus Kumara mögen dich höher und höher in die Ätherwelt hinauftragen, um zu den zwölf Strahlen der aufgestiegenen Meister zu gelangen, die sie leiten. Sie bringen dir ihre meisterliche Hilfe, damit du dir aller Schmerzen, Verletzungen und Schockerlebnisse bewusst werden kannst, die du jetzt oder in früheren Leben erlebt haben magst. Dies bezieht sich auf alle erleuchteten Meister, seien sie im Ätherreich oder hier auf der Erde in einem Körper inkarniert.

Nach Buddhas Tod war es im Buddhismus beispielsweise lange nicht erlaubt, Frauen als Schüler anzuerkennen. Dies entspricht jedoch einer alten Konditionierung des Schülerwegs als eines Weges der Entsagung und handelt gegen die Liebe. Jesus hatte gemäß der christlichen Religion, die nach seinem Tod entstand, offiziell nur zwölf Apostel, alle männlichen Geschlechts. Jedoch wahre Schülerschaft ist nicht abgehoben vom Leben, nicht vom Weiblichen getrennt. In den Veden wurde erleuchteten Frauen nach ihrem Tod ein männlicher Name gegeben. Auf diese Weise wurde aus Mallibai ein Mallinath. Die Angst vor der Frau, dem Weiblichen, der ursprünglichen, erdverbundenen Spiritualität und der bewusst mit dem Göttlichen verbundenen körperlichen Liebe, hat seinen Ursprung in ferner Vergangenheit.

Geschüttelt wird aus Hellrosa und Hellgelb ein Hellkorall, welches dir helfen kann, Erinnerungen an jene Schocksituationen in dir selbst zu finden, in denen du in deiner Schülerschaft oder auf deiner spirituellen Suche vom Glücklichsein abgeschnitten wurdest, sodass du dir vielleicht jetzt selbst nicht mehr erlaubst, glücklich zu sein. Du hast Angst, dass wieder etwas geschieht, das dich verletzt, wenn du liebst und dich darin völlig hingibst. Diese Dinge, die mit Hilfe von Sanat Kumara und Lady Venus Kumara in neuem Licht auftauchen, können dir helfen, deine emotionalen Verwicklungen neu anzuschauen und sie loszulassen. Auf diese Weise kann deine Angst vor Liebe sich lösen und in das Potenzial der Freude hinein befreit werden. Du liebst und findest in dieser Liebe Erwiderung.

Im Hellkorall mögen auch jene Schocksituationen sich zeigen, die vielleicht in Gemeinschaften um erleuchtete Meister herum entstanden sind. Sie mögen aus materialistischem Streben heraus geschehen sein oder aus hierarchischem Streben nach Macht. Möglicherweise hast du etwas erlebt, das für dich eine Grenzüberschreitung, ein Missbrauch oder ein Schock war. Kannst du dir erlauben, die alten Erlebnisse wieder in dein Bewusstsein kommen zu lassen und deinen Schmerz darin noch einmal zu erleben, so vermag das Alte, Vergangene sich aufzulösen, und du kannst die alten Erlebnisse in neuem Licht betrachten. Indem du verzeihst, dankbar deine Lektion, die sich dir daraus eröffnen mag, annimmst und sie lernst, kannst du dir neue Wege für eine erwiderte Liebe in der Gemeinschaft schaffen. Du magst wieder neu lernen, dich mit Freude auf andere zu beziehen, Dinge aus Freude zu tun, Freude als vorwärts treibende Kraft in deinem Leben zu empfinden und sie mit anderen zu teilen.

Sanat Kumara und Lady Venus Kumara leiten, begleiten und lenken dich auf der Suche nach deinem wahren Meister, öffnen ein großes Tor in die Weiten des Jenseits und sind dabei eine Schaltstelle zu den Farben aller anderen Meister. Sie führen dich in deiner Suche nach den verschiedenen Facetten deiner Selbsterfahrung und den Qualitäten der Liebe und bringen dich in Beziehung mit den Meistern der verschiedenen Farbstrahlen, entsprechend deiner Bedürfnisse.

So, wie du durch die Inspiration der Meister in den Schwierigkeiten des Lebens lernen und wachsen kannst, vermagst du mit ihrer Hilfe herauszufinden, wer du bist und was deine wahren Aufgaben sind.

Vertraust du dich Sanat Kumara und Lady Venus Kumara an, dann hast du damit einen Schritt getan, um dir deiner göttlichen Bestimmung hier auf der Erde bewusst zu werden. Das kann der Beginn dafür sein, ein Leben in Liebe, in Harmonie mit den göttlichen Gesetzmäßigkeiten und der ihnen innewohnenden Hierarchie zu führen. Darin magst du mehr und mehr Klarheit erlangen, deine Verwirrung hinter dir lassen und empfänglich werden für die Botschaften des Lichts und seiner Helfer. Je weiter du dich darin öffnest, vertraust und empfänglich wirst, umso genauer kannst du jene Richtung erfühlen, in die dein Herz jetzt gehen will. Aus dem Chaos der Extreme kannst du zur Kraft deiner eigenen Gefühle zurückfinden, in die Schönheit deiner Liebe, die Heiterkeit deines Herzens und die Freude, dich aus bedingungsloser Liebe heraus auf andere zu beziehen.

Mädchen können in ihrer Pubertät durch diese Flasche Hilfe erfahren, um in die Rhythmen des Kalenders, in die Mondzyklen und die dreizehn Monde des Jahres einzutauchen.

Frauen in der Reife hilft sie, zu ihrer eigenen inneren Mitte und zu ihrer eigenen Zeit zurückzufinden, um von Extremen, männlich analytischem Denken und dem Zwang, in der materiellen Welt funktionieren zu müssen, loslassen zu können und um auf diese Weise ebenso in den Schoß der dreizehn Monde der Frau zurückkehren zu können.

Frauen in der Menopause hilft diese Flasche, wenn sie sich physisch in der Wandlung ihrer Lebensaufgabe von der Mutter zur ›weisen Frau‹ befinden.

B 62 Helltürkis / Helltürkis

»Maha Chohan«

Der Maha Chohan ist der Meister des Türkisfarbenen Lichtstrahls. Er war nie hier auf der Erde inkarniert und arbeitet aus dem Ätherreich. Der Maha Chohan ist der älteste aller aufgestiegenen Meister und ist die höchste Instanz für das Wissen des Neuen Zeitalters.

Das weise Licht des Maha Chohan vermag alles sichtbar zu machen und alles deutlich werden zu lassen, was dich in deinem Unterbewusstsein blockiert, weil es unverarbeitet ist. Er hilft dir, das zu überwinden, was dich einschränkt und behindert, und dich von dem zu lösen, was du nicht mehr benötigst. Er erhellt mit seinem Licht alles Alte, sodass du daraus das Neue zu erbauen vermagst.

Der Maha Chohan ist dir eine große Hilfe dabei zu lernen, dich selbst zu verstehen. In seinem Licht kann er alle Unreinheiten in dir deutlich werden lassen und macht zugleich alle bequemen Ausflüchte für dich unmöglich. Die Lektion, die hier gelernt werden soll, ist keine geringere als die der Bewältigung aller Sorgen und allen Kummers, welche die Kreativität deines Herzens behindern. Indem du Grübeleien und misstrauische Erwartungen als negative Kräfte in dir erkennst, die dich von deiner eigenen Ursprünglichkeit trennen, beginnst du den ersten Schritt in die Richtung zu wagen, wo du deine Destruktivität überwinden lernst.

Der Maha Chohan kann dich in Verbindung bringen

mit deinem alten Wissen, das dann die Zukunft erhellen kann. In seiner schützenden Hand liegt das Gesetz der Zivilisation, welches bis heute, von seinem Anbeginn in Lemuria an, nach seiner Erfüllung sucht. Nur die Wahrheit und die völlige Aufrichtigkeit deines Herzens, in kreativer und liebevoller Kommunikation aus deinen Gefühlen heraus, vermag dieses Gesetz zu erfüllen, sodass du dich nicht mehr als ein abgetrenntes Einzelwesen, sondern als Teil im großen Ozean des reinen Bewusstseins erkennen kannst, welcher dich nährt und welchen du nährst.

Jede Behinderung und Irritation von außen bildet eine Herausforderung, um dich dem alten Machtthema neu zu stellen. Vielleicht richten sich Kräfte gegen das Innerste deines Herzens. Das, was sich in dir geöffnet hat, aufblüht und seine Verletzlichkeit preisgibt, liegt scheinbar der Zerstörung bloß. Möglicherweise sind für dich Differenzen mit jemanden aufgetreten, oder vielleicht hast du deine Liebe jemandem gegeben, der dein Vertrauen missbraucht hat, weswegen dein Herz jetzt gebrochen ist. Möglicherweise machen Kummer, Sorgen und Zweifel dir das Leben schwer. Nun mag in deinem Dumpfsein und deiner Depression dein Fortschreiten stagnieren. Vielleicht fühlst du sogar den Schmerz aus der Vergangenheit, der deine fehlgeleitete Liebe verursacht hat, und hast das Bedürfnis, dich mit einer alten Situation zu konfrontieren, in der etwas nie ausgeheilt ist.

In allem Bösen liegt das Potenzial des Guten.

Es mag sein, dass jemand in deinem Leben seinen Fehler und das, was er angerichtet hat, aus Angst oder Ignoranz nicht sehen will. Indem er sich in seiner Energie und seiner Lebenskraft vielleicht zurückgezogen hat und möglicherweise nicht aus seinem Herzen, sondern aus seiner Macht heraus handelte, hat er dich, dein Herz, deine Kreativität oder die Kommunikation deines Wissens verletzt oder verhindert sie über lange Zeit. Nur aus einer Unachtsamkeit deinem eigenen Herzen gegenüber oder aus deiner Bedürftigkeit heraus, magst du in deinem Leben jemanden angezogen haben, der möglicherweise seine Grenzen nicht kennt und schnell, rücksichtslos und in eigennützigem Interesse aus seinem Kopf heraus handelt. Zurückbleiben mag eine düstere Wolke voller Unklarheit und Angst. Als Ergebnis magst du dich abgeschnitten von etwas fühlen.

Vielleicht klagst du dich jetzt selbst für deinen Irrtum an oder bestrafst dich, weil du nicht klar genug warst, sondern unbewusst weder deiner Intuition noch deiner inneren Stimme getraut und auch deine Angst nicht ernst genommen hast.

Doch jedes Problem enthält seine eigene Lösung.

Das Licht des Maha Chohan kann dir helfen, in deiner verletzten Liebe Heilung zu finden. Durch ihn erhältst du Zugang zu den tieferen Schichten deines Bewusstseins. Er hilft dir, dich von der Angst vor deiner eigenen Kraft und vor der Tiefe deiner Gefühle zu lösen, und verbindet dich mit der Fähigkeit, dich tief in Dinge hineinzufühlen. Auf diese Weise kannst du das herausfinden, was in dir möglicherweise nicht in Harmonie schwingt und sogar deine eigentliche Klarheit bedroht. Der Maha Chohan führt dich aus deinen Sorgen hinaus, hinein in eine neue Perspektive, aus der heraus du beginnen kannst, zu sehen und zu erfühlen, was du aus dem, was gerade in deinem Leben geschieht, lernen sollst. Bringst du den Mut auf, dich jenen alten Schocks und Verletzungen zu stellen, die dich ursprünglich vom Licht, von deiner Liebe, von deinem Wissen und von deiner

Kreativität hinweg in die Düsternis geworfen haben, dann magst du vielleicht von der fernen Vergangenheit Bilder aus Atlantis schauen.

Wenn du dich dort im drohenden Untergang, der durch Missbrauch von Macht verursacht wurde, im Schock, in Verletzungen, in Vernichtung oder Tod in deinem Herzen zurückgenommen hast – ein Verhalten, was dir möglicherweise in einer ähnlichen Form in deinem Leben jetzt widergespiegelt wird –, so gibt dir der Maha Chohan die Hilfe, dich auf jene Ebene darüber zu begeben, von der aus du klarer sehen kannst.

Der Maha Chohan fordert den Austausch deiner Gefühle aus deinem tiefsten Unterbewusstsein. Er gibt Raum für das Wiedererinnern. Dabei hilft er dir, zu deinen eigenen Gefühlen zurückfinden zu können, deinem Schmerz nachzugeben und deine Tränen zu weinen. Er hilft dir, deine Ängste zu überwinden und frei von ihnen zu werden, damit du Frieden finden und dich von der Vergangenheit und deinen alten Mustern verabschieden kannst. Im Wiederfinden der Wahrheit in deinem Herzen und dem Sprechen über deine Erlebnisse und wahren Gefühle vermögen deine alten Wunden zu heilen. Auf diese Weise kannst du neue Klarheit und neues Selbstbewusstsein finden, und dein Herz kann sich wieder öffnen. Der Maha Chohan hilft dir, wieder den Raum von Liebe zu erschließen. Liebe ist eine der fundamentalen Menschenrechte. Liebe sollte die einzige Möglichkeit des Zusammenlebens für Mann und Frau sein, dann ist kein anderes Ritual erforderlich.

Während das Wissen der Alten Zeit wieder dämmert und seine Strahlen in das Fortschreiten deines Herzens in die Zukunft wirft, zieht dein Bewusstsein erneut auch die schmerzlichen Erlebnisse der Alten Zeit heran, um die Wahrheit in deinem Herzen wieder finden zu können. So lassen sich die alten Wunden heilen und dein inneres Wissen befreien. Bestehst du darauf zu wissen und die Wahrheit zu entdecken, was immer es auch koste und wie lange es auch dauern mag, so gehst du allein auf die Wanderschaft. Du bist auf dich selbst gestellt, bist auf dem einzigen Weg, auf dem du die Wahrheit findest. Der Maha Chohan vermag dich durch die inneren Lehren des Herzens zu führen. Er hilft dir, unbewussten Druck loslassen zu können und dich aus deiner Isolation zu befreien, um wieder auf den Fluss des Lebens zu vertrauen. Auf diese Weise magst du zu fühlen beginnen, dass die alten Schocksituationen dir nicht mehr so viel anhaben können und du vielleicht weniger empfindlich und nicht mit düsteren Erwartungen auf Zukünftiges reagierst. Frei von der Vergangenheit, kannst du anfangen, dich deiner inneren Führung anzuvertrauen und dich auf eine höhere Kommunikation einzulassen. In ihr wird es möglich, dein Gefühl des Getrenntseins zu überwinden und aus der ursprünglichen Einheit heraus zu deiner Individualität, als Teil des großen Ganzen, zu finden.

So, wie jeder andere Mensch einzigartig ist, bist auch du einzigartig. Jeder verdient Respekt vor seiner Einzigartigkeit. Weder ist jemand anderen unterlegen noch ist jemand anderen überlegen. Jeder ist allein, er selbst.

Der Maha Chohan schafft die Verbindung von den Wurzeln deiner Seele in Atlantis oder Lemurien bis hin in die heutige Zeit. Gehst du so tief, kannst du spüren, dass viele Dinge aus dieser Zeit jetzt wieder in neuer Form in dein Leben treten. Türkis ist die Farbe des Neuen Zeitalters.

Der Maha Chohan wacht über deine Fähigkeiten, den Körper mit Licht zu durchdringen, ebenso wie über das alte Wissen, um es wieder in das Licht dieser Zeit zu holen und zu befreien. In Atlantis dienten Kristalle als Mittler zur Übertragung von Energien. Farben und Energien, durch Kristalle gelenkt, wirkten auf die Farbzentren des Körpers, die auf diese Weise mit Licht durchdrungen und aufgeladen wurden. Von den Energiezentren aus konnten die heilenden Schwingungen über die feinstofflichen Körper dann in den stofflichen Körper mit all seinen Organen gelangen. In tiefer Ehrfurcht vor dem Leben wusste man um eine beseelte Welt, um Schwingungen und Wellenlängen, die in Farben sichtbar gemacht wurden. Das bewusste Zusammenleben in Harmonie mit anderen Bewusstseinsformen, wie Steinen, Pflanzen, Tieren und belebter Materie, vermochte jene Kraft zu verleihen, um in einer hohen Schwingung zu leben. Sie ermöglichte es, eine Form des Zusammenlebens auf der Erde zu schaffen, die hohes Bewusstsein in der Materie entstehen lässt, sowie vielfältige Verbindungen.

Lebst du in Ehrfurcht vor dem Leben, ist alles Leben eins, ob in menschlichen Wesen oder in anderen Formen.

Der Maha Chohan wacht über die Funktionen von Organisationen, überall dort, wo Menschen sich für eine Sache zusammengeschlossen haben und Versuche starten, um zusammenzuarbeiten und ein Lichtbewusstsein zu erschaffen.

Du kannst dich in jedem Augenblick entscheiden, ob du deine Energie destruktiv oder kreativ einsetzt. Die Erde jedenfalls ist zur Zeit für eine totale Zerstörung gerüstet, die jeden Moment aktiviert werden kann. Die Zerstörungskraft ist in dieser Zeit auf dem Höhepunkt angelangt. Wenn deine Kreativität ebenso ihren Höhepunkt erreicht, kann so viel Liebe erzeugt werden, dass die Erde weiterleben kann. In der Liebe, in der Kreativität deines überfließenden Herzens, liegt die Hoffnung der Erde. Liebe schafft Leben. Krieg erzeugt Tod.

Krieg ist die Ursache von Macht. In einer Welt, in der es nur eine einzige Regierung für die ganze Welt gibt, bedeutet das, dass eine Regierung völlig funktional wird, sodass kein Krieg mehr möglich sein wird.

Vernichtung geschieht, wenn materielle Interessen und Machtdenken die Seele nicht unterstützen, sondern dominieren und bestimmen.

Der Maha Chohan wacht darüber, die alten Machtstrukturen zu lösen, und hilft dem Wiederaufleben von Atlantis in gewandelter Form. Er kann dich unterstützen, über den Schmerz deines Herzens hinausgehen zu können, hinein in die Bewusstwerdung dessen, was wahrhaft vor sich geht. Dann magst du beginnen, klare Entscheidungen zu treffen, indem du lernst, still zu sein. Nur Meditation macht Wahrheitssuche möglich.

Austausch deiner Gefühle ist es, was dich heil werden lassen kann und dich vom Abgeschnittensein wieder in ein Verbundensein zu bringen vermag. In der Verbindung zwischen Intellekt und Spiritualität kann sich die Unbewusstheit des materiellen Denkens in die Zielgerichtetheit der Seele wandeln. Wenn du nicht mehr vor deinen Gefühlen flüchtest, wirst du erkennen, dass du eigentlich ein Fackelträger, ein Pioniergeist bist, der Altes noch einmal durchleben muss, um den Boden für das Neue in der jetzigen Zeit bewusst vorbereiten zu können.

Deine Liebe vermag auf diese Weise ihre Demut zu erhalten, und deine Demut ist es, die hier den Sieg über alles Vergangene davonzutragen vermag.

Der Mensch, gleich wo er geboren ist, ist Teil einer einzigen Menschheit. Du bist frei in allen Dimensionen.

In dieser Neuen Zeit geht die Bewegung in die Richtung eines kollektiven, kreativen, aufbauenden Miteinanders, einer Erneuerung, aus dem eine neue Zivilisation entstehen kann, wenn dieser Prozess im Wahrheitsbewusstsein schöpferischer Energie, in Frieden und Kooperation vollzogen wird. Dann kann alles, was du vielleicht in Atlantis oder noch früher begonnen hast, in dieser Zeit, in einer neuen Form, Früchte tragen.

Die Welt ist geteilt, weil der Mensch geteilt ist. Der Mensch ist geteilt, weil die Welt geteilt ist. Doch die ganze Menschheit ist eines. Überlässt du die Zukunft nicht dem Schicksal, sondern erschaffst sie selbst, dann kann das Projekt, die eigene Welt gemeinsam und in Frieden und Harmonie mit allem Lebendigen zu erschaffen, der schöpferischste Akt werden, den es gibt.

B 63 Smaragdgrün / Hellgrün

»Djwal Khul und Hilarion«

Die Liebe des Meisters des Smaragdgrünen Lichtstrahls, Djwal Khul, und des Meisters des Grünen Lichtstrahls, Hilarion, vereint sich hier in dem gemeinsamen Ziel, dir zu helfen, dein Wissen zu verarbeiten und deinen Lebenssinn verstehen zu lernen. Daraus kann dann die Wahl deines neuen Weges möglich werden.

Djwal Khul und Hilarion arbeiten gemeinsam für die Bruderschaft der Menschen, die entstehen kann, wenn ein tiefer Frieden in die Herzen einzieht und sie erfüllt.

Entscheidungen zwischen verschiedenen Wahlmöglichkeiten und in Beziehungen oder Situationen mögen bei dir anstehen. Durch einen Ausgleich kann ein Neuanfang, ein Gleichgewicht und Gerechtigkeit für alle Beteiligten entstehen. Im Zentrum steht das Thema wahrer Freundschaft.

Auf der Suche nach deiner Wahrheit, nach deinem Selbstvertrauen, mögen sich dir Hindernisse in den Weg stellen. Vielleicht macht sich auch eine Angst in dir breit, mit der du dich selbst in deinem engen Glaubenssystem gefangen hältst.

Handelst du jedoch weiter nach deinen Mustern und Glaubensvorstellungen, dann verlierst du dabei womöglich völlig deine Richtung. Da es dir vielleicht auch große Schwierigkeiten bereitet, das Positive, das Gute und das Lichtvolle in deiner Situation zu sehen, versinkst du vielleicht in deiner Negativität und in deinen düsteren Gefühlen. Möglicherweise fehlt dir jede Aussicht auf Veränderung. Hilflos magst du auf diese Weise nach außen hin eine Stärke zeigen, die du in deinem Inneren vielleicht gar nicht hast.

Djwal Khul und Hilarion können dir in diesem Konflikt zu einer Versöhnung zwischen der Dunkelheit und dem Licht verhelfen, zwischen deinem inneren Bild von Ahriman und Luzifer.

Der Name ›Ahriman‹ kommt aus dem Mittel- und Neupersischen und bedeutet ›böser Geist‹. Er setzt jeder Schöpfung seine verneinende Anti-Schöpfung entgegen. Als Verkörperung allen Bösen ist er der »Erreger der 9999 Krankheiten«. Ahriman wohnt in der persischen Lehre in einer Unterwelt, anfangsloser Finsternis, aus der er Rauch und Schwärze, Unheil und Tod in die Welt mitbringt. Am Ende der Zeiten fährt er jedoch machtlos in die Finsternis zurück.

Luzifer begehrte auf und wollte der Welt nicht dienen. Dafür stürzte ihn Gott, zu dessen rechter Seite er saß, hinab in den Abgrund. Luzifers Krone zerbrach dabei in 13 smaragdgrüne Teile. Sein Name bedeutet ›Lichtbringer‹ und die Bibel lehrt, dass er wie ein Blitz vom Himmel fiel.

Djwal Khul und Hilarion bringen dir Hilfe, um deine Situation und deine Beziehungen für dich selbst neu überprüfen zu können.

In deiner Suche nach dir selbst magst du dabei durch die Schatten, durch die Dunkelheit deiner Seele, durch das Unbekannte geführt werden, um das Licht in dir zu finden. Aus dieser Herzensprüfung können dann, wenn dein inneres Licht der Bewusstheit zu siegen vermag, neue Entscheidungen für deinen Lebensweg entstehen. Aus ihnen heraus kannst du dann bewusst beginnen, jene Richtung einzuschlagen, welche dein Herz fühlt und sieht.

Um dahin zu gelangen, musst du möglicherweise tief hinab in dein Unterbewusstsein steigen, sodass dir das Wesen der Liebe deutlich zu werden vermag. In deiner Erinnerung an Vergangenes kann dir dabei auf dieser Suche bewusst werden, dass du als Kind vielleicht keine Eltern hattest, die Freunde für dich waren und die spontane Wahrheit und Natürlichkeit deines Herzens nicht gefördert haben. Stattdessen mögen sie Feinde für dein Herz gewesen sein, die sich vielleicht in dein Fühlen und dein Denken eingemischt haben, sodass du in Glaubenssätze und Gedankensysteme hineingezwungen wurdest und dich darin möglicherweise Pflichten unterwerfen musstest. Wenn du ihnen nachkamst, magst du Liebe erhalten haben. Falls nicht, warst du womöglich allein.

Auf diese Art und Weise musstest du vielleicht eine vom Verstand und von äußeren Interessen bestimmte Auffassung vom Leben lernen, die, nur um deinen Eltern gehorsam zu sein und ihre Liebe nicht zu verlieren, möglicherweise für dich selbst voller Kompromisse war. In dir selbst mag das Dilemma eines Kampfes begonnen haben, deine eigene Wahrheit, deine eigenen Interessen und deine eigenen Gefühle niederkämpfen zu müssen, um die an dich gestellten Bedingungen deiner Eltern erfüllen zu können und eine Art Liebe dafür zu erhalten. Aus diesem Dilemma mag sich dann ein Muster in deinem Leben gebildet haben, in dem Leben ›Kampf‹ und ›Anstrengung‹ für dich bedeutet, mit dem Ziel, Aufmerksamkeit und Liebe zu erhalten.

Djwal Khul und Hilarion helfen dir, Ruhe und Kraft in dir selbst zu finden, um dich zu entspannen und darin zum Innenraum deiner eigenen Gefühle und der Wahrheit deines Herzens zurückzufinden. Sie geben dir Energie für Heilung und Heilwerden, für ein Einssein in deinem Herzen. Vergangenheit, Gegenwart und Zukunft mögen ein neues Gleichgewicht finden.

Djwal Khul und Hilarion sind eine große Hilfe dafür, dir all jener Muster bewusst werden zu können, die du vielleicht aus deiner Vergangenheit mit dir trägst und die nun möglicherweise den Frieden deiner Gegenwart stören und deine Zukunft lähmen. Die beiden Meister der grünen Strahlen helfen dir zu einer klaren Orientierung. Eingebungen und Ideen entstehen in dir selbst, die jene Situationen in deinem Leben zu klären oder aufzulösen vermögen, in denen alte Abhängigkeiten, die dich möglicherweise einschränken, zu Unklarheit und Wirrnissen führen.

Djwal Khul und Hilarion helfen dir, jene Verpflichtungen deines Herzens, die du aus alten Glaubenssätzen heraus in deinem Leben geschaffen hast, hinter dir zu lassen, um neue Freude am Leben zu entdecken. Alles, was krank ist, was du von anderen übernommen haben magst und das nicht wirklich zu deinem Weg gehört und nicht wahrhaftig deiner eigenen Erfahrung entspringt, vermögen Djwal Khul und Hilarion aufzulösen. Du wachst auf und kannst dir bewusst werden, welches große Loslassen zu geschehen beginnt.

All das, was du vielleicht wie in einem Antiquitätenladen in deinem Herzen angesammelt haben magst und das nun deinen Weg verdunkelt, ist dieser Vernichtung für den Aufstieg ins Licht preisgegeben. Das Leben bietet keine Bequemlichkeiten, keine Eckchen, in denen du dich einrichten kannst. Zu leben bedeutet, in Selbstvertrauen und Unabhängigkeit nach den inneren Gesetzmäßigkeiten des Herzens Erfahrungen zu machen, um innere Freiheit erlangen zu können und inneren Frieden zu finden.

Leben heißt, deinen eigenen Weg zu gehen, voranzuschreiten im Glauben an das Morgen und an Wissen und Weisheit dabei zu wachsen. Wahre Veränderung und eine bessere Zukunft kann nur aus dir selbst heraus entstehen.

Djwal Khul und Hilarion sind zwei machtvolle Meister des Herzens. Sie bringen dich in Kontakt mit deiner wahren Natur und deinen wahren Idealen und öffnen dich für die wahre Richtung in deinem Leben. Sie helfen dir, den Mut und die Frische aufzubringen, aus der Intuition deines Herzens heraus deine eigene Wahrheit zu vertreten, deine Grenzen neu zu setzen und notwendige Entscheidungen zu treffen, um frei zu sein für den Aufbruch in deine Zukunft.

Hilarion schenkt dir darin jene Ausdauer, Kontinuität, Konzentrationskraft und Geduld, die dieser Weg erfordert. Im lichten Grün verströmt er seine uneingeschränkte Liebe. Er öffnet weite Räume, lässt dich sanft in neue Möglichkeiten hineinsehen und begleitet dich geduldig in jedem neuen Schritt, der erforderlich ist, um tiefer in das reine Herz in dir vorzudringen.

Djwal Khul öffnet mit dem Schwert der Klarheit deinem eigenen Raum des Herzens Tore für neue Erfahrungen. Im Smaragdgrün verleiht er dir Stärke für deine Durchsetzungskraft und hilft dir, dein Potenzial zu verwirklichen, um damit deinen Weg zum Dienst in der Welt zu finden.

Djwal Khul und Hilarion zusammen helfen dir in ihren gemeinsamen Qualitäten des Herzens, Weisheit und Frieden in dir selbst zu vereinen, um sie dann in eine praktische Umsetzung zu bringen. Auf diese Weise kann in dir nun auf verschiedenen Ebenen ein neuer Anfang und mit ihm eine notwendige Neugestaltung deines Lebens geschehen.

Aus einem reinen und befreiten Herzen heraus werden wieder neue Begegnungen mit dir selbst und anderen Menschen möglich. Einmal empfindsam und empfänglich geworden, kann es dir gelingen, dich in dich selbst und andere besser einzufühlen. Je näher du dir selbst bist und dir selbst in deinen Schwierigkeiten ein Freund wirst, umso mehr kannst du auch anderen nahe sein und für andere ein Freund sein.

Ein Freund ist jemand, der aufrichtig ist und aufgeschlossen sich um das Wohl anderer kümmert. Er zeigt echtes Interesse und Anteilnahme und spendet im Leid Trost.

Im regen Verständnis um die Sorgen derer, mit denen er zu tun hat, wird es leicht für ihn, sich auf die Bedürfnisse anderer einzustellen. Für jede Situation gerüstet, geht er die Dinge, die er tut, pragmatisch an und gibt bedingungslos alles, indem er einfach hilft. In Kontakt mit seinem eigenen Lebenssinn und den Dingen, die seinem Leben Wert und Echtheit und seinen Gefühlen Authentizität geben, sieht er nicht nur eine Zukunftshoffnung für sich, sondern kann diese Qualitäten und diese Zukunft auch für andere zugänglich machen. Er zeigt Mut zur Wahrheit und spricht sie aus, ohne ihre Konsequenzen zu fürchten.

Ein aufrichtiges Handeln aus der Wahrhaftigkeit im Herzen eines Freundes heraus trifft den Geist der Brüderlichkeit aller Menschen.

In diesem Gefühl um die Gleichheit und Einheit der Herzen magst du jetzt anderen die Hand reichen, sodass Liebe und Mitmenschlichkeit in Harmonie mit der Erde und in Frieden mit der Verschiedenheit aller Wege aufblühen kann.

Harmonie in deinem Herzen bewirkt, dass du in einer heiteren Gelassenheit daherkommst, ohne Zweifel, immer zur rechten Zeit am rechten Ort.

Diese Flasche hilft, den Smaragd im Herzen des neuen Menschen zu finden.

B 64 Smaragdgrün / Klar

»Djwal Khul«

Djwal Khul ist der Meister des Smaragdgrünen Lichtstrahls. Er ist der Jüngste unter den Meistern und ein leidenschaftlicher Sucher des Herzens.

Djwal Khul bringt dich in Berührung mit deiner eigenen leidenschaftlichen Suche nach Wahrheit, zu der du durch deine Gefühle finden kannst, wenn du tief genug suchst. Er verbindet dich mit deiner irdischen Bestimmung und mit der von deiner Seele dabei einzuschlagenden Richtung. Damit du dein inneres Licht finden kannst, trennt sein Schwert der Wahrheit Unbewusstheit von Bewusstheit, sodass du mit neuen Gedanken, Ideen und göttlicher Inspiration voranzugehen vermagst.

»Ich bin der Weg, höre und folge.«

Du hast die Wahl, dich entweder tiefer in das Alte, in die dumpfe Sicherheit alter Muster und in deine Unwissenheit und Zweifel zu verstricken oder dich aufzumachen in das Neue, das Unbekannte, hinein in deine Klarheit und dein eigenes Wissen.

Djwal Khul hält dir den Spiegel vor, in dem du dich, jenseits aller Eitelkeiten und Selbstgefälligkeit, selbst reflektiert sehen kannst. Er hilft deiner klaren Wahrnehmung, sich zu öffnen, um dir die Schwierigkeiten in deinem Leben vor Augen zu führen, sodass du herausfinden kannst, welche Tendenzen dein eigenes Verhalten bestimmen.

Vielleicht hältst du aus Angst vor Veränderungen an

materiellen Dingen fest, magst nicht wissen, wohin dein Weg geht, und willst dir die Schwierigkeiten deines Lebens nicht oder nur ungern vor Augen führen. Auf diese Weise jedoch hältst du ebenso deinen Schmerz, deine Trauer, deine Wut und alle deine Gefühle in dir selbst fest und bist nicht frei. Anstatt tiefer zu gehen, schließt du vielleicht häufig aus emotionalen Gründen Kompromisse, die dann wiederum deine Integrität verletzen. Mit Kompromissen jedoch gehst du an deinen eigenen Möglichkeiten, an wichtigen Erfahrungen, die du machen könntest, und letztendlich an dir selbst vorbei. Indem du deine Ängste deine Entscheidungen beeinflussen lässt und dich auf diese Weise vielleicht in eine falsche Bescheidenheit flüchtest, wirst du für dich selbst schließlich nur Enttäuschungen schaffen. Vermeidest du es jedoch, nach innen zu schauen, dann vermeidest du die Wahrheit und mit ihr deinen eigenen Weg.

Vielleicht schaust du nur in den Spiegel, um darin die Bestätigung für dich selbst zu finden, für deine Selbstgefälligkeit, deinen Narzismus, deinen Neid. In deiner Ichsucht und deiner Eitelkeit magst du nach deinem eigenen Spiegelbild suchen. Aber dieser Spiegel lügt, denn er zeigt nur das, was du sehen willst, und nicht das, was der Wahrheit über dich entspricht.

Djwal Khul kann dir darin helfen, zu deinen eigenen Gefühlen zurückzukehren, das Leiden im Inneren deiner Seele zu sehen, es zu meistern und auf diese Weise zum Smaragd im Innersten deines Herzens vorzudringen. Im tiefen Erkennen und Verstehen dessen, was in dir selbst vor sich geht, kannst du es lösen, verarbeiten und darüber hinausgehen.

Djwal Khul versteht es, dir den wahren Spiegel vorzuhalten, sodass du den Blick durch den Spiegel hindurch werfen kannst, dorthin, wo der Weg der Wahrheit beginnt. Auf ihm magst du dann das strahlende Licht deiner Seele finden.

Djwal Khul erinnert dich daran, dich ehrlich und klar mit jenen Aspekten in deinem Inneren zu konfrontieren, die sonst vielleicht nur schwer in dein Blickfeld gelangen.

Als Kind, eigentlich gekommen, um dein göttliches Wesen auszudrücken, mag deine Mutter dich, vielleicht indem sie dir einfach keinen Raum und keine Aufmerksamkeit schenkte, in deinen Gefühlen und deiner Wahrheit allein gelassen haben. Was sie dir gab und zu geben vermochte, war möglicherweise ihre eigene konditionierte Auffassung vom Leben, die vom Verstand und weltlichen Interessen bestimmt wurde. Da sie dir jedoch vielleicht Liebe auferlegte, weil sie deine Mutter war und es in deiner Pflicht stand, deine Mutter lieben zu müssen, magst du begonnen haben, deiner Mutter zu dienen und es ihr recht zu machen. Dieses Verhalten wurde dann vielleicht zum Beginn deiner Kompromisse in deinem Leben. Indem du ihr gehorchtest, hast du vielleicht Selbstbestätigung erhalten, Nahrung für dein eigenes Ego. Doch eigentlich, in der Tiefe deines Wesens, hast du dich wahrscheinlich einfach ausgeliefert gefühlt und aus deinem Schmerz darum vielleicht begonnen, dich zu entziehen, dich aus den Erfahrungen des Lebens herauszuhalten und dich nicht wahrhaft auf das Leben einzulassen. So entstand vielleicht das Gefühl, nicht im Körper sein zu wollen.

Djwal Khul bringt wieder Licht auf deinen Lebensweg. Er unterstützt die Suche nach deiner Wahrheit, indem er dich in direkten Kontakt mit dem wirklichen Leben zurückbringt. Er hilft dir, dich mit deinen Gedanken und Gefühlen anzufreunden, sodass du darin zu einer

Form finden kannst, in der du deine vielleicht ungelebten und angestauten Gefühle, wie Angst, Trauer oder Wut, wieder finden und herauslassen kannst. Er unterstützt dich darin, in deinem Denken das herauszufinden, was deine Klarheit verhindert und was sie unterstützt. Auf diese Weise wird es dann für dich möglich, ein inneres Gleichgewicht zwischen deinem Denken und deinem Fühlen wieder zu finden und eine Aufmerksamkeit in deine Gefühle zu bringen, die dich dann aus deinen eigenen Lernerfahrungen Weisheit gewinnen lässt. Richtest du dich nach deinen eigenen Gefühlen, deiner eigenen Klarheit und deinem eigenen Licht, dann wirst du sehr leicht sehen können, wohin dein Weg gerade gehen will.

Hältst du an tiefen Gefühlen von Trauer fest, so hilft dir Djwal Khul, deine Tränen zu weinen, tiefer zu gehen und bis auf den Grund deiner Trauer und Enttäuschung zu schauen. Wenn du dann nichts mehr in deinem Inneren festhältst, kannst du dich verabschieden und deinen Weg weitergehen.

Stellen sich dir immer wieder Gedanken in deinen Weg, so hilft dir Djwal Khul nachzuschauen, was es ist, das deine Klarheit verhindert. Er zeigt dir, welche Gedanken es sind, die sich dir in den Weg stellen mögen oder dich vielleicht unsicher machen, sodass du sie ausräumen kannst.

Irrst du herum und weißt vielleicht nicht, wohin dein Weg geht, dann hilft Djwal Khul dir, innezuhalten und Frieden mit deinem Schicksal zu schließen. Er verhilft dir zu Klarheit, Weisheit und zum Frieden in deinem Herzen. Dunkelheit, Umwölkung, Unwissenheit und Zweifel mögen in dir schwinden und dein innerer Himmel sich öffnen.

Der Sinn des Lebens liegt darin, immerfort zu lernen.

Djwal Khul ist eine große Hilfe für einen Neubeginn und kann dir dabei helfen, dein Schicksal in eigene Bahnen zu lenken. Indem du tief in die Natur der Dinge eindringst und daraus neue Klarheit gewinnst, ist dies die beste Voraussetzung für deine Unternehmungen. Aus dem Verstehen deines eigenen Leidens heraus kann dann ein neues Denken und ein neues Handeln in dir wachsen.

Djwal Khul hilft dir, den Weg für die Wahrheit deines Herzens freizumachen und verleiht dir jene Kraft, kompromisslos aus deinem Herzen heraus dein Schwert zu gebrauchen, ohne dich selbst zu schonen. Im Erkennen der Tatsachen und dabei jene Dinge, die deinen eigenen Einsichten entspringen, beim Namen nennend, in Kontakt mit deiner Liebe und deiner Achtsamkeit und deine Einsichten niemals herzlos an andere weitergebend, vermagst du Unwahrheiten aufdecken zu können, die andere Menschen vor sich selbst vielleicht lieber unter den Teppich kehren würden. Die Klinge des Schwertes von Djwal Khul trägt das griechische Wort für ›klaren Willen‹. Es steht für die kreative Kraft, die durch geistige Klarheit entsteht. Einmal eingesetzt, kann es die Dunkelheit von Unwissenheit und Zweifel in das Licht und die Kristallisation einer reinen geistigen Klarheit verwandeln. Dieser Kraft ist der Sieg gewiss.

Deine Gedanken und Ideen voller Kraft auf das Zukünftige gerichtet, kann es dir gelingen, alles, was dich im Gegenwärtigen irritieren mag, hinter dir zu lassen. Dabei sind es deine Gefühle, die dir ein sicheres Gespür für jene innere Wahrheit geben, in der dich nun nichts mehr beirren kann und mit der du entschlossen und kraftvoll vorangehst.

Hier mag der leidenschaftliche Weg der Wahrheit deines eigenen Herzens für dich seinen Anfang nehmen.

Das Wort ›Leidenschaft‹ hat einen direkten Bezug zum Körper, denn seit jenem Moment, in dem deine Seele einen Körper annahm, wirst du unweigerlich mit Schmerzen konfrontiert. Nur über das Leiden, über die Qualen tief in deiner Seele, kann es dir gelingen, zum tiefsten Kern in dir vorzudringen, zum Ort des verborgenen Smaragds in deinem Herzen. Einmal dort angekommen, magst du dann deine Segel in Richtung Heimat setzen, dem Erfüllen deiner göttlichen Natur, im Dienst für das Licht, auf dem Weg der Wahrheit und dem Weg des Lebens.

Djwal Khul lässt dich zum Kreuzfahrer, zum Kämpfer werden, entschlossen und bereit, die richtigen Dinge zur richtigen Zeit zu tun. Vertraust du dabei der Intuition des Weiblichen, folgst dem Licht des Inkarnationssterns und verbindest dich mit der ganzen Weite des Alls, den Kräften und Rhythmen des Kosmos und seinen Gesetzmäßigkeiten in den Wegen der ständig wandernden Sterne, wird dein Weg dich weiterführen.

Die nun offen gelegte weite Schönheit und wilde Kraft deines Herzens kann sich jetzt mit den Wäldern und Bäumen der Erde verbinden. Dein Denken und dein Schicksal mögen sich dem Lernen um das Verständnis der Rhythmen, Gesetze und Mysterien in der Natur öffnen, ihrem stetigen Wandel und der endlosen Entfaltung allen Lebens.

B65 VIOLETT / ROT

»Den Kopf im Himmel und die Füße auf der Erde haben«

Wenn dir deine Mühen als ›zu viel‹ erscheinen, so ist es gut, dich auf die positiven Resultate für dich selbst und andere zu konzentrieren. Wichtiger als das, was bei allen deinen Mühen und allen deinen Bemühungen schließlich herauskommen mag, ist das, was du selbst durch sie bekommst, das heißt dein eigener innerer Lern- und Wandlungsprozess. Mit jeder Aufgabe, die dir gegeben wird, erhältst du auch die Kraft, sie zu verwirklichen.

Gehst du nur mit egoistischen Interessen an deine Aufgabe heran, dann erschöpfen sich deine Kräfte schnell, weil du versuchst, ein Ziel zu erreichen. So verausgabst du dich in deinem Wunsch, das Ziel zu erreichen.

Gehst du jedoch mit einem Bewusstsein von opferbereiter Liebe und Geduld an deine Aufgabe heran, dann dienst du ihr. Säst du alles in sie, was du besitzt, und gibst dieser Saat deine ganze Fürsorge, so wächst sie von selbst. Dann sitzt du in der Stille, die Sonne scheint und das Gras wächst von allein.

Hältst du dich jedoch unbewusst in deiner leidenschaftlichen Wut, deinem Ärger und deiner Frustration gefangen oder versuchst du, dein Leben durch Grübeln in den Griff zu bekommen, so gehst du damit an deinem eigenen Leben vorbei. Weil du deine Energien nicht zielsicher einsetzt, mögen sich dadurch wiederum deine Schwierigkeiten vergrößern.

Vielleicht gehst du auch mit deinen Kräften in nichtaufbauender Weise um. Steckst du sie in Situationen oder Menschen, die sie dann für ihre eigenen Zwecke missbrauchen oder wo sie verpuffen, magst du dabei selbst zum Opfer werden, denn dann hast du dich unbewusst in die Hände der Macht anderer begeben. Setzt du deine Kräfte, um vielleicht selbst mehr Macht und Einfluss ausüben zu können, für deine eigenen ehrgeizigen Ziele ein, sodass du dich dadurch wieder selbst fühlen kannst und dein Ego Bestätigung erhält, dann machst du dich damit selbst zu demjenigen, der seine Macht missbraucht.

Im Nichtwissen um dein wahres Wesen kann es dir auch nicht bewusst sein, wo du stehst, was du zu tun hast oder wohin du gehst.

Violett über Rot hilft dir, bewusst zu werden, um dein wahrhaftes ›Ich bin‹ hier auf die Erde zu bringen und den Aufgaben, denen du in deinem Leben begegnest, nicht mehr auszuweichen. Auf diese Weise kannst du lernen, dich selbst wahrhaft und kraftvoll zu leben und im Materiellen das Spirituelle zu finden. Dann kannst du Transformation in deinem Leben zulassen und geschehen lassen.

Es mag auch sein, dass unterdrückte sexuelle Energien in dir Wut und Groll auslösen, weil du deine Sexualität nicht ausleben kannst und sie auf diese Weise dann zu sexuellen Phantasien führt.

Violett über Rot ist hilfreich, dir jegliches Unterdrücken deiner Kräfte in deinem Leben bewusst zu machen, es loszulassen und stattdessen nährende Liebe im Leben zu finden, durch die du dann deine Kräfte dem Leben dienlich einsetzen kannst.

Beginnst du, deine Kraft zum Bewusstwerden zu nutzen, so setzt du damit den ersten Schritt auf deinen eigenen Weg. Erkennst du auch die Ursprünge deines Denkens, Handelns und Fühlens, dann gehst du nicht nur auf deinem eigenen Weg, sondern auch in die Richtung zur Lösung deiner Konflikte.

Wenn du müde bist, dann halte an und halte inne, betrachte den Gipfel, den du zu erringen suchst, und gehe sorgsam mit den Quellen um, die dich nähren. Es ist Zeit, sich auszuruhen.

Violett über Rot mag alle Dinge der Vergangenheit wieder in dir heraufbringen, die mit dem Vater- oder Gottvaterprinzip zu tun haben. Wenn deine Seele, als du Kind warst, Gottvaters Segen übereignet wurde und auf diese Art und Weise in den Besitz der männlichen Hierarchie der Kirche gegeben worden ist und dazu vielleicht das bestimmt wurde, an das du glauben solltest, so mag dich all dies unselbstständig, kontrollierbar und abhängig gemacht haben. Wenn spirituelle Autorität, als du Kind warst, deine eigenen Lebenskräfte dominierte oder du diese Autorität in einer Weise als missbräuchlich oder bedrohlich erfahren hast, so wird sie in deiner Seele unwillkürlich Wunden hinterlassen haben.

Violett über Rot ist hilfreich dabei, das Wesen deines Leidens erfassen zu können und deine Wut, deinen Ärger und deinen Groll als mögliche konstruktive Kräfte für eine innere und äußere Verwandlung anzunehmen. Es kann eine große innere Rebellion auf das Denken der alten Zeit in dir in Gang setzen, in der die Werte von Geld, Erwerb, Besitz und spiritueller Macht das Leben dominierten. In tiefer emotionaler Reinigung deiner ursprünglichen Kräfte für das Leben vermagst du zu dir selbst und zu deinem eigenen Denken wieder zurückzufinden, einem Denken, welches Bewusstwerdung, Heilung und Liebe dient.

Gebet ist das, was du bist, wenn du die Welt mit offenen Augen wahrnimmst. Jeder Name ist göttlich und verfügt über eine tiefe Bedeutung. Dein eigener Name ist heilig. Du selbst bist derjenige, der die göttliche Schöpferkraft in sich trägt. Das Wort ›heilig‹ hat seine Wurzeln im Wort ›Heilung‹. Heilung jedoch findet nur durch echtes Erleben statt, durch Sinnerfahrung und Liebe. Das ist es, was du bekommst, wenn du dich dem Leben hingibst.

Violett über Rot vermag dich mit jener Medizin in Kontakt zu bringen, die du selbst der Erde schenken kannst. Das Wort ›Medizin‹ hat eine Verbindung zum Wort ›Meditation‹. Und Meditation bedeutet, für dich zu sein, innen zu sein, bei dir selbst.

Violett über Rot kann dir Kraft und Bewusstsein schenken, um die Wirklichkeit zu erkennen, sodass du zu sehen beginnst, wie groß darin deine Aufgaben wahrhaft sind. Sie mögen von dir den Einsatz aller deiner Kräfte verlangen. Nimmst du diese Mühen auf dich, so wird die Ernte dich reich belohnen. Gibst du der Erde deinen Dienst, den sie durch dich benötigt, wird sie Fülle in all ihren Formen hervorbringen und sie dir schenken.

Violett über Rot unterstützt dein eigenes Wissen darum, was zu tun ist und vermag dir jene Kraft zu geben, deine Träume in die Wirklichkeit umzusetzen. Im Umsetzen deiner Träume kannst du eine neue Verantwortung finden, eine tiefe Verantwortung dir selbst und deiner eigenen Aufgabe in der Welt gegenüber.

Violett über Rot ist eine große Hilfe, all jene inneren Widerstände und Blockaden zu überwinden, die dich daran hindern mögen, das Ziel deiner Aufgabe zu erreichen. Es vermag dir die Kraft zu verleihen, immer wieder innezuhalten und zu betrachten, wo du gerade mit dir selbst stehst, was du hinter dir lassen musst und was du für dich selbst benötigst, um weitergehen zu können. In diesem Innehalten kannst du zu jener Distanz finden, die nötig ist, dass aus blinden, unbewussten Reaktionen auf Hindernisse bewusste Aktionen werden können. Es kann dir ebenso helfen, dich mit deiner Wut auseinander zu setzen und sie in eine konstruktive, kooperierende Kraft zu transformieren, die du dann für deine Aufgabe einsetzen kannst. Violett über Rot bringt Klarheit und Dynamik in dein Denken. Es unterstützt deine Standfestigkeit, deine praktischen und in die Tat umsetzenden Qualitäten. Aus ihnen können dann Kontinuität und Ausdauer erwachsen, die deine Aufgaben unterstützen. Sogar ein leidenschaftliches Denken für deinen Dienst in der Welt mag in dir entstehen, das deinen Taten Flügel verleiht.

Violett über Rot wirkt harmonisierend auf die körperlichen und die geistigen Kräfte, sodass eine feine Balance entstehen kann, damit nicht das Denken deine Handlungen bestimmt oder es gar behindert, sondern die Intelligenz deines inneren Kindes beginnen kann, präsent zu werden und deine Aktionen zu steuern.

Alle Mühen lohnen sich, wenn du sie in den Dienst der Entfaltung deiner eigenen Wachstumsmöglichkeiten stellst. Darin können alle egoistischen Interessen in dir sich in bedingungslose Kreativität verwandeln. Stellst du dein ganzes Denken in den Dienst der Erde, so mögen sich in dieser dienenden, liebevollen Hingabe alle unterschiedlichen Dimensionen deines Erdenlebens entfalten. Wirkliche Befreiung, die zur inneren Freiheit führt, flieht nicht vor den materiellen Notwendigkeiten, sondern geht durch sie hindurch.

Violett über Rot kann ebenso deine Fähigkeiten stärken, die Wirklichkeit zu untersuchen und zu dem zu finden, was wahrhaft heilt. Das betrifft körperliche, materielle und finanzielle Belange ebenso wie einzelne Strukturen deines Denkens und spirituelle sowie geistige Angelegenheiten. Nur das, was dem großen Ganzen Heilung bringt, vermag die Lösung zu sein. Auf diese Weise kristallisiert Violett über Rot den Heiler in dir, der nun beginnen kann, die Früchte dessen zu sehen, was er erschaffen hat.

Aller Schutz, den du auf deinem Weg bis hierhin vielleicht benötigtest, alle Härte und Starre, die du der Welt zeigen musstest, um dein Inneres zu entfalten, alle Anstrengung kann sich nun in sichtbare Zartheit lösen. Wie du säst, so erntest du.

Deine leidenschaftliche und opferbereite Liebe mag jetzt Mutter Erde und all ihren Kindern gelten und deine Hingabe der göttliche Welt, der göttlichen Gestalt in dir selbst und in allem. Diese innere Haltung dient deinem eigenen sowie allem Wachstum, dem du im Angesicht des Göttlichen dienst. Den Kopf im Himmel, die Füße auf der Erde. Eins mit dem Feuer der Erde und der Kühle des Himmels, ist die Zeit der Ernte nah.

B 66 Hellviolett / Hellrosa

»Die Schauspielerin«

Gelingt dir eine Nicht-Identifikation mit all den Rollen, die du in deinem Leben spielst, kannst du dabei die Essenz von Liebe finden. Nicht-Identifikation verwandelt Eitelkeit und Selbstverliebtheit in die wahre Schönheit des inneren Wesens.

Bloße Attraktivität kann so zu einer echten physischen Schönheit werden, die das Innere reflektiert, und rohe Gier, alles vom Leben haben zu wollen, sich in ein feinsinniges Gespür für das verwandeln, was den Körper, Seele und Geist wahrhaft nährt.

Hellviolett über Hellrosa bringt Ausgleich. Es bewirkt seelisches und körperliches Gleichgewicht und kann dir dabei helfen, liebevoll und aufmerksam für dich zu sorgen, indem du dir selbst das gibst und gönnst, was du zu deinem Wohlfühlen wirklich benötigst.

In deinem Leben kehrt vielleicht gerade ein Ruhepunkt ein. Möglicherweise ist die Entwicklung deiner Persönlichkeit an einem Höhepunkt angelangt und findet ihren Abschluss, sodass du nun über sie hinausgehen musst. Einmal bei dir selbst angekommen, kannst du dich ausruhen und dich ganz dir selbst und deinem Wohlbefinden widmen. Auf deinem langen Weg bis hierher magst du in all den Erfahrungen, die das Leben dich gelehrt hat, verstanden und gelernt haben, dass du allein für dein Wohlergehen verantwortlich bist. Nun bist du möglicherweise an einem Punkt in deinem Leben angekommen, von dem aus du deine Vergangenheit betrachtest und deine Zukunft auslotest.

Während du viel Zähigkeit und eine große Ausdauer besitzt, um unabhängig deine Ziele erreichen zu können, mag dir dagegen deine Verletzlichkeit und deine Sensibilität manchmal Schwierigkeiten bereiten. Gerade weil du sehr empfindsam bist, wirst du auf deinem langen Weg auch verletzende Erfahrungen gemacht haben, die dir jetzt vielleicht Probleme bereiten, darauf zu vertrauen, dass jenseits der Liebe, die du gibst, auch dir selbst die Liebe entgegengebracht wird. Obwohl du das, was du benötigst, bewusst wahrzunehmen verstehst und es anderen auch mitteilst, magst du trotzdem leicht ins Zweifeln geraten, ob du in deinen Bedürfnissen überhaupt von anderen wahrgenommen, gesehen oder verstanden wirst. In deinen Zweifeln hast du dann möglicherweise das Gefühl, im Hintergrund zu stehen oder vergessen und ungeliebt zu sein. Macht dich das dazu noch traurig, einsam und verzweifelt, so gelingt es dir dann vielleicht auch nicht mehr, zu entscheiden, was wirklich wichtig für dich ist. Dann mag deine Liebe unter der Last deines hohen Anspruchs von Selbstverantwortung über dir zusammenbrechen, und du fühlst dich vielleicht plötzlich klein und hilflos.

Hellviolett über Hellrosa kann dir eine große Hilfe sein, um in deiner Arbeit an dir selbst mit allen Umständen zurechtzukommen.

Geschüttelt werden Hellviolett und Hellrosa zu einem lichten Blassviolett. Wenn du nun in deiner anfänglichen Betrachtung weitergehst und dich vom Jetzt aus deiner Vergangenheit zuwendest, so magst du nun vielleicht den mühsamen und harten Weg deiner Seele sehen, den du durch die Wüste von Entbehrungen bis hierher allein zurückgelegt hast. Vielleicht ähnelt es einer langen Durststrecke, die du nun beinahe überwunden hast. An ihrem Beginn findest du dich vielleicht sogar als das Kind, das für deine Eltern möglicherweise so schwierig zu verstehen war, dass sie es einfach sich selbst überlassen haben mögen. Trotz aller deiner Signale bist du nicht als jenes zarte Wesen gesehen worden, und emotional konntest du dich vielleicht nicht darauf verlassen, dass man sich um dich kümmerte und jene Fürsorge und Liebe für dich aufbrachte, die du wirklich benötigtest. Auf diese Art und Weise mag dein Herz dann begonnen haben zu leiden. Durch zu wenig Liebe und Körperkontakt fingst du möglicherweise an, dich selbst zu verlieren. Um wenigstens Aufmerksamkeit zu erhalten, magst du dann beschlossen haben, in verschiedene Rollen zu schlüpfen. Vielleicht hast du dabei beobachtet, wie die menschlichen Beziehungen deiner Eltern inszeniert von autoritären Vorstellungen abliefen und wie possenhaft sie sich vor der Liebe verstellten. Sich selbst zeigten sie nicht. Das alles mag in dir ein Gefühl hinterlassen haben, am liebsten gar nicht hier sein zu wollen.

Hellviolett über Hellrosa kann dir nach einer langen Durststrecke helfen, dich aus dem Bedürfnis nach Liebe von anderen, das du möglicherweise immer noch unbewusst an deine Eltern oder an andere Menschen stellst, zu befreien. Es gibt dir Hilfe, dich von allem zu befreien, was nicht Liebe ist und dich von allen Rollen, die du zunächst vielleicht zu deinem eigenen Schutz begonnen hast zu spielen, zu lösen. In einem Lernprozess, mit deinen Sinnen hier anzukommen, vermagst du dann deine Sanftheit und deine Schau genießen zu können und dir dabei bewusst zu werden, in welch liebevoller, fruchtbarer und dich nährender Umgebung du bereits angelangt bist.

Wenn du bis zum jetzigen Zeitpunkt voller Vertrauen dem Fluss des Lebens gefolgt bist und dich möglicherweise, um dich selbst zu schützen, dabei voller Bewusstsein dem gegenüber abgegrenzt hast, was dir keine Liebe gab, sondern dich nur verletzte, so ist jetzt eine Zeit angebrochen, in der du beginnen kannst, deine Vergangenheit und deine alten Erfahrungen hinter dir zu lassen.

Hellviolett über Hellrosa kann dir dabei helfen, deine Erschöpfung des langen Ungeliebtseins zu heilen und tiefer in deine Lebenskraft hinein zu erwachen. Es kann dir helfen anzufangen, dein Alleinsein zu genießen und deine Energien konstruktiv zu nutzen, indem du bewusst beginnst, für dich selbst die entsprechende Fürsorge für deine irdischen Belange zu entwickeln. Das kannst du tun, indem du bei deinem Körper beginnst und ihm die nötige Zuwendung schenkst. Vielleicht beginnst du dabei einfach, auf seine Signale zu hören. Verantwortlich für deinen eigenen Körper in jeglicher Hinsicht, solltest du nun anfangen, dich selbst zu verwöhnen, sodass du die Schönheit in deinem Inneren durch deinen Körper angemessen zum Ausdruck bringen kannst. Während du vielleicht lernst, ihn fürsorglich als den Tempel deiner Seele zu pflegen, mögen sich deine Schmerzen in Freude verwandeln, Krankheit dich verlassen und Raum für Gesundheit geben, sodass auch deine Sinne jetzt beginnen können, sich einer realistischen Sichtweise gegenüber deiner Vergangenheit, deinem Jetzt und deiner Zukunft zu öffnen.

Dieses Innehalten im Jetzt gibt dir ebenso Raum für eine erweiterte Wahrnehmung, in der eine Erneuerung deiner Erdverbundenheit geschehen kann, die dir Stabilität und eine feste Basis für dein weiteres Wachstum verleiht.

Hellviolett über Hellrosa kann es dir erleichtern zu erkennen, wo dir Liebe entgegengebracht wird, und sie anzunehmen, während du die Ideale deiner Vision vom Leben weiter auf der physischen Ebene verwirklichst. Indem du alle Rollen in deinem Leben so liebevoll spielst, ohne dich in sie hinein zu verwickeln, kann es dir gelingen, dich nicht mit ihnen zu identifizieren.

Auf diese Weise magst du nun selbst in den Vordergrund deines eigenen Lebens rücken, die Tiefen deines Seins ausloten und deine Sinne für die feinen Wahrnehmungen lichter Welten öffnen. Durch die Arbeit an deiner Vergangenheit, aus der dein Jetzt erwachsen ist und sich deine Zukunft entwickelt, kann deine Liebe im Verstehen deines eigenen Weges nun zu einer in sich ruhenden Herzensgröße werden. Harmonie, Schönheit, Lebenskraft, Lebensfreude und Gesundheit von Körper, Seele und Geist mögen darin aus dem tiefsten Herzen deines Wesens erstrahlen.

Losgelöst und befreit von den Menschen und den Dingen, die dein Leben beeinflusst haben, magst du realistischen Blickes verweilen. In dir ruhend und schauend, offen und schöpferisch, kann jetzt neues Leben durch dich entstehen.

Hellviolett über Hellrosa unterstützt dich dabei, aus der Fülle deiner Lebenserfahrung und deiner Einsichten, liebevoll und fürsorglich, anderen in bedingungsloser Liebe zu dienen. So können auch sie lernen, ihre Entbehrungen zu überwinden und aus der Sorgsamkeit sich selbst gegenüber an Körper, Seele und Geist zu erblühen.

B 67 Magenta / Magenta

»Göttliche Liebe«

Magenta über Magenta lässt göttliche Liebe in die alltäglichen Handlungen einfließen und kann deine Aktionen einsichtsvoll lenken. In einer leidenschaftlichen Hingabe an die Dinge der Erde und das Göttliche in der Welt und durch ausdauernde Arbeit im Verwirklichen deiner eigenen Aufgabe darin, kann das Göttliche in deinem Inneren zur aktiven Liebe werden.

Im Bestreben, deine Selbstverwirklichung zu erreichen, und in deiner ausdauernden, methodischen und kreativen Auseinandersetzung mit allem Irdischen kann es dir gelingen, zum tiefsten Verstehen der göttlichen Liebe, die alles Geschehen lenkt, durchzudringen. Dein eigener Erkenntnisdrang ist es, der dafür die treibende Kraft bildet.

Es ist sehr leicht, sich auf das Göttliche zu verlassen und bequem zu sein. Es ist auch sehr leicht, dem Göttlichen nicht zu vertrauen und ein Macher zu sein. Es ist nicht so leicht, dem Göttlichen zu vertrauen und dennoch zu handeln, denn dann ist das Göttliche das wirklich Handelnde, und du bist nur das Werkzeug in seinen Händen.

Auf der Suche nach dem Göttlichen kann es leicht geschehen, dass du beginnst, ihm hinterherzurennen. Wenn du dem Göttlichen jedoch suchend und fragend hinterherläufst, dann wird es schon weitergegangen sein, wenn du gerade ankommst. Die Antworten auf die Fragen, was und wo das Göttliche ist, die du vielleicht auf deiner Suche stellst, wird dir das Leben niemals von selbst präsentieren, denn alle Antworten, die du im Leben benötigst, liegen in dir selbst. In Wahrheit bist du in jedem Moment darauf angewiesen, die Antwort in dir selbst zu finden.

Suchst du im Leben nach Liebe und dem göttlichen Geist und machst dich dabei von Liebe abhängig oder stellst Bedingungen an sie, dann bist du es selbst, der sich der Liebe, die geschehen will, in den Weg stellt und auf diese Weise unweigerlich Enttäuschung oder Desillusionierung für sich selbst schafft, wobei du vielleicht sogar mutlos wirst und alles als schwierig empfindest. Möglicherweise ist deine Situation auch so, dass du innerlich verzweifelt um göttliche Liebe ringst, da dir die Liebe, die du von anderen Menschen erhältst, nicht ausreicht. Vielleicht fühlst du dich auch von anderen nicht gesehen. Es mag auch sein, dass du einfach ärgerlich und frustriert mit dir selbst bist, weil du fühlst, dass du so viel Liebe in dir selbst trägst, aber nicht weißt, wie du sie ausdrücken kannst, und dann destruktiv mit dir selbst umgehst, zu hart arbeitest und dich überanstrengst. Vielleicht brichst du auch in eine zerstörerische Leidenschaft aus.

Magenta über Magenta kann dir helfen, damit zu beginnen, dich selbst so zu sehen, wie du bist. Es unterstützt dich darin, zu den Gründen der Rastlosigkeit in deiner Suche durchzudringen, um darin ein neues Verständnis für Liebe und die göttliche Kraft, die durch die Liebe wirkt, zu erhalten. Das Göttliche wohnt in dir selbst.

Jeden Augenblick, ob du liebst oder lachst oder einfach lebendig bist, könntest du zufällig das Göttliche finden! Es liegt an dir, es jeden Moment zu vermeiden oder es jeden Moment zu begrüßen. Wahre Liebe ist keine Anstrengung, kein Kampf oder ein Ziel. In Wahrheit kannst du ihr nicht hinterherlaufen, denn dann wirst du sie niemals erreichen. Es wird dir auch nicht gelingen, sie dir zu erarbeiten oder sie mit viel Arbeit zu erreichen, denn sie ist jeden Moment einfach da, du brauchst dich nur für sie zu öffnen. Indem es dir gelingt, zum Ursprung deiner Suche nach göttlicher Liebe in allem vorzudringen, kannst du dich dann neu für sie öffnen.

Möglicherweise begann das Dilemma um das Suchen und Finden der wahren Liebe bereits in deiner Kindheit. Vielleicht wurdest du dabei in deiner unschuldigen Begeisterung, deiner Liebe und Leidenschaft für das Leben und seine Sinnhaftigkeit sehr früh von deiner Mutter gebremst und stattdessen von ihr angeleitet, die Dinge so anzugehen und mit ihnen umzugehen, wie man das von dir erwartete. Vielleicht hat sie dir dabei ein Bild vermittelt, dass das Göttliche im Leben etwas ist, was über dir wacht und über dich bestimmt. Aus Pflicht und Gehorsam heraus magst du dann das getan haben, was dir gesagt wurde, um das höchste Ziel, das vielleicht darin bestand, die Liebe deiner Mutter zu bekommen, erreichen zu können. Einfach um geliebt zu werden, hast du dann vielleicht immer versucht weiterzukommen, mit großen Anstrengungen in allem, was du tatest. Doch bekamst du stattdessen möglicherweise mehr und mehr das Gefühl, als ob alles an dir vorbeiliefe, an deinem eigenen Lebenssinn vorbeiginge. Vielleicht hast du heute noch das Gefühl, keine Zukunft für dein innerstes Wesen zu finden.

Magenta über Magenta kann dir nach einem langen Mangel an Liebe helfen, deine Lebenskraft wieder zu erwecken und nicht destruktiv, sondern kreativ mit ihr umgehen. Auf diese Art und Weise kann dann die Kraft der Kundalini, die sich am Basis-Chakra sammelt, wieder aufsteigen und alle Chakras in deinem Körper energetisieren. Dabei kann sich ihre Energie von Chakra zu Chakra, von Stufe zu Stufe, verfeinern, bis sie im Kronen-Chakra schließlich als reine Bewusstheit erfahren wird. Ist eins deiner Chakras in seiner Energie gestört oder von alten Ereignissen überlagert, so wirkt Magenta über Magenta dort klärend und unterstützend und kann dir jene alten Erlebnisse, die deine Energie am freien Fließen hindern, in Form von Bildern, Gefühlen, Gedanken oder körperlichen Empfindungen wieder ins Bewusstsein zurückbringen. Während du dich neu mit ihnen auseinander setzt, kannst du lernen, alle Gefühle, deine ganze Frustration, deinen Ärger und deine Wut zuzulassen und sie auszudrücken, sodass sie sich auflösen können.

Magenta über Magenta reinigt und aktiviert alle Chakras. Es wirkt vor allem auf das achte Chakra, den Seelenstern, der dir Einblick in deine eigene Aufgabe eröffnen kann und deine völlige Entfaltung darin ermöglicht.

Magenta über Magenta weckt und unterstützt deine seelische Entwicklung in Verbindung mit deinem Körper. Ohne Bezug zu deinem Körper würde deine Seele sich nicht ausdrücken können und sich auf ihrer Suche leicht in spirituelle Phantasien verfangen. Ohne die Aktivitäten deiner Seele wiederum würde dein Körper im Triebhaften, Animalischen verhaftet bleiben und das Leben dir in einer Art sinnentleert erscheinen.

Magenta über Magenta bringt Bewusstheit sowohl in leidenschaftliche Gefühle als auch in Depressionen, die mit einem Mangel an Liebe zu tun haben. Dies kann dir eine große Hilfe sein, um ein Gleichgewicht in deiner Aktivität und Passivität zu finden. Es macht dich aufmerksam für den Moment, für das, was du gerade bist, und für das, was gerade ist, sowie für das Göttliche darin. Gleichzeitig weckt es deine Aufmerksamkeit und deine Hingabe an das Göttliche in dir, was bedeutet, Verantwortung zu übernehmen und deine Arbeit zu vollbringen. Es kann dir dabei helfen, zu handeln, Erfahrungen zu sammeln und schließlich deine Befreiung zu finden. Wenn du deiner Verantwortung nicht aus dem Weg gehst, lebendig bei deiner Arbeit bist und vertrauensvoll deine eigenen Handlungen in den Dienst der Erde stellst, frei von Frustration und Verspannungen, dann kann darin dein Tun zur Andacht werden. In tatkräftiger, kreativer Auseinandersetzung mit den Dingen dieser Erde, im totalen Einsatz deines Körpers, vermagst du deinem höheren Selbst, deinem göttlichen Ich, zur Geburt zu verhelfen.

Magenta über Magenta kann dir helfen, wirklich dein Bestes in deine Handlungen zu geben, selbstlos, von Moment zu Moment, ohne jeden Wunsch und ohne auf das Ergebnis zu achten. Es unterstützt dich, in den Augenblick hineinzuwachsen, um zu sehen, was von dir verlangt wird. Dann kannst du deine Handlung mit Bewusstheit ausführen. So kannst du im höchsten Dienst die Liebe finden.

Durch dein aufmerksames Handeln, durch deine Wärme, Fürsorge, Liebe und Zuwendung, die du auch und gerade in die vielen kleinen Dinge des täglichen Lebens zu bringen verstehst, kann auf diese Art und Weise eine nie versiegende Offenbarung immer währender Liebe in deinem Leben geschehen.

Tiefes Verständnis und eine tiefe Beziehung zur Erde mögen letztlich alles, was du in deinem Tun bereits gesät hast und in Zukunft säen wirst, Form annehmen lassen.

Es mag eine sichtbare Struktur bekommen und Blüten treiben. Die gestalterische Kreativität deines Geistes ist es, die dabei eine Befruchtung darstellt, sodass schließlich die Ergebnisse deiner ganzen Aktivitäten zu reifen Früchten werden können, denen dann unweigerlich eine reiche Ernte folgt.

Das göttliche Bewusstsein offenbart sich in ständig neuen Formen. In jeder irdischen Erscheinung zeigt sich göttliche Liebe. Während unaufhörlich Kräfte der sich ständig neu manifestierenden göttlichen Liebe auf die Erde fließen, so fließen sie ebenso in dich hinein, arbeiten durch dich und bestimmen deine Rolle im irdischen Geschehen. In deiner stetigen Hingabe und Kooperation mit den schöpferischen und endlos gestaltenden Kräften der Liebe vermagst du schließlich Erfüllung und Befriedigung in deinem Tun zu finden. Geduldig, aufmerksam, offen und wachsam in jedem Moment, erlebst du, wie das Göttliche sich in deinem Leben weiter und weiter enthüllt.

Geführt von dem Bewusstsein, die Liebe des Göttlichen hier auf der Erde auszudrücken, liegt die Hoffnung der Zukunft in dir.

B 68 Blau / Violett

»Gabriel«

Eine sorgfältige Vorbereitung für die Geburt des Neuen geht damit einher, alle Kräfte nach innen zurückzuziehen und bereit zu werden, einer inneren Verwandlung standzuhalten.

Beendest du das, was beendet werden muss, so machst du einen Neuanfang möglich. Das, was in dir geboren werden will, ins Leben drängt und stößt, mag die Kristallisation deiner Spiritualität sein, deines höchsten und reinsten Lichts, das in der Dunkelheit deines Inneren gewachsen ist und nun geboren werden will, um die Dunkelheit der Welt zu durchdringen und zu erhellen und dein Leben zu verändern.

Indem du bewusst beobachtest und dabei alles an deiner klaren, eigenständigen Sicht abprallen lässt, was dich nicht weiterbringt, und bewusst das aufnimmst und austauschst, was dich weiterbringt, kannst du alles Hässliche, alle Schmerzen und alles Leid zu Licht spinnen und nach den Gesetzen der Harmonie leben. Auf diese Weise können gegensätzliche Kräfte und widerstreitende Persönlichkeitsanteile in dir vereinigt werden. Aus diesem Einssein heraus kannst du dann das, was in der tiefen Dunkelheit deines Inneren gewachsen ist, deine Vision, deinen Traum und dein Wissen, zu dem du dabei vorgedrungen sein magst, ins Licht und damit in dein Leben bringen.

Während du auf dem Weg zu deinem spirituellen Verständnis nach Frieden und Erfüllung suchst, mag dir dabei unweigerlich ebenso alle Unreife, die du in dir selbst noch zu bewältigen hast, begegnen. So können dir alle Verflechtungen deutlich werden und auch der Halt, den du vielleicht immer noch suchst, wird eindeutig für dich fühlbar.

Während du tiefer in dein Inneres vordringst, mag das, woran du dich gebunden fühlst und dem du dich vielleicht verpflichtet hast, für dich sehr wichtig sein. An einem bestimmten Punkt der Suche jedoch wirst du mit allen Konventionen brechen müssen.

Solange du noch nicht wirklich ins Zentrum deines inneren Lichts gelangt bist, träumst du von der Welt, die du erschaffen willst, einen Traum und spielst mit deinen Gedanken. Das Leid und der Schmerz deiner Vergangenheit machen dir womöglich Angst, dein Innerstes in dein Leben freizulassen und dich seiner Führung zu überlassen. Vielleicht wirst du eher einzelgängerisch, passiv, beginnst vor dich hinzubrüten und nährst die Zweifel aller ›Wenn‹ und ›Aber‹, die dein Verstand produziert. Möglicherweise redest du, ohne darüber nachzudenken, versteckst deine Gefühle, verschwendest deine Zeit und deine Energie und verbirgst so deine Unsicherheit davor, aufrichtig und direkt mit anderen umzugehen. Es mag auch sein, dass du die/den Mutige/n spielst, obwohl du tief innerlich Angst hast und vielleicht nur versuchst, deine Unselbstständigkeit in deinem Inneren zu überspielen. Möglicherweise fühlst du dich auch schuldig, gerade weil du dich dem Leben nicht stellst.

Blau über Violett hilft dir hinzuschauen, was es ist, das du tun kannst, um Verwandlung und Transformation für dich zuzulassen und dich auf das Entstehen von etwas Neuem vorzubereiten. Von zentraler Wichtigkeit dabei ist die Auflösung deiner eigenen Verflechtung in das Rollenmodell Vater-Mutter-Kind. Sie bindet und verpflichtet dein Innerstes, deine Seele, an die Vergangenheit und gibt dir auf diese Art und Weise vielleicht das Gefühl, in der materiellen Welt gefangen zu sein und deine Flügel verloren zu haben.

Als Kind auf deiner unschuldigen Suche nach dem Sinn des Lebens und der Bedeutung hinter den Dingen hast du möglicherweise mit deinem Vater nicht über deine Innenwelt sprechen können. Das konventionelle Verständnis von Spiritualität mag weder deine Fragen beantwortet noch deine Suche erfüllt haben. Stattdessen hat all das dir möglicherweise eine Vorstellung von Pflicht und Gehorsam einem Glauben gegenüber gegeben, einer starren Struktur, in der offensichtlich nur die Männer das Sagen haben und du dein Kreuz trägst, worauf Leid, Schmerz und der unausweichliche Tod offensichtlich die Folgen sind. Liebe, Gefühle und die Freude bewusst gelebter Sexualität sind darin jedoch eine Sünde.

Blau über Violett löst alte Glaubensformen auf und hilft dir dabei, bewusst die Leitung des Höheren Willens, der durch dich arbeitet, wahrzunehmen. Mit seiner Hilfe kann es dir gelingen, die alte Konvention von unhinterfragtem Glauben zu durchbrechen, um zu einer realistischen Sichtweise, besonders im emotionalen Bereich, und zu deinem eigenen Verständnis von Spiritualität und deinen eigenen Idealen zu finden.

Zusammengeschüttelt werden Blau und Violett Königsblau, das dein drittes Auge öffnet, sodass du bewusst zu erfahren, zu fühlen und zu denken beginnst.

Blau über Violett hilft dir, während das Neue durch dich geboren werden will, lichtvolle und starke Kräfte zu entwickeln. Es hilft dir, die tiefen Emotionen und Gefühle, die mit dieser Befreiung einhergehen und die du vielleicht bisher unterdrückt hast, nun wahrzunehmen, sie zuzulassen, auszudrücken und dich mit ihnen durchzusetzen.

Blau über Violett unterstützt dich, während dein eigenes Wissen sich aus deinem Inneren befreit, dein Leben spielerisch und durch alle deine Sinne zu erfahren. Deine eigenen Ideen, deine unbeirrbaren Gefühle, dein Instinkt und deine Intuition sind es, die dich der wahrhaften Göttlichkeit öffnen. Göttliche Kraft fließt in jedem Moment aus dem Kosmos in dein Inneres, berührt deine eigene Göttlichkeit, durchdringt dich mit göttlicher Kraft und kann dir Klarheit in deinen eigenen Idealen vom Leben geben. Tief die Wirklichkeit und Einheit des alles belebenden und verwandelnden Lichts des göttlichen Geistes begreifend, der vom Kosmos her auf die Erde einwirkt und sie mit Lebenskraft erfüllt, vermagst du diese alles verwandelnde Kraft nun bewusst auch in deinem eigenen Inneren wahrzunehmen. Sie ist es, die das Neuwerden deines Lebens bewirkt und dir neue Flügel verleiht!

Blau über Violett kann dir helfen, Struktur in deine Gedanken zu bringen sowie Planung und Ordnung in dein Leben, bevor du etwas aussprichst und in deinem Leben umsetzt.

In der Botschaft der Natur, der Tiere, Pflanzen und Steine, die sie durch Farben, Struktur und Formen aussenden, im Wunder der Harmonie ihrer inneren und äußeren Merkmale und ihres Verhaltens, kannst du den heilsamen Einfluss von Strukturen, Formen und Farben auf das Verhalten des Menschen und des menschlichen Körpers wieder finden.

Das Aussprechen und Umsetzen dessen, was du selbst denkst und fühlst, um zugleich das, wovon du bisher vielleicht nur geträumt hast, praktisch umzusetzen, kann sich auf diese Weise nun zum Zentrum deines Lebens entwickeln. Je gründlicher du darin vorgehst, umso kristallklarer und differenzierter mag dabei deine innere Vision werden. Je weiter sich deine Liebe zum höheren Willen öffnet, desto stärker kann das höchste Licht nach und nach dein ganzes Wesen erhellen. Je kraftvoller du deinen Willen dazu einsetzt, um in das Neue vorzustoßen, desto eher können auch die alten Konventionen von dir abfallen, sodass du dich tiefer und tiefer in dich selbst hinein verwurzelst. Dabei kann sich ebenso deine Bindung an die Familie lösen und dein innerstes Wesen beginnen, sich frei zu entfalten. Empfänglich für das, was aus der Dunkelheit deiner größten Schwierigkeiten sich im Licht deiner Bewusstheit in neue Fähigkeiten, in Ideen, Konzepte und Ideale verwandelt, kannst du das, was in dir dann heranwächst, wie in einer Schwangerschaft nähren. Wenn es dann reif geworden ist, wirst du etwas Neues gebären und der Erde zurückschenken.

Blau über Violett hilft dir, zu einer neuen Identität heranzuwachsen, deren Verständnis ein vollkommenes inneres Gleichgewicht ist. Jenes Gleichgewicht des Denkens und Fühlens, der eigenen männlichen und weiblichen Kräfte, des Lichts und der Dunkelheit. Etwas, was alles eint und harmonisiert, das entzweit ist, und Frieden und Erfüllung dazu verhilft, Wirklichkeit zu werden.

Aus dieser Harmonie kann dann schließlich deine größte Stärke werden, die zugleich eine große Bescheidenheit in sich trägt, eine Demut, um zur Heilung der Welt beitragen zu dürfen. Deine Beziehungen, deine Freundschaften und deine Partnerschaft mögen sich darin wandeln und realistisch und unkonventionell werden.

Anteil nehmend, im warmherzigen Vermitteln, kannst du nun anderen in ihren Schwierigkeiten beibringen, zu lernen, an sich selbst zu glauben, ihre eigenen Gedanken und Gefühle ernst zu nehmen, sie auszusprechen und durchzusetzen. Du kannst ihnen auf diese Art und Weise zu einer neuen Perspektive und einem neuem Verhalten verhelfen.

Offen für das Sichentfalten der wahren Schönheit eines schöpferischen Lebens, vermagst du darin zu einem Botschafter des Friedens in der Neuen Zeit zu werden.

B 69 Magenta / Klar

»Klingende Glocke«

Unschuldiges Empfangen höchster göttlicher Liebe kann dein innerstes Licht enthüllen und dir deinen inneren Reichtum bewusst machen. Aus der Fülle deines Seins mag das, was du dabei für dich findest, dann von deiner Kraft und deinem Tatendrang überfließen, sodass es im Äußeren sichtbar wird.

Wenn dein Verlangen nach dem Höchsten ruft, Liebe findet und sie verschenkt, können Schönheit, Harmonie und Wissen in deinem Körper, deiner Seele und deinem Geist zu deinem wahren Schatz werden. Dann schlägt die klingende Glocke in deinem Herzen.

Magenta über Klar holt dich zurück in dein Herz. Zurück zur Liebe als den Sinn deines Lebens. In dieser Liebe erhältst du dann die Gelegenheit, ein klar ausgerichtetes Denken zu entwickeln, das in deinem Inneren eine neue Ordnung zu schaffen vermag. Ein scharfer Blick ist nötig, um neue Inspiration und eine neue Vorgehensweise zu finden, sodass das in dein Leben kommen kann, was du an Liebe benötigst. Ebenso bedarf es deines kritischen Unterscheidungsvermögens, um jene Liebe zu finden, die du suchst.

Möglicherweise hast du ständig das Gefühl, nicht die Liebe zu bekommen, die du für dich benötigst, und fühlst dich deshalb vielleicht tief frustriert. Um diesen Missstand jedoch auszugleichen, mag es dich in eine geschäftige und extrem verstandesmäßige Orientierung deines Lebens treiben, bis hin zum Perfektionismus und einem Streben nach Erfolg, mit dem du dich schließlich vielleicht selbst quälst. In deinen hohen Ansprüchen dir selbst und anderen gegenüber und in deinem Denken, was du und andere alles tun müssten, um ein erfolgreiches Leben führen zu können, magst du viel Kritik üben. Es mag dir schwer fallen, Abstand zu gewinnen, zurückzutreten und die Situation und den anderen wertneutral zu betrachten. Vielleicht stellst du dich auch über das Geschehen und denkst, du müsstest nichts mehr dazulernen, obwohl du in deinem Inneren das Gefühl haben magst, nicht zu wissen, weshalb und warum du in dieser Situation bist, und dich vielleicht fragst, was du jetzt tun kannst.

Unter den Kraftanstrengungen, ständig Besonderes leisten zu müssen, beginnt mit der Zeit das, was dich selbst ausmacht, schließlich unter der Last deiner Ansprüche und deiner Verantwortung zusammenzubrechen. Das, was du fühlst, wird dabei vielleicht immer kleiner und kleiner, dein Inneres immer leerer und dein Körper immer schwächer. Auf diese Weise magst du mit der Zeit immer weniger fähig werden, dich selbst fühlen zu können, aus dir herauszugehen und dich ganz hinzugeben. Aus einer Zerrissenheit zwischen deinem Inneren und dem äußeren Leben kannst du sogar in Extreme geraten und deine Leidenschaft dabei zerstörerisch werden.

Magenta über Klar hilft, dir deines emotionalen Mangels, vielleicht sogar deiner inneren Leere, bewusst zu werden. Es hilft dir darin, gewahr zu werden, dass du dir möglicherweise selbst zu wenig Liebe gönnst, vielleicht aus dem Gefühl heraus, sie nicht verdient zu haben. Möglicherweise glaubst du auch, nicht genug dafür geleistet zu haben.

Magenta über Klar ist hilfreich, ein Gleichgewicht finden zu können zwischen der Tiefe und Ergründung deiner inneren Welt und der Höhe des Erfolgs, des Ansehens und der Bewunderung, die du in der äußeren Welt zu erlangen suchst. Es unterstützt dich darin, den Zugang zur höchstmöglichen Form der Liebe, der göttlichen Liebe, in deinem Leben zu finden. Über deinen Verstand und dein Verstehen hinaus ist es die göttliche Liebe, welche deine Seele sieht und nährt. In deiner Kontaktaufnahme mit ihr kann ein tiefer Bewusstseinsprozess beginnen, die Klärung deines Inneren zu bewirken.

Vielleicht hast du sehr früh in deinem Leben, als Kind schon, gelernt, für Liebe etwas leisten, sie dir verdienen zu müssen. Um der Liebe wert zu sein, mag deine Mutter dir eine Ausrichtung in ein leistungsorientiertes Denken, das danach strebt, besser als andere sein zu müssen, vermittelt haben. Gelang es dir, es zu erfüllen, und warst du mit dem erfolgreich, was von dir erwartet wurde, magst du Aufmerksamkeit, Liebe und Anerkennung bekommen haben. Auf diese Art und Weise hast du dann möglicherweise das, was du wirklich an Liebe benötigtest, einfach vergessen und begonnen, dich nur auf dein Denken auszurichten. Leidenschaftlich magst du dich auf das Erringen großer Dinge konzentriert haben, um durch deine Leistungen endlich jene Liebe zu erhalten, die du wirklich gesucht hast. Doch auch die Art von Liebe, die du dafür erhieltest, mag nicht ausgereicht haben, um dich wahrhaft geliebt zu fühlen, da sie nicht in dein Inneres sah und dich nicht so anerkannte, wie du wirklich bist.

Magenta über Klar wird geschüttelt zu einem hellen Magenta, welches dein ganzes Wesen erhellen und mit der Kraft der höchsten Liebe zu beleben vermag. Es reinigt und aktiviert alle deine Chakras, verleiht dir wieder eine Verbindung mit deinem Körper, mit deiner Sensitivität, deiner Empfindsamkeit und deinem Bewusstsein.

Magenta über Klar kann dir helfen, dein mögliches Leiden und deinen Schmerz, den eigentlichen Sinn und Zweck deines Lebens verfehlt oder verloren zu haben, zu erlösen, sodass sich dein Herz für alle deine ungeweinten Tränen, die du in dir halten magst, öffnen kann, damit sie zu fließen beginnen.

Magenta aktiviert den Seelenstern, dein achtes Chakra. Den Punkt, von dem aus deine seelische Entfaltung das Geschehen deines Denkens, Fühlens und Körpers steuert. Im Empfangen der höchstmöglichen Liebe, der Liebe der Schöpfung an deinem Dasein, der göttlichen Liebe, die dir in jedem Moment geschenkt wird, kann sich dir schließlich die Fülle deines Seins enthüllen. Auf diese Weise kann das Licht in deinem Inneren wieder zu leuchten beginnen und dir deine geistige, emotionale und körperliche Freiheit zurückgeben, um das, wofür du hier bist, auch wahrhaft zu leben. Du bist ein wertvoller Teil der ganzen Schöpfung.

Magenta über Klar hilft dir in deiner Kommunikation mit der höchsten göttlichen Liebe. In ihr kannst du beginnen zu lernen, das Leben bewusst zu verstehen und zu seinem Sinn zu finden. Deine Klugheit und dein analytisches Denken, mit dem du dich in der Welt orientierst, erhält auf diese Weise Inspiration von der höchsten Quelle.

Magenta über Klar hilft dir, dich dafür zu öffnen, die große Schönheit, Harmonie und das tiefe Wissen in den materiellen Dingen der Welt wahrzunehmen und es lieben zu lernen. Wirfst du einen Blick auf die Fülle der Schöpfung, magst du dich fragen, warum so viele Blumen in der Welt gebraucht werden? Nur die Rosen wären völlig ausreichend. Aber die Schöpfung glaubt nicht an Armut. Sie ist einfach Fülle in Millionen und Abermillionen von Blumen, Vögeln und Tieren. Da scheint es keinen Nutzen zu geben, nur den unendlichen Reichtum der Schöpfung.

Magenta über Klar inspiriert dein Bewusstsein, dich nicht am Mangel in deinem Leben aufzureiben, sondern dich für das, was die höchste und göttliche Liebe in allem ist, zu öffnen. Es hilft dir, Verantwortung zu übernehmen und nach innen zu gehen, um dort jene Qualitäten wieder zu finden, die deinen eigenen inneren Reichtum ausmachen und mit denen du wahrhaft an der Fülle der Schöpfung teilhast. Auf diesem Weg kannst du zu allen deinen Fähigkeiten und Talenten so wie zu deiner Wärme und deiner Herzlichkeit finden und zur Zartheit deiner Sorgfalt, in der du hingebungsvoll beginnen kannst, einer außerordentlichen Liebe im Innersten deines Wesens zu folgen. In ihr kannst du dann Glück, eine wahre Sicherheit und einen Einklang mit jener Liebe finden, die du von oben empfängst und die in jedem Augenblick für dich da ist.

Du bist der Schöpfer deiner Realität. Es liegt an dir und deiner eigenen Verantwortung, was du mit deinem inneren Reichtum anfängst. Selbst größte Schätze verlieren ihren Wert, wenn sie nicht in den Dienst der Liebe gestellt werden. Hältst du dich zurück, dann verlierst du deine Kraft. Hortest du deine wahren Fähigkeiten, dann mag dein Leben an Glanz verlieren. Das Zurückhalten jeder Energie, die einen Ausdruck von Reichtum darstellen könnte, lässt diese Energie ihre Lebendigkeit und Frische verlieren. Wenn dein innerer Reichtum wertvoll bleiben soll, dann musst du ihn weitergeben.

Magenta über Klar hilft dir, in der Stille deine innere

Klarheit zu erfassen und Liebe in jener Sorgfalt und Aufmerksamkeit geschehen zu lassen, die du an die kleinen, alltäglichen Dinge in deinem Leben verschenkst. Indem du Liebe weitergibst, empfängst du die Liebe von oben. So kann eine Liebe beginnen, durch dich zu leben, die das Licht in deinem Inneren mehr und mehr enthüllt. Durch das, was du in Liebe tust, kann sich dann wieder dein Denken wandeln und sich in den Dienst der Liebe stellen. Das, was du denkst, manifestiert sich wiederum in deinem Körper. Indem du aus Liebe, aus ihrer Schönheit, ihrem Wissen und ihrer Harmonie heraus handelst, belebst du deinen ganzen Körper. Er ist es, der dann die Liebe, die Schönheit, das Wissen und die Harmonie deines gesamten Wesens nach außen ausstrahlt.

Nun kann deine Leidenschaft sich verwandeln und konstruktiv und kreativ werden. Einmal im Frieden mit dir selbst, kannst du dich ebenso um das Wohlergehen jener Menschen bemühen, die um dich sind. So wird es schließlich möglich, dass in deinem Herzen dein Körper, deine Seele und dein Geist eins werden – und eine Glocke erklingt.

B 70 GELB / KLAR

»Die Vision der Pracht«

Im Verwirklichen deiner Vision und im Überwinden deines Egos auf das höchste Ziel in deinem Leben hin kann sich in dieser Aufgabe dein ganzer Seelenreichtum entfalten. Aus deiner liebevollen Einstimmung können sich alle Ebenen deines Seins entwickeln. Bist du erst einmal im Einklang mit deiner Bestimmung, dann wird es möglich, dass alles, was in deinem Leben geschieht, letztendlich deinem Wachstum dient und dir inneren Gewinn bringt. Zuwachs und Freude münden in einer universellen Schönheit.

Das Licht deiner Seele ist es, was dir auf deiner Suche Einblick in ein verborgenes Wissen schenkt, welches du in Verbindung mit deiner Liebe, deiner Weisheit und deiner Kreativität dann in die Zukunft tragen kannst. Gelb über Klar hilft dir im Einsatz für die besondere Aufgabe, die du im Leben zu erfüllen hast.

Du kannst deinen Kopf schöpferisch einsetzen, damit das, was du denkst, früher oder später in Erfüllung geht. Manchmal mag der Raum zwischen Wunsch und Erfüllung so groß sein, dass du vielleicht völlig vergessen hast, was du dir gewünscht hattest. Deshalb magst du nicht sofort die Verbindung zur Ursache sehen. Aber wenn du tiefer schaust, wirst du feststellen, dass es deine Gedanken sind, die dich und dein Leben erschaffen. Deine Gedanken erzeugen deine innere Hölle ebenso wie deinen Himmel.

In der Welt des Denkens mag dir deine Selbstdarstellung noch gelingen. Doch um dich selbst herum webt dein Verstand, ähnlich wie ein Spinngewebe, deine Traumwelt, deine Wunschwelt, eine Welt voller Wünsche, die dir als Ziel dann vielleicht Zufriedenheit vorgaukelt. Darin gerätst du womöglich vollends in Verwirrung, weil du selbst nicht mehr weißt, was du wirklich willst und dich zum Schluss möglicherweise nur noch in dein wunscherfüllendes Denken hineinverstrickst.

Vielleicht möchtest du dich auch lieber ganz aus dem Leben heraushalten und statt dich darauf einzulassen, dich eher davor zurückziehen. Einzelgängerisch und misstrauisch schottest du dich vielleicht nach außen hin ab und hegst tiefe Ängste, dich als diejenige/derjenige zu zeigen, der du wirklich bist. Möglicherweise weichst du eher zurück, verleugnest dich selbst, versteckst deine Talente und wirst inaktiv und lethargisch. Vielleicht machst du dich auch von jemandem abhängig, der dich von außen betrachtet und dir Selbstbestätigung gibt. Doch in einem sinnentleerten Leben bleibt dein Herz schließlich unausweichlich einsam und verlassen.

Gelb über Klar hilft dir, Klarheit zu gewinnen und den Mut zu finden, dich dir selbst zu stellen und dich im Spiegel der Wahrheit zu betrachten. Dein Verstand wird nicht aufhören, in Gegensätzen zu denken. Er wird überhaupt nicht aufhören zu denken, wenn du nicht einen Schritt tiefer gehst, nämlich in dein Herz, das die Wahrheit kennt.

Gelb über Klar kann dir helfen, zur Wahrheit deines inneren Kindes Kontakt aufzunehmen, um das herauszufinden, was es ist, das deine innere Verwirrung mit sich gebracht hat. Als Kind magst du, ohne Achtung vor deinem ursprünglichen und intuitiven Wissen und deiner

Kreativität darin, eingegliedert worden sein in ein Modell, das dich vielleicht nur mit Denksystemen gefüttert hat. Im Glauben, dass einmal etwas ›Großes‹ aus dir wird, sollte dir das verstandesorientierte Lernen möglicherweise zum Erfüllen materieller Zwecke und Ziele in der Welt dienen und dir vielleicht ›Erfolg‹ garantieren. Kalt und verstandesbetont wurde dir möglicherweise der Willen deiner Eltern, Lehrer und der Menschen, die an deiner Erziehung beteiligt waren, aufgezwungen. So wurde einfach über dich bestimmt. Für deine eigenen Spiele und deine eigenen Träume vom Leben, in die du dich möglicherweise zu retten versuchtest, mag es sogar Strafe gegeben haben. Angepasst an die äußeren Verhältnisse, eingeflochten in die Welt der materiellen Werte, hast du vielleicht darüber dein Spiel und die Freude an den Dingen des Lebens einfach vergessen. In deinem Gebundensein und Abhängigsein von äußeren Dingen, verhältst du dich bis heute möglicherweise eher angepasst an die äußeren Verhältnisse und identifizierst dich mit etwas, was du zu sein glaubst.

Die Voraussetzung dafür, wahrhaft dein eigenes Leben leben zu können, liegt in der Stärke deiner eigenen Bereitschaft, sowohl Verantwortung für das Entstehen deines eigenen Unglücks zu übernehmen als auch für deine Freude, deine Negativität und Passivität. Für deinen Himmel und deine Hölle trägst nur du die Verantwortung.

Gelb über Klar hilft dir, mit dem Leid in deinem Inneren in Kontakt zu kommen und möglicherweise dein Verstelltsein zu fühlen. So lernst du deinen Schmerz, deine ganze Trauer und alle deine Tränen zuzulassen. Jene Tränen, die du im Angesicht der Wahrheit weinst, sind es, die dir helfen können, zu dir selbst, zu deinem innersten Wesen zurückzufinden. Hier wird es für dich dann möglich, den Grund deiner Seele zu berühren, dein inneres Licht, mit dem du auf die Welt gekommen bist. So wirst du die Klarheit deiner Vision erhalten. An diesem Punkt angekommen, kannst du dich deiner Ursprünglichkeit erinnern, des reinen Lichts, der reinen Bewusstheit und dem Freisein von allen Identifikationen.

Gelb über Klar hilft dir, dein künstlich aufgebautes Ego zu überwinden und stattdessen den Schritt in dein wahres Selbst zu wagen. Alles, was zuvor blockiert war, mag dabei wieder lebendig werden, sodass deine Lebenskraft erneut zu fließen beginnt. Durch alle deine wieder neu geweckten Sinne kannst du dann beginnen, deine Umwelt neu zu erleben und dabei selbst zu einer vibrierenden, lebendigen Energie zu werden, um wieder frei über dein eigenes Leben zu bestimmen,

Die höchste Aufgabe im Leben besteht darin, sein Leben gern zu leben, sich selbst kennen zu lernen und sich selbst zu verwirklichen. Geschehen kann dies im Einsatz für die besondere Aufgabe, die jeder Mensch in seinem Leben zu erfüllen hat.

Gelb über Klar hilft, einer neuen Ordnung in dir Raum zu geben, einer Ordnung, die sich an deinem inneren Wissen orientiert; einer Ordnung, die deinem Erwachen dienlich ist und dich für Klarheit und Freude in deinem Leben öffnet. Einer Ordnung, in der du wieder neu beginnen kannst, Verantwortung für dein Leben zu übernehmen und es mit allem, was geschieht, anzunehmen. Darin kann Liebe zum Zentrum deines Wesens werden, denn sie ist es, die die zentral verbindende Kraft bildet und alle Bereiche des Seins mit ihrem Licht erhellt. Sie ist es, die die größten Tiefen deines eigenen Seins zu berühren vermag und als Vermittlerin für deine Weisheit, die aus der Tiefe deines Seins aufsteigt, eine solch große majestätische Kraft entwickelt, dass dein Verstand und deine Gedanken bereit werden, sich ihr unterzuordnen. Als Diener der Liebe vermögen sie dann an der Vision deines Herzens konstruktiv teilzuhaben und helfen, sie zu verwirklichen.

Gelb über Klar verleiht Freude am eigenen Denken. Es hilft, Einsichten in die Natur des Bewusstseins zu gewinnen und sich auf diese Art und Weise wahrhaft selbst kennen zu lernen. Ebenso verschafft es Zugang zu deinem innerem Wissen, zu dem, was du bereits angesammelt hast und das du weiter zu erlangen suchst. Es hilft, innere Prozesse zu ihrem Ausreifen zu bringen und dir so viel Zeit darin zu geben, wie sie benötigen. Echtes Wissen entsteht aus realer Erfahrung, dem Einblick in die Wahrheit einer Situation, dem Auswerten des Erlebten und Annehmen dessen, was du Neues daraus lernen kannst.

Indem du dein Leben mit liebenden Augen betrachtest, wird es möglich, tiefe Freude und Zufriedenheit an deinem Alleinsein in der Welt zu empfinden. Ohne Liebe fehlte dir möglicherweise der Mut, um auf innere Reisen zu gehen. Ohne Liebe wusstest du vielleicht nicht, was dein ursprüngliches Gesicht ist. Sind dein Wissen und deine Kreativität jedoch von Liebe durchdrungen, dann kannst du aus jeder Lebenssituation Gewinn ziehen, denn je tiefer du dich einlässt, desto umfassender sind die Einsichten, durch die du dann weiterwächst.

Gelb über Klar kann dir dabei helfen, Liebe zu einer Revolution werden zu lassen, die du in die Welt trägst, um sie zu verändern. Dafür wirst du deinen ganzen Willen einsetzen. Es hilft dir dabei, den richtigen Zeitpunkt zu erspüren, um die Vision deiner Liebe in die Welt zu tragen. Du lernst geduldig zu beginnen und dein

Vorhaben schrittweise und gründlich auszuführen, um dein Wissen anderen verständlich zu vermitteln. Aktiv und in großer Beweglichkeit, magst du dabei vom Zentrum innerer Liebe aus die Geschehnisse steuern. Mutig und tatkräftig lernst du, deine Kommunikation einzusetzen, um das zu zerstören, was ihr im Wege ist, und jenes aufzubauen, was sie nährt. So kann das Licht wieder aus deiner inneren Tiefe scheinen, altes Wissen in deinen Worten erklingen, während Hingabe und Sammlung deine Haltung prägen. In allen Sinnen präsent, magst du dein inneres Licht ausdrücken, es nach außen bringen und es instinktiv nach der Kunst deines Herzens formen und gestalten. In deiner inneren Losgelöstheit kann sich auf diese Weise die Schönheit deiner Seele entfalten und teilnehmen an der universellen Schönheit und Freude, der Vision der Herrlichkeit.

Je mehr du dein Inneres gibst, je mehr du dich ausschüttest in die Welt, umso reicher kommt das Licht zu dir zurück. Das Leben liebt dich so, wie du bist.

B 71

Rosa / Klar

II. Essener-Flasche

»Das Juwel im Lotos«

Akzeptierst du dich in einer liebevollen Art und Weise in der Hinwendung an all das, was du für dich selbst benötigst, dann kannst du darin das Juwel im Lotos finden. Dann bricht eine Zeit des Erblühens lang verborgen gebliebener Fähigkeiten und Möglichkeiten in dir an.

In deiner Wachsamkeit dir selbst gegenüber formt sich jener Schutz und jene Nahrung, den du für dein inneres Wachstum benötigst.

Das, was du liebevoll und ausdauernd dir selbst gibst und was deinen Körper, deine Seele und deinen Geist nährt und schützt, kann dann die volle Pracht und die zarte Schönheit der Knospen und Blüten am Baum deines Lebens zum Erblühen bringen. Es ist nicht nötig, etwas zu beschleunigen. Alles entfaltet sich zur rechten Zeit.

Rosa über Klar hilft dir zu erkennen, dass, wenn du nicht das Ausmaß an Weisheit und Sorgfältigkeit dessen, was nötig ist, um bedingungslose Liebe hervorzubringen, dir selbst gibst und der Baum deines Lebens nicht recht von dir genährt wird, er nicht erblühen kann, weil er dann nicht mehr die Kraft dazu hat.

Rosa über Klar hilft, Klarheit in deinen Grundbedürfnissen zu erlangen, sodass du lernen kannst, für sie Sorge zu tragen. Es hilft dir, deutlich die einzelnen Bereiche in deinem Leben zu sehen und zu erkennen, was dich darin an Körper, Seele und Geist nicht unterstützt. So lernst du herauszufinden, wo du dir zu wenig Liebe gönnst und wo du dich vielleicht zurücknimmst.

Nach innen zu schauen, für dich selbst zu sorgen, dich um dich selbst zu kümmern und für dich selbst da zu sein, magst du als eines der schwierigsten Dinge in deinem Leben betrachten. Vielleicht hast du dich aus dem Gefühl des Ungeliebtseins heraus in dein Inneres zurückgezogen.

Kühle in deinen Gefühlen, Berechnung und ein zurückhaltendes Kalkül mögen dagegen vielleicht die Einstellung zu deinem Leben prägen. Anstatt großzügig und umsichtig zu schauen, die Dinge des Lebens zu betrachten und zu sehen, was du für dich selbst darin benötigst, handelst du vielleicht eher engstirnig und pedantisch, stets darauf bedacht, nichts zu verschwenden und alles richtig einzuteilen. Da du dabei jedoch mehr und mehr mit dir selbst aus dem Kontakt geraten magst, wiederholst du vielleicht mit der Zeit Fehler, ohne die Chance wahrzunehmen, aus ihnen zu lernen. Ohne Gefühl für dich selbst, verlierst du dann jedoch das Unterscheidungsvermögen dafür, wo deine Fürsorge angebracht ist, wo sie nützlich ist und wo sie ins Leere geht.

In deiner Offenheit und Zartheit magst du dich schließlich dem Leben gegenüber ausgesetzt fühlen, vielleicht ohne dich dabei fähig zu fühlen, es leben zu können.

Um deinem Schmerz aus dem Weg zu gehen, versuchst du möglicherweise zu vermeiden, nach innen zu schauen. So magst du nie zufrieden sein mit dem, was du erreicht hast und sorgst dich vielleicht um die Früchte deiner Arbeit. Doch auch wenn du deine Tränen festhältst, ärgerlich und bitter wirst, dass es nicht vorwärts geht mit deinen Plänen, was du gerne möchtest, setzt dein Körper dir natürliche Grenzen. Vielleicht gibt er dir Schmerzsignale oder das Gefühl, erschöpft und ausgelaugt zu sein. Möglicherweise fühlst du dich auch leer. Dein Körper setzt dir natürliche Grenzen und zeigt dir genau, was du ihm zumuten kannst und was nicht.

Rosa über Klar holt dich zu dir selbst zurück. Erst indem du beginnst, nach innen zu schauen, und dich auf eine liebevolle, nicht verurteilende Weise mit dem auseinander setzt, was du dort vorfindest, kannst du wieder in Kontakt mit dir selbst kommen.

Rosa über Klar kann dich ebenso wieder in Kontakt mit deinem inneren Kind bringen, seinem Gefühl von Verlassensein und seinem großen Schrei nach Liebe. Möglicherweise beginnt deine Erinnerung in jener Zeit, als du gerade als zartes, verletzliches kleines Menschenwesen geboren warst. Vielleicht lag hier der Anfang deiner inneren Erfahrung, nicht die Liebe bekommen zu haben, die du eigentlich benötigtest. Du magst dagegen protestiert haben, jedoch wurde dir vielleicht dann so lange keine Aufmerksamkeit entgegengebracht, bis du mit Protestieren fertig warst und erschöpft aufgabst. Dann haben deine Eltern möglicherweise damit begonnen, deine Aufmerksamkeit abzulenken und dich noch weiter von dir selbst zu entfernen, nämlich in deinen Verstand. Indem sie hart zu dir waren und vielleicht nie zufrieden mit dem, was du geleistet hast, mögen sie dir auf diese Art und Weise deine Lebenskraft, deine Lebensfreude genommen haben. Einmal aus dem Kontakt mit dir selbst geraten, magst du dann einfach das Gefühl für dich selbst und deine Eigenständigkeit verloren haben.

Aus der Lieblosigkeit in deiner Kindheit resultiert heute möglicherweise, dass du keine Klarheit in deinem Inneren empfindest, welche Form der Liebe du haben willst oder benötigst. Darauf gründet auch deine Schwierigkeit, für dich selbst Liebe zu definieren und ein Gefühl dafür zu bekommen, was dir gut tut und was nicht.

Rosa über Klar lässt dich, indem es deine Wahrnehmung und dein Unterscheidungsvermögen dafür schärft, erkennen, wie du deine eigenen Lebensumstände, die ›positiven‹ wie die ›negativen‹, in deinem Leben selbst erschaffst. Es hilft dir dabei, dir bewusst zu werden, wie sie den Mustern deiner Kindheit entsprechen.

Rosa über Klar hilft dir, deine Ängste, besonders die, nicht geliebt zu werden, zu überwinden. Es hilft dir, sie zu verlieren und dafür deine Liebe zu finden. Indem du deinen Schmerz und dein Leid annimmst und allen deinen ungeweinten Tränen erlaubst, sich zu erlösen, kann sich in dir wieder ein Gefühl für dich selbst entwickeln. Deine Tränen sind es, die dir wieder helfen, mit deinen Wünschen und Sehnsüchten in Kontakt zu kommen und sie in deinem Herzen liebevoll anzunehmen.

Gerade in Zeiten eines zarten Aufbruchs hilft dir Rosa über Klar in diesem Vorgang, der im Stillen und Verborgenen vor sich geht, liebevoll und sorgfältig mit dir umzugehen. Indem du, schützend und umsichtig, besonders in deinem Äußeren, auf Klarheit, Ordnung und Schönheit achtest, baust du jene entspannte Atmosphäre des Vertrauens um dich auf, die es zum Blühen benötigt.

Rosa über Klar hilft dir, dich für deine Aufnahmebereitschaft und das Erkennen deiner Bedürfnisse zu öffnen. Es kann dabei deine Intuition, deine Innenschau und dein Gespür für die Fähigkeit schärfen, dir selbst umsichtig und großzügig jene Liebe und Fürsorge zu geben, die du wirklich benötigst, sodass deine alten Wunden darin heilen können. Es hilft dir, weibliche Eigenschaften, wie Intuition, Mitgefühl und Aufnahmebereitschaft, in deinen Geist zu bringen. Es erweitert deine sinnlichen Empfindungen und bringt Zärtlichkeit in deine Sexualität. Je mehr du mit der unbegrenzten Kraft bedingungsloser Liebe zu dir selbst dein inneres Licht berührst, umso mehr gibst du dir Raum für deine Bewusstheit. Lebst du dein Leben durch deine Sinne, im Sehen seiner Schönheit, im Hören seines Klanges, im Schmecken seiner Säfte, im Riechen seiner Düfte und im Fühlen seiner Beschaffenheit, so erfasst du es in seiner Ganzheit. Auf diese Art und Weise mögen dein Körper, deine Seele und dein Geist sich nach einem langen Gefühl der Leere wieder mit Wärme, dem Licht und dem Leben, das Liebe mit sich bringt, füllen.

Rosa über Klar bringt dir liebende Klarheit in deinem Inneren, sodass das, was in dir in allen Bereichen deines Seins zur Entfaltung strebt, von nun an jene Aufmerksamkeit, Sorgfalt und hingebungsvolle sowie liebevolle Fürsorge erhalten kann, die es in seiner Entwicklung zu einem harmonischen Erfülltsein benötigt. Schritt für Schritt, ohne dass du etwas beschleunigst, magst du einfach nur die Voraussetzungen schaffen, um auf diese Weise den Prozess des Aufblühens zu unterstützen.

Rosa über Klar weckt die lichte Gestalt in dir. Mit ihrer Zartheit durchdringt sie alle Härten. Sanft und lichtvoll mag Liebe beginnen, aus dir heraus zu strahlen und die Bewegungen deines Körpers sich dabei leicht und fließend gestalten. Kindlich und spielerisch entfaltet sich dein Wesen, sodass dein Geist in der Schönheit seine Ruhe findet.

Dies ist die Zeit, dich zu öffnen, dein Bestes zu geben und es aus dem Überfluss der Liebe deines Herzens zu verschenken. Das Juwel im Lotos ist die Hingabe an das Mitgefühl, das nun in deinem Herzen erblühen mag.

Eines Tages goss Maria Magdalena Jesus ein sehr wertvolles Öl über die Füße. Judas widersprach: »Das ist Verschwendung!« Das Öl war so wertvoll und das Volk hungerte. »Dieses Parfüm ist so teuer, warum es verschwenden?« Jesus aber antwortete: »Die Armen wird es immer geben, wenn ich nicht mehr bin, kannst du dich um sie kümmern. Du verstehst das Herz dieser Frau nicht. Ich kann in ihrem Herzen ein gewaltiges Gefühl aufsteigen sehen. Genau das heißt Beten. Und ich darf ihr Beten nicht stören.«

Jesus verstand, dass Maria Magdalena eine Schönheit des Herzens besaß. Es ist nicht das Parfüm, worauf Jesus schaut, er schaut auf das Herz einer Frau.

B 72 Blau / Orange

»Der Clown«

Tief in deinem Inneren liegen deine emotionalen Bedürfnisse und vielleicht ebenso deine Ängste, sie wirklich kennen zu lernen. Zum Leben jedoch benötigst du tiefe, erfüllende Kontakte, die dich nähren und dich unterstützen.

Scheinbar unüberwindbare Hindernisse mögen stattdessen dein Handeln blockieren. Vielleicht zögerst du aus deinen eigenen angstvollen Erwartungen heraus, Kontakt zu knüpfen, hältst möglicherweise eher inne und resignierst. Die Angst vor einem Fehlschlag oder davor, vielleicht wieder und wieder dieselbe Ablehnung erfahren zu müssen, mag dich dabei in deinem Weitergehen hemmen. Möglicherweise schränkst du aus deinen negativen Befürchtungen heraus auch dein Handeln lieber auf dir vertraute Bereiche ein.

Blau über Orange holt dich aus deiner Passivität und hilft dir, tiefere Einsichten in dein Inneres zu gewinnen. So können dir deine emotionalen Bedürfnisse bewusst werden, damit du sie nähren kannst. Anstatt dich selbst aufzugeben und vielleicht zu resignieren, magst du die Möglichkeit entdecken, mit anderen über dein inneres Erleben zu sprechen und dich mitzuteilen. Auf diese Art und Weise kannst du neuen Mut finden, um zu vertrauen, dass alles in deinem Leben zu deinem Besten dient und die größten Erfolge offenbar aus den schwierigsten Situationen erwachsen.

Der Clown, der Bajazzo, befürchtet im Drama des Lebens stets das Schlimmste und versteckt, auf der Hut vor den kommenden Schrecken neuer Verletzungen, hinter der Maske sein verletzliches Inneres, das nach der Liebe im Leben sucht. In tiefem Wissen um den Schmerz der Welt akzeptiert er die vorhandenen äußeren Umstände, wenn auch in tiefer Trauer. Trotz allem handelt er doch im Vertrauen auf sein Innerstes und hört auf die Botschaften seiner tiefsten, zartesten Gefühle. Sie sind es, die sein Leben bewegen. Das mag ihn zwar anfänglich in die komischsten Situationen des Lebens führen, in denen er kindlich tolpatschig scheitern wird, letztendlich jedoch vermögen ihn schließlich seine befreiten Gefühle in die überwältigende Freude bewusster Handlungen hineinzuführen.

Du magst dir Beziehungen suchen, in denen du dich vielleicht von der emotionalen Bestätigung des anderen abhängig machst und möglicherweise trotzig und kindisch darin extrem viel Anerkennung für dich suchst. Vielleicht bereitet es dir auch Schwierigkeiten, deine Gefühle auszudrücken oder von anderen etwas anzunehmen. Gerade weil du in deinem Inneren offenbar emotional verunsichert bist, magst du Bedingungen und Erwartungen an andere stellen oder vielleicht geschickt deine Unsicherheit nach außen hin mit Eitelkeit überspielen. Obwohl du dann äußerlich von dir selbst eingenommen wirken magst, fühlst du dich möglicherweise jedoch in deinem Inneren verlassen und zutiefst einsam. Dies ist das Leiden des Clowns.

Deine Ängste und Befürchtungen entsprechen vielleicht nicht der äußeren Wirklichkeit, jedoch sind negative Erwartungen so machtvolle Gedankenkräfte, dass sie die tatsächlich befürchteten Ergebnisse herbeizuführen vermögen, wenn du sie lange bewusst oder unbewusst nährst.

Erlaubst du dir jedoch, bewusst die Begegnung zu suchen, kann dir durch das, was in deinem Leben gerade geschieht, ein tiefer Schock widergespiegelt werden, der möglicherweise deine Ängste verursacht hat und dir ein negatives Leitbild gibt.

Blau über Orange hilft dir, dich mit deinen emotionalen Bedürfnissen zu konfrontieren und zu deinen Gefühlen zu finden. Alles, was dich in deiner jetzigen Situation vielleicht blockiert, Liebe an dich heranzulassen oder selbst liebevoll zu handeln, kann dabei aus deiner Erinnerung wieder auftauchen. Das mögen tiefe Schocksituationen deiner Kindheit sein, die vielleicht mit der Trennung von deiner Mutter kurz nach deiner Geburt begannen, wo du Körperkontakt und Liebe benötigtest. Die Angst, in dieser kalten, gefühllosen, männlich-verstandesgemäß orientierten Welt verlassen worden zu sein, mag dich, um dich sicher fühlen zu können, dazu veranlasst haben, dich selbst vor deinen Bedürfnissen zu verschließen. Auch ein sexueller oder ein körperlicher Missbrauch, eventuell auch ein Unfall oder eine Operation, die dich von geliebten Menschen trennte, oder jemand Geliebtes, der von dir getrennt wurde, können die Ursache dafür sein, dass du dich aus Angst vor erneutem Schmerz oder Verlust verschlossen hast. Wenn dir als Kind gesagt worden ist, Gefühle zu zeigen sei Schwäche, und wenn du emotional abgelehnt oder verletzt worden bist, wodurch Körperkontakt und Liebe für dich unerreichbar wurden, so kann auch das Gefühle von tiefem Schock in dir ausgelöst haben.

Blau über Orange hilft deiner Seele, deinem innersten Wesen, wenn ähnliche Situationen auftauchen, zentriert zu bleiben. Es hilft dir, in deiner Mitte zu bleiben und dir anzuschauen, welche alten Gefühle und Bilder dir vielleicht den Blick für den jetzigen Augenblick verstellen. Du kannst lernen, sie an dir vorbeiziehen zu lassen, deinen Schmerz und deine Trauer zuzulassen und deine Gefühle auszudrücken. Das Zeigen deiner Gefühle lässt dich dann wieder ganz und schön werden. So verlieren die alten Erlebnisse ihre Macht über dich und du kannst dich wieder neu für Liebe und Freude öffnen.

Blau über Orange ist hilfreich dafür, die Abhängigkeit von deinen emotionalen Bedürfnissen zu überwinden und dich abzulösen. Dabei kann es dir ebenso verständlich werden, wie dein Denken und dein Fühlen von den seelischen Einprägungen alter Ereignisse vorgeprägt ist.

Geschüttelt wird aus Blau und Orange ein Violett mit goldenen Flecken. Die Zeit mag anhalten, während du Einsicht erhältst, dass das dein Leben prägt, dem du deine Energie gibst. Frisst du also Schmerzen in dich hinein, so vervielfältigst du selbst deinen Schmerz und ziehst ihn noch dazu weiterhin an. Drückst du dagegen deine innere Wahrheit und deinen Schmerz sowie deine Freude aus, so vervielfältigen sie sich, da du so die emotionale Wahrheit in anderen anziehst. So erhält Heilung Raum. Diese Einsicht mag in deinem Leben zu einer Basis werden, auf der eine neue Selbstachtung und Selbsteinschätzung in dir entstehen kann und eine klare Perspektive, von der aus du deine verschiedenen Persönlichkeitsanteile auf der Bühne des Lebens unterscheiden lernst. Auf diese Art und Weise kannst du selbst beobachten, ob dein Ego gerade nach Bestätigung sucht oder deine Seele sich ausdrücken möchte. Nur aus deiner Seele heraus kannst du eine echte Kommunikation mit deinen inneren emotionalen Bedürfnissen führen, sie wertschätzen, für sie sorgen, das rechte Maß finden und sie nach außen bringen.

Du magst zum Schüler deiner eigenen Mysterienschule werden. Alles hat seine Zeit, und für alles im Leben gibt es den richtigen Zeitpunkt. Die größte Übung dieser eigenen Mysterienschule liegt darin, mit deinen Bemühungen fortzufahren. Die Ergebnisse sind die Früchte, die du dann zu erhalten vermagst, wenn du in deinen Bemühungen fortfährst. Selbst wenn du vielleicht lange das Gefühl hast, nichts für dich zurückzuerhalten, ist jede Bemühung in sich selbst der Gewinn.

Blau über Orange hilft jenen Gedanken in dir, die das Leben in seiner Schönheit und Fülle bejahen, hervorzutreten. Deine lebensbejahende, empfängliche, warme und freudige Haltung der Erwartung dessen, was das Leben dir bringt, schafft die Voraussetzung für das Eintreffen freudiger Ereignisse.

In kindlicher Freude am Lebendigsein, voller Vertrauen in die eigenen Instinkte und Intuitionen, magst du dich erneut ins Ich und Du, in das Spiel des Sichbeziehens wagen. Losgelöst und den unweigerlichen Verwicklungen mit dem nötigen Sinn für Humor entgehend, kannst du darin zum wahrhaften Gewinner im Spiel der Emotionen werden. So löst dann dein tiefes Verstehen, gerade um die Komik der tragischen Umstände des Lebens, automatisch Freude, Selbstentdecken, Lachen, emotionale Betroffenheit und mitfühlende Liebe aus.

B73 Gold / Klar

»Chang Tsu«

Durch dein befreites Weinen und dein gelöstes Lachen kann ein Erwachen in deinem Herzen geschehen. Einer durchstandenen Prüfung folgt eine Wandlung deiner inneren und äußeren Verhältnisse.

Um zu sehen, wer du bist, und um echte innere Reife zu erlangen, schickt das Leben dir Lektionen, gibt dir Chancen, dich zu erkennen, dich zu finden, daraus zu lernen und dich zu verändern. Auf dem Weg, dich selbst kennen zu lernen, ist das Leben ein strenger Schulmeister, der nichts ausspart.

Gold über Klar hilft dir, in deinem Inneren Klarheit zu schaffen, aus der dann ein tiefes Verständnis für dich selbst, für andere und für die Dinge des Lebens erwachsen kann. In diesem Prozess wird es möglich, die Weisheit aus der Tiefe deines Selbst zu befreien, um sie mit anderen zu teilen. Dabei magst du ebenso lernen, deine eigene Kraft und Autorität zu finden, sie zu akzeptieren und sie in die Welt zu tragen.

Vielleicht leidest du darunter, dass andere die Macht haben, und befürchtest, in der materiellen Welt zu versagen. Tiefe Ängste hemmen womöglich deine Handlungen und lassen dich minderwertig fühlen. Doch deine Ängste, die offenbar deinem befürchteten Misserfolg gelten, vielleicht deinem Versagen in dem, was man von dir erwartet, magst du unter deinem Stolz verstecken. Vielleicht erwartest du auch einfach, dass die Dinge um dich herum von selbst so geschehen, wie du das willst, ohne dass du dich sonderlich um sie bemühst. Möglicherweise sonnst du dich im Glanz deiner Eitelkeit.

Strebst du nach materiellem Reichtum, um dein Selbstwertgefühl zu erhöhen, so verlierst du dabei unwillkürlich immer mehr den Kontakt mit deinem Inneren. Suchst du nach innerer Vollkommenheit und bist verkrampft und ohne Liebe dabei, so wirst du automatisch hohl und leer. Weil du deinen Schmerz und dein Leid vielleicht nicht fühlen willst, magst du sie unterdrücken und stattdessen lieber woanders hinschauen.

Gold über Klar kann dir helfen, dich von deinem Darüberstellen zu lösen, in deinen eigenen Spiegel zu schauen und dich selbst kennen zu lernen. Es kann dir helfen, über den Schein der Oberfläche hinauszugehen und das in deinem Leben zu betrachten, was du anziehst, denn das, was du anziehst, hat etwas mit dir selbst zu tun. Es ist die Spiegelung deines Selbst und dessen, was du zu lernen hast. Lernst du zu unterscheiden zwischen Egoismus, Macht und deinen wahren Fähigkeiten, dann kann dein Inneres sich wahrhaft und authentisch entfalten und im Äußeren sichtbar werden.

Gold über Klar ist eine große Hilfe dabei, dich selbst wieder zu finden, während du dir genau das in deinem Leben anschaust, was dich geprägt hat. Wenn dir als Kind zu viel Verantwortung gegeben wurde und möglicherweise von dir erwartet wurde, dass du alles, was man dir aufbürdete, auch schafftest, so mag das Gefühl, Erfolg haben zu müssen und sonst nichts wert zu sein, dein Leben seitdem prägen. Vielleicht wurde das Leben auf diese Art und Weise für dich schon früh zu einer ernsten Angelegenheit, in der dein Lachen und dein Kichern dir verboten wurden. Stattdessen hast du vielleicht immer ein freundliches Gesicht machen müssen. Möglicherweise haben Verbote und Maßregelungen in dir ein Gefühl der Leere hinterlassen und dich daran gehindert, in einfacher und spontaner Freude dein eigenes Wissen auszudrücken. In deinem Inneren jedoch mögen sich deine Traurigkeit, deine Verzweiflung und deine Angst angesammelt haben.

Gold über Klar kann dich aus deinem tiefen Leiden um die Wahrheit deines Daseins befreien. Es hilft dir zu lernen, deine Verwirrung zu überwinden, um zu deinem eigentlichen Schmerz, deiner Trauer und deinem Leid in deinem Inneren vorzudringen. Es hilft dir, dich aus deinem Gefangensein in deinem Leiden zu befreien, sodass du deine Tränen nun weinen kannst. Indem du durch dein Leid, dass du nicht du selbst hast sein dürfen, bewusst hindurchgehst, kannst du beginnen, klarer zu sehen, warum du dir gerade diese Situation, in der du bist, erschaffen hast. Gold über Klar gibt dir die Chance, aufzuwachen aus deinen Gewohnheiten, bewusst zu werden und zu deinem unabhängigen Denken zu finden. Es deckt dir deine Vergangenheit und die Muster auf, die dich geprägt und die zu deinem Jetzt geführt haben. Deine Tränen sind in diesem Prozess die heilsame Medizin. Gibst du deinen Tränen Raum und weinst sie, so werden sie dich immer wieder reinigen. Du wirst nicht nur einen Einblick in deine innere Schau erhalten, du wirst auch nach außen hin besser sehen können.

Gold über Klar hilft dir an diesem Punkt, dich dafür zu öffnen, verletzlich zu sein. Nur in deinem Verletzlichsein wirst du empfänglich für dein eigenes Inneres. Dabei kannst du lernen zu erkennen, dass es nicht darum geht, Macht zu haben oder den Willen deines Egos durchzusetzen, sondern um die Suche nach dir selbst. Es geht um das Herausfinden, was die echten Werte des Lebens sind, woraus deine eigenen Kraftquellen bestehen und worin deine wirklichen Fähigkeiten liegen.

Das Licht im Klar dieser Flasche berührt deinen Inkarnationsstern. Es verbindet dich mit der Führung durch dein inneres Licht, aus dem du kommst, das du bist und in das du wieder zurückkehrst.

Je mehr du es wagst, auf den einzigartigen Weg zurückzukehren, den deine Seele zu gehen hat, je tiefer du dich selbst kennst, annimmst und lebst, desto heller und größer kann dein Licht zu strahlen beginnen. Wisse, wer du bist!

Hier die Weisheit von Chang Tsu: »Wenn du dich in einem Wald verirrst, die Nacht dunkel, der Wald gefährlich, dicht und voller wilder Tiere ist und zu allem noch ein Sturm aufkommt, ein Donnerschlag kracht und ein Blitz aufleuchtet – so schaue auf den Pfad! Sieh nicht auf den Blitz, schaue auf den Pfad. Folge dem Pfad. Alles ist, wenn du nicht bist!«

In diesem Erkennen kann sich aus deiner inneren Weisheit heraus dein Lachen wieder befreien. Dein Ernst mag sich lösen und deine Schwere von dir abfallen. Wenn du nicht bist, ist Licht und Bewusstheit.

Gold über Klar hilft dir, ein unschuldiges kleines Kind zu werden, ein lachendes, kicherndes Kind, gesund an Körper, Geist und Seele, wissend um das Licht als Zentrum aller Dinge und den Stern, der es führt.

Das, was das Leben beschert, ist das, was du selbst benötigst, um dich darin erkennen zu können, um daraus zu lernen und dann weiterzugehen. Im Erfahren deiner selbst und durch das Erkennen deiner selbst, wächst deine Reife.

Gold über Klar hilft dir, weiterhin zu beobachten, was

gerade geschieht. Im Zeugesein für das, was auch immer vorüberzieht, kann sich dir der Himmel öffnen, sodass du Klarheit erfährst. Es ist der Prozess des Beobachtens, der wichtig ist. Was du beobachtest, ist nicht wichtig. Gedanken, Gefühle, körperliche Empfindungen und Bewertungen mögen an der inneren Leinwand deines Geschehens vorüberziehen.

Gold über Klar hilft dir, deine eigene Kraft und Autorität in solcher Weise zu akzeptieren, dass das Licht deiner inneren Transformation aufleuchten kann, um sich in deinem Herzen voll zu entfalten. Wie eine Blüte, deren Saat in der Vergangenheit tiefe Wurzeln getrieben hat, nun aufgeht und im Äußeren sichtbare Knospen und Blüten treibt. Die mystische Rose, die Erfüllung deines innersten Wesens, kann nun aus dir erblühen.

Auf diese Art und Weise wird deine innere Leere zu einer inneren Fülle, zu großer Klarheit, Bewusstsein und hell strahlendem Licht. Indem dein Herz ganz wird, wird unwillkürlich auch dein Denken unabhängig, deine Gefühle selbstbestimmt und dein Körper in seiner Einzigartigkeit schön. Selbstannahme und Selbstvertrauen gründen sich nun in Selbsterkenntnis, im tiefen Wissen, wer du warst, wer du bist und wer du sein wirst. Hat das Licht dich nun als seinen wahren Schüler gefunden, so mag es dir jetzt alle Hilfe geben, dein Wissen in die Welt zu tragen.

Gold über Klar hilft dir an diesem Punkt, all jene Dinge zu berücksichtigen, die den guten Ausgang und Erfolg dieser Unternehmung sicherstellen. Das Licht aus deinen inneren Tiefen, den Urgrund allen Seins widerspiegelnd, ist es, welches dabei dein ganzes Vorgehen zu inspirieren vermag. Schritt für Schritt vorgehend, sorgfältig vom Anfang bis zum Ende deiner Unternehmung alles sehr genau prüfend, magst du den Plan, dein Wissen in die Welt zu tragen, bis in seine Einzelheiten hinein überdenken. Bleibst du dabei zugleich flexibel und offen für Überraschungen, plötzliche Veränderungen oder Erweiterungen, macht dich das jeden Moment für Risiken bereit. Tatkräftig, vital und mit zielgerichteter Durchsetzungskraft magst du alle Schwierigkeiten durchfechten, um einen wirkungsvollen Austausch mit dem inneren Wissen aus der Tiefe des Selbst zu ermöglichen, sodass andere Menschen es erfassen können.

Indem du beginnst, andere Menschen in ihr eigenes Inneres zu leiten, in das eigene Erfahren ihrer selbst, kann dein Herz dabei der wahren Gerechtigkeit dienen, die aus einem bedingungslosen Teilen besteht, in völligem Respekt vor der Einzigartigkeit.

Je bedingungsloser du dem Leben dienst, dich selbst hineingibst und teilst, umso mehr erhältst du zurück. Dein Leben wird dabei reicher. Erst wenn dein Leben zu einer tiefen Freude, zu einem Glück und einer großen Feier wird, dann und nur dann kann auf leisen Sohlen der Erfolg in dein Leben einziehen. Dieser Erfolg bildet dann das Geschenk deiner wahrhaften Hingabe an dich selbst und bereichert dich auf allen Ebenen deines Seins.

B 74 Hellgelb / Hellgrün

»Der Triumph«

Der Weg, das erfahren und erleben zu wollen, wofür du hier bist, kann für dich eine gründliche Prüfung mit sich bringen, in der du dann mit der Zeit immer tiefere Schichten deines Wesens berührst. Im Erreichen einer wahren Gerechtigkeit und eines Gleichgewichts zwischen deinem Wissen und deiner Liebe liegt die Antwort, in der du die Wahrheit, den Weg und das Leben finden kannst.

Während du suchst, mag dein Leben von Sorgen, Grübeleien, pessimistischem Denken und Existenzangst bestimmt sein. Dein Weg führt dich möglicherweise durch schwierige emotionale und familiäre Situationen, die nach Klarheit verlangen, um den Sieg über alles Unbewusste in dir zu erreichen. Nur eine direkte Auseinandersetzung mit dir selbst und deiner wirklichen Situation kann dir die Möglichkeit dazu geben, dein Leben zu bereinigen, dich aus alten, lebensfeindlichen Mustern, in denen du dich selbst quälst, zu befreien und dich neu auszurichten.

Alte Formen von Beziehungen mögen gerade in deinem Leben zerbrechen, vielleicht trotz deines besten Bemühens und ohne dass du etwas dagegen tun kannst. Du magst dich in deiner familiären Situation nicht ernstgenommen fühlen und dort vielleicht nicht die Aufmerksamkeit und Anerkennung bekommen, die du benötigst. Möglicherweise bewirkt auch die finanzielle und materielle Seite deines Lebens Spannungen in dir, und es besteht ein Ungleichgewicht zwischen dem, was du gibst, und dem, was du nimmst.

Während diese Situation dich vielleicht bis in die Tiefe deines Unterbewusstseins hinein wachrüttelt und sich deine Gedanken um eine Lösung und einen Durchbruch bemühen, hast du womöglich zugleich auch das Gefühl, in einem schwarzen Loch ohne Ausweg hoffnungslos gefangen zu sein. Offenbar ist deine eigene Kraft darin blockiert und deine innere Weisheit mahnt dich vielleicht, etwas zu unternehmen.

Hellgelb über Hellgrün kann dir einen Anstoß für neue Klarheit geben, wenn du dich in endloser Verwicklung in deinen Gedanken quälst. Es kann dich ebenso darin unterstützen, dich mit der Angst und Enge, die du möglicherweise in deinem Herzen vorfindest, auseinander zu setzen. Wenn es in dir das Gefühl gibt, dein Freiraum sei blockiert, so kannst du Hilfe erfahren, um zu dem vordringen zu können, was du vielleicht mit der Zeit vor dem Leben verschlossen hast, und durch jenen Schatten in dir zu gehen, der das Licht verdeckt, in das du eigentlich gehen möchtest.

Hellgelb über Hellgrün hilft dir, um auf deinem Weg vorwärts gehen zu können, zunächst etwas zurückzugehen, um einen Blick in deine Kindheit zu werfen und dir das Muster bewusst zu machen und zu klären, das hinter deinem Verhalten liegt. Möglicherweise fühltest du dich als Kind der Macht und Willkür deiner Eltern ausgesetzt, fühltest dich darunter vielleicht gequält und bekamst das Gefühl, dass dir von ihnen dein eigener Raum zum Leben genommen wurde, deine Gefühle und dein Herz unterdrückt wurden, ebenso wie die Freiheit deines eigenen Denkens. Weil du dich ungerecht behandelt fühltest, ist dabei dein Vertrauen in die Natur der Dinge, bis hinein in die Wurzeln deines Urvertrauens, womöglich zutiefst zerrüttet worden. In deiner Offenheit und Zartheit und in deiner inneren Verbindung mit dem Licht magst du dann vielleicht in deiner Verzweiflung um dein inneres Verlassensein und in deinem Gefühl der völligen Einsamkeit in ein solches inneres Ungleichgewicht und in eine solche Panik geraten sein, dass du dich möglicherweise schließlich von allem, von Gott und der Welt, aufgegeben fühltest.

Daraus kann nun deine jetzige Lebenshaltung resultieren, besser anderen nicht zu vertrauen, sondern alles selbst zu tun.

Hellgelb über Hellgrün holt dich aus der Angst und Verschlossenheit deines eigenen Herzens heraus, hinauf in die Wahrheit deines Lebensweges. Hier liegt die Entscheidung bei dir, zu wählen zwischen einem Weg, auf dem du die Kreativität deines Herzens einsetzt, um mit deiner Macht etwas besitzen zu wollen, oder einem Weg, auf dem du deine Kreativität einsetzt, um etwas reinsten Herzens zu gewinnen.

Entscheidest du dich für den zweiten Weg, dann kann diese Entscheidung nicht nur neuen und größeren Raum für deine Gefühle mit sich bringen, sondern ebenso Raum dafür, deine innere Wahrheit und einen neuen Glauben an die Zukunft zu finden. Daraus kann dann eine neue Klarheit für dich entstehen, in der dein Verstand eine Ausrichtung erhält, in welche Richtung es weitergeht. Du magst zu klaren Urteilen über das kommen, was für dich gerecht ist und was du als ungerecht empfindest. Ebenso wie du lernen kannst, nicht aufzugeben, sondern deinen Emotionen zu trauen und dich dafür zu entscheiden, sie offen auszudrücken. Sprichst du entschieden und mutig das aus, was du denkst, kann dir das wiederum jenen Raum verschaffen, den du für dich benötigst, sei es innerhalb deiner Familie oder in einer Gemeinschaft.

In deiner Entscheidung, in welcher Situation du auch gerade sein magst, deine eigene innere Wahrheit auszudrücken, wird damit unweigerlich ein Prozess in Gang gesetzt, in dem deine Kraft wächst, deinen eigenen Weg zu finden und ihn ausdauernd und geduldig zu gehen. Indem du beginnst, dich selbst Schritt für Schritt verstehen zu lernen, emotionale Muster und Verknüpfungen, die auf deinem Weg ans Licht gebracht werden, selbst solche aus tiefster Vergangenheit, wahrzunehmen und sie zu lösen und daran anschließend ohne Selbstkritik das zu tun, was verändert werden muss, kannst du lernen, dich in diesem Prozess gegenüber Macht, Willkür und Manipulation abzugrenzen und deinen eigenen Weg zu gehen. Auf diese Weise gewinnst du schließlich deine Unabhängigkeit und lernst vielleicht, so klar zu sehen, dass dir derselbe Fehler nicht ein zweites Mal passiert.

Deine Selbstwahrnehmung und dein eigenes Verstehen können dir auf deinem Weg helfen zu sehen, was für dich stimmt und was du verändern musst. Lernst du die wahren Gefühle deines Herzens kennen und äußern und lernst du, auf deine innere Wahrheit zu vertrauen und sie anderen mitzuteilen, um darin ein neues Selbstvertrauen zu entwickeln, so kann es dir ebenso gelingen, ängstliche Erwartungen in Herzensangelegenheiten hinter dir zu lassen und aus eigener Kraft deine emotionalen Enttäuschungen zu überwinden. Auf diese Weise kannst du in eine Zeit hineinwachsen, in der du einfach durch das Mitteilen deines Herzens wieder den Glauben an die Liebe findest. Dieser Glaube an die Liebe mag nun neuen Raum und neue Wichtigkeit in deinem Leben erhalten, denn in ihm liegt der wahrhafte Gewinn, und deine Seele wird darin frei, ihrer Bestimmung zu folgen!

In jedem Atemzug füllst du deine Lungen mit Sauerstoff und neuer Lebensenergie (Prana). Alles auf der Erde atmet dieselbe Luft, egal in welcher Zeit oder in welchem Raum Lebewesen versammelt sind. Prana ist eins und wird von allen benötigt.

Hellgelb über Hellgrün hilft dir, dich nun diesem Lebensatem wieder zu öffnen und durch ihn die Tür zum Urvertrauen in Mutter Natur, die alles weise zu lenken versteht, wieder zu öffnen. So gelangst du zum Wissen um deinen Platz hier auf der Erde.

Wendest du dein Herz im lichtdurchfluteten Grün einfühlsam dem Naturreich zu, so magst du im zarten, lichten, gelben Strahl Seelen wahrnehmen, die sehr lebendig sind. Es ist das Königreich der Elfen, zu dem du hier Zugang findest. Elfen sind so zart und licht, dass du zuerst zu deiner eigenen Zartheit und deinem eigenen lichtvollen Wesen vordringen musst, um sie aus diesen Augen heraus dann betrachten und erkennen zu können. Wanderst du durch einen Wald und vermag dein Herz sich weit zu öffnen, lässt du deine Augen schauen und deine Ohren hören, dann kannst du es fühlen, wie mit ihren Klängen und Gesängen die Elfen und Gnome, die sich tief in den Schutz der Wälder zurückgezogen haben, wo sie beschwingt und bewegt den wilden Tanz der Schöpfung tanzen, dir voller Freude ein Willkommen bereiten. Wenn du nur wartest und schaust, hörst und fühlst, schmeckst und riechst, alle deine Sinne öffnest, um sie zu schauen, dann kannst du sehen, dass sie dich grüßen, um voller Freude und in froher Erwartung in dir einem alten Freund zu begegnen.

Diese Flasche lädt dich ein, mit den Elfen, den Gnomen und den Feen, den Pflanzen-Devas und allen Geistern, die das Naturreich bevölkern, zu tanzen und zu singen und voller Freude das Fest der Schöpfung zu feiern. Durch sie kann für dich deine Verbindung zum Licht und zur Natur wieder lebendig und wirklich werden.

Aus dieser Erfahrung heraus kann schließlich tief in dir etwas zu heilen beginnen, denn du magst mit offenen Augen erkennen, dass du nicht nur hergekommen bist, um für dich selbst Heilung und deinen eigenen Weg zu finden, sondern gleichzeitig auch für all das Lebendige, das du um dich herum findest, auch wenn es für menschliche Augen unsichtbar scheint. Selbst wenn du denken magst, du wärest allein, so ist dies nur der Fall, weil du deine Verbündeten nicht siehst, die denselben Herausforderungen entgegenblicken wie du selbst. Aus diesem erkennenden Wissen heraus kannst du schließlich in ihr Lied, in ihr Fest, ihren Tanz und ihr großes Orchester mit einstimmen, als ob ein stilles Versprechen sich offenbart.

Der Kreis kann sich nun schließen. Alles im großen Garten der Schöpfung nährt sich gegenseitig. Aus Quälerei kann durch eine neugefundene Gerechtigkeit und ein neues Gleichgewicht schließlich Triumph werden. Ein Triumph alles umfassender Liebe und Glückseligkeit.

B 75 MAGENTA / TÜRKIS

»Mit dem Fluss gehen«

Beschließt du einmal, mit dem Fluss des Lebens zu gehen, dann vermagst du dabei zu immer neuen Perspektiven zu finden und beginnen, das Leben aus immer neuen Blickwinkeln heraus zu betrachten, die dir bisher vielleicht nicht zugänglich waren.

Dem Fluss des Lebens zu folgen kann bedeuten, den Standpunkt zu wechseln und zwischen den Möglichkeiten, die vorhanden sind, eine Wahl zu treffen.

Fließt du träge und zügellos dahin und lässt dich mit dem Strom treiben, so kann dir Magenta über Türkis dabei helfen, mehr Ordnung, Struktur und Festigkeit in dein Leben zu bringen.

Erstarrt dein Leben im Gegensatz dazu jedoch im Eis festgelegter Prinzipien, durch die nichts mehr zu dir durchzudringen vermag und du vielleicht nichts mehr fühlst, so mag dir Magenta über Türkis dabei helfen, wieder in Bewegung zu kommen, denn dann benötigt dein Leben mehr Lebendigkeit und einfaches Fließen.

Der Punkt der goldenen Mitte kann sich nur dann einstellen, wenn du deine Macht in den Dienst der Liebe stellst.

Magenta und Türkis sind die Farben des Neuen Zeitalters. Im Magenta findet die höchste, bewusst erfahrene Liebe, die göttliche Liebe, Eintritt in dein Leben. Im Türkis liegt die Kunst, die entsprechende Form zu finden, mit ihr umzugehen und diese Liebe auszudrücken.

Wenn du durch das Türkis beginnst, den Ruf der Delphine wieder zu hören, dich möglicherweise an deine Wurzeln in Atlantis wiedererinnerst und hineinfühlst, in welchem Körper du dort gelebt hast, magst du die Erfahrung machen, dass Atlantis die erste Zeit auf dieser Erde war, in der deine Seele begann, einen stofflichen, menschlichen Körper anzunehmen. Im Laufe der Zeit können in diesem tiefer und tiefer gehenden Prozess der Verstofflichung deines Körpers Ungleichgewichte auftreten.

Magenta über Türkis löst Disharmonie im hormonellen Bereich, sodass der stoffliche und der feinstoffliche Körper sich wieder in jener Energie und Qualität der Liebe miteinander verbinden können, die das Magenta zu spenden vermag. Magenta wurzelt im Rot und wirkt damit auf das Basis-Chakra, also direkt in die Körperebene. Zugleich öffnet der violette Anteil des Magentas das Kronen-Chakra und schafft auf diese Weise eine Verbindung mit der geistigen Welt, der Liebe von oben, die durch die feinstofflichen Körper im siebten Chakra Eintritt erhält. Der Seelenstern wird aktiviert, Erinnerungen an Vergangenheit und Zukunft verschmelzen im Hier und Jetzt.

Die Balance der Hormone ist gleichzeitig auch eine Balance der Gefühle. Magenta über Türkis kann verschüttete, verdrängte Gefühle wieder an die Oberfläche bringen. Das Gleichgewicht, welches diese Flasche zu bewirken vermag, geschieht auf tiefen Ebenen. Es geht darum hinzuschauen, wo du Verwundungen erfahren hast und wie du jetzt mit deinen Gefühlen umgehst. Dieser Weg führt in ein neues Vertrauen in die höchstmögliche Liebe.

Richtest du die Kraft deiner Energien gegen dich selbst, dann zerstörst du dich. Auch aus den Konflikten des Alltags zu flüchten und dich mit deinem Verstand der Sinnfrage des Lebens zu entziehen, zeigt, dass du eigentlich nicht wahrhaft weißt, wie du etwas verändern kannst. Indem du vielleicht nur das Schmerzliche in einer Situation siehst, versickert wiederum deine Energie, die du kreativ für Veränderung einsetzen könntest. Unter der angestauten Wut auf Menschen oder Dinge, die dich in deine jetzige Situation gebracht haben, wirst du nur deine Liebe und deine Kreativität ersticken. Vielleicht setzt du dich mit all deinen Lösungsmöglichkeiten selbst fest, und deine Gedanken und Theorien treiben dich möglicherweise in den Wahnsinn.

Wechselst du jedoch deinen Standpunkt, um Wachstumsmöglichkeiten für dich in deiner Situation zu finden, und bringst von dort aus dann die Kraft deiner eigenen Energien in größtmöglicher Liebe nach außen, kann dein Leben neue Bewegung erhalten.

Du magst in deinem Leben vielleicht gerade einer Situation ausgesetzt sein, in der deine Stärke und Festigkeit auf allen Ebenen geprüft wird. Magenta über Türkis kann dir helfen, inmitten des Geschehens deinen inneren Ort der Sicherheit zu finden, deine eigene Festung, in die du dich zurückziehen kannst. Grundsätzlich hast du zwei Möglichkeiten, um aus deiner Festung heraus zu handeln.

Hältst du am Materiellen, am Physischen, am Vergänglichen fest und stellst Richtlinien und Gebote auf, die vielleicht Angreifern Einhalt gebieten sollen, so wirst du wahrscheinlich selbst im Einhalten der Norm und Gesetzestreue zu Fall gebracht werden. Unterdrückst du deine natürlichen Regungen, um dein Profil nach außen hin zu wahren, so ist das eine Schwäche, die hier entlarvt wird. Kalte und erstarrte Umgangsformen sind eine Macht ohne Wurzeln.

Ist jedoch alles an seinem Platz in dir und deiner Festung, dann wird kein äußerer Einfluss deine Charakterfestigkeit und Integrität irritieren können. Lebst du deinen Idealen entsprechend, in Kontakt mit deinen Gefühlen, offen in deiner Liebe und bereit, Liebe immer wieder neu zu sehen, so wachsen daraus mit der Zeit starke und tragfähige Mauern deiner Festung, die dir dann den nötigen Schutz vor Angreifern bieten. Ihre Tore stellen dann einfach eine Einladung an jeden dar, der bereit ist, diese Liebe kennen zu lernen und sie zu teilen. Versucht nun jemand, diese Festung einzurennen, so wird er damit nur auf seine eigene Unfähigkeit zu fühlen und zu lieben zurückgeworfen, denn deine eigene Macht steht tief verwurzelt im Dienst der Liebe.

Du hast die Wahl, dich mit deiner Macht gegen Liebe und inneres Wachstum zu stellen oder dich einzugliedern in das Fortschreiten des Lebens, jenen Fluss, den die Liebe immer neu hervorbringt, um dich damit zu öffnen, die Liebe immer wieder neu zu sehen.

Magenta über Türkis wird zusammengeschüttelt ein Magenta, welches dir helfen kann, dich dafür zu öffnen, dein eigenes Schicksal so zu akzeptieren, wie es ist. Indem es dich mit deiner Kreativität verbindet, kannst du in deiner Liebe beginnen, sie in die kleinen Dinge des Alltags zu legen. Auf diese Art und Weise kannst du lernen, dein Leben in deine eigenen Hände zu nehmen und deine Mauern, die du vielleicht gegen das Leben aufgebaut hast, durchlässiger werden zu lassen. Dabei mögen deine Gedanken zur Ruhe kommen und die Gefühle aus deinem Unterbewusstsein auftauchen, die möglicherweise zwischen dir und deinem spirituellen Wachstum stehen. Das mögen genau jene Dinge sein, die dir gerade Schwierigkeiten bereiten, um dein Leben in ständigem Kontakt mit dem göttlichen Prinzip zu leben. Vielleicht ist es Wut und Groll darauf, in früheren Zeiten unter spiritueller Autorität und Macht gelitten zu haben, mit dem Resultat, dass du deine Gefühle aus Angst vor weiteren Verletzungen möglicherweise zurückgenommen hast. Vielleicht begegnest du dabei auch deiner eigenen Machtgier, möglicherweise selbst eine spirituelle Autorität auszuüben, in der du deine eigenen Gefühle und die anderer Menschen unterdrückst und andere Menschen vielleicht verurteilst und zu manipulieren versuchst.

Magenta über Türkis kann dir darin helfen, Destruktivität jeder Art überwinden zu lernen und von Selbstgerechtigkeit und einengenden Mustern, mit denen du möglicherweise Liebe verhinderst, abzulassen. Dabei kannst du von jeglicher angestauter Energie frei werden und erhältst Gelegenheit, dich gründlich mit deinen eigenen Gefühlen auseinander zu setzen. Du kannst lernen, dir selbst mit Liebe zu begegnen und über deine Gefühle zu sprechen.

Dein Bedürfnis, anerkannt, geschätzt und vom Herzen aus angesprochen zu werden, mag sich erfüllen, je mehr du deine Schmerzen der Vergangenheit zu heilen vermagst und göttliche Liebe in dein Leben Einzug halten lässt. In der Heilung deiner Verwundungen aus alten Zeiten wird wieder eine Verbindung zu deiner ursprünglichen Kraft, wahrhaft Liebe zu sein, geschaffen. Auf diesem Weg kann die Reise deiner Persönlichkeit ihre Vollendung finden und der Neue Mensch, der seine Macht in den Dienst der göttlichen Liebe stellt, ins Leben treten.

Das Wissen von Atlantis kehrt wieder und kommt in von Macht bereinigter Form in die heutige Zeit zurück, um in bedingungsloser Liebe die Welt zu bereichern und sie in ihrer Entwicklung voranzutragen. Ausgelöst durch diese bewusste innere Verbindung durch die Zeiten, kann eine tiefe Entspannung in deinem Inneren entstehen, in der dann eine Beruhigung und der Ausgleich von Gefühlen auf der hormonellen Ebene möglich wird.

In der Verbindung zwischen dem Alten, Gewesenen und dem Neuen, Kommenden, öffnet sich das Hier und Jetzt, von allen Erfahrungen unvorbelastet. Liebevoll, menschlich und warm magst du als neuer Mensch der neuen Zeit in freundschaftlicher Fürsorge jenen Menschen zu helfen beginnen, die Hilfe benötigen, um Dinge anders sehen zu können, sodass auch ihr Leben wieder zu einem Fließen werden kann.

Im Hier und Jetzt, wach und bereit für Erfahrungen, kannst du nicht nur selbst zu allem werden, sondern auch eins mit allem sein, einfach als ein Teil des Ganzen. Dann bist du nicht der Handelnde oder das Opfer, sondern verströmst einfach eine Liebe mit tiefen Gefühlen in einem heilsamen Transformationsprozess.

B 76 Rosa / Gold

»Vertrauen«

In deiner bedingungslosen Bereitschaft, durch deinen vollen Arbeitseinsatz alles von dir zu geben, was du besitzt, und in deiner totalen Verpflichtung an eine Sache kannst du schließlich an all deine Liebe zu dir selbst gelangen und durch sie zu deinem ganzen Potenzial.

Dein inneres Wissen und dein Vertrauen, dass du alles, was du von dir gibst, wieder in einer anderen Form zurückerhältst, bildet dabei jene Basis, von der aus du leben kannst. Es mag keine Mühen geben, die du scheust, um auf der Spirale des Lebens emporzuklettern.

Um restlos alles von dir geben zu können, ist es erforderlich, frei zu sein von den Erfahrungen der Vergangenheit. Sie veranlassen dich möglicherweise dazu, dich in deinen Kräften, die dir für deine Aufgabe zur Verfügung stehen, zurückzuhalten. Das mögen existenzielle Probleme und tiefe Ängste aus vergangenen Erlebnissen sein, die dich vielleicht lähmen und hindern, mit deiner vollen Kraft deinen wahren Lebensplan zu leben.

Vielleicht versuchst du auch grundsätzlich, über deine Arbeit Liebe zu bekommen, und kannst dich in deinem Leben Liebe gegenüber nur schwer öffnen und dich darin gehen lassen. Unter deiner Liebe, deiner Fürsorge und deinem Mitgefühl, die du dir und anderen bewusst und von Herzen gibst, schließt du möglicherweise unbewusst deine Verwirrung, deine Furcht und deine Angst in deinem Inneren ein. Möglicherweise ist darin auch ein Gefühl enthalten, nicht so viel Liebe zu bekommen, wie du gibst oder wie du eigentlich für dich selbst benötigen würdest. Vielleicht gibt es da eine Angst in deinem Unterbewusstsein, die dich aus alten Erfahrungen heraus glauben macht, dass du einfach immer mehr in das Leben investierst, als du je zurückbekommen wirst. Dieses Gefühl mag sehr alt sein und lähmt möglicherweise das, was du gerade gerne geben willst und schwächt dich selbst. Befürchtungen, es könne sich jemand gegen dich stellen, dir Schmerz zufügen oder dich an den Schmerz der Vergangenheit erinnern und dich verletzen, lassen dich vielleicht davor zurückschrecken, deine Liebe voll und ganz auszudrücken.

Setzt du dich jedoch einfach über deine tiefen inneren Ängste hinweg, um trotzdem Liebe zu erhalten, dann magst du dich vom Opfer in den Handelnden verwandeln. Dann kommt womöglich eine verborgene Macht dahinter zum Vorschein, die, besitzergreifend und dominierend, den anderen beherrschen will und in ihrem Ausdruck sehr männlich ist. Mit ihr magst du dann die, die du eigentlich liebst, knechten und dich in deinem Wert über sie stellen. Konditionierungen deines Denkens mögen tief in dein Unterbewusstsein gesunken sein. Von dort aus misst dein Verstand vielleicht in seinen Wertvorstellungen, um Macht und Manipulation über Liebe ausüben zu können, mag sie letztlich aber dadurch nur verhindern.

Vielleicht beschließt du auch, so viel Geld wie möglich zu verdienen oder eine wichtige Position zu bekleiden, und bewegst dich auf diese Art und Weise weit fort von dir selbst, sodass du für alles andere möglicherweise blind wirst.

Rosa und Gold werden zusammengeschüttelt zu einem zarten Orange, welches dir die nötige Wärme gibt, um für dich selbst hinschauen zu können, auf welche Art und Weise du dich auf andere beziehst und wie du es gelernt hast, dich auf andere zu beziehen. Als du klein warst, magst du viel Liebe und Aufmerksamkeit von deinen Eltern erhalten haben. Gleichzeitig aber hast du wahrscheinlich ebenso auch ihre Wertvorstellungen vom Leben lernen müssen, in denen du möglicherweise nicht in deinem eigenen inneren Wissen um das Leben und seine wahren Werte, welches du mitgebracht haben magst, unterstützt und gefördert worden bist. Stattdessen mögen deine Eltern dich sehr früh schon angeleitet haben, viel und hart für das Leben zu arbeiten. Daher magst du zwar vielleicht schon früh ein hohes Verantwortungsgefühl gelernt haben, dass dich möglicherweise besonders in deiner Arbeit weit gebracht hat, in deinen emotionalen Bedürfnissen jedoch magst du Schocks und Trennungen erlebt haben, die in dir das Gefühl hinterlassen haben, von wahrer Liebe verlassen worden zu sein. Der Schmerz, in deinem Innersten nicht oder zu wenig berührt und genährt und über lange Zeit darin vielleicht alleine gelassen worden zu sein, sitzt möglicherweise noch tief in dir verborgen. Lange magst du dein Herz unbewusst für das hingegeben haben, was du als Kind für die Werte des Lebens zu halten gelernt hast.

Rosa über Gold hilft dir, deine alten Verhaltensmuster, die sich aus konditionierter Liebe und Machtbewusstsein zusammensetzen mögen, in dein Bewusstsein aufsteigen zu lassen, um ihnen dann mit Sorgfalt und Zuwendung bewusst zu begegnen. Auf diese Weise wird es für dich dann möglich, sie zu erkennen und als nicht zu dir gehörend zu unterscheiden. Im erkennenden Mitgefühl deines Herzens können sie schmelzen, sodass du zu deiner eigenen Mitte, deinem wahren Selbst und zu deiner bedingungslosen Liebe zurückzufinden vermagst. Das bewusste, liebevolle Akzeptieren deiner Einzigartigkeit bildet hier deine Fähigkeit, dich aus deinen alten Mustern lösen zu können. In deiner bedingungslosen Liebe kannst du dabei all jene Schmerzen und all jenen Menschen verzeihen, die in deiner Vergangenheit mit dem verbunden waren, was nicht Liebe ist. Du lernst, sie liebevoll in dein Herz zu nehmen.

Rosa über Gold hilft dir, inmitten deines Lernprozesses zu deinem eigenen Bewusstsein von Leben, Liebe und Arbeit zu finden.

Rosa über Gold weckt alle Bereiche deines Seins – Körper, Seele und Geist. Es aktiviert und vereint ihre Pole. Das kann dir helfen, Erfahrungen zu integrieren und mit deiner wahren Lebensaufgabe, die dein ganzes Sein herausfordert, in Verbindung zu kommen. Begegnest du ihr mit der nötigen Sorgfalt und Zuwendung, liebevoll aus deiner Mitte heraus, so können deine Verwirrung, deine Angst und deine Furcht in deinem Inneren dich verlassen.

Deine wahre Aufgabe fordert deinen ganzen Einsatz. Nichts darf dabei beiseite stehen. Setzt du alle deine Fähigkeiten weise für sie ein, kann es dir gelingen, auf ein gutes Gelingen hinzuarbeiten. Nur im vereinten Zusammenwirken aller deiner dir zur Verfügung stehenden Kräfte, nur in deinem ganzen Wesen, deiner völligen Hingabe, in der du nichts zurückhältst, vermagst du sichtbare Ergebnisse zu schaffen.

Rosa über Gold hilft dir dabei, alle deine Kräfte der unterschiedlichsten Ebenen zusammenzubringen und sie auf dein Ziel zu richten, auf das wahre Selbst in dir, auf das Wiederentstehen der goldenen Aura.

Aus dieser Einheit heraus kann dann eine bahnbrechende Klarheit in deinem ganzen Wesen entstehen, ebenso wie eine Fähigkeit, in der Zeit vor- und zurückzugehen, um zu jener Weisheit zu finden, die einzelnen Entwicklungsschritten in dir oder in anderen dienlich ist. Diese Weisheit mag der Hingabe an deine Arbeit, die du bereits begonnen hast, dienlich sein, ihr Kraft geben und dir helfen, vorübergehende Zweifel und Ängste zu überwinden. Hingegeben an diese Weisheit, kannst du dann konzentriert in deiner Aufgabe fortschreiten, denn du hast den Zugang zum Gold der Liebe gefunden, jenem Gold wissender Liebe, welches sich nie erschöpft und zu allen Zeiten immer gleich bleibt. Indem du den Schwierigkeiten des Lebens nachgibst, kannst du seinem Fluss folgen.

Rosa über Gold öffnet für tiefe Erinnerungen an die Weisheit aus der Vergangenheit. Steigt sie aus der Tiefe in dein Herz auf und verbindet sie sich dort mit deinem Fühlen, dann kannst du sie jetzt in bedingungsloser Liebe wieder anwenden. Dieses tiefe alte Wissen möchte sich hier über deine weibliche Kraft ausdrücken, in intuitiver Art und Weise, fürsorglich, sich dabei liebevoll um dich selbst und um andere Menschen kümmernd. In seiner Essenz ist es eine reine Herzenskraft, deren Bestreben es ist, zu Ende gelebte Erfahrungen, denen die Weisheit der Liebe entspringt und das goldene Wissen um die Dinge des Lebens, auch anderen Menschen zuteil werden zu lassen. Dies geschieht durch dein offenes, liebendes und sehendes Herz im Rosa und kann Freude für dich selbst schaffen, wie auch für den anderen, dem du es weitergibst. Auf diese Weise wird ein neues, tiefes Verschmelzen mit dir und anderen möglich.

Wahrhaftige Arbeit ist eine Art von Andacht, die aus

deinem ganzen Wesen kommt und die letztendlich deine Selbstverwirklichung bewirken kann. Sie ist reine Liebe, die sich hingibt, ausdauernd, in großem Einfallsreichtum und ohne jeden Wunsch, dass das Ergebnis so oder so sein sollte. Eine Liebe ohne Zurückhaltung, ohne Erwartung und ohne Enttäuschung.

Uneingeschränktes Vertrauen in die Weisheit aus der Vergangenheit, die in die Weisheit des gegenwärtigen Momentes fließt, in Liebe ausgedrückt, lässt dich außerordentlich lebendig werden. Diese Lebendigkeit kann dann jenen materiellen Erfolg in der Welt bewirken, den sie wahrhaft verdient.

B 77 KLAR / MAGENTA

»Der Kelch«

Voll Sehnsucht nach der Rückkehr in das Licht strebt die Seele unwillkürlich nach physischer Vollkommenheit. Diese Vollendung ist jener Moment, wo die Kraft des Lichts zur ganzen Kraft deines Lebens wird und der Kelch der reinen Liebe in deinem Herzen mit dem letzten Tropfen gefüllt ist und überfließt. Dann sind Liebe und Licht zu den einzigen Kräften geworden, die dich führen und lenken, die du lebst und die du verkörperst.

Um diesen Punkt in deinem Leben erlangen zu können, geht es für dich darum, all deine Illusionen loszulassen und zu beginnen, klar zu sehen.

Klar über Magenta berührt das Licht des achten Chakras, des Seelensterns, der alle Informationen darüber beinhaltet, was du warst, bist und sein wirst. Es mag Zeit sein für eine Veränderung, einen Wechsel, in deinem Inneren wie in deinem Äußeren.

Obwohl du es vielleicht weißt und es dir bewusst sein mag, dass du dich in bestimmten Punkten deines Lebens ändern müsstest, magst du das vielleicht trotz intensiven Versuchens nicht schaffen. Möglicherweise scheiterst du einfach an der Umstellung und verurteilst dich dann dafür innerlich selbst. Vielleicht entwickelst du auch ein übertriebenes Bedürfnis nach Perfektion in allen deinen Lebensbereichen oder trägst zu hohe Ideale von einer Beziehung in dir. Dabei mag dich gleichzeitig alles verwirren und so unsicher machen, dass du dann vielleicht dazu neigst, chaotisch zu werden und dich nach außen hin zu rechtfertigen. Gerade deswegen, weil du sehr viel Liebe in deinem Leben benötigst und das, was du bekommst, dich möglicherweise nicht zufrieden stellt, versuchst du vielleicht sogar, andere zu manipulieren, um die Liebe zu erhalten, die du willst. Jedoch mag alles trotzdem immer wieder in dein generelles Gefühl münden, einfach nicht genug geliebt zu werden. Schließlich fühlst du dann vielleicht nur noch den Schmerz der Liebe und magst das Gefühl haben, einfach unsagbar viel von ihr zu benötigen.

Klar über Magenta gehört als Erweiterung zu den Flaschen für das Kind des Neuen Zeitalters, das du in deinem Inneren bist. Es kann dich wieder in Kontakt mit jener Zeit in deinem Leben bringen, als du klein warst und die lichten Welten verlassen hattest, um ein neues Leben zu beginnen. Vielleicht hattest du schon sehr früh, etwa vom Zeitpunkt deiner Geburt an, das Gefühl, in der Welt nicht auf jene Art und Weise geliebt zu werden, wie du es dir wünschtest. Möglicherweise hattest du seit deiner Geburt das Gefühl, als wenn deine Mutter an dir vorbeigeschaut hätte und dich vielleicht nach ihren eigenen Wünschen verändern wollte. Vielleicht war das gerade so, als wenn der eigene Weg deiner Seele dabei ignoriert und du stattdessen in einer Weise geändert oder verstellt wurdest. Das mag in dir das Gefühl ausgelöst haben, in deinem Leben immer weiter von deiner Verbindung mit der göttlichen Liebe, aus der du kamst, fortgebracht zu werden, etwa so, als würde deine Seele vom Körper getrennt und nur dein Körper für die Welt und das Leben bereitgemacht.

Möglicherweise bist du einer Mutter, Eltern und einer Familie begegnet, die nicht mit göttlicher Intelligenz einhergingen, dich nicht auf dein wahrhaftes Leben und deine Zukunft vorbereitet, sondern versucht haben, dich dahingehend abzuändern, wie es für die physische Welt passend und perfekt war. Vielleicht wurdest du darin auf die Gesetze der materiellen Welt eingestellt, wo alles statisch, unabänderlich und sicher abläuft, jedoch der Sinn hinter den Dingen und das eigentliche Geschehen ignoriert wurde. Auf diese Weise mag in dir das Gefühl entstanden sein, als seien deine Eltern nicht deine wirklichen Eltern.

Einmal fortgebracht aus deiner Verbindung mit der lichten Welt und der göttlichen Liebe, hast du dann vielleicht die Perspektive verloren. In dem Gefühl, das Licht der göttlichen Welt verloren zu haben und scheinbar in die Dunkelheit der materiellen Welt geworfen zu sein, mag dein Leben von da an begonnen haben, für dich schwierig und anstrengend zu sein.

Heute liegt womöglich dein größter Schmerz und dein ganzes Leid in inneren und äußeren Veränderungen in deinem Leben. Vielleicht lehnst du dich gegen sie innerlich auf, weil du dich selbst nicht mehr richtig finden kannst oder möglicherweise in einer Art gefühllos geworden bist, dass du nicht mehr weißt, was du noch an dich heranlassen kannst oder solltest beziehungsweise was gut für dich ist oder was schlecht.

Das Alte jedoch hat längst sein inneres Gleichgewicht verloren, und Veränderungen, die in deinem Leben geschehen wollen, mögen dich wachrütteln. Klar über Magenta hilft deinem Erwachen ins Licht.

Körper und Seele sind eins. Beide wollen sich gemeinsam entfalten, so wie ein Neugeborenes, wenn es die Augen öffnet, in den Seelenstern über dem Kopf eines anderen Menschen schaut, um sich daran zu orientieren, mit wem es in Kontakt ist. Erst langsam tritt es in die physische Welt ein, gewöhnt sich vorsichtig und skeptisch an sie, verwurzelt sich in seinem Körper und erst dann, wenn es sich sicher fühlt, geliebt und vertrauen kann, beginnt es, mit seinen physischen Augen in die physischen Augen eines anderen Menschen zu schauen.

Klar über Magenta reinigt deinen Seelenstern von Überlagerungen aus der Vergangenheit. Es verbindet dich durch die Silberschnur wieder mit der Heimat deiner Seele – mit dem Licht.

Klar über Magenta hilft dir, dich zur göttlichen Welt, zur göttlichen Liebe, nach den kosmischen Gesetzen und dem göttlichen Plan hin auszurichten, da nur sie dir jene Kraft zu geben vermögen, die dein Leben wieder zurück auf deinen Weg, den Weg deiner Seele, führen können, dahin, wo deine Perspektive klar ist. Jenes, was dich vom Weg abgebracht haben mag und deine Schmerzen, dein Leid, deine Trauer und deine Tränen verursachte und woran du noch festhältst, vermagst du aus dieser Perspektive heraus in klarem Bewusstsein eindeutig zu erkennen. Im Verzeihen denen gegenüber, die deiner Seele Schmerz zugefügt haben, kannst du es schließlich Stück für Stück hinter dir lassen. Du magst zu sehen beginnen können, dass gerade dein Schmerz, dein Leid und dein Vermissen von Liebe es sind, die in deiner Suche nach Liebe dich nach dem Höchsten ausstrecken lassen, sodass dein Innerstes in jeder Träne, die du vielleicht weinen magst, einen diamantenen Schliff in Richtung letztendlicher Erfüllung zu erhalten vermag.

Klar über Magenta hilft deiner inneren Schau wieder, weit und ganzheitlich zu werden, sodass du zum göttlichen Wesen und zur göttlichen Liebe in den Geschehnissen deines Lebens durchzudringen vermagst. Auf diese Weise kannst du wieder beginnen, dich auf dieselben sensitiven Fähigkeiten einzulassen, die du als Neugeborenes und als kleines Kind noch kanntest. Durch die feinen Antennen deiner Wahrnehmung sind alle deine Sinne empfänglich. Sie machen deinen ›sechsten Sinn‹ aus und ermöglichen dir Einsicht in den göttlichen Plan. Von diesem göttlichen Plan aus vermagst du Mitteilungen zu erhalten, die dich dann in deinem Leben leiten können und dich in die Richtung von Liebe führen.

Auf diesem Weg wird es dann für dich möglich, wieder den Sinn in den Veränderungen deines Lebens zu erkennen. Du magst lernen, sie als Prüfung zu betrachten, um zur Klarheit über deine innere göttliche Energie finden zu können. Indem du beginnst, die göttlichen Gesetze von Ursache und Wirkung zu begreifen und den Weg deiner Seele aus der Perspektive dessen, was Sinn macht, heraus zu sehen, lernst du unwillkürlich auch die großen Zusammenhänge und Entwicklungsprozesse darin zu verstehen. Alles im Leben ist da, um daran zu wachsen und zu höchstmöglicher Liebe zu reifen.

Klar über Magenta hilft dir, dich in tiefer Liebe wieder mit deinem Körper zu verbinden, der das Instrument für dein wachsendes inneres Licht ist und zugleich auch deine Verbindung zur Welt. Durch deinen Körper kannst du in deinem Leben alles Irdische erfahren und dadurch an Liebe wachsen, während die Silberschnur dich weiter mit dem Licht von oben füllt und deiner Bewusstheit und Aufmerksamkeit verhilft, immer wahrer zu werden.

Klar über Magenta hilft dir in diesem Prozess, Anhaftungen loszulassen und in ein meditatives Bewusstsein von Liebe einzutauchen, dessen Qualität eine tiefe Stille und weite Harmonie ist. Aus diesem Bewusstsein von Liebe entspringt eine lebendige Kreativität. Aus der tiefen

Liebe zu dir selbst und deinem eigenen Wesen wird es dir möglich, dich deiner eigenen Fähigkeiten und Qualitäten wieder zu erinnern. Durch sie kannst du lernen, dich dem Leben verwandelt hinzugeben und jene Sorgfalt, Liebe und Fürsorge zu entwickeln, die jeder Tag, wach, heiter und lebendig, in all seinen großen und kleinen Dingen von dir benötigt. Liebende Aufmerksamkeit ist die Eigenschaft des neuen Menschen.

Das einzig Beständige im Leben ist die Unbeständigkeit aller Dinge. Das einzig Sichere im Leben ist die Unsicherheit. In dieser Gesetzmäßigkeit findet alles seinen Ausgleich. Wenn du dich jenen Veränderungen, die das Leben bringt, vertrauensvoll hingibst, dann kannst du wachsen, dich erweitern und das Leben in seinem fortwährenden Wandel, dem es unterworfen ist, als ständige Bereicherung erfahren, denn alles ist in Bewegung. Stetiger Wandel ist darin die einzige Sicherheit, ein Wandel, der Erneuerung bringt und in dem du zum inneren Zeugen wirst.

Jene Veränderung, die in deinem Leben gerade geschieht, mag alle Bereiche deines Seins umfassen. Je tiefer darin dein Kontakt mit der universellen Liebe und dem Licht wird, umso klarer und direkter kann deine eigene Liebe und dein eigenes Licht werden. Ebenso wie auch deine Verbindung zu deinem Seelenpartner und deinen Seelengefährten und jenen Orten, wo du angeschaut und gesehen wirst, liebevoller und lichter werden können. Liebe und Bewusstheit knüpfen hier Kontakte zum Wohle aller.

Reife hat einen Duft. Sie gibt deiner Individualität die Zartheit vollendeter Schönheit und die klarste, präziseste Intelligenz, die möglich ist. Reife macht aus dir nichts als Liebe, sodass du einfach zu einer Blume der Liebe werden kannst. Wird einmal die Kraft des Lichts zu deiner Lebenskraft, so sind deine Taten Liebe, wie auch deine Untätigkeit Liebe ist. Wenn erst dein Leben reine Liebe zu sein vermag, dann ist auch dein Tod reine Liebe.

B 78 Violett / Tiefmagenta

Kronen-»Erste Hilfe«

»Der Übergangspunkt«

Übergangssituationen des Lebens mögen dein Bestreben erwecken, göttliche Heilung in den Geschehnissen zu finden.

Violett über Tiefmagenta vermag in jenen Situationen zu helfen, die tiefe Heilung und Transformation erfordern und die eine Urteilskraft aus einer höheren Wahrnehmung heraus erforderlich machen. Gleiches gilt in Momenten eines tiefen Verlustes.

Es mag sich um den Tod eines dir nahe stehenden Menschen handeln, der vielleicht seinen Körper verlässt und aus dem Leben scheidet. Möglicherweise geht es auch um die Geburt eines Kindes, das den Bauch der Mutter verlässt, was die Mutter für sich selbst als tiefen Verlust erleben mag. Löst sich eine Ehe oder Partnerschaft auf oder verliert man seinen Beruf, so mögen dies ebenso Punkte im Leben sein, die tiefe Heilung, Transformation und Einsicht benötigen. Jede Lebensphase, die zu Ende geht und in der das, was kommt, unbekannt ist, kann einen Verlust oder einen Übergang darstellen, der nach göttlicher Heilung ruft.

Violett über Tiefmagenta vermag all jenes in dir heilsam zu berühren, das Trennungsschmerz, Trauer und ein Gefühl, etwas verloren zu haben, in dir hinterlässt, dich anscheinend einsam auf dein Leiden zurückwirft und dich offenbar deinem Schicksal überlässt.

Violett über Tiefmagenta ist die göttliche Notfallflasche. Sie hilft dir bei der Suche nach dem göttlichen Sinn in dem, was gerade geschieht. In der tiefen Begegnung mit deiner Seele und im Entdecken dessen, was du durch sie zu spüren, zu fühlen und zu sehen vermagst, kann die göttliche Notfallflasche dir helfen, dich wieder an den göttlichen Geist anzuschließen, um darin das zu erkennen, was du wahrhaft zu vollbringen hast in deinem Leben. Sie kann dir zu der Erkenntnis verhelfen, dass aus der Dunkelheit von Unwissenheit heraus die Wandlung ins Licht der Bewusstheit in deinem ganzen Dasein erfolgen wird.

Diese Farbkombination ist die erste Flasche, die nach Vicky Walls Tod geboren wurde. Sie schlüpfte aus ihrer stofflichen Hülle und verließ die materielle Welt und schritt mutig voran, hinein in eine lichte Wirklichkeit.

Man kann sich vorstellen, dass der Ruf nach Hilfe, im Gefühl von endgültiger Trennung und unwiderruflichem Fortgehen, nach Vicky Walls Tod groß war. Sie saß nicht mehr da in tiefer Meditation, sie sprach nicht mehr, niemand konnte mehr an ihren Lippen hängen oder in ihre Augen sehen, und sie war auch nicht mehr da für Fragen. Sie hatte allen alles gegeben, was sie geben konnte, und die Tür zur Außenwelt hatte sich endgültig geschlossen.

So war also die erste Flasche, die in dem Moment geboren wurde, wo sie ihr letztes Zuhause in der göttlichen Welt fand, eine Notfallflasche. Die göttliche Notfallflasche, die Notfallflasche für das Kronen-Chakra.

Es gibt viele Möglichkeiten, um mit seelischem Verlust umzugehen. Du kannst die Trauer in dir verschließen und sie mit dir tragen, dich vielleicht verlassen fühlen und dich isolieren. Du kannst dich in die Welt stürzen, in das äußere Leben, um dir dort möglicherweise Sicherheiten zu schaffen, Gewinne zu machen und dich weit von dir selbst forttragen zu lassen, hinein in alle Genüsse, die du in dieser Welt vorfinden magst. Jedoch auf diese Art und Weise wirst du es nur schaffen, deine Trauer und deinen Schmerz zu verdrängen, und in deiner Einsamkeit wird dann eine tiefe Unzufriedenheit beginnen, dein Leben zu bestimmen.

Violett über Tiefmagenta kann dir in dieser Situation helfen, den Kontakt zu dir selbst nicht zu verlieren. In deinem Denken mögen vorgefestigte Meinungen, wie alles zu sein hat, deine Haltung prägen. Vor deinem Herzen jedoch kannst du nicht weglaufen, auch dann nicht, wenn du dich gegen das Schicksal stellst und meinst, es würde dich ungerecht behandeln.

Violett über Tiefmagenta vermag dir, um dich selbst wieder finden zu können, die Kraft geben, Licht in deine Vergangenheit zu bringen. Es hilft dir, dich deines inneren Kindes wieder anzunehmen und zu schauen, welche göttliche Hilfe es gelernt hat anzunehmen und welche möglicherweise nicht. Durch Glaubensgehorsam, im Befolgen der Priestergebote, hat vielleicht dein Herz, als du Kind warst, seinen eigenen Kontakt zum Göttlichen verloren, denn in der Religion hat nur der Priester die direkte Verbindung zu Gott. Letztlich ist es immer die Absicht der Priester aller Religion, Abhängige zu schaffen, die glauben sollen, dass niemand selbst durch die Tür ins Himmelreich gelangen kann.

Hast du dich jedoch einmal der Autorität der Religionen und ihrer Dogmen gebeugt, so wirst du keinen Raum für deine wahre seelische Entfaltung mehr vorfinden und vielleicht nicht gelernt haben, hinter den weltlichem Geschehnissen die Liebe und die weise Führung des Göttlichen zu entdecken. Auf diese Art und Weise magst du schließlich an den Dingen des Lebens und dem

Glauben an die Strafe Gottes verzweifelt sein und dich vielleicht selbst aufgegeben haben. Das Wort *Re-ligio* bedeutet in seinem Ursprung *wieder verbinden.*

Violett über Tiefmagenta kann dir helfen, aus deinem Unterbewusstsein tiefe Konditionierungen von Religiosität in dein Bewusstsein heraufzubringen und sie im Bewusstsein dessen, dass es alte Prägungen sind, die möglicherweise weit über deine Kindheit herausreichen, loszulassen, sodass sich ein neuer Raum für die Entfaltung deines Herzens und deiner Spiritualität aufzuschließen vermag.

Violett über Tiefmagenta kann deinem Körper und deiner Seele helfen, tief in deinem Herzen zu verschmelzen. Der Körper ist der Tempel für die Seele und erst die Seele ist es, die dem Körper Leben verleiht. Wenn du dir erlauben kannst, eins zu werden mit deinem Körper, dann wirst du eins werden mit allem Leben. Je tiefer deine Wurzeln in die Erde dringen, desto höher kann deine Seele sich emporschwingen. Dann ist ein Eintreten in eine neue Bewusstseinsebene möglich, ein Eintreten in ein innerlich und äußerlich reiches Leben. Je tiefer du in dein Inneres gehst, desto weiter wird dann auch dein äußeres Leben beeinflusst.

Wie ein Baum in seiner Entwicklung Jahresringe formt, die in ihrer Beschaffenheit so ausgebildet sind, dass sie ihm, entsprechend der äußeren Verhältnisse, Raum für Nahrung geben, so werden auch durch deine Entwicklung im Leben immer wieder neue Ebenen deines Wesens erfasst und mit einbezogen. Nach und nach vermagst du so deinen inneren Wert zu entdecken, um ihn anzunehmen und ihn dann nach außen zu tragen. Was dabei wächst, ist dein Selbstbewusstsein, das die Basis für wirklichen Erfolg bildet.

Violett über Tiefmagenta hilft dir, dein Gefühl von Verlust und die dadurch ausgelöste Trauer annehmen zu können. Es hilft dir, deine Tränen zu weinen und den Schmerz in deinem Herzen zu fühlen, dich jedoch nicht in Verzweiflung und Selbstaufgabe zu verlieren, sondern in deiner Hingabe an die Trennung oder den Verlust von etwas Geliebtem zu lernen, dass deine Liebe in dieser Trennung wieder auferstehen kann. Es hilft dir, dich mit den Wegen des Göttlichen zu verbinden, mit der höchsten Ordnung, die nicht du bestimmst, sondern die Bestimmung ist. Violett über Tiefmagenta vermag dir Hilfe zu geben, um bewusst allen Prüfungen standzuhalten.

Die eine Tür schließt sich, und eine andere Tür wird sich dafür öffnen. In der äußeren Welt mag etwas von dir gegangen sein, und dieses Fortgehen wirft dich unwillkürlich auf dich selbst zurück. Das wiederum bewirkt einen tieferen Kontakt zu deinem Innersten, zu deiner Seele. So entsteht größere Verantwortung dir selbst gegenüber.

Violett über Tiefmagenta kann dir seelische Kraft dafür geben, im Übergang eines geliebten Menschen in den Tod und in der Zeit danach mit ihm weiter jenen tiefen, innigen Kontakt zu halten, den du besessen hast, als dieser Mensch noch bei dir war. Es kann dir dabei helfen, eine neue Tür zum liebenden Kontakt dorthin zu öffnen, wo die göttliche Welt des Lichts beginnt. Sie liegt in dir selbst, in deinem Inneren, welches zugleich verbunden ist mit der lichten Welt außerhalb von dir, dort, wo die Seelen sind, die sich außerhalb des Körpers aufhalten, dort, wo auch Vicky jetzt lebt und von wo sie ihre Liebe und ihr Licht weiter in die Welt verströmt. So vermagst du die Anwesenheit dir naher verstorbener Menschen zu spüren oder selbst Kontakt zu ihnen herzustellen. Auf diese Art und Weise magst du jetzt bewusst jene Momente erfühlen können, in denen Vicky vielleicht nach dir schaut, oder du kannst sie in der göttlichen Welt zu Hilfe rufen und ihr lichtes Herz im Einklang mit deinem eigenen pochen fühlen.

Violett über Tiefmagenta vermag ebenso das Licht der Heilung in alle anderen Übergangssituationen hineinzubringen, die du zu bewältigen hast, in tiefe Wandlungen, die innerhalb oder außerhalb von dir geschehen.

Alles, was in deinem Leben geschieht, hat einen tieferen Sinn. Verluste und Veränderungen werfen dich unwillkürlich tief auf die Erfahrung von göttlicher Fügung zurück und prüfen so die Wahrhaftigkeit deiner Seele. Manchmal muss man erst etwas seinem Herzen sehr Wichtiges verlieren, um Wahrhaftigkeit und Tiefe in sich selbst gewinnen zu können und um es mit neuen Augen und tiefer wertschätzen zu können.

Violett über Tiefmagenta aktiviert deinen Seelenstern und verbindet dich wieder mit dem Weg deiner göttlichen Bestimmung. Dann kann deine Seele bereit werden, um ihrer Berufung zu begegnen, sodass du dein Leben nach jenem ausrichten kannst, was du wahrhaft in deinem Innersten fühlst. Schließlich vermagst du das zu entdecken und freizusetzen, was du wahrhaft bist.

Violett über Tiefmagenta hilft dir bei der Entfaltung deines ganzen Potenzials, bis hin zur Wiederentdeckung der alten Weisheit, deinem tiefen inneren Reichtum, den du nun in die heutige Zeit umsetzen und anwenden kannst.

So mögen nach einer langen Phase der Trauer und Innenschau nun eine tiefe Liebe und ein innerer Friede in dein Leben einziehen und in die ganz gewöhnlichen Dinge des Alltags fließen, derer du dich jetzt liebevoll annehmen magst.

Um in deinem Hiersein Heilung erfahren zu können und ein heilsames Leben mit anderen zu führen, in tiefer Harmonie und Verbundenheit mit Mutter Erde, erfühlst du tief im Innern vielleicht bereits den kühlen, lichten Strom von Meditation und nimmst wahr, wie Heilung in deiner Situation durch einfaches Bewusstwerden der göttlichen Fügung geschieht. In der Einfachheit der Dinge, ihrem Sosein, liegt die tiefste Bedeutung und offenbart sich die tiefste Verbundenheit von allem.

An jenem Tag und nicht eher, an dem dein Herzschlag beginnt, synchron mit dem Herzschlag des Universums zu schlagen, und du dich einfach in universeller Liebe auflöst, mag es dir gelingen, den wahren Geist zu finden.

Als Kronen-»Erste Hilfe« hilft Violett über Tiefmagenta in allen Situationen von Verlust, Übergängen, psychischen Transformationen, Tod und Geburt. In der Begleitung eines Sterbenden oder bei deinem eigenen Tod hilft sie, den Tod anzunehmen, den Körper zu verlassen, sanft aus der materiellen Welt in die immaterielle Welt zu gleiten und voller Vertrauen in die göttliche Welt einzutreten.

Dazu trägt man sie am besten um den Haaransatz, auf das dritte Auge und am höchsten Punkt des Kopfes, dem siebten Chakra, auf.

Denjenigen, die jemanden durch Tod verloren haben, hilft sie zu trauern, mit der Trauer fertig zu werden und den anderen freizulassen.

Violett über Tiefmagenta bringt Licht in tiefe Dunkelheit.

B79 ORANGE / VIOLETT

Vogel-Strauß-Flasche

»Kopf in den Sand«

In einem höheren Verständnis des Weges und des Zieles wird es möglich, dass sich ein spiritueller Schock in die tiefe, bewusste Freude am Dienen verwandelt. Diese Freude am Dienen kann dich dann in ein Erfülltsein und eine Zufriedenheit am Verwirklichen deiner schöpferischen Möglichkeiten führen und in dir ebenso die Fähigkeit wecken, andere zu unterstützen.

Orange über Violett hilft dir auf dem Weg zum Annehmen deiner eigenen spirituellen Autorität. Es ist die zweite Flasche, die nach Vicky Walls Tod geboren wurde.

Vielleicht ist dein Herz gerade sehr erschüttert. Wie durch Vicky Walls Tod mag eine mit dir in Liebe verbundene Seele, die du in deinem Leben benötigst, von der du sogar das Gefühl hattest, dein Leben sei von ihr abhängig, da diese Seele die deine führen konnte, von dir gegangen sein. Vielleicht hast du diese dir nahe stehende Seele durch den Tod verloren oder der Tod war nah. Es mag auch sein, dass dieses Erlebnis bereits weiter zurückliegt und dir jetzt, durch das, was in deinem Leben gerade geschieht, wieder zu Bewusstsein kommt. Diese physische Trennung von einem spirituellen Meister oder einem geliebten Menschen schockiert womöglich dein Herz zutiefst, rüttelt dich auf und fordert dein ganzes Sein heraus. Du musst dein Leben in einem neuen Licht betrachten.

Von dem Menschen, der vielleicht jetzt von dir gegangen ist, magst du so viel Liebe, Freude und wirkliche Seelennähe in deinem Leben erfahren haben, dass du dich darin möglicherweise selbst vergessen hast. In seiner Anwesenheit magst du all jene Nähe und Wärme, die du benötigtest, bekommen haben, und konntest lernen, zu wachsen, aufzublühen und dich zu entwickeln.

Nun fühlst du dich vielleicht verloren, in tiefer Ohnmacht, gerade so, als wenn deine Liebe, dein Wissen und deine Freude keine Möglichkeit mehr erhielten, sich auszudrücken und dir jegliche Chance von liebevollem Austausch genommen sei. Das mag ein Gefühl in dir auslösen, als bräche deine bisherige Welt vollständig zusammen. In deinem Gefühl tiefen Verlassenseins, deinem Schmerz und in deiner unsagbaren Trauer, stellt sich dir vielleicht nun die Frage, welchen Sinn dein Leben jetzt noch hat.

Das, was deinem Herzen so nahe war, musst du in der Abwesenheit des von dir geliebten Menschen nun lernen völlig loszulassen, um auf dein eigenes Innerstes zu vertrauen. Jetzt magst du plötzlich ganz auf dein Alleinsein, auf dich selbst zurückgeworfen sein und hilflos deiner eigenen inneren Realität und deiner eigenen Verantwortung gegenüberstehen. Nun gilt es, deine eigene Liebe zu suchen, deine eigene Wärme zu finden und deine eigene Freude zu entdecken.

Verharrst du jetzt in deinem Schock, vergräbst du dich in deine Trübsal, resignierst du und steckst den Kopf in den Sand, willst nichts sehen, nichts hören, nichts fühlen, im Glauben, dass nun alles zu Ende ist, dann ignorierst du deinen inneren Prozess. Jede Liebe und jegliches Wissen mögen so in deiner Unbewusstheit ersticken. Auf diese Weise hinderst du dich selbst daran, Klarheit und losgelöste Einsicht in den Dingen zu finden und deinen Weg der Heilung weiter fortzusetzen.

Dein Ego mag jetzt mit allen seinen Mitteln versuchen, das äußere Geschehen zu beherrschen. Jedoch nicht du, sondern die Geschehnisse höherer Ordnung sind es, die hier deinen Weg und dein Ziel bestimmen.

Orange über Violett kann dir helfen, alle deine aufgewühlten Gefühle, die jetzt dein Denken bestimmen mögen, in ein Gleichgewicht zu bringen, sodass sie nicht mehr das Geschehen dominieren und es dir gelingen kann, zu einer spirituellen Perspektive in allem zu finden. Liebe endet nicht mit einem Fortgang, einer Trennung oder dem Tod.

Orange über Violett regt dich an, dich mit deiner Abhängigkeit zu diesem von dir geliebten Menschen auseinander zu setzen. Solange du in einem anderen Menschen ruhst und ihn zum Zentrum deines Lebens machst, ruhst du nicht in dir selbst. Solange du die spirituelle Seite des Lebens jemand anderem in die Hände gibst, hast du nicht angefangen, nach dem Göttlichen in dir selbst zu suchen.

Orange über Violett ist die Flasche für tiefe seelisch-geistige Heilung in Schocksituationen. Sie vermag dich daran zu erinnern, nicht wegzulaufen oder auszuweichen, sondern dich auf deiner Suche nach spiritueller Wahrheit dir selbst zu stellen, um die Wahrheit deines Inneren finden zu können.

Orange über Violett kann dir dabei helfen, alles, was mit dieser Situation für dich verbunden sein mag, bewusst zu verarbeiten. Das heißt zu sehen, welche Dinge, die dir Aufschlüsse über dein eigenes Inneres geben, in der Situation für dich enthalten sind, dich darin anzunehmen und zu lernen, wie du mit den neuen Erkenntnissen, die du dabei möglicherweise über dich selbst erhältst, umgehen kannst, um sie in dein Leben zu integrieren.

Orange über Violett hilft deiner Aufmerksamkeit zu erwachen und sich auf jenes in dir zu richten, was aufgelöst werden will und notwendig Heilung benötigt, um dir eine neue Beziehung zur Spiritualität zu ermöglichen.

Möglicherweise hängt mit den aktuellen Erlebnissen deines Lebens ein altes, weit zurückliegendes karmisches Schockerlebnis zusammen, zu dem du bisher vielleicht keinen oder wenig Zugang hattest.

Deine Abhängigkeit von einer spirituellen Autorität mag darin begründet sein, dass du deine eigene spirituelle Autorität vielleicht nicht siehst oder sie nicht annimmst. Der Grund dafür kann sein, dass du durch dein unabhängiges spirituelles Denken und Sein, möglicherweise in einem oder mehreren früheren Leben, in Schmerz, Leid und Isolation geraten bist.

Vielleicht hast du in alten Zeiten Erotik und das Fühlen über Spiritualität gestellt oder eine weibliche spirituelle Sicht entwickelt, die Spiritualität und Sexualität miteinander verbindet und sich nicht gegenseitig ausschließt. Das mag das Fortweichen jeglicher männlichen spirituellen Autorität von dir bewirkt haben, sodass du vielleicht weder Schutz noch Unterstützung in deiner Sache erhieltest und sie schlimmstenfalls mit Ächtung, Verrat und deinem eigenen Tod gesühnt wurde.

Orange über Violett kann dir helfen, die Verletzungen spiritueller Schocks in deiner tiefsten Seele zu heilen. Es hilft, die tiefe alte Angst, den tiefen alten Schmerz und das Leiden darin zu erlösen, es wieder zu fühlen und noch einmal zu durchleben, um es dann loszulassen und endgültig aufzulösen. Im Verzeihen deines Herzens und in deiner bedingungslosen Liebe zu dir selbst kannst du wieder in deine Mitte kommen, dich stabilisieren und zu deiner eigenen Lebenskraft und deiner eigenen Lebensfreude zurückfinden. Auf diese Art und Weise mag deine Spiritualität nun ihren Bezug und ihre Verankerung in der tiefen Vergangenheit erfahren haben, gereinigt von altem Karma.

Orange über Violett hilft dir, an dein eigenes Potenzial zu gelangen, tiefe Einsichten daraus zu gewinnen und aus diesen tiefen Einsichten heraus dich in deiner spirituellen Wahrheit und in deiner spirituellen Aufgabe anzunehmen. In ihr kannst du dann zu deiner Unabhängigkeit finden und als Mitschaffende/r oder Mitschöpfende/r Verantwortung im großen Geschehen der Schöpfung übernehmen.

Indem du dein Leben, tief mit dem alten Wissen um deine eigene Aufgabe wieder verbunden, dann in den Dienst der höchsten Ordnung stellst, kannst du in deiner höchsten Wahrnehmung hinauf zur Quelle reichen und das, was du von dort erhältst, jenes Licht und jene Liebe, auf die Erde bringen und es in die Dunkelheit tragen. Die Synthese, das Einswerden deines Fühlens und deiner Spiritualität, das Transformieren der sexuellen Energie in die spirituelle Ebene in einer natürlichen Form, welche Sexualität in der Spiritualität nicht ausschließt, wird so jene Erneuerung des Denkens bewirken, die den neuen Menschen ins Leben zu rufen vermag. Weisheit kann niemals auf starre Weise festgelegt werden.

Orange über Violett hilft dir an diesem Punkt, deine eigene spirituelle Autorität, den Magier in dir, zu befreien, in die Freude des in sich selbst ruhenden Wissens und in das Bewusstsein seiner genialen Fähigkeiten. Ungeschützt und voller Selbstvertrauen, sich des Wertes seiner inneren geistigen Ebenen bewusst, mag er sich nun dem Leben hingeben, welches ihn lehrt, in seiner Aufgabe seine Kraft weise einzusetzen.

Seine Werkzeuge dazu, sein Feuer der Verwandlung, sein Pfeil der Zielgerichtetheit in seiner Aufgabe, das Wort seines Wissens in Schrift und Tat, der Kelch seiner Gefühle, seiner Liebe und seiner Beziehungen, das Schwert seiner Gedanken und seiner klaren Unterscheidung, der Stab seiner Lebenskraft und die Münze seiner Stärke in der materiellen Welt in seinen Händen, in ständiger Rückverbindung mit den geistigen Kräften des Universums, vermögen aus seinem Dienst Heilung entstehen zu lassen.

Im Erkennen deiner wahren Funktion kann dein eigenes Bewusstsein nun Unbewusstheit und Stagnation in Bewegung bringen und aufklärendes Licht in das Dunkel von Unwissenheit und Missverständnissen tragen. Das, was niemand verlassen oder zerstören kann, ist Liebe und Licht.

In diesem Bewusstsein, frei im Umgang mit allen Möglichkeiten, die dir zur Verfügung stehen, magst du dich jetzt deiner Aufgabe zuwenden. Deine tiefen Einsichten in dich selbst mögen dir nun dazu dienen, Freude und Erfüllung in deinen Beziehungen zu anderen zu erfahren, ebenso wie sie dir die Fähigkeit geben können, andere, die sich in Schwierigkeiten befinden, in ihren Bedürfnissen zu unterstützen. Aus tiefem Verständnis und Mitgefühl heraus, vorurteilslose Liebe in alle Situationen gebend, vermagst du anderen Menschen bei ihrer Befreiung, Selbstannahme und Unabhängigkeit in ihrer Spiritualität, ihrem Fühlen und ihrer Sexualität zu helfen.

Im ganzheitlichen Ausdruck aller deiner schöpferischen Fähigkeiten und der emotionalen Sicherheit deines Verständnisses der Geschehnisse sowie in Hingabe an das, was durch dich geschehen will, liegt letztendlich die Erfüllung deiner Aufgabe. Fortwährendes Streben kann dich zu jener Glückseligkeit und Freude finden lassen, die die Essenz wahren Dienens ist. In dieser Freude des Dienens liegt schließlich deine eigene Heilung.

Die dir nahe stehende Seele, die du anfänglich als für dich verloren betrauert hast, vermagst du nun in einer verwandelten Form in deinem Leben wiederzutreffen. Die Essenz von Liebe bleibt immer gleich.

B 80 Rot / Rosa

»Artemis«

Die aufsteigende Kraft der Liebe, in ihrer mondhaften aktiven und passiven Form, führt zum Erwachen der Kraft einer Liebe, die, während sie sich selbst erlöst, dabei ebenso andere zu erlösen vermag.

Rot über Rosa zeigt die Hohepriesterin in der vollen Stärke ihrer irdischen Körperlichkeit. Diese Stärke ist ihr Mut für das Leben, ihre Erotik, ihre Empfänglichkeit, ihre Mütterlichkeit und Fürsorglichkeit, gleichzeitig aber auch ihre Reinheit und ihre Unberührtheit von allem Weltlichen und Irdischen. Ihr Wesen ist uneingeschränkte Unabhängigkeit. Erhaben über alle leidenschaftlichen Verstrickungen, wird sie eins mit dem kühlen, hellen Strom des Mondes, der ihre Empfänglichkeit regiert und steuert und sie in tiefen Kontakt mit ihren intuitiven Fähigkeiten sein lässt. So ist die Hohepriesterin in der Welt und doch nicht von ihr.

Rot über Rosa hilft dir, jene Kraft, die du vielleicht immer wieder in deine Selbstkontrolle gibst, zum Schmelzen zu bringen. Es lässt dich wieder den Kontakt mit der Intelligenz deiner Gefühle und deiner inneren Tiefe finden. Auf sanfte Art und Weise kann es dir deine Emotionen und deine Wut in dein Bewusstsein bringen, in deinem Leben möglicherweise nicht in jener Art geliebt zu werden oder worden zu sein, wie du es für dich selbst jetzt oder früher benötigt hättest.

Rot über Rosa hilft dir, deiner eigenen Kraft für Liebe

bewusst zu werden und in deinem Unterbewusstsein, in den Tiefen deiner inneren Welt, dafür auf die Suche zu gehen. Forschst du dort nach deinen eigenen inneren Quellen der Liebe, dann magst du Oasen voller Fruchtbarkeit in deinem innersten Wesen finden. Bewusstes, zielgenaues Forschen und das Nachspüren und Hinfühlen kann dabei zum geeignetsten Instrument deiner Befreiung zur Liebe werden. Ebenso können ein neues Vertrauen und die Kraft zur Liebe dabei wachsen.

Rot über Rosa ist eine große Hilfe auf deiner Suche nach dir selbst, um mit deiner Kindheit, Jugend und Pubertät wieder in Kontakt zu kommen. Dies ist eine Zeit in deinem Leben, in der du empfänglich und verletzlich warst und deine eigenen Träume von der Liebe träumtest. Im Vertrauen auf die Liebe deiner Mutter zu dir kann es jedoch sein, dass du durch sie offen und preisgegeben an die indirekte Macht deines Vaters warst. In der Schwäche deiner Mutter deinem Vater gegenüber mag deine Mutter ein offener Kanal für den Familienwillen gewesen sein, der von den Väter-Generationen bestimmt wurde. Vielleicht hat sie diesen Willen widerspruchslos einfach an dich weitergegeben, sodass sie auf diese Weise möglicherweise dominierend und lähmend auf deine Lebenskraft, deine Liebe und deine erwachende Erotik gewirkt hat. Anstatt Energie und Unterstützung in deinem Schritt vom Kind zur erwachenden Frau/zum erwachenden Mann von deiner Mutter zu erhalten, hast du ihr vielleicht nicht vertrauen können und stattdessen damit begonnen, dich zurückzunehmen und dich vor der Liebe zu verschließen. Um dich sicher zu fühlen und dich vor Angriffen schützen zu können, begannst du von da an möglicherweise, das, was du von deiner Liebe zeigtest, zu kontrollieren.

Vielleicht versuchst du nun selbst für andere eine Form von liebender Fürsorge und Mitgefühl aufzubringen und dich um andere zu kümmern. Möglicherweise sind Selbstaufgabe und Selbstlosigkeit zu deiner Reaktion auf die unerfüllte Liebe in deiner Kindheit geworden. Auf diese Art und Weise magst du jetzt andere Menschen mit deiner Kraft dominieren und zugleich ihre Bedürftigkeit nach Liebe benutzen, um ein bisschen Herzenswärme in einer kalten Welt zu bekommen.

Rot über Rosa kann dir an diesem Punkt eine Hilfe dafür sein, bewusst zu lernen, deine eventuell vorhandene Wut auf deine Mutter zuzulassen und sie auszudrücken, um dich dann endgültig von ihrer Einmischung in dein Leben zu verabschieden.

Rot über Rosa hilft dir, der Mutter Erde wieder neu zu vertrauen und zu deiner eigenen Kraft, deiner eigenen Stärke und deinem eigenen Mut zurückzufinden. Indem du deinen Blick nach innen richtest, kannst du fühlen, wie deine Füße sich wieder mit der Erde verbinden, durch die Kraft in ihn und durch deinen ganzen Körper hindurch strömt und ungeahnte Energien in dir in Bewegung kommen. Bewusst kannst du dich dann wieder mit deiner eigenen Kraft der Liebe verbinden. So kannst du dann entschlossen deine eigenen Träume von Liebe wieder erwecken und in deinem Leben zum Ausdruck bringen.

Rot über Rosa hilft dir, den Zugang zu tiefen, intuitiven Kräften und Fähigkeiten in dir selbst zu finden. Indem du ihnen vertraust und ihnen erlaubst, dich zu führen, kann dir die Kraft deines Herzenswissens wieder bewusst werden. In seiner Essenz ist es diese Kraft deines Herzens, die heilt. Sie hilft dir, die Dinge in ihren wahren Zusammenhängen sehen zu können, im Einklang mit den kosmischen Gesetzmäßigkeiten.

In jedem Moment deines Lebens wächst aus deiner inneren Liebe auch deine Kraft für ein äußeres Leben in Liebe. Einmal tief in Kontakt mit der Quelle der Liebe in dir, kann Mitgefühl in dein Herz einziehen. Aus deinem Mitgefühl heraus kannst du schließlich auch Frieden mit deiner Vergangenheit schließen. Niemand kann dich je so kennen und lieben wie du dich selbst. In diesem bewussten Verzeihen mögen von nun an Harmonie und Ausgeglichenheit Raum in deinem Herzen erhalten.

Rot über Rosa ist zu dem Zeitpunkt, wo du mit deiner Vergangenheit abschließt, eine Hilfe dafür, selbstbewusst die Liebe in ihrer Süße, in ihrer tiefen Unabhängigkeit, Reinheit und Klarheit zu dir zurückkehren zu lassen. Obwohl sie alterslos ist, trägt sie zugleich die Frische eines Teenagers und mag jetzt beginnen, dein ganzes Wesen zu erfüllen und aus deinem ganzen Wesen heraus in die Welt zu strahlen.

Nackt steht die Hohepriesterin vor ihrer eigenen Wahrheit. In ihrer Entblößung liegt Hingabe an ihre Natürlichkeit. Ihr Wesen ist zart, kühl, mondig und in völligem Vertrauen an ihre eigene Kraft kosmischer Empfänglichkeit. Sie sieht sich so, wie sie ist.

Die Kraft des Neumondes regiert ihr Bewusstsein. Dies ist die Zeit, in der die Anziehungskraft des Mondes auf die Erde am größten ist. In die Kraft des Neumondes getaucht, lebt sie bewusst im Hier und Jetzt. Aufgrund ihrer Wachheit, ihre Energie nach innen gerichtet, öffnet die Kraft des Mondes einen Kanal in ihr, der sie in ihren innersten Wesenskern führt. Im Neumond gewinnt die Hohepriesterin jene Kraft zurück, die sie an Väter, Ehemänner oder andere Männer in ihrem Leben abgegeben hat. Mit der Kraft des Neumondes in ihrem Bewusstsein wird sie fähig, bedeutende Neuanfänge in allen ihren Lebensbereichen zu entwickeln. Der Neumond ist ebenso der Zeitpunkt der Mensis, der Erneuerung der Kraft zur Empfängnis.

Die Energie des vollen Mondes regiert ihr Unterbewusstsein, ihre Verbundenheit mit der Erde. Dies ist die Zeit, in der die Anziehungskräfte von Sonne und Mond auf der Erde am stärksten spürbar sind. Das, was sie zu dieser Zeit erlebt, sind die inneren und äußeren Konsequenzen ihrer zum vergangenen Neumond begonnenen Haltung. Es ist ein Zeitpunkt, an dem sie mit der Quelle der Inspiration in Berührung kommt. Bleibt sie dabei offen für das Einfließen von Erkenntnis, vermag sie den Sinn und Zweck ihres Daseins auf dieser Erde tiefer und tiefer zu erkennen. Sie kann dabei ihre innere Zerrissenheit erleben und sich der Gefühle in sich selbst bewusst werden, von anderen Menschen getrennt zu sein. In diesem Gefühl innerer Zerrissenheit erfährt und fühlt sie entweder schmerzhafte Entfremdung oder die erleuchtende Einsicht von Ganzsein, die Verbindung mit der inneren Quelle, die sie den Drang verspüren lassen mag, jetzt mit anderen Menschen erfüllende Beziehungen einzugehen. Der volle Mond ist ebenfalls der Zeitpunkt für den Eisprung, die Zeit des Erblühens der vollen Kraft der Erotik und der Empfängnis neuen Lebens. Für Paare ist der volle Mond der Zeitpunkt, um in der Kraft bedingungsloser Liebe ein Kind zu empfangen.

Den Kontakt, den die Hohepriesterin zu sich selbst findet, das Wahrnehmen und In-Verbindung-Stehen mit der Liebe ihre Fürsorge, ihr Mitgefühl und jene Qualitäten, welche alle zusammen ihren inneren Führer und Heiler bilden, sowie die Kräfte der Liebe, ihr Selbstvertrauen und ihre Selbstverantwortung, all dies vermag sie auch in anderen Menschen zu erwecken. Das, was ihr über die Liebe bewusst wird, gibt sie bedingungslos an andere weiter. Es ist eine Kraft, sich selbst auf seine eigenen Stärken zurückzubesinnen und sich selbst so tief zu lieben, dass diese Liebe alle und alles durchdringt. Dieser Prozess kann ungeahnte Ereignisse in deinem Leben in Bewegung bringen.

Die Hohepriesterin ist sowohl in der Frau als auch im Mann verborgen. Ihr Licht ist das Licht mitfühlender Liebe.

B 81 Rosa / Rosa

»Bedingungslose Liebe«

Gelingt es dir, die Empfänglichkeit, Kraft und Sinnlichkeit deiner inneren Weiblichkeit zu entdecken, so kannst du darin zur tiefen Geborgenheit in dir selbst zurückfinden, aus der heraus sich neues Leben, Mitgefühl und bedingungslose Liebe zu formen vermögen.

Rosa über Rosa hilft dir zur wahrhaften Schönheit deines inneren Wesens zurückzukehren, in einen Zustand völliger Unschuld, um daraus allen, die es benötigen, eine reine Herzensliebe, liebendes Mitgefühl und tiefes Verständnis geben zu können.

Rosa über Rosa wendet die Sehnsucht nach Liebe, die du vielleicht hast, zunächst nach innen, zu einer Sehnsucht nach dir selbst. Auf deinem Weg der Selbstliebe kann dich deine eigene Mütterlichkeit, wenn du es verstehst sie dabei zu finden, dazu führen, dich selbst kennen zu lernen und zu lernen, für dich selbst zu sorgen. Nährst du die Liebe zu dir selbst und lernst du, darin für dich selbst Sorge zu tragen, nimmst du dich wie ein kleines, bedürftiges Neugeborenes an, so kannst du darüber wiederum zur Urgeborgenheit in allem finden.

Wenn du in deine Kindheit zurückschaust und dabei in die Augen des Neugeborenen in dir blickst, magst du darin dem ganzen Schmerz des Verlassenseins in der Welt begegnen. Dort, wo es für dich in deiner Kindheit keine Liebe und Fürsorge gab, sind womöglich stattdessen Trauer, Wut und das Gefühl von Bedürftigkeit in dir zurückgeblieben. Wurdest du nur versorgt und sonst allein gelassen, dann mag auf diese Weise in dir das Gefühl gewachsen sein, nicht geliebt, sondern allein gelassen zu werden. Wenn du dich dagegen unter der Liebe deiner Mutter eher erdrückt fühltest, dann mag in dir der Eindruck entstanden sein, dass Liebe dein wahres inneres Wesen erstickt. Jene Erfahrungen von Liebe, die du früh in deinem Leben gemacht hast, bilden automatisch in deinem Verhalten ein Muster und können auf diese Weise deine Haltung zur Liebe in deinem Leben prägen.

Möglicherweise hat vieles in deiner Kindheit dir ein Gefühl vermittelt, dich in mancherlei Art und Weise kalt und einsam in einer rauen Welt zu fühlen. In deinem großen Hunger nach Liebe magst du zum Schluss das Gefühl verspürt haben, hohl zu sein. Heute versuchst du vielleicht, dein Bedürfnisloch mit Essen zu stopfen. Dann ist aus deinem Hunger nach Liebe der Hunger nach Essen geworden. Vielleicht ist das hohle Gefühl im Bauch auch zu einem Trieb geworden, dich nun weiter selbst auszuhöhlen.

Es gibt viele Möglichkeiten, deine Wut und deine Trauer darum, in deinem Bedürfnis nach Liebe missachtet oder gedemütigt worden zu sein, nicht zu zeigen und es zu überdecken. In deiner Angst vor den Konsequenzen von Macht unterwirfst du dich vielleicht einfach anderen Menschen oder gehst möglicherweise über dein Bedürfnis nach Liebe hinweg und reagierst mit Stolz. Vielleicht hängst du auch nur traurig dem nach, was du an Liebe nicht bekommen kannst, und kompensierst dein Gefühl von Schwäche, indem du dich ständig verteidigst. Es kann auch sein, dass du dein Mitgefühl und deine Fürsorge an andere verschenkst, obwohl du stattdessen all dein Mitgefühl und deine Fürsorge eigentlich für dich selbst benötigtest.

Rosa über Rosa erweckt dich aus deinem Rückzug und deiner vielleicht passiven Resignation vor der Liebe. Es kann tiefe Frustrationen und Kontrollmechanismen in dir lösen und eine innere Revolution in Gang setzen, um dich wieder mit der Kraft innerer Weiblichkeit und ihrer Liebe in Kontakt zu bringen. Der innere Konflikt um das Weibliche mag alt sein; jedoch nur durch wahrhaftes Konfrontieren und tiefes Verstehen wird es möglich, ihn auch zu erlösen.

Rosa über Rosa hilft, im Verstehen des langen Weges der Unterdrückung weiblicher Fähigkeiten und der weiblichen Kraft zu einer neuen Form von Fürsorge und Bedingungslosigkeit deiner Liebe finden zu können. Weibliche Fähigkeiten sind jahrtausendelang vom Mann als schwach bewertet worden. Auf diese Weise bekam die Frau das Gefühl, allein nicht überleben zu können. Stattdessen wartete sie auf den Mann, der sie heiratete, und von ihm machte sie dann ihr Leben abhängig. Indem dann der Mann der Herr im Hause war, der Besitzer, hatte er das Sagen, denn er hatte das ganze Geld. So wurde die Frau dann zu einer Art privatem Besitztum. Sie wurde zum Sex gebraucht, in manchen Ländern sogar versteigert, verkauft oder lebendig verbrannt. Jede Unmenschlichkeit, die getan werden kann, wurde ihr angetan. Indem der Mann der Herr war, wurde die Frau zur Sklavin.

Im tiefsten Grunde jedoch ist es so, dass der Mann sich eigentlich minderwertig und von der Frau abhängig fühlt, denn sie kann Kinder gebären, er nicht. Liebe hat ihre eigene Stärke – ein Kind für neun Monate im Bauch zu tragen, benötigt Stärke, Ausdauer und eine große Kraft der Liebe.

Die wilde Frau ist tief drinnen in dir eingeschlossen, denn ihre Flügel sind in vielerlei Weise beschnitten worden.

Rosa über Rosa hilft Frauen sich selbst gebären zu können. Männern hilft es, ihre innere Weiblichkeit gebären zu können, sodass sich beide als Suchende nach Wahrheit wieder finden können.

Rosa über Rosa besänftigt bei Frauen, alle Gefühle des Ärgers, des Hasses, der Rache und des Krieg-machen-Wollens gegen die Männer. Ebenso hindert es Frauen daran, Männer zu imitieren, um eine Kopie von ihnen zu werden und damit ihre Identität zu verlieren.

Rosa über Rosa hilft Männern, ihre Besitzerinstinkte zu besänftigen, aus dem kriegerischen Denken des Eroberns neuer Territorien für ihren Besitz und dem Unterdrücken des Weiblichen herauszufinden und stattdessen in eine gleichwertige Achtung weiblicher und männlicher Qualitäten hineinwachsen zu können.

Der Vergangenheit gehört die Stärke, die aus dem animalischen Erbe stammt: Hass, Wut und zerstörerischer Wahnsinn.

Der Zukunft, die kommt, gehören die Qualitäten der Frau: Liebe, Vertrauen, Schönheit, Ehrlichkeit, Authentizität, Wahrhaftigkeit.

Vergeben Mann und Frau der Vergangenheit und lassen sie hinter sich, dann kann sich ein Verständnis füreinander entwickeln, in dem Wärme und Mitgefühl Raum bekommen.

Rosa über Rosa hilft Mann wie Frau, sich gleichberechtigt zu fühlen. Mann und Frau denken und fühlen verschieden. Finden sie jedoch beide ihre Natürlichkeit, so können sie ihre Unabhängigkeit erhalten. Wenn eine Frau in ihrer natürlichen Wildheit wächst und der Mann in seiner natürlichen Wildheit ebenso, dann können Mann und Frau sich als Freunde in Freundlichkeit treffen. So kann ihre Liebe eine unermessliche Tiefe bekommen und zu einer großen Freude werden, einem glückseligen Tanz zweier Menschen. Ohne Vertrag und ohne Gesetz genügt die Liebe sich selbst, sie ist die sanfteste und stärkste Macht und führt zur tiefsten Verwirklichung.

Rosa über Rosa hilft, einen inneren Prozess in dir zu unterstützen, in dem du jene Zartheit und Sorgfalt, die du im Umgang mit dir selbst benötigst, wieder findest. Du magst beginnen, all jene Momente in deinem Alltag zu beobachten, in denen du nicht liebevoll mit dir selbst umgehst und in denen du dir nicht das gibst, was du wirklich benötigst. Dabei kannst du erkennen, welche Einschränkungen und Maßstäbe an Liebe sowohl deine Mutter als auch dein Vater hatten und überprüfen, ob du von ihnen ein altes Rollenmodell von Männlichkeit oder Weiblichkeit übernommen hast, welches du nun vielleicht unbewusst für dich selbst anwendest. Indem du dich von alten Erfahrungen und Eindrücken von Liebe liebevoll verabschiedest und dich in deinen eigenen Bedürfnissen nach Liebe auf der innersten Ebene in bewusster Weise akzeptieren lernst, kannst du dich dann jener Liebe zuwenden, die du wirklich benötigst.

Rosa über Rosa ist hilfreich, das Gefühl der Schwäche in dir, das mit dem Bedürfnis einhergeht, Liebe von anderen zu benötigen, schließlich in ein Gefühl von Stärke und die Empfängnisbereitschaft für Liebe zu verwandeln. Auf diese Weise können sich deine Ängste vor dem Alleinsein verlieren und eine neue Kreativität in dir entstehen, aus der wieder ein freudiges, erdverbundenes und offenes Lebendigsein in Liebe möglich wird. Gibst du Liebe, bekommst du Liebe zurück. Liebe ist das Echo von Bedingungslosigkeit. Eine Zeit zum Lieben und Geliebtwerden mag jetzt in dir anbrechen.

Liebe ist wie eine Rose – sie tanzt im Wind und in der Sonne, als wolle sie ewig leben. Mit solch einer Erhabenheit, mit solch einer Sicherheit, mit solch einer Autorität, zugleich so zart und zerbrechlich und doch so stark, biegt sie sich gegen den Wind, den Regen und die Sonne. Aber wenn es Abend ist, sind ihre Blätter gefallen. Die Rose ist fort. Das heißt nicht, dass die Rose Einbildung war, es heißt nur, dass alles im Leben veränderlich ist – und Veränderung lässt Dinge neu sein, frisch.

B82 Grün / Orange

»Calypso«

Willst du dich aus deinem Herzen heraus auf andere in deinem Leben beziehen, magst du damit beginnen müssen, dich aus Abhängigkeiten zu lösen. Auf diese Weise kannst du lernen, dich zuerst auf dich selbst zu beziehen und dir Raum für neue Einsichten aus deinem Inneren zu schaffen. Gelingt es dir, dich dabei bewusst aus alten Erlebnissen zu lösen, und wächst darin ein tiefes neues Vertrauen in deine eigene Kraft und Unabhängigkeit, dann kann dein Herz sich umso weiter für neue, tiefe Freude und echten Austausch in Beziehungen öffnen.

Der Kaiser ist ein Herr über sich selbst und beherrscht das ganze Reich seines Herzens und seiner Liebe.

In dir mag gerade eine Erneuerung stattfinden, die offenbar zu einem neuen Lebensabschnitt führt. Grün über Orange hilft dir an einem von dir vielleicht sehr intensiv erfahrenen Punkt in deinem Leben, an dem dein Inneres und darauf folgend dein Äußeres eine tiefe Veränderung erfährt. Der Moment ist günstig, zu deiner größten Kraft und deiner inneren Glückseligkeit vorzudringen und sie in kaiserlicher Herrschaft in dein Leben umzusetzen.

Im ständig sich wandelnden Strom des Lebens dein inneres Schloss zu bauen, bedarf hoher Kunst. Eine Erschütterung in deinem Leben, eine schwierige Situation in deiner Beziehung, in einer Freundschaft oder in deinem Beruf mag dein Herz belasten oder droht vielleicht, es zu überwältigen und dich umzuwerfen. Diese Erschütterung mag dich aus deinem Vergrabensein herausrufen, aus einem Zustand, in dem du dich vielleicht bereits mit den Tatsachen abgefunden hast. Stattdessen kann es dich mitten in deine emotionale Wirklichkeit des Jetzt hineinwerfen. Dabei mag deine vielleicht desillusionierte Suche, deine Angst oder deine Resignation davor, deine innere Wahrheit auch auszudrücken, tief erschüttert werden. Diese Erschütterung kann dich schließlich aus deiner Unehrlichkeit dir selbst gegenüber retten, da du dir, möglicherweise der Einfachheit willen, bestimmte Dinge vielleicht nicht klarmachen willst. In dieser Weise magst du dabei sogar gegen deine eigenen Prinzipien arbeiten und selbsteingenommen denken, fühlen und handeln. Doch damit überdeckst du womöglich nur eine tiefe, unaussprechliche, sich jenseits von Worten befindliche Existenzangst.

Die emotionale Seite deines Lebens, jene Seite, mit der du deine Gefühle ausdrückst, um mit ihnen einen Durchbruch zu erreichen und dir dein eigenes Territorium zu erobern, worauf du dein eigenes Leben dann einrichten kannst, mag dir Schwierigkeiten bereiten.

Grün über Orange ist eine große Hilfe dafür, alte Schocksituationen aus deinem Unterbewusstsein in dein Bewusstsein zu bringen, sodass du sie schließlich in dein Herz aufnehmen kannst, um sie dort aufzulösen und etwas Neues in deinem Leben zu beginnen. Alte, unverarbeitete Erlebnisse, die dir Schrecken bereitet haben, behindern offenbar den Raum deines Fühlens.

Grün über Orange hilft dir, um dein eigenes Leben jetzt beherrschen zu können und darin dein Zepter in der Hand zu halten. Es konfrontiert dich damit, wer es heute in deinem Leben noch sein mag, der dir möglicherweise dein Zepter aus der Hand nimmt und wer es vielleicht in der Vergangenheit, in deiner Kindheit war, der dir da dein Zepter aus der Hand genommen hat.

Grün über Orange ist besonders hilfreich im Zurückverfolgen von Gefühlen. Auf diese Weise vermagst du tiefe Einsichten in dein Inneres zu erhalten, die nun bei einem Neubeginn für dein Herz hilfreich sein können.

Möglicherweise war es in der Zeit, als du Kind warst, dein herrschsüchtiger Vater, der mit seinem Eroberungswillen und seiner Zerstörungswut seine Autorität missbraucht hat, um seinen egoistischen Interessen Genüge zu tun. Damit jedoch hat er deinen Lebensraum und dein Herz bedroht. Heute mag dies eine sehr männlich autoritäre und dominante Person in deinem Leben sein, die möglicherweise dasselbe Muster in deinem Leben wiederholt. Vielleicht ging es deinem Vater in deiner Kindheit darum, Macht über dich ausüben zu können und sie zu festigen, sodass er für dieses Ziel deine Emotionen und Gefühle mit Härte zunichte gemacht und jeden Widerspruch deinerseits möglicherweise im Keime erstickt hat. In deiner Angst magst du dies alles in stummem Erschrecken in dich hineingenommen haben, und dich selbst verleugnend hast du vielleicht beschlossen, gefügig und abhängig zu sein, einfach um überleben zu können.

Grün über Orange hilft dir, deine Selbstverleugnung aufzugeben. Es hilft, durch dein Herz zu deinem inneren Raum der Gefühle zurückzufinden und ihn neu für das Leben zu öffnen. Auf diese Weise können jene tiefen Erschütterungen, emotionalen Schocks und Traumata aus deiner Vergangenheit, die dich in deinem Innersten verletzt haben mögen und auch Bezüge zu tieferer Vergangenheit aufweisen können, in dein Herz aufsteigen. Gelingt es dir, Kontakt zu ihnen zu finden, so können neue Einsichten und Erkenntnisse, die du dann aus den alten Ereignissen ziehst, ein Lösen und Loslassen der vergangenen Konflikte bewirken. Dieser Prozess vermag eine emotionale Klarheit in dir zu bewirken und setzt wiederum auch die Dynamik kreativer Veränderungen in deiner jetzigen Situation in Gang. So kannst du zu einer tiefen, dich befreienden Lebensfreude und Selbstbehauptung vordringen. Auf diese Weise wird es dann für dich möglich, dich neu und unabhängig auf andere Menschen zu beziehen und dir dein eigenes Territorium zu erobern, um dein Schloss darauf zu bauen.

Wird dein Inneres leer von allem Alten, kann neues Licht beginnen, von oben in dich hineinzufließen. Dieses Licht kann alle deine Ängste, die du vor dem Unbekannten haben magst, zur Auflösung bringen. Auf diese Weise wird es, in der Klarheit deiner Emotionen und der Ehrlichkeit deiner Kommunikation darin, für dein Herz möglich, sich nun für eine neue Richtung zu öffnen, sodass du beginnen kannst, durch dein Herz dir dienliche Entscheidungen zu fällen.

Gelingt es dir, in der Vergangenheit deines Lebens erlebte dramatische Situationen, Schocks oder Traumatas zu überwinden und zu emotionaler Klarheit darin zu finden, dann kann es dir ebenso gelingen, über dein Leben zu herrschen, indem du ihm dienst, und deinem Leben zu dienen, indem du weise über es herrschst.

Dein neues Vertrauen in deine eigene Kraft und dein Vertrauen in die wachsende Freude in deinem Inneren, ebenso wie dein Vertrauen in die tiefen Empfindungen deines Bauches, können nun einen Wechsel oder Neuanfang in deinem Leben bewirken. Dieser Neuanfang mag einer allgemeinen Erweiterung und einem Neubeginn für dein ganzes Gefühlsleben dienen, der Eroberung neuer Gebiete deines Inneren, einem Raum, um dich mit Einsichten aus dem Innersten zu verbinden und sie in der Außenwelt mit anderen zu teilen.

In tiefem Wissen, wohin du zu gehen hast, kann dabei nicht nur neue Freude und Wärme aus deinem Inneren aufsteigen, sondern auch ein Ruhen in tiefem innerem Frieden eintreten, sodass es für dein Herz möglich wird, sich für das Neue zu öffnen und es zu gestalten. Nun magst du dich aus deiner überfließenden Freude am Leben selbst auf andere beziehen. Tiefe Veränderungen in deinem Leben mögen das Ergebnis sein.

Grün über Orange hilft dir, in einer wahrhaft kaiserlichen Herrschaft, die Weisheit und Frieden in der Welt durch das Herz ausdrückt, in wohltätiger Macht und im Dienst des Wandels und des Neubeginns, nun die unterschiedlichen Ebenen des Verstehens, der Schöpferkraft und der Weisheit des Inneren in die Welt zu bringen. Indem du erkannt hast, was den Raum in dir selbst füllt, kannst du nun jenen Raum des Bewusstseins in dir und in anderen erbauen. Erhaben über die Welt, dabei in deinem Verstehen demütig den kosmischen Gesetzen untergeordnet, in Rückbesinnung auf das Ganze, magst du die Initiative für einen neuen Lebensabschnitt setzen.

Die gütige Väterlichkeit des Kaisers, vertrauend in das Glück und die innere Freude, geboren aus leidenschaftlichem Mitgefühl, tiefem Einfühlungsvermögen und Verständnis, ist bereit, sich selbst für das Wohl des Ganzen zu opfern. Die Gesetze der Natur, das Gesetz von Ursache und Wirkung, die Weisheit der Gefühle und der ewig währende Friede in allem, was miteinander lebt, sind darin die höchsten Gesetze, nach denen der Kaiser selbst lebt und nach denen er für andere sorgt. Seine Majestät ist von Würde sich selbst und anderen gegenüber geprägt, und seine Kraft ist die von Wildheit, die sich von niemandem zähmen lässt.

Der Kaiser ist die Herrschaft des Herzens. Er regiert mit einer Liebe, die alle Verletzungen zu besiegen vermag.

B 83 Türkis / Gold

»Sesam öffne dich«

Auf der Suche nach dir selbst magst du dabei tief in dein Innerstes gelangen. Hörst du dabei auf die Botschaften deines eigenen Herzens, dann kannst du durch sie bis in die uralte Weisheit tiefster Vergangenheit vordringen, aus der dann die Liebe als goldenes Zentrum deines Seins in dein Jetzt leuchtet.

Bei einem Hohepriester, bei einem Meister beziehungsweise einer Meisterin oder einem Eingeweihten magst du beginnen zu lernen, wie du tiefe Einsichten in die Weisheit des Lebens erreichen kannst.

Lässt du dich in deiner ganzen Wahrhaftigkeit auf diesen Menschen ein und schöpfst du aus seiner Geisteskraft und Nähe, dann kann ein Austausch auf der Ebene des Herzens stattfinden. Ein tiefes, stilles Verstehen jenseits von Worten. Ein Einklang, in dem du vielleicht plötzlich erkennst, dass der Meister gar nicht mehr da ist, sondern nur die reine Liebe durch ihn offenbart wird.

Die ganze Schöpfung kann jetzt zu deinem Meister werden, und auf die gleiche Art und Weise wie von einem Meister magst du nun beginnen, von allem Leben zu lernen und mit ihm in Einklang zu kommen.

Allumfassende Liebe ist reine Alchemie. Gelingt es dir, deine Ängste, deine Schmerzen und dein Leid in der Tiefe deines Wesens zu meistern, so verwandeln sie sich in die tiefste Freude deiner eigenen Weisheit, die du dann, aus dem Mitgefühl deines Herzens um das Leiden in der ganzen Welt, schöpferisch durch deine Gefühle ausdrücken kannst, um sie mit anderen zu teilen.

Die Liebe eines Meisters und die Liebe der ganzen Schöpfung ist Liebe in ihrer reinsten und vollendetsten Form, von jeder Selbstsucht befreit. Es ist eine Liebe, die sieht und dir das zu geben vermag, was du wirklich benötigst. Dies mag nicht das sein, was du vielleicht gerade willst oder dir wünschst. Wahrheit und Weisheit der Liebe dienen nicht dazu, Erwartungen zu erfüllen. Sie sind eine Provokation. Sie sind dazu da, den Schlaf süßdumpfer Unbewusstheit zu stören.

Jede Situation in deinem Leben stellt eine Herausforderung dar, bewusst zu werden, im ›Hier und Jetzt‹ zu sein und auf das Jetzt und Hier zu antworten. Wahre Schülerschaft bewirkt schließlich wahre Meisterschaft.

Vielleicht findest du es schwierig, im Hier und Jetzt zu leben, weil du möglicherweise tiefe, ungelöste Ängste der Vergangenheit in deinem Inneren mit dir herumschleppst.

Aus Furcht vor möglicherweise schlimmen Konsequenzen, wenn du dein eigenes Wissen äußerst und danach handelst, magst du es vorziehen, dein ganzes Potenzial eher zu unterdrücken oder vielleicht so lange unentschlossen zu zögern, bis durch das Leben womöglich dein Potenzial unterdrückt wird. In deinem Mangel an Selbstvertrauen beginnst du vielleicht an dir selbst zu zweifeln und findest möglicherweise zu keiner Lösung. Schließlich bist du so frustriert, dass du vielleicht versuchst, Gefühle und gefühlsbestimmte Situationen zu manipulieren und auszuschlachten. Kennst du dich nicht wahrhaft selbst, dann magst du in einem Teufelskreis feststecken bleiben.

Türkis über Gold hilft dir, um dich selbst wieder finden zu können und deine ganze Willenskraft zur Arbeit an dir selbst zu aktivieren. Es hilft dir, dein Verstricktsein in deine Ängste, die Schmerzen und das Leid, die mit jeder inneren Transformation einhergehen, annehmen zu können und anstatt dich von ihnen gefangen nehmen zu lassen, sie zu überwinden und an ihnen zu wachsen. Derjenige, der das Netz der Verstrickungen spinnt, bist du selbst.

Türkis über Gold ist eine große Hilfe dabei zu lernen, deinen Schwierigkeiten direkt ins Auge zu sehen und dich offen und ehrlich mit ihnen zu konfrontieren, bis du sie zur Gänze durchschaut hast und ihre grundsätzlichen Ursachen zu beseitigen vermagst. Du bist der Meister deines eigenen Lebens.

Das Zentrum deines Konfliktes mag der Widerstreit zwischen deinem eigenen Wissen, deinen Gefühlen und deinen Ängsten sein. Du fürchtest dich, mit deinem Wissen nach außen zu gehen.

Dieser Konflikt kann sogar seine Wurzeln in der tiefsten Vergangenheit haben, falls du in früheren Leben für dein Wissen verfolgt worden sein solltest. Diese Angst kann sich so vielleicht bis in dieses Leben hinein fortsetzen.

Als Kind magst du gelernt haben, jenes tun und befolgen zu müssen, was andere dir sagten, die Eltern, die Priester, die Lehrer oder die Gesellschaft. Dein eigenes Wissen und dein ganzes Potenzial jedoch wurden auf diese Weise unterdrückt, und dein Verstand und dein ganzes Wesen mögen Glaubenssätze und Regeln angenommen haben, wie du zu leben hast. Je automatischer du im Befolgen dieser Regeln dann wurdest, desto effizienter und brauchbarer bist du möglicherweise für die

Konsumgesellschaft geworden. Wie ein folgsames Schaf lebst du in einer großen Herde der Gläubigen, ernst und schwer, abhängig von der Autorität anderer, die dir sagen, was du zu tun hast. Vielleicht bist du gerade deshalb heute nicht wachsam, sondern unbewusst, und versuchst äußeren Autoritäten zu folgen. Dein eigener Instinkt und dein eigenes Wissen mögen jedoch darunter brachliegen.

Türkis über Gold hilft dir, dich wieder für dein eigenes Herz und deine Gefühle zu öffnen, wachsam zu bleiben und dich auf deine Tiefe einzulassen. Auf diese Weise kannst du lernen zu unterscheiden zwischen dem, was du angenommen hast, und dem, was deins ist. Indem du deine Gefühle zu dem, was gerade geschieht, mitteilst, bringt dich das wieder in Berührung mit deiner eigenen Weisheit und zum Selbstausdruck dessen, was wahrhaft in deinem Inneren liegt.

Türkis über Gold hilft dir zu lernen, nicht in Emotionen verstrickt zu reagieren, sondern auf dich selbst und in den Lebensfluss hinein zu vertrauen und dich darin hinzugeben an die göttliche Liebe und den göttlichen Willen, um dann jenseits der Identifikation mit deinen Gefühlen absichtslos zu handeln. Wenn du empfänglich bist und spontan handelst, ohne etwas Bestimmtes damit erreichen zu wollen, dann kannst du darin zu deiner Verwirklichung finden und erwachen ins ›Hier und Jetzt‹. Im Nicht-Tun vereinigt sich der innere Mann mit der inneren Frau, und ein neuer Zyklus des Lernens beginnt. Ein Prozess des Verstehens der wahren Natur deines Selbst.

Geschüttelt ergibt Gold und Türkis ein Blassolivgrün, aus dem dein inneres Kind und mit ihm dein ganzes Unschuldigsein wiedergeboren wird. Wie bei einem Neugeborenen, nackt und ungeschützt, verletzlich, voller Offenheit und Vertrauen gegenüber dem Leben, können nun alle deine Sinne beginnen, sich zu öffnen und wach zu werden.

Aus dieser reinen und empfänglichen Auffassungsgabe heraus wird dann jede Aktion deines Herzens spielerisch und leicht. Spontan und sensibel dich auf deine Intelligenz verlassend, kannst du so in jedem Augenblick auf das, was gerade geschieht, antworten, sodass auf diese Weise Natürlichkeit zum Ausdruck deiner echten Weisheit wird.

Blassolivgrün hilft in dem Prozess, deinem wahren Selbst und der Führungskraft des Weiblichen zu begegnen.

Kämpfst du nicht gegen das Leben an und setzt ihm keinen Widerstand entgegen, sondern gibst dich ihm hin, so offenbart es dir sein ganzes Gold. Ein alter Zen-Meister sagte einmal: »Wenn ich hungrig bin, bin ich hungrig. Wenn ich esse, esse ich. Und wenn ich müde bin, gehe ich schlafen.«

Türkis über Gold hilft dir, jeden Moment des Lebens zu genießen, der dir geschenkt ist. Im ganz normalen Leben vermagst du die tiefste Freude zu empfinden und einen einfachen Zustand zwischen den Extremen, der zufrieden macht.

Alle Lektionen im Leben dienen dem Zurückfinden in das kosmische Ei, der wahren Aura, in die Alleinheit, die Erleuchtung, in das reine weiße Licht. Das Licht ist das Zentrum aller Dinge. Zwar liegt es jenseits der Sinne, doch ist es jene Energie, die hilft, in allen Sinnen und allem, was das Menschsein ausmacht, klar und präsent zu werden.

Während des Prozesses deiner wahrhaften Menschwerdung kann sich die Tür in deinem Herzen zu deinem alten Wissen wieder öffnen, zur Verbindung mit Lemuria, Atlantis, Ägypten, zu den Energien tiefster Vergangenheit, welche in kreativer Weise durch dein Herz für die neue Zeit ausgedrückt werden wollen, um die Gegenwart zu inspirieren.

Indem du das Licht und die Weisheit der Vergangenheit auf diese Zeit hin neu zu formulieren beginnst, sie durch die kreative Kommunikation deines Herzens in die Welt trägst und anderen vermittelst, magst du all den Schmerz und das Leid, das mit deiner inneren Transformation und dem Wiederfinden deines Wissens einhergeht, hinter dir lassen können. Jenes tiefe Gefühl inneren Glücks, jene Weisheit, jenes Verständnis und die tiefe Freude, die du auf deinem Weg für dich selbst gefunden haben magst, kannst du nun verschenken. In einer tiefen Freude, dein altes Wissen weitergeben zu können und zu teilen, magst du dabei die Herzen vieler erreichen, berühren und bereichern.

Türkis über Gold hilft dir, aus deiner visionären Sicht und dem Sehen aus deinem Herzen heraus das goldene Licht der Bewusstheit in die Dunkelheit von Unwissenheit hineinzutragen, um höchste Transformation zu bewirken.

Während in diesem Prozess das Gold deiner Weisheit das Gold der Weisheit in anderen Menschen zu berühren beginnt, triffst du vielleicht alte Vertraute, wenn das Leben zu einem Tanz auf dem Regenbogen wird und alles zur Vollendung strebt. In deiner Funktion als ein Vermittler zwischen dem Göttlichen, dem Licht, dem Bewusstsein der alles umfassenden Liebe und dem Menschen wird sich schließlich dein ganzes Handeln aus deinem eigenen Wissen heraus entfalten. Ein Handeln aus deinem mitfühlenden Herzen heraus, in einer durch das Leben selbst gewachsenen Autorität. Je mehr du dann das, was du weißt, mit anderen teilst, umso mehr kann wieder Wissen von oben in dich einströmen. Alter Wein erscheint in neuen Schläuchen.

B 84 Rosa / Rot

»Kerze im Wind«

In der Energie, das Weibliche zu lieben, kann die Kraft einer bewussten Hingabe an die Leidenschaft der Liebe erwachen. Die Liebenden werden eins. Im Austausch und Verschmelzen männlicher und weiblicher Kraft treten sie ein in die ewige Flamme universeller Liebe. Rosa über Rot zielt auf die Liebe in ihrer aktiven Form, auf das Einswerden im Liebesakt.

Am Anfang war Rot. Rot ist die erste Farbe, der der Mensch einen Namen gab.

Die Farbe Rot wurde damit eine heilige Farbe, und die Toten wurden mit Ocker bemalt, bevor sie in den Schoß der Mutter Erde zurückgelegt wurden. Das Weibliche wurde geehrt. Das Blut, auch symbolisiert durch die weibliche Monatsblutung, hatte magische Kraft. Es konnte Kräfte wecken oder bannen. Das Blut des Lebens wurde mit dem Leben selbst gefeiert.

Das Rot im unteren Teil dieser Flasche vermag etwas von dieser Ursprünglichkeit tief in deiner eigenen Lebenskraft zu berühren, das rote Blut des Lebens selbst. Das Rosa im oberen Teil der Flasche deutet dagegen die Zartheit und Verletzlichkeit tief im Herzen an. Hier berührt deine Liebe ihre kindliche Unschuld und Reinheit.

Beide Farben mögen dich daran erinnern, wie du deine Mutter erlebt hast, als du klein warst. Sie scheint hier, im Rosa, deine ganzen Energien, das Rot, zu beherrschen. Auf diese Art und Weise hat sie möglicherweise der Unschuld deines Herzens, die du in allen deinen Aktionen als Kind ins Leben brachtest, ihre Kraft genommen. Vielleicht galt dir, aus ihrem hilflosen Ärger heraus und ihrer eigenen Frustration darüber, vom Mann dominiert zu werden, der Vorwurf, sie opfere sich für dich und ihre Kinder auf. Das hat dir möglicherweise das Gefühl vermittelt, Liebe nicht verdient zu haben und ihrer nicht würdig zu sein. Anstatt gewollt und angenommen zu sein, einfach so geliebt zu sein, wie du das benötigtest, blieb dir vielleicht nichts anderes übrig, als dich deiner Mutter zu unterwerfen, um ihrer Liebe würdig zu sein.

Rosa und Rot ergibt zusammengeschüttelt ein kraftvolles Rot, das dir deine eigene Kraft für Liebe zurückgeben kann. Es hilft dir dabei, deine Energien aus den alten Mustern deiner Kindheit zu erwecken und deine Wut und alle deine Emotionen darum, nicht wirklich geliebt worden zu sein, zu befreien. Du magst dabei erkennen, wie sehr dein Dichzurücknehmen dein Leben prägte, da du dich nie getraut hast, total zu leben.

Rosa über Rot kann dir eine große Hilfe dabei sein, dein ganzes Potenzial für Liebe neu zu erschließen, einer Liebe, die dich selbst annimmt, ohne ein Urteil oder eine Kritik über dich zu fällen. Es mag dir dabei helfen, dir selbst mit der nötigen Liebe begegnen zu können und dich in deinen ureigensten Schwächen und Stärken zu akzeptieren.

Rosa über Rot regt deine innere weibliche und intuitive Seite an. Es hilft zu lernen, dich ehrlich mit deinen grundlegendsten Bedürfnissen auseinander zu setzen, um das herauszufinden, was es ist, das sie fördert oder was sie behindert. Es mag sein, dass du dir eine Struktur im Leben aufgebaut hast, die das Verwirklichen deiner Liebesbedürfnisse eher hindert als fördert. Vielleicht ist es auch genau umgekehrt, dass du möglicherweise eine klare Struktur benötigst, die sie fördert.

Rosa über Rot kann dir dabei helfen, zu einem echten und warmen, liebenden Verständnis dir selbst gegenüber zurückzufinden. In diesem liebenden Verständnis magst du lernen, deine Reaktionen, die aus der Vergangenheit herrühren, von deinen Aktionen, die deiner Liebe und Bewusstheit im Jetzt entspringen, zu unterscheiden. Rosa vermag die blinden Aggressionen, das ›Rotsehen‹, die Wut und die Auflehnung in dir zu besänftigen und in ein liebendes Mitgefühl aus deinem wissenden Herzen heraus, ein Mitgefühl für dich selbst und andere, zu verwandeln.

Rosa über Rot kann dir ebenso dabei helfen, die nötige Kraft für jene Disziplin aufzubringen, die Liebe benötigt, um sich entwickeln zu können. Das Gefühl des ›Kräftebrauchens‹, um Liebe aufbringen zu können, kann sich dabei in das Akzeptieren deiner Einzigartigkeit verwandeln, der Liebe zu deiner unverwechselbaren Individualität. Sie weckt das dir innewohnende Wissen, dass du Liebe verdient hast und ihrer würdig bist. Aus diesem Erkennen heraus, liebenswert zu sein, und deiner inneren Kraft für Liebe in all den verschiedenen Formen, vermagst du dann eine Fülle von Liebe in deinem Leben zu erzeugen. Instinktiv entwickelst du dabei vielleicht ein tiefes Verständnis von fürsorglicher Mütterlichkeit dir selbst gegenüber, sodass dein inneres Kind spielerisch entdecken kann, was es mag und was es benötigt, um sich geliebt zu fühlen.

Wenn deine Liebe in dir überzufließen beginnt und zur kühlen, stillen Flamme in deinem Inneren wird, deren Licht kein Wind der Veränderung auslöschen kann, wenn du dir deiner unerschöpflichen Energie bewusst wirst, in der dein ganzes Wesen zur Liebe wird und Liebe ausstrahlt, dann wirst du schließlich aus voller Seele bereit, ein wahrhaft liebender Gefährte zu sein. Dann vermag ein bedingungsloses Öffnen für die ganze Kraft der Liebe in dir zu geschehen. Dann bist du bereit, dem Partner zu begegnen, nach dem du dich sehnst.

Rosa über Rot gibt dir jene Kraft und jenes Bewusstsein, für die wahre Liebe dein Selbst zu opfern, um in ein reines Lichtbewusstsein einzutauchen und dich ganz darin zu geben. Es hilft dir zu einer bewussten Hingabe an die ganze Leidenschaft der Liebe.

Wenn ein Mann bereit ist, die Frau zu respektieren, und eine Frau bereit ist, den Mann zu respektieren, dann mag ihre Liebe zueinander eine Chance haben, denn dann nehmen Mann und Frau sich in Liebe ihrer Unterschiede an. Rosa repräsentiert hier die Kraft der Frau und Rot die Kraft des Mannes.

Nur in der echten Liebe zwischen Mann und Frau können beide wieder das Gefühl der Vollständigkeit erleben, denn in ihrer Liebe und durch ihre Liebe können sich ihre Gegensätze wieder vereinigen. Die Liebe zwischen Mann und Frau ist es, der das Gefühl entspringt, im leidenschaftlichen Drang des Liebesaktes die verloren gegangene Einheit wieder herzustellen, die im totalen Feuer der körperlichen Liebe dann zu einer tiefen Erfahrung werden kann.

Im Akt der Liebe spürst du etwas Göttliches, von dem du weißt, dass es existiert und gefunden werden muss. Du tauchst mit deinem eigenen Körper in den göttlichen Plan ein und erinnerst dich, wie man Liebe auf der Erde ausdrückt. Es ist das süßeste, natürlichste körperliche Gefühl, das zwei Menschen auf der Erde zusammen hervorbringen können, und der offenkundige Platz, um mit der Suche nach göttlicher Liebe zu beginnen.

Wenn die Frau Liebe ist, dann ist es die Erfüllung ihrer Liebe, den Mann in sich aufzunehmen in allem, was er geben kann, während sie als Erwiderung alles von sich hergibt, in süßer, totaler Hingabe an die Liebe, die nichts zurückhält.

Die Aufgabe des Mannes in der Liebe ist es, die Frau zu erfreuen und zu entzücken, ihr seine Liebe zu geben. Ist der Mann selbst reine Liebe, dann besitzt er eine natürliche Autorität, durch seinen Körper ausreichend göttliche und selbstlose Liebe auszudrücken und aufzunehmen. So kann er den höchsten Teil der Frau erreichen, der Meditation ist, um einzutreten in die ewige Flamme der universellen Liebe.

Der Mann ist in seiner Liebe verantwortlich, die letztlich goldene Qualität der Liebe zwischen sich und seiner geliebten Frau zu erhalten.

Rosa über Rot vermag dich daran zu erinnern, dass Liebe keine Projektion ist, sondern Religion. Liebe ist Religion.

B 85 Türkis / Klar

»Titania«

Dich in der rechten Form auf das Leben einzulassen ist eine hohe Kunst, in der du die Wahl hast, einfach umherzutreiben oder dein Leben in deine eigenen Hände zu nehmen. Beginnst du nach innen zu schauen und die Dinge in hellem Licht vor dir zu sehen, verstehst du es, die rechte Ordnung in deinem Leben zu schaffen, im Wissen, welchen Weg du zu gehen hast, und lässt du dabei alles Dunkle, Unbewusste und Hassvolle in dir los, dann kannst du einen Neuanfang, einen Wechsel zum Guten einleiten.

Nur durch eine tiefe Innenschau, im Klären emotionaler Konflikte, denen dann eine Aussöhnung mit dem Ganzen folgt, wird es möglich, den eigenen Weg der Liebe, der Bewusstheit und des Lichts zu finden und ihn zu beschreiten. Dies mag ebenso der Weg in eine neue Zukunft sein, die vielleicht die Zukunft der Erde ist.

Ihren Namen trägt diese Flasche nach der Feenkönigin ›Titania‹, welche die Kommunikation der Gefühle, die sich in der feinstofflichen Welt ausdrückt, repräsentiert.

Türkis über Klar hilft dir zu lernen, tiefer in dich hineinzufühlen und deinem Empfinden dabei zu trauen. Es hilft dir, einen Zugang zur emotionalen Seite deines Lebens zu finden, die du bisher vielleicht eher zu vermeiden gesucht hast. Gerade in dieser Seite von dir liegt jedoch jener Reichtum an Gefühlen, innerem Wissen und Klarheit, der dich auf deinen Weg bringen kann.

Verschiedene Dinge in dir mögen im Moment einen Stillstand auf deinem Weg bewirken. Vielleicht trittst du auf der Stelle, weil du das, was du fühlst, unterdrückst und dadurch, dass du deine emotionalen Konflikte möglicherweise unangetastet und ungelöst lässt, nichts in dir in Bewegung kommen kann. Gerade weil du vielleicht in deinem Fühlen so blockiert bist, mag es dir auch nicht gelingen, zur klaren Seite deines Verstandes vorzudringen. An dieser Stelle schließt sich der Kreis, in dem du dann eingeschlossen bist. Vielleicht reagierst du schließlich in deiner Wut über diese Situation launisch und überempfindlich auf alle äußeren Umstände. Auf der anderen Seite magst du es vorziehen, dich eher in Selbstmitleid zurückzuziehen, aus Angst vor den Konsequenzen, dich deinen Gefühlen zu stellen, sie herauszulassen und womöglich andere darin zu verletzen. Auf diese Art und Weise bist du jedoch leicht beeinflussbar, jeder kann dich hin- und herziehen, und du magst an deinem eigenen Glück vorbeigehen.

Fortbewegung, Entwicklung und Dynamik werden im Leben nur dann möglich, wenn du alle Prüfungen als Herausforderung annimmst, dich nach innen zu wenden und dich für Veränderung in deinem Leben zu öffnen. Beginnst du, deine eigenen Gefühle in deinem Inneren wahrzunehmen und sie auszudrücken, dann vermagst du es, dein Leben aus dem Gefühl heraus selbstbestimmt zu leben.

Türkis über Klar wirft Licht auf deinen Weg. Es hilft dir, nicht am Schmerz der Vergangenheit festzuhalten, sondern durch das, was in deinem Leben gerade passiert, wieder Verbindung mit deinen Gefühlen aufzunehmen. Indem du eine innere Kommunikation mit deiner Vergangenheit aufnimmst, kannst du in ihr dann beginnen, dein Leiden und die Ursachen deines Leidens zu verstehen. So kann Veränderung einsetzen.

Türkis über Klar hilft dir dabei, jenes Vertrauen in dir zu finden, um Unangenehmes nicht zu verdrängen, sondern es dir bewusst zu machen, durch es hindurchzugehen und auf diesem Weg das dir Angenehme zu finden.

Möglicherweise wurde, als du ein Kind warst, in der Familie, in der du aufgewachsen bist, deine Sehnsucht nach Liebe, Fürsorge und schützender Geborgenheit, die dem, was du selbst in dir fühltest, Sicherheit gegeben hätten, nicht erfüllt. Stattdessen hast du dich vielleicht ausgeliefert gefühlt, möglicherweise besonders deiner Mutter gegenüber, und deinem Herzen mag es dabei nicht gelungen sein, jenen Ausdruck zu finden, um die Liebe für dich notwendig zu erhalten. Vielleicht konntest du sogar mit deinem offenen Herzen den Schmerz deiner Mutter oder der einzelnen Familienmitglieder, den sie an dich weitergaben, spüren. Auf diese Weise magst du nicht nur darunter gelitten haben, zu wenig Liebe zu erhalten, sondern auch unter jenem Schmerz und jenem Leid, die du von deiner Familie mit aufgenommen hast. Weil du all das vielleicht gar nicht fühlen wolltest oder zum Schutz vor Verletzungen, magst du dich abgewendet haben, um dich aus den Konflikten und Schwierigkeiten herauszuziehen. So bist du vielleicht in dein Inneres geflüchtet, an jenen sichersten Platz, wo dich keiner mehr erreichen konnte. Auf diese Weise hast du schließlich begonnen, innerlich deinen Gefühlen und jenen Menschen, die dich verletzen konnten, aus dem Weg zu gehen.

Die Verhaltens- und Bindungsmuster der althergebrachten Familien- und Gesellschaftsstruktur mögen zutiefst deinem eigenen Empfinden widerstrebt haben. Vielleicht hast du an der Bindung zu deiner Mutter festgehalten, jedoch mag tief in dir das Gefühl gewachsen sein, heimatlos zu sein.

Türkis über Klar ist eine große Hilfe dabei, deinen Schmerz wieder zu fühlen, deinen festgehaltenen Gefühlen Ausdruck zu geben und den Tränen, die du festgehalten hast, freien Lauf zu lassen. Dabei können viele Gefühle in dein Bewusstsein kommen, die du zuvor möglicherweise nicht empfinden konntest, da du sie, vielleicht aus Angst vor Verletzungen, geschützt hast.

Türkis über Klar ist sehr hilfreich dafür, wieder zu lernen, deine Gefühle zu entdecken und über sie zu sprechen, um dich anderen anvertrauen zu können, sodass durch deine Fähigkeit, dich mitzuteilen, dein Herz leichter werden kann und sich deine Schwierigkeiten auflösen. Im Aussprechen, im Verstehen deines Leidens und im Gewahrwerden der Ursachen davon kannst du dich schließlich aus alten Verhaltensmustern, aus alten Bindungen und Verpflichtungen lösen. Du magst beginnen, deine Individualität und den großen Reichtum deiner Gefühle wieder neu wahrzunehmen und wertzuschätzen, und daraus ein neues Selbstvertrauen gewinnen. Neue Klarheit kann dich dann inneres Gleichgewicht und innere Stabilität gewinnen lassen, um dein Leben in deine eigenen Hände zu nehmen und anzufangen, es aus dir selbst heraus zu führen. Den großen Wagen deines Lebens magst du nun fortan selbst lenken.

Türkis über Klar fordert dein Bewusstsein heraus, ein neues Verständnis von Leben, Liebe und Licht zu entwickeln und eine Richtung darin zu finden. An diesem Punkt deiner Suche hilft es dir dabei, leer zu werden, deinem inneren Licht zu vertrauen und ein Kanal für jene Gefühle zu werden, die von oben in dich einfließen. Dabei kannst du in tiefe Meditation eintreten, in ein Gefühl von Zeitlosigkeit, jenseits deines eigenen Ichs. Die Abwesenheit deines Egos, jene Leere, die Fülle ist, schenkt dir eine reine Wahrnehmung.

Indem du einfach in Bewegung gerätst und beginnst, dich neu auf das Leben einzulassen, magst du dabei ein wahrhafter Zigeuner werden, der sich auf die Suche nach seinem eigenen Weg und seinem wirklichen Zuhause macht, um die echte Mitte seines Herzens zu finden.

In der Farbe Türkis spiegelt sich ein kollektiver Neuanfang, der Beginn einer Neuen Zeit, eines neuen Bewusstseins, in dem es um Selbsterkenntnis und innere Verwandlung geht. Dies ist der Beginn einer Zeit der Liebe und Bewusstheit, einer Zeit des Neuen Lichts.

In der Farbe Klar spiegelt sich die Klarheit der Schau, die das Licht als Zentrum aller Dinge sieht. Das Zurückgehen zum Ursprung wird zum Finden der Zukunft.

Türkis über Klar hilft dir, während du nach neuen Zielen suchst, auf deine eigenen Gefühle zu vertrauen und dich dabei von der Intuition deines Herzens führen zu lassen. Durch deine Feinfühligkeit mag es dir gelingen, spielerisch in vielfältiger Weise Verbindungen zu anderen Bewusstseinsformen aufzunehmen. Aus deinem Lichtbewusstsein heraus kannst du auf diese Weise entweder Kontakt zu deinem Partner, zu anderen Menschen, zu Tieren, Pflanzen oder Steinen beziehungsweise zu Lichtwesen in anderen Welten aufbauen. Telepathisch oder mental magst du Gedanken oder Gefühle übermitteln und auch erhalten. Viele Dinge aus der fernen Vergangenheit, aus Atlantis oder Lemuria, können auf diese Weise in deine Gegenwart einfließen. Dabei ist es möglich, dass dir, in ferner Erinnerung, jene Machtstrukturen, die an das Lichtbewusstsein der alten Zeiten gebunden waren, wieder begegnen. Deine Liebe und deine

Bewusstheit jedoch, aus der heraus du handelst, vermag alle Dunkelheit und Unbewusstheit zu besiegen und das Licht als Zentrum aller Dinge zu vermitteln.

Türkis über Klar kann also eine Kommunikation des Lichts für das Neue Zeitalter in dir entstehen lassen. In vielen verschiedenen Arten kreativer Kommunikation und in der verbalen Kommunikation deines Herzens magst du versuchen, in der Absicht, deine Energien auf das Allgemeinwohl auszurichten, ein neues kollektives Bewusstsein von Licht und Liebe in der Welt zu erschaffen.

Indem du dabei offen für geistige Eingebungen auf deinem Weg bleibst, wird es möglich, dass sich die Schau deines Bewusstseins stetig erweitert und dein Vertrauen in deine eigene Empfindungsfähigkeit wächst und sich vertieft.

Türkis über Klar kann ebenso bewirken, dass dein Familienbild anfängt, sich zu ändern und du dich einer globalen Gemeinschaft entgegenwachsend fühlst, der Erdenfamilie, in der du ein Leben aus deinem Licht, deiner Liebe und deinem Bewusstsein heraus lebst. So kann allen deinen Handlungen die Fürsorge um die Entfaltung jedes einzelnen entspringen, jedes Lebewesens, jeder Pflanze und jedes Steins, dem du dich zuwendest. Aus deinem Mitgefühl und deinem Instinkt heraus, anderen Lebensformen Schutz zu geben, vermagst du nun ein Umfeld aus einer Atmosphäre von Sicherheit und Geborgenheit zu schaffen, in der das Fühlen eines jeden Lebewesens, eines jeden Individuums, Raum erhält. Freundschaftliche Bindungen und eine familiäre Beziehung wirst du nur in jenem Bewusstsein und Wissen eingehen, dass sie der Liebe und der Entfaltung aller Beteiligten dienen und sie fördern.

Türkis über Klar lässt dich Liebe als das größte Mysterium erfahren, das es gibt. Du lebst es, fühlst es, erfährst es – verstehen kannst du es jedoch nicht. Es ist jenseits des Verstehens. Nur dadurch, dass du es lebst, siehst und kennen lernst, vermagst du es schließlich als das Wunder zu betrachten, das es wahrhaft ist.

B 86 Klar / Türkis

»Oberon«

Um ein Botschafter des Lichts der Neuen Zeit zu werden, bedarf es einer inneren Öffnung, die so weit gehen kann, dass die ganze Schöpfung in die Lage kommt, sich durch dich auszudrücken.

Willst du dem Neuen, der Zukunft, die gefunden werden will, begegnen, so ist es erforderlich, das Licht der Klarheit in alles Alte und Vergangene zu tragen, um es zu reinigen, sodass ein neues und helleres Licht die Welt zu erblicken vermag.

Eine Klarheit in deinen Herzensangelegenheiten und ein inneres Gleichgewicht zwischen deiner eigenen Positivität und deiner Negativität kann letztendlich zu einem Ruhen in deiner eigenen Mitte führen, in Balance mit Gerechtigkeit zur Rechten und Gnade zur Linken. Auf diese Weise kann es dir gelingen, ein offener Kanal für das Licht zu werden, ein Kanal für die kreative Kommunikation deines Herzens in der Welt.

Vielleicht haben jedoch Einbrüche in die zarte Welt deiner Empfindungen, die sehr früh in deinem Leben geschehen sein mögen, dich aus dem Gleichgewicht gebracht und bewirkt, dass du dich vor dem Leben verschlossen hast und Angst vor der Welt bekamst. Vielleicht hast du dich in deinen Gefühlen zurückgenommen und ziehst es jetzt vor, als Schutz vor weiteren Verletzungen lieber niemanden an dich heranzulassen. Möglicherweise lebst du deswegen nun in einer Form unerfüllter

Unabhängigkeit, in der du deine Gefühle vielleicht festhältst oder gar einfrierst und deine Tränen vermeidest. Letztendlich magst du jedoch dabei alle verschiedenen Möglichkeiten blockieren, um an dich selbst wieder heranzukommen und dich mitzuteilen. Auf diese Weise gelingt es dir womöglich nicht mehr, in deiner Situation überhaupt kreativ zu werden.

Klar über Türkis gehört zur Erweiterung des Sets für das Kind des Neuen Zeitalters. Es hilft dir, deine Gefühle zu durchleuchten und sie bei Licht zu betrachten. Wenn es dir gelingt, mit deiner eigenen Welt der Gefühle wieder in Kontakt zu kommen und Freundschaft mit ihnen zu schließen, so vermögen auch wieder Freundschaft, Tiefe und Austausch zu anderen Menschen Raum in deinem Leben zu erhalten. Du kannst dann wieder lernen, spielerisch und frei zu werden und neu zu vertrauen.

Klar über Türkis hilft dir darin, deine Aufmerksamkeit nach innen zu richten und dich in deine Tiefe fallen zu lassen, um zu deinem Erinnerungsvermögen durchzudringen. Dort kannst du zu vielleicht tiefen, verborgenen Gefühlen zurückfinden, um dir selbst gegenüber wieder zu einer Klarheit und Bewusstheit zu finden.

Jeder Mensch hat eine Art Rüstung, wofür es einfache Gründe gibt. Als Erstes wird der Mensch als Kind äußerst hilflos in eine Welt hineingeboren, die er nicht kennt. Natürlicherweise reagierst du dann voller Angst auf all das Unbekannte, was dich in der Welt erwarten mag. Gerade geboren, kommst du aus neun Monaten absoluter Sicherheit und Geborgenheit, in denen es kein Problem, keine Verantwortlichkeit und keine Sorgen für das Morgen gab. Im Mutterbauch konntest du in einer Art Ewigkeit leben, in absoluter Sicherheit und Geborgenheit. Plötzlich jedoch wirst du in die unbekannte Welt geworfen, wo du abrupt von allem abhängig bist und notwendigerweise andere für dein Überleben benötigst. Jeder mag dir in diesem Augenblick größer und mächtiger erscheinen, und vielleicht weißt du in diesem Moment genau, dass du abhängig bist. Deine ganze Freiheit und deine Unabhängigkeit sind urplötzlich verloren gegangen.

An diesem Punkt mag deine Rüstung als Schutz vor der Welt eine Notwendigkeit sein.

Jedoch wenn du älter wirst, bewusster und reifer, dann wirst du möglicherweise nach und nach erkennen können, was du da eigentlich mit dir trägst. Wenn du genau hinschaust, magst du deine eigene Angst dahinter finden. Beobachtest du alle deine Taten und alle deine Einstellungen, dann kannst du auf diese Weise herausfinden, ob sie in der Realität verwurzelt sind, auf deiner Erfahrung basieren oder auf deiner Angst. Von allem, was mit Angst verbunden ist, solltest du dich, ohne darüber nachzudenken, sofort lösen, denn es bildet deine Rüstung vor der Welt und damit vor dem Leben selbst. Wenn du dir auf diese Weise erlaubst, bewusst zu werden und loszulassen, kann eine wahre innere Reife in dir entstehen.

Klar über Türkis vermag dich mit jener Zeit in deinem Leben in Kontakt zu bringen, als dein Leben am spielerischsten war. Dies ist die Zeit, als du im Bauch deiner Mutter lebtest. Spielerisch vermochtest du im warmen Fruchtwasser alle Bewegungen deines Körpers auszuprobieren. Du konntest auch deinen Körper wieder verlassen, um in der lichten Welt weiterzuspielen. Von dort aus hattest du dann jenen Raum, um die Welt mit ihrem Geschehen und mit deinen Eltern darin von außen zu beobachten. Du konntest deine Eltern besuchen, um zu sehen, was sie dachten und was sie taten, um dann wieder in deinen Körper hineinzuschlüpfen. Im Bauch deiner Mutter, in der Gebärmutter, bevor du geboren wurdest, konntest du die tiefstmögliche Geborgenheit und das tiefstmögliche Aufgehobensein in der Welt der Materie erleben. In diesem Zustand geschieht es auf natürliche Art und Weise, die große Weite des ganzen Daseins zu fühlen, grenzenlose Freiheit und absolute Zeitlosigkeit.

Auf der anderen Seite bildet diese Zeit jedoch auch den Anfang, in dem die Verhaltensmuster der Reaktionen der Eltern auf das heranwachsende Kind im Mutterleib für das Kind spürbar werden können, denn als Kind im Mutterleib ist das eigene Fühlen des Kindes eng gekoppelt mit dem Fühlen der Mutter. Alles, was deine Mutter also gefühlt haben mag, konntest du sofort als Schwingung in dir selbst erleben. Was immer ihre Stimmung war, konnte auf diese Weise zu deiner eigenen Stimmung werden. Auf diesem Weg mag viel ihres eigenen Fühlens in dein Unterbewusstsein eingeflossen sein, und von dieser Zeit an mögen die Gefühlsmuster deiner Mutter und deine eigenen Antworten darauf begonnen haben, die Welt deiner Gefühle zu prägen. Dies mag sich dann später, als du geboren warst, wiederholt und weiter fortgesetzt haben.

Klar über Türkis hilft dir, dich wieder mit der Welt deiner Gefühle zu verbinden, ebenso mit deiner dir vielleicht unbewussten Angst vor der äußeren Welt und der möglichen Verletzung durch die Macht anderer. Das betrifft vielleicht das Gefühl, andere seien stärker als du und könnten über dich entscheiden. Es kann all deinem Schmerz und deinen festgehaltenen Tränen darum helfen, sich zu erlösen.

Klar über Türkis kann dir helfen, mit all deinen Gefühlen in der Tiefe deines Wesens in Kontakt zu kommen. Durch das Mitteilen dessen, was du fühlst, vermagst du deine Vergangenheit zu erlösen.

Während du beginnst, dir selbst zu erlauben, nun die Macht und Größe deiner eigenen Gefühle anzunehmen und dich, indem du sie ausdrückst und sie zeigst, um andere an ihnen teilhaben zu lassen, darin aufzurichten vermagst, kann deine tiefe innere Wahrheit zu neuem Raum und neuem Ausdruck finden. Deine tiefe innere Wahrheit ist es, welche die Klarheit in deinem Herzen erzeugt, sodass es dir gelingen kann, dich durch sie wieder in deine innere Mitte sinken zu lassen. Auf diese Weise erhält dann dein Herz wieder Raum für sich, und das Licht in dir kann wieder beginnen zu scheinen. Aus tiefem Mitgefühl deines Herzens heraus magst du nun denjenigen, die deinen Schmerz verursacht haben, verzeihen können, sodass ein Ausgleich und ein neues Gleichgewicht deiner inneren Kräfte die Möglichkeit erhält, sich zu entwickeln.

Klar über Türkis kann dir im Finden deines Weges in deine emotionale Unabhängigkeit so lange helfen, bis es dir gelingt, in deinem eigenen Zentrum zu ruhen. Richtest du dabei alle Aufmerksamkeit in die Tiefe, nach innen und gelingt es dir dabei, dich zu öffnen und über deine persönlichen Gefühle hinauszugehen, dann kannst du zu einem Kanal für das Licht werden.

Indem du deinen Blick unvermindert weiter nach innen richtest, ist es möglich, dass deine Schau dabei auf jene Gesetze zu fallen beginnt, nach denen die innere Welt abläuft und funktioniert. Dahin, wo du jene tiefe Geborgenheit, die du zuvor im Mutterleib erfahren haben magst, nun als die dich umgebende kosmische Schwingung erfährst. In ihr kannst du dann zu einer neuen Einheit finden, der kosmischen Einheit, dem großen kosmischen Mutterleib, der in seiner Unendlichkeit alles Lebendige umschließt und nährt. In der Erfahrung dieser Einheit kann sich dein Sein in einen Balanceakt zwischen Denken und Fühlen, zwischen Reaktion und Aktion, Schmerz und Freude, Ja und Nein verwandeln. Indem es sich in ein Abwägen hineinbewegt, in dem die Dinge deines Lebens ihren richtigen Platz, an dem sie sich entwickeln können, einnehmen, kann deine Intuition dabei zur führenden Kraft werden. Hier liegt dein Unverletztsein, wo kein Gedanke und keine Emotion stört.

Nun kann die Schöpfung beginnen, sich durch dich auszudrücken, um etwas durch dich zu manifestieren. Freudig und spielerisch in den weiten Ozean der Bewusstheit eintauchend, magst du dabei schauen und fühlen, ob er Erinnerungen, vielleicht sogar weit entfernte Erinnerungen zu dir trägt, die deine Sehnsucht nach den Ursprüngen des Lichts zu stillen vermögen.

Empfindsam den Schmerz und die Dunkelheit in der ganzen Welt, in der du und aller Wesen leben, aufnehmend, deren Leid dich tief in deinem offenen Herzen berührt, magst du für sie die schöpferischen Kräfte deines Herzens wieder öffnen, um dein neu gefundenes Licht und deine Klarheit in die Welt fließen lassen.

Klar über Türkis hilft deiner Fähigkeit, anderen Menschen auch in den schwierigsten Lagen Raum für Unterstützung zu geben. Dabei mögen die Weisheit deiner Gefühle aus der Tiefe deines Selbst, deine Sensibilität und dein Einfühlungsvermögen dir dazu dienen, sie in allen möglichen Arten deines kreativen Ausdrucks in die Welt zu bringen. So kannst du dann Heilung bewirken und das berühren, was nach individueller Entfaltung in das Licht hinein ruft.

In visionären Träumen jene göttliche Gnade ersehnend, die dein tiefstes Sein zu nähren vermag, kannst du einen Funken jener Zukunft berühren, der den Diamanten im Zentrum deines Wesens heller und heller strahlen lässt.

Im Stern, im Zentrum deines Wesens, verschmelzen schließlich Vergangenheit, Gegenwart und Zukunft. So, wie ein Tropfen im Ozean oder wie der Ozean in einem Tropfen verschwindet.

B 87 Koralle / Koralle

»Die Weisheit der Liebe«

Liebe ist der Kern deines Wesens. In deinem Bewusstwerden und deiner Befreiung aus den Schwierigkeiten, den Verletzungen und den Schmerzen, die Liebe dir bereitet hat, erwächst ihre Weisheit. Im Spiegel der Wahrheit kann unerwiderte Liebe das werden, was zum Hinschauen zwingt und dich zu deiner inneren Wahrheit führt.

Eine Zeit des Alleinseins und der Innenschau kann dir dabei helfen, die Wahrheit über dich selbst zu erkennen. Deine Verletzbarkeit, dein Gespür für die Dinge und deine innere Weiblichkeit bilden dabei deine Stärke, und deine Bewusstheit darin vermag zu deiner Führung zu werden. Indem es dir gelingt, deinen Schatten zu durchdringen, kannst du schließlich zu dir selbst zurückfinden und dich endgültig von der Vergangenheit verabschieden. Dann ist der Zeitpunkt gekommen, echte Liebe in deinem Leben willkommen zu heißen.

Obwohl du anderen deine Zartheit, deine Fürsorge und deine Liebe gibst, magst du erfahren, dass sie niemals wirklich erwidert werden oder niemals so erwidert werden, wie du es benötigen würdest, um dich selbst erfüllt zu fühlen. Entweder verliebst du dich in Menschen, die dich nicht lieben und deine Liebe nicht zurückgeben, oder du vertraust und verlässt dich möglicherweise auf Versprechen, die dann von den anderen nicht eingehalten werden. Vielleicht ist es auch so, dass die Liebe, die du anderen gibst, eher mütterlicher Natur ist. Dahinter verbirgst du die Ängste vor deiner eigenen inneren Weiblichkeit, um deine innere Frau möglicherweise vor weiteren Verletzungen zu schützen.

Koralle über Koralle hilft dir, bei der Liebe zu dir selbst zu beginnen. Es hilft dir, damit anzufangen, genauso viel an Liebe für dich selbst aufzubringen, wie du sie von anderen erwartest.

Die Farbe Koralle verbindet in sich ein helles Orange, zartes Rosa und viel Licht. Das Orange in Koralle zeigt an, dass möglicherweise alte Schockerlebnisse dich daran hindern, ganz du selbst zu sein. Es kann dir helfen, eine Wärme zu dir selbst zu entwickeln, in der du es dann erlauben kannst, die alten Erlebnisse, die mit dem Ursprung deines Gefühls, ›nicht geliebt zu werden‹, zusammenhängen, in dein Bewusstsein kommen zu lassen und deine diesbezüglichen Emotionen und Gefühle zuzulassen.

Das Rosa in Koralle mag dir helfen, jene Liebe für dich selbst aufzubringen, in der du dich selbst in Mitgefühl, sorgsamer Achtung und Fürsorge annehmen kannst und in der deine alten Verletzungen in Liebe heilen können. Das Licht in der Koralle kann dabei zum Licht deines eigenen Bewusstseins werden, zu deiner inneren Führung, so vermag es deine ganze Situation zu erhellen.

Das Licht der Koralle ist seine zentrale Kraft und kann deine Aufmerksamkeit fortlenken von Menschen, die dich nicht verstehen und dich lieber in der Masse sehen würden. Dieses Licht führt dich in dein Alleinsein, zum Finden deines inneren Lichts. Dein Blick kann beginnen, sich nach innen zu richten, in eine Meditation über die Liebe.

Koralle über Koralle hilft deinem Mut und deinem

Selbstvertrauen, dich allem zu stellen, das dir auf deiner Suche nach Erfülltsein von Liebe in deinem Inneren begegnet. Es führt dich in das Zentrum des Geschehens zurück, das in dir selbst liegt. Alles Vergangene, unabgeschlossene Beziehungen und nicht beendete Konflikte halten dich letztlich gefangen in deinem eigenen Schatten und binden dich an das Alte. Instinktiv und intuitiv magst du auf deiner Suche in deinem Inneren dem begegnen, was du anzuschauen hast. Es ist genau jenes, was du lösen und freisetzen musst, bevor du deine Energie vollständig für das Neue, für neue Liebe, die die Möglichkeit von Erwiderung in sich birgt, einsetzen kannst.

Dringst du tiefer und tiefer in dein Inneres vor, so magst du im leuchtenden Zentrum des Lichts im Korall zu den Ursachen deines Gefühls des Ungeliebtseins durchdringen. Sie mögen in einzelnen Erlebnissen deiner Kindheit liegen. An diesem Punkt kann sich dir zeigen, ob du genug Liebe bekommen hast, als du Kind warst. Vielleicht wurde dein Geschlecht abgelehnt. Oder es war nicht genug Liebe für dich da, weil du viele Geschwister hattest. Es mag auch sein, dass dir im Angesicht von Gewalt, Bedrohung und Maßregelung der Mut genommen worden ist, dein Bedürfnis nach Liebe zu zeigen. Für ein Kind jedoch ist die Liebe die Nahrung des Lebens. Ohne Liebe kann ein Kind sterben.

Die Wunden unerfüllter Liebe in dir mögen auch bis in andere Leben zurückreichen, deren Auswirkungen du in deinem jetzigen Leben vielleicht fühlst, spürst und ahnst. Um deine Spiritualität leben zu können, hast du vielleicht in der ferneren Vergangenheit dem Licht und der Liebe außerhalb von dir gedient und eine geistig abgespaltene Religiosität gelebt, in der du deinen Körper vernachlässigt hast. Oder du liebtest vielleicht jemanden, der einen anderen gesellschaftlichen Stand hatte, sodass eine Heirat unmöglich war und du auf diese Art und Weise diese Liebe niemals wirklich hast leben können. Vielleicht warst du auch standesgemäß durch eine Heirat an einen Mann gebunden, den deine Eltern unfreiwillig für dich bestimmt hatten, den du aber selbst nicht liebtest. Wurdest du in den alten Zeiten als Frau schwanger, ohne verheiratet zu sein, gab es keine Chance für ein menschenwürdiges Leben. Der Tod war häufig der einzige Ausweg. Missbrauch und Gewalt, bis hin zur Vergewaltigung, auch innerhalb einer Ehe, zwangen dich vielleicht, dein Fühlen zurückzunehmen und dich innerlich zurückzuziehen, um diese Situation überleben zu können. Deine wahre Liebe jedoch mag zu etwas Unmöglichem geworden sein, denn du konntest sie unter diesen Umständen nicht teilen. Sie erhielt keine Erwiderung, keinen Austausch. Sie war jenseits von allem, ohne die Erfahrung von Erfüllung oder ohne Erwiderung.

Das Licht im Korall ist eine große Hilfe dabei, jenen Ereignissen in dir selbst zu begegnen, die du vielleicht noch unverarbeitet in dir hältst und die dir auf diese Art und Weise möglicherweise eine Erfüllung deiner Bedürfnisse nach erwiderter Liebe unmöglich machen. Indem du die alten Erlebnisse in klarer Bewusstheit noch einmal erlebst, hilft es dir, deinen Schmerz um unerwiderte Liebe hervortreten zu lassen und alle deine ungeweinten Tränen zu erlösen und zu weinen.

Das Orange in Koralle hilft dir, deine Emotionen und Gefühle, die an den alten Ereignissen hängen, zu befreien, nach außen zu bringen und auf diese Weise deine Energie von den alten Erlebnissen zu lösen und freizusetzen.

Rosa öffnet dir schließlich eine Tür in deinem Herzen,

um dich deiner Gefühle, deiner Gedanken, aller Schmerzen und Wunden deiner Seele und deines Körpers, die du in deiner Liebe erhalten hast, liebevoll anzunehmen. Dann kannst du das Alte endgültig verabschieden und zu deiner unschuldigen Liebe wieder zurückfinden.

Koralle über Koralle birgt die wichtige Aufgabe in sich, wieder zum Mitgefühl für sich selbst zurückzufinden. In diesem Mitgefühl und in der Annahme jener Dinge, welche du erlebt hast und die dir Schmerzen bereitet haben, ebenso wie im Verstehen der Zusammenhänge dessen, was du jetzt erlebst, kannst du so jene Wahrheit über dich selbst finden, die eine Weisheit in sich birgt, um wahrhaft zu lieben. Indem du denjenigen, die dir Schmerz zugefügt haben, Mitgefühl entgegenbringst und ihnen verzeihst, kannst du wieder zu deinen wahren Gefühlen und deiner wahren Größe wissender und erkennender Liebe zurückfinden.

Koralle über Koralle hilft dir, in dieser liebevollen und mitfühlenden Selbstannahme und im Verzeihen vergangener Ereignisse dich nun zu sammeln und zu deinem inneren Zentrum zu finden, einem Punkt der Ruhe, der Stille und ungetrübten Klarheit in dir selbst. Dies ist der Ort, wo du dich akzeptierst und Freude daran findest, so zu sein, wie du bist.

Einmal losgelöst von Vergangenem, sind es deine eigenen Gefühle, die dir nun zu deinem untrüglichen Wegweiser werden können. Sie zeigen dir an, ob sich etwas stimmig für dich anfühlt, um darauf einzugehen oder dich davon abzugrenzen. Losgelöst vom Alten lernst du, aus dem Bauch heraus richtig zu handeln.

Während du dich vielleicht vorsichtig neuer Liebe öffnest, wach und bewusst prüfst, ob du dich in die Wiederholung alter Erlebnisse ziehen lässt oder nicht, kannst du an emotionaler Sicherheit gewinnen und bereit werden für die Erfüllung erwiderter Liebe. Deine Verletzbarkeit kann dabei nun zu deiner größten Stärke werden, denn aus ihr entsteht jetzt deine Einfühlsamkeit, eine tiefe Empfindungsfähigkeit und echte, mitfühlende Liebe.

Aus deinen eigenen tiefen Einsichten heraus wird es dir jetzt möglich, das, was in dir heil geworden ist, auch anderen zu ermöglichen. Menschen mögen sich von dir angezogen fühlen, die deiner Hilfe und deiner mitfühlenden Liebe bedürfen. In deiner Freude daran, andere in ihre Einsichten der Liebe zu führen, magst du ihnen dabei helfen, ihre eigene Mitte und Selbstliebe wieder finden zu können, die Voraussetzung für jede erwiderte Liebe und Erfüllung sind.

Beziehung wird auf diese Weise zu einer Begegnung, in der Freiwilligkeit und Miteinanderteilen, emotionaler Austausch, Freude, Natürlichkeit und Ehrlichkeit Raum erhalten. Ebenso wie all das, aus dem Schönheit, Harmonie und noch mehr Liebe wächst. In deinem Mitgefühl kannst du dann schließlich die höchste Form der Liebe finden.

B 88 Grün / Blau

»Der Jadeherrscher«

Das stetige Auf- und Ab von Glück und Unglück, das Werden und Vergehen, alle Dualitäten der Welt und deiner menschlichen Natur darin halten das Rad des Schicksals unaufhörlich in Bewegung und lassen es nie zum Stillstand kommen. Im Zentrum deines Herzens ist sein Ursprung. Dort kannst du zur Stille, Harmonie und Ewigkeit finden.

Gelingt es dir, alle Hürden deines Unglücklichseins zu überwinden, dann kann sich ein Durchbruch in das große Glück deines Lebens ereignen. Dann ist Raum für einen Neubeginn, in dem du deine Liebe zum Leben selbst wieder finden kannst und in die Lage kommst, dein Leben völlig aus deinem Herzen zu leben. Jenen tiefen inneren Frieden, den du darin zu erfahren vermagst, kannst du dann mit allen deinen Gefühlen, in tiefem Mitgefühl für alles, was lebt, durch dein Herz in die Welt verströmen. Aus deiner Liebe zur Natur aller Dinge wird es dann für deine Kreativität möglich, in das neue Bewusstsein hineinzuwachsen und eine neue Erde zu schaffen.

Grün über Blau hilft dir, das zu finden, was in deiner jetzigen Situation völliges Glücklichsein für dich bedeutet.

Denkst du in Idealen, stellst du in allen Bereichen des Lebens hohe Ansprüche und Standards an dich selbst und andere und kritisierst andere, die ihren Standard nicht leben – so ist das einfach. Die Schwierigkeiten beginnen dann in deinem Handeln, nämlich beim Umsetzen dessen, was du für möglich hältst.

In jenen unvorhergesehenen Augenblicken des Lebens, die sich jenseits deiner Pläne abspielen mögen und dich tief in deinem Innersten aufzurütteln beginnen, stellt das Leben deine Ideale sowie deine Fähigkeiten, sie zu leben, auf die Probe und prüft sie auf ihre Echtheit. Das, was nicht wahrhaft in deinem Herzen gewachsen ist, sondern nur deinem Verstand sowie Ideen und Gedanken, ›wie etwas optimal wäre‹, entspringt, wird nicht so funktionieren, wie es deinen Vorstellungen entspricht. Es wird jenen Prüfungen, die das Leben stellt, nicht standhalten. Doch das, was aus den Schwierigkeiten, die das Leben dir stellt, im Wesen deiner innersten Natur heranwächst, das, was niemals vergeht und still und unverändert bleibt, beweist sich und vermag allen Stürmen standzuhalten.

Grün über Blau hilft dir, zu dem vorzudringen, was dem großen Glück deines Lebens im Wege steht und dich in diesem Moment daran hindert, frei, offen und glücklich zu sein.

Enttäuscht und in dich gekehrt, magst du dich in dich selbst zurückgezogen haben, weil deine Erwartungen vielleicht nicht erfüllt werden. Möglicherweise hemmt irgendetwas deine Kreativität, sodass die Stimme deines Herzens vielleicht keinen Raum zu ihrem Ausdruck findet. Wenn es dir möglich ist, deine Gefühle auszudrücken, will es dir vielleicht nicht gelingen, dich damit auch durchzusetzen. In dem, was dich emotional blockiert, in deinen Ängsten und deinen vergrabenen Gefühlen, magst du zwar spüren, was in dir vorgeht, und wissen, was du fühlst, aber vielleicht findest du nicht den Weg, wie du das, was dir wirklich am Herzen liegt, ausdrücken kannst. Auf diese Weise magst du aus dem Gleichgewicht geraten, in Schwierigkeiten gekommen sein und Probleme in deiner Partnerschaft und in deinen Freundschaften haben. Vielleicht klammerst du dich auch, aus einer inneren Verunsicherung heraus, an andere und wirst eifersüchtig, neidisch und emotional. Weil du jedoch erfolglos bist, mögen dich schließlich deine ganzen unterdrückten Gefühle depressiv machen. Wenn du haltlos einfach deine Ideale umzusetzen versuchst, magst du darin schließlich in ein Gefühl geraten, als gehörtest du nicht auf diese Erde. Kommt in deinem Leben jedoch kein Glück vor, dann gibt es etwas, das seinem Fluss im Wege ist und ihn stört.

Grün über Blau gibt dir Raum, um in dich hineinzufühlen. Es hilft dir, diesen Augenblick zu nutzen, um tiefere Bereiche deines Wesens auszuloten.

Als Kind war Glücklichsein dein natürlicher Zustand, wenn du aus deinem Herzen heraus, von deinen Gefühlen bestimmt, spontan einfach das tatest, was dir Freude bereitet hat. Jedoch in diesen Zustand inneren Glücks mag deine Mutter eingegriffen haben und dich von deinem unschuldigen Glücklichsein fortgebracht haben. Möglicherweise hat sie begonnen, über dich zu bestimmen, und richtete so deine Aufmerksamkeit dahin, das zu tun, was sie von dir wünschte. Von deinem Vater wiederum magst du gelernt haben, dein Denken über dein Fühlen zu stellen und deiner Mutter zu folgen. Da du dich dann deinen Eltern gegenüber jedoch vielleicht nicht durchsetzen konntest, magst du Angst bekommen und sicherheitshalber begonnen haben, dich nach den äußeren Gegebenheiten zu richten. Vielleicht nur im Verborgenen, ganz für dich allein, konntest du dir ausdenken und ausmalen, wie deine ideale Welt und dein ideales

Leben darin aussehen mochte. Seit deiner Kindheit mag dir Autorität nun Angst und Schwierigkeiten bereiten.

Grün und Blau wird geschüttelt zu Türkis. Dieses Türkis kann dir in ein neues Vertrauen helfen. Ein Vertrauen in das Neue, in eine Zukunft, in der dein Herz wieder Raum erhält und leben darf. Im endlosen Drehen des Rades des Schicksals kann sich darin nun der Weg zu deiner Selbstverwirklichung öffnen.

Ein Jadeherrscher herrscht über sein eigenes Herz und über sein eigenes Leben.

Grün über Blau hilft dir, dich für jene Gefühle in dir zu öffnen, die du seit der Zeit, als du klein warst, möglicherweise zurücknehmen musstest. Es hilft dir, das wieder zu finden, was für dich selbst emotional wahr ist. Es rückt deine eigene Wahrheit in den Brennpunkt und bringt durch sie Harmonie in deine Gefühle. Auf diese Weise kannst du beginnen, die Dinge des Lebens durch dein Herz zu sehen und mit deinem Herzen zu verstehen. Verstehst du es, dabei der Stimme deines Herzens wieder Raum und Ausdruck zu geben, ihr zuzuhören und sie für dich sprechen zu lassen, dann kann dein Herz dabei jenen Raum erhalten, den du benötigst, um dein inneres Gleichgewicht wiederzugewinnen. In ihm kannst du dann zur Stille des Friedens in der Tiefe deines Wesens finden. Das Rad des Schicksals dreht sich unaufhörlich. Die Natur der Dinge und ein neuer Anfang mögen nun in deinem Leben ihren Lauf nehmen.

Grün über Blau gibt der Entwicklung deines Herzens Raum und hilft dir, deinen eigenen Weg zu finden. Empfänglich und empfindsam magst du jetzt beginnen, die Lektionen des Lebens mit Freude zu sehen und sie mit dem Verständnis und der Bereitschaft, durch sie tiefer in das Glück des Lebens vorzudringen, anzunehmen.

Das Grün im oberen Teil der Flasche gibt dem weiblichen Teil in dir Raum. Es hilft dir, an dir selbst zu arbeiten, Altes hinter dir zu lassen, neue Entscheidungen zu fällen, darin die Richtung nach dem zu wählen, was dein Herz benötigt, und das, was du fühlst, mitzuteilen.

Das Blau im unteren Teil der Flasche hilft dir, deinen männlichen Teil zuzulassen, den Frieden in der Wahrheit deines Herzens zu fühlen und dich aus ihm heraus mit deinen Gefühlen und Entscheidungen durchzusetzen. Als Ergebnis kannst du dann sehen, dass jede aus deinem Herzen kommende Handlung in deinem Leben etwas Neues hervorruft.

Begibst du dich erst einmal auf den Weg deines Herzens, dann kann es dir auf diesem Weg gelingen, alle Macht- und Autoritätsprobleme zu überwinden. In der Liebe und im Verstehen der Natur der Dinge, der Fülle und Freude der Schöpfung, die dich umgibt, magst du dabei den größten Lehrmeister finden.

Grün über Blau hilft dir, in allem das Göttliche zu entdecken und es in dir selbst und allem, was du tust, auch zu verwirklichen. Es mag eine Kommunikation aus der Tiefe des Friedens mit der Erde in dir entstehen. In dieser Verbundenheit und einer Einheit mit der Natur und all den Wesen, die in ihr existieren, kannst du dann lernen, in allem die große Intelligenz der Schöpfung zu erfühlen, in der alles seine Zeit hat. Vom Entstehen zum Wachsen, von der Blüte über die Reife hin zu Verfall und Tod. Die Quelle der Schöpfung gibt und nimmt unaufhörlich. Es ist deine eigene Liebe zu Mutter Natur, die dich mit jenem Wissen und jenem Verstehen über das Leben ausrüstet, welches du benötigst, um deinen eigenen Weg darin zu finden. Sie ist es, die dich lehrt, ein Gefühl dafür zu entwickeln, wie du dem Frieden der innersten

Natur von allem in der Welt helfen kannst, ihn zu erhalten und dich selbst darin zu integrieren. Grün über Blau hilft dir, alle Kräfte und Fähigkeiten zu aktivieren, die du dafür benötigst.

Jede Handlung in deinem Leben ist eine Chance, dein Glück zu schmieden. Stehst du mutig zu dir selbst, bereit zu vertrauen und etwas zu wagen, magst du, offen für das, was das Leben dir bringt, gute Gelegenheiten anziehen und sie nützen. Der Sprung ins Unbekannte, das Wagnis, kann dabei immer wieder zur Herausforderung werden, um deine Ängste zu besiegen.

Deine Flexibilität hält dein Leben in ständiger Bewegung. Nutzt du alle deine Mittel und schöpfst du alle Möglichkeiten aus, um deine Ziele zu erreichen, so erhält dein Wirken in deinem Spielerischsein und deiner Intuition jenen Sinn von Genialität und Leichtigkeit, durch die du die Weisheit deines Herzens dann mit anderen teilen kannst.

Obwohl sich wahres Verstehen aus deinem Herzen heraus ereignet, erwachsen gleichwohl aus dem Einswerden von Instinkten und von intuitiven Geisteskräften deine Unterscheidungskraft und dein klares Denken, aus denen heraus dann eine Erneuerung für den Frieden in der Welt entstehen kann.

Grün über Blau hilft dir, dem Weg des Herzens zu folgen und ihn offen und frei, mit Klarheit und Bestimmtheit zu gehen. Während Fürsorge und Planung für dein Leben und das der Erde es sind, die dein Herz bewegen mögen, schaffst du zugleich eine Arche der Freude und Harmonie an der Schöpfung im Abenteuer des Lebens in dieser Zeitenwende. Alles Leben ist eins und benötigt sich gegenseitig. Ein kollektiver Aufbau und lebendiges Wachstum lässt schließlich dein Bewusstsein da hineinfließen, wo alles miteinander leben, sich entfalten und sich entwickeln kann. Schwingen einmal deine Bedürfnisse mit den Bedürfnissen deines Partners, deiner Freunde, anderer Menschen, der Tiere, der Pflanzen, der Steine und Mineralien in Einklang, in endlosem Miteinander, hat alles eine Zukunft und das Glück eine Form.

Inmitten energetischer Umwälzungsprozesse, im stetigen Auf und Ab der Dualitäten, im Wechsel von Glück und Unglück bedeutet Leben stetige Bewegung. Und doch bleibt etwas in deinem Zentrum, in einer Gesamtheit, einer Ganzheit, dabei unverändert, wie ein unberührter Zeuge.

Die Stille des Friedens ist deine innerste Natur. Dienst du dem Leben, so dient das Leben dir. Jenseits von Zeit und Raum tritt der Jadeherrscher in den absoluten Mittelpunkt, dahin, wo alle kreativen Kräfte entspringen und wieder eins werden – in der Unsterblichkeit.

B 89 Rot / Tiefmagenta

Energie-»Erste Hilfe«

»Die Zeitenwende«

Die Energie, um Liebe auszudrücken, erhält hier innere Kraft, um zu wachsen. In deiner völligen Hingabe an die Kraft leidenschaftlicher Liebe kann sie mit deiner spirituellen Kraft verschmelzen, um zu jener Energie in dir zu werden, die schließlich deine Heilung bewirkt.

Rot über Tiefmagenta hilft dir dabei, deine Ängste vor der totalen Kraft der Liebe, vor der du dich möglicherweise zurückgenommen hast, überwinden zu lernen. Gelingt es dir, alte Erlebnisse von Liebe, die sich vielleicht wie energetische Schocks in dir anfühlen und deine Energie haben einfrieren lassen, dir wieder bewusst werden zu lassen, sie anzunehmen, zu verarbeiten und hinter dir zu lassen, kann deine Kundalini wieder aufzusteigen beginnen. Aus ihr kann dann ein tantrischer Energiezirkel in dir entstehen, in dem deine männliche und deine weibliche Energie wie ›positive‹ und ›negative‹ Kraft verschmelzen. Dies geschieht ähnlich einem elektrischen Fluss, der dann auch in der Sexualität zu einem Energiezirkel zwischen dir und deinem Partner werden kann, in dem du mit ihm dann zu einer neuen Einheit verschmilzt.

Rot über Tiefmagenta ist eine Hilfe dafür, einen großen Energiemangel überwinden zu lernen. Es rettet dich aus deiner Kraftlosigkeit heraus, aus einem Zustand, in dem du dir vielleicht deine Lebenskraft hast nehmen lassen. Auf eine direkte Art und Weise verbindet es dich wieder mit deiner grundlegenden Lebensenergie und hilft dir, Abstand von der Situation, in der du gerade steckst, zu nehmen. So kannst du lernen zu sehen, was in dir vorgeht. Gelangst du an die Ursachen deiner Energielosigkeit und wirst dir deiner Resignation und Depression, unter der du vielleicht deine Aggressionen erstickst, bewusst, wirst du ebenso erkennen können, wo und wie du deine Kraft noch an andere abgibst. Gelingt es dir, alle deine Emotionen, wie Traurigkeit, Wut und Zorn, in Bewegung zu setzen und sie nach außen zu bringen, wirst du schließlich deine Emotionen als den Humus erkennen können, aus dem deine Wurzeln zur Entfaltung deiner Persönlichkeit ihre Nahrung beziehen, sodass du dich weiter entwickeln kannst. Unterdrückst du sie, trittst du auf der Stelle. Gibst du ihnen jedoch Energie, so befreien sie dich aus deiner Ohnmacht, bis hinein in die wahre Kraft der Leidenschaft deiner Gefühle.

Rot über Tiefmagenta kann dir all jene Kraft verleihen, die du für dein Aufbegehren benötigst. All das, worin du möglicherweise deine Kräfte abgibst, vielleicht in starre, dominierende, patriarchalische Vaterstrukturen oder männlich beherrschendes Denken, kann hier zum ›teuflischen‹ Angriffspunkt werden, durch den du dein ganzes Potenzial für Liebe und ›divineness‹ (›Göttlichkeit‹) dann freisetzt.

Nimmst du deine Kraft vor anderen zurück, so stößt du unweigerlich auf jene Dinge in deinem Leben, in denen du dich selbst täuschst oder dir vielleicht etwas vormachst, weil du nicht bei dir selbst bist, nicht in deiner Kraft. Vielleicht gehst du einfach stolz darüber hinweg und willst sie nicht sehen.

Rot über Tiefmagenta hält dich an, beendet deine Routine und du kannst Zeit gewinnen, wahrhaft in dich hineinzuschauen. Es gibt dir jene Kraft und Einsicht, in niemandes Klauen dein Leben zu fristen. Es lehrt dich, deine Zähne zu zeigen und wahrhaft du selbst zu sein.

Diese Flasche heißt auch ›Zeitenwende‹. Das, was jetzt geschieht, ist der Aufbruch in eine neue Zeit und du kannst jetzt in deiner Entwicklung einen großen Sprung machen. Es entsteht eine Zeitverschiebung, ähnlich dem Zustand, wenn du bekannten Boden verlässt und dich auf unbekanntes Terrain vorwagst. Um dich darauf bewegen zu können, hilft dir Rot über Tiefmagenta zunächst, jenem Zeitsprung zu folgen, der in die Vergangenheit geht. Der Weg zum Licht, zur ›Göttlichkeit‹, führt durch alle Aspekte der Dunkelheit und des Schattens.

Rot über Tiefmagenta lässt dich deine Bindung mit denjenigen Menschen neu anschauen, mit denen du durch Blutbande verbunden bist – deine Familie und deine Eltern. Rot ist die Farbe jener Energie, mit der du empfangen wurdest und mit der du in diese Welt der Körperlichkeit kamst. Im Rot drückt sich die ganze sexuelle Dynamik der Liebe deiner Eltern aus, in der du deinen Körper erhieltest. Alles, was von den Kräften deiner Eltern in jenem Moment deiner Zeugung auf allen Ebenen, der physischen, emotionalen, mentalen und spirituellen präsent war, gab eine tiefe Einprägung in dein inneres Wesen. Der Moment deines physischen Entstehens bildet den Beginn der Konditionierung deines Unterbewusstseins, anknüpfend an frühere Leben.

Rot über Tiefmagenta hilft dir dabei, wieder zur ursprünglichen Kraft deines Körpers, deines Denkens und deines Fühlens zurückzukehren. Indern du in der materiellen Welt deine Bedürfnisse und Einstellungen neu überprüfst, kannst du dir darüber klar werden, was deine wirklichen Prioritäten im Leben sind. Lebst du unbewusst und ängstlich nach deinen Überlebensinstinkten, versuchst du nur durchzukommen oder ist das Bewusstsein der Liebe dein höchstes Gut?

Rot über Tiefmagenta hilft dir, alte Überlebensstrukturen anzuschauen, um den Ursprung deiner Probleme in deiner Kindheit erkennen zu können. Es konfrontiert dich mit dem roten Tuch der Autorität, der familiären Autorität, durch die vielleicht in deiner Kindheit Liebe ersetzt wurde und an der du möglicherweise als Kind mit deinem Bedürfnis nach Liebe abgeprallt bist. Um überleben zu können, warst du gezwungen, die herrschende familiäre Autorität anzuerkennen. Seitdem magst du dich jedoch im Wertesystem deiner Eltern gefangen fühlen, da sie dich aus ihrer Autorität heraus unfrei gemacht und an die materielle Welt gebunden haben. Was sie sich für ihr Überleben sicherten, sicherst du dir nun heute vielleicht automatisch für dein eigenes Überleben. So wie deine Eltern mit ihrer Sexualität umgegangen sind, gehst du jetzt vielleicht unwillkürlich mit deiner eigenen Sexualität um. All die Wichtigkeiten und Beschränktheiten, die dem Bedürfnis deiner Eltern nach Sicherheit entsprachen, ihre Art der Liebe, ihre Einstellung zur Arbeit, zum Geld, zum Wohnen und dem Leben gegenüber, leben in einer Art in dir, als ihr Kind, weiter. Ihre eigenen Probleme mögen jetzt zu den deinigen geworden sein. Auf diese Art und Weise ist dein eigenes Leben, geprägt von der Vergangenheit, vielleicht zu deinem eigenen Gefängnis geworden.

All jene Konditionierungen, die du mit der Zeit angenommen hast, mögen nun deine Lebenskraft einschränken. Vielleicht laugen sie dich aus, machen dich schwach und reduzieren dich darauf, dir nun deine eigenen Bedürfnisse zu sichern. Auf diese Art und Weise bist du allerdings nicht in deiner eigenen Kraft, lebst nicht dein Potenzial und entfaltest dich nicht, sondern du überlebst nur noch.

Rot über Tiefmagenta weckt das Feuer der Rebellion in dir gegen alles Alte, Einschränkende und gegen das Leben Gerichtete. Hältst du deine Wut nicht zurück, sondern drückst sie aus, dann kannst du im Feuer dieser Verwandlung das freisetzen, was du eigentlich leben willst, und deine Ziele verwirklichen.

Vielleicht liegt dein zentrales Problem auch in deiner Sexualität. Lust enthüllt ihr kreatives Potenzial nur dann, wenn du sie total lebst.

Rot über Tiefmagenta ist sehr hilfreich dabei, dich von aller Moral unabhängig zu machen, das Denken der Religionen zu verlassen und mit der Kraft deiner innersten Natur zu verschmelzen. Akzeptierst du deinen Körper mit allen seinen Bedürfnissen, akzeptierst du deine Liebe, deine Leidenschaft und deine Lust als eine schöpferische Kraft in dir, kann dein Basis-Chakra sich öffnen und heilen.

Rot über Tiefmagenta unterstützt dich, dich mit deinem ganzen Wesen deiner Sexualität hinzugeben. Nur in deiner Ganzheit, nur indem du dir erlaubst, deine Kontrolle zu verlieren, erreichst du eine orgasmische Erfahrung. Sie gibt dir nicht nur die größte Freude, zu der dein Körper fähig ist, sie gibt dir auch die Einsicht, dass dies nicht alles ist. Sie öffnet eine Tür. Sie macht dich darauf aufmerksam, dass du unnötigerweise draußen gesucht hast, während dein wirklicher Schatz innen liegt. Soweit es die biologische Fortpflanzung angeht, ist der Orgasmus nicht nötig. Soweit es jedoch Spiritualität und inneres Wachstum betrifft, ist der Orgasmus eine Notwendigkeit.

Meditation und das Aufsteigen der Kundalini sind ein Beiprodukt orgasmischer Erfahrung. Dein Orgasmus bringt dich auf natürliche Weise in einen Zustand der Meditation. Die Zeit löst sich auf, deine Gedanken verschwinden, dein Denken hält an und dein Ego liegt weit hinter dir. In diesem Moment beginnst du zu verstehen, dass du nicht der Körper und nicht der Verstand bist, sondern etwas, das beides transformiert – eine bewusste Energie. Dein ›Ich‹ ist nicht mehr, es gibt nur ein Gefühl von reinem ›Sein‹. ›Divineness‹ – Göttlichkeit.

Authentische Meditation ist nichtsexueller Orgasmus. In der Meditation kannst du bewusst deinen Verstand loslassen, mit der Unendlichkeit der Zeit verschmelzen und allein in orgasmische Freude eintreten. Wenn dann deine pulsierende Lebenskraft, frei von Konditionierungen, in Freude und Genuss fließt, ist das die Energie, die du freigesetzt hast und die dich zu heilen vermag.

Indem du dein entfachtes Lebensfeuer in die Welt gibst, geht von dir ein neues Licht aus. Ein Licht, welches die alte Welt zerstört und eine neue Welt erschafft. In deiner völligen, ganzheitlichen Hingabe an die Leidenschaft der Liebe findet Verwandlung statt. Jeder Augenblick in erwachtem Bewusstsein lässt dich erkennen: Die Welt, in der du lebst, erschaffst du selbst.

Als Energie-»Erste Hilfe« ist Rot über Tiefmagenta hilfreich nach elektrischen und energetischen Schocks. Dann trägst du das Öl am besten um den gesamten Unterbauch herum auf. Rot über Tiefmagenta gibt es dafür auch als Taschennotfallöl.

B 90 Gold / Tiefmagenta

Weisheits-»Erste Hilfe«

Die Suche nach dir selbst ist in Wirklichkeit eine Suche nach der Wahrheit und der höchsten Weisheit. Sie ist der Weg, auf dem du, je mehr Weisheit du in dir dabei findest und sie zu verwirklichen lernst, zu deinem rechtmäßigen Platz im Leben findest.

Gold über Tiefmagenta ermöglicht dir den Aufstieg aus der Dunkelheit deiner Unwissenheit in das goldene Licht deiner Weisheit. Auf diesem langen Weg deiner Seele, ihrer Trennung aus der Einheit mit dem Ganzen und ihrer Rückkehr in das Ganze, mag das Leben dich bereits durch viele Lektionen geschickt haben. Du wirst viele Schmerzen durchlitten und viele Opfer erbracht haben.

Gold über Tiefmagenta kann dir eine Wiederausrichtung der Perspektive auf deinem Weg geben, um aus innerem Chaos eine neue Ordnung auftauchen zu lassen. Aus ihr heraus wird es dann möglich, dass mit der Weisheit deines wahren Selbst auch deine tiefste Freude in die Welt kommt.

Die Suche nach Wahrheit erfordert große Anstrengung, Entdeckungsfreude und Risikobereitschaft, und es ist nötig, dass du alleine gehst, auf einem Weg, den niemand vor dir gegangen ist.

Was du dabei mit deinem Eigenwillen versuchst zu planen, wird immer wieder durchkreuzt werden. Es ist der höchste Wille, der göttliche Wille, der sich in deinem Leben offenbaren möchte.

Unaufhörlich mag das Unbekannte in deine dir bekannte Welt eintreten und dich stören. Es wird Unruhe bringen und Chaos. Aber es bringt nur deshalb Unruhe und Chaos, weil du es nicht willkommen heißt. Das Leben scheint klüger zu sein als du, denn es zwingt dich, nach innen zu schauen. Darauf reagierst du vielleicht mit Verwirrung, weil deine eigene Tiefe dir Angst verursacht und du es möglicherweise nicht wagst, sie zu betreten. Vielleicht weißt du auch nicht, wie du dich verhalten sollst, oder verhältst dich unbewusst. Dabei mag dir jedoch nicht klar sein, dass du deine eigene Macht über jene Dinge stellst, die sich in deinem Leben ereignen. Auch deinen Eigenwillen willst du nicht aufgeben. Du magst deinen Willen dazu benutzen, um die Dinge für dich zu verbessern. Obwohl du nach außen hin möglicherweise vorgibst, keine Schwierigkeiten zu haben, magst du dich innerlich trotzdem zutiefst verunsichert fühlen und dich dann selbst verurteilen, in deiner Unbewusstheit Fehler gemacht zu haben. Vielleicht versuchst du auch, anderen Angst zu machen, sie zu beeinflussen und zu manipulieren, nur um persönliche Macht für dich selbst gewinnen zu können.

Gold über Tiefmagenta kann dir helfen, eine Wende in deiner scheinbaren Aussichtslosigkeit und der möglichen Freudlosigkeit deines Lebens herbeizuführen und deine Orientierungslosigkeit zu beenden. Es kann dir dabei helfen, deine Selbstsucht und deinen Eigenwillen, die du gegen das Leben richtest, aufzugeben und zu lernen, in einer neuen Weise zu sehen. Je mehr du festhältst, je länger du dich bemühst, um deinen Kampf um deine Macht und deinen Eigenwillen aufrechterhalten zu können, umso härter wirst du die Aussichtslosigkeit deines Tuns erkennen müssen. Nur im freiwilligen Unterordnen unter die kosmischen Gesetzmäßigkeiten kann eine Wende geschehen.

Gold über Tiefmagenta spiegelt die enge Verknüpfung zwischen Macht und Wissen und deinem eigenen Willen darin. Es kann dir jene Richtung aufzeigen, in der du darüber hinausgehen und echte Weisheit erlangen kannst.

Nur im Zulassen des höchsten Willens, auf den du keinen Einfluss mehr hast, kann deine Schau nach innen wahrhaft ausgelöst werden. Nur darin liegt eine Wende in die einzige Perspektive begründet, die dir bleibt. Erst indem du dich deiner inneren Wirklichkeit stellst, vermagst du deine dich einschränkenden Denk- und Verhaltensmuster zu erkennen und zu sehen, dass sie in Wahrheit nicht weit genug für dich reichen mögen, um das Höchste zu erlangen. Es ist immer das Bekannte, das zu Zeiten aufgerüttelt wird, nie das Unbekannte.

Gold über Tiefmagenta kann dir helfen, dich den Lektionen, die das Leben dir bringt, zu stellen, deine Lernaufgaben darin zu akzeptieren und zu deiner Bereitschaft zu finden, aus ihnen zu lernen, um dann schließlich zu deiner inneren Wahrheit zu finden. Es kann dir helfen, dabei mit deiner Verwirrung und deiner Angst Freundschaft zu schließen, sie zu akzeptieren und dich ihnen in dem Wissen zu stellen, dass du aus den Tiefen deines Wesens Unterstützung bekommst. Auf diese Weise kannst du dir ansehen, was es ist, das Angst und Verwirrung in dir hervorruft.

Schon als Kind magst du gelernt haben, denen glauben und folgen zu müssen, die die Macht haben – deinen Eltern, den Lehrern, den Priestern. Sie mögen dir eine scheinbare Welt der Wahrheiten gegeben haben, Machtspiele des Egos, in denen derjenige, der an der Spitze steht, die größte Macht hat und den meisten Einfluss ausübt. Die Welt, in die du geboren wurdest, ist eine Welt, in der es nicht darum geht, deine Wahrheit zu finden, sondern deine Macht abzugeben. Eine Welt, in der dein Vertrauen missbraucht wird, um dich weiter in Unbewusstheit zu halten und Abhängigkeit zu schaffen.

Seit Jahrtausenden wird der Mensch in physischer und psychologischer Abhängigkeit gehalten, um sicherzustellen, dass er nichts über seine wahre Anlage zur Göttlichkeit erfährt. Doch es ist dein Grundrecht, göttlich zu werden. Bevor du Gott nicht in dir selbst gefunden hast, ist alles andere hinfällig. Findest du das Göttliche in dir, so ist im selben Moment alles andere mitgefunden.

Gold über Tiefmagenta kann dir helfen, dich radikal aus dem alten Machtspiel um Wahrheit, Wissen und Weisheit zu befreien und jenseits von Macht, Angst und Verwirrung an das gesamte Potenzial deiner eigenen Wahrheit, deines eigenen Wissens und deiner eigenen Weisheit zurückzugelangen.

Wahrheit ist kein Objekt, das du irgendwo findest, wenn du still bist. Wahrheit ist deine Subjektivität. Wahrheit ist immer subjektiv. Sie kann niemals in starren Formen festgelegt werden. Was immer du siehst, ist ein Objekt, aber derjenige, der es sieht, ist das Subjekt. Wahrheit ist Subjektivität. Ungehindert und ohne Einwände deine Subjektivität herauszufinden, in ihrer totalen Unendlichkeit und Ewigkeit, das ist Wahrheit und vermag dich zu echtem Wissen und Weisheit zu führen, die aus Wissen und Erfahrung gewachsen sind.

Gold über Tiefmagenta kann dir helfen, von deiner Abhängigkeit loszulassen und zu lernen, in jenes Wissen hineinzuvertrauen, dass du das, was dir hilft, bereits in dir trägst. Du musst dich nur an dich selbst erinnern. Es hilft dir, in tiefer Regeneration zu deinen eigenen Gefühlen, deinem eigenen Denken, deinem eigenen Körper zurückzukommen und wahrhaft zu einem Individuum zu werden. Ein Individuum zu sein und in völliger Unabhängigkeit und Freiheit auf deinen eigenen Füßen zu stehen, aus deinen eigenen Quellen trinkend, ist das, was dich wirklich in deine Mitte führt und zu deinen Wurzeln.

Gold über Tiefmagenta kann dir ebenso helfen, in direkte Verbindung mit dem tiefen Wissen alter Zeiten zu treten, sodass es wieder in dein Heute fließen kann, es zu bereichern und zu klären vermag. Es mögen Gefühle, Gedanken und Erinnerungen in dir aufsteigen und dir mögen sich Dinge aus jenen Zeiten eröffnen, die wichtig und wertvoll sind. Du kannst sie von alter Macht lösen, sie in dein jetziges Leben bringen und sie integrieren.

Vieles, was du heute nicht mehr weißt, aber vielleicht noch erahnst, magst du in den alten Zeiten gewusst haben. Auf diese Weise kannst du auf deiner Suche den vergangenen Sonnenkulturen wiederbegegnen, den goldenen Zeiten des Wissens, in denen du vielleicht in allen Handlungen in höchster Wachsamkeit dem göttlichen Licht gedient hast. In jenen Zeiten mögen dein Körper und deine Seele durchlässig und empfänglich für kosmisches Wissen, kosmische Führung und ihre irdischen Zusammenhänge gewesen sein. Jetzt mag dieses Wissen erwachen.

Gold über Tiefmagenta kann dir helfen, dich nicht wegen deiner Fehler zu verurteilen, die du in der Unbewusstheit deines Eigenwillens gemacht haben magst, sondern Versöhnung darin zu finden, indem du Liebe und Mitgefühl dir selbst, anderen und allem gegenüber als Basis im Leben erkennst. Liebe vermag alles zum Vorschein zu bringen, was ihr nicht dient, sodass es heilen kann. In deinem Verzeihen kannst du zur Bedingungslosigkeit deiner Liebe finden und zu ihrer höchsten Form, dem Mitgefühl. An sie kann keine Macht mehr heranreichen, sie ist jenseits egoistischen Denkens und nicht mehr manipulierbar. Durchflutet dich diese Liebe, so vermagst du in ihr das Gold der Ewigkeit zu berühren.

Gold über Tiefmagenta kann deiner Verwirklichung von Wahrheit, Wissen und Weisheit in einer Form des liebenden Dienens helfen, indem du deinem inneren Pfad folgst. Du magst beginnen, alle Aspekte des Lebens in einer bewussten Art und Weise zu vollbringen. Indem du deine Liebe und Aufmerksamkeit in all die kleinen Dinge des Alltags gibst und das Gewöhnliche in außergewöhnlicher Weise tust, kann die Weisheit, die du in dir trägst, beginnen, sich bewusst auszudrücken, und so tiefe Freude inmitten des Alltäglichen in dir hervorbringen. Auf diese Weise kannst du wieder lernen, dich an dich selbst zu erinnern, an den Stern, der du bist.

Gold über Tiefmagenta hilft dir, mit der Zeit jene Stärke und innere Festigkeit zu erlangen, um deine Weisheit, deren innerster Kern das Gold der Liebe ist und in der dein Sinn und deine Lebensaufgabe liegen, mehr und mehr zu verwirklichen, bis du die Möglichkeit wahrnehmen kannst, der Welt, im Befolgen deines eigenen Weges und deiner eigenen Entwicklung zum Licht hin, deinen Dienst anzubieten. Dann hat dein Wille sich in einen Willen gewandelt, der Weisheit und Freude will.

Vertraust du dabei, hörst du auf zu kämpfen und gibst dich hin, dann lernst du, das Unbekannte willkommen zu heißen. Erst wenn du das Bekannte verlässt, kannst du das Geheimnis kennen lernen, wie du in allen Niederlagen und in allem Versagen siegreich bleibst.

Wahrheit ist immer rein, nackt und bloß. Das macht ihre wahre Schönheit aus, denn Wahrheit ist die Essenz des Lebens, der Schöpfung und der Natur selbst. Sie zeigt sich dir nur, wenn du nackt und vorbehaltlos dich vollständig hingibst an das, was ist.

Lebst du in tiefem Vertrauen, verwandelt diese Qualität des Vertrauens dein Leben, die Situation mag sein, wie sie will.

Als Weisheits-»Erste Hilfe« hilft Gold über Tiefmagenta dir, besonders in Zeiten verstärkter Suche nach dir selbst, in Seminaren, Ausbildung und Therapie, jenseits von Macht, Angst und Verwirrung an das gesamte Potenzial deiner Wahrheit, deines Wissens und deiner Weisheit gelangen zu können. Dazu trägst du sie am besten um den gesamten Bauch herum auf.

B91 Oliv / Oliv

»Weibliche Führerschaft«

Die Führungskraft des Weiblichen oder der Begriff »Weibliche Führerschaft« bedeutet in seinem Kern einen Prozess, in dem du alles Alte noch einmal anschaust und verarbeitest, um dich dann radikal aus allen alten Verhältnissen befreien zu können. Das mag den Tod deiner gesamten Vergangenheit mit sich bringen.

Der Tod kann einerseits vernichtend sein; andererseits ist er eine Befreiung aus allen Fesseln, die das Weibliche einschränken und knechten. Hältst du dabei an längst überlebten Beziehungen oder Situationen in deinem Leben fest, klammerst du dich an alte Bindungen, dann wird das Sterben des Alten nur umso qualvoller für dich.

Oliv über Oliv unterstützt deine innere Bereitschaft, dich aus alten Verhältnissen, die nach Auflösung drängen, lösen zu können. Nur deine Ganzheit kann eine Wiedergeburt ermöglichen. Gibst du alles in das Vergehen, dann wird alles neu werden und wieder neu entstehen.

Die Hoffnung auf eine neue Erde mag das Licht auf deinem Weg vorwärts sein und die Lektion des Herzens darin will gelernt sein. Oliv hilft dabei, dem Prozess des Lebens zu vertrauen. Oliv über Oliv kann dir helfen, verschlossene innere Räume wieder zu öffnen und Verhärtungen und Verbitterungen in deiner Seele oder in deinem Wesen neu zu überprüfen. Hinter deinem Verbittertsein oder deinem Kämpfen ums Überleben magst du Dinge verbergen, die dich einmal verletzt haben und die vielleicht zu schmerzhaft waren, als dass du sie bisher hättest angehen können. Oliv über Oliv hilft, diese Verhärtungen in dir zu lösen und nimmt die Bitterkeit deines Herzens, um dich dort hinschauen zu lassen, wo die Ursache deiner Schwierigkeiten wahrhaft liegt.

Wenn du eine Frau bist, macht es dir möglicherweise Angst, dich selbst zu leben, und du beziehst dich vielleicht eher auf Männer in deinem Leben - deinen Vater, deinen Partner oder eine andere Person männlicher Autorität. Wenn das so ist, dann knüpfst du dein Bedürfnis nach Liebe und Geliebtwerden offenbar eher an einen Mann, anstatt deine eigene Kraft anzunehmen und dich selbst zu leben. Einerseits magst du vielleicht Angst haben, dich fallen zu lassen, weil Autorität dir Angst macht, andererseits jedoch spürst du vielleicht wieder das Bedürfnis, dich mit Autorität verbinden zu wollen. Doch in dieser Art und Weise bist du dabei gefangen in einem Spiel; denn entweder gibst du deine eigene Autorität an andere fort oder du setzt sie selbst verstandesorientiert und männlich ein, da du deine weibliche Seite in Wahrheit verleugnest. Eher spiegelst du dich so vielleicht in einem Mann und kämpfst gegen ihn an, anstatt dich von ihm zu lösen und in dich selbst hineinzuschauen. Dein Stolz mag dich daran hindern, deine eigenen Ängste fühlen zu können und das Weibliche in dir zu akzeptieren.

Oliv kann dir eine Hilfe dabei sein, von alten Vorstellungen und Ideen, wie du dich beziehen kannst, Abstand zu nehmen, denn mit ihnen magst du an Bindungsmustern anknüpfen, die dich wieder im Alten verhaften, gegen das du dann wieder weiter ankämpfst. Oliv hilft dir, diesen Teufelskreis zu verlassen. Es hilft dir dabei, bewusst zu werden, denn ein Fortschreiten auf dem Weg, den dein Herz nehmen will, ist nur möglich, wenn du dich völlig befreist. Das Schlüsselthema dieser Flasche ist das Führen durch die weibliche Kraft. Oliv über Oliv vermag dabei alles ans Tageslicht zu bringen, was dich daran hindert, diese innere Rolle wirklich zu übernehmen. Die Ursachen, die in diesem Prozess zutage treten mögen, können mannigfaltig sein.

So wurde in alten Tagen damit begonnen, Frauen in Gemeinschaften um Erleuchtete herum nicht zur Schülerschaft zuzulassen, da sie die Männer von ihren spirituellen Übungen abgelenkt hätten. So wurden Frauen im Mittelalter in Europa für ihr Heilwissen als Hexen ermordet. Diejenigen, die sie umbrachten, waren die Führer der römisch-katholischen Kirche in Zusammenarbeit mit den Regierungen der jeweiligen Staaten. So werden in Ägypten und in anderen Ländern Frauen noch heute beschnitten. Im Islam wird die Frau, auch noch in den heutigen Tagen, als sexuelles Besitztum verstanden und vor den Blicken anderer verschleiert. Die Liste der Unterdrückung der Frau ist lang, und sie währt bis heute. Die Angst des Mannes vor der Sinnlichkeit und Erotik, vor dem Geheimnisvollen der Frau, ihrem Heilwissen, ihrem ganzheitlichen Denken, ihrer erdverbundenen Spiritualität, ihrer Stärke und Kraft, ihrer Liebe und ihrem Licht, ist stark ausgeprägt.

Das Oliv mag Erinnerungen, auch Erinnerungen tiefster Vergangenheit, in dir wachrufen, die in Gefühlen von Bedrohung und Verfolgung, Qualen, Folter, Pein und Tod in dir zutage treten können.

Oliv über Oliv kann eine große Hilfe dabei sein, in Erschöpfungszuständen nach seelischem und körperlichem Leiden zu neuer Kraft zu finden. Es kann dir helfen, die Dinge, die du erlebt hast, in dein Bewusstsein zu bringen, dir erlauben, deine Emotionen, die an deine Erlebnisse geknüpft sind, auszudrücken, um sie dann zu verarbeiten. Es hilft dir darin, die Zusammenhänge zu verstehen und das Alte gehen zu lassen. Auf der körperlichen Ebene hilft Oliv, Nahrung aufzunehmen und zu verdauen. Auf geistig/seelischer Ebene hilft Oliv, Dinge heraufzubringen, sie vielleicht noch einmal zu betrachten, den Nutzen für dich selbst aus einer Erfahrung herauszuziehen und das, was du nicht mehr benötigst, loszulassen.

Es ist viel Tiefgang deiner Wurzeln in die Erde nötig, um die Bitterkeit der Vergangenheit aus der Erde nehmen zu können und all das zu lösen, was dich bisher behindert haben mag. Oliv über Oliv kann dir dabei helfen, einen Raum für dich selbst zu finden, dich zu deiner Existenzberechtigung kommen zu lassen und dir zu helfen, dir selbst die Erlaubnis zu geben, auch aus dir selbst heraus zu handeln.

Solange du dich verschließt, deine Schmerzen und Wunden versteckst und vielleicht in kalter Rache zu handeln versuchst, bleibst du in der Rolle eines bedürftigen Opfers gefangen und vergeudest deine Kräfte. Der Weg geht nicht dahin, verbittert und zynisch zu reagieren oder zu jammern und zu klagen und die Täter anzuprangern, sondern dahin, die Situation zu bereinigen. Dies vermagst du nur aus der vollen Kraft deines Herzens heraus zu bewältigen.

Oliv schenkt dir tiefe Ruhe, um neue Kraft zu schöpfen, sodass du den Wechsel von der männlich-kämpferischen Kraft hinein in die weiblich-fühlende Kraft, die aus dem Herzen schöpft, vornehmen kannst.

Oliv über Oliv ist generell hilfreich dabei, alle Verletzungen in deiner Weiblichkeit über Jahrhunderte hindurch in neuem Lichte zu betrachten und den zahllosen

Behinderungen im wahrhaften Ausdruck des Weiblichen endgültig ein Ende zu setzen. Erst dann wird es für dich möglich, mit der führenden weiblichen Kraft weitergehen zu können.

Oliv über Oliv hilft dir zu erkennen, dass du alles, was du dafür benötigst, bereits in dir trägst. Es kann dir helfen, zu einer radikalen Rebellion zu finden und dich völlig zu befreien, indem du dem Alten ein Ende setzt. Im Oliv findest du Schutz, denn du wirst immer wieder Menschen und Situationen begegnen, in denen du feststellst, dass die alten Gestalten immer noch in anderen, zum Teil auch noch in dir selbst leben, wirst die rohe Gewalt im Blitzen der Augen deines Gegenübers erneut entdecken und deinen Tod fühlen. Schau hin. Du hast jetzt die Möglichkeit zur Befreiung, indem du deine eigene Kraft ergreifst, deinem Gegenüber das todbringende Instrument aus der Hand nimmst und ihn mit seinen eigenen Waffen schlägst. Nur in der vollkommenen Kraft deiner Emotionen vermagst du deine klare Ausrichtung und die völlige Bestimmtheit deiner ausgedrückten Wahrheit zu finden, die schließlich zielgerichtet und direkt den Tod der Vergangenheit und des gesamten Vergangenen zu bewirken vermag. In diesem Moment kann sich deine alte Identität lösen und eine völlig neue Wesenheit hervorkommen.

Dies mag insgesamt ein langer Prozess sein, ein Prozess, in dem du zu deiner Befreiung Schritt für Schritt alles zu vernichten gezwungen bist, das deinen Fortschritt, dein inneres Wachstum und das Erblühen deines Herzens behindert. Das liegt so auch in der Natur der Olive, denn sie ist erst genießbar, wenn sie selbst durch einen Prozess gegangen ist.

Oliv über Oliv ist hilfreich bei tiefen inneren Prozessen, die zur Erlösung und Befreiung deines Herzens dienen, sodass das Weibliche Raum zu leben erhält und Frieden und Ruhe in dein Leben einkehren können.

Der Verlust des Alten mag Trauer und Schmerzen mit sich bringen. Dabei kann Oliv dir helfen, sie anzunehmen und jene Geduld aufzubringen, die alle Heilungsprozesse benötigen. Indem du deine Ängste gehen lässt, Ja zu dir selbst sagst, deine Wunden dem Leben zum Heilen anbietest und dem Prozess des Lebens neu vertraust, kannst du schließlich wieder ganz werden.

In der Süße deines Herzens findet sich letztendlich der Friede deines Wesens. Aus diesem tiefen Frieden mit allem Vergangenen, Jetzigen und Zukünftigen kann dann eine tiefe Freude in dir aufsteigen, eine Freude, die deine Wurzeln nährt und dich den Himmel berühren lässt.

Ein neues Leben mag nun seinen Anfang nehmen. Ein Leben, das deiner Wahrheit, deinem Herzen und deiner Intuition entspringt. Dein Licht darin wird immer einen Schritt voraus sein, denn das weibliche Herz geht voran, zum Wohl des Ganzen. Der männliche Verstand kann nun seinen ihm gemäßen Platz einnehmen und zum Diener des Herzens werden.

Frausein bedeutet, ein freies, starkes Individuum zu sein. In der Führungskraft des Weiblichen liegt die Hoffnung der Erde auf eine neue Zukunft.

B 92 Koralle / Oliv

»Gretel«

Die Suche nach deiner inneren Befreiung führt dich unweigerlich an den Punkt, wo du dich mit der Abhängigkeit in deinen Beziehungen auseinander setzen musst, um dich daraus lösen zu können. Gelingt es dir dabei, deine Angst zu überwinden und deiner eigenen Intuition zu vertrauen, so wird sie es, die dir den Weg zeigt. Dann kann dich deine innere Weiblichkeit, aus der heraus eine tiefe Kooperation mit allem geschehen kann, was lebt und liebt, in die Unabhängigkeit führen.

Koralle über Oliv entstand im Sommer 1994, als die Kometeneinschläge auf dem Jupiter geschahen. Durch sie hat sich Jupiters Kraft verändert. Seine Laufbahn wurde irritiert und ein neuer Prozess in Gang gesetzt. Eine Zeit der Veränderung der Erde war eingeleitet, eine Zeit des Übergangs, der persönlichen Transformationen und des Wachstums.

Dies ist ein Prozess, der bis in die Tiefe deiner Wurzeln im Matriarchat zu reichen vermag, welches die Farbe Oliv, im unteren Teil der Flasche, anzeigt.

Koralle im oberen Teil der Flasche hilft dir in diesem Prozess zu einer Befreiung deines Herzens, das vielleicht noch ängstlich an vorhergehenden Ereignissen festhält und schließlich in die Weisheit der Liebe findet.

Vielleicht fühlst du dich gerade enttäuscht oder desillusioniert, weil du dein Herz in tiefem Vertrauen weit geöffnet hast, jedoch den Eindruck besitzt, dein Vertrauen sei durch die Macht anderer Menschen missbraucht worden. In deiner Verletzung magst du nun nicht mehr an deine Intuition glauben, dich selbst nicht mehr kennen, möglicherweise versuchen allem auszuweichen und vielleicht die Wahrheit, die du in dir fühlst, auf jene Art und Weise einsetzen, wie du sie für dich gerade benötigst.

Koralle über Oliv löst eine große innere Befreiung in dir aus, eine Befreiung aus der Abhängigkeit von etwas oder jemandem. Sie hilft auch bei deinen eigenen Ängsten, etwas nicht zu bekommen, was du vielleicht zu benötigen glaubst. Es hilft dir, in die Unabhängigkeit deiner eigenen Liebe hineinzufinden und zu dem, was du selbst der Welt zu geben hast. Nur in diesem neuem Vertrauen in die Unabhängigkeit deiner Liebe und in dein weibliches Wesen kann es dir gelingen, dich wieder zu öffnen und zu lernen, dir selbst und anderen zu begegnen.

Koralle hilft dir dabei, deine Ängste vor der Gefahr unerwiderter Liebe loszulassen und deine Verletzlichkeit und Empfindsamkeit wieder zu entdecken. Möglicherweise hast du aus Angst vor Verletzungen sehr lange vermieden, das zarte Wesen in dir zu fühlen. Erlaubst du dir nun, es zuzulassen, es zu zeigen und aus deiner Liebe heraus zu handeln, dann benötigst du den Schutz nicht mehr, der dir gegen ein vermeintlich feindliches Leben gedient hat, und kannst ihn gehen lassen.

Im Oliv wird das, was sich in deinem Herzen als Groll und Bitterkeit angesammelt hat, vielleicht deine Neigung, kämpferisch mit dem Leben umzugehen und dich gegen Angriffe zu verteidigen, verwandelt in dein wahres Fühlen und dein Empfänglichsein, der wahrhaftigen Führungskraft deines empfindenden Herzens. Dein Herz ist es, das den Weg weiß und ihn auch zu finden vermag.

Koralle über Oliv erlöst das innere weibliche Prinzip in deinem Denken, Fühlen und Handeln. Nach langer Zeit der Unterdrückung und möglicherweise schreckensreichen, missbräuchlichen, schockierenden und mörderischen Erlebnissen der Vergangenheit kann dein Herz nun beginnen, fürsorglich mit sich selbst umzugehen und sich auszudrücken.

Die Flasche B 92 trägt den Namen »Gretel«. Gretel nutzt die schwierigsten Umstände für ihr Wachstum. Sie erkennt ihre Wahrheit in der schöpferischen Kraft des Weiblichen; und die wahre schöpferische Kraft des Weiblichen ist es, neues Leben zu schaffen. In ihrer kindlichen Sorglosigkeit, spielerisch und mutig, gelingt es Gretel, sich selbst und Hänsel aus einer scheinbar aussichtslosen Situation zu befreien. Das schafft sie, indem sie schließlich und endlich ihre Ängste überwinden lernt und ihrer Intuition vertraut. Ihre Intuition setzt dann in Folge ihre innere Weisheit der Liebe frei, die schließlich den Punkt zu Gretels innerer Befreiung und Unabhängigkeit darstellt. Bewusst setzt sie sie zu Hänsels Befreiung ein, sodass sie beide, Hänsel und Gretel, den Weg in ihre gemeinsame Freiheit und ins Licht finden.

Gretel hat den Mut, die alte Hexe, die hier Symbol ist für das Quälen einer dominierenden Macht, einer Autorität, die sich bereichern und Besitztum schaffen will, zu verbrennen. Durch die einfache Tatsache, die vorherrschenden Gesellschaftsstrukturen in Form der alten Hexe dem Feuer zu überlassen, werden sie auf diese Art und Weise in eine Läuterung geschickt. Ihre eigene Weisheit des Herzens ist es, worin Gretel die Befreiung ihres Lebens findet und die Befreiung ihrer Liebe.

Koralle über Oliv hilft dir, dich in deinem Leben aus den Dingen und Strukturen, die dir Abhängigkeit und

Unselbstständigkeit bereiten und dich so einem Gefühl von Minderwertigkeit aussetzen, zu befreien. In diesem Prozess wirst du dann fähig, aus dem Gefängnis und der Umklammerung nicht-selbstbestimmten Erlebens hineinzufinden in dein selbstbestimmtes Fühlen, das die Verbindung zur Ursprünglichkeit in sich trägt, und von dort aus zu handeln. So kannst du lernen, einfach zu sein und aus liebender Weisheit heraus zu handeln. Auf diese Weise kann sich schließlich das Weibliche in dir erlösen und in die Welt eintreten. Dies geschieht jenseits von feministischem Kämpfertum gegen das Männliche, welches so nur das Weibliche in sich selbst verkapselt.

Koralle über Oliv bringt dich in Kontakt mit der Verantwortung für innere Weiblichkeit und führt dich in jenen Prozess, wo du, aus deinem Herzen heraus zu führen, zu leiten und zu lenken imstande bist. Dies bedeutet, die vorangehende Autorität deines befreiten Herzens ganz anzunehmen, dein altes Wissen heraufzubringen, die Kraft deines Herzens darin zu entdecken und sie mit tiefer Freude ins Leben zu tragen.

Koralle über Oliv setzt eine Kraft in dir frei, um dich für wahrhaftes Gleichberechtigtsein einzusetzen, auch jenes zwischen Mann und Frau. Hier geht es um das Unabhängigsein von anderen, auch von Organisationen, hin zu einer Kooperation statt Konkurrenz. Nur auf diese Art und Weise kann das Weibliche das Männliche befreien und beide den gemeinsamen Weg zu einer Erneuerung ihres Lebens finden.

Koralle über Oliv erhöht dein Herz hinein in die liebende Weisheit, die ›Herrschaft‹ der Frau, in Verbindung mit der Weisheit der Großen Mutter, im Rosa der Koralle, und der Weisheit der Mutter Erde, im Grün des Olivs. So wie eine Frau, die sich einfach selbst so liebt, wie sie ist, sich wieder und wieder häutet und sich selbst gebiert, kann sie aus ihrer eigenen Erfahrung heraus dann wieder anderen im Gebären ihres Wesens helfen. Sie steht in einem tiefen Kontakt mit dem, was für sie wahr ist, und lebt danach. Dann gibt es keine Hierarchie. Dann steht jeder einfach an seinem Platz und erfährt Lektionen und inneres Wachstum, durch andere, mit anderen, miteinander, Hand in Hand.

Koralle über Oliv eignet sich auch für einen Mann. Es kann ihm dabei helfen, seine innere Frau zu erlösen und damit eine tiefe Freude in seinem Leben freizusetzen. In ihr kann er dann jenes Wissen wiedererkennen, das seine Lebensaufgabe ausmacht. Diese Freude mag zu seinen größten Reichtum werden.

Koralle über Oliv kann eine große Rebellion gegen alles Alte und Vergangene bewirken, gegen alles, was die Wahrheit und Schönheit des Weiblichen fesselt und hemmt. Es vermag die Befreiung vom verwirrten, ängstlichen und abhängigen Mädchen zur mutigen, selbstbewussten und unabhängigen Frau einzuleiten. Hin zum Weichsein, zum Mütterlichsein, hinein in die Ungewissheit des Lebens.

Koralle über Oliv ist ein Versprechen der Hoffnung für die Zukunft, nämlich die Schönheit des Weiblichen in der Welt erblühen zu lassen. Darin liegt das Säen der Samen für alle kommenden Generationen.

B93 Koralle / Türkis

»Hänsel«

Hilft Koralle über Oliv der Befreiung des Weiblichen, so hilft Koralle über Türkis der Befreiung des Männlichen.

Koralle über Türkis ist »Hänsel«. Anstatt sich von Gretel abhängig zu machen, vertraut Hänsel sich Gretel an. Er verlässt sich darauf, dass sie durch die Weisheit ihrer Liebe zur innersten Natur ihrer Weiblichkeit findet, unabhängig wird und ihn befreit, sodass sie beide zusammen ihre Liebe wieder finden können, um in Freude und Glück gemeinsam ins Leben zu ziehen.

Koralle über Türkis kann der Wahrnehmung deiner inneren Stärke in Verbindung mit deiner Unschuld helfen hervorzutreten. In ihnen liegt die Hoffnung auf ein neues Zeitalter. Dieses neue Zeitalter gilt dem Finden einer universellen Wahrheit und einer kollektiven Kommunikation von Liebe und Wahrheit darin.

Koralle über Türkis ist die zweite Flasche, die im Sommer 1994 entstand, als Kometeneinschläge auf den Jupiter trafen und einen neuen Prozess in Gang setzten. Durch sie wurde eine Zeit der Veränderung der Erde eingeleitet, eine Zeit des Übergangs, der persönlichen Transformationen und des Wachstums.

Dies ist ein Prozess, der dich sehr tief auf deine eigenen Wurzeln zurückwerfen kann, die in Atlantis liegen, angedeutet durch die Farbe Türkis. Um durch das Türkis zu neuer innerer Freiheit und Kommunikation finden zu können und durch Koralle zu neuer Liebe und neuer

Weisheit, mag der Weg dorthin durch all jene Probleme in dir verlaufen, die mit Abhängigkeit zu tun haben.

Koralle über Türkis hilft dir, deine Ängste und Schwierigkeiten, zu deinen eigenen Gefühlen finden zu können, zu lösen, indem du beginnst, sie liebevoll wahrzunehmen und auszudrücken. Es kann dir in allem helfen, was dich daran hindert, deine weibliche Seite anzuerkennen und daraus zu lernen. Sie kann dann in dem, was du denkst, fühlst und tust, zum Zuge kommen. Koralle über Türkis mag dich dazu veranlassen, dir jene Dinge anzusehen, die du nicht sehen willst. In deiner Verletzlichkeit und der Kraft deiner Unschuld liegt jedoch die Möglichkeit zu deiner inneren Befreiung.

Koralle hilft einem alten Schock, den dein Herz möglicherweise erfahren hat und den du vielleicht lange Zeit schon in deinem Herzen verborgen mit dir trägst, sich zu lösen. Türkis hilft deiner Rückerinnerung an das, was deine Gefühle in ihrem Fluss blockiert. Dies kann in ferner Vergangenheit der Untergang von Atlantis gewesen sein, den du vielleicht miterlebt hast. Nach einer solchen Tragödie hast du dich dem Wissen um Kommunikation und der Übertragung von Energie und Licht, das du damals besessen haben mochtest, vielleicht verschlossen. Mit dieser Zeit in Atlantis, deinem Leben dort und deinen Erfahrungen, willst du, möglicherweise aus Angst vor erneuten Schockerfahrungen, nun vielleicht nichts mehr zu tun haben.

Koralle über Türkis kann dir helfen, mit deinem intuitiven Wissen aus dem kollektiven Unbewussten, dem, was sich jenseits deiner eigenen persönlichen Dinge an gemeinsamem Unterbewussten abspielt, in Kontakt zu kommen und dich in bedingungsloser Liebe darin anzunehmen.

Es ist wichtig, dass du dich daran wieder anschließt, weil die Zeit heute von diesem lichtvollen Wissen, das darin enthalten ist, wenn es dir gelingt, die Dunkelheit zu transformieren, Nutzen trägt und danach ruft, dieses Wissen wieder in das Bewusstsein zu holen und ins Leben zu bringen.

Der Schock, der alle Atlanter getroffen haben mag, als sie spürten, dass die Zeit dort ein Ende hatte und sie entweder das Land verlassen mussten oder in die Vernichtung mitgerissen würden, mag vielen alten Atlantern heute noch tief im Herzen sitzen. Ein Schock, wie ein kollektives Trauma des Herzens, das möglicherweise nötig war, um die Schritte im gemeinsamen Wachstum eines Lichtbewusstseins innerhalb der Welt der Materie lernen zu können. Der falsche Gebrauch von Kraft und Macht in der Übertragung von Licht und Energie, mit der Gebundenheit an die materiellen Aspekte des Seins, war es, der die Vernichtung damals bewirkte. Vielleicht liegt in dir daher ein Gefühl verborgen, vom Licht getrennt worden und vielleicht durch viele schmerzvolle Inkarnationen gegangen zu sein, in denen du die Schwere und das Leiden in der Welt der Körperlichkeit, der Materie und Dualitäten und deine Verwirklichung darin erfahren haben magst, um sie durch deine Liebe und dein inneres Licht zu verwandeln. In Atlantis begann auch das Forschen danach, wie Krankheiten sich im Körper manifestieren und welche Ursache oder Erreger sie haben. Es ist wichtig, dich jetzt wieder zu erinnern, dich liebevoll dieses lichten und wissenden Teils in dir anzunehmen, der damals gelebt hat, denn dieses Wissen beginnt schon, sich zu lösen und in die neue Zeit zu fließen. Mit aller Unschuld wanderte Hänsel los!

Koralle über Oliv ist hilfreich, um dieses uralte Trauma von Macht und Lichtbewusstsein, das in Atlantis begann, auflösen zu können und dich im Licht deiner Verletzlichkeit, deiner Unschuld und deiner inneren Stärke neu zu zentrieren, sodass Liebe dich finden kann. Es hilft dir, Einsichten zu gewinnen und sie über deine Gefühle in kreativer Weise, sorgfältig, aufmerksam und weise mitzuteilen und sie auf diese Art und Weise umzusetzen.

Der Lernprozess liegt darin, auf die alten Machtstrukturen, auf Bedrohung, auf Ausnutzen von Macht, auf das Gefühl des Gequältwerdens, das dem Ausnutzen von Macht innewohnt, nicht mit Schwäche, Panik und negativen Emotionen zu reagieren, sondern tiefer nach innen zu gehen, um es an deinem inneren Auge vorbeiziehen zu lassen. Dann bist du ein innerer Zeuge, kannst nicht identifiziert bleiben, vertrauen und tiefe Gewissheit in deinem Wissen finden, dass nur das Weibliche die Befreiung einzuleiten und durchzuführen vermag. In dieser wachen Gewissheit vermagst du dann einfach zu warten.

Es ist Hänsel, der Gretel hilft, da er die Kraft des wahrhaft Männlichen in sich gefunden hat. Eine Männlichkeit, um nicht nur seinen eigenen Gefühlen, sondern auch der Liebe zu vertrauen. Sie ist es, die Gretel dann zu gemeinsamer Freude und Glück erlöst.

In dieser Befreiung des Männlichen, in diesem Erwachen und klaren Sehen dessen, was die männlichen Energien gefangen hielt, vermagst du nun weiterzugehen auf der Spirale der Entwicklung, höher hinauf auf dem Regenbogen der Hoffnung, in eine Evolution des kollektiven Bewusstseins, die Mann und Frau miteinander verbindet.

Koralle über Türkis vertieft den Prozess, in dem du durch Licht und Schatten, durch Materielles und Immaterielles zu einem Individuum heranreifst.

Verschüttelt wird aus Koralle und Türkis ein tiefes

Violett, das dir hilft, jene Perspektive zu finden, aus der du alles, was du durch deine Persönlichkeit erworben hast, betrachten kannst und es einfach so siehst, wie es ist. Auf diese Art und Weise kannst du in eine tiefe Verbindung mit der Quelle des Lichts treten, mit dem inneren Licht deines Seins sowie mit den Anfängen deines Lebensplans hier auf der Erde. Es mag dir eine große Hilfe sein, diese Erfahrung zu machen, um dich deinem jetzigen Leben mit neuen Augen zuwenden zu können. So kann es dir zu einer Offenbarung werden, was deine Aufgabe hier auf dieser Erde betrifft.

Koralle über Türkis hilft dir, dich in neuem Vertrauen jenen Veränderungsprozessen, die sich in deinem Leben jetzt ereignen wollen, zu öffnen, sie zuzulassen und sie durch dein Herz fließen zu lassen, wobei du dann Altes gehen lassen kannst. Dabei mag eine Befreiung aus allen alten Strukturen von Abhängigkeit sich ihren Weg in dein Leben bahnen, hinein in das Vertrauen, dass es eine Unabhängigkeit des Herzens gibt, aus der heraus du dich neu auf deinen Partner und die Welt in Liebe und Freiheit beziehen kannst. Ein globales Vernetztsein beginnt.

Koralle über Türkis hilft dir, in deine eigene Wirklichkeit zu finden, denn sie ist eine Offenbarung für die neue Zeit.

Diese Zeit ermöglicht eine neue Sicht, damit jeder seinen Platz zu finden vermag, wo er/sie seine/ihre göttliche Bestimmung und innere Wahrheit in sich verwirklicht. In diesem neuen Verständnis um ein globales, gemeinsames Ziel von Liebe und Bewusstheit kann eine neue Kommunikation der Menschheit entstehen. Sie beinhaltet eine Verwirklichung des kollektiven Unbewussten, das alle Wesen in der Tiefe ihrer Gedanken und Handlungen miteinander verbindet.

Von diesem Punkt des Erkennens aus magst du nun wieder kreativ werden, um deine Wahrheit in den Dienst der Menschheit zu stellen und rund um den Erdball herum mit anderen in Kontakt zu treten. Dieser Kontakt kann nun aus jener Liebe heraus entstehen, die dich erschaffen hat und die alle aus der globalen Gemeinschaft miteinander verbindet, sei es nachts in Träumen oder im Handeln tagsüber. Diese Form des Verstehens magst du bereits im Tempel der Delphine in Atlantis gelernt haben und in der heutigen Zeit neu verwirklichen, wie auch vieles andere des alten Lichtbewusstseins.

Darin mögen die Worte deines Mundes zu den Worten deines Herzens und deines ganzen Wesens werden. Diese neue Kommunikation in allen Dimensionen ist es, die wiederum eine Öffnung aller Ebenen deines inneren Erlebens ermöglicht.

Aus den tiefen Ozeanen des Bewusstseins vermagst du innere Weisheit zu schöpfen und Hand in Hand mit deinem Partner und allen Mitgliedern deiner globalen Seelenfamilie in der neuen Zeit in Licht und Liebe zu wachsen. Auf diese Art und Weise kannst du allein, mit anderen gemeinsam und allem, was lebt, die wahre Schönheit dieser Erde erbauen.

B 94 Hellblau / Hellgelb

Erzengel Michael

Mi-ka-El (hebr.) bedeutet »Wer ist wie Gott«. Der Erzengel Michael ist der höchste Streiter des Lichts in den Sphären der Schöpfung und der geistigen Welt, eine feurige Gestalt mit seiner Ausstrahlung voller Liebe und Barmherzigkeit. Er ist der Führer der Heerscharen des Lichts, der vor, für, mit und in Gott sein Lichtschwert führt gegen die Kräfte der Finsternis.

Der Erzengel Michael ist der Vermittler zwischen der himmlischen Welt und der irdischen Welt, der Fürst des Lichts und der Brüderlichkeit, Kindern des Lichts verkündigt er große Freude. Seine Kraft lässt das Innere des Menschen hervortreten, gerade in der jetzigen Zeit, in der inmitten einer großen Verstrickung der Welt ein neuer Geist zum Durchbruch drängt, der Geist eines neuen Zeitalters, einer Zeit der Bruderschaft aller Menschen mit einem gewaltigen Potenzial, das sowohl zerstörerisch als auch erneuernd ist. Er hilft den Menschen aus der blinden Suche hinein in das Erkennen göttlicher Gesetze, in deren Erfüllung das Göttliche in der Welt Gestalt annehmen kann.

Der Erzengel Michael ist der Überwinder aller Kräfte der Finsternis, aller Niedertracht und allen Handelns wider das Licht. Er ist der Gewaltige der Offenbarung, welcher Satan (Luzifer) und seine Helfer mit seinem feurigen Schwert vom Himmel auf die Erde stürzt. Michael siegt über alle Niedertracht und Lüge, tötet den Drachen und vermag die Menschen in all ihren Lebenskrisen zu beschützen. Er ist es, der uns beisteht bei unserem Ringen mit uns selbst und unserer niederen Natur und die Ketten unserer Ignoranz sprengt, wenn wir ihn darum bitten. Michael führt die Seele in die Selbstbefreiung und ist Vollender des inneren Heils.

Nur wem es gelingt, mit seiner inneren Wahrheit das Vergängliche zu besiegen, wer sein Ego völlig gehen lassen kann und damit dem Unvergänglichen, welches das Licht aus den Schatten befreit, Raum zu geben vermag, wessen pochendes Herz im großen Ganzen in Demut zu warten gelernt hat, nur auf den regnet es schließlich den göttlichen Segen. Dort, wo die Nacht der Unwissenheit am dunkelsten ist, dort, vielleicht nach einer langen mühevollen Suche unter dem Stern der Wahrheit und der Menschenwürde, die, von mitfühlender Liebe ummantelt, sich für dich schon über viele Leben hin erstrecken mag und deren Pfad mit Unterdrückung, Verfolgung, Ächtung, Verrat und Tod gesäumt ist und dir möglicherweise viel Einsamkeit gebracht hat, nur dort mag nach langer Nacht ein blauer Lichtstrahl der Hoffnung in dein Leben scheinen, der die blutenden Wunden deiner alten Kämpfe zu schließen vermag. Er kündet von Frieden und vermag dich aus der Vergessenheit der Vergangenheit zu erlösen.

Es ist vielleicht der ruhelose Kampf um die gute Sache, den du führst. Dieser Weg jedoch geht durch viele Leiden und durch das Feuer der Schmerzen der Seele, bis er hineinführt in die Transparenz und Erhellung, des Lichterwerdens deines inneren Wesens in der Materie. Dein Kampf mag der Gerechtigkeit, der Gleichstellung und dem Aufschrei nach bedingungsloser Liebe gelten, einer Liebe, die Fesseln zu sprengen vermag, dich in Berührung mit dem Licht göttlicher Liebe bringt und dir Frieden und Freude bescheren kann. Der Erzengel Michael ist der Schutzherr des einsamen Kämpfers. Er ist es, der deine Seele in das göttliche Lichtreich hineinzuführen vermag. Michael steht immer da, wo das Vergängliche erlischt und das Licht des geistigen Lebens aufgeht.

Das Schwert des Erzengels Michael ist das ›zweischneidige Schwert‹, das Schwert geistiger Wahrheit, welches Licht und Finsternis scheidet, als Zeichen des Kampfes gegen alle Kräfte der Dunkelheit, die sich aus der Tiefe wider das Licht erheben mögen. Sein Schwert vermag all jenes in dir fortzuschneiden, was eigensinnig, eigenmächtig, selbstbezogen, eingebildet und vielleicht sogar scheinheilig ist. Michael bringt Gegenschläge in dein Leben, denn es geht um die Erfüllung der höchsten Werte der Wahrhaftigkeit. Nur mit ihnen im Innersten vereint, vermagst du Frieden und den Kontakt zu deinem ehrlichen und mitfühlenden Herzen zu finden.

Der Erzengel Michael bringt jene Klarheit mit sich, in der du deine eigene Verwirrung sehen kannst, um mit ihr Freundschaft zu schließen. In seiner Gegenwart kannst du lernen, deine Ängste hinter dir zu lassen und spontane Freude aus deinem Inneren aufsteigen fühlen. In deinem Öffnen gegenüber dem höheren Willen vermagst du wieder Zugang zum Licht deines innersten Wissens und deiner Weisheit zu finden, welche die Möglichkeit der Erfüllung deiner Aufgabe und deiner Bestimmung hier in der Welt in sich bergen. Auf diese Weise hinaufgehoben in die göttliche Welt, kannst du beginnen, dich leicht zu fühlen wie eine Feder und dich an das Gefühl von richtiger Liebe erinnern. Der Erzengel Michael tritt immer in Zeiten großer Bedrängnis in Aktion.

Hellblau über Hellgelb erzeugt im hellen Blau deinen

Kontakt zum Vertrauen in den Willen des Großen Vaters. In jedem Augenblick strömt Liebe und Licht vom Himmel zu dir hinab, du brauchst sie nur für dein irdisches Leben umzusetzen. In deinem Offenwerden für den höheren Willen und im Zusammengehen mit deinem eigenen Willen dabei kann dein Leben seine Erfüllung finden. Manchmal dauert es lange und fordert vielleicht viel Geduld von dir, bis alle deine Mosaikteilchen göttlicher Einsicht, bis alle Details im großen Bild des Lebens sich liebevoll zu einem Ganzen zusammenfügen und dein Leben nun, möglicherweise nach langer Durststrecke, auf den Weg zur Erfüllung einmündet. Eine Erneuerung scheint sich anzukündigen, und du magst dabei in Bewegung geraten.

Das helle Gelb veranlasst deinen kleinen Willen zur Macht und zum Eigenmächtigsein in deiner eigenen Sache, der möglicherweise in Atlantis seinen Anfang nahm und schließlich dessen Gärten zerstörte, zum Zusammengehen mit dem höheren Willen. Indem du dich vielleicht noch getrennt von der lichten Welt göttlichen Geschehens fühlst, wirst du unwillkürlich mit der Schwere deiner Ängste konfrontiert, ebenso wie mit deinen Zweifeln, deiner Wut und deinem Durchsetzungswillen. Dies alles kann sich hier, angesichts des großen Ganzen und dem göttlichen Willen darin, auflösen. Indem deine Erdenschwere weicht, vermag deine Seele sichtbar zu werden.

Dein Intellekt, der vielleicht noch zwischen den Gegensätzen der Welt hin und her pendelt, kann nun beginnen sich aufzuhellen ins Erkennen der Einheit von allem, welches wie ein sich endlos weiterwebendes Muster in den liebenden Händen des Lebens selbst liegt. Alle Wesen der Himmel, der Lüfte, der Gewässer und der Erde, alle Engel, Naturgeister, Pflanzendevas, Gnome, Zwerge und

Elfen mögen dich bereits eingefangen haben, wie einen bunten Schmetterling in einem Netz! Vielleicht hast du dich längst verliebt in die Wesen des Lichts und dich in die Hände des Lebens begeben, sodass sie mit dir fortweben können. Mit einer Hand noch an deinen Körper gebunden, magst du die andere nach dem Unendlichen ausstrecken, nach der endlosen Weite und ganz mit ihr in die Ewigkeit hinein verschmelzen, um das grüne Gras der Heimat zu finden, den Weg des Herzens, hin zur Liebe, die im großen Garten Eden wohnt.

Das Lied der Natur liegt in der Einfachheit aller Dinge, wenn du sie aus deinem Herzen heraus betrachtest, und die Liebe ist zugleich die Essenz jeder Religion. Sie ist es, die alles zu einen vermag. Auf diese Weise kannst du dich jetzt voller Dankbarkeit und in einem neuen, gesunden Selbstvertrauen im Herzen aller Dinge wieder finden, zurückgerufen in das, was du in Wirklichkeit bist: Du bist ein Engel mit Engelsflügeln und einem Engelsschwert, mit Engelhänden, die berühren, die heilen und in die Ewigkeit weisen. Sie mögen auf ein Schiff zeigen, in dem alle ihren Platz haben, einer neuen Arche.

Die gesamte Lehre des Erzengels Michael ist geprägt von hoher Intensität, die eigene Aufgabe und den eigenen Willen kundzutun und damit sein Leben in die Hände des großen Ganzen zu legen und zu vertrauen. Alles, was du mit deiner kleinen Erdenflamme, die in dir brennt, dabei zu tun vermagst, ist, dich in jedem Augenblick deines Lebens vorzubereiten für ständige Veränderung in dem, was du meinst zu wissen und glaubst zu verstehen.

Im hellen Gelb kündigt sich das gemeinsame Wachstum in das goldene Zeitalter an, die Verwirklichung eines Zeitalters des Lichts, von dem dein Unterbewusstsein bereits wissen mag, dass es in dir und vielen anderen eigentlich schon begonnen hat.

Das Schwert des Erzengels Michael steht dafür als Sinnbild der unantastbaren Kraft, der Macht und Herrschaft für das Licht und eine opferbereite Liebe, die dem Ganzen dient. Sein Ruf ergeht an die Welt, das Reich des Lichts aufzurichten, Orte und Stätten des Lichts und der Begegnung zu erbauen, in denen sich Menschen gemeinsam erholen und ein Kraftfeld zu bilden vermögen, das dann heilend ausstrahlt in die Welt. Auf diese Weise magst du erfahren, dass dein eigenes Licht in einer echten Gemeinschaft auf der Suche und dem Streben nach dem Licht bestärkt wird, und bist in der Lage, dich in der Begegnung mit anderen selbst zu erkennen. Hier kannst du die Kraft für das gemeinsame Werk und Wirken in der Welt finden, um wieder zu einem Kind des Lichts zu werden.

Das Unfassbare, das Unbegreifliche, welches so zart und zerbrechlich, nahezu unberührbar und nicht von dieser Welt scheint, mag hier deine Sehnsucht und deine Erinnerung an eine ursprüngliche Wirklichkeit bewegen.

B95 Magenta / Gold

Erzengel Gabriel

Der Erzengel Gabriel ist der Engel der Verkündung des Wortes Gottes, des göttlichen Plans und der Geburt eines neuen, geheiligten Lebens. Sein Name leitet sich von den Wurzeln ›El‹ (hebr.) für Gott und ›Gibor‹ (hebr.) für Kraft ab. Er ist der ›Mann‹ oder der ›Starke‹ Gottes. Gabriel schenkt göttliche Liebe, Liebe in ihrer reinsten und stärksten Form. Er berührt das goldene Licht in deinem wahren Selbst, sodass du Einsicht in den göttlichen Plan erhältst und deinen eigenen Teil darin zu leben beginnen kannst.

Die Inspiration und Einsicht, ein offenes Gefäß in den Händen göttlicher Liebe zu sein, mag dich innehalten lassen. Bewusst wirst du nun allmählich mit der Essenz der Dinge in Kontakt gebracht, um Liebe und Licht hier auf der Erde zum Ausdruck zu bringen.

Das Erscheinen des Erzengels Gabriel kann höchstes Erwachen bewirken, aus dem heraus Veränderungen in der Gemeinschaft, in der du lebst, geschehen mögen. Es ist möglich, dass sich dabei die Verbindungen, die du zu den einzelnen Mitgliedern in deiner Familie hast, lösen oder lockern. Vielleicht entsteht auch eine Ehe oder sie vertieft sich.

In einem langsamen Ablösen voneinander, in der sich dir Abhängigkeiten von anderen aufzeigen können, kannst du beginnen, Abstand von anderen Menschen zu nehmen, mit denen du dich verbunden fühlst. Auf diese Weise wird es für dich möglich, deutlich die Verschiedenartigkeit eines jeden wahrzunehmen, die Unterschiede im Charakter und im Wesen und die Unterschiede in den Arten, mit dem Leben umzugehen. Aus diesem Abstandnehmen heraus mag ebenso ein Bewusstseinsprozess für dich entstehen, dich selbst besser verstehen zu lernen. So kannst du dann alten Beziehungsmustern von dir, die möglicherweise Enge schaffen, Raum geben, um sich zu verwandeln.

Der Erzengel Gabriel bringt das goldene Licht der Wahrheit mitten hinein in das Leben. Seinem goldenen Licht der Wahrheit liegt die Alchemie zugrunde, um deine tiefen Ängste, deine möglichen Zweifel und deine Verwirrung, die alle mit den Veränderungen in deinem Leben einhergehen mögen, in tiefe Freude zu verwandeln. Damit kann ein Gefühl von Ganzheit und Vertrauen in deine eigene individuelle Kraft und in deine eigene Art, mit dem Leben umzugehen, wachsen.

Durch den Erzengel Gabriel kannst du die höchste Eingebung göttlichen Lichts und göttlicher Liebe empfangen, die einer großen, tiefen, aus deinem Inneren aufsteigenden Weisheit zu begegnen vermag. Seit Anbeginn der Zeit ist das goldene Licht der inneren Göttlichkeit da. Es ist das Licht des goldenen Buddhas in dir, deiner Meisterschaft, deiner eigenen Erleuchtung, die sich dir nur in unermüdlichem Beobachten von allem, was geschieht, zu eröffnen vermag.

Indem du nun bewusst den Prozess beginnst, das Gold deiner inneren Göttlichkeit in dein Leben zu bringen, kann dieser Prozess anfangen, deine ganze Erfahrungswelt zu umfassen und damit durch viele verschiedene Ebenen gehen. In ihnen wertet dein Bewusstsein dann die positiven Aspekte in deinem Leben aus, verarbeitet sie und lässt das los, was du nicht mehr benötigst.

Magenta über Gold hilft dir, zu neuen und anderen Beziehungsformen in deinem Leben zu finden, die auf einer tieferen Ebene ansetzen. Ohne diese Liebe mag Vereinnahmung, Besitzergreifen und die alte Form der patriarchalisch dominierten Ehe und Familie vorherrschen. Macht jedoch ist das Bedürfnis des sich minderwertig fühlenden Menschen. Das reine Gold der Liebe ist es, welches wahre Autorität gibt und den klarsten Blick für die Wirklichkeit. Die Liebe ist es, die Mann und Frau, Mutter, Vater und Kinder immer wieder neu für das Leben bereitet.

Der Erzengel Gabriel bewirkt die Stärkung deines göttlichen Wesens. Auf diese Weise kann echte Unabhängigkeit von deinem Partner oder von den einzelnen Mitgliedern deiner Familie entstehen. Der Weg führt fort von Bindung und Abhängigkeit, hin zum Erkennen des inneren Buddhas, der inneren Göttlichkeit jedes einzelnen.

In jenem Moment, in dem die göttliche Liebe dir bewusst wird und in dir überfließt, kann dein Gefühl der Bedürftigkeit nach Liebe sich in deine Fähigkeit, Liebe geben zu können, verwandeln. Du magst beginnen, dich wertvoll zu fühlen, um geliebt zu werden, dein Licht nicht mehr unter den Scheffel stellen und beginnen, dich jenen Menschen gleich zu fühlen, denen du dich vielleicht unterlegen fühlst. Aus einer bedingungslosen Liebe und einer Achtsamkeit heraus handelnd, die teilt und gibt und dabei den anderen respektiert und ihn annimmt, so wie er ist, kann deine Liebe größer und größer werden und in den Himmel wachsen.

Liebe vermehrt sich nur, wenn du sie bedingungslos schenkst, von Moment zu Moment. Die größte Liebe ist es, miteinander wachsen zu können. Dafür muss jedoch jeder lernen, dem anderen Raum zu geben.

Khalil Gibran sagt im »Propheten«: »Gebt einander von Eurem Brot, aber esst nicht vom selben Laib. Gebt Eure Herzen, aber nicht in des anderen Obhut. Denn nur die Hand des Lebens kann Eure Herzen umfassen.« Es ist eine Liebe gemeint, die den anderen in keiner Weise einschränkt.

Der Erzengel Gabriel ist der Engel der Verkündung. Es ist seine Kraft, die die Seele aus der lichten Welt holt, und er ist es, der die Empfängnis für die Seele lenkt, sodass sie jenes Erbgut findet, welches den ihr entsprechenden physischen Körper aufbaut. Gabriel begleitet die Seele in das Leben hinein, unterrichtet sie in den neun Monaten der Entwicklung im Mutterleib, wenn der neue kleine Körper wieder heranwächst, und führt sie nach der Geburt weiter auf anderen Lebensbahnen. Er ist auch jener Engel, der wieder auf dich wartet und deine Seele abholt, wenn sie im Tod den Körper verlässt.

So sah Maria den Engel Gabriel lange vor der Zeugung ihres Sohns Jesus. Er verkündete ihr das neue Leben, welches in ihr in Form des Messias entstehen werde, ebenso wie Gabriel auch den Hirten dann die Geburt des Kindes im Stall zu Bethlehem bekannt gab. Im Alten Testament sind es der alte Zacharias und seine betagte Frau Elisabeth, denen Gabriel das Kommen des Johannes verkündet. Auch fragt er nach Abrahams Frau Sarai, um ihnen beiden die Geburt eines Sohns zu verkünden.

Das leuchtend rote Feuer der im Liebesakt leidenschaftlich entflammten Liebe ist es, welches jenen Raum für den Lebensfunken öffnet, der sich bei der Zeugung wieder inkarniert. Wird der Liebesakt in Bewusstheit und Meditation ausgeführt, in wachem Beobachten, was an Sinneswahrnehmungen geschieht, so öffnet das Feuer dieser Vereinigung den magentafarbenen Raum bewusster Liebe. Erst mit einem wachen Bewusstsein kannst du voller Freude in die Schönheit von Sinnlichkeit und in das Genießen des Körpers eintauchen. Dann ist ein Raum von Stille da, in dem sich eine wahre Transformation vollziehen kann, eine Öffnung außerhalb von Zeit und Raum. In dieser bedingungslosen Liebe erhält dann eine kommende Seele jene Innenwelt, um sich darin bewusst zu inkarnieren.

Der Erzengel Gabriel fördert die weiblichen Qualitäten. Er sitzt zu Gottes linker Seite. Er schützt das innere Kind, das weiß und intuitiv handelt.

Mit der weißen Lilie in der Hand hält er behutsam seine Hand über deine Unschuld und kündet dabei mit dem Ölzweig von einer frohen Botschaft, dem Versprechen großer Ereignisse. Mit seiner Fackel entfacht er dein Lebensfeuer immer wieder neu.

Durch den Erzengel Gabriel kannst du einen deutlichen Einblick in deine individuelle Aufgabe erhalten. Im Gold der wahren Aura erweckt er deinen Inkarnationsstern und damit die grenzenlosen Möglichkeiten zu deiner Selbstentfaltung. Im Magenta aktiviert er deinen Seelenstern und mit ihm deinen individuellen Lebensplan. Indem die Energie deines Seelensterns sich mit der deines Inkarnationssterns verbindet, kann ein strahlendes und sich ausdehnendes Licht beginnen, in dir und aus dir heraus zu leuchten.

Magenta über Gold hilft dir in ein Leben hinein, welches genährt wird von einer lichtvollen Liebe. Viele Engel und göttliche Helfer mögen es begleiten, sodass in Wärme und Fürsorge durch all deine Bemühungen deine innere Weisheit heranwachsen kann. Fürsorglich und liebevoll, dabei die Aufmerksamkeit auf die kleinen Dinge des Alltags gerichtet, magst du wachsam von Moment zu

Moment leben. Auf diese Weise kann jeder Augenblick deines Lebens von Ewigkeit erfüllt sein.

Osho sagt: »Liebe ist das Erblühen der Meditation. Liebe ist die schönste Rose, die am Strauch der Meditation erblüht.« »Liebe möchte, dass ihr im selben Tempo zur gleichen Höhe emporwächst, damit ihr zusammen tanzen könnt – in der Sonne, im Wind, im Regen. Euer Zusammensein sollte eine Kunst sein. Liebe ist die größte Kunst der Existenz.«

B 96 Königsblau / Königsblau

Erzengel Raphael

Der Erzengel Raphael ist der ›Arzt Gottes‹. Von der Wurzel ›refa‹ (hebr.) abgeleitet, bedeutet sein Name ›die Heilkraft Gottes‹. Er ist Träger und Überbringer des erneuernden Lichts, welches er tief in die Dunkelheit des Unterbewusstseins bringt.

Durch dieses Licht, das er in dir entzündet, kannst du die Schwelle zu neuem Leben und neuen Erfahrungen überschreiten, die Schwelle zum Unbekannten. Du trittst in einen höheren Bewusstseinszustand ein.

Der Erzengel Raphael vermittelt mit seinen Engeln der Heilung über weite Distanzen Heilkräfte, Gedanken- und Seelenkräfte. Auf diese Art und Weise regt er das innere Sehen und die Schau in das verborgene Wissen um das eigene Heilsein an. Darauf kann ein tiefes inneres Erwachen erfolgen.

Der offen gelegte Konflikt, den diese Flasche berührt, ist jener zwischen Außenwelt und Innenwelt. Jener Konflikt zwischen der äußeren Struktur der Welt und der inneren Struktur der Seele, des inneren Wesens.

Die äußere Struktur fast der ganzen Welt ist patriarchalisch. Es herrschen patriarchalisch autoritäre Gesellschaftsstrukturen. Unbewusst magst du als Erfüllungsgehilfe dieser Struktur handeln, vielleicht angepasst, ohne zu hinterfragen, auf die Art und Weise, wie die Dinge von Vatergeneration zu Vatergeneration getan oder vollzogen werden, einfach ›weil es so ist‹. Auf vielerlei

Arten mag versucht werden, dich für dieses System in die Knie zu zwingen. Um ihm folgen zu können, siehst du dich vielleicht dazu gezwungen, dein ganzes Wesen zu verleugnen.

Möglicherweise hast du dich brechen oder biegen lassen. Dies mag in deiner Kindheit oder in einer langen Kette früherer Leben bereits geschehen sein. Obwohl du vielleicht deine Kraft fortgegeben hast, will es dir womöglich doch nicht gelingen, so zu sein, wie andere Menschen dich gerne hätten.

An diesem Punkt kommt der Erzengel Raphael ins Spiel. Er hebt dich empor in eine höhere Perspektive der Wahrnehmung, aus der du alles leichter überblicken kannst.

Dein innerer Beobachter darf erwachen und dich durch klares Beobachten von allem, was geschieht, aus der Realität des Verhaftetseins in deiner Persönlichkeit und in der Außenwelt herausführen. Suchst du bei anderen nach Bestätigung, dann wirst du jetzt in deine wahre Realität hineingeführt. Dies ist die Realität einer fortwährenden Innenschau, einer klaren Sicht, die alle Illusionen zu überwinden vermag.

Dich hier, an diesem Punkt, vom Alten zu trennen, mag dich in ein Gefühl tiefer Einsamkeit werfen. Dieses anfängliche Verzagtsein und Deprimiertsein kann sich jedoch dann in deine Neugier hinein verwandeln, um herauszufinden, wer du bist und wofür du hergekommen bist.

Königsblau über Königsblau hilft dir, nach innen zu schauen, tief in dich hinein.

Um dies zu tun, magst du den langen Weg durch die Dunkelheit wählen und die Welt deines Unterbewusstseins betreten, in der du dich mit dem Unbewussten, dem Unbekannten und möglicherweise dem Bedrohlichen auseinander setzt, um zum wahren Licht in dir selbst zu finden.

Der Schmerz um deine Einsamkeit, die diesen Weg prägt, mag dabei groß sein. Jedoch indem du auf dich selbst, auf deine Intuition und auf das Licht am Ende des Tunnels vertraust, kannst du die rechte Führung finden. Alte, verletzende Erlebnisse mögen an deinem inneren Auge vorüberziehen. Dankbar durch diese Rückerinnerung, die jetzt geschieht, beginnst du vielleicht die Zusammenhänge zu verstehen, kannst verzeihen, Altes abschließen und weiter vorwärtsgehen, um schließlich zu deiner Vision vorzudringen.

Diejenigen, die sich dir aus Unwissenheit oder Neugier jetzt nähern, mögen auf der Strecke bleiben.

Die Nacht ist dunkel. Es ist die Nacht des Neumondes. Du kannst sie nur in Seidenschuhen betreten, mit dem Mut des Bewusstseins, dass das Licht in dir stärker ist und nicht von der Dunkelheit besiegt wird. Du magst geradezu diese Dunkelheit benötigen, denn sie bildet den Hintergrund zu deinem inneren Geschehen und macht es auf diese Weise möglich, dass dein Licht sichtbar wird.

Auf diesem Weg kann sich ebenso in dir eine Disziplin entfalten, um bewusst zu bleiben für das, was in deinem Inneren gerade geschieht sowie für das, was sich im Äußeren ereignet

Königsblau über Königsblau hilft deinem Körper, sich seiner Sensoren zu erinnern, seiner Fähigkeit, sich in der Dunkelheit zu bewegen und darin in keine Gefahr zu geraten. Ein Ertasten, ein Erfühlen des schmalen Pfades der Wahrheit ist es, auf dem du schließlich zu lernen vermagst, wie eine Eule zu schauen, wie eine Fledermaus zu hören und dich wie eine Katze zu bewegen. So kann sich dein drittes Auge, im Wissen, dass alles, was geschieht, etwas zum Lernen beinhaltet, öffnen. Auf diese Weise vermagst du alle Differenziertheiten und Feinheiten des Lebens zu empfangen. Seine Verführungskraft jedoch mag nun keine Macht mehr über dich haben und seine Illusionen dich nicht mehr überwältigen können. Alle deine Sinne sind geweckt.

Die Göttin Nut bewacht den Himmel in dieser Nacht des Neumondes. Sie behütet die Weisheit und führt dich zur Wahrheit. Das ist Religion. ›Religio‹ bedeutet ›richtiges Erinnern‹, dich zu erinnern, wer du bist. Darin kann sich eine unermessliche Lebensquelle vor dir auftun, eine Inspiration, die über alles, was du dir wünschen kannst, hinauszugehen vermag. Ein ›Darshan‹ (Sanskrit) schenkt die ›Klarheit deiner Vision‹, die Fähigkeit, die Wirklichkeit zu sehen.

Was geschieht, ist eine Heilung für die Hohepriesterin, die sich an sich selbst erinnert, an die Offenbarung ihrer eigenen Wahrheit, in Verbindung mit einer uralten Vergangenheit.

Ein lang erwarteter Traum, der Traum vom Ende alles Endlichen, in dem sich alle Hindernisse auflösen, die sich der Verwirklichung deines wahren Selbst in den Weg stellen mögen, kann jetzt beginnen, konkreter zu werden und eine Form zu bekommen. Die Lichtkraft deines Bewusstseins vermag darin alles zu durchdringen, was nicht Licht ist. Träume mögen darin ein Schlüssel zu jenen Geheimnissen deiner Seele sein, die sich gerade in deinem Leben entfalten wollen – und große innere und äußere Veränderungen mögen ihren Lauf nehmen.

Königsblau über Königsblau hilft deinen Geistesfunken, das Feuer deiner rebellischen Seele zu entzünden, eines Geistes, der mit alten Strukturen von Sicherheits- und Überlebenskonditionierungen bricht. Ein Geist, dem es um wahres Heilsein von Körper, Seele und Geist geht, integriert in die vollkommene göttliche Ordnung und die kosmischen Gesetzmäßigkeiten. Darin können alte, kranke Denkstrukturen sich zu lebensfördernden Kräften der Seele erneuern.

Der Erzengel Raphael ist der Engel der Heilung. Es gibt keine größere Heilkraft als die Liebe. Sie ist jene Kraft, die zu heilen vermag und die göttliche Kraft darstellt, die hinter jeder Heilung steht. Raphael steht am Ende des Weges, an jenem Ort, wo Erlösung stattfindet. Er kann die endgültige Heilung einleiten. Dafür gilt es, psychologische und naturwissenschaftliche Ebenen zu verlassen, um zu sehen, zu fühlen und zu verstehen. Jenseits des Denkens, in völligem Frieden, kann eine tiefe Transformation geschehen, in der eine neue Wahrnehmungsfähigkeit erwacht.

Der Erzengel Raphael erweckt und belebt dein Herz auf dieser neuen Ebene des Wahrnehmens, auf der du zu wahrhaftem Empfinden und Fühlen finden kannst. Über die Rückverbindung mit der Stimme deines Herzens und in deinem stets wachsamen Achten auf ihre Botschaft mag es dir gelingen, zu jener Liebe in dir zu gelangen, die im Leben steht, aber nicht Teil des Lebens ist und nicht vom Leben besessen werden kann. In der Rückverbindung mit dieser Stimme deines Herzens werden selbst deine Fehler und Irrwege schließlich zu Fortschritten auf deinem Lebensweg.

Hat der Erzengel Raphael einmal alles weggeschnitten, was erkrankt ist, kannst du wahrhaft ›heil‹ werden. Ein neues Leben gebiert sich dann aus dir, ein ›königliches Leben‹ in natürlicher Würde und Autorität, gekrönt von deiner eigenen Bewusstheit.

Aus deinem inneren Sehen heraus wird es dir jetzt möglich, dein inneres Licht in die Welt zu tragen und Frieden und Versöhnung der Gegensätze zu bewirken.

B97 Gold / Königsblau

Erzengel Uriel

Der Erzengel Uriel schenkt dir göttliches Licht. Sein Name bedeutet so viel wie das Licht, ›Or‹ (hebr.), oder das Feuer, ›Nour‹ (hebr.), Gottes. Er ist gleichsam die Leuchte Gottes, die dir in Zeiten des Zweifels und der Krise oder an Wendepunkten deines Lebens Licht bringt, um dich auf diese Weise zu inspirieren und zur Umkehr zu rufen. Einmal im Einklang mit deinem inneren göttlichen Licht, kann es dein ganzes Wesen spontan mit Freude erfüllen und dich leiten. Zentrierst du dich darin, dann vermag sich dir im Augenblick deines Zentriertseins deine alte Weisheit zu enthüllen.

Uriel unterstützt dich dabei, in deiner tiefen inneren Schau, jenseits aller Illusionen deiner Persönlichkeit, Klarheit finden zu können und aus dem Wissen heraus, wer du bist, das höchste Bewusstsein in die Welt zu tragen.

Uriel ist der Übermittler des Lichts der Wahrheit. Nimmst du dieses Licht an, dann kannst du zurückkehren zu deiner wahren Aura, dem Gold der ewigen Liebe, und dich aus der Dunkelheit von Unwissenheit lösen und in nie verlöschendem Licht leben, lieben und lachen.

Uriels Licht mag vielleicht in einer Zeit deines Lebens zu dir kommen, in der du dein Inneres und die Entfaltung deines Lebens bereits aufmerksam beobachtest, während du die wahrhaften Werte und höheren Ziele deines Lebens auf ihre Echtheit hin prüfst, auswählst und sie neu bewertest.

In diesem Prozess kann deine Gabe des wahrhaften Sehens beginnen, deine Schatten in der Tiefe deines Seins zu durchdringen. Du magst in der Stille warten und offen und in tiefem Urvertrauen nach dem schauen, was sich dir zeigen soll. Viele Bilder und Ereignisse mögen dabei an der inneren Leinwand deines Geschehens vorüberziehen und alle deine Gefühle berühren. Während du in die Tiefen deiner Seele schaust, mit der Sehnsucht nach Erfüllung deines Traums vom Leben in deinem Herzen, verbirgst du dich dabei vielleicht in der Dunkelheit und wartest, dass die Dinge kommen mögen. Gerade so, wie der Neumond auf das Licht der Sonne oder wie das reife Ei in einer Frau auf die Spermien des Mannes wartet, in tiefem Frieden und der schützenden Verborgenheit der Dunkelheit.

Uriel bringt das goldene Licht der Sonne in dein Bewusstsein, welches dann, einmal in dein Inneres gesunken, dort von deinem Zentrum aus dein ganzes Wesen mit Licht erfüllt und auf einmal alle Ebenen deines Seins verwandelt, sie erhellt und dich schließlich gänzlich mit göttlicher Weisheit durchdringt. Auf diese Art und Weise kann nun etwas Neues, Verwandeltes in dir heranreifen. Aus deinem tiefsten Inneren mag ein Erkennen aufleuchten und das Gold deines alten Wissens dir bewusst werden.

Uriels Licht der Wahrheit scheint in die Tiefe deines Unterbewusstseins, um das Gold deines Wissens für den Dienst in der Welt heraufzubringen. Du magst lange dafür gearbeitet haben, um es zu verfeinern und es zu seiner vollen Schönheit zu bringen. Nun wird deine Unermüdlichkeit offenbar belohnt. Genau an jenem Punkt, an dem dir die Unterscheidung zwischen Dunkelheit und Licht, zwischen Macht und Liebe gelungen ist, geschieht es, dass du loslassen kannst und getragen wirst, sodass nach langen Mühen schließlich Mühelosigkeit bei dir einkehren kann.

Uriel lässt dich das berühren, wofür du hier bist. Er lässt dich den Smaragd in deinem Herzen finden und deine Liebe in den Dienst für die Erde stellen. Sein Licht mag der Beginn davon sein, den Pfad, der vor dir liegt, zu erhellen.

Erkennst du selbst jetzt die Weisheit des wahren Wesens in dir und findest zum Ursprung allen Lichts in deinem Inneren zurück, um wahrhaft du selbst zu sein, so kann das bedeuten, dein Inneres jetzt nach außen zu bringen.

Die Heilung der Hohepriesterin, die mit dem Erzengel Raphael begonnen hat, setzt sich fort. Sie kann aufsteigen ins Licht, um ihr Wissen mit der Welt zu teilen, auf dieselbe Weise, wie der Vollmond am Nachthimmel aufgeht, das Gold der Sonne reflektierend und sichtbar machend. Er spendet sein Licht für die, die in der Dunkelheit suchen.

Der Erzengel Uriel leitet die Morgendämmerung wahrer Weisheit. Deine Selbsterkenntnis kann nur jenseits von Emotionen, in absoluter Stille und Frieden und in der völligen Annahme deines Alleinseins erkannt, verwirklicht und gelebt werden. Aus dem Verständnis von Abhängigkeiten entsteht eine neue Tradition, die im Dienst des Lichts, der Liebe und der Weisheit steht, nicht im Dienst einer verstandesorientierten Hierarchie. Diese neue Ordnung kann dir nun bei deinem Erwachen, deinem Erkennen und deiner Selbstverwirklichung helfen und dich veranlassen, deinen neuen Platz im Leben einzunehmen, den die Liebe und das Licht für dich nun freigibt.

Wendest du dich jetzt der Außenwelt zu, vielleicht inzwischen wissend geworden, warum du hier bist, so magst du voller Ehrfurcht die Dinge einfach und klar sehen, nüchtern, objektiv und neu. Eine Demut mag dazu aus deinem Innersten in dir aufsteigen, wie eine tiefe Verbeugung, die der göttlichen Liebe und dem göttlichen Licht in jedem Menschen gilt.

Uriels Überbringen des göttlichen Lichts ist es, welches dir als Suchendem deinen Weg in der Finsternis erleuchtet und dein Gemüt im Dunkel der Zweifel erhellt. Er ist es, der in dir das Feuer des Enthusiasmus für das Göttliche in allem zu entfachen vermag. Im Geschehnis deiner eigenen Heilung kannst du nun beginnen, der ganzen Erde Heilung zu bringen, eingestimmt in eine große gemeinschaftliche Entwicklung, in eine große Gemeinschaft von Liebe und Zusammenarbeit, in der Liebe ein höheres Bewusstsein hervorbringt. Jetzt kann deine göttliche Weisheit und deine Liebe beginnen, in die Welt auszustrahlen und alle deine Energien voll und ganz einem gemeinsamen kreativen Prozess zur Verfügung zu stellen, für die Einheit von allem und den Dienst für das große Licht.

Uriel ist der Engel, der dich immer wieder an die augenblickliche Hilfe von oben erinnert, die dir gegeben wird, wenn du wachsam, empfänglich, bereit und offener Erwartung bist. Nur die göttliche Wirklichkeit kann jene Wirklichkeit sein, die dein Leben wahrhaft zur Entfaltung bringt.

Das Geschenk der goldenen Sonne an dich ist dein innerer Reifungsprozess in der Zeit, während du nach höheren Zielen suchst. Jene innere Freiheit, die du darin gewinnst, ist schließlich auch jene innere Freiheit, die eine erfüllte Liebesbeziehung möglich macht, eine Liebe, die dein wahres Wesen nährt und in der du selbst das wahre Wesen deines Partners nährst. Diese wahrhafte Liebe ist es, die eine befreite Partnerschaft zwischen Mann und Frau ausmacht. Im Rot des Goldes erwachen die Liebenden zu neuem Leben. In jedem Augenblick genießen sie Erfüllung, denn alles ist hier und alles ist gut.

Von Freude und Begeisterung emporgetragen, absorbiert vom alles verwandelnden Licht, magst du als neuer Mensch in goldener Bewusstheit wiedergeboren sein, im Sieg über die Dunkelheit der Unbewusstheit deiner Seele. Dabei kann ein tiefer Frieden, der über jedes Verstehen hinausgeht, aus deinem Inneren aufsteigen. Die Erfüllung deiner Wünsche kann jetzt Wirklichkeit werden.

Der Skarabäus, verborgen im Gold, bringt dir dabei Glück für diese Reise, sodass sie dir zu Erfolg, Zufriedenheit und Dankbarkeit verhelfen kann.

B 98 Flieder / Koralle

Erzengel Sandalphon

Der Erzengel Sandalphon ist Bote, Botschafter und Mittelsmann der höheren Welt. Er vermittelt nicht nur Impulse und Botschaften aus dem Reich Gottes, sondern ist darüber hinaus der Erzengel des Wachstums, der Gärtner der Seele und des Geistes. Er ist es, der in beständiger, aber unbemerkter Pflege dein innerstes Wesen zur Entfaltung zu bringen vermag.

Zu den Aufgaben von Sandalphon gehört es ebenso, das Geschlecht des Embryos im Mutterleib zu bestimmen. Er wird somit zum Vollstrecker des Gesetzes der Polarität auf der Erde und, im weiteren Sinne betrachtet, zum Erzengel, der die ›Persönlichkeit‹ der jeweiligen Inkarnation in der Individualität bestimmt.

Die Erzengel-Sandalphon-Flasche entstand in England am Vatertag, am 21. Juni 1998, dem Tag des Sommerbeginns und der Sommersonnenwende.

Es ist der Ton, den seine Sandalen beim Gehen auf der Erde hinterlassen, der Hauch seiner leisen Sohlen, mit denen er die Erde berührt, nach dem er benannt ist. Sein griechischer Name bedeutet so viel wie ›der Klang der Sandalen‹. Unmerklich ist sein Nahen, leise überbringt er seine Botschaft und legt sie zart in dein Herz. Einem Windhauch gleich, vermagst du seiner vorbeistreichenden Gegenwart gewahr zu werden.

Im Klang deiner eigenen Sandalen, den sie beim Gehen auf der Erde hinterlassen, setzt sich dein eigener

Weg, deine eigene Reise und deine Wanderschaft hier auf der Erde weiter fort. Wenn du Informationen oder Erfahrungen auf dieser Reise nicht verdauen kannst, dann kann Sandalphon dir helfen. Er hilft auf vielen Ebenen der Transformation und des Verstehens und bringt eine intensive Heilung in all jene Themen des Lebens, die mit unerwiderter Liebe zu tun haben.

Es geht darum, nicht mit anderen in einer Schlinge gefangen zu sein, sondern eine innere und äußere Freiheit und Unabhängigkeit in allen Dingen der Erde zu erreichen, sodass daraus dann eine innere Entfaltung für jeden einzelnen und die Gemeinschaft möglich wird.

Diese Flasche ist mit der All-Einheit verbunden, einer tiefen Bewusstheit über die Abhängigkeit aller Dinge voneinander. Viele Phänomene in Zusammenhang mit dieser Flasche und ihrer Geburt haben damit zu tun.

Vielleicht schaffst du dir mehr oder weniger bewusst immer wieder Umstände, in denen dir die Liebe, die du gibst, nicht in der gleichen oder der von dir erwarteten Art zurückgegeben wird, und verfängst dich dann möglicherweise in zu viel Grübelei, leidest, trauerst, fühlst dich allein gelassen und versuchst vielleicht, dich den Konflikten zu entziehen, dich vor der Welt zu verstecken und der Welt zu entfliehen. Dabei magst du deine eigenen positiven oder negativen Eigenschaften dann auf andere Menschen übertragen, statt sie in dir selbst wahrzunehmen. So erzeugst du auf der materiellen Seite des Lebens Abhängigkeit von anderen Menschen und lässt sie vielleicht sogar über dich entscheiden. Probleme mit Autorität und hierarchischen Strukturen mögen dich dabei frustrieren und dich einsam fühlen lassen. Möglicherweise gibt es auch unerlöste Beziehungen in deinem Leben und Schwierigkeiten, Grenzen zu ziehen, sodass deine Gedanken und deine Gefühle sich schließlich vielleicht nur noch in deiner Negativität verlieren.

Flieder über Koralle kann dir helfen, in einer Art Selbstüberprüfung deine eigenen Angelegenheiten mit Sorgfalt und Muße zu betrachten. Es ist nicht angebracht, träge zu sein, stattdessen bist du herausgefordert, deine eigene Situation ausgewogen zu beurteilen. Im Zentrum steht darin die Lösung aus Abhängigkeiten, die vielleicht schon in deiner Kindheit begannen. Vielleicht fühltest du dich als Kind von deinem Vater, weil er möglicherweise nie Zeit für dich hatte oder nie für dich da war, wenn du ihn wirklich benötigtest, innerlich abgelehnt oder verlassen oder sogar in einer Art missbraucht, weil du dich, wenn er da war, unter seiner Behandlung von oben herab beurteilt und nicht gesehen, geliebt und angenommen gefühlt haben magst. Dieses Gefühl mag mit dem Trauma und dem Schock deiner Geburt in diese vom männlichen Verstand dominierte und dadurch gefühllose Welt begonnen haben, in der du dich vielleicht von Beginn deines Lebens an in einer Weise einer männlich-rationalen Hierarchie hast unterordnen müssen, in der deine emotionalen Bedürfnisse dir von deinem Vater als Schwäche ausgelegt und nicht erfüllt wurden. Vielleicht hast du darauf begonnen, sie zu unterdrücken. Du hast dich fortan nicht von Liebe genährt gefühlt, sondern eher allein gelassen. Jetzt meinst du vielleicht, alles allein schaffen zu müssen, schaffst aber im Gegensatz dazu unbewusst Abhängigkeiten zu anderen Menschen.

Der Erzengel Sandalphon kann dir zur Einsicht verhelfen, nicht mit den Gegebenheiten oder den Tatsachen in deinem Inneren zu kämpfen, sondern auf erwiderte Liebe und Heilung zu vertrauen, während die Energie den Gedanken folgt. Dabei magst du im Bewusstwerden deiner Grundbedürfnisse durch eine seelische Katharsis gehen, einen tiefen Reinigungsprozess deines eigenen Wollens, deines eigenen Denkens, deines eigenen Fühlens und deines eigenen Tuns, der neues inneres Wachstum ermöglichen kann.

Wenn dir es gelingt, dem Erzengel Sandalphon in seiner ungeheuren Körpergröße ins Gesicht zu blicken, was allerdings nicht leicht ist, vermagst du in seinem Gesicht die Gesichtszüge nicht nur deiner früheren Inkarnationen zu erblicken, sondern auch jene deiner jetzigen Individualität, die aus ihnen hervorgeht. Auf diese Weise stellt die Begegnung mit ihm ebenso den Kontakt zu deiner Individualität her, deiner Persönlichkeit und deiner inneren Bewusstheit.

Der Erzengel Sandalphon ist es, der in beständiger, aber unbemerkter Pflege dein innerstes Wesen zur Entfaltung anregt. Indem du lernst, Verantwortung für deine eigene Situation zu übernehmen, dich bewusst mit deinen emotionalen Bedürfnissen und deinen Grundbedürfnissen in deinem Leben auseinander zu setzen und deine unerlösten Beziehungen zu klären, kannst du, mehr und mehr deine Individualität wahrnehmen und begreifen, wann du ›Nein‹ sagen musst und wie Dinge beendet werden müssen.

Der Erzengel Sandalphon kann dir helfen, auf den Klang deiner eigenen Sandalen und deiner eigenen Schritte auf dem Boden zu hören, während du lernst, die Dinge, die du zu tun hast, in deinem Leben umzusetzen. Das meint nicht, deine Grundbedürfnisse und deine emotionalen Bedürfnisse zu vernachlässigen, sondern sie in deinem Leben so einzusetzen, dass sie den Wurzeln deines Lebensbaums Kraft zu geben vermögen, sodass es dir gelingen kann, wahrhaft den Himmel auf die Erde zu bringen.

Der Erzengel Sandalphon hilft bei der Überwindung der Dualitäten von Himmel und Erde, Instinkt und Intuition und vor allem der Polarität von männlich und weiblich. Während Gegensätze sich zu vereinen beginnen, kann ein Hervorkommen der Weisheit der Liebe und der weiblichen Eigenschaften, der Qualitäten des Herzens, wie Menschlichkeit, Verständnis, Mitgefühl, Fürsorge und Stärke, geschehen.

Aus der Vereinigung des Männlichen und des Weiblichen entsteht eine Wiedergeburt des Sternenkindes in dir. In dieser Geburt wirst du zu einem Kind der Schöpfung und lernst, dich bewusst von der Identifikation zu lösen, ein Kind von deiner Mutter oder deinem Vater zu sein.

Unschuld kann dabei der größte Schatz in deinem Leben werden, eine Unschuld, die keine Unwissenheit ist, sondern reine Intelligenz, eine reine Empfänglichkeit und Offenheit, ein Staunen, in dem dein Herz beginnt, die kleinsten Dinge des Lebens als Wunder zu sehen.

Der Erzengel Sandalphon leitet eine Zeit ein, in der nicht nur Einsicht und Glückseligkeit geschehen können, sondern aus deiner Ursprünglichkeit heraus auch die tiefsten Ebenen von Freude in deinem Leben sich zeigen können. Darin verkörpert Sandalphon die formgebende Kraft Gottes und unterstützt in dir die Fähigkeit der Strukturgebung und Stärke. Sandalphon vermag die Heilungsqualitäten des Flieders, nämlich eine neue Spiritualität und ein Dienen in allem, was du tust, ins Leben zu rufen. Dabei stellt er eine Verbindung mit den Heilungsqualitäten von Koralle her, nämlich bedingungslose Liebe hervorzubringen. Er verleiht deinem Dienst in der Welt seine Würde und erfüllt die Atmosphäre um dich herum mit der Glorie und dem Glanz der göttlichen Gegenwart.

Der Erzengel Sandalphon ruft neue Ebenen der Kooperation und des gemeinsamen Strebens nach Licht ins Leben. Indem du zum inneren Beobachter wirst und durchschaust, wie alles miteinander zusammenhängt und voneinander abhängig ist, kannst du in deine eigene Verantwortung gehen und wertneutral deine eigene Situation und die Situation anderer Menschen betrachten, um dann in Akzeptanz deiner eigenen Individualität und der Individualität anderer Menschen, in tiefem Verständnis füreinander und in intensivem Austausch, die alten Abhängigkeiten zur Auflösung bringen. Dann wird es möglich, in Liebe neue Formen unabhängiger, sich gegenseitig nährender und unterstützender Verbindungen zu erschaffen.

Während du durch die Liebe der Schöpfung zu dir lernst und verstehst, kann das Leben selbst die größte Liebesaffäre werden, die es gibt. In diesem Verwandlungsprozess ist die bedingungslose Liebe Sandalphons das Geschenk, aus dem erlöste Beziehungen hervorgehen können.

Der Erzengel Sandalphon gilt in der kabbalistischen Tradition als Zwillingsbruder des Erzengels Metatron. Ebenso wie Metatron soll auch Sandalphon ursprünglich ein Mensch gewesen und von Gott in sein Reich aufgenommen worden sein.

B 99 HELLOLIV / ROSA

Erzengel Tzadkiel

Tzadkiel ist der ›Gerechte Gottes‹. Er ist Repräsentant und Verkörperung der göttlichen Güte und Barmherzigkeit. Er verteilt den Segen und die Gaben des Himmels und vermittelt das Walten göttlicher Gnade. Über jeder reinen Absicht und jeder guten Tat ruht seine segnende Hand. Falls jemand den Weg verfehlt und versucht, sich wieder aufzurichten, so steht Tzadkiel neben ihm, um ihn zu ermutigen. Er ist Sinnbild jenes Sanftmutes und jener Barmherzigkeit, die durch dauerndes Gebet verkörpert ist.

Tzadkiel wacht über die Mächte der Anrufung. Eine Art der Anrufung stellt das Gebet dar. Das wahre Gebet ist der innige Ruf des eigenen Herzens, ausgerichtet vom Bewusstsein des Geistes und verstärkt durch die Macht des Verlangens. Das Gebet ist das Streben, auf jede erdenkliche Weise, in allen Handlungen, mit dem Göttlichen, mit dem Licht in Kontakt zu treten, während du das tust, was du tust.

Das Reich des Gebets ist zeit- und raumlos. Es dient dazu, die Gegenwart des Ewigen zu empfangen, um eins zu werden. In Wahrheit sind alle Götter ein Gott, und alle Religionen entspringen einer einzigen Wurzel.

Der Erzengel Tzadkiel kann in seiner Aufgabe auch mit der Bezeichnung ›der Betrachter Gottes‹ oder in einem anderen Sinne als ›das Auge Gottes‹ wiedergegeben und sehr gut durch all das, was in dem Wort

›Betrachtung‹ enthalten ist, begriffen werden. Es ist das Wechselspiel, auf das hier der Erzengel Tzadkiel aufmerksam machen will. Tzadkiel stellt sich einerseits als Betrachter und im anderen Sinne wieder als das Auge Gottes dar.

Zweifel und Furcht mögen in dir zu dem Gefühl führen, vom Leben getrennt zu sein oder dich vielleicht abgetrennt von etwas zu fühlen. Vielleicht durchlebst du auch gerade eine schwierige emotionale Phase oder bist möglicherweise bitter, neidisch oder eifersüchtig auf andere. Der Grund dafür mag dein unbewusstes Bedürfnis nach Liebe sein, von der du vielleicht gerade träumst. Vielleicht stehst du mit deinem eigenen Geschlecht in Konflikt und siehst möglicherweise die Dinge nicht, wie sie wirklich sind, sondern wie du sie gerne haben möchtest oder wie du befürchtest, dass sie sein könnten. Möglicherweise verspürst du auch einen Durst nach dem, was dich so liebt und annimmt, wie du bist, ohne zu erwarten, dass du schauspielerst, dich anpasst oder dich veränderst.

Tzadkiel steht für die Möglichkeit, tief liegende Schichten von Verwirrung bewusst loszulassen. Er hilft, Kopf und Gefühle freizumachen von falschen Vorstellungen und negativen Denkmustern.

Helloliv erscheint hier zum ersten Mal, und das Rosa dieser Flasche ist ein klein wenig heller und lichter als das Rosa im ›Rosa über Rosa‹.

Helle, lichte Farben sind in ihrer wahren Natur näher zum weißen Licht und insofern von einer höheren Schwingung als ihre Ursprungsfarbe. Das zeigt an, dass du dich zu den höheren spirituellen Aspekten deiner eigenen Persönlichkeit hingezogen fühlst und bereit bist, das weiße Licht in die Wirkungsbereiche dieser Farben hineinzulassen, das die Situation in deinem Leben in einer Art deutlicher spiegelt. Es mag ebenso sein, dass es ein großes Ausmaß an Leiden oder Schmerz in deinem Leben gibt. Jedoch gerade der Prozess einer Klärung bewirkt unwillkürlich Reinheit.

Helloliv über Rosa hilft dir, die Welt und die Dinge in ihr so zu sehen, wie sie sind. Das mag in deinem Leben bedeuten, innezuhalten, in der Hast des Lebens zu verharren und dein gegenwärtiges Handeln mit wacher Aufmerksamkeit zu betrachten. Dann wird es dir möglich, sorgfältig zu planen, bevor du in den nächsten Kreislauf eintrittst. Es geht darum, etwas zu vollenden, auf das nun ein Neuanfang folgt.

Rosa, die Farbe des inneren Kindes, hilft dir, dich mit dem Kind, das sich in dir verbirgt, zu verbinden. Dies ist jener Aspekt in dir, der offen bleibt, empfänglich und sensitiv. Es ist ebenso jener Teil von dir, der geliebt und geheilt werden will, bevor du erblühen und dein volles Potenzial finden kannst. In der Zartheit des inneren Kindes liegt jedoch auch große Verletzlichkeit. Mit deiner Ankunft auf der Erde erfährst du unwillkürlich als Erstes die Trennung von der Quelle, von der Mutter und damit von der Quelle aller Schöpfung.

Rosa mag also deine noch ungelösten Überlebensschwierigkeiten zunächst in seiner vollen Größe ausleuchten. Als Erstes erscheinen sie auf der physischen und emotionalen Ebene. Wenn jedoch Licht in deine Ängstlichkeit, Wut und Frustration hinsichtlich deiner Überlebensfragen und Bedürfnisse scheint, kannst du dich ein wenig von den Auseinandersetzungen, die diese Fragen aufgeworfen haben, distanzieren und lösen. Im Rosa liegt eine große Zartheit und Intuition. Es beinhaltet eine Zerbrechlichkeit, welche in ihrer Art große Kraft in sich birgt.

Indem du entdeckst, was deine wahren Bedürfnisse sind und was dich aufbaut, findest du den Weg zur lichten Hilfe des Rosa. Damit kann ein Mitgefühl beginnen, in dem du lernst, dich selbst so zu behandeln, wie du es dir vielleicht von anderen wünschst. Liebst du dich selbst, veränderst du damit die Energie, die du an andere aussendest. Ermöglichst du es anderen, wiederum das Gleiche zu tun, veränderst du damit ebenso die Antwort, die du dann erhältst.

Die nährenden Qualitäten des Rosas geben ebenso die Möglichkeit, inneres Gleichgewicht und Harmonie zwischen den eigenen männlichen und weiblichen Energien zu finden, um ganz werden zu können. Als Ausgleichsfarbe für die männlichen und weiblichen Kräfte bewirkt es ebenso eine Energie von Harmonie und Liebe, die Mann und Frau zusammen in ausgewogenem Licht vereint.

Bedingungslose Liebe ist der Boden, auf dem alles ohne Urteil und Bewertung angenommen werden kann. In der gleichen Art und Weise kann man dann auch andere annehmen. Es ist jene Liebe, die es den Dingen erlaubt, so zu sein, wie sie sind. Rosa hilft, die stille, zarte Stimme im Inneren zu vernehmen sowie auch anderen zuzuhören und von anderen gehört zu werden.

Auf diese Weise öffnet sich die Möglichkeit für neue Anfänge, das Erwachen eines neuen Selbst. Wahre Liebe kann die herausforderndste Kraft in deinem Leben sein.

Oliv ist ein Farbstrahl, der lange versteckt geblieben ist und dessen Hauptaufgabe bisher Deckung und Schutz vor Verletzungen darstellte. Oliv muss seit Anbeginn der Zeit dagewesen sein, denn seine Ausstrahlung ist genau jene der Natur in ihrer Ursprünglichkeit. Es kommt überall in den Blättern der Pflanzen, im Gras und im Moos vor, welche die Oberfläche der natürlichen Welt bedecken.

Helloliv kann eine Verbindung mit dem Licht ferner oder vergangener Zeiten der Erde herstellen.

Das helle Olivgrün ist eine Kraft, die auf allen Ebenen regenerierend und lichtbringend wirkt. Es hat nicht nur die Kapazität, Schmerzen und vielleicht Bitterkeit herauszuziehen, sondern lichtet Energien auf, die du in deinem Herzen festhältst, die chaotisch geworden sind, heilt sie und stellt sie wieder her. Es hilft, die Identifikation mit deinen Emotionen aufzulösen, lässt dich leicht werden und versetzt dich in die Lage, über dich selbst zu lachen.

Der olivgrüne Bereich liegt zwischen dem Solarplexus und dem unteren Bereich des Herzens, jenem Teil, der dich mit deiner Umgebung durch die untere Hälfte des Körpers verbindet. Auf diese Weise hilft Oliv deinem Bewusstsein, dich mit der Welt, die dich nährt und erhält, zu verbinden.

Helloliv hat ebenso die Kapazität, Licht auf emotionale Stärke und Stehvermögen zu werfen. Schaust du die Bäume an, wenn ein starker Wind kommt, sieht es so aus, als sei er zerstörerisch. Aber er ist es nicht. Er ist wie eine Herausforderung für die Bäume und Pflanzen, um zu sehen, ob sie die Sehnsucht haben, zu wachsen oder nicht. Geben sie dem Sturm nach, wenn er kommt, dann werden sie gerettet und werden mehr denn je wissen: »Ja, ich will leben.« Nach dem Sturm schlagen sie ihre Wurzeln noch tiefer in die Erde und werden sehr schnell wachsen, weil ihnen die Herausforderung durch den Sturm so viel Kraft gegeben hat. Der Olivenbaum wächst auf steinernem Boden, in heißem und trockenem Klima. Um die Nahrung zu finden, die er benötigt, muss er seine Wurzeln tief in den Boden graben und sich hoch nach dem Licht recken. Auf diese Weise kann dich die Farbe Helloliv in Zeiten von Schwierigkeiten unterstützen, in denen du Dauerhaftigkeit und Stärke suchst, um dich weiter und tiefer mit dem Licht zu verbinden.

Helloliv stellt den Beginn einer Zeit dar, in der Klarheit in der eigenen Individualität entstehen kann, welche benötigt wird, um zum Ganzen beizutragen. Dabei hilft es, die individuelle Verantwortung und das eigene Machtbewusstsein in der richtigen Weise zu nutzen, auch wenn es gerade schwierig für dich ist, beweglich zu sein. Es unterstützt darin, nicht an Ideen festzuhalten und in Erstarrung oder Bewegungslosigkeit im Denken und Fühlen stecken zu bleiben sowie nur Bestätigung für das Ego zu suchen. Helloliv hellt auf und klärt. Während des Zusammenbringens deiner höheren und niedrigeren Aspekte hilft es, Dauerhaftigkeit und Spontaneität zu verknüpfen.

Helloliv schenkt das Versprechen eines neuen Landes, das Versprechen guter und lichter Zeiten, die vor dir liegen.

Die hellolivfarbene Energie versetzt dich schließlich in die Lage, deinen eigenen Weg klar vor dir zu sehen, ein Gefühl für die Richtung zu finden und dich mit Selbstvertrauen und Wohlgefühl nach vorne, in die Welt hinein, zu bewegen.

Tzadkiels Kommen bringt eine neue Zuversicht und stärkt das innere Vertrauen in einen Neubeginn.

Darin geht es um die innere Haltung, in der du dich der Welt darbringst und mit deiner Liebe in die Welt einbringst. Es geht um dein Inneres und die Art und Weise, wie du dich auf der tiefsten Ebene selbst akzeptierst und erkannt hast. Es geht um die Kommunikation des zuvor Betrachteten und Erfahrenen und die Weisheit des Herzens, die daraus entstanden ist und zwar in der weiblichsten Form. So können durch das befreite Herz Prinzipien von Liebe, Hingabe und Dankbarkeit in einer neuen weiblichen Autorität und weiblichen Führerschaft in die Welt kommen.

Tzadkiels Kommen bedeutet, auf völlig neue Weise in ein Gefühl von ursprünglicher Freiheit hineingehen zu können, in der die weibliche Intuition und der weibliche Aspekt, in einer bewussteren Art und Weise dargebracht, im Licht eines neuen Tages zur Blüte kommen können.

In diesem Frieden und der daraus entstehenden Freude wird es dann möglich, zur Unschuld im ewig wechselnden, ewig leuchtenden Tanz der Schöpfung und des Lichts und all seinen Manifestationen auf der Erde zurückzukehren und in einer ursprünglichen Rückverbindung mit der Erde in der Welt zu dienen, in der das Glück eine Form erhält.

Ein neues Licht fällt auf die weibliche Führerschaft des Herzens, eine Form der Wiedergeburt der Göttin. Eine Art von ›Dein Wille geschehe‹ in der weiblichen Form.

B 100 Klar / Tiefmagenta

Erzengel Metatron

Metatron gilt als der König der Engel. Sein Name ›meta ton thronos‹ (griech.) bedeutet ›Gottes Thron am nächsten‹. Er ist der höchste Erzengel der Einweihung, derjenige, der das erweckende Zepter des göttlichen Lichts führt. In der Tradition wird überliefert, dass Metatron einst in menschlicher Gestalt als Henoch ›der Eingeweihte‹ (hebr.), der dem Gott sich erwiesen hat, auf der Erde weilte. Als Sohn von Jared aber ist Henoch nicht von allem Anfang an dieser irdisch-materiellen Ebene zugehörig, sondern im buchstäblichen Sinne hernieder gestiegen, denn Jared, ›jarad‹ (hebr.) bedeutet ›hernieder steigen‹. Nach der Erzählung der Bibel starb Henoch nicht, sondern wurde von Gott mit Hilfe des Erzengels Michaels, der ihn ölte und als Engel kleidete, in den Himmel aufgenommen, um fortan als Erzengel Metatron nahe dem Thron Gottes zu sein.

Metatron bringt das Licht als ein Ausdruck der Totalität unserer selbst zur Erde und hütet die göttliche Ebenbildlichkeit des Menschen. Er ist die göttliche Manifestation des Himmlischen Menschen, des Lebens allen Lebens und Wesens aller Geschöpfe, und stellt eine wichtige Verbindung zwischen dem Menschlichen Königreich und dem Göttlichen Königreich her. Damit erweitert und vergrößert er die Verbundenheit der unsichtbaren mit der sichtbaren Welt.

Metatrons Funktion ist die eines Unterstützers und

Führers für das göttliche Licht innerhalb unserer selbst, wobei er ein Lehrer für Kinder ist.

Im Kosmos läuft alles zyklisch ab, gleich einem Ein- und Ausatmen oder einem Niedersteigen und Wiederaufsteigen. Da Henoch als Schriftgelehrter bekannt war, wurde Metatron zum himmlischen Schreiber, der alles aufzeichnet. Man könnte ihn als Archivar oder Chronist Gottes bezeichnen. Hier ist das alte Wissen gemeint, dass alles, was in der Welt geschieht, in der unsichtbaren, der geistigen Welt, gleichsam in Archiven aufgezeichnet ist. So, wie auch in unserem persönlichen Leben alles, was wir gesehen, getan, gesprochen und erlebt haben, in unserem Unterbewusstsein Buchstabe für Buchstabe aufgezeichnet ist. Diese Aufzeichnung findet vom Augenblick der Empfängnis an statt. Dadurch wird es für uns leichter verständlich, dass das, was man hier auf Erden tut, das Material dafür liefert, was man nach seinem körperlichen Tod als Umgebung vorfinden wird. Man kommt entweder in eine höllische oder himmlische Gesellschaft. Beide halten sich gegenseitig genau im Gleichgewicht. Das, was sich dabei ausbalanciert, sind zwei ungeheure geistige Kräfte. Wenn man jedoch rechts oder links eine Kleinigkeit hinzufügt, kommt alles ins Wanken. Deshalb kann eine einzige kleine Entscheidung eine so ungeheure Wirkung nach sich ziehen.

Metatron verkörpert die Kunst und Kraft von Gebet und Meditation. Es sind die mannigfaltigen Möglichkeiten der Wahl, und innerhalb ihrer unsere Intention und unsere Gefühle, mit denen wir das beeinflussen können, was in unserer Zukunft liegt. Im hellen Widerschein des Silbers in der Mitte von Klar über Tiefmagenta, in der weißen Linie zwischen dem Bewusstsein und Unterbewusstsein, liegt dabei die ganze Reflektion des Jenseitigen. Während die Energie sich vom Licht hinunterbewegt, vom absoluten unbegrenzten Licht herab, ist völlige Dunkelheit nur eine Abwesenheit von Licht, eine Leere, ein Nichts. Es ist diese Dunkelheit, aus der alles Licht entspringt.

Wenn du in Situationen steckst, in denen du deinen Weg vielleicht nicht erkennst und die Zukunft wie im Nebel zu liegen scheint, kann dir das göttliche Licht erkennen helfen. Es reicht nicht aus, nur deinen Gedanken nachzuhängen. Das Ziel besteht darin, den Kopf freizubekommen von falschen Anschauungen. Wenn du zu lange und zu stark eigensinnig und kontrollierend im Leben kämpfst, kommt es unweigerlich zu einem Überdruck, zu einem Überlebenskampf, bei dem dir immer mehr und stärker Energie verloren geht und du schließlich womöglich im Mangel- und Verlustdenken verharrst. Bevor du es lernst, eine Verbindung zu deinem inneren Licht herzustellen, wirst du in automatisierten Reaktionen unter dem Einfluss von Emotionen, Körperempfindungen, kulturell bedingten Anschauungen und Vorurteilen deiner Umwelt gegenüber handeln. Deine Gedanken werden trennen, analysieren und bewerten. Die eigenen innersten Gedanken kreieren mittels magnetischer Anziehung die eigene äußere Realität.

Die Göttin spricht: »Ich bin der silberne Mond und das Meer der Sterne, die der Erde ihren Segen geben.«

Klar über Tiefmagenta hilft, Illusionen, Täuschungen und vielleicht auch alten, unerfüllten oder nicht mehr wichtigen Wünschen auf den Grund zu gehen. In der oberen Fraktion hilft das Klar dem Leiden und dem Verstehen von Leiden: bekommen, was wir nicht wollen; wollen, was wir nicht bekommen können; und nicht unterscheiden zu können zwischen diesen beiden, auf den Grund zu gehen, und womöglich den Brunnen ungeweinter Tränen bewusst zu machen. Das Klar bietet die Möglichkeit, die Dinge im Spiegel so zu sehen, wie sie sind, und gleichzeitig dafür vorbereitet zu sein, das, was im Schatten liegt, anzuschauen.

Bevor Befreiung stattfinden kann, müssen alle Schatten ins Bewusstsein gebracht werden. Die Dunkelheit im unteren Teil dieser Flasche ist in ihrer richtigen Position in Beziehung zum Licht. Ähnlich dem Ozean der Bewusstheit. Tief unten im Ozean ist es dunkel. Ein Fisch, der dort lebt, hat nie das Licht gesehen. Stattdessen hat er sein eigenes inneres Licht in ihm drinnen. Metatron hilft, das Licht in die Dunkelheit zu bringen, hinein in die tiefsten Themen, die im Inneren, im Unbewussten oder im Unterbewusstsein, verborgen liegen. Das Tiefmagenta macht es uns jetzt mehr als je zuvor möglich, unsere Liebe und Aufmerksamkeit in die kleinen Dinge des Alltags zu bringen und auf diese Weise das eigene in der inneren Dunkelheit verborgene innere Licht zu finden. Es hilft, die inneren Geschenke und Fähigkeiten zu offenbaren und fähig zu werden, das ein wenig mehr ins Leben zu bringen, warum du hier bist und was du hier zu tun hast.

Offenbar neigen wir dazu, unsere Fähigkeiten zu verstecken, weil mit unseren Fähigkeiten auch die größten Schwierigkeiten einhergehen. Jedoch ist das, was am Tiefsten in uns verborgen ist, auch unser größtes Geschenk.

Die Göttin spricht: »Ich bin die Nacht, aus der das erste Licht geboren wurde. Ich bin die Mutter der Götter und ich bin die Jungfrau. Ich bin die dunkle Schlange, die alles verschlingt. Ich bin das Nichts, aus dem alles kommt, und ich bin das fruchtbare Tal, das euch das Leben gibt.«

Metatron ist ein riesengroßer Engel. Seine Hüftweite ist die des Erdumfangs und seine Größe reicht bis zum Himmel. So ist er eine ziemlich imposante Erscheinung. Er soll 36 Flügel besitzen, je sechs mal sechs, und unzählige Augen, die er zweifellos benötigt, um über die ganze Welt, wie wir sie kennen, zu wachen, und alle Verständnisse von Licht so weit wie möglich ins Leben zu bringen. Erzengel Sandalphon ist sein Zwillingsbruder.

Das Klar und das Tiefmagenta. Beide reflektieren alle Farben. Das Klar reflektiert das ganze Licht der Höhen. Das Tiefmagenta absorbiert das ganze Licht in der Tiefe. Die Flasche ergibt geschüttelt ein von Licht durchzogenes Tiefmagenta, in dem das Licht in den Schatten hineinkommt.

Gott und Göttin kommen zusammen: die dunkle weibliche, empfängliche Kraft und die lichte männliche, kreative Kraft. Sie sind nicht getrennt, sondern Teil voneinander. Das Licht und der Schatten.

Die Göttin spricht: »Seht, ich bringe euch die Kraft des Himmels, damit die Erde sich erneuern kann - jetzt und in alle Ewigkeit.«

Nichts nimmt jemals physikalische Gestalt an, das nicht zuerst ein Gedanke war. Du bist der Gedanke des Göttlichen, und in deinen schöpferischen Gedanken kannst du Verbindung mit der ewigen Intelligenz aufnehmen. Metatron hilft darin, dein Denkvermögen wieder voll herzustellen und alles offenzulegen, was dich einengt. Er hilft, das Glas deines Spiegels zu reinigen und Fürsorge dafür tragen, sodass du die Macht deiner Gaben allzeit mit Augen und Ohren und allen deinen Sinnen wahrnehmen kannst. Tief in deinem Sein verbirgt sich eine Stimme, die es danach verlangt, gehört zu werden. Diese Stimme ist so zart, dass du sie nur vernehmen kannst, wenn du dich ganz ruhig verhältst. Sie kann dir kaum vernehmliche Andeutungen aus der Intuition deines Herzens und deiner inneren Unschuld heraus geben. Gelingt es dir, dieser Stimme deines Herzens zu folgen und durch sie in Aktion zu treten, können in jenem Moment Licht und Schatten verschmelzen und die Zartheit der Liebe sich im Inneren wie im Äußeren manifestieren.

Die Göttin spricht: »Dann freut euch und seid glücklich, damit das Leben sich erneuere. Ihr sollt singen, tanzen und euch lieben. Ich schenke euch meinen Segen.«

Metatron hilft, Wünsche, die zu deiner Selbstverwirklichung beitragen, in die Wirklichkeit zu bringen. Weihst du deine Gedanken dem Göttlichen und wird dein Wille dabei zum Willen des Göttlichen, dann kannst du Zeuge werden, wie dein wahres Leben seinen Dienst aufnimmt. Dabei sind Herzenswünsche und Visionen in Bezug zu deiner inneren Wahrheit, entsprechend dem Lebensauftrag, den du mit dir in dieses Leben gebracht hast, göttliche Energien. Sie sind eine wirklich starke Kraft und prägen jenen Sinn, den folglich dein Dasein auf der Erde hat. Wenn du in der gleichen Intensität und Hingabe, wie du bereit bist an deine Herzenswünsche und Visionen zu glauben, sie den Engeln übergibst - ihnen deren Erfüllung und Verwirklichung überlässt - und damit deinen kleinen Willen in die Obhut des größeren, des göttlichen Willen gibst, werden deine Wünsche umso rascher zum Wohle aller Beteiligten - und das ist wichtig - in Erfüllung gehen.

Erzengel Metatron wartet darauf, dich in die Fülle zu tragen, in die ganze Fülle des göttlichen Bewusstseins und allumfassenden Seins.

Metatron war der Anfang, und er ging voran dem Himmel und seinem Heer. Sein Leib ward verwandelt in eine Feuerfackel und seines Leibes Glieder zu heller Glut. Wie ein Blitz ward sein Anblick gemacht, und das Licht seiner Lider strahlt immerdar inmitten des Glanzes seines Angesichts, das ist wie der Schein der Sonne.

Du bist die Erinnerung dessen, was war, dessen, was ist, und dessen, was sein wird.

B 101 Hellblau / Helloliv

Erzengel Jophiel

Erzengel Jophiel bringt dich in Verbindung mit deiner schöpferischen Kraft und ermöglicht deinem Bewusstsein, das innere Licht zu erblicken. Göttliche Ideen nehmen ihren Ausgang im Herzen des Ewigen.

Jophiel überwacht und geleitet zusammen mit anderen Engeln jede Vision von ihrem Ursprung bis hin zur physischen Manifestation. Seine Hauptaufgabe ist zu helfen, sie zu empfangen und mit Schönheit zu küssen.

Es ist der göttliche Wille, dass wir an der Schöpfung mitwirken und mithelfen, dass sie Gestalt annimmt, um so die göttliche Freude zu teilen. Unsere Sehnsucht und unser Verlangen nach göttlicher Liebe bewirken, dass, Saatkörnern gleich, der Wind die Ideen des Göttlichen zu uns heranträgt; wir müssen sie lediglich ergreifen und ihnen Leben einhauchen, sie mit Energie anreichern und sie nach außen bringen.

Etwas unmittelbar zu kennen, bedeutet, es durch den Atem zu erfahren. Der Atem ist das Atmen neuen Lebens, das Unbekannte, und der Frieden ist es, welcher uns da hindurchträgt. Der Einatem kann so als Träger der göttlichen Stimme, der Quelle angesehen werden, der Energie jenseits der Schöpfung und ihrer Manifestation in Frieden. Das bedeutet, etwas des Unwissbaren in die materielle Welt hineinzubringen, denn aus dem Unwissbaren entsteht die Schöpfung.

Der englische Begriff ›de-sire‹ – ›Verlangen‹ bedeutet

in seiner ursprünglichen Form ›vom Herren kommend‹ (von der göttlichen Quelle kommend). Das Verlangen nach allem, was zu deinem Erwachen beiträgt, der Wunsch danach, frei zu sein, Liebe zu geben und zu empfangen, das richtige Betätigungsfeld zu besitzen, voller Leben zu stecken, von Schönheit umgeben zu sein, gesund und sexuellen Verlangens mächtig zu sein, all dies ist positives Verlangen.

Vielleicht sind die Dinge nicht so gelaufen, wie du es wolltest. Möglicherweise hast du deine Gefühle und deine Wahrheit nicht oder nicht genügend ausgedrückt, hast nicht gesagt, was du denkst, und bist deswegen jetzt unzufrieden und unbefriedigt. Vielleicht hältst du auch an etwas fest und fühlst, dass etwas in deinem Leben gerade stagnatiert, worum du traurig bist und dich nach innen wendest. Es mag sein, dass Probleme mit Autorität dahinter stehen, die in Schwierigkeiten mit deinem Vater wurzeln, sodass daraus eine unklare Identifikation mit dem männlichen Rollenmodell in dir selbst resultiert. Möglicherweise fehlten dir auch die nährenden und schützenden Aspekte der Liebe vonseiten deiner Mutter, sodass die Identifikation mit dem weiblichen Rollenmodell in dir selbst dir jetzt Schwierigkeiten bereitet.

Du solltest wie ein Kelch sein, offen und als solcher zu erkennen. Dann kannst du den Erzengel Jophiel anrufen, damit er dich mit der vollkommenen Vision erfüllt, die du herbeisehnst. Du magst die ganze Leidenschaft dazu einsetzen, derer du fähig bist, um die Vision Gestalt annehmen zu lassen. Wenn sie vom Göttlichen kommt, wird sie den Duft der Vollkommenheit tragen und dich freudig erregen und weder Fragen noch Zweifel offen lassen. Heiße sie dankbar willkommen und handle. Die Engel werden dir zur Seite stehen.

Hellblau gibt Schutz, Sanftmut, Ruhe, Frieden und Sicherheit. Es verbindet dich mit der Blaupause und dem göttlichen Plan. Es sind darin deine Gedanken und Empfindungen, die die Verbindung zum Ewigen herstellen.

Jene Schwierigkeiten, die du in der Gegenwart hast, mögen aus intensiven Gefühlen von Neid und Eifersucht bestehen, die dich zu einer geschärfteren Wahrnehmung von einer höheren Ebene aus veranlassen, um in einer Situation die vielen verschiedenen Aspekte betrachten zu können und zu erwägen. Ebenso mag eine Reibung zwischen den weiblichen und männlichen Anteilen innerhalb deiner selbst mit diesem Prozess einhergehen. Dabei hilft Erzengel Jophiel deinem Herzen sich zu öffnen und sich zu weiten, bis hin zu seiner völligen Entfaltung.

Die Gründe deiner Eifersucht mögen Verlassenheitsängste aus der Kindheit und starke Minderwertigkeitsgefühle sein. Vielleicht bist du eifersüchtig, weil du ständig fürchtest, verlassen zu werden und nicht gut genug zu sein.

Hellblau über Helloliv hilft, Ängste verstehen zu lernen und da hinein zu vertrauen, dass wir das anziehen, was wir brauchen.

Helloliv ist dabei eine Farbe, die uns in schwierigen Umständen unterstützt. Sie wirkt wie eine Lichtquelle, die uns hilft, Distanz von den eigenen Emotionen zu finden und sie in emotionale, mentale, physische und spirituelle Stärke, Beharrlichkeit und Ausdauer zu transformieren. Helloliv bringt die Weisheit des Herzens in die Kommunikation und hilft mit dem Herzen zu denken. Die Frau ist nicht länger unterwürfig oder ängstlich, sondern entreißt das todbringende Instrument dem Feind und richtet es gegen ihn – sie zeigt ihre Meisterschaft.

Helloliv erinnert uns daran, nicht die Autorität an andere abzugeben, sondern zur eigenen Autorität des Herzens zu finden und eine warme, liebende, vom Herzen aus führende Autorität anzunehmen, der der Verstand sich unterordnet.

Hellblau ist eine Farbe, die uns ebenso in Kontakt mit der Möglichkeit bringt, in das, was uns bewusst ist, hineinzuvertrauen, sodass die Energie des Erwachens uns so intensiv erhellen kann, dass der Faden unseres Lebens vom Göttlichen weitergesponnen wird.

Erzengel Jophiel hilft, dem weiblich Intuitiven in uns zu vertrauen und einen Schritt nach vorne zu tun. Die Entwicklung geht kollektiv zum Herzen hin, also fort von den Themen um Macht und des Machtkampfes, hin zu den Themen des Herzens und der Harmonie in sich selbst und miteinander. Das Licht kommt in das Herz, eine neue Schwingung erhält Raum, welches das Herz emporhebt, um das zu erfassen, was oberhalb und unterhalb des Smaragdes in unserem Herzen liegt.

Im Loslassen von all dem, was wir festhalten, im Rezeptivsein und im Frieden, den wir allen Wesen wünschen, öffnen sich hier die Türen, um die Klarheit unseres kleinen individuellen Willens hinein ins Herz zu bringen und hinauf zum ›Göttlichen Willen, der durch mich geschehe‹, zu finden. Daraus kann dann eine Klarheit entstehen, die hilft, den eigenen Weg des Herzens zu sehen, ein Gespür für die eigene Richtung zu finden und diesen Weg in Selbstvertrauen und Leichtigkeit von Moment zu Moment zu gehen.

Erzengel Jophiel verbindet uns mit dem Verständnis davon, Teil eines Ganzen zu sein, und darin ganz besonders mit der fühlenden Seite unseres Wesens. Er erinnert uns an unsere Abstammung von den Sternen, um diese Energien hier auf dem Erdstern nun zu erden, während wir uns weiter zu dem Lichtwesen hin entwickeln, das wir sind. Wenn wir lernen, einmal unsere eingeschränkten Vorstellungen zu überwinden, mögen wir unsere Herzen füreinander öffnen in einer neuen Ehrlichkeit und neuem Vertrauen.

Je mehr wir lernen, die nährenden Aspekte der Liebe, die unserer Individualität entsprechen, in uns zu realisieren und auszudrücken, und uns dabei nicht selbst im Wege stehen, umso mehr können wir zu einer Stille in uns selbst kommen, in der wir wissen und erfahren – wir sind Gott.

Hellblau über Helloliv bringt dich in Verbindung mit deiner Verantwortlichkeit gegenüber den irdischen Aspekten. Während du darin zu deiner Unabhängigkeit findest, kann das Unerwartete beginnen für dich zu geschehen, die göttliche Qualität von Liebe, die sich über die menschlichen Einschränkungen erhebt und zur bedingungslosen Qualität der Liebe wird, die Gott und Göttin, Mann und Frau miteinander vereint.

Hellblau über Helloliv hilft uns also, Wertvorstellungen und Ängste, die wir empfinden, wenn wir nicht vertrauen und nicht die Möglichkeit wahrnehmen, einen neuen inneren Raumes zu betreten, zu überwinden, um Frieden und innere Sicherheit zu finden. Wir können beginnen, unsere eigene Wahrheit zu erkennen und in Heiterkeit und Gelassenheit als Träger eines höheren Willens zusammen mit den führenden Qualitäten des Herzens zu funktionieren.

Erzengel Jophiel hilft uns dabei, die höhere Kommunikation in unsere Gefühle zu bringen, sodass unsere Gefühle von dem berührt werden können, was unsere höchste Bestimmung ist.

B102 Tiefoliv/Tiefmagenta

Erzengel Samael

Samael wird als der Schönste der Erzengel beschrieben und hat, genauso wie Metatron, zwölf Flügel. Er ist ebenso der meist bekannte »Engel des Todes«. Samael's Name bedeutet auch »Strafe Gottes«. In der Kabbala wird er als Fürst der Dunkelheit beschrieben, und als Engel der Buße, der Beichte und der Gerechtigkeit gesehen. Einige deuten ihn als »Engelspolizei«, andere als »Giftstrahl«; so ist er ein Wanderer zwischen den Welten.

Am 11. September 2001 begann das Erscheinen von Samael, dem Erzengel der Göttlichen Härte oder Strenge. An diesem Tag geschah in den USA der Angriff auf die beiden Zwillingstürme des World Trade Centers. Rudolf Steiner und andere haben gesagt, dass Samael vor Erzengel Gabriel über die Erde herrschte. Während seiner Regentschaft wurden viele Herrscher und Führer gestürzt. Samael trägt ebenso Merkmale des Planeten Mars, der oft als Planet angesehen wird, welcher Konflikt und Krieg anzeigt.

Die aktuellen Ereignisse hier sind Anstoß zu einem tieferen »Erwachen«, einem Bewusstseinswandel. Sie leiten eine Zeitenwende für uns alle ein. Erzengel Samael ist der Herrscher des fünften Himmels und führt eine Engelsschar von mehr als zwei Millionen Engeln. Die Quersumme des Datums des Anschlags auf das World Trade Center ist Fünf, ebenso wie die Quersumme jenes versuchten Anschlages auf dieses Gebäude vor mehreren

Jahren Fünf ist. Die Fünf ist ebenso die Zahl des Menschen.

Terror und Fundamentalismus gebrauchen Gewalt. Sie bauen Angst auf und Angst ist eine zerstörerische Kraft in sich selbst. Die Ereignisse fordern kein »Tun« im herkömmlichen Sinn von uns. Sie leiten in ein Zusammenkommen aller Menschen aller Nation und Hautfarbe, in eine Vision der Einheit, um mit diesem Verständnis in der ganzen Welt die Bewusstheit einer höheren Welt herbeizuziehen, einen Frieden jenseits allen Verstehens.

Traditionellerweise werden Samaels Merkmale und Attribute mit den Eigenschaften des Turmes des Tarots zusammengebracht. Das Thema des Turmes ist, nicht zu bewerten, sondern Dingen zu erlauben, wie sie sind. Angesprochen sind dabei die Türme in uns selbst, unsere selbstgezimmerten Sicherheiten, Denkmodelle und egoistischen Strategien, der vermeintlichen Sicherheiten unserer Aktien an der Börse. Wir müssen über den Verstand hinausgehen, in andere Gesetze hineinvertrauen, jenen, die mehr den Gesetzmäßigkeiten und Rhythmen unserer inneren und der göttlichen Welt entsprechen, und einer Veränderung im Denken und Fühlen und damit einem Wandel im Sein Raum geben.

Erzengel Michael richtet sein Schwert der Unterscheidung und Gerechtigkeit auf den Turm. Bezeichnenderweise haben Flugzeuge dieselbe Form wie ein Schwert. Erzengel Michael bringt hier eine neue Form in die Welt, wofür er Samael einsetzt, weil dieser die stärkste Energie hat, um diese Prozesse anzugehen. Im Hebräischen gibt es keinen Unterschied zwischen ›Satan‹ und ›Samael‹. So haben wir es hier mit der teuflischen Energie zu tun.

Obwohl Magenta die Notwendigkeit Opfer zu bringen anzeigt, die Hingabe des Blutes, meint es aber auch die opferbereite Liebe in der höchst positiven Form. Hellsichtige behaupten, dieser Lichtstrahl sei um Christus bei seiner Kreuzigung gesehen worden.

Mit dem Tiefoliv taucht zum ersten Mal ein Anteil des Schattens im oberen Teil der Flasche auf. Vielleicht ist es Teil der dunklen Wolke der Unbewusstheit die in der oberen Fraktion eingefangen ist um uns in ein neues Licht des Verständnisses zu führen. Olivenöl wurde als eine Quelle des Lichtes gebraucht, ebenso um Menschen die letzte Ölung zu geben, als Brücke von dieser Welt hinein in eine andere Welt, die Welt des Lichtes.

Die Welt wird nie wieder so sein, wie sie war. Wir lernen dabei, nicht in die Angst zu gehen, sondern inneren und äußeren Frieden zu kreieren. Krieg zu machen meint, wir sammeln Verbündete, wir machen Lager, und dann geht es los. Krieg erzeugt nur mehr Krieg.

Vor mehreren tausend Jahren begann das Christentum, und die christlichen Gebäude wurden auf alte Kultplätze aufgepfropft. Im Namen des Christentums wurde die Göttin in die Erde versenkt. Die Göttin wurde in die Erde verbannt. Die Menschen, die an die Göttin glaubten und ihr folgten wurden im Namen der Kreuzzüge verfolgt. Jetzt sind wir am Ende der Zeit, in der die Göttin und mit ihr die weibliche Führung des Herzens in die Erde verbannt wurde.

Die Göttin steigt nun aus der Erde wieder auf und kommt hinein in die Welt. Es entwickelt sich eine neue Beziehung zur Vorstellung des Todes. Ein neuer Anfang.

Wir werden auf den verschiedensten Ebenen vor die Wahl gestellt in unserem Leben. Die dunkle Version des Oliv vertieft die Erfahrung des Weiblich-Intuitiven in Mann wie in Frau. Das Führen der weiblichen Energien mag uns in unsere Zukunft hinein bewegen. Wir mögen in diesem Prozess die Liebe in die kleinen Dinge geben, um die göttlichen Energien und die mannigfaltige Liebe, aus der die Schöpfung gemacht ist, aufzunehmen – auch wenn sie in der Dunkelheit versteckt ist.

Es mögen versteckte Ängste, Unzufriedenheit und Unwohlsein im Bewusstsein sein, die wir gerade zu konfrontieren und anzuschauen haben. Vielleicht ist es gerade besonders schwierig für dich, dich zu beugen, aber wenn wir in unseren Ideen festfahren, wie können wir dann tanzen oder über Zäune klimmen?

Es geht ebenso darum, unsere destruktiven Muster und damit unsere inneren Kämpfe gegen uns selbst zu überwinden. Wenn wir aufhören, gegen uns selbst Krieg zu führen – gegen all die ungeliebten Anteile in uns, und aufhören gegen andere Krieg zu führen, wenn Mann und Frau aufhören gegeneinander Krieg zu führen, wenn Frauen ihren Neid, Missgunst und ihre Konkurrenz untereinander und auch gerade um Männer überwinden, haben wir die Möglichkeit die Dinge neu zu sehen.

Die Farbe Magenta zeigt manchmal unterschwellig liegende Konflikte mit der Herkunftsfamilie auf: vielleicht war da eher eine zu sanfte Liebe für dich in der Vergangenheit, und vielleicht auch in der Gegenwart, oder die komplette Abwesenheit von Liebe auf jeder Ebene, die dich früh in deiner Kindheit dazu veranlasst hat, dich spirituellen Quellen zuzuwenden um Liebe und Geborgenheit zu erhalten.

›Wie konnte dir je jemand sagen, dass du etwas anderes bist als wundervoll? Wie konnte dir je jemand sagen, dass du etwas anderes als ganz bist? Wie kann jemand nicht wissen, dass deine Liebe ein Wunder ist – und wie tief du verbunden bist mit meiner Seele, der Seele der Göttin.‹

Es mag ebenso um Wut und Leidenschaft im Thema Liebe bei dir gehen. Wir selbst kreieren uns das, was wir am allermeisten fürchten – und wo Angst ist, ist kein Raum für Liebe. Die Kunst, uns innerhalb der Konflikte in uns zu bewegen liegt darin, nichts krampfhaft zu versuchen, nichts zu zwingen, und dem Leben keine Widerstände entgegenzusetzen.

Viele Ebenen von Gegensätzlichkeit und Paradox mögen in dir angesprochen sein. Das männliche Prinzip, wie auch das weibliche Prinzip. Es ist nicht nur unerlässlich, diese beiden Polaritäten innerhalb unserer selbst zu integrieren, sondern das weiblich führende und vom Herzen her Liebe gebende Prinzip erfährt hier Antwort vom männlichen Liebe gebenden und erobernden Prinzip, so dass sich das Männliche in einem neuen Erblühen und einer Erneuerung der Liebe in das Weibliche hineinversenken kann. Ein neuer Kreis entsteht. Dies kann nicht ohne Urvertrauen in Mutter Erde geschehen.

›Kehre wieder zurück, zurück in das Land deiner Seele. Werde wieder Mensch, der du in Wahrheit bist. Kehre dahin zurück, wo du die Wahrheit lebst – geboren und wiedergeboren, wie du bist.‹

Erst in dem Moment, wenn alle Eindrücke, die zu der Situation von Tod und Einsturz der Türme geführt haben, wieder zusammengesetzt sind, kann das ganze Bild von Wahrheit und Liebe und dem Garten Eden im Licht einer neuen Zukunft wirklich hervorkommen!

Magenta repräsentiert den Anfang eines neuen Zyklus. Es ist eine Farbe inspirierter Menschen: jener Menschen, die ihrer Zeit voraus sind, und deren Talent und Verständnis der Menschheit dient im Sinne einer neuen und höheren Schwingung. Es mag die weibliche Liebe mit ihren Qualitäten von Stille und Tiefe in ihrer höchst intuitiven und kreativen Form, auch in ihrem körperlichen Ausdruck der Liebe, ins Leben bringen. Es ist - in einer Art - der Tod der alten Arten und Wege und Strategien von Liebe und der Fortschritt hinein in das Licht und die Liebe des Neuen Zeitalters.

Mit dem Olivgrün kommt das alte weibliche Wissen und die alte weibliche Weisheit wieder in die Welt - und mit ihr jenes Führen, welches der Weisheit des Herzens entspringt. Olivgrün verbindet uns mit den Qualitäten der weiblichen Führerschaft - und das Herauskommen aus einer Schutzsituation. Es dient der emotionalen Regeneration, und um Vertrauen und Selbstsicherheit zu stabilisieren. Oliv motiviert die Herzen und Gefühle jener die führen sollten und jener, die Führung benötigen. Diese Energie kann gefährlich sein, wenn sie in einem negativen Zusammenhang gebraucht wird - Macht kann immer missbraucht werden, kann aber auch sehr positiv sein, wenn sie in der richtigen Art eingesetzt wird. Dies ist Teil unserer eigenen Verantwortung.

Oliv ist eine sehr kraftvolle Farbe. Sie ist die Farbe der Erdmutter, die Verbindung mit der Welt der Natur. Sie verbindet uns mit den alten Zeiten des Matriarchats, die gerade wieder in einer neuen Form der Ermächtigung der Frau auftauchen, um eine neue Rolle im Gleichgewicht und im Frieden der Erde zu spielen.

Oliv kann ebenso die Klarheit der gelben Energie ins Herz bringen, die uns möglich macht unseren eigenen Weg klar vor uns zu sehen, und uns helfen ein genaues Gespür davon zu bekommen wo es für uns hingeht, wenn unsere Ängste sich in Freude verwandeln, und wir zur richtigen Zeit am richtigen Ort sind und das Richtige tun.

Das Hellblau der kollektiven Friedensmeditation all

derer, die sich mit Aura-Soma verbunden fühlen, welche diese Flaschen am 25. September 2001 um 12 Uhr mittags, englische Zeit, mitgeboren haben, jenem Datum das aus der lichten Welt zum Entlassen dieser Flasche in die Welt gegeben wurde, symbolisiert das perfekte Gleichgewicht zwischen Aktion und Ruhe, das geschieht, wenn wir den Höheren Willen durch uns geschehen lassen.

›Tiefer Frieden aus der sanften Luft fließe dir zu, tiefer Frieden aus der stillen Erde ströme in dich ein, der tiefe Friede funkelnder Sterne zwinkere dir zu und tiefer Frieden eines sanften Lichtes hülle dich ein – tiefer Friede möge zu dir kommen, tiefer Friede.‹

B103 Opalisierendes Hell-blau / Tiefmagenta

Erzengel Haniel

Das Licht wirft einen Schatten, der in die unendliche Stille gerichtet ist. Es liebt nicht und es hasst nicht. Es wird nicht geboren und es stirbt nicht.

Nur ein tiefes Vertrauen hält dies aus: die Kerze ist ausgeblasen, und nichts ist übriggeblieben. Der Geist der Dunkelheit breitet sich überall aus. Von hier beginnt der Herzschlag des Universums. Die Dunkelheit der Gebärmutter umfängt jedes Wesen vor seiner Geburt. Die reiche fruchtbare Dunkelheit der Erde hält uns nach dem Tod. Die stille, inspirative Dunkelheit der Nacht trägt dich, wenn dein Denken entspannt ist und deine Intuition und Vision frei zum Vorschein kommt. Lerne dich mit der Dunkelheit zu verbinden. Diese Matrix heißt einfach Mutter. Manchmal erscheint sie schön, manchmal hässlich. Alle Gesichter werden aus ihr heraus geboren und kehren in sie zurück. Vertrauen ist der Weg. Wir alle werden mit einem Überfluss an Liebe geboren, und es liegt allein an uns, ob wir sie wieder in uns finden oder sie vergraben, sie zeigen und wem wir sie geben.

Enttäuschte Erwartungen zeigen, wie sehr du dich täuscht in einem Menschen oder einer Situation mit dem, was du erwartest. Was hält dich davon ab, die Kraft der Liebe in deinem eigenen Herzen zu entdecken? Was hält dich davon ab zu sehen, wie du mit der Kraft deiner eigenen Liebe die Wirklichkeit durchdringen und verändern kannst? Wenn du genau hinschaust, kommt dein Gefühl von Mangel an Liebe daher, weil du dir nicht erlaubst, dass Liebe durch dich hindurchkommt.

Beginne, deine Illusionen und Erwartungen zu durchschauen. Löse dich von dich erniedrigenden Gedanken und Verhaltensmustern. Dein Rückgrat ist stark. Wenn du dich nach innen wendest und auf deine innere Stimme hörst, wird sie dir sagen, was du tun kannst in den Dingen, die dich aufbauen, stärken, unterstützen und nähren. Es ist Zeit einen Beschluss zu fassen, aufrecht, gradlinig und konsequent deinen Weg zu gehen. Erinnere dich an diejenige oder denjenigen, der du bist, und schöpfe aus all deinen Fähigkeiten die du besitzt. Wenn sie verschüttet sind, grab sie wieder aus. Fasse Mut die verschiedenen Facetten in deiner Persönlichkeit zu entdecken, und dies alles zu leben. Zerstoße die Nebel, Unklarheiten, Zweifel, Ängste.

Erforsche dich selbst. Lerne deine Gefühle, deine Gedanken, deine tieferen Regungen kennen, und dringe dabei immer tiefer in die Innenwelt deiner Gefühle vor, bis in die tiefsten verborgenen Bereiche deines Wesens. Löse dich aus der Anschauung von Gegensätzen und entdecke mehr und mehr Gemeinsamkeiten. Das Glas ist niemals halb leer, es ist immer halb voll!

Liebe überwindet alle Grenzen. Liebe kann in der dunkelsten Nacht und am hellsten Tag gefunden werden. Die Qualitäten beständiger Freundschaft, Liebe und Gefährtenschaft machen das Leben lebenswert. Erstelle Gleichwertigkeit in Situationen, in denen du dich zuvor unterworfen hast. Dann können sich Trauer, Ängstlichkeit und Sorgen in Freude verwandeln. Dann erkennst du mit geschlossenen Augen, wo Schutz für dich ist, und wie sich ein Mensch oder ein Verhalten anfühlt, wenn es dich liebevoll nährt. Du magst Schönheit und Liebe im einfachen Schauen entdecken.

Der feine Mechanismus deines Empfindungsvermögens mag sich wieder in Gang setzen, ganz im Gegensatz zu dem jungen Mädchen oder dem jungen Mann, dem womöglich jede Fantasie verboten war, und sich mit dem Farblosen abfinden musste, obwohl alles innen drin nach Leidenschaft, nach strahlendem Glanz verlangte.

Terroristen haben Amerika und der ganzen westlichen Welt den »heiligen« Krieg erklärt. Dann hat Amerika Afghanistan und Irak den Krieg erklärt. Fortlaufende tödliche Anschläge kosten tausende von Menschenleben. Schüsse, Sprengsätze, Feuer und Tote – das ist der Alltag im Irak. Der Kampf gegen den Terrorismus ist nicht gewonnen. Nichts ist mehr, wie es mal war.

Zwischen Euphrat und Tigris liegt die Wiege der Menschheit und die Wurzeln unserer Zivilisation. Alle wichtigen Dinge, auf die wir stolz sind, unsere Autos und unsere Computer beruhen im Grunde auf Erfindungen, die in Mesopotamien gemacht wurden, die Mathematik, die Schrift, das Rad. Die irakischen Kulturgüter sind inzwischen geplündert. Die Wurzeln unserer eigenen Kultur zerstört.

Ishtar, die Königin der Himmel über Babylon, Ishtar, die die Männer sich den Frauen zuwenden ließ, und die Frauen sich den Männern, süßer als Honig war ihr Gesang, ist fort.

Eine Zeit kam, in der Fremde das Land eroberten, und von Babylon, der Prächtigsten aller Städte, nur noch Schutthügel blieben. Nicht weit davon wird heute unter einem neuen Gott ›Allah‹ gerufen, und eine ist Stadt an den Ufern des Tigris erbaut, die Bhagdad, Geschenk Gottes, genannt wird. Doch keine Tempel der Liebe gibt es hier mehr, keine Feste der heiligen Lust und Liebe die darin gefeiert wurden. Vergessen ist Ishtar überall, vergessen auch, was wir in ihr verehrten und heiligten. In den Herzen der Frauen ist Schmerz.

Und so ist jetzt das gekommen, was kommen muss: Dunkelheit und Schrecken breitet sich in unserem Himmel und auf unserer geliebten Erde aus. Ganz andere Gottheiten der Menschen durchschneiden als Flugzeuge die heiligen Himmel über Bhagdad. Da, wo wir einst die Feste heiliger Liebe feierten, und die Göttin Ishtar verehrten, berauschen sich nun hohe Männer in Todesspielen, Gewalt, Folter und Missbrauch, und brüsten sich, wer stärker ist!

Ishtar, Königin der Himmel über Babylon! Lass uns besinnen auf das, was wir in dir schon immer erfuhren, verehrten und heiligten: auf die Weisheit tiefer Erkenntnis, auf die Achtung vor dem ewigen Leben und auf die Schönheit der Lust und Liebe, die allein den Tod überwindet!

Groß bist du und groß bleibst du, Ishtar, Königin der Himmel über Babylon!

und Gelb werdend, im Bereich des Herz-Chakras Grün, etwas höher hinauf, im Bereich des Hals-Chakras, Blau, in der Region des Dritten Auges dann Königsblau, bis hoch zum gesamten Bereich des Kronen-Chakras, wo das Königsblau sich langsam in Violett verwandelt.

Eine spezielle Rolle dabei spielt die Farbe Rosa. Rosa ist als Farbe den Geschlechtsorganen zugeordnet, den männlichen ebenso wie den weiblichen. Die Farbe Rot, die nach der herkömmlichen Chakra-Lehre im Genitalbereich angesiedelt ist, hat einerseits mit Leidenschaft, andererseits aber auch mit Aggression zu tun. Bei vielen Menschen ist die Sexualität von diesen beiden Energien bestimmt. Wenn jedoch Licht in die Farbe Rot hineingebracht wird, verwandelt sie sich zu Rosa, und sinnbildlich wandelt sich die aggressive Leidenschaft der Liebe, wenn Licht in sie hineingebracht wird, in leidenschaftliche und warme Liebe. Die Aggression wird vermindert und verschwindet schließlich ganz. Etwas von der Lichtwelt kann in die physische Welt hineingeboren werden.

Die traditionelle Chakra-Lehre kennt sieben Haupt-Chakras, Aura-Soma neun.

Das erste Chakra • Basis-Chakra

Das Basis-Chakra bezieht sich im System von Aura-Soma auf den gesamten unteren Körper, von den Füßen bis zum untersten Teil des Unterleibes. Es liegt am untersten Ende der Wirbelsäule am Steißbein.

Farbe: Rot
im Bereich der Fortpflanzungsorgane Rosa

Organe: Wirbelsäule, Nieren, Nebennieren (Adrenalinproduktion)

Feinstoffliche Anatomie

Inkarnation

Das Leben, welches wir gerade führen, ist nicht unser Einziges. Zwar haben wir einen Namen, wohnen in einem Körper, doch beides lassen wir, wenn wir sterben, hinter uns. Damit sind wir jedoch nicht für immer aus der Welt. Unsere Seele, unser feinstofflicher Körper, reist weiter und sammelt weitere Erfahrungen in der nichtstofflichen Welt, bis die Seele sich entscheidet, wieder einen Körper anzunehmen und ein neues Leben zu beginnen. Im Tod mag die Seele dieses Leben und diesen Körper verlassen und damit ihre Identität mit der Persönlichkeit, die sie hatte. Sie strebt jedoch auch ohne den physischen Körper weiter nach Vollendung, nach dem Einssein mit dem reinen weißen Licht, dem sie entspringt und in das sie einmal wieder zurückkehrt. Bis zu dieser Vollendung, dem Beenden aller notwendigen Erfahrungen und dem völligen Einswerden mit dem weißen Licht, dem Ganzsein, kehren wir wieder und wieder in eine Inkarnation zurück. Wir nehmen einen Körper und eine Identität an, werden wieder neu geboren, um weitere Lernerfahrungen auf dem Weg zur Erleuchtung machen zu können. Dabei gehen wir durch das gesamte Kaleidoskop der Farben.

So können, wenn wir offen und feinfühlig sind und bereit, etwas über uns zu erfahren, auch Bilder, Gefühle, körperliche Empfindungen und Erinnerungen aus früheren Leben in unser Bewusstsein treten. Wir können sie, wie alle anderen Erlebnisse auch, anschauen, verarbeiten und loslassen und das Potenzial, welches sie in sich bergen, integrieren, um darin losgelöst und bewusst in unserem Leben zu handeln.

Karma

Das Karma ist das Schicksal, das wir aus unserem Leben in der Vergangenheit mit in die heutige Zeit mitnehmen. Es gibt zeit-, orts- und personengebundenes Karma. Jede Handlung, jede Tat, die wir in einem früheren Leben ausgeführt haben oder jetzt ausführen, hat eine Ursache und eine Wirkung. Karma ist also das Gesetz von Ursache und Wirkung. So, wie man sät, so wird man ernten.

Seele

Die Seele ist jener Anteil in uns, der sich jenseits von Zeit und Raum befindet, der mit dem großen Ganzen verbunden ist und dessen Potenzial über die verschiedenen Inkarnationen hinweg gleich bleibt. Das Potenzial, das in der Seele schlummert, kann jedoch verkümmern, wenn wir es ignorieren oder brachliegen lassen. Die Seele möchte sich entwickeln und ausdrücken, sie möchte ihre Bestimmung verwirklichen, zum Wohle des Ganzen beitragen und dadurch in die Einheit zurückfinden. Dabei besteht das Paradox, dass sie nie wirklich aus der Einheit herausfallen kann.

Die Seele bildet sich durch die eigene Fähigkeit zur Beobachtung, Bedachtsamkeit und Aufmerksamkeit, in denen der innere Zeuge erwacht und sich ein reines Bewusstsein entwickeln kann.

Persönlichkeit

Die Persönlichkeit ist an Raum und Zeit und an dieses Leben gebunden. Die Seele kann über ihre verschiedenen Inkarnationen hinweg in vielen verschiedenen Persönlichkeiten Ausdruck gefunden haben. Die Persönlichkeit wird durch die Zeit, in der sie lebt, durch die äußeren politischen, gesellschaftlichen, kulturellen und erzieherischen Einflüsse, durch vorhandene Rollenmodelle und anderes geprägt. Häufig sind wir mit diesen Prägungen und Mustern völlig identifiziert. Es ist jedoch möglich, sich ihrer bewusst zu werden und sie aufzulösen, um der Seele und ihrer Aufgabe und Bestimmung Platz zu machen.

Der Inkarnationsstern und die wahre Aura

Der Inkarnationsstern ist das wahre Selbst, durch das sich das Licht in der Welt ausdrücken kann. Der Inkarnationsstern existiert innerhalb der wahren Aura. Er liegt etwa zwei Fingerbreit über dem Nabel, etwas im Inneren des Körpers, und nimmt in dem Maß an Stärke zu, wie die Informationen, die im Seelenstern vorhanden sind, in das körperliche Dasein eingebracht werden. Der Inkarnationsstern liegt an dem Punkt, an dem für Aura-Sichtige die ›wahre Aura‹ sichtbar ist. Es ist ein feinstofflicher Bereich, etwa in der Größe einer Untertasse.

Die wahre Aura verankert sich bei der Zeugung, wenn das Spermium die Eizelle trifft. In diesem Zusammenkommen entsteht die Lichtexplosion einer bestimmten Farbe, von der sich ein Wesen angezogen fühlt, welches sich inkarnieren möchte. Die ›wahre Aura‹ wird gleichsam von diesem Wesen, von dieser Seele, die außerhalb des Stofflichen existiert und von der Befruchtung angezogen wird, gebildet. Die Farbe der Explosion hat mit der Mutter und dem Vater ebenso zu tun wie mit der Situation, in der die Zeugung stattfindet, und der Art und Weise, wie das Wesen, welches einen neuen Körper sucht, sein Lebensthema ausdrücken möchte. Genau davon fühlt sich das Wesen angezogen. Die Farbe der Explosion macht den ›Persönlichkeitsstrahl‹ des neu entstehenden Menschenwesens aus, es erfährt die Stärken und Schwächen dieser Farbe und bringt sie zum Ausdruck.

Die Farbe, die es schon aus früheren Leben mitbringt und die seine Seele repräsentiert, ist sein ›Seelenstrahl‹.

Jeder Mensch inkarniert auf einem farbigen Strahl und bringt schon einen farbigen Strahl mit, ist praktisch eine sich in einer Farbe zeigende Aura, die sich inkarniert.

Wenn in oder kurz nach dem Moment der Zeugung der Seelenstrahl auf den Persönlichkeitsstrahl trifft, druckt er in die einzelnen Zellen die gesamten über dieses Wesen vorhandenen Informationen ein. Darin sind alle wichtigen Informationen über die Vorleben und über die künftigen Leben, wobei die künftigen Leben durch das jetzige Handeln beeinflusst werden, enthalten. Eine dreidimensionale, holographische ›Diskette‹ entsteht. Sie wird bei Aura-Soma die ›wahre Aura‹ genannt.

Der allererste Wachstumsprozess des Fötus findet in der ›wahren Aura‹ statt. Später wächst er darüber hinaus. Doch die wahre Aura bleibt bestehen, mit der Energie des Zeugungsmomentes, im Bereich des Nabels, etwa zwei Fingerbreit oberhalb.

Die wahre Aura hat den Inkarnationsstern als Zentrum. Er ist gemeint, wenn bei Aura-Soma der ›Stern im Zentrum des Wesens‹ angesprochen ist. Der Persönlichkeitsstrahl und der Seelenstrahl können in ihrer Farbe übereinstimmen, müssen es aber nicht. Alle anderen Einflüsse des Lebens und alle Lebensprozesse, die dann mit den Farben der Chakras etwas zu tun haben, liegen als Schichten um sie herum. Der Inkarnationsstern kann durch die Farbe Gold aktiviert werden.

Die Aura

Den materiellen Körper umgibt eine Aura. Sowohl der materielle Körper als auch die feinstofflichen Körper, die ihn energetisieren und ihn als Aura umgeben, schwingen im Licht verschiedener Frequenzen. Alle Körper zusammen bilden den ›Lichtkörper‹. Aus der Sicht von Aura-Soma unterscheidet man vier verschiedene Ebenen des menschlichen Körpers:

- der materielle Körper
- das elektromagnetische Feld
- der ätherische Körper
- der Astralkörper

Die Aura ist die Kombination des elektromagnetischen Feldes, des ätherischen Körpers und des Astralkörpers. Alle Farben der Equilibrium-Flaschen wirken zunächst auf den physischen Körper und von dort weiter nach außen, zunächst auf das elektromagnetische Feld, dann auf den ätherischen Körper und weiter, bis hinein in den Astralkörper.

Das elektromagnetische Feld

Das elektromagnetische Feld bildet das erste Energiefeld, das den physischen Leib umgibt. Das elektromagnetische Feld kann durch Kirlian-Fotografie sichtbar gemacht werden. In diesen Aufnahmen sieht man, dass es sich einige Zentimeter über den physischen Leib hinaus ausdehnt, es befindet sich also ganz nah am physischen Körper.

Das elektromagnetische Feld ist das erste Energiefeld, das den physischen Körper umgibt. Es wird aufgebaut, energetisiert und erhalten von den Chakras, deren Funktion und Wahrnehmbarkeit je nach Energie und Bewusstseinsgrad variiert. Besonders unterstützt wird es durch die spezifische Funktion der Chakras eins, drei und fünf.

Im elektromagnetischen Feld bildet sich der gesamte Zustand des Körpers ab, der sich innerhalb weniger Momente verändern kann. In diesem aurischen Feld, das den Körper umgibt, spiegelt sich die Lebensweise eines Menschen wider. In ihm zeigen sich momenthaft alle ein- oder ausgehenden Informationen.

Der ätherische Körper

Der ätherische Körper dehnt sich etwa zwanzig Zentimeter weit um den physischen Körper hinaus aus. Er bildet das zweite Energiefeld, das den physischen Leib umgibt.

Anders als das elektromagnetische Feld zeigt der ätherische Körper die tiefer liegenden, beständigen Gegebenheiten des Körpers auf. In ihm sind u. a. mögliche Unfälle aus der Kindheit oder auch aus Vorleben gespeichert, ebenso alle traumatischen Ereignisse.

Bei Aura-Soma wird der ätherische Körper vor allem mit dem Bereich Schock, Trauma, aber auch mit dem Bereich Abhängigkeit, Co-Abhängigkeit und im erlösten Zustand mit Unabhängigkeit und Interdependenz in Verbindung gebracht.

Es besteht eine Verbindung zwischen dem ätherischen Körper und dem zweiten Chakra, dem Sakral-Chakra, das vor allem sexuelle Energie erzeugt. Ebenso besteht eine Verbindung zur Milz, die nach esoterischer Vorstellung Substanzen aus dem Astralkörper in ätherische Substanzen verwandelt. Diese Substanzen sorgen dafür, dass durch Schocks entstandene Verletzungen und Löcher des ätherischen Körpers geflickt und überspannt werden. Sie können jedoch die Löcher nicht auf Dauer schließen, und wenn der Betreffende müde und erschöpft ist, hat die Milz anderes, mehr auf den physischen Körper Bezogenes zu tun, als diese beschriebenen Substanzen herzustellen. So werden dann im Zustand der Schwäche die Folgen vergangener Schocks offensichtlich. Die Farben Orange und Koralle wirken vor allem auf den ätherischen Körper, wenn sie als Equilibrium-Öl auf den Körper aufgetragen werden. Sie werden über die Haut aufgenommen und über das Lymphsystem in das Innere des Körpers transportiert, wo sie zunächst im materiellen Körper selbst ihre Wirkung verbreiten, welche sich dann über den materiellen Körper hinaus bis in das elektromagnetische Feld hinein fortsetzt und ebenso nach außen in den ätherischen Körper und bis in den Astralkörper hinein. Von dort aus schwingen sie zurück in den ätherischen Körper, das elektromagnetische Feld und in den physischen Körper hinein.

Orange und Koralle sind fähig, die Wunden am ätherischen Körper zu schließen und zu heilen. Das kann eine schnelle und effektive Heilung auf allen Ebenen bewirken. Die Voraussetzung dafür, dass in der Folgezeit alle anderen angewandten Substanzen ihre Kraft und Wirkung voll entfalten können, ist ein gesunder ätherischer Körper.

Der Astralkörper

Der Astralkörper bildet sich aufgrund der Interaktion aller sieben Energiezentren, den Chakras, und dehnt sich etwa dreißig bis vierzig Zentimeter um den physischen Körper hinaus aus. Er bildet das dritte Energiefeld, das den physischen Leib umgibt.

Die sieben Energiezentren, die das dritte Energiefeld aufrecht erhalten, funktionieren um das vierte Chakra, das Herz-Chakra, das seinerseits Energie aufnimmt oder abgibt und durch den Inkarnationsstern unterstützt wird.

Die wahre Aura steht im Austausch mit beiden Energiefeldern, dem des elektromagnetischen Feldes und dem des Astralkörpers, je nach Aufmerksamkeit, die dem Inkarnationsstern geschenkt wird.

Im Schlaf geht der Astralkörper auf Reisen. Er bleibt dann mit dem physischen Körper und den anderen feinstofflichen Körpern über den Nabel mit der so genannten Silberschnur, die beim Sterben durchtrennt wird, verbunden.

Je mehr ein Mensch geistig erwacht, umso bewusster ist ihm, dass sein Astralkörper aus dem physischen Körper austritt und ›reist‹. Es kann sein, dass er beginnt, sich morgens genau zu erinnern, wo er war. Diese Erinnerung ist klarer und weniger verfremdet als die Erinnerung an Träume.

Hat jemand eine höhere Bewusstseinsstufe erlangt, kann er sogar entscheiden, wohin er mit seinem Astralkörper reisen möchte. Auf diese Art kann er jemanden ›besuchen‹, er kann heilen, er kann in Krisengebieten Hilfe leisten.

Der Astralkörper steht mit der astralen Welt in Verbindung. Das ist eine Art Parallelwelt, die in Träumen, in Ritualen und in der Meditation aufgesucht werden kann.

Im Astralkörper eines Menschen sind seine Visionen, seine Pläne und seine größten Ziele gespeichert.

Die Equilibrium-Flaschen aus dem Meister-Set und alle Substanzen mit Pastellfarben wirken vor allem auf den Astralkörper, wenn sie als Equilibrium-Öl auf den Körper aufgetragen, über die Haut aufgenommen und über das Lymphsystem in das Innere des Körpers transportiert werden, wo sie zunächst im materiellen Körper selbst ihre Wirkung verbreiten. Diese setzt sich dann über den Körper hinaus zunächst bis in das elektromagnetische Feld hinein fort, verbreitet sich dann weiter nach außen, zuerst in den ätherischen Körper und strahlt dann bis in den Astralkörper hinein ab.

Pastellfarben nehmen also hauptsächlich Einfluss auf den Astralkörper. Sie unterstützen die Ziele, die du dir gesetzt hast, deine Visionen und Pläne, dein höchstes Potenzial und deinen spirituellen Anteil. Vom Astralkörper aus schwingen sie zurück in den ätherischen Körper, das elektromagnetische Feld und in den physischen Körper hinein.

Seelenstern

Der Seelenstern liegt über dem siebten Chakra, dem Kronen-Chakra, etwa zehn bis zwanzig Zentimeter über der Höhe des Kopfes. Man nennt diesen Punkt auch das achte Chakra.

Der Seelenstern ist das, was über dir ist und alles weiß, was du in der Vergangenheit warst, was du in der Zukunft noch werden sollst, was du in der Gegenwart gerade bist. Er ist so etwas wie deine persönliche Seite der Akasha-Chronik. Er trägt in sich den Bauplan, die Blaupause, die alle Informationen für deine Aufgabe und deinen Zweck für dieses jetzige Leben, ähnlich einer Codierung, beinhaltet. Wie auf einer Computerdiskette sind dort alle wichtigen Informationen über deine Vorleben und auch deine zukünftigen Leben gespeichert.

Wenn Menschen über den Seelenstern miteinander verbunden sind, zeigt das eine sehr starke Seelenverbindung, meistens von Menschen, die schon in früheren Inkarnationen Zeit miteinander verbracht haben. Der Seelenstern kann durch die Farbe Magenta aktiviert werden.

Erdstern

Der Erdstern liegt zwanzig bis dreißig Zentimeter unter den Füßen und hat mit deiner Beziehung zur Erde zu tun, mit den Dingen, die du hier auf der Erde im Sinne von Karma und Dharma zu tun, zu vollbringen und zu vollenden hast. Der Erdstern kann durch die Farben Rot und Rosa aktiviert werden.

Die Chakras

Die Chakras sind die feinstofflichen Energiezentren des Körpers. Sie liegen zwischen dem physischen und dem ätherischen Körper, sind mit der Wirbelsäule verknüpft und durch die Nadis, die Energiekanäle, miteinander verbunden. Man kann sie sich vorstellen als im feinstofflichen Körper liegende, ca. sieben bis fünfzehn Zentimeter große, auf der Vorderseite des Körpers nach vorne und auf der Rückseite des Körpers nach hinten geöffnete Trichter, wohingegen das Kronen-Chakra trichterförmig zum Himmel und das Basis-Chakra trichterförmig zur Erde hin geöffnet ist. Sie drehen sich ständig und holen aus der näheren und weiteren Umgebung Lebensenergie zu sich, nehmen sie auf, verarbeiten sie und geben sie ab. Durch die Chakras und Nadis wird Lebensenergie durch das feinstoffliche Energiesystem geleitet, abgegeben und verteilt, nach innen, zum physischen Körper oder in die Energiekörper, oder nach außen, in die Aura. Wenn alle Chakras voll geöffnet sind und gut arbeiten, fließen die Energien harmonisch und das ganze Wesen Mensch schwingt im Einklang.

Die Chakras bilden Brennpunkte in der Aura und strahlen ihre Farben nach außen, für sensitive Menschen sichtbar, in die Aura ab. So können Aura-sichtige Menschen Funktionsstörungen der einzelnen Chakras aus der Stärke oder Schwäche ihrer Abstrahlung oder durch Symbole, die in der Abstrahlung enthalten sind, in der Aura sehen und interpretieren.

Jedes Chakra, entsprechend seiner Lage, ist für eine bestimmte Region im Körper verantwortlich. Die Chakras energetisieren den stofflichen Körper und die Organe, Drüsen, Muskeln und Gewebe und wirken ebenso auf die seelische Befindlichkeit, die sich auf den jeweiligen Körperbereich bezieht.

Bei Aura-Soma werden die Öle der farbigen Equilibrium-Flaschen deswegen nicht einfach nur im Bereich der Chakra-Öffnung angewendet, sondern auf dem gesamten Körperbereich, der sich um das jeweilige Chakra herum befindet. So wird der ganze Körper farbig gesehen, der Mensch wird wie ein Regenbogen, vom Rot der Fuß-Chakras bis zum Violett des Kronen-Chakras, wahrgenommen. Von den Füßen angefangen, Rot, über die Beine, Rot, und den Bereich des Basis-Chakras, Rot, im Genitalbereich Rosa, dann langsam, im Bereich des Sakral-Chakras in Korallenrot und Orange übergehend, höher hinauf, im Bereich des Solarplexus-Chakras zu Gold und Gelb werdend, im Bereich des Herz-Chakras Grün, etwas höher hinauf, im Bereich des Hals-Chakras, Blau, in der Region des Dritten Auges dann Königsblau, bis hoch zum gesamten Bereich des Kronen-Chakras, wo das Königsblau sich langsam in Violett verwandelt.

Eine spezielle Rolle dabei spielt die Farbe Rosa. Rosa ist als Farbe den Geschlechtsorganen zugeordnet, den männlichen ebenso wie den weiblichen. Die Farbe Rot, die nach der herkömmlichen Chakra-Lehre im Genitalbereich angesiedelt ist, hat einerseits mit Leidenschaft, andererseits aber auch mit Aggression zu tun. Bei vielen Menschen ist die Sexualität von diesen beiden Energien bestimmt. Wenn jedoch Licht in die Farbe Rot hineingebracht wird, verwandelt sie sich zu Rosa, und sinnbildlich wandelt sich die aggressive Leidenschaft der Liebe, wenn Licht in sie hineingebracht wird, in leidenschaftliche und warme Liebe. Die Aggression wird vermindert und verschwindet schließlich ganz. Etwas von der Lichtwelt kann in die physische Welt hineingeboren werden.

Die traditionelle Chakra-Lehre kennt sieben Haupt-Chakras, Aura-Soma neun.

Das erste Chakra • Basis-Chakra

Das Basis-Chakra bezieht sich im System von Aura-Soma auf den gesamten unteren Körper, von den Füßen bis zum untersten Teil des Unterleibes. Es liegt am untersten Ende der Wirbelsäule am Steißbein.

Farbe: Rot
im Bereich der Fortpflanzungsorgane Rosa

Organe: Wirbelsäule, Nieren, Nebennieren (Adrenalinproduktion)

Thema: Das Basis-Chakra verankert dich in der materiellen Welt. Befindet es sich im Gleichgewicht und funktioniert es harmonisch, dann bist du vom Urvertrauen getragen, und alles, was du zum Überleben benötigst, fließt dir zu: Lebensenergie, Schutz, Zuwendung, Nahrung und Geld. Du tust instinktiv das Richtige. Ist dein Basis-Chakra nicht im Gleichgewicht, magst du mit all diesen Bereichen Probleme haben und in deinem Denken um diese Energie kreisen, in der Weise, dass du sie vielleicht in egozentrischer Weise befriedigen möchtest oder möglicherweise dazu neigst, dir mit aggressiven Methoden das, von dem meinst, es stände dir zu, zu verschaffen. Vielleicht mangelt es dir auch an Durchsetzungsvermögen.

Das zweite Chakra • Sakral-Chakra

Das Sakral-Chakra bezieht sich auf den Bereich, in dem die Fortpflanzungsorgane liegen. Es liegt ein paar Fingerbreit unterhalb des Bauchnabels.

Farbe: Orange

Organe: die Fortpflanzungsorgane, die Keimdrüsen (Eierstöcke, Prostata, Hoden)

Thema: Das zweite Chakra hat mit der Kreativität zu tun, die in den Fortpflanzungsorganen steckt. Funktioniert es harmonisch, dann kannst du deine Sexualität mit Freude und Entspannung genießen. Kreist du jedoch mit deinen Gedanken ständig um dieses Thema oder erzeugst Abhängigkeiten, so ist ein Gleichgewicht in diesem Energiezentrum nicht gegeben. Eine andere Möglichkeit des Ungleichgewichts entsteht, wenn Sex dir nichts bedeutet.

Das dritte Chakra • Solarplexus-Chakra

Das Solarplexus-Chakra bezieht sich bei Aura-Soma auf den körperlichen Bereich des Bauchraums über dem Nabel. Es liegt zwischen dem Nabel und dem Rippenbogen, am Zwerchfell.

Farbe: Gelb

Organe: das Verdauungssystem, die Bauchspeicheldrüse (Insulinproduktion)

Thema: Das Solarplexus-Chakra hat bei Aura-Soma vor allem mit erworbenem Wissen zu tun. Funktioniert dein Solarplexus in ausgewogener Weise, so verstehst du es, mit deinem angesammelten Wissen konstruktiv umzugehen, und du magst dir seines Wertes, aber auch seiner Grenzen bewusst sein. Es folgt daraus eine gesunde und klare Selbstbehauptung. Bei einer unausgewogenen Funktion dagegen magst du dich zu sehr auf erworbenes Wissen verlassen und möchtest vielleicht ständig damit brillieren, oder du neigst vielleicht zu Verwirrung, kannst dich auf dein Wissen nicht verlassen oder vergisst sehr schnell wieder, was du gelernt hast.

Das vierte Chakra • Herz-Chakra

Das Herz-Chakra umfasst den gesamten Brustraum. Es liegt in der Mitte des Brustkorbs, etwas oberhalb des physischen Herzens.

Farbe: Grün

Organe: Herz und Lungen, die Thymusdrüse (die das Wachstum regelt, das Lymphsystem steuert und das Immunsystem stärkt)

Thema: Das Herz-Chakra hat als Thema die Liebe. Befindet es sich im Gleichgewicht, so kannst du Wärme, Mitgefühl und Verständnis fühlen und strahlst diese Qualitäten auch nach außen hin aus. Indem du liebst, fühlst du dich geliebt, und alles schwingt in Harmonie. Ist dein Herz-Chakra nicht in einem ausgeglichenen Zustand, so magst du dich von der Liebe abgeschnitten oder von der Liebe anderer Menschen extrem abhängig fühlen. Vielleicht fällt es dir dann auch schwer, Liebe zu geben oder sie anzunehmen.

Das ›viereinhalbte‹ Chakra • Ananda-Khanda-Zentrum

Das Ananda-Khanda-Zentrum bezieht sich auf den oberen Brustraum. Sein wichtigster Teil liegt im rechten Teil der Brust, etwas höher als das physische Herz.

Das Ananda-Khanda-Zentrum arbeitet im Prozess des ›Wer bin ich‹, der Individuation, insofern, als dass in ihm die aktivierten Energien des Erdsterns, des Inkarnationssterns und des Seelensterns zusammenfließen, sodass du das, was dich dann ausmacht, aus dem Ananda-Khanda-Zentrum heraus durch dein Herz in die Welt bringen und ausdrücken kannst.

Beschwerden im Bereich der rechten Schulter können darauf hinweisen, dass das Ananda-Khanda-Zentrum sich öffnet und du das Potenzial, das es in dir erschließt, künftig verwirklichen kannst.

Farbe: Türkis

Organe: ebenfalls die Thymusdrüse, der obere Brustbereich

Thema: Das Ananda-Khanda-Zentrum ist ein das innere Erwachen unterstützendes System. Es transformiert die physischen Energien in ein höheres Bewusstsein und erschließt auf diese Weise jedem Individuum sein Potenzial, welches es dann in seine Selbstverwirklichung bringen kann. Das Ananda-Khanda-Zentrum arbeitet darüber hinaus auch im Bereich der universellen Verbundenheit, sodass du, wenn es sich öffnet, ein kollektives Bewusstsein entwickelst und Schwierigkeiten und Möglichkeiten der Individuation von allem erfühlen kannst, ebenso wie du lernen kannst, dich bewusst und kreativ selbst in diesen kollektiven Prozess einzubringen. Ein sich im Gleichgewicht befindendes Ananda-Khanda-Zentrum gibt dir die Fähigkeit, die du benötigst, um deine Persönlichkeit vor vielen Menschen zum Ausdruck zu bringen, in künstlerischer Darstellung ebenso wie in großen Vorträgen. Auch das Erlernen, Beherrschen und Anwenden von Fremdsprachen gehört in diesen Bereich. Dem Ananda-Khanda-Zentrum ist das Thema Massenkommunikation zugeordnet, in der es möglich ist, Informationen in Bruchteilen von Sekunden weltweit zu verbreiten. Ebenso schließt es die Medien und Computertechnologie mit ein, durch die du dich mit vielen Menschen in kürzester Zeit verbinden kannst. Ist das Ananda-Khanda-Zentrum noch nicht entwickelt oder arbeitet es nicht im Gleichgewicht, so magst du unter dem leiden, was du von außen, von anderen Menschen oder der Welt vielleicht ungewollt aufnimmst. Vielleicht hast du Angst oder Lampenfieber vor kreativem Ausdruck in der Öffentlichkeit. Du magst Schwierigkeiten haben, Fremdsprachen zu lernen und zu sprechen, und Angst vor dem Umgang mit Computern und technischen Geräten. Oder deine Kommunikation findet dann alleinig mit dem Computer oder dem Fernsehapparat statt und deine Selbstdarstellung wird zu einer Sucht.

Das fünfte Chakra • Hals-Chakra

Das Hals-Chakra befindet sich im Bereich der Kehle und bezieht sich auf den gesamten Bereich des Halses.

Farbe: Blau

Organe: der gesamte Hals- und Nackenbereich, die Schilddrüse

Thema: Das Thema des Hals-Chakras ist die Kommunikation, die Fähigkeit, sich selbst auszudrücken. Wenn es harmonisch arbeitet, dann magst du fähig sein, deine Gedanken, Erkenntnisse und Gefühle ohne Schwierigkeiten in Worten auszudrücken und, wenn es angebracht ist, auch zu schweigen. Ist das Hals-Chakra dagegen nicht im Gleichgewicht, so hast du möglicherweise Angst zu sprechen, stotterst und redest nur Belangloses, obwohl du eigentlich wirklich etwas zu sagen hättest. Vielleicht redest du aber allgemein zu viel.

Das sechste Chakra • Drittes Auge oder Stirn-Chakra

Das Dritte Auge oder Stirn-Chakra befindet sich in der Mitte des Kopfes, auf der Höhe zwischen den Augenbrauen.

Farbe: Königsblau

Organe: Gesicht und alle Sinnesorgane am Kopf, Hirnanhangsdrüse (Hypophyse), die die Funktion aller anderen Drüsen steuert

Thema: Das Dritte Auge hat die Intuition zum Thema. Funktioniert es harmonisch, dann besitzt du die Fähigkeit, über den Intellekt erworbene Erfahrungen mit intuitiv erlangten Erkenntnissen kombinieren zu können und sie fruchtbar umzusetzen. Du kannst ›ganzheitlich‹ wahrnehmen, also aus verschiedenen Ebenen der Wahrnehmung ein sinnvolles Ganzes herstellen.

Wenn sich dein Drittes Auge jedoch nicht im Gleichgewicht befindet, kann es sein, dass du dich entweder nur auf deinen Intellekt verlässt oder nur auf deine Intuition. Vielleicht beziehst du dich auch nur auf deine Phantasie.

Das siebte Chakra • Kronen-Chakra

Das Kronen-Chakra bezieht sich auf den Bereich des oberen Kopfes. Es befindet sich am höchsten Punkt des Kopfes, direkt unterhalb der Schädeldecke, und wölbt sich über den Kopf hinaus.

Farbe: Violett

Organe: das Hirn, die Zirbeldrüse (Epiphyse), deren Funktion wissenschaftlich noch nicht ganz geklärt ist, von manchen wird sie auch ›Lichtdrüse‹ genannt

Thema: Das Kronen-Chakra hat Inspiration und völlige Selbstverwirklichung zum Thema. Wenn es sich zu öffnen beginnt, kannst du Momente des vollkommenen Einsseins mit allem erleben.

Das ›achte Chakra‹ • Seelenstern

Das ›achte Chakra‹ liegt außerhalb des Körpers, es befindet sich über dem Kopf, etwa zehn bis zwanzig Zentimeter über der Höhe des Kopfes.

Farbe: Magenta

Organe: Weil es sich außerhalb des Körpers befindet, besteht keine körperliche Verbindung und keine Verbindung zu den Drüsen.

Thema: Das achte Chakra hat mit Liebe zu den kleinen, alltäglichen Dingen zu tun sowie mit Liebe, die anderen dient und mit Wärme gepaart ist. Weil es sich außerhalb des Körpers befindet, unterliegt es nicht der Dualität und weist so keinen negativen Aspekt auf.

Kundalini

Die Kundalini ist die Lebenskraft, die im Basis-Chakra, am Ende des Steißbeins, ruht. Sie wird auch Schlangenkraft genannt. Diese ›Schlange‹ kann zusammengerollt sein und schlafen. Dann bist du unbewusst. Wenn jedoch die Chakras erweckt sind und die Kundalini ungehindert durch sie hindurchfließen kann, dann kann sie erwachen und sich erheben. Man spricht dann von der aufsteigenden Kundalini, in der die eigene Bewusstheit die Möglichkeit erhält zu erwachen.

Die Kraft der Kundalini ist zusammengesetzt aus der weiblichen und männlichen Energie, die sich dann im Prozess des Aufsteigens mit jedem der Energiezentren, den Chakras, verbindet.

In der aufsteigenden Energie der Kundalini kannst du dein volles Potenzial entwickeln, du kannst dich auf allen Ebenen, der spirituellen, der mentalen, der emotionalen und der körperlichen, entfalten.

Die Equilibrium-Flaschen und ihre Anwendung

Du bist die Farben, die du wählst.

VICKY WALL

Der Kern deiner Seele ist reines weißes Licht, welches dich in bedingungsloser Liebe durchflutet und alle Ebenen deines Seins, die spirituelle, die mentale, die emotionale und die körperliche, energetisiert. Du selbst bist ein Lichtwesen, kommst aus dem reinen weißen Licht und gehst wieder zurück in das reine weiße Licht. Dieser Weg geht durch das ganze Kaleidoskop der Farben und ist in deiner Individualität einzigartig und schön.

Aura-Soma steht für ›verkörpertes Licht‹. Die Aura-Soma Equilibrium-Flaschen sind ein Spiegel, in dem sich deine Seele selbst erkennen kann. Das Licht, die Farbe und die Schönheit von Equilibrium begegnet dem Licht, den Farben und der Schönheit in dir, deiner Seele. Bewusstsein begegnet Bewusstsein. Im Spiegel der Farben wird der Weg deiner Seele deutlich, ebenso wie deine momentanen Bedürfnisse und Schwierigkeiten.

Das Leben ist ein Prozess, die Seele ist auf der Reise. Das ganze Kaleidoskop der Farben wird auf dieser Reise sichtbar. Alle Nuancen der Regenbogenfarben, die in dir selbst liegen und deine seelisch-geistige und deine körperliche Verfassung widerspiegeln und durch die du hindurchgehst, um zum reinen weißen Licht wieder zurückzufinden, werden dabei geweckt.

Über die intuitive Anziehung der Farben und Farbkombinationen der Equilibrium-Flaschen kannst du Aufschluss darüber erhalten, welches Potenzial deine Seele mitbringt, und dir bewusst darüber werden, wie du es umsetzt, wo du damit im Moment stehst und welche Dinge im Moment in deinem Leben vielleicht gerade eine besondere Bedeutung haben. Trifft Licht auf Widerstände, entstehen Schatten. Konflikte können in dir sichtbar werden, und indem du sie offen betrachtest, hast du die Möglichkeit, sie anzunehmen, um sie zu lösen und zu integrieren und weiterzugehen in deine Zukunft, die schließlich die Möglichkeit zur völligen Entfaltung deines Seins in sich birgt. Die Aura-Soma Equilibrium-Flaschen sind eine große Hilfe auf dem Weg nach Hause, zum Ganzwerden, um zu werden, wer du wirklich bist. Den Regenbogen umgibt eine Atmosphäre des Wunderbaren.

Du hältst inne, schaust und staunst. Im Regenbogen wird das Versprechen der Verbundenheit des Göttlichen mit dem Menschen sichtbar und das Versprechen des Göttlichen, sich in einer neuen Zeit zu offenbaren.

Das Finden der richtigen Equilibrium-Flasche

Deine eigene Suche und dein Finden stehen bei Aura-Soma an erster Stelle. Die Auswahl der entsprechenden Aura-Soma Equilibrium-Flaschen liegt ausschließlich bei dir selbst.

Aura-Soma gibt dir die Möglichkeit, ein intuitives Vertrauen in den Prozess zu deiner eigenen Selbstbestimmung zu finden. Über die letzten Jahrhunderte oder auch Jahrtausende sind wir dazu erzogen worden, unsere eigene Kraft anderen zu überantworten. Du hast deine

Verantwortlichkeit an andere abgegeben. Aura-Soma erlaubt dir, die Verantwortung für dich selbst wieder zu übernehmen. Wenn du diesen Prozess beginnst, magst du grundsätzlichen Problemen in dir selbst wieder begegnen, die aus diesem alten, konditionierten Muster, dich selbst an andere zu überantworten, stammen.

Verlässt du dich auf deine innere Stimme, dann kann sie dich zu einer ganz bestimmten Farbkombination führen.

Wenn du mit Aura-Soma Equilibrium arbeiten möchtest, gibt es mehrere Wege, die passenden Flaschen herauszufinden:

- über körperliche Beschwerden,
- über ein aktuelles Problem,
- über das Tarot, die Kabbala oder Numerologie,
- über eine Aura-Soma-Beratung.

Über körperliche Beschwerden

Oft zeigen sich seelische Verletzungen durch körperliche Beschwerden und machen sich auf diese Weise über den physischen Körper bemerkbar. Energielose Zonen am Körper, ›ungeliebte‹ Körperteile, kalte Hautoberflächen, Schmerzpunkte, akute und chronische Erkrankungen und viele andere Phänomene sind dafür eindeutige Zeichen.

Ein Beispiel: Vielleicht merkst du, dass du immer wieder deine Beine ablehnst, sie nicht schön findest und vielleicht dazu immer wieder kalte Füße hast. Suchst du dir die entsprechende Farbe des nächstliegenden Chakras heraus, so findest du im System von Aura-Soma das Basis-Chakra und die Farbe Rot. Du kannst hier also mit dem ganz roten Öl arbeiten oder auch mit Farbkombinationen, die Rot enthalten oder als geschüttelte Farbe

Rot ergeben, und sie auf deine Füße und Beine, bis zum Becken hoch, auftragen. Über die Wirkung des Öls und das Studieren der Beschreibung des seelischen Themas, das die Flasche, die du benutzt, berührt, kannst du dann den Gründen und Ursachen deiner körperlichen Beschwerden näher kommen, ihrer bewusst werden und sie durch das Anwenden des Equilibrium-Öls weiter bearbeiten.

Bei dieser Vorgehensweise suchst du dir also immer zum entsprechenden Körperbereich, in dem die Beschwerden liegen, das nächstliegende Chakra und behandelst mit dieser Chakra-Farbe oder einer entsprechenden Farbkombination von Aura-Soma Equilibrium oder der entsprechenden Chakra-Flasche.

Über ein aktuelles Problem

Dazu kannst du dich vor das Aura-Soma-Set setzen und über das Problem, zu dem du eine Flasche anwenden möchtest, meditieren. Während du die Flaschen betrachtest, kannst du dich zu einer bestimmten Flasche ziehen lassen.

Es kann auch sein, dass eine Flasche, während du vor dem Aura-Soma-Set sitzt und die Flaschen betrachtest, deine Aufmerksamkeit auf sich zieht, die dir vielleicht bisher noch nie aufgefallen ist oder die dir von ihrer Farbkombination her auch vielleicht gar nicht sonderlich gefällt. Trotzdem spürst du eine starke Anziehungskraft. Auf diese Weise offenbart sich oft von selbst ein aktuelles Problem, das gelöst werden möchte. Über die Beschreibung der Flasche aus diesem Buch, einem anderen Buch oder durch einen Aura-Soma-Berater kannst du herausfinden, worum es sich dabei handelt. Durch das Anwenden der Flasche kannst du dich ganz auf die Problematik einlassen, ihrer bewusst werden, sie lösen und heilen.

Über das Tarot, die Kabbala oder die Numerologie

Du kannst die Equilibrium-Flasche, die du für dich suchst, auch über das Befragen des Aura-Soma-Tarot herausfinden. Dazu kannst du das Tarot ausgefächert vor dich hinlegen, mit geschlossenen Augen mit der linken Hand nahe über dem Fächer entlangfahren und über dein Gespür feststellen, welche Karte energetisch am meisten zu dir spricht, und sie aufdecken. Auf diese Weise kannst du auch vorgehen, wenn du eine Frage hast oder ein aktuelles Problem, auf die du dich dann, während du über dem Fächer entlangfährst, konzentrierst. Auch hier kannst du dir über die Flaschenbeschreibung klar werden, was du gerade in deinem Leben suchst, und über das Anwenden der Flasche den Zugang zur Lösung und Heilung herstellen.

Du kannst auch dem im Aura-Soma-Tarotbuch beschriebenen Legesystem der Karten folgen oder die Positionen der Equilibrium-Flaschen im Lebensbaum der Kabbala heraussuchen, die deinem Weg entsprechen, sowie dir die Equilibrium-Flaschen dazu holen und sie benutzen.

Auch deine numerologisch ausgerechnete Geburtsflasche oder Jahresflasche hat wunderbare Wirkung. Um deine Geburtsflasche herauszufinden, summierst du einfach jede einzelne Zahl deines Geburtsdatums, und für die Flasche deines jetzigen Lebensjahres summierst du das Geburtsdatum, Tag und Monat, mit der entsprechenden aktuellen Jahreszahl. Über die Beschreibung zu dieser Flasche, die du dann errechnest, kannst du wieder dein Lebensthema oder das Thema dieses Lebensjahres von dir herausfinden. Durch das Anwenden der Flasche kannst du damit tief in Verbindung kommen, deine Probleme darin aufdecken, sie lösen und Heilung geschehen lassen.

Wenn du dich mit Numerologie befasst, wirst du noch viele andere Möglichkeiten herausfinden.

Über eine Aura-Soma-Beratung

Die Unterstützung eines Beraters oder eines Therapeuten kann beim Herausfinden ›deiner‹ Flaschen eine große Hilfe sein.

Aura-Soma ist das erste nicht eingreifende therapeutische System. Dieses System beruht auf keiner anderen Fachkenntnis eines Therapeuten als der, die Interpretation der Farben und der einzelnen Equilibrium-Flaschen, die du dir gewählt hast, zu unterstützen.

Zu Beginn der Beratung wählst du dir aus dem gesamten Aura-Soma-Set (von derzeit 102 Flaschen) vier Equilibrium-Flaschen ohne große Überlegung aus. Du suchst dir jene Flaschen aus, von denen die stärkste Anziehung für dich ausgeht, zu denen du die stärkste Anziehung fühlst, die für dich die schönsten Flaschen sind.

Durch die Beobachtung der Menschen, die während der ersten Ausstellungen an Vicky Walls Stand kamen, entdeckte sie, dass die Aura-Farbe, die sie intuitiv sah, beinahe in jedem Falle die Farbe jener Flasche war, die zuerst ausgewählt wurde. Es schien, dass der Mensch, der vor dem Set der Aura-Soma Equilibrium-Flaschen stand, sich sein eigenes Spiegelbild suchte. Instinktiv wählte er die Farbe seiner Aura, und intuitiv wusste er, was sein Körper benötigte.

Dein Bewusstsein wird in Form dieser transparenten ›farbigen Juwelen‹ mit sich selbst konfrontiert, soweit dein Überbewusstsein es wahrnimmt.

Die erste Equilibrium-Flasche repräsentiert den Ursprung, deine Seele, soweit du sie mit deinem gegenwärtigen Bewusstsein wahrnehmen kannst. Sie zeigt dein volles Potenzial, deine Lebensbestimmung, die zentrale Lektion deines Lebens und deine wahre Aura. In der unteren Hälfte der ersten Flasche findest du durch die Farbe das Potenzial aufgezeigt, die Qualitäten, welche du aus der Vergangenheit, aus früheren Leben, mitbringst. Diese Farbe zeigt an, auf welchem ›Seelenstrahl‹ du dich inkarniert hast. Er gibt dir Aufschluss über deine Lebensaufgabe und trägt die Farbe deiner ›wahren Aura‹. Die obere Hälfte der ersten Flasche bezieht sich auf den Moment der Zeugung und die Umstände, unter denen du in dieses Leben hineingeboren wurdest. Außerdem zeigen sie die Lebensumstände deiner Kindheit und deines Erwachsenenalters an, die dich zu dem werden ließen, der/die du heute bist. Sie trägt die Farbe des ›Persönlichkeitsstrahls‹, auf dem du in dieses Leben gekommen bist.

Wenn du sorgfältig gewählt hast und dich selbst schon gut kennst, so ist dies deine ›Seelenflasche‹. Sie weist darauf hin, was du in diesem Leben lernen und verwirklichen willst.

Die zweite Flasche zeigt dir durch ihre Farben, wo deine größten Schwierigkeiten, Blockaden oder Probleme, aber gleichzeitig auch deine größten Wachstumsmöglichkeiten liegen. Wenn du bereits daran gearbeitet hast und weiter daran arbeitest, kann deine größte Schwierigkeit durch deinen Aufarbeitungsprozess zu deiner größten Fähigkeit werden, die du dann dem großen Ganzen zurückgeben kannst. Die zweite Flasche hilft dem Entwicklungsprozess deiner Seele, sie hilft deinem Lernprozess, alte Verhaltensweisen und Lebensstrategien aufzudecken, ihre Ursachen zu finden und loszulassen, um zu den wirklichen Eigenschaften deiner Seele und ihrem Potenzial, sich selbst zu heilen, vordringen zu können. Die zweite Flasche wird auch ›therapeutische‹ Flasche genannt.

Die dritte Flasche repräsentiert den gegenwärtigen Entwicklungsstand deiner Seele. Sie zeigt dir, wie weit du bis heute deinen Weg gegangen bist und wo du jetzt in deiner Entwicklung bereits angekommen bist. Sie ist das ›Hier und Jetzt‹ in Beziehung zum Potenzial deiner Seele und ihrer Bestimmung.

Die vierte Flasche verdeutlicht dir die Energien, die aus der Zukunft auf dich zukommen und die in deine gegenwärtige Situation fließen, um die Erfüllung deines Potenzials für dich erreichbar zu machen. Sie ist der Schlüssel, der dir das Tor zur völligen Erkenntnis deines Wesens und deiner Heilung aufzuschließen vermag. Sie hilft dir beim Erschließen und Verwirklichen deines gesamten Potenzials, welches du aus der Vergangenheit mitbringst und das deine Gegenwart prägt. Du bist Mitschöpfer deiner Zukunft, und es ist sehr wahrscheinlich, dass das, worauf du dich heute konzentrierst und hinarbeitest, morgen deine Realität sein wird.

Somit ergeben die gewählten Farben in ihren Variationen und Kombinationen in den Equilibrium-Flaschen ein volles Bild von dem, was in dir liegt.

Benutzen und Auftragen

Die Aura-Soma Equilibrium-Flaschen sind einfach in der Anwendung. Wenn du die Flaschen aus der Beratung gewählt hast, dann solltest du mit ihnen in folgender Reihenfolge arbeiten.

Die zweite Flasche deiner Wahl gilt bei Aura-Soma als die ›therapeutische‹. Es empfiehlt sich generell, sie als Erste anzuwenden. Verspürst du innerhalb einiger Tage keinerlei Wirkung, so kannst du die Flasche B 11 als Zwischenmittel anwenden oder sie parallel zu der therapeutischen Flasche verwenden. Sie macht den Weg frei, wenn andere Aura-Soma-Substanzen vielleicht noch nicht wirken. Die zweite Flasche kannst du so lange benutzen, wie du das Gefühl hast, dass sie für dich wirkt. Wenn du sie tief aus deinem Inneren heraus gewählt hast, so mag sie dich über Jahre hinweg und durch alle Situationen hindurch begleiten und dir helfen, dein ›Grundmuster‹, dein vielleicht größtes Problem, in deine größte Fähigkeit zu transformieren.

Die nächste sollte die dritte Flasche deiner Wahl sein. Auf die dritte folgt die vierte. Als Letztes wendest du dann deine ›Seelenflasche‹ an, die erste Flasche deiner Wahl. Wenn in dir das Gefühl entstehen sollte, das gerade nichts mehr weiterhilft, dann arbeite mit der ersten Flasche, deiner ›Seelenflasche‹.

Deine von dir gewählten Equilibrium-Flaschen sind persönlich, sie nehmen deine Schwingungen auf und korrespondieren mit dir und deiner Umgebung. Lass niemand anderes die Flasche am Glas berühren, sie halten oder gar schütteln. Wenn du eine Flasche transportierst, fasse sie immer mit der linken Hand am Verschluss an. Das gilt auch für den Fall, dass jemand anderes sie anfasst.

Zum Auftragen des Inhalts der Flasche nimmst du sie so in deine linke Hand, dass dein Ringfinger die eine ›Schulter‹ der Flasche hält, dein Mittelfinger über dem Verschluss liegt und dein Zeigefinger die andere ›Schulter‹ der Flasche hält. Dein Daumen ist unter der Flasche und trägt sie. Nun öffnest du mit der rechten Hand den Verschluss und schüttelst die Flasche in deiner Aura, im elektromagnetischen Feld, über deinem Körper oder über der Körperpartie, die du behandeln willst.

Die nun so gebildete Emulsion gibst du in deine rechte Hand und trägst sie auf die Haut der zu behandelnden Körperpartie in dem Bereich auf, wo deine körperliche oder seelische Beschwerde liegt. Du kannst auch deiner Intuition, wo du die Emulsion auftragen willst, folgen.

Bei der Vorgehensweise nach den Chakra-Farben suchst du dir zum entsprechenden Körperbereich das nächstliegende Chakra, wählst zur Behandlung diese Chakra-Farbe oder eine entsprechende Farbkombination von Aura-Soma Equilibrium oder die entsprechende Chakra-Flasche und behandelst, indem du die Emulsion ringförmig in der jeweiligen Zone des Chakras, etwa zehn bis zwanzig Zentimeter breit, um den Körper herum aufträgst.

Beim Auftragen ist es ganz wichtig, dass ein breites Band rund um den Körper beschrieben wird und die Wirbelsäule immer einbezogen ist, wenn sich die Stellen, die du behandelst, auf den Rumpf beziehen.

Du kannst das Aura-Soma Equilibrium-Öl auch auf deinen ganzen Körper auftragen. Folge dir selbst. Es gibt kein Zuviel oder Zuwenig.

Rot sollte nie oberhalb der Taille angewendet werden.

Beginne einfach. Benutze nicht mehr als nur eine einzige Flasche, bis sie aufgebraucht ist, und bleibe bei ihr.

Wenn du mehrere Flaschen hintereinander benutzt, z. B. die aus der Beratung, kannst du zwischen dem Benutzen der einzelnen Flaschen Pausen einlegen. Nachdem du alle vier Flaschen in ihrer Wirkung dann kennst, kannst du eine der vier ein zweites Mal nehmen oder von neuem mit dem Anwenden der gesamten Auswahl beginnen oder dir eine neue Flasche aussuchen.

Wenn du mit Aura-Soma zu arbeiten beginnst, können immer wieder einzelne Aspekte und Bedürfnisse deines inneren Wesens auftauchen, die nach bestimmten Farben verlangen. Auf diese Weise können immer wieder neue Equilibrium-Flaschen deine Aufmerksamkeit auf sich ziehen, dein Innerstes entfachen und dir bei deiner Selbstentfaltung helfen.

Inhalt und Wirkung

Die hohe Heilkraft von Aura-Soma Equilibrium erklärt sich daraus, dass die Farben dir auf reiner Schwingungsebene begegnen und auf diese Weise Körper, Seele und Geist in ihren harmonischen Schwingungsrhythmus zurückbringen.

Auf den einzelnen Farbstrahlen wirken Energien von drei Existenzebenen: dem Mineralreich mit Edelsteinen und Kristallen, dem Pflanzenreich mit den Energien von Kräutern und Pflanzen, die aus den Energien der Welt der Farbe und des Lichts die Verbindung mit dem Reich der Menschen herstellen. Jede der Equilibrium-Flaschen ist ein Repräsentant der Energien dieser drei Existenzebenen.

Eine der besten Erklärungen, was Aura-Soma ist, gibt die ›Konferenz der drei Königreiche‹: Devas aus dem Mineralreich, aus dem Pflanzenreich und aus der Welt von Licht und Farbe treffen sich. Sie sehen die möglichen

Schwierigkeiten, denen sie alle gegenüberstehen, wenn sie der Menschheit nicht helfen, einen größeren Respekt für die Erde und ihre eigene Menschlichkeit zu entwickeln. So kommen sie überein, bewusst zusammenzuarbeiten und sich selbst zur Verfügung zu stellen, damit sie für die Entwicklung des Bewusstseins der Menschheit gebraucht werden können.

Die Herstellung der Öle geschieht mit großer Sorgfalt und häufig noch von Hand. Sie ist ein gemeinsames Werk von einem Menschen und Wesen aus einer anderen Dimension.

So hat Vicky Wall, Begründerin von Aura-Soma, die Rezepturen der Öle in tiefer Meditation empfangen, sie vor ihrem Tod an Mike Booth weitergegeben und er wiederum trainierte Erik Pelham für die Aufgabe, die Öle in Dev Aura herzustellen. Für diesen Schöpfungsakt machte Erik sich zum Kanal. Sowohl Wesen aus der spirituellen Welt als auch er selbst und jeder, der im Labor und in der Werkstatt in Dev Aura arbeitet, steuern zu diesem Prozess bei.

Während Erik mit einer Kommunikation zwischen sich und seiner inneren Führung diese Arbeit beginnt, weiß er, welche Wesen von ›drüben‹ an diesem Tag ihre Zusammenarbeit anbieten, und fühlt ihre Präsenz in seinem Astralkörper. Erik tritt in eine frei fließende telepathische Verbindung zu ihnen und die Wesen wiederum geben ihm Anweisungen für den Produktionsprozess. Wenn es um das Anfüllen der Flüssigkeiten mit Heilungsenergie geht, wirken die Wesen durch ihn. Er nimmt dies auf allen Ebenen wahr und sagt, dass er aus eigener Kraft überhaupt nichts energetisieren könnte. In telepathischer Verbindung mit den Geistwesen und deren Anweisungen für den Produktionsprozess entstehen auf diese Weise also Flaschen, in denen sich Energien und Informationen von geistigen Wesen befinden.

Sie vereinigen sich dann mit den materiellen Stoffen, die alle ausschließlich natürlichen Ursprungs sind. Die verschiedenen dafür genutzten Pflanzen werden nach biodynamischen Prinzipien unter Einbeziehung der spirituellen Ebene angebaut. Ebenso werden die verwendeten ätherischen Öle wie auch die Pflanzenauszüge in äußerster Sorgfalt und ganz im Einklang mit der Natur und ihren Rhythmen hergestellt und sind so von höchster Qualität, Reinheit und energetischer Kraft.

In der alten Medizin wurde die Heilkraft einer Pflanze nicht nur durch die Farbe, sondern auch durch die Form und Struktur bestimmt, was die ›Signatur‹ der Pflanze genannt wurde. Das Äußere einer Pflanze lässt Rückschlüsse über ihre heilenden Eigenschaften im menschlichen Körper zu, sie erlaubt die Zuordnung zu einem bestimmten Organ oder Leiden. In Aura-Soma wird die Signatur eines Minerals oder einer Pflanze als eine Art Idee über die Art der Veränderung benutzt, die sie im menschlichen Körper hervorrufen könnte.

Die verwendeten Mineralien, Edelsteine und Kristalle, werden aus aller Welt zusammengetragen und haben hohe Qualität und starke Heilkraft. Für das Einbringen der Energie der heilenden Steine in die Flüssigkeiten wird eine kabbalistische Invokation benutzt. Dies ist eine Methode der Energieübertragung von einem Medium auf ein anderes, die hier allein mit Hilfe von Worten durchgeführt wird.

Ein wesentlicher Teil der Vorbereitung und Produktion besteht aus einer speziellen Art, diese Invokationen zum Energetisieren der Substanzen einzusetzen. Jede der Flaschen, in denen sich die farbigen Equilibrium-Öle befinden, trägt also einen Teil des Lebensbaumes in sich und enthält so einen Schlüssel zu bestimmten Bewusstseinsaspekten in dir selbst.

Entsprechend ihrer eigenen Wahrnehmung und intuitiv im Einklang mit der Chakra-Lehre, kombinierte Vicky Wall Pflanzen und Mineralien der gleichen Farbe, damit sie an den entsprechenden Bereichen im Körper, die vom jeweilig nächstliegenden Chakra energetisiert werden, ihre heilenden Energien entfalten können. Beispielsweise für den Kopf, dem nach der Chakra-Lehre blauen und violetten Bereich des menschlichen Regenbogens, stellte sie Auszüge und ätherische Öle zusammen, unter anderem von Lavendel und Veilchen in Kombination mit den heilenden Schwingungen von Amethyst, und verstärkte so die Wirksamkeit dieser Mischung mit entsprechenden pflanzlichen Farben.

Vicky Wall handelte, indem sie die Anleitungen ihrer inneren Führung befolgte. Wirkungsweise, Hintergründe und Logik des Ganzen traten erst nach und nach zu Tage und sie tun es bis heute.

Im unteren Teil der Equilibrium-Flasche befindet sich dann eine auf wässriger Basis beruhende Lage der Flasche, in der sich wasserlösliche Pflanzenauszüge und ihre Essenzen befinden, ebenso wie ein Anteil von Wasser aus ›Chalice Well‹, der heiligen Gralsquelle von Glastonbury.

Im oberen Teil der Flasche befindet sich ein aus Lotoswurzelöl bestehendes Trägeröl, in dem ätherische Öle gelöst sind.

Die Farben, die in beiden Flüssigkeiten gelöst sind, stammen nur zu einem geringen Prozentsatz aus den Aromaölen oder Pflanzenauszügen; denn diese wären zu schwach. Verstärkt und zu wirklicher Leuchtkraft gebracht werden sie durch Farben anderer Pflanzen, meist

Gemüsen. So werden beispielsweise die Orange-, Gold- und Gelbtöne aus Karotten gewonnen.

Im Herstellungsprozess der öligen wie der wässrigen Lösung werden alle Stoffe durch Schütteln der Flüssigkeiten miteinander vermengt.

Der Ansatz von Vicky Wall und Aura-Soma, einfach die Botschaft der Natur aufzunehmen, die sie durch Farbe und Form aussendet, ein paar Kombinationen auszuführen und damit eine unglaubliche Potenzierung heilender Energie zu bewirken, resultiert aus einem sehr ›weiblichen‹ Denkmuster, einer der inneren Stimme vertrauenden, sich in die Natur und ihre Zusammenhänge einfühlenden Vorgehensweise.

Selbstheilung geschieht durch Selbsterkenntnis.
Das Heilwerden des Verstandes und das Ganzwerden
des Körpers sind zweitrangig, denn da, wo die
Seele schreitet, folgt die Heilung auf Engelsflügeln.

VICKY WALL

Wenn die Equilibrium-Flasche von dir dann zum Anwenden geschüttelt wird, wird das ›Verschütteln‹ des Herstellungsvorgangs wieder aktiviert, erinnert und zusätzlich durch das Schütteln in deinem eigenen elektromagnetischen Feld, in deiner Aura, die alle persönlichen Informationen aller deiner Seinsebenen in Form von Farben und Schwingungen enthält, mit deiner eigenen Schwingung zusammengebracht und erneut potenziert. Weiterhin geht durch das Schütteln mit der linken Hand etwas vom Potenzial deiner rechten Gehirnhälfte, deiner kreativen, unbewussten, mit anderen Dimensionen verbundenen Seite in die Substanz ein. Trägst du dann die entstandene Wasser-Öl-Emulsion auf die Haut deines Körpers auf, wo deine eigene Schwingung mit den Inhaltsstoffen des Öls als Hauptinformation dem Körper wieder zurückgegeben wird, beginnt sie im Körper zu resonieren. Das Öl wirkt da, wo es anfangen kann zu schwingen, wo der entsprechende Resonanzboden zur Verfügung steht. Innerhalb des komplexen und komplizierten Systems des Körpers gelangt es genau an die richtige Stelle, wo es benötigt wird, und entfaltet dort seine segensreiche Wirkung. Dies betrifft die physische, emotionale, mentale und die spirituelle Ebene deines Seins. Über das deinem Körper innewohnende Bewusstsein wird deine innere Aufmerksamkeit darauf gelenkt, wieder Gleichgewicht herzustellen - ein Equilibrium.

Wählst du beispielsweise ein goldfarbenes Öl und trägt es dann auf den Bauch, um den Körper herum, auf den unteren Rücken und das Kreuzbein auf, werden die Energien der Kristalle und Edelsteine, die zur goldenen Farbe gehören, in diesem Gebiet aktiviert. Gleiches gilt für die Energien der entsprechenden Kräuter und Pflanzen und die Energien von Licht und Farbe. All dies dringt durch die halb durchlässige Membran der Haut in den Körper ein. Durch das Auftragen der Emulsion entsteht ein Resonanzaufbau und dadurch ein Freisetzen der Energien. Die goldene Körperregion wird durch die Energien des Mineralreichs, des Pflanzenreichs und die Resonanz von Farbe und Licht angesprochen. Die Farbe erzeugt die korrekte Schwingung in dem Körpergebiet, das dieser Schwingung entspricht.

Die Anwendung von Aura-Soma Equilibrium verfeinert deine Wahrnehmungskräfte und kann körperliche, emotionale, mentale und spirituelle Reaktionen hervorrufen. Alte, schmerzhafte Erlebnisse, Verdrängtes und Erinnerungen können aufsteigen und ins Bewusstsein kommen. Stimmungen, Gefühle, Träume, Ideen und körperliche Reaktionen können auftreten, die vielleicht unbequem oder angstbesetzt sind und die dich möglicherweise dazu zwingen, dich mit Dingen auseinander zu setzen, die du längst als erledigt angesehen hattest. Vielleicht siehst du dich auch mit Themen konfrontiert, welche deine Gegenwart betreffen und Entscheidungen notwendig werden lassen, die du vielleicht lieber zu vermeiden gesucht hast. Ebenso können sich Visionen und Zukunftsprojekte zeigen, die du dir vielleicht nicht zutraust.

Selten jedoch kommt es zur kurzzeitigen Verstärkung von körperlichen Beschwerden. Kommt es dennoch dazu, handelt es sich um eine so genannte Heilkrise, die schnell überwunden ist, wenn du die Substanz einfach weiter verwendest. Nur wenn eine Hautreaktion eintritt, muss die Haut sich erst beruhigen, und du solltest entweder ein paar Tage dafür mit der Anwendung pausieren oder nach deinem eigenen Gefühl entscheiden, ob und wie lange von dir selbst eine Pause gewünscht wird.

Gesundheit und Wohlbefinden ist Ganzheit und Ausgewogenheit zwischen dem spirituellen, dem emotionalen, dem mentalen und dem körperlichen Anteil des Menschen. Mehr oder minder alles Unwohlsein, alle Probleme und Behinderungen haben damit zu tun, dass du an deinem Leben vorbeilebst. Es mögen Widerstände, Schmerzen, Spannungen, Energielosigkeit und ein Gefühl des Ungeliebtseins entstehen. Wenn alle diese Signale von dir überhört werden, fällt zuletzt auch der Körper in Krankheit, bis hin zu chronischen Erkrankungen.

Sie sind Zeichen, um auf die Spur deines eigenen Lebens zu kommen, überholte Verhaltensweisen aufzugeben und neue Wege zu gehen.

Wenn also die Seele genährt wird, beginnt sie ihren Weg zu finden. Dann geschieht ebenso Heilung auf der körperlichen Ebene, sanft und subtil oder auch kraftvoll und durchgreifend. Oft zeigen sich Wirkungen nicht immer sofort, sondern nach längerer, regelmäßiger Anwendung, meistens auf sehr sanfte und feine Weise. Man lernt mit der Anwendung der Öle, sich selbst gegenüber bewusster zu werden und seine Lebensaufgabe immer besser kennen zu lernen.

Weil alle Zutaten in den Flaschen natürlichen Ursprungs sind und sich vollkommen mit der Natur des Menschen in Einklang befinden, wird durch sie nur stimuliert, was dem Menschen, also dir, ohnehin schon innewohnt, sodass dein wahres Potenzial sich für dich öffnen kann und so mehr Glück und Freude in deinem Leben möglich werden.

Das Aufbewahren der Equilibrium-Flaschen

Von Zeit zu Zeit ist es gut, die Flaschen zu reinigen, da immer viel von deinen Schwingungen oder Schwingungen aus der Umgebung, in der sie stehen, in sie übergeht. Zur energetischen Reinigung der Equilibrium-Flaschen stehen mehrere Methoden zur Verfügung. Besonders einfach, schnell und wirksam ist diese: Stelle die Flasche, die du reinigen möchtest, aufrecht auf ein Amethystbett oder eine Amethystdruse, eine natürlich gewachsene Höhle aus Amethysten. Der energetische Reinigungsvorgang dauert etwa zwölf Stunden und ist auch dann gelungen, wenn farbliche Veränderungen sichtbar sind oder sichtbar geblieben sind.

Eine zweite, relativ schnelle Methode ist folgende: Stelle die Flasche aufrecht bis zu den ›Schultern‹ in Meersalz und lasse sie da für etwa vierundzwanzig Stunden stehen. Diese Reinigung ist genauso effektiv wie die Reinigung mit dem Amethyst. Auch hier gilt wieder, dass der energetische Reinigungsvorgang selbst dann vollzogen ist, wenn farbliche Veränderungen bestehen geblieben sind.

Eine dritte Möglichkeit ist: Stelle die Flasche, die du reinigen möchtest, für etwa sechsunddreißig Stunden bis zu den ›Schultern‹ in ein Gefäß mit einer starken Lösung aus Meersalz und Wasser.

Als Viertes gibt es noch eine Möglichkeit, die sich ganz besonders eignet, wenn du die Flasche nach langem Stehen, ohne sie zu benutzen, von den Energien reinigen willst, die sie aus der Umgebung aufgenommen hat. Dazu beträufelst du ein sauberes Stück Baumwollstoff oder Seide, vielleicht ein Taschentuch, mit weißem Pomander oder mit der ›Serapis Bey Meisterquintessenz‹, sodass es leicht feucht ist. Reibe damit die Flasche so ab, als wolltest du äußeren Schmutz entfernen. Damit ist auch eine energetische Reinigung vollzogen.

Willst du eine Flasche von dir für jemand anderen benutzen, vielleicht die Sternenkindflasche B 20, die Ätherische »Erste Hilfe« B 26 oder die Körperliche »Erste Hilfe« B 1, weil du erlebst, dass ein Kind in deinem Freundeskreis sich verletzt hat und sie benötigt oder jemand in deinem Freundeskreis ein Trauma oder eine körperliche Verletzung erlebt und du ihm mit einer dieser Flaschen Unterstützung geben möchtest, kannst du in diesem Fall die Flasche nach der eben beschriebenen Vorgehensweise von deinen eigenen Energien vollständig reinigen. Du kannst den anderen mit dieser Flasche dann auch behandeln, indem du, wie beschrieben, die Flasche hierzu in deiner *rechten* Hand hältst, während deine linke Hand die Schulter des Menschen berührt, den du behandeln willst. Mit deiner rechten Hand schüttelst du dann die Flasche über der Körperpartie desjenigen, den du behandeln willst, sodass sie durch das Schütteln in seiner Aura seine Energie aufnimmt. Die Emulsion gibst du dann in deine linke Hand und trägst sie, wie beschrieben, bei demjenigen auf, den du behandeln willst. Danach kann der andere die Equilibrium-Flasche ganz für sich energetisieren und zu Ende benutzen.

Manchmal verschwindet aus einer Flasche, die du anwendest oder die du bei dir stehen hast, eine Farbe. Das bedeutet, dass du diese Farbe besonders benötigst und deine Aura sie aufgenommen hat. Lass dich dadurch nicht irritieren. Lies in der Beschreibung dieser Flasche nach, welche Bedeutung die Farbe dieser Flasche hat, und wende die Substanz weiter wie gewohnt an, sie hat nichts von ihrer Heilkraft verloren.

Wenn sich das Aussehen des Flascheninhalts in seiner Klarheit verändert, sich Ausflockungen oder Schlieren bilden, hat das entweder etwas mit dir selbst zu tun oder mit einem Menschen in deiner Nähe, der sich öfter in der Nähe deiner Flasche aufhält. Häufig werden Equilibrium-Öle auch durch die Anwendung trüb oder fleckig. Das bedeutet, dass sich der Anwender auf einen tiefen Prozess eingelassen hat. Du solltest dann sicherstellen, dass die Störfaktoren mit keinem anderen zu tun haben als mit dir selbst. Das heißt, du reinigst die Flasche wie beschrieben, lässt sie weder mit Freunden noch mit Familienmitgliedern in Kontakt kommen und stellst sie an einen neutralen Platz. Treten Flecken und Trübung dann wieder auf, kannst du sicher sein, dass sie durch dich selbst verursacht sind. Du kannst den Flascheninhalt wie gewohnt weiter benutzen. Die kleinen energetischen Schmutzpartikeln werden deinen Heilungsvorgang unterstützen, ähnlich wie bei einer Impfung kleine Mengen von Krankheitserregern in den Körper gebracht werden, um die Produktion von Antikörpern anzuregen.

Die Flaschen sollten niemals über längere Zeit prallem Sonnenlicht ausgesetzt sein oder im Winter an zu kalten und ungeheizten Plätzen stehen. Sie lieben jedoch das Licht der Morgensonne und das Licht des Mondes. Sie reinigen sich darin und laden sich in ihrer Energie wieder auf.

Aura-Soma ermutigt zur Eigenverantwortlichkeit. Für die Aura-Soma-Produkte werden keinerlei therapeutische Ansprüche erhoben. Aura-Soma empfiehlt, falls erforderlich, einen geeigneten Arzt aufzusuchen.

Literatur

Aliti, Angelika: Die wilde Frau. Knaur, München 1994

Benedikt, Heinrich Elijah: Die Kabbala. Verlag Hermann Bauer, Freiburg 1995

Booth, Mike: Das Aura-Soma Tarot. Aquamarin Verlag, Grafing 1997

Crowley, Aleister: Thoth Tarot. AG Müller, CH-Neuhausen 1986

Dalichow, Irene, und Booth, Mike: Aura-Soma, Heilung durch Farbe, Pflanzen- und Edelsteinenergie. Knaur, München 2000

Dalichow, Irene, und Booth, Mike: Das Aura-Soma Praxisbuch. Goldmann Verlag, München 1995

Gibran, Khalil: Der Prophet. Walter-Verlag, Düsseldorf 2001

Gray, John: Männer sind anders. Frauen auch. Goldmann Verlag, München 1998

Moolenburgh, H. C.: Engel als Beschützer und Helfer des Menschen. Verlag Hermann Bauer, Freiburg 1995

Marks, Tracy: Astrologie der Selbst-Entdeckung. Hugendubel, München 1997

Osho: A new vision of Woman's liberation. The Rebel Publishing House GmbH, Köln o. J.

Osho: Das Buch der Heilung. Ullstein Verlag, Berlin 2004

Osho: Goldnuggets. Osho Verlag, Köln 1988

Osho: Neo-Tarot. Osho Verlag, Köln o. J.

Osho: Über die Grundrechte des Menschen. The Rebel Publishing House GmbH, Köln o. J.
Osho: The Path of the Mystic. The Rebel Publishing House GmbH, Köln o. J.
Saint-Exupéry, Antoine de: Der Kleine Prinz, Karl Rauch Verlag, Düsseldorf 2000
Wall, Vicky: Das Wunder der Farbheilung. Nietsch, Hans, Frankfurt/Main 1999
Ziegler, Gerd: Tarot, Spiegel der Seele. Handbuch zum Aleister Crowley-Tarot. Urania Verlags AG, Neuhausen 1988

Kontaktadresse der Autorin

In meiner therapeutischen Arbeit verstehe ich mich als Begleiterin und Wegbereiterin, während ich beratend, unterstützend und lehrend trainiere oder anleite.

Ich gebe:

- Alle Ausbildungskurse zum/r Aura-Soma-Berater/in
  Grundkurs (Level 1)
  Aufbaukurs (Level 2)
  Fortgeschrittenenkurs (Level 3)
- Aura-Soma-Einführungs-Wochenenden
- Aura-Soma-Einzelberatungen
- Klärungs- und Bewusstseinsarbeit auch in fortlaufenden Einzelsitzungen
- Rebalancing-Massagen (auch mit Aura-Soma-Ölen)
- Reiki-Behandlungen

Die Aura-Soma-Produkte sind bei mir erhältlich:

Darsho Marlies Willing
Heilpraktikerin
Aura-Soma-Beraterin und -Lehrerin
Brabanter Straße 31
50672 Köln
Tel.: 0221/561524 • Mobil: 0177/7636601
Fax: 0221/561524 • E-Mail: darsho@web.de

Ich freue mich, wenn du Näheres über meine therapeutische Arbeit, über Seminare oder Einzelsitzungen bei mir wissen möchtest oder zu mir kommen willst.

Falls ich umziehen sollte, und unter o.g. Adresse oder Telefonnummer nicht mehr erreichbar sein sollte, kontaktiere micht bitte über mein Mobil-Telefon, oder das E-Mail, oder rufe die Auskunft an.

Louise L. Hay

Seit Gesundheit für Körper und Seele vor 20 Jahren zum ersten Mal erschien, ist es zu einem der erfolgreichsten Selbsthilfebücher geworden – mit über 30 Millionen Weltauflage, davon über 1,5 Millionen in Deutschland.

Gesundheit für Körper und Seele
304 Seiten
€ [D] 8,95 / € [A] 9,20 / sFr 16,50
ISBN 3-548-74097-9

Wahre Kraft kommt von Innen
256 Seiten
€ [D] 8,95 / € [A] 9,20 / sFr 16,50
ISBN 3-548-74098-7

Die Kraft einer Frau
192 Seiten
€ [D] 7,95 / € [A] 8,20 / sFr 14,80
ISBN 3-548-74096-0

Das große Buch der heilenden Gedanken
400 Seiten
€ [D] 11,95/€ [A] 12,30/sFr 21,50
ISBN 3-548-74095-2

Die innere Ruhe finden
192 Seiten
€ [D] 6,95/€ [A] 7,20/sFr 12,80
ISBN 3-548-74099-5

Ullstein Taschenbuch